周禮正義

四部備要

經部

上海中華書局據清光緒乙巳本校刊

桐鄉　陸費逵總勘
杭縣　高時顯
杭縣　吳汝霖輯校
杭縣　丁輔之監造

周禮正義卷四十五

瑞安孫詒讓學

大師掌六律六同以合陰陽之聲陽聲黃鍾大蔟姑洗蕤賓夷則無射陰聲大呂應鍾南呂函鍾小呂夾鍾皆文之以五聲宮商角徵羽皆播之以八音金石土革絲木匏竹以合陰陽之聲者聲之陰陽各有合黃鍾子之氣也十一月建焉而辰在星紀大呂丑之氣也十二月建焉而辰在玄枵大蔟寅之氣也正月建焉而辰在陬訾應鍾亥之氣也十月建焉而辰在析木姑洗辰之氣也三月建焉而辰在大梁南呂酉之氣也八月建焉而辰在壽星蕤賓午之氣也五月建焉而辰在鶉首林鍾未之氣也六月建焉而辰在鶉火夷則申之氣也七月建焉而辰在鶉尾中呂巳之氣也四月建焉而辰在實沈無射戌之氣也九月建焉而辰在大火夾鍾卯之氣也二月建焉而辰在降婁辰與建交錯貿處如表裏然是其合也其相生則以陰陽六體爲之黃鍾初九也下生林鍾之初六林鍾又上生大蔟之九二大蔟又下生南呂之六二南呂又上生姑洗之九三姑洗又下生應鍾之六三應鍾又上生蕤賓之九四蕤賓又上生大呂之六四大呂又下生夷則之九五夷則又上生夾鍾之六五夾鍾又下生無射之上九無射又上生中呂之上六同位者象夫妻異位者象子母所謂律取妻而呂生子也黃鍾長九寸其實一籥下生者三分去一上生者三分益一五下六上乃一終矣大呂長八寸二百四十三分寸之一百四大蔟長八寸夾鍾長七寸二千一百八十七分寸之千七十五姑洗長七寸九分寸之一中呂長

六寸萬九千六百八十三分寸之萬二千九百七十四蕤賓長六寸八十一分寸之二十六林鍾長六寸夷則長五寸七百二十九分寸之四百五十一南呂長五寸三分寸之一無射長四寸六千五百六十一分寸之六千五百二十四應鍾長四寸二十七分寸之二十文之者以調五聲使之相次如錦繡之有文章播猶揚也揚之以八音乃可得而觀之矣金鍾鎛也石磬也土塤也革鼓鼗也絲琴瑟也木柷敔也匏笙也竹管簫也

疏 掌六律六同以合陰陽之聲者此著審音調樂之通義六律六同五聲八音六詩並樂官之官法也云皆文之以五聲宮商角徵羽者凡調樂以五聲十二律爲本五聲宮商角徵羽遼史樂志載大樂十聲以宮爲上商爲尺角爲工徵爲合羽爲四高徵爲六高羽爲五又以濁商爲句變宮爲一變徵爲凡宋以來俗工字譜沿用之聲有高下律有倍半錯綜成文而後成調故禮運云五聲六律十二管還相爲宮也陳澧云蓋黃鍾之律文之以五聲則黃鍾爲宮黃鍾爲商黃鍾爲角黃鍾爲徵黃鍾爲羽也周禮但曰五聲在後世言之則謂之一均五調也六律六同皆如此則十二均六十調也隋書音樂志蘇夔曰韓詩外傳所載樂聲感人及月令所載五音所中並皆有五又春秋左氏所云七音六律以奉五聲准此而言每宮應立五調案蘇夔此說正可以解周禮蓋十二律還爲十二宮譬則八卦也每宮立五調譬則八卦重爲六十四卦也必有六律六同皆文之以五聲而後十二律還宮之義乃備也又云舊五代史樂志載王朴奏疏云十二律旋迭爲均均有七調合八十四調宗周而上率由斯道案此以八十四調爲宗周之樂則未必然也周禮云文之以五聲則每宮五調十二宮合六十調耳案陳說是也古止有五聲後加以變宮變徵淮南子天文訓謂之和繆昭二十年左傳謂之七音隋音樂志引尚書大傳謂之七始以七音文十二律於是每律有七調因有八十四調據國語周語伶州鳩言武王伐殷於

是乎有七律七律卽七音是七音起於周初故左傳孔疏謂武王始加二變周以前未有七音通典樂說同若然周公制禮時已有七音而此經大司樂大師並止云文之以五聲則周時雅樂蓋不以二變爲調隋志載蘇夔說亦謂韓詩外傳月令並不言變宮變徵七調之作所出未詳舊五代史樂志載張昭等議謂梁武帝爲八十四調據前小胥疏引左傳服虔注說鍾縣之制則漢時已有八十四律之名實不始於蕭梁然非周初制也　注云以合陰陽之聲者聲之陰陽各有合者賈疏云六律爲陽六同爲陰兩兩相合十二律爲六合故云各有合也云黃鍾子之氣也十一月建焉而辰在星紀者賈疏云以經云以合陰陽之聲卽言陽聲黃鍾大蔟姑洗等據左旋而言云陰聲大呂應鍾南呂等據右轉而說其左右相合之義按斗柄所建十二辰而左旋日體十二月與月合宿而右轉但斗之所建建在地上十二辰故言子丑之等辰者日月之會會在天上十二次故言陬訾降婁之等以十二律是候氣之管故皆以氣言之耳詒讓案建謂斗建也辰謂日躔也十二律分主十二月卽與十二月之斗建日躔相應故漢書律麻志云至治之世天地之氣合以生風天地之風氣正十二律定黃鍾黃者中之色君之服也鍾者種也天之中數五爲聲聲上宮五聲莫大焉地之中數六六爲律律有形有色色上黃五色莫盛焉故陽氣施種於黃泉孳萌萬物爲六氣元也以黃色名元氣律者著宮聲也宮以九唱六變動不居周流六虛始於子在十一月月令云仲冬律中黃鍾鄭注云仲冬者日月會於星紀而斗建子之辰也仲冬氣至則黃鍾之律應云大呂丑之氣也十二月建焉而辰在玄枵者律麻志云大呂呂旅也言陰大旅助黃鍾宣氣而牙物也位於丑在十二月月令云季冬律中大呂注云季冬者日月會於玄枵而斗建丑之辰也季冬氣至則大呂之律應云大蔟寅之氣也正月建焉而辰在陬訾者陬各本並作娵與爾雅釋天同案陬娵字

通保章氏注說十二次亦作娵訾律厤志云大族族奏也言陽氣大奏地而達物也位於寅在正月月令云孟春律中大蔟注云孟春氣至則大蔟之律應孟春者日月會於娵訾而斗建寅之辰也月令釋文娵亦作陬與嘉靖本同云應鍾亥之氣也十月建焉而辰在析木者律厤志云應鍾言陰氣應亡射該臧萬物而雜陽閡種也位於亥在十月月令云孟冬律中應鍾注云孟冬者日月會於析木之津而斗建亥之辰也孟冬氣至則應鍾之律應云姑洗辰之氣也三月建焉而辰在大梁者律厤志云姑洗洗絜也言陽氣洗物辜絜之也位於辰在三月月令云季春律中姑洗注云季春者日月會於大梁而斗建辰之辰也季春氣至則姑洗之律應云南呂酉之氣也八月建焉而辰在壽星者律厤志云南呂南任也言陰氣旅助夷則任成萬物也位於酉在八月月令云仲秋律中南呂注云仲秋者日月會於壽星而斗建酉之辰也仲秋氣至則南呂之律應云蕤賓午之氣也五月建焉而辰在鶉首者律厤志云蕤賓蕤繼也賓導也言陽始導陰氣使繼養物也位於午在五月月令云仲夏律中蕤賓注云仲夏者日月會於鶉首而斗建午之辰也仲夏氣至則蕤賓之律應云林鍾未之氣也六月建焉而辰在鶉火者函鍾即林鍾詳大司樂疏律厤志云林鍾林君也言陰氣受任助蕤賓君主種物使長大楙盛也位於未在六月月令云季夏律中林鍾注云季夏者日月會於鶉火而斗建未之辰也季夏氣至則林鍾之律應云夷則申之氣也七月建焉而辰在鶉尾者律厤志云夷則則法也言陽氣正法度而使陰氣夷當傷之物也位於申在七月月令云孟秋律中夷則注云孟秋者日月會於鶉尾而斗建申之辰也孟秋氣至則夷則之律應云中呂巳之氣也四月建焉而辰在實沈者小呂即中呂詳大司樂疏律厤志云中呂言微陰始起未成著於其中旅助姑洗宣氣齊物也位於巳在四月月令云孟夏律中中呂注云孟夏者日月會於實沈而

斗建巳之辰也孟夏氣至則中呂之律應云無射戌之氣也九月建焉而辰在大火者律厤志云亡射射厭也言陽氣究物而使陰氣畢剝落之終而復始亡厭巳也位於戌在九月月令云季秋律中無射注云季秋者日月會於大火而斗建戌之辰也季秋氣至則無射之律應云夾鍾卯之氣也二月建焉而辰在降婁者律厤志云夾鍾言陰夾助大族宣四方之氣而出種物也位於卯在二月月令云仲春律中夾鍾注云仲春者日月會於降婁而斗建卯之辰也仲春氣至則夾鍾之律應云辰與建交錯貿處如表裏然是其合也者小爾雅廣詁云貿易也謂若黃鍾十一月斗建在子而日躔在丑次大呂十二月斗建在丑而日躔在子次餘律放此是辰與建相與交錯而貿易迭處如表裏然即經所謂合也云其相生則以陰陽六體爲之者賈疏云向上所說順經六律左旋六同右轉以陰陽左右爲相合若相生則六律六同皆左旋以律爲夫以同爲婦婦從夫之義故皆左旋鄭知有陰陽六體法者見律厤志云黃鍾初九律之首陽之變也因而六之以九爲法得林鍾林鍾初六呂之首陰之變也皆參天兩地之法也是其陰陽六體云黃鍾初九也下生林鍾之初六者此同位之取妻也律厤志云十一月乾之初九陽氣伏於地下始著爲一萬物萌動鍾於太陰故黃鍾爲天統律長九寸六月坤之初六陰氣受任於太陽繼養化柔萬物生長楙之於未令種剛彊大故林鍾爲地統律長六寸國語周語韋注亦云十一月黃鍾乾初九也六月林鍾坤初六也賈疏云其黃鍾在子一陽爻生爲初九林鍾在未二陰爻生得爲初六者以陰故退位在未故曰乾貞於十一月子坤貞於六月未也云林鍾又上生大蔟之九二者此異位之生子也律厤志云正月乾之九二萬物棣通族出於寅人奉而成之故大族爲人統律長八寸國語注云正月大蔟乾九二也云大蔟又下生南呂之六二者此亦同位之取妻也國語注云八月南呂坤六二也云南呂又

上生姑洗之九三者此亦異位之生子也國語注云三月姑洗乾九三也云姑洗又下生應鍾之六三者此亦同位之取妻也國語注云十月應鍾坤六三也云應鍾又上生蕤賓之九四者此亦異位之生子也國語注云五月蕤賓乾九四也云蕤賓又上生大呂之六四者此亦同位之取妻也律厤志云參分蕤賓損一下生大呂彼據大呂半律言故云下生與此異國語注云十二月大呂坤六四也云大呂又下生夷則之九五者此亦異位之生子也律厤志云參分大呂益一上生夷則彼亦據大呂半律言故云上生夷則與此異國語注云七月夷則乾九五也云夷則又上生夾鍾之六五者此亦同位之取妻也律厤志云參分夷則損一下生夾鍾彼亦據夾鍾半律言故云上生與此異國語注云二月夾鍾坤六五也云夾鍾又下生無射之上九者此亦異位之生子也律厤志云參分夾鍾益一上生亡射彼亦據夾鍾半律言故云夾鍾上生與此異國語注云九月無射乾上九也云無射又上生中呂之上六者此亦同位之取妻也律厤志云參分亡射損一下生中呂彼亦據中呂半律言故云下生與此異國語注云四月中呂坤上六也云同位者象夫妻異位者象子母者所謂律取妻而呂生子也者賈疏云同位謂若黃鍾之初九下生林鍾之初六俱是初之第一夫婦一體是象夫婦也異位謂若林鍾上生大蔟之九二二於第一為異位象母子但律所生者為夫婦呂所生者為母子十二律呂律所生者常同位呂所生者常異位故云律取妻而呂生子也律厤志云上生下生皆以九為法九六陰陽夫妻子母之道也律取妻而呂生子天地之情也鄭注皆取義於此也案漢志如淳注云律取妻黃鍾生林鍾呂生子林鍾生大蔟此即鄭同位異位之義賈疏亦本彼為釋其說甚塙孟康注云異類為子母謂黃鍾生林鍾也同類為夫婦謂黃鍾以大呂為妻也其說與班鄭並不合誤也武后樂書要錄引三禮義宗及左傳昭二十年孔疏說亦並

與賈同云黃鍾長九寸者明黃鍾爲十一律之根數也淮南子天文訓史記律書兩漢律厤志並同云其實一籥者籥與龠同漢律厤志云量者本起於黃鍾之龠以子穀秬黍中者千有二百實其龠龠者黃鍾律之實也云下生者三分去一上生者三分益一者呂氏春秋音律篇云三分所生益之一分以上生三分所生去其一分以下生黃鍾大呂大蔟夾鍾姑洗中呂蕤賓爲上林鍾夷則南呂無射應鍾爲下賈疏云子午巳東爲上生子午巳西爲下生東爲陽陽主其益西爲陰陰主其減故上生益下生減必以三爲法者以其生故取法於天之生數三也云五下六上乃一終矣者月令孔疏云謂林鍾夷則南呂無射應鍾皆被子午巳東之管三分減一而下生之六上者謂大呂大蔟夾鍾姑洗中呂蕤賓皆被子午巳西之管三分益一而上生之子午皆屬上生應云七上而云六上者以黃鍾爲諸律之首物莫之先似若無所稟生故不數黃鍾也其實十二律終於仲呂還反歸黃鍾生於仲呂三分益一大略得應黃鍾九寸之數也案孔說非也呂氏春秋音律篇兼數黃鍾故五下七上其實一也又案鄭此注五下六上相生之說本於呂覽淮南子天文訓史記律書律數太玄經續漢律厤志京房六十律說並同唯前漢志本劉歆說蕤賓生大呂夷則生夾鍾亡射生中呂並云下生大呂生夷則夾鍾生亡射並云上生蓋欲以陰陽分上下漢志晉灼注引蔡邕律厤記云凡陽生陰曰下陰生陽曰上卽其義也然依其率求之所得大呂夾鍾中呂皆半律則不若鄭據全度之當陳澧云凡物之形長者高短者下故十律長生短則曰下生短生長則曰上生此可以證鄭義矣云大呂長八寸二百四十三分寸之一百四者卽八寸四分二釐七豪有奇也月令孔疏云按蕤賓長六寸八十一分寸之二十六上生大呂三分益一三寸益一寸六寸益二寸故爲八寸其八十一分寸之二十六各三分之則爲七十八分三分益一箇二十六則爲一百四故

二云律長八寸二百四十三分寸之一百四也云大蔟長八寸者賈疏
云林鍾上生大蔟三分益一六寸益二寸故大蔟長八寸云夾鍾長
七寸二千一百八十七分寸之千七十五者卽七寸四分九釐一豪
有奇也月令疏云夷則長五寸七百二十九分寸之四百五十一令
上生夾鍾三分益一就夷則五寸之中取三寸更益一寸爲四寸餘
有整二寸又於七百二十九分寸之中有細分四百五十一此細分
各三分之於是一寸分爲二千一百八十七分有四百五十一者爲
一千三百五十三則是二千一百八十七分寸之一千三百五十三
也以整二寸各二千一百八十七分則二寸總有四千三百七十四
分益前一千三百五十三總爲五千七百二十七爲實數但上生者
三分益一以實數更三分之各有一千九百九分以三分益一則益
一分一千九百九併前五千七百二十七總爲七千六百三十六爲
積分總數也然後除之爲寸一寸用二千一百八十七則三寸總用
六千五百六十一以三寸益前四寸爲七寸餘有一千七十五分不
成寸是爲夾鍾長七寸二千一百八十七分寸之千七十五也云姑
洗長七寸九分寸之一者卽七寸一分一釐一豪有奇也月令疏云
南呂長五寸三分寸之一就南呂三分益一取三寸益一寸爲四寸
餘有整二寸三分寸之一整二寸者各九分之二九爲十八分寸之
一者爲三分總二十一分三七二十一三分益一更益七分總二十
八分以九分爲一寸二十七分爲三寸益前四寸爲七寸餘有一分
在故云律長七寸九分寸之一云中呂長六寸萬九千六百八十三
分寸之萬二千九百七十四者卽六寸六分五釐九豪有奇也月令
疏云無射之律長四寸六千五百六十一分寸之六千五百二十四
三分益一以生中呂於無射四寸之內取三寸益一寸爲四寸餘有
整寸一又有六千五百六十一分寸之六千五百二十四以六千五
百六十一各三分之則一寸分爲一萬九千六百八十三分也六千

五百二十四分各三分之則爲一萬九千五百七十二又整一寸分爲一萬九千六百八十三并之總爲三萬九千二百五十五也更三分之一分有一萬三千八十五上生者三分益一以一萬三千八十五益上之數總爲五萬二千三百四十爲積分之數然後除之爲寸一寸除一萬九千六百八十三則二寸除三萬九千三百六十六爲二寸通前爲六寸餘有一萬二千九百七十四不成寸是中呂長六寸萬九千六百八十三分寸之萬二千九百七十四也云蕤賓長六寸八十一分寸之二十六者卽六寸三分二氂有奇也月令疏云應鍾律長四寸二十七分寸之二十上生蕤賓三分益一取應鍾三寸更益一寸爲四寸其二十七分寸之二十各三分之則一寸分爲八十一分也二十七分寸之二十則爲八十一分寸之六十有整寸一爲八十一分又以六十分益之總爲一百四十一分更三分益一分有四十七更以四十七益前一百四十一分總爲一百八十八分是爲積分之數除之爲寸除八十一分則一百六十二分爲二寸益前四寸爲六寸餘有二十六分不成寸故云蕤賓長六寸八十一分寸之二十六也云林鍾長六寸者賈疏云以黃鍾長九寸下生林鍾三分減一去三寸故林鍾長六寸云夷則長五寸七百二十九分寸之四百五十一者卽五寸六分一氂八豪有奇也月令疏云大呂長八寸二百四十三分寸之一百四三分去一下生夷則六寸去二寸餘有四寸在又大呂一寸爲二百四十三分今每寸更三分之則一寸爲七百二十九分兩箇整寸總有一千四百五十八分其大呂二百四十三分寸之一百四每又三分之此一百四爲三百一十二分益前一千四百五十八則總爲一千七百七十分下生三分去一分作三分則每一分得五百九十去其一分五百九十餘有一千一百八十在是其積分以七百二十九分爲一寸益前四寸爲五寸餘有四百五十一分在故云夷則律長五寸七百二十九分寸之四百五

十一也云南呂長五寸三分寸之一者即五寸三分三釐三豪有奇也月令疏云大蔟長八寸三分去一下生南呂三寸去一寸六寸去二寸得四寸又有整二寸在分一寸作三分二寸爲六分更三分去一餘有四分在以三分爲一寸益前四寸爲五寸仍有一分在故云南呂律長五寸三分寸之一也云無射長四寸六千五百六十一分寸之六千五百二十四者即四寸九分九釐四豪有奇也月令疏云夾鍾之律長七寸二千一百八十七分寸之千七十五下生者三分去一今夾鍾七寸取六寸三分去一有四寸在夾鍾以一寸爲二千一百八十七分今更三分之則一寸者分爲六千五百六十一分夾鍾二千一百八十七分寸之千七十五者又三分之則爲三千二百二十五其夾鍾整寸有六千五百六十一又以三千二百二十五益之總爲九千七百八十六分三分去一則去三千二百六十二餘有六千五百二十四在故云無射律長四寸六千五百六十一分寸之六千五百二十四也云應鍾長四寸二十七分寸之二十者即四寸七分四釐有奇也月令疏云姑洗之律長七寸九分寸之一三分去一則六寸去二寸有四寸在餘有整一寸九分寸之一更三分一寸爲二十七分九分寸之一爲三分并二十七分總爲三十分三分去一去其十分餘有二十分在故云應鍾律長四寸二十七分寸之二十也詒讓案以上說十二律管長度並以黃鍾爲根數而三分損益以交迭求之古法簡易大略如是惟史記律書別以黃鍾之長命爲九九八十一故云黃鍾長八寸十分一餘十一律並以此率算之此命分之虛數與九寸之實數異而實同也至宋書律志隋書律厤志別載何承天劉焯校定鍾律及朱載堉律呂精義內篇皆別設新率推算惟黃鍾之長無改餘律則與舊率皆微有差異既非古法差數亦復無多今不備校又此注不著律管圍徑之數鄭月令注則云凡律空圍九分是謂十二律管圍數並同孔疏及漢律厤志顏注引孟

康說云黃鍾長九寸圍九分林鍾長六寸圍六分大蔟長八寸圍八分則謂律管各隨長短而異續漢書律厤志引蔡氏月令章句說與鄭同孟說疑不足據云文之者以調五聲使之相次如錦繡之有文章者明五聲以清濁高下相次謂之文猶錦繡以五色相次爲文章如畫繢之事樂記云節奏合以成文注云五聲八音相應和亦其義也云播猶揚也者說文手部云播種也一曰布也揚與布同義賈疏注亦云播謂發揚其音云揚之以八音乃可得而觀之矣者既以五聲調律呂以定其均乃被之八音播揚之以發其聲然後樂成而可觀也賈疏云義取左氏季札請觀周樂故以觀言之也云金鍾鎛也石磬也土塤也革鼓鼗也絲琴瑟也木柷敔也匏笙也竹管簫也者五行大義引樂緯云物以三成以五立三加五如八故音以八音金石絲竹土木匏革以發宮商角徵羽也金爲鍾石爲磬絲爲弦竹爲管土爲塤木爲柷圉匏爲笙革爲鼓鼓主震笙主巽柷圉主乾塤主艮管主坎弦主離磬主坤鍾主兌案以上所說八音漢書律厤志白虎通義禮樂篇引樂記北堂書鈔樂部引五經通義說並同土音亦謂之瓦國語周語單穆公曰金石以動之絲竹以行之歌以詠之匏以宣之瓦以贊之革木以節之是也絲亦謂之弦小師云弦歌是也竹亦謂之簜大射儀云簜在建鼓之閒注云簜竹也笙簫之屬是也賈疏云匏笙亦以竹爲之以經別言匏故匏不得竹名也

教六詩曰風曰賦曰比曰興曰雅曰頌

教教瞽矇也風言聖賢治道之遺化也賦之言鋪直鋪陳今之政教善惡比見今之失不敢斥言取比類以言之興見今之美嫌於媚諛取善事以喻勸之雅正也言今之正者以爲後世法頌之言誦也容也誦今之德廣以美之鄭司農云古而自有風雅頌之名故延陵季子觀樂於魯時孔子尚幼未定詩書而曰爲之歌邶鄘衛曰是其衛風乎又爲之歌小雅大雅又爲之歌頌論語曰吾自衛反魯然後樂

正雅頌各得其所時禮樂自諸侯出頗有謬亂不正孔子正之曰比曰興比者比方於物也興者託事於物【疏】教六詩曰風曰賦曰比曰興曰雅曰頌者謂詩含六義也毛詩大序云故詩有六義焉一曰風二曰賦三曰比四曰興五曰雅六曰頌其次與此經同孔疏云風雅頌者詩篇之異體賦比興者詩文之異辭耳大小不同而得並爲六義者賦比興是詩之所用風雅頌是詩之成形用彼三事成此三事是故同稱爲義非別有篇卷也鄭志張逸問何詩近於比賦興答曰比賦興吳札觀詩已不歌也孔子錄詩已合風雅頌中難復摘別篇中義多興逸見風雅頌有分段以爲比賦興亦有分段謂有全篇爲比全篇爲興欲鄭指摘言之鄭以比賦興者直是文辭之異非篇卷之別故遠言從本來不別之意言吳札觀詩已不歌明其先無別體不可歌也孔子錄詩已合風雅頌中明其先無別體不可分也元來合而不分今日難復摘別也案孔說是也成伯璵毛詩指說云風賦比興雅頌謂之六義賦比興是詩人制作之情風雅頌是詩人所歌之用與孔說同此六義風雅頌以體異撰錄詩言之也其入樂則以聲異故籥章豳詩亦兼雅頌之名詳彼疏國語魯語云昔正考父校商之名頌十二篇於周大師以那爲首漢書食貨志云孟春之月行人振木鐸徇於路以采詩獻之太師比其音律以聞於天子則凡錄詩入樂通掌於大師矣 注云教教瞽矇也者據瞽矇云掌九德六詩之歌以役大師故知此教六詩即教彼官又文王世子云春誦夏弦大師詔之瞽宗則此官亦教學士不徒瞽矇也賈子新書傳職篇云號呼歌謠聲音不中律燕樂雅誦逆樂序凡此其屬詔工之任也詔工蓋即大師以其教瞽矇故謂之詔工矣云風言聖賢治道之遺化也者詩序云風風也教也風以動之教以化之又云上以風化下下以風刺上主文而譎諫言之者無罪聞之者足以戒故曰風又云是以一國之事繫之一人之本謂之風案詩序所論兼正變風

言王制云命大師陳詩以觀民風是也此注云聖賢治道之遺化者
指二南正風言也不及變風者鄭詩譜序云孔子錄懿王夷王時詩
訖於陳靈公淫亂之事謂之變風變雅是變風起於懿王以後周初
止有正風故專據聖賢遺化釋之云賦之言鋪直鋪陳今之政教善
惡者楚辭悲回風王注云賦鋪也鋪陳今之政教對風說聖賢治道
之遺化爲陳古事也釋名釋典藝云敷布其義謂之賦毛詩指說云
賦者敷也指事而陳布之也義並略同云比見今之失不敢斥言取
比類以言之者鬼谷子反應篇云比者比其辭也陶弘景注云比謂
比類也釋名釋典藝云事類相似謂之比毛詩指說云物類相從善
惡殊態以惡類惡謂之爲比牆有茨比方是子者也云興見今之美
嫌於媚諛取善事以喻勸之者毛詩指說云以美喻比謂之爲興歎
詠盡韻善之深也聽關雎聲和知后妃能諧和衆妾在河洲之闊遠
喻門壼之幽深鴛鴦于飛陳萬化得所此之類也云雅正也言今之
正者以爲後世法者亦據正雅言也詩序云言天下之事形四方之
風謂之雅雅者正也言王政之所由廢興也政有小大故有小雅有
大雅焉釋名釋典藝云言王政事謂之雅云頌之言誦也容也誦今
之德廣以美之者頌誦容並聲近義通素問陰陽類論云頌得從容
之道王冰注云頌今爲誦也詩序云頌者美盛德之形容以其成功
告於神明者也鄭周頌譜云頌之言容天子之德光被四表格於上
下無不覆幬無不持載此謂之容釋名釋典藝云稱頌成功謂之頌
又釋言語云頌容也敘說其成功之形容也鄭司農云古而自有風
雅頌之名故延陵季子觀樂於魯時孔子尚幼未定詩書而曰爲之
歌邶鄘衛曰是其衛風乎又爲之歌小雅大雅又爲之歌頌者證風
雅頌之名在孔子刪定前已有之故此經得列於六詩也詩譜序引
虞書曰詩言志歌永言聲依永律和聲謂詩之道放於唐虞風雅頌
錄於成王周公致太平制禮作樂之時孔疏亦引六藝論云唐虞始

造其初至周分爲六詩是後鄭謂六詩之分在於周初與先鄭說同
公羊穀梁傳並云襄二十一年孔子生季札聘魯在襄二十九年是
年孔子方九歲故云尚幼也賈疏云按襄二十九年季札聘魯請觀
周樂爲之歌邶鄘衛小雅大雅及頌等先鄭彼注云孔子自衛反魯
然後樂正雅頌各得其所自衛反魯在哀公十一年當此時雅頌未
定而云爲歌大雅小雅頌者傳家據已定錄之言季札之於樂與聖
人同與此注違者先鄭兩解雖然據此經是周公時已有風雅頌則
彼注非也案賈引先鄭左傳注義與此經注並不合疑有誤攷詩譜
序疏引服虔左傳注說正與賈所述同或誤以服義爲先鄭解與又
引論語曰吾自衛反魯然後樂正雅頌各得其所者論語子罕篇文
集解引鄭注云反魯哀公十一年冬是時道衰樂廢孔子來還乃正
之故雅頌各得其所案凡詩皆可弦歌入樂故詩亦通謂之樂荀子
禮論篇以汋桓象爲樂墨子三辨篇以騶虞爲成王之樂是也六詩
爲樂之枝別故樂正則雅頌亦各得其所也云時禮樂自諸侯出頗
有謬亂不正孔子正之者明論語言雅頌各得其所謂正其不正失
所者非謂定雅頌之名也鄉飲酒禮注亦云昔周之興也周公制禮
作樂采時世之詩以爲樂歌所以通情相風切也後世衰微幽厲尤
甚禮樂之書稍稍廢棄孔子曰吾自衛反魯然後樂正雅頌各得其
所謂當時在者而復重雜亂者也義與此同云曰比曰興比者比方
於物也興者託事於物者呂氏春秋貴公篇高注云比方也又大司
樂注云興者以善物喻善事此比方於物謂直以物相比況託事於
物謂託物發端以陳其事與後鄭說略同但比興兼賅事物先鄭偏
就物爲訓於義未
備故引之在後也**以六德爲之本**所教詩必有知仁聖義中忠
和之道乃後可教以樂歌 **疏** 以六
德爲
之本者以下二經並冡上教六詩而言此謂教學詩必擇有德者以
爲受教之本也 注云所教詩必有知仁聖義忠和之道乃後可教

以樂歌者，賈疏云：凡受教必以行爲本，故使先有六德爲本，乃可習六詩也。按大司徒職云「以鄉三物教萬民，一曰六德，知仁聖義忠和」，故取以釋之。案此六德，疑當爲大司樂以樂德教國子之中和祗庸孝友，鄭賈別取大司徒鄉三物之六德爲釋，恐非經義。**以六律爲之音**，以律視其人爲之音，知其宜何歌。子貢見師乙而問曰：賜也聞樂歌各有宜，若賜者宜何歌。此問人性也。本人之性莫善於律。疏以六律爲之音者，明教歌詩者又當調律和其音。言六律者，舉陽律以晐陰同也。詩大序云：情發於聲，聲成文謂之音。箋云：聲成文者，宮商上下相應是也。注云以律視其人爲之音知其宜何歌者，賈疏云：大師以吹律爲聲，又使其人作聲而合之，聽人聲與律呂之聲合，謂之爲音，或合宮聲，或合商聲，或合角徵羽之聲，聽其人之聲，則知宜歌何詩。若然，經云以六律爲之音，據大師吹律共學者之聲合乃爲音，似若曲合樂曰歌之類也。云子貢見師乙而問曰賜也聞樂歌各有宜若賜也宜何歌者，並樂記文。引之者，證人音各有所宜之事。子貢，彼作子贛，贛正字，貢叚借字。云此問人性也本人之性莫善於律者，釋子貢發問之義。樂記師乙曰：寬而靜，柔而正者宜歌頌；廣大而靜，疏達而信者宜歌大雅；恭儉而好禮者宜歌小雅；正直而靜，廉而謙者宜歌風；肆直而慈愛者宜歌商；溫良而能斷者宜歌齊。寬靜柔正等，即謂人性既殊，歌各異宜，故鄭樂記注云「聲歌各有宜，氣順性也」是也。**大祭祀，帥瞽登歌，令奏擊拊**，擊拊，瞽乃歌也。故書拊爲付。鄭司農云：登歌，歌者在堂也。付字當爲拊，書亦或爲拊。樂或當擊，或當拊。登歌下管，貴人聲也。玄謂拊形如鼓，以韋爲之，著之以糠。疏大祭祀帥瞽登歌者，此奏堂上之樂也。大史注云：大師，瞽官之長，故帥領羣瞽，即敘官上中下瞽是也。賈疏云：謂下神合樂，皆升歌清廟，故將作樂時，大師帥取瞽人登堂於西階之東，北面坐而歌者與瑟以歌詩也。云令奏擊

拊者令奏與大司樂樂師義略同樂記注引作合奏下同並傳寫之誤不足據賈疏云拊所以導引歌者故先擊拊瞽乃歌也歌者出聲
謂之奏黃以周云拊與𣗳皆大師自擊之擊之即所以令之也案賈黃說是也此令奏即謂命瞽矇歌詩周書本典篇云故奏鼓以章樂
奏舞以觀禮奏歌以觀和是歌亦得謂之奏說文本部云禮登謌曰奏是也下云下管播樂器令奏鼓𣗳亦即謂奏管及眾樂器與他職
奏專指金奏者異閒歌合樂堂上工歌亦大師令奏擊拊經不言者文不具也　注云擊拊瞽乃歌也者以經設文先歌奏後擊拊嫌擊
拊在歌後故釋之書皋陶謨云戛擊鳴球搏拊琴瑟以詠謂先擊特磬亦擊搏拊而後弦歌大戴禮記禮三本篇亦云清廟之歌一倡而
三歎也縣一磬而尚拊搏荀子禮論篇云縣鍾尚拊之膈楊注云膈擊也引書戛擊又引長楊賦拮膈韋昭曰古文膈為擊是荀子之拊
膈即是擊拊蓋並謂升歌擊拊及鍾磬之事江聲王鳴盛孫星衍黃以周並謂拊在堂上故大師得自擊以令奏即禮三本所謂尚拊也
云故書拊為付者段玉裁云付古文假借字徐養原云大祝付練祥注云付當為祔然則拊祔等字古祇作付今文始加手加示鄭司農
云登歌歌者在堂也者羊人注云登升也此即禮經之升歌其節在金奏之後下管之前堂上鼓琴瑟以歌詩也大射儀升歌時大師少
師及工並升自西階北面東上又云乃歌鹿鳴三終鄉飲酒燕禮亦並升歌鹿鳴明堂位祭統說天子之樂大嘗禘升歌清廟則此大祭
祀宜歌頌宗廟大祫又歌九德之歌與諸侯以下歌小雅異其升堂西階北面之位則同云付字當為拊書亦或為拊者先鄭以聲類破
付為拊別本正作拊與先鄭同云樂或當擊或當拊者書舜典云夔曰於予擊石拊石孔疏云擊是大擊拊是小擊漢書吳王濞傳顏注
云拊輕擊之先鄭意升歌之樂堂下有磬以應之或當重擊或當輕擊故云擊拊小師先鄭注釋拊為擊石與此注義亦同黃以周云先

鄭或擊或拊用虞書擊石拊石爲義後鄭謂擊其拊用虞書戛擊搏拊以詠爲義以小師職登歌擊拊下管擊應鼓之文覈之以後鄭擊其拊爲長案黃說是也互詳小師疏云登歌下管貴人聲也者郊特牲云歌者在上匏竹在下貴人聲也儀禮經傳通解引尚書大傳云古者聖王升歌清廟之樂大琴練弦達越大瑟朱弦達越以韋爲鼓謂之搏拊何以也君子有大人聲不以鍾鼓竽瑟之聲亂人聲清廟升歌者歌先人之功烈德澤也故欲其清也云玄謂拊形如鼓以韋爲之著之以穅者賈疏云此破先鄭拊非樂器知義如此者約白虎通引尚書大傳云拊革裝之以穅今書傳無者在亡逸中案今本通義禮樂篇引大傳作搏拊鼓振以康與賈引又小異明堂位注云拊搏以韋爲之充之以穅形如小鼓所以節樂案登歌用拊下管用㮄故樂記云會守拊鼓又云治亂以相注云相即拊也亦以節樂拊者以韋爲表裝之以穅穅一名相因以名焉今齊人或謂穅爲相書皐陶謨作搏拊爲孔傳及大司樂疏引鄭書注史記樂書張氏正義說並略同釋名釋樂器云搏拊以韋盛穅形如鼓以手拊拍之也聶氏三禮圖引舊圖云相以韋爲之線縫當擊處圜四圍漸稍而下以漆拊局承而擊之御覽樂部引風俗通云相拊也所以輔相於樂奏樂之時先擊相與此經令奏義合而釋相則與樂記注說不同疑誤爾雅釋樂云和樂謂之節邢昺疏云樂器名謂相也通典樂云撫拍以韋爲之實之以穅撫之以節樂也又云節鼓狀如博局中開圓孔適容其鼓擊之以節樂也案杜所云狀如博局者蓋即舊禮圖所謂以漆拊局承而擊之者然又以撫拍與節鼓爲二則未審參綜諸說蓋此器以拊拍出音故曰拊曰搏拊曰拊搏曰撫拍以節和樂故曰節其中著以穅故曰相其形似小鼓故又曰節鼓七者異名實一物也

下管播樂器令奏鼓㮄鼓㮄管乃作也特言管者貴人氣也鄭司農云下管吹管者在堂下㮄小鼓也先擊小鼓

乃擊大鼓小鼓爲大鼓先引故曰朄朄讀爲道
引之引玄謂鼓朄猶言擊朄詩云應朄縣鼓

疏 下管播樂器者此
奏堂下之樂謂升
歌之後笙師帥衆笙及瞽矇在堂下以管播詩而不歌也其播衆樂
器則亦瞽矇眡瞭等贊之前升歌時大師帥瞽鼓瑟而歌上經云播
之以八音絲爲八音之一瞽矇又云掌播鼗柷敔塤簫管弦歌則鼓
琴瑟等亦爲播樂器而此於下管始言播樂器者升歌重歌不重器
下管以管播詩則專用器故也賈疏云凡樂歌者在上匏竹在下故
云下管播樂器卽笙簫及管皆謂播揚其聲云令奏鼓朄者鼓唐石
經誤瞽今據宋本正賈疏云奏卽播亦一也欲令奏樂器之時亦先
擊朄導之也戴震云奏謂歈管也黃以周云大師小師皆言下管擊
小鼓與虞書下管鞉鼓合曰下管包笙入曰管曰笙皆貴人氣其樂
固不止管笙也故又曰播樂器播與奏別賈疏非詩有瞽篇應田縣
鼓鞉磬柷敔既備乃奏簫管備舉卽此所謂播樂器也案黃說是也
此樂器當通堂下四縣言之下管之後凡閒歌合樂堂下諸樂等皆
大師令奏此經蓋通晐之矣金鶚云奏夏先擊鍾餘樂皆先擊鼓登
歌下管皆先擊小鼓次擊大鼓舞亦先擊鼓樂記所謂始奏以文也
樂記云樂由陽來陽必根乎陰故古之奏樂必先西大射儀樂縣應
鼙在阼階西朔鼙在西階西鄭注云朔始也奏樂先擊西鼙樂爲賓
所由來也先擊朔鼙應鼙應之是奏樂先西也鄭謂賓所由來則失
其義朔鼙卽朄大師下管播樂器令奏鼓朄小師凡小祭祀小樂事
鼓朄是祭祀亦先擊西鼙非特賓客也 注云鼓朄管乃作也者謂
鼓朄以導奏管也云特言管者貴人氣也者以經云播樂器而特言
下管明貴人氣故別異之也賈疏云以管簫皆用氣故云貴人氣若
然先鄭云登歌下管貴人聲此後鄭云特言管者貴人氣不同者各
有所對若以歌者在上對匏竹在下歌用人聲爲貴故在上若以匏
竹在堂下對鍾鼓在庭則匏竹用氣貴於用手故在階閒也鄭司農

云下管吹管者在堂下者登歌之後堂下以管奏樂大射儀堂下之縣簜在兩階建鼓之閒簜卽笙管也金鶚云下管堂下以管奏象或新宮鼗鼓柷敔以節之亦鍾磬應之李光地云考之儀禮蓋管重於笙重則以管輕則以笙也故升歌三終笙入三終鄉飲酒及燕用之無所謂管者至四方之賓客則升歌鹿鳴下管新宮故曰管重於笙案李說是也燕禮記說以樂樂賓之盛禮云升歌鹿鳴下管新宮笙入三成遂合鄉樂注云管之入三成謂三終也大射儀升歌之後亦云乃管新宮三終注云管謂吹簜以播新宮之樂笙從工而入既管不獻略下樂也據鄭說是升歌者大師帥瞽升堂而歌下管者笙師帥衆笙立堂下階閒而管笙入卽謂笙人入而奏管笙師教龡樂器笙管並掌是其證矣禮經下管新宮者諸侯以下禮明堂位祭統說天子大嘗禘並云下管象象亦下管之樂曲也凡大師小師掌鼓琴瑟歌詩笙師掌吹管笙奏詩一職不同故閒歌合樂堂上堂下或迭奏或同奏兩不相妨大射儀云大師及小師上工皆降立于鼓北羣工陪于後乃管新宮三終彼大師小師皆不掌吹管而升歌之後卽降立於鼓北者蓋爲鼓朄令奏而下非爲奏管而下也燕禮記云下管新宮笙入三成者猶大射云管新宮三終三成自冢新宮言之非別有笙奏三成也蓋管笙聲略同禮盛者則奏管而兼笙禮殺者則奏笙而無管故鄉飲酒鄉射及燕經並有笙奏而無下管大射儀有下管則又不及笙奏燕禮記以管笙兩舉者笙卽指笙師之屬明管亦笙人所奏別無管師也鄉射禮無專奏笙詩之節惟合樂歌笙合奏而云笙入立于縣中西面乃合樂彼笙爲合樂而入猶燕禮記之笙爲下管而入也參互推校笙入與下管非一節明矣互詳鍾師疏云朄小鼓也先擊小鼓乃擊大鼓小鼓爲大鼓先引故曰朄朄讀爲道引之引者徐鍇本說文申部云𣬉擊小鼓引樂聲也从申柬聲周禮曰小樂事鼓𣬉讀若引朄卽𣬉之變體段玉裁云許說與大鄭同

但云从申柬聲似誤疑當云從申柬申亦聲申之言引伸也柬之言小鼓與大鼓分別也黄以周云先鄭以鼓𪔍爲二物鼓卽建鼓𪔍爲引鼓陳祥道云周禮大祭祀皆鼓𪔍擊應大射有朔鼙應鼙詩應田縣鼓又以應配𪔍則朔鼙乃𪔍鼓也以其引鼓故曰𪔍以其始鼓故曰朔是以儀禮有朔無𪔍周禮有𪔍無朔其實一也鄭以應與𪔍及朔爲三鼓恐不然也案陳說近是戴震江藩金鶚馬瑞辰說並同大射儀下管時大師降立於鼓北鄭注謂西縣建鼓之北彼陳說𪔍卽朔鼙則正在西縣與此鼓𪔍之文亦似相合互詳小師疏初學記鼓類引纂要云應鼓曰鞞鼓亦曰𪔍鼓亦曰田鼓𪔍者引也言先擊鼓以引大鼓也纂要說似誤以𪔍與應鼙爲一不足據云玄謂鼓𪔍猶言擊𪔍者小師注云出音曰鼓鄭以此鼓𪔍卽謂擊之出音與六鼓義異也引詩云應𪔍縣鼓者周頌有瞽篇文毛詩作應田縣鼓傳云田大鼓也鄭箋云田當作𪔍𪔍小鼓在大鼓旁應𪔍之屬也聲轉字誤變而作田案毛詩釋田爲大鼓與鄭字義並異鄭明堂位注及爾雅釋樂郭注引詩亦並作𪔍疑本三家詩說引之者證鞞爲鼓名也

大饗亦如之【疏】大饗亦如之者賈疏云此大饗謂饗諸侯來朝卽大行人上公三饗侯伯再饗子男一饗之類其廟行饗之時作樂與大祭祀同亦如上大祭祀帥瞽登歌下管播樂器令奏皆同故云亦如之凡祭祀大饗及賓射升歌下管一皆大師令奏小師佐之其鍾鼓則大祝令奏故大祝云隋釁逆牲逆尸令鍾鼓右亦如之若賓射及饗鍾鼓亦當大祝令之與祭祀同也其小祭祀及小賓客文不見或無升歌之樂其外祭祀山川社稷皆準大祭祀令奏也詒讓案仲尼燕居說大饗云入門而金作示情也升歌清廟示德也下而管象示事也此卽大饗金奏升歌下管之節

大射帥瞽而歌射節射節王歌騶虞【疏】大射帥瞽而歌射節者此射樂登歌之外別有歌射節之事也大射儀云小臣納工工六

人四瑟僕人正徒相大師僕人師相少師僕人士相上工又云樂正命大師曰奏貍首閒若一大師許諾奏貍首以射鄭注云工謂瞽矇善歌諷誦詩者也六人大師少師各一人上工四人鄭大師帥瞽歌射節之事亦大司樂令之也其賓射燕射歌射節亦當同金鶚云上文云帥瞽登歌此歌不言登亦奏在堂下之證案金說是也詳大司樂疏　注云射節王歌騶虞者鄭大司樂云大射令奏騶虞是也賈疏云謂若射人所云樂以騶虞九節貍首七節采蘋采蘩五節之類則大師爲之歌也

大師執同律以聽軍聲而詔吉凶大師大起軍師兵書曰王者行師出軍之日授將弓矢士卒振旅將張弓大呼大師吹律合音商則戰勝軍士強角則軍擾多變失士心宮則軍和士卒同心徵則將急數怒軍士勞羽則兵弱少威明鄭司農說以師曠曰吾驟歌北風又歌南風南風不競多死聲楚必無功

疏大師執同律以聽軍聲者同故書疑作銅詳典同疏大師王在軍此大師官執同律乘車以從王大史云大師抱天時與大師同車二官爲官聯也　注云大師大起軍師者鄭夏官序官二千有五百人爲師之師謂王有所征討大發六師以行也大司馬注云大師王出征伐也與此注義互相備引兵書者賈疏云武王出兵之書合音商則戰勝軍士強者商屬西方金金主剛斷故兵士強也角則軍擾多變失士心者東方木木主曲直故軍士擾多變失士心宮則軍和士卒同心者中央土土主生長又載四行故軍士和而同心徵則將急數怒軍士勞者南方火火主熛怒故將急數怒羽則兵弱少威明者北方水水主柔弱又主幽闇故兵弱少威明也案賈引武王兵書今未見所出史記律書云六律爲萬事根本其於兵械尤所重故云望敵知吉凶聞聲效勝負百王不易之道也武王伐紂吹律聽聲推孟春以至于季冬殺氣相并而音尙宮張氏正義引兵書說同卽本此注也又六韜五音篇云武王問太公曰律

音之聲可以知三軍之消息勝負之決乎太公曰夫律管十二其要有五音宮商角徵羽此真正聲也萬代不易五行之神道之常也金木水火土各以其勝攻也其法以天清淨無陰雲風雨夜半遣輕騎往至敵人之壘去九百步外偏持律管當耳大呼驚之有聲應管其來甚微角聲應管當以白虎徵聲應管當以玄武商聲應管當以朱雀羽聲應管當以句陳五管聲盡不應者宮也當以青龍此五行之符佐勝之徵成敗之機武王曰善哉太公曰微妙之音皆在外候武王曰何以知之太公曰敵人驚動則聽之聞枹鼓之音者角也見火光者徵也聞金鐵矛戟之音者商也聞人嘯呼之音者羽也寂寞無聲者宮也此五音者聲色之符也又五行大義引黃帝兵決亦有審五音以知敵性及候風聲之術此並古兵家聽軍聲遺法與此注所述又異云鄭司農說以師曠曰以下者賈疏云按襄公十八年楚子使子庚帥師侵鄭左傳曰甚雨及之楚師多凍役徒幾盡晉人聞有楚師師曠曰不害吾驟歌北風又歌南風南風不競多死聲楚必無功注云北風夾鍾無射以北南風沽洗南呂以南南律氣不至故死聲多吹律而言歌與風者出聲曰歌以律是候氣之管氣則風也故言歌風引之者證吹律知吉凶之事也案賈所引左傳注係章氏疏引作服注杜注云歌者吹律以詠八風南風音微故曰不競也與賈服義異

大喪帥瞽而廞作匶謚 廞興也興言王之行謂諷誦其治功之詩故書廞爲淫鄭司農云淫陳也陳其生時行迹爲作謚

疏 大喪帥瞽而廞作匶謚者匶籀文柩詳鄉師疏賈疏云大喪言凡則大喪中兼王后雖婦從夫謚亦須論行乃謚之言帥瞽者即帥瞽矇歌王治功之詩廞作匶謚者以其與諭王治功之詩爲柩作謚案據疏說則經大喪上當有凡字唐石經及宋本並挩大史疏引此經亦有凡字宰夫注云大喪王后世子也此亦當關世子喪以後凡樂官廞器並同賈讀廞作匶謚爲句依二鄭義

也王引之云周官大喪言廞者皆謂陳器物司裘廞裘司服廞衣服巾車廞遣車車僕廞革車司常建廞車之旌司兵廞五兵圉人廞馬樂官則大司樂眡瞭笙師鎛師籥師並言廞樂器典庸器廞筍虡司干廞舞器皆是也大師小師之廞不應獨異帥瞽而廞謂廞樂器也樂器眡瞭所廞而以爲大師帥瞽而廞者眡瞭掌大師之縣故大師得命眡瞭廞之又帥瞽而涖其事也周頌有瞽篇有瞽有瞽在周之庭設業設虡崇牙樹羽應田縣鼓鞉磬柷圉彼樂器亦是眡瞭設之而詩以爲瞽之所設則以眡瞭相瞽故也大師帥瞽而廞樂器小師又與廞者猶大司樂大喪涖廞樂器樂師亦云凡喪陳樂器則帥樂官也廞樂器但謂之廞者因上大司樂下眡瞭廞樂器之文而省猶鄉師之致民大司馬及致建大常比軍衆但謂之致也廞以陳器謚以易名二者絕不相涉不得合爲一事謚爲王及后作非爲匶作也亦不得以作匶謚連讀作匶二字當絕句作匶蓋謂將載時也作起也動也匶朝於廟升自西階及將祖則舉匶郤下而載於車故謂之作匶也言當作匶之時大師則進而謚焉故曰作匶謚小史職曰卿大夫之喪賜謚讀誄鄭注曰其讀誄亦以大師賜謚爲節事相成也則大史之大喪讀誄亦以大師之謚爲節先誄後謚同在一時可知矣大史職曰遣之日讀誄鄭注曰遣謂祖廟之庭大奠將行時也人之道終於此累其行而讀之大師又帥瞽廞之而作謚瞽史知天道使共其事言王之誄謚成於天道是誄謚相因同在遣之日也案既夕禮載匶即在遣之日是日將載而作匶則大史誄之而大師謚之故曰遣之日讀誄又曰作匶謚作匶者遣之始也如謂經文但言作謚而非以作匶爲節則直云作謚其義已明何乃枝蔓其詞而云匶乎以是明之案王說是也作匶謚者言作匶而遂作謚與大史爲官聯也周書謚法篇說武王崩將葬乃制作謚白虎通義謚篇云所以臨葬而謚之何因衆會欲顯揚之也祖載而有謚也祖載即作匶此

云作匶謚猶云祖載而作謚矣 注云廞興也者司裘注同云興言王之行謂諷誦其治功之詩者司裘注云若詩之興蓋謂述王平生行事作詩以美之若六詩之興然遂以為謚也王引之云後鄭說廞作匶謚曰諷誦其治功之詩又若其無據而舉瞽矇諷誦詩以當之案詩頌美盛德之形容以其成功告於神明惟祭宗廟則然耳不聞用之於作謚也且瞽矇之諷誦詩所以箴王之闕鄭司農云主誦詩以刺君過而說以國語瞍賦矇誦是也非為作謚而設若以為廞作匶謚則是瞽之誦詩專用之於大喪而平時規過之職反闕焉不講矣無是理也云故書廞為淫鄭司農云淫陳也者云下疑當有淫讀為廞四字並詳司裘疏云陳其生時行迹為作謚者周書謚法篇云謚者行之迹也白虎通義謚篇云謚之為言引也引列行之迹也所以進勸成德使上務節也案先鄭直為陳王生時行迹不為諷誦詩也與後鄭小異賈疏云凡作謚謂將葬時故檀弓云公叔文子卒其子戌請於君曰日月有時將葬矣請所以見其名者曾子問云賤不誄貴幼不誄長天子稱天以誄之引公羊說制謚於南郊是也王引之云如先鄭所解則廞與誄同矣案大史職曰大喪執灋以涖勸防遺之日讀誄是誄者大史之事生時行迹大史固已陳之矣若大師又陳其行迹是再誄也誄不應再且廞之為道若與誄同則經文直云帥瞽而誄可矣何必變其文為廞乎此說之不可通者也案王說是也先鄭訓廞為陳得之而讀廞作匶謚句斷以為陳生時行迹為作謚則與後鄭同誤

凡國之瞽矇正焉從大師之政教

疏 注云從大師之政教者夏官敘官注云正猶聽也謂聽從其政令給其役使故瞽矇云掌九德六詩之歌以役大師經例凡以長領屬為帥以屬從長為正為聽此大宰八法官屬之通制也

小師掌教鼓鼗柷敔塤簫管弦歌教教瞽矇也出音曰鼓鼗如鼓而小持其柄搖之旁耳還自擊塤燒

土爲之大如鴈卵簫編小竹管如今賣飴餳所吹者弦謂琴瑟也歌依詠詩也鄭司農云柷如漆筩中有椎敔木虎也塤六孔管如篪六孔玄謂管如篴而小併兩而吹之今大予樂官有焉【疏】注云教教瞽矇也者賈疏云按瞽矇所作樂器與此所要者同明此教教瞽矇也詒讓案此鼗亦兼教視瞭塤簫管三者笙師又教之者彼注亦云教視瞭與此異也云出音曰鼓者舊本出音下衍者字今依宋婺州本刪廣雅釋詁云鼓鳴也此與六鼓之鼓字同義異謂鳴鼗柷以下諸器使出音猶瞽矇云播也說文攴部別有鼓字訓擊鼓也與此鼓音義並異岳珂本從彼改此注作鼓蓋沿毛居正六經正誤之謬說今不從賈疏云鄭知此經鼓非六鼓之鼓者案鼓人云掌教六鼓眡瞭職云掌大師之縣又云賓射皆奏其鍾鼓則六鼓鼓人教之眡瞭擊之非此小師教又瞽矇所作不言鼓明此鼓既在鼗已下諸器之上是出聲爲鼓也云鼗如鼓而小持其柄搖之旁耳還自擊者釋文出搖之云本亦作搖兩文不異必有一誤孔繼汾據矢人釋文謂下搖字當作搖段玉裁云正文當是繇之追衍注步搖本或作繇可證盧本改此搖作遙非案段說近是說文革部云鞀遼也重文鞉或从兆鼗鞀或从鼓从兆經作鼗卽鞀之變體釋名釋樂器云鞉導也所以導樂作也王制孔疏引漢禮器制度云鼗如小鼓長柄旁有耳搖之使自擊是鄭所據也案鄭云如鼓而小者謂形如鼙人所爲諸鼓而長廣及中圍之度皆減小也攷爾雅釋樂云大鼗謂之麻小者謂之料則鼗亦有自有大小之別大司樂又有靁鼗靈鼗路鼗則六鼓疑皆有鼗此官當通教之矣其柄貫於鼓匡之木而旁綴繩以爲兩耳詩商頌那置我鞉鼓毛傳云鞉鼓樂之所成也夏后氏足鼓殷人置鼓周人縣鼓依毛詩義則鼗鼓亦殷置周縣異法但置縣皆不便搖擊豈擊時別解下之以手持其柄而搖之與鼓人六鼓或建或縣而以桴擊之異與然大射儀云鼗倚于頌磬西紘則是倚而非縣毛

詩說與禮究不相應故鄭詩箋云鞉雖不植貫而搖之亦植之類若
然鄭意周鼗固不縣也云塤燒土為之大如鴈卵者說文土部云壎
樂器也以土為之六孔玉篇土部云壎塤同釋名釋樂器云塤喧也
聲濁喧喧然也爾雅釋樂云大塤謂之嘂郭注云塤燒土為之大如
鵝子銳上平底形如稱錘六孔小者如雞子呂氏春秋仲夏紀注云
壎以土為之大如鴈子其上為六孔聶崇義云大如鴈卵謂之雅塤
小者如雞子謂之頌塤凡六孔上一前三後二案書鈔樂部引三禮
舊圖略同蓋聶氏所本鴈卵即鵝也詳賸夫疏依聶圖說鄭即據雅塤
言之郭高說並與鄭同廣雅釋樂云塤象稱錘亦謂橢圓形也云簫
編小竹管如今賣飴餳所吹者者詩周頌有瞽箋義同編小竹管謂
以繩編聯衆竹管比次為之莊子齊物論篇云人籟則比竹是已比
竹即謂簫也賈疏云案通卦驗云簫長尺四寸注云簫管形象鳥翼
鳥為火火成數七生數二二七一十四簫之長由此廣雅云籟謂之
簫大者二十四管小者十六管有底三禮圖云簫長尺四寸頌簫長
尺二寸此諸文簫有長短不同古者有此制也孔疏云釋樂云大簫
謂之言小者謂之筊郭璞曰簫大者編二十三管長尺四寸小者十
六管長尺二寸一名籟易通卦驗云簫長尺四寸風俗通云簫參差
象鳳翼十管長二尺其言管數長短不同蓋有大小故也要是編小
竹管為之耳如今賣餳者所吹其時賣餳之人吹簫以自表也方言
云餳謂之張皇或云滑餹凡飴謂之餳關東之通語也然則餳者餭
之類也案孔賈說是也說文竹部云簫參差管樂象鳳之翼釋名釋
樂器云簫肅也其聲肅肅然清也通典樂引蔡氏月令章句云簫編
竹有底大者上十三管小者十六管長則濁短則清以蜜蠟實其底
而增減之則和藝文類聚樂部引三禮圖云雅簫長尺四寸二十四
彄頌簫長尺二寸十六彄案彄聶圖引舊圖作管則彄即管也其云
雅簫二十四彄與張雅讓說同而與蔡郭所云二十三管者不合應

仲遠云十管則又少於諸家所說頌簫之數初學記樂部引五經通義云簫編竹爲之長尺有五寸復與諸家所述尺度不同未知孰是云弦謂琴瑟也者說文弦部云弦弓弦也从弓象絲軫之形琴部云琴禁也神農所作洞越練朱五弦周時加二弦瑟庖犧所作弦樂也釋名釋樂器云瑟施弦張之瑟瑟然也案琴瑟爲絲音與弓皆以絲爲弦故直謂之弦樂記云樂師辨乎聲詩故北面而弦注亦云弦謂鼓琴瑟也樂記又云舜彈五弦之琴又云清廟之瑟朱弦而疏越明堂位有大琴大瑟中琴小瑟爾雅釋樂云大瑟謂之灑大琴謂之離郭注云大瑟長八尺一寸廣一尺八寸二十七弦琴大者二十弦廣雅釋樂云神農氏琴長三尺六寸六分上有五弦曰宮商角徵羽文王增二弦曰少宮少商伏羲氏瑟長七尺二寸上有二十七弦後漢書仲長統傳李注引三禮圖說同初學記樂部引琴操云琴長三尺六寸六分廣六寸五弦大弦爲君小弦爲臣文王武王加二弦以合君臣之恩聶氏三禮圖引舊圖云雅瑟長八尺一寸廣一尺八寸二十三弦其常用者十九弦其餘四弦謂之番番嬴也頌瑟長七尺二寸廣尺八寸二十五弦盡用又引世本云瑟庖犧氏作五十弦黃帝使素女鼓瑟哀不自勝乃破爲二十五弦具二均聲風俗通義音律篇引世本又作四十五弦案瑟弦數大小舊說舛互不合未知孰是儀禮經傳通解引尚書大傳云古者聖王升歌清廟之樂大琴練弦達越大瑟朱弦達越則升歌用大琴大瑟矣云歌依詠詩也者說文欠部云歌詠也漢書藝文志云誦其言謂之詩詠其聲謂之歌釋名釋樂器云人聲曰歌歌柯也所歌之言是其質也以聲吟詠有上下如草木之有柯葉也故兗冀言歌聲如柯也書舜典云歌永言聲依永詩譜序孔疏引鄭書注云永長也歌又所以長言詩之意也聲之曲折又依長言而爲之漢書藝文志引書永作詠注義即本於彼依詠謂依於琴瑟以爲節故臯陶謨云以詠亦冡戛擊琴瑟言之毛詩

魏風園有桃傳亦云曲合樂曰歌又大雅行葦傳云歌者比於琴瑟也賈疏云謂工歌詩依琴瑟而詠之詩此卽詩傳云曲合樂曰歌亦一也故鄉飲酒之屬升歌皆有瑟依詠詩也若不依琴瑟卽爾雅徒歌曰謠也鄭司農云柷如漆筩中有椎者王制孔疏引漢禮器制度文同卽鄭所本賈疏引書皐陶謨合止柷敔鄭注亦同又云合之者投椎於其中而撞之說文木部云柷樂木椌也所以止音爲節椌柷樂也釋名釋樂器云柷狀如桼桶柷如物始見柷柷然也柷始也故訓柷爲始以作樂也風俗通義聲音篇云謹按禮樂記柷漆筩方畫木方三尺五寸高尺五寸中有椎上通柷止音爲節廣雅釋樂云柷象桶方三尺五寸深尺八寸四角有陞鼠爾雅釋樂云所以鼓柷謂之止郭注云柷如漆桶方二尺四寸深一尺八寸中有椎柄連底桐之令左右擊止者其椎名並與先鄭說同惟郭說柷尺度小異白虎通義禮樂篇云柷敔者終始之聲柷始也敔終也明堂位鄭注云揩擊謂柷敔皆所以節樂者也呂氏春秋仲夏紀高注云柷以節樂敔以止樂大司樂賈疏約鄭書注義同據白虎通釋名並訓柷爲始漢禮器制度亦云將作樂先擊之是謂作樂以柷始以敔終也書益稷僞孔傳孔疏漢書禮樂志顏注說並同依鄭高說則柷節樂敔止樂逸樂記及說文說則以柷亦爲止樂鄭明堂位注又謂柷敔同以節樂不分終始衆說差迕金鶚云周語革木以節之節樂卽所以和樂柷敔以節樂和樂當如後世之拍版然據說文風俗通柷敔皆所以節止樂不可謂柷以作樂於始也書言合止柷敔謂合其句而止之合有和之義止有節之義合止皆兼柷敔非柷合而敔止也又止者暫止非終止也先儒皆以爲終止旣與節字之義不合而虞書亦不當敘於笙鏞以閒之先矣唐六典舉麾鼓柷而後樂作偃麾戛敔而後樂止大嘗沿襲相傳皆爲先儒所誤案金說近是又凡作樂柷與敔相將詳大司樂疏云敔木虎也者賈疏引鄭書注云敔狀如伏虎

背有刻所以鼓之以止樂說文攴部云敔樂器椌楬也形如木虎詩周頌傳云圉楬也圉卽敔之借字釋名釋樂器云敔狀如伏虎敔衙雅釋樂云所以鼓敔謂之籈郭注云敔如伏虎背上有二十七鉏鋙也衙止也所以止樂也廣雅釋樂云敔象伏虎背上有二十七刻爾刻以木長尺櫟之籈者其名並與先鄭說同樂記孔疏引鄭詩有瞽篇注云敔背上有二十四鉏鋙檢詩箋無其文說敔背鉏鋙數與古書亦不合疑誤也云塤六孔者孔釋文作空案空孔古今字笙師注並作空陸本是也說文廣雅爾雅郭注呂氏春秋高注說並同風俗通義聲音篇云謹按世本暴辛公作塤塤燒土爲也圍五寸半長三寸半有四孔其二通凡爲六孔云管如篪六孔者丁晏云爾雅釋樂大管謂之簥其中謂之篞小者謂之篎郭注管長尺圍寸併漆之有底賈氏以爲如篪六孔賈氏謂賈逵蓋周禮解詁文也說文竹部管如篪六孔十二月之音物開地牙故謂之管許君从賈氏受古學故說亦同風俗通義聲音篇引禮樂記管漆竹長一尺六孔漢書律志孟康注引禮樂器記同案丁說是也宋書樂志引月令章句云管者形長尺圍寸有六孔無底亦並以管爲六孔賈疏云按廣雅云管象籥長尺圍寸八孔無底八孔者蓋傳寫誤當從六孔爲正也徐養原云賈所引廣雅與今本不同今本籥作篪八作六蓋妄人所改也籥爲比竹象籥正合併吹之義今改之欲強同於先鄭耳後鄭不言孔數則廣雅云八孔亦未必字誤案徐說亦通呂氏春秋仲夏紀淮南子時則訓高注並云管一孔似篴以管爲一孔與先鄭及它書絕異未知所據云玄謂管如篴而小併兩而吹之者宋本釋文出併而無兩字宋余仁仲本亦無盧文弨云云併則兩可知陸所見本無兩字後人乃改而爲兩案盧說是也詩周頌有瞽箋亦云管如篴併而吹之此注當與彼同徐養原云疏云觀後鄭意不與諸家同予按鄭意與諸家蓋不異也諸家云六孔安知不併兩乎鄭云併兩安知不六

孔平風俗通引禮樂記管漆竹長一尺六孔郭璞爾雅注云管長尺
圍寸并漆之有底夫六孔而長尺圍寸是如笛而小也象簫并漆是
并兩而吹也管形甚小與笙簫之管無異并兩而吹宜也孔數固當
以六為正長尺而施六孔為太促故分而為二蓋每管三孔并之而
得六孔然則管之形似兩籥耳籥如笛故管亦如笛云今大子樂官
有焉者予舊本誤子今據宋婺州本余本岳本正王聘珍云後漢書
明帝紀永平三年秋八月戊辰改太樂為太予樂曹褒傳尚書璇璣
鈐曰有帝漢出德洽作樂名予帝下詔曰今且改大樂官曰大予續
書百官志大予樂令一人秩六百石詒讓案續漢書禮儀志劉注引
蔡邕禮樂志云漢樂四品一曰大予樂典郊廟上陵殿諸食舉之樂
鄭據其時大子樂官有此兩管笛故取以證義 大祭祀登歌擊拊 亦自有拊擊之佐大師令奏鄭司農云拊者擊石
疏注云亦自有拊擊之者明與大師擊拊異也賈疏云鄭知小師亦
自擊拊不共大師同擊拊者見大師下管鼓朄此小師下管別自
擊應鼙不同明擊拊亦別可知云佐大師令奏者以大師登歌下管
皆云令奏此無文故補之明二者皆佐大師經文不具也鄭司農云
拊者擊石者書舜典擊石拊石偽孔傳云拊亦擊也大師擊拊先鄭
注云樂或當擊或當拊則拊與擊有大小輕重之異此又釋拊為擊
石者以拊擊義本兩通先鄭兩注皆不以拊為樂器後鄭所不從互詳大師疏 下管擊應鼓 應鼙也應與朄及朔皆小鼓也
其所用別未聞 疏注云應鼙也應與朄及朔皆小鼓也者大射儀建鼓在阼
階西南鼓應鼙在其東南鼓西階之西頌磬東面其南鍾
其南鑮皆南陳一建鼓在其南東鼓朔鼙在其北注云應鼙應朔鼙
也先擊朔鼙應鼙應之鼙小鼓也在東便其先擊小後擊大也朔始
也奏樂先擊西鼙樂為賓所由來也案對文鼙為小鼓散文則通故
此經及禮器並以應鼙為應鼓爾雅釋樂云大鼓謂之鼖小者謂之

應彼釋文引李巡云小者音聲相承故曰應應承也又引孫炎云和應大鼓也毛詩周頌有瞽應田縣鼓傳云應小鞞也戴震云儀禮有朔鼙應鼙鼙者小鼓與大鼓爲節魯鼓薛鼓之圖圜者擊鼙方者擊鼓後世不別設鼙以擊鼓側當之作堂下之樂先擊朔鼙應鼙應之朔者始也所以引樂故又謂之朄朄之言引也朔鼙在西置鼓北應鼙在東置鼓南東方諸縣西嚮西方諸縣東嚮故也馬瑞辰云釋名釋樂器云鼙裨也裨助鼓節也鼙在前曰朔朔始也在後曰應應大鼓也朄以引鼓在前可知朄之卽朔亦可知矣案依鄭義則應朄朔三鼓各異戴馬並謂朄與朔爲一說本陳祥道其義近是江藩金鶚說同攷大射儀大師於下管時降立於鼓北鄭注云鼓北西縣之北也則適與擊朔鼙相近似可爲陳說增一義證但依陳說則大師鼓朄小師擊應鼓當分立東西縣而大射則大師小師並同立鼓北無東西明文又此經升歌大師小師並擊拊而大射亦絕無其文兩經義終不甚相合耳又江藩謂宮縣南北兩縣亦名應鼓孫希旦則謂南方亦名應鼓北方亦名朔鼓經注並無文未知孰是互詳大師疏又案說文鼓部云鼙騎鼓也此蓋大司馬旅帥執鼙之異說與應鼙朔鼙不相涉也宋書樂志又云小鼓有柄曰鞀大鞀謂之鞞案鞀卽鼗之正字與鼙絕異沈說亦不足據云其所用別未聞者賈疏云此上下祭祀之事有應有朄無朔大射有朔有應無朄凡言應者應朔鼙祭祀既有應明有朔但無文不可強定之故云用別未聞也

徹歌於有司徹而歌雍疏注云於有司徹而歌雍者謂祭畢時大宗伯九嬪內外宗等徹豆籩膳夫之屬與小臣等徹簋俎則此官帥瞽矇歌雍以爲節也凡大祭祀徹並歌雍詳樂師疏

大饗亦如之疏大饗亦如之者賈疏云其大饗饗諸侯之來朝者徹器亦歌雍若諸侯自相饗徹器卽歌振鷺故仲尼燕居云大饗有四焉云徹以振羽注振羽振鷺是其事也曾釗云振鷺在周頌不

應但爲諸侯相饗所用而已王饗諸侯當亦用之亦如之者言小師亦爲之歌耳案曾說近是仲尼燕云客出以雍是兩君大饗別以雍
爲送賓之樂王禮或與彼同上注亦祇謂祭祀徹歌雍不謂大饗亦然賈推鄭義乃失其指 大喪與廞從大師【疏】大喪
與廞者穀梁僖十九年范注云與廁豫也廞謂陳樂器眡瞭大喪廞樂器大師率瞽涖之小師亦豫其事也 注云從大師者據大師云
大喪率瞽而廞作匱謚故知此與廞是從大師也 凡小祭祀小樂事鼓朄如大師鄭司農云朄小鼓名【疏】
凡小祭祀小樂事鼓朄者小祭祀謂王玄冕所祭也詳小司徒及司服疏鼓亦謂出音也 注云如大師者大師云下管播樂器令奏鼓
朄彼大祭祀大師鼓朄此小師亦於小祭祀下管奏之與彼所鼓同也鄭司農云朄小鼓名者大師注義同 掌六樂聲音
之節與其和和錞于【疏】掌六樂聲音之節與其和者六樂即大司樂之六樂彼以舞爲主而亦有聲歌此官辨其節奏
使與舞相應也 注云和錞于者釋文云錞本或作淳案錞淳字通詳鼓人疏賈疏云見鼓人云金錞和鼓故知和是錞于也詒讓案典
同云掌六律六同之和又云凡和樂亦如之彼注訓和爲調此經節和當亦廣晐六樂言之則不止一器也鄭以金錞和鼓鼓人有明文
約舉以見義耳非謂凡和樂專用錞于也
瞽矇掌播鼗柷敔塤簫管弦歌播謂發揚其音【疏】掌播鼗柷敔塤簫管弦歌者此即小師所教者也其
塤簫管三者笙師亦教之論語微子篇有播鼗武漢書古今人表顏注引鄭注以爲周平王時人或即此官抑是眂瞭未能定也 注云
播謂發揚其音者大師播之以八音注云播猶揚也論語微子集解引孔安國云播搖也彼專據鼗言之故訓爲搖與此經義異賈疏云

此八音者皆小師教此瞽矇令於作樂之時播揚以出聲也諷誦詩世奠繫鼓琴瑟諷誦詩謂闇讀之不依詠也故書奠或為帝鄭司農云諷誦詩主誦詩以刺君過故國語曰瞍賦矇誦謂詩也杜子春云帝讀為定其字為奠書亦或為奠世奠繫謂帝繫諸侯卿大夫世本之屬是也小史主次序先王之世昭穆之繫述其德行瞽矇主誦詩并誦世繫以戒勸人君也故國語曰教之世而為之昭明德而廢幽昏焉以怵懼其動玄謂諷誦詩主謂廞作柩謚時也諷誦王治功之詩以為謚世之而定其繫謂書於世本也雖不歌猶鼓琴瑟以播其音美之【疏】注云諷誦詩謂闇讀之不依詠也者賈疏云按上注云背文曰諷以聲節之曰誦別釋之此總云闇讀之不依詠者語異義同背文與以聲節之皆是闇讀之不依琴瑟而詠也直背文闇讀之而已故雖有琴瑟猶不得為曲合樂曰歌是以鄭云雖不歌猶鼓琴瑟以播其音美之也若然誦則以聲節之兼琴瑟則為歌矣而得不為歌者此止有諷而言誦者諷誦相將連言誦耳案賈說非也不依詠謂雖有聲節仍不必與琴瑟相應也蓋誦雖有聲節而視歌為簡易易明故左襄十四年傳云衛獻公使大師歌巧言之卒章師曹請為之公使歌之遂誦之又二十八年傳云叔孫穆子食慶封使工為之誦茅鴟又毛詩鄭風子衿傳云古者教以詩樂誦之歌之弦之舞之墨子公孟篇云誦詩三百弦詩三百歌詩三百舞詩三百漢書藝文志亦云不歌而誦謂之賦又云誦其言謂之詩詠其聲謂之歌蓋歌則長言咏歎與弦樂相依不依詠即不成歌故曰諷誦賈以誦兼琴瑟則為歌謂此經止有諷以諷誦相將連言誦失之依詠詳小師疏云故書奠或為帝者故書有兩本一本作奠一本作帝小史奠字故書皆作帝故不云或此杜鄭校故書通例也鄭司農云諷誦詩主誦詩以刺君過者白虎通義諫諍篇云諷諫者智也知禍患之萌深睹其事未彰而諷告焉毛詩序云上以

風化下下以風刺上主文而譎諫言之者無罪聞之者足以戒故曰風先鄭以諷誦爲一謂誦詩以風刺君之過失與諷諫同也云故國語曰瞍賦矇誦謂詩也者周語召公告厲王語引以證諷誦爲刺君過也韋注云賦賦公卿列士所獻詩也周禮矇主弦歌諷誦誦謂箴諫之語也案韋讀弦歌諷誦句斷以小師文校之其讀非也韋又以誦爲誦箴諫之語與鄭義亦異又楚語左史倚相述衞武公曰宴居有師工之誦又云矇不失誦注亦云師樂師也工瞽矇也誦謂箴諫也是亦不以誦爲誦詩今攷凡誦詩書及古事通謂之誦韓非子難言篇云時稱詩書道法往古則見以爲誦是也此樂官所誦則以詩爲主呂氏春秋達鬱篇云矇箴師誦賈子新書保傅篇云瞽史誦詩工誦箴諫大戴禮記保傅篇作鼓史誦詩工誦正諫盧注云工樂人也瞽官長誦謂隨其過誦詩以諷是則箴諫亦是誦詩足證先鄭義奠杜子春云帝讀爲定其字爲奠書亦或爲奠者段玉裁云帝讀爲定者古音庚青部與支佳部通也云其字爲奠者其音義爲定其字形則當作奠必正其字作奠而後再易爲定者周禮全書中不見有言定者也小史注云杜子春云帝當爲奠奠讀爲定書帝亦或爲奠較此注易明司市奠亦讀爲定徐養原云帝與定形聲俱不相近故必轉爲奠然後可讀爲定也故書或爲帝或爲奠義各不同子春之意作奠則可以該帝繫作帝則遺諸侯卿大夫世本故從奠不從帝而經文仍作帝者蓋子春受經於劉歆歆本作帝不欲輒改之至鄭君乃決從奠奠讀爲定者奠本有定義大司徒奠地守注云定地守是也以雙聲疊韻求之亦俱可通奠在霰韻定在徑韻古先韻與清青每相出入匠人凡行奠水鄭司農讀奠爲停停與定亦同音也云世奠繫謂帝繫諸侯卿大夫世本之屬是也者小史先鄭注義同大宰注云繫連綴也世繫卽氏族世次相連綴之名籍繫系之段字詳大宰疏帝繫大戴禮記第六十三篇記黃帝至禹世繫所出漢書藝

文志春秋家世本十五篇其書今佚史記索隱引劉向云世本古史官明於古事者之所記也錄黃帝以來帝王諸侯及卿大夫系謚名號凡十五篇是也世繫者通於上下之言故荀子禮論篇云其銘誄繫世敬傳其名也楊注云繫世謂書其傳襲若今之譜牒也賈疏謂帝繫據王卽經繫諸侯卿大夫謂之世本卽經世然世本亦記帝王系謚則賈說非也俞樾云鄭杜以帝繫世本解世繫二字且曰誦世繫以戒勸人君疑經文本當作奠世繫與小史職同因故書段帝爲奠涉杜注帝繫之文誤爲世帝繫又依杜義讀之遂爲世奠繫而後鄭據以作注乃曰世之而定其繫於文義甚爲不安矣案俞據小史校此經於文例似較協鄭鍔又謂當讀諷誦詩世爲句奠繫爲句亦足備一義諷誦詩世卽後杜注所謂主誦詩幷誦世繫也大戴禮記衞將軍文子篇云衞將軍文子問於子貢曰吾聞夫子之施教也先以詩世此詩世連文之證楚語申叔時語亦以教之世與教之詩並舉世謂若後世之史書與詩二者皆諷誦之也若然下文奠繫卽小史之奠世繫或以上言詩世故下句省世字亦以世繫義同不煩區別與云小史主次序先王之世昭穆之繫述其德行者小史云奠繫世辨昭穆是也述其德行謂紀述於書以授瞽矇使諷誦之故國語魯語云工史書世韋注云工誦其德史書其言彼工卽謂樂工明與史官爲官聯也云瞽矇主誦詩幷誦世繫以戒勸人君也者賈疏云子春之意與先鄭同爲諫諍之事後鄭亦不從也云故國語曰教之世而爲之昭明德而廢幽昏焉以怵懼其動者釋文云怵北本作休阮元云楚語作休韋曰休嘉也北本是賈疏引國語亦作休賈疏云按楚語云莊王使士亹傅大子葴辭王卒使傅之問於申叔時申叔時曰教之世而爲之昭明德而廢幽昏焉以休懼其動注云先王之繫世本使知有德者長無德者短子春引之者證帝繫世本之事案賈所引國語注蓋賈孔諸家說韋注云世謂先王之世繫也昭顯也幽

闇也昏亂也為之陳有明德者世顯而闇亂者世廢也休嘉也勳行也使之嘉顯而懼廢也云玄謂諷誦詩主謂廞作柩謚時也諷誦王治功之詩以為謚者大師云大喪帥瞽而廞作匶謚注云廞興也與言王之行謂諷誦其治功之詩是也後鄭據彼以破司農子春誦詩世以戒勸之說王引之云瞽矇諷誦詩所以箴王之闕司農說是也非為作謚而設故但曰諷誦詩而無大喪之文若以為廞作匶謚則是瞽之誦詩專用之於大喪而平時規過之職反闕焉不講矣無是理也案王說是也國語瞽誦教世及賈子保傅之瞽史誦詩為刺過納教之事皆與廞作柩謚時無涉後鄭合為一事誤云世之而定其繫謂書於世本也者賈疏云以世為繫為一事用之又對文言之王謂之帝繫諸侯卿大夫謂之世本散則通故云書於世本世本即帝王繫也詒讓案世之謂譜其世次定其繫謂正其子孫昭穆之繫也一切經音義云世本有帝系篇謂子孫相繼續也是世本亦紀帝繫明書世本即晐王侯故不用子春義也云雖不歌猶鼓琴瑟以播其音美之者鄭以經上文云弦歌弦內已晐琴瑟明此云鼓琴瑟冡諷誦詩世奠繫為文但諷誦則是不歌而有鼓琴瑟是於誦詩及世繫時鼓琴瑟以播其音歎美之使可聽實與作樂升歌等異也

掌九德六詩之歌以役大師役為之使

疏 掌九德六詩之歌者謂登歌閒歌合樂皆歌六詩惟宗廟大祫登歌有九德之歌詳大司樂疏 注云役為之使者亦大宰八法官屬長屬相使之義役訓使詳小宰疏

眡瞭掌凡樂事播鼗擊頌磬笙磬視瞭播鼗又擊磬磬在東方曰笙笙生也在西方曰頌頌或作庸庸功也大射禮曰樂人宿縣于阼階東笙磬西面其南笙鍾其南鑮皆南陳又曰西階之西頌磬東面其南鍾其南鑮皆南陳

疏 掌凡

樂事播鼗者亦小師教之云擊頌磬笙磬者此擊編磬磬師所教者也此官通掌堂下諸縣依磬師笙師鎛師注義則鍾鎛等笙塤籥簫篪篴管牘應雅等樂器此官並掌之經唯舉鼗磬者文不具也注云視瞭播鼗又擊磬者此亦注用今字作視也播鼗與瞽矇同其擊磬則此官專掌之云磬在東方曰笙笙生也者明此為編磬也東方據宮縣縣在阼階東者也軒縣亦同毛詩小雅鼓鍾傳云笙磬東方之樂也大司樂疏引鄭書注云東方之樂謂之笙笙生也東方生長之方故名樂為笙也鄭大射儀注云笙猶生也東為陽中萬物以生春秋傳曰大蔟所以金奏贊陽出滯姑洗所以脩絜百物考神納賓是以東方鍾磬謂之笙皆編而縣之並與此注義同說文竹部云物生故謂之笙釋名釋樂器云笙生也東方之樂與樂器之笙物異而取義於生則同也云在西方曰頌頌或作庸庸功也者舊本挩下庸字今據宋婺州本巾箱本注疏本增此據宮縣縣在西階西者也軒縣亦同大司樂疏引鄭書注云西方之樂謂之庸庸功也西方物熟有成功亦謂之頌頌亦是頌其成也大射儀注云言成功曰頌西為陰中萬物之所成春秋傳曰夷則所以詠歌九則平民無忒無射所以宣布哲人之令德示民軌儀是以西方鍾磬謂之頌古文頌為庸賈疏云尚書云笙庸以閒孔以庸為大鍾鄭云庸卽大射頌一也案今本書益稷庸作鏞者後人所改詳大司樂疏引大射禮者證東方之磬為笙西方之磬為頌之事鎛儀禮並作鑮鑮卽鎛之正字詳敘官

疏掌大師之縣大師當縣則為之

疏注云大師當縣則為之者亦如瞽矇役大師也凡樂縣皆與庸器設其筍虡而此官以樂器縣之大師小師咸涖其事故謂之大師之縣詩周頌有瞽篇云有瞽有瞽在周之庭設業設虡崇牙樹羽應田縣鼓彼瞽卽指大師小師亦卽涖縣之事也賈疏云按大司樂有宿縣之事小胥正樂縣之位大師無縣樂之事此大師之縣者大師掌六律六同五

聲八音以其無目於音聲審本職雖不言縣樂器文寄於此明縣之可知言當縣則爲之者以其有目故也 凡樂事相瞽

相謂扶工【疏】相瞽者祭祀饗食則樂師令之　注云相謂扶工者禮器云故禮有擯詔樂有相步溫之至也鄭注云相步扶工也鄉飲酒禮云工四人二瑟瑟先相者二人皆左何瑟後手挎越內弦右手相注云相扶工者也衆賓之少者爲之每工一人鄉射禮曰弟子相工如初入天子相工使視瞭者凡工瞽矇也故有扶之者相瑟者則爲之持瑟其相歌者徒相也案此瞽卽工亦卽瞽矇每工一相故經云相瞽鄭卽以扶工釋之

大喪廞樂器大旅亦如之

旅非常祭於時乃與造其樂器【疏】大喪廞樂器者亦謂陳樂器也王引之云笙師鎛師籥師皆云廞其樂器但陳其所掌之樂器也眡瞭則云廞樂器而不言其則凡大師小師瞽矇所用之樂器眡瞭皆代陳之也司干疏云瞽矇所云柷敔塤簫管及琴瑟皆當眡瞭廞之案王說是也互詳大司樂疏　注云旅非常祭大宗伯云國有大故則旅上帝及四望云有大故則無故不祭是非常祀也大旅上帝詳掌次疏云於時乃與造其樂器者亦訓廞爲與也鄭意經云大旅如大喪則樂器亦爲明器然作樂器者鳧氏磬氏韗人諸工之職非眡瞭所掌況古祭祀有寓車馬及芻狗未聞有寓樂器鄭說非也廞者陳而不用之名大旅是遇大災禱祈之祭大司樂云大烖令弛縣故陳樂而不用也此大喪所廞者爲明器大旅所廞者乃眞樂器廞同而器實異廞亦當訓爲陳詳司裘疏

賓射皆奏其鍾鼓

鼙朄以奏之其登歌大師自奏之【疏】賓射皆奏其鍾鼓者與鍾師鎛師鼓人爲官聯也小臣注云賓射與諸侯來朝者射案大射燕射當亦奏其鍾鼓經惟舉賓射者互文以見義也賓射詳大宗伯疏　注云鼙朄以奏之者賈疏云見大師職云下管令奏鼓朄以其鍾鼓與管俱在下管既鼙朄令奏則鍾鼓亦鼙朄奏之

可知云其登歌大師自奏之者以經唯云奏鍾鼓不云弦歌明此眡瞭擊轃以奏之者爲金奏合樂諸節不含登歌也賈疏云大師職見大祭祀登歌擊拊雖不言賓射賓射登歌自然大師令奏擊拊也若然大射之時鍾鼓眡瞭擊轃登歌亦大師自奏也

鼜愷獻亦如之愷獻獻功愷樂也杜子春讀鼜爲憂戚之戚謂戒守鼓也擊鼓聲疾數故曰戚

【疏】鼜愷獻亦如之者此奏戒守及軍樂之鍾鼓亦與鎛師鼓人爲官聯也詳鎛師疏　注云愷獻獻功愷樂也者鄭大司樂云王師大獻則令奏愷樂是也云杜子春讀鼜爲憂戚之戚謂戒守鼓也擊鼓聲疾數故曰戚者戒守鼓即掌固所謂守鼜也依此經則亦兼有鍾而唯云鼓者以鼓爲主也段玉裁云玩故曰戚之云則杜易鼜字作戚矣憂戚古音如今之蹙說文壴部作鼜夜戒守鼓也從壴蚤聲禮昏鼓四通爲大鼜讀若戚案許云讀若戚爲長鼜是正字無煩改易也王念孫云掌固夜三鼜以號戒杜云鼜讀爲造次之造謂擊鼓行夜戒守也造戚二字古聲皆與蹙相近考工記不微至無以爲戚速也鄭注曰齊人有名疾爲戚者釋文戚徐劉將六反李音促是戚聲近蹙而訓爲疾也杜讀聲則同於憂戚義則取諸疾數故又云鼜讀爲造次之造造次亦疾意也鼓人賈疏以爲取軍中憂懼之意失之案王說是也

周禮正義卷四十五

珍倣宋版印

瑞安孫詒讓學

典同掌六律六同之和以辨天地四方陰陽之聲以爲樂器陽聲屬天陰聲屬地天地之聲布於四方爲作也故書同作銅鄭司農云陽律以竹爲管陰律以銅爲管竹陽也銅陰也各順其性凡十二律故大師職曰執同律以聽軍聲玄謂律述氣者也同助陽宣氣與之同皆以銅爲

疏以爲樂器者此官掌調鍾凡八音之樂器其律度通以鍾爲本也　注云陽聲屬天陰聲屬地天地之聲布於四方者賈疏云六律六同於十二辰在陽辰爲律屬天在陰辰爲同屬地十二律布在四方方有三也此即大師所云六律左旋六同右轉陰陽相合者也詒讓案十二律分配四方方各二律東方大蔟夾鍾姑洗南方仲呂蕤賓林鍾西方夷則南呂無射北方應鍾黃鍾大呂是十二律爲四方之聲也云爲作也者爾雅釋詁云作爲也云故書同作銅者段玉裁云古文尚書顧命同訓酒杯伏生尚書作銅訓副璽古字通用徐養原云大戴禮保傅篇大師持銅而御戶左銅即銅律也鄭司農云陽律以竹爲管陰律以銅爲管者先鄭從故書作銅謂黃鍾大蔟姑洗蕤賓夷則無射六者皆用竹爲管故謂之律大呂應鍾南呂林鍾仲呂夾鍾六者皆用銅爲管故謂之銅也云竹陽也銅陰也各順其性凡十二律者白虎通義五行篇云木者少陽金者少陰竹爲艸木之類故爲陽銅爲五金之一故爲陰陽律以陽爲管陰律以陰爲管所謂各順其性也云故大師職曰執同律以聽軍聲者段玉裁改同律爲銅律云司農從故書作銅則大師職亦必從故書作銅案段校是也大師故書亦作銅律故先鄭引以證故書六銅也云玄謂律

述氣者也者爾雅釋言云律述也御覽時序部引春秋元命苞云律之爲言率也所以率氣令達也白虎通義五行篇云律之言率所以率氣令生也述與率音義並相近云同助陽宣氣與之同者依今書作同釋之也說文曰部云同合會也言陰律助陽律宣氣與之合會也云皆以銅爲者明注疏本爲下有之字宋本嘉靖本並無今不據增大司樂注云此十二者以銅爲管段玉裁云鄭君從今書作同云皆以銅爲之言不當陰律獨得銅名也賈疏云按律歷志云律有十二陽六爲律陰六爲呂其傳曰黃帝之所作也黃帝使泠綸自大夏之西昆侖之陰取竹之解谷生其竅厚均者斷兩節閒而吹之以爲黃鍾之宮制十二筩以聽鳳之鳴其雄鳴爲六雌鳴亦六孟康曰解脫也谷竹溝也取竹之脫無溝節者也一說崐崙之北谷名也此則上古用竹又按律歷志云陰陽相生自黃鍾始而左旋八八爲伍其法皆用銅是陽律用銅可知是後世用銅之明證也

凡聲高聲硍正聲緩下聲肆陂聲散險聲斂達聲贏微聲韽回聲衍侈聲筰弇聲鬱薄聲甄厚聲石

故書硍或作硠杜子春讀硍爲鏗鎗之鏗高謂鍾形容高也韽讀爲闇不明之闇筰讀爲行扈唶唶之唶石如磬石之聲鄭大夫讀硍爲衮冕之衮陂讀爲人短罷之罷韽讀爲鶉鵪之鵪鄭司農云鍾形下當踔正者不高不下鍾形上下正傭玄謂高鍾形大上上大也高則聲上藏衮然旋如裹正謂上下直正則聲緩無所動下謂鍾形大下下大也下則聲出去放肆陂讀爲險陂之陂陂謂偏侈陂則聲離散也險謂偏弇也險則聲斂不越也達謂其形微大也達則聲有餘若大放也微謂其形微小也韽讀爲飛鉆涅韽之韽韽聲小不成也回謂其形微圜也回則其聲淫衍無鴻殺也侈謂中央約也侈則聲迫筰出去疾也弇謂中央寬也弇則聲鬱勃不出也甄讀爲甄燿之甄甄猶掉也鍾微薄則

聲掉鍾大厚則如石叩之無聲 疏 凡聲者此十二聲皆謂鍾也考工記攻金之工鳧氏爲聲注云聲鍾錞于之屬凡古鍾橢圜擊其隧則兩面全體動盪而成聲故鍾體不合度則爲聲病有此十二科無論特鍾編鍾並同賈疏謂是十二辰之零鍾非編者失之詳後及鳧氏疏 注云故書碮或作硍杜子春讀碮爲鏗鎗之鏗者徐養原云碮硍俱不見於說文車部輥字注引周禮曰望其轂欲其輥今考工輪人作眼眼輥通用眼从目聲輥从昆聲正與硍碮同例段玉裁改讀碮之碮爲硍云此杜從作硍之本而易爲鏗字也今本讀硍作讀碮誤音義碮鏗皆苦耕反陸時蓋未誤也案段校亦通釋文引字林硍音限云石聲則硍字始見字林說文石部別有硍字亦訓石聲與此字異說文又有硻字訓餘堅者陳壽祺謂卽碮字於音亦頗近足備一義樂記云君子之聽音非聽其鏗鎗而已也又云鍾聲鏗鏗以立號文選上林賦鏗鎗闛鞈李注云鏗鎗鍾聲也故杜讀從之云高謂鍾形容高也者杜意鍾形容過高踰於律度則其聲過於鏗鎗也云韽讀爲闇不明之闇者亦以聲類易其字也云筰讀爲行扈唶唶之唶者筰柞字通先鄭秋官敘官注云柞讀爲音聲唶唶之唶又輪人注云柞讀爲迫唶之唶段玉裁云杜意易筰爲爾雅行扈唶唶之唶字謂鍾聲如此鳥聲也鄭君不從丁晏云筰唶聲相近說文言部諎大聲也讀若笮或从口作唶云石如磬石之聲者段玉裁云此子春訓詁經文石字之義也疏云讀從磬聲謂經文石字讀磬音誤矣鄭君謂鍾大厚則如石叩之無聲說又略異云鄭大夫讀碮爲衮冕之衮者丁晏云衡方碑將授緄職高頤碑當登緄職樊敏碑當窮台緄皆以緄爲衮碮衮音近故讀從衮段玉裁云大夫從作碮之本而易爲衮字各依其聲類所近也衮謂卷龍衣禮記文皆作卷知衮古音同卷讀爲衮猶讀爲卷云陂讀爲人短罷之罷者段玉裁云方言曰啙矲短也桂林之中謂短矲矲通語也注言矲啙也葉林宗寫本

及宋余仁仲所載周禮音義曰罷皮買反字或作矲桂林之閒謂人短爲矲雉雉音苦買反今本音義雉作矮非集韻十三駭雉字下曰桂林謂人短爲矲雉或作矠[illegible]是則古本方言注作矲雉苦買反後轉寫失真耳司弓矢庫矢注鄭司農讀爲人罷短之罷罷短與短罷一也皮聲罷聲同在古音歌戈部轉入支佳部矲雉疊韻音蒲買苦買二切雉當從矢字佳聲非從佳矢聲之字也說文立部𥪕字下曰短人立𥪕𥪕皃𥪕卽罷字卑聲在支佳部也鄭君不從司農說云籍讀爲鸈鷵之鷵者段玉裁云爲當作如子春易爲闇字大夫讀如鷵音大夫仲杜說也尚書大傳喪服四制皆云書曰高宗梁闇鄭注皆云闇讀鸈鷵闇謂廬也子春云闇不明者如中庸闇然之闇其音則同如鷵也鸈鷵今語言曰鷵鸈說文二字皆從佳鄭司農云鍾形下當踔者說文骨部云髀股也重文踔云古文髀案此注蓋段踔爲庳集韻六脂云踔鍾形下廣也卽本此注義凡鍾體上爲鉦下爲鼓銑全鍾之形上斂而下侈故自鉦以下漸廣以至於兩銑所謂下當踔也先鄭欲明上下正傭之爲鍾病故先說鍾之常制當如是也賈疏乃云下謂鍾形下當踔後鄭不從是以先鄭此說爲釋經下聲肆下字不知下踔乃鍾之定制不以爲病二鄭本無異說也且經文次第正聲在下聲前先鄭下方爲正聲作釋何得反先出下聲訓解乎云正者不高不下鍾形上下正傭者爾雅釋言云傭均也說文人部云傭均直也言鍾形上鉦與下銑大小均等也云玄謂高鍾形大上上大也者鍾上體當鉦過大則形陋而脩是大高也大謂溢於常制云高則聲上藏衮然旋如裹者賈疏云謂聲周旋如在裏阮元云岳本惠校本裏作裹按衮裹一聲之轉故讀從之衮亦與卷通卷旋卽裹義也蓋作裹是賈本作裏字段玉裁亦從作裹云衮古音同卷故鄭君云高則聲上藏衮然旋如裹所以伸少贛之說謂其音拳曲盤旋而上如物苞裹於內也裹他本作裏則當云旋於裏案阮段說是也

云正謂上下正直正則聲緩無所動者韗人注云正直也此義與先鄭同賈疏云由無鴻殺故也云下謂鍾形大下下大也者鍾下體當銑過大則形廣而促是大卑也云下則聲出去放肆者下大則鍾口太淺不能容留故聲外出放肆也賈疏云鄭知上是上大下是下大者以其正是上下直則上是上大下是下大可知故爲此解云陂讀爲險陂之陂陂謂偏侈者賈疏云讀從詩序險陂私謁之心陂是偏私之意故爲偏侈也案賈據周南卷耳序今本陂作詖詩釋文引崔靈恩云險詖不正也漢書趙敬肅王彭祖傳云彭祖險陂顏注云險陂謂傾側也鍾一邊偏侈則其形必傾側不正故曰陂也云陂則聲離散也者鍾形一邊偏大則聲不內斂故離散也云險謂偏弇也者廣雅釋詁云險衺也爾雅釋魚云蜠大而險郭注云險謂汙薄鍾一邊偏弇其形必汙薄而衺故曰險也云險則聲斂不越者爾雅釋言云越揚也謂鍾形大弇則聲斂於內不外揚也云達謂其形微大也者賈疏云凡物大則疏達故爲微大對高爲上大故此達爲微大云達則聲有餘若大放也者說文貝部云贏賈有餘利也謂鍾通體微大於常度則聲闊大有餘故若大放也云微謂其形微小也者廣雅釋詁云微小也亦言鍾通體微小於常度也云鍇讀爲飛鉆涅鍇之鍇者賈疏鉆作鉗云謂鬼谷子有飛鉗揣摩之篇皆言縱橫辨說之術飛鉗者言察是非語飛而鉗持之揣摩者云揣摩人主之情而摩近之阮元云集韻二十四鹽二十五沾皆云鬼谷篇有飛鉆涅闇殺玉裁云釋文作鉆賈疏作鉗按鬼谷子有飛箝無涅鍇蓋涅鍇即抵巇之異文抵巇篇曰巇者罅也罅者㵎也㵎者成大隙也巇始有朕可抵而塞是知涅訓抵塞鍇訓微璺故云聲小不成也云鍇聲小不成也者鍇與瘖通說文疒部云瘖不能言也釋名釋疾病云瘖唵然無聲也段玉裁云說文音部曰鍇下徹聲也从音酓聲此蓋賈侍中說與云回謂其形微圜也回則其聲淫衍無鴻殺也者說文口部云

回轉也漢書司馬相如傳難蜀父老云浸淫衍溢此謂鍾體微圜則
其形宛轉回旋叩之其聲淫溢而鴻殺之節不明也賈疏云凡鍾依
鳧氏所作若鈴不圜今此回而微圜故聲淫衍無鴻殺也云後謂中
央約也者五音集韻引字林云後大也鍾中央約於常度則下口銑
于必外出而大故云後也云後則聲迫筰出去疾也者段玉裁云筰
鄭君訓為迫筰攷說文曰笮迫也在瓦之下棼上又曰筰筊也筊竹
索也竹索糾合為之亦有迫義古無窄字多以笮筰字為窄字此以
迫筰出去疾與下文鬱勃不出相對成文也詒讓案迫筰輪人注作
迫唶釋名釋宮室云笮迮也編竹相連迫迮也鳧氏云後則柞注云
柞讀為咋咋然之咋聲大外也與此義同而讀異筰柞笮迮咋聲類
並同云弇謂中央寬也者月令孟冬其器閎以奄玉燭寶典引蔡氏
章句奄作弇云小口曰弇呂氏春秋孟冬紀作其器宏以弇高注云
弇深也案弇與輿人棧輿欲弇義同蓋凡物口弇則中必寬而深故
鍾中央寬於常度則下口銑于必內斂而陿亦謂中宏而外弇也爾
雅釋器圜弇上謂之鼒郭注及詩周頌絲衣孔疏引孫炎並云鼎斂
上而小口者凡鍾口下弇鼎口上弇而其為中宏則一也說文手部
云掩斂也小上曰掩弇奄掩並聲近字通云弇則聲鬱勃不出也者
文選宋玉風賦鬱勃煩寃李注云鬱勃煩寃風回旋之貌此謂鍾上
下體大陿則聲為所籠回旋而不能出也鳧氏亦云弇則鬱注云聲
不舒揚與此義同云甄讀為甄燿之甄者燿舊本誤濯今據宋婺州
本岳本正賈疏云讀從春秋緯甄燿度之篇名段玉裁云甄讀為震
震動之意丁晏云後漢書先武封禪刻石引洛書甄曜度蜀志劉豹
向舉等上先主言符瑞勸進亦引洛書甄曜度疏謂春秋緯未聞疑
賈氏誤記也云甄猶掉也者廣雅釋詁云振掉動也阮元云鳧氏云
長甬則震注云鍾掉則聲不正亦以掉釋震是知甄震一字甄為震
假借也案阮說是也甄與振震並聲近字通鳧氏云已薄則播播與

掉義亦相近云鍾微薄則聲掉者謂鍾過薄則體輕故發聲時若甄掉而動搖也云鍾大厚則如石叩之無聲者鳧氏注云大厚則聲不發與此義同賈疏云按鳧氏爲鍾云鍾已厚則石已薄則播是故大鍾十分其鼓閒以其一爲之厚小鍾十分其鉦閒以其一爲之厚是厚薄得中也

凡爲樂器以十有二律爲之數度以十有二聲爲之齊量數度廣長也齊量侈弇之所容

疏凡爲樂器者此官制樂器之官法也樂器亦通晐八音諸器而以鍾爲律度之本故國語周語云古之神瞽攷中聲而量之以制度律均鍾是其法也云以十有二律爲之數度者續漢書律厤志劉注引月令章句云上古聖人本陰陽別風聲審清濁而不可以文載口傳也於是始鑄金作鍾以主十二月之聲然後以放升降之氣鍾難分別乃截竹爲管謂之律律者清濁之率法也聲之清濁以律長短爲制古之爲鍾律者以耳齊其聲後不能則假數以正其度度數正則音亦正矣鍾以斤兩尺寸中所容受升斗之數爲法律亦以寸分大小長短爲度案蔡氏所說即此經之塙詁也金鶚云古聖人制律呂以竹爲管而琴瑟之絲綸巨細徽柱遠近亦可以爲律呂之準至於金石之厚薄亦皆以十二律爲之度數故編縣鍾磬皆必十有六枚十二枚以應十二律加四枚以應四清聲又有十二辰零鍾簫十六管琴有十三徽瑟有十三柱加一以象閏俱備十二律之數焉徐養原云大抵鍾磬皆須十二律畢具故經以樂器二字總之若瓦絲匏竹諸器自有應律之法其大小程度舉無關乎律數荀勗曰金石有一定之聲故造鍾磬者先依律調之然後施於廂縣作樂之時諸音皆受鍾磬之均即爲悉應律也按古人和樂俱受均於鍾磬故曰共其鍾笙之樂又曰笙磬同音凡匏竹皆然故知樂器自鍾磬外不必以十二律爲度數也案徐說亦足與蔡賈諸說互證賈疏云依律厤志云古之神瞽度律均鍾以律計倍半

假令黃鍾之管長九寸倍之爲尺八寸又九寸得四寸半總二尺二寸半以爲鍾口之徑及上下之數自外十二辰頭皆以管長短計之

可知案賈所引律歷志度律均鍾以律計倍半之說今漢志無其文未詳所據小胥疏引服虔左傳注亦有其說賈所謂以律計倍半者

乃倍其所應正律之長更益一半律并以爲一鍾之度其說於古無徵樂記孔疏云黃鍾之律長九寸應鍾之律長四寸半強各自倍半

爲鍾通典樂二云梟氏爲鍾以律計自倍半半者準正聲之半以爲十二子律制爲十二子聲比正聲爲半則以正聲於子聲爲倍以正聲

比子聲則子聲爲半但先儒釋用倍聲自有二義一義云半十二正律爲十二子聲之鍾一義云從中呂之管寸數以三分益一上生黃

鍾以所得管之寸數半之爲子聲之鍾案通典前一義與孔同後一義亦與前一義略同惟所得子聲之數稍強其所謂倍半者乃以半

律與正律相較則正律爲倍正半各自爲鍾並非倍正律之長又益半律以爲一鍾謂之倍半也與賈說迥異未知孰是云以十有二聲

爲之齊量者賈疏云十二聲則十二辰零鍾鍾則聲也十二聲皆有所容多少之齊量案十二零鍾卽依十二律爲之此十二聲自指上

文高聲正聲以下十二者言之謂依此十二聲校其齊量之合否也賈說非經恉　注云數度廣長也者卽梟氏所說銑鉦鼓舞諸廣脩

之度是也它樂器亦各有廣脩之度皆依律爲之云齊量侈弇之所容者若漢書律厤志說五量云本起於黃鍾之龠用度數審其容以

子穀秬黍中者千有二百實其龠鍾之侈弇亦以十二律所容之齊量算之它樂器有容受者亦然賈疏云上文侈弇雖是鍾病所容多

少則依法故舉侈弇見文而言也 **凡和樂亦如之** 和謂調其故器也 疏 注云和謂調其故器也者食醫注云和調

也賈疏云上文凡爲樂器是新造者今更言和樂明是調故器知聲得否及容多少當依法度也徐養原云故器數度已定不可更改而

云亦如之者蓋聲之清濁高下分刌節度可以數相準況卽是數度也爲器兼治形和樂專治聲

磬師掌教擊磬擊編鐘教教視瞭也磬亦編於鐘言之者鐘有不編不編者鐘師擊之杜子春讀編爲編書之編

疏「掌教擊磬者此官掌教擊特磬及編磬繹舉特磬以晐編磬也左襄十一年孔疏引鄭禮圖云鎛是大鐘磬是大磬皆特縣之非編縣也是特磬單稱磬之證金鶚云特磬者玉磬也玉磬最尊惟天子有之諸侯惟有編磬以石爲之無特縣之玉磬也郊特牲以擊玉磬爲諸侯之僭禮明堂位言玉磬四代之樂器也明是天子之制而謂魯得用之魯語言臧文仲以玉磬如齊告糴左氏成二年傳言齊侯以玉磬賂晉師皆諸侯之僭禮也諸侯有特鐘無特磬大射儀鐘有鎛磬惟言笙磬頌磬蓋鐘雖特縣不止於一而特磬惟止一磬大戴禮所謂縣一磬而尚拊也惟止一磬而特以玉爲之所以爲天子之器諸侯不得用也案金說是也特磬卽爾雅釋樂所謂大磬謂之毊也云擊編鐘者此官又兼教擊編縣之鐘其特縣之鎛則非此官所掌也 注云教教視瞭也者賈疏云視瞭職云掌播鼗擊笙磬頌磬若然視瞭不言擊鐘知亦教視瞭擊編鐘者以磬是樂縣之首故特舉此言其實編鐘亦視瞭擊之故鎛師注云擊鎛者亦視瞭也云磬亦編於鐘言之者鐘有不編不編者鐘師擊之者黄以周云鐘磬有編而次者有不編而特者編鐘編磬眡瞭擊之特鐘大於編鐘鐘師擊之特磬大於編磬磬師擊之虞書予擊石拊石鄭注云磬有大小擊大石磬拊小石磬大磬卽旻擊之鳴球小磬卽以閒之笙磬經於鐘別言編明特鐘掌於鐘師非其所教且以明其所教亦編磬而特磬乃其專掌故曰掌擊磬不言編賈疏謂磬無不編失注意案黄說是也編磬謂眡瞭所擊頌磬笙磬編縣之十六枚同縣一虡者也明堂位謂之離磬編鐘亦謂之頌鐘笙鐘其編縣與磬同不編之鐘謂

鎛及十二零鍾之屬特縣一虡者也鄭意此磬不言編則無論編與不編悉在教科若鍾則經特言編明磬師所教不兼不編之鍾其不編之鍾若鎛當爲鍾師鎛師同擊之若十二辰零鍾則當爲鍾師擊之也云杜子春讀編爲編書之編者謂編鍾編磬皆以絃編縣於虡業與編簡札爲書同義大射儀注云絃編磬繩也編鍾蓋亦用絃與磬同段玉裁云謂其義同編書之編也凡云讀如讀爲不用本字者讀如以他字擬其音讀爲以他字易其義凡云讀如讀爲仍用本字者讀如亦謂音讀爲亦謂義然舉音而義在是舉義而音在是也

教縵樂燕樂之鍾磬杜子春讀縵爲怠慢之慢玄謂縵讀爲縵錦之縵謂雜聲之和樂者也學記曰不學操縵不能安弦燕樂房中之樂所謂陰聲也二樂皆教其鍾磬

疏注云杜子春讀縵爲怠慢之慢者讀與大司樂慢聲同也俞樾云慢聲者大司樂之所禁何得反教之乎杜讀非云玄謂縵讀爲縵錦之縵謂雜聲之和樂者也者段玉裁云杜易縵爲慢鄭不從云讀爲縵錦之縵者謂其義同也說文縵繒無文者也引漢律賜衣者縵表白裏案春秋繁露庶人衣縵縵錦者謂名爲錦而不成文雜弄似之雖不成樂而可以和樂也黃以周云縵爲無文之繒亦爲有文之錦本有二名說文繒無文者是其本義鄭注以縵樂爲雜聲之和樂者故讀爲縵錦之縵謂繒之有文如錦者不用其本義故曰讀爲物相雜謂之文故曰雜聲之和樂賈疏以縵爲無文何以爲雜案說文帛部釋錦爲織文則縵錦自與縵繒少異不得以爲無文黃駁賈說是也但審繹注意縵錦之讀蓋取雜文之義雜聲者謂其非雅樂聲曲散雜不名一調而可以和正樂故曰雜聲和樂雜之云者異於雅正之謂雜聲雖非正樂然尚非淫過凶慢之聲則亦禮所不廢漢書禮樂志云縵樂鼓員十三人顏注云縵樂雜樂也是漢時樂官尚有縵樂鄭據漢制爲說自足馮也引學記曰不學操縵不能安弦者證縵爲雜聲鄭彼

注云操縵雜弄是也云燕樂房中之樂者燕禮云遂歌鄉樂周南關雎葛覃卷耳召南鵲巢采蘩采蘋鄭注云周南召南國風篇也王后國君夫人房中之樂歌也夫婦之道者生民之本王化之端此六篇者其教之原也故國君與其臣下及四方之賓燕用之合樂也又燕禮記云有房中之樂注云弦歌周南召南之詩而不用鐘磬之節也謂之房中者后夫人之所諷誦以事其君子鄭詩周南召南譜云二國之詩以后妃夫人之德爲首終以麟趾騶虞言后妃夫人有斯德興助其君子皆可以成功至於獲嘉瑞風之始所以風化天下而正夫婦焉故周公作樂用之鄉人焉用之邦國焉或謂之房中之樂者后妃夫人侍御於其君子女史歌之以節義序故耳孔疏云后夫人房中之樂歌周南召南則人君房中之樂亦歌周南召南故譜下文云路寢之常樂風之正經也天子歌周南諸侯歌召南后夫人用之亦當然也王肅云自關雎至芣苢后妃房中之樂肅以此八篇皆述后妃身事故爲后妃之樂然則夫人房中之樂當用鵲巢采蘩鄭無所說義亦或然詒讓案據此是燕樂用二南即鄉樂亦即房中之樂蓋鄉人用之謂之鄉樂后夫人用之謂之房中之樂王之燕居用之謂之燕樂名異而實同漢書禮樂志云有房中祠樂高祖唐山夫人所作也周有房中樂至秦名曰壽人蓋秦時房中樂始別爲樂歌不用二南也房中樂其奏之或於路寢房中故詩王風云君子陽陽左執簧右招我由房毛傳云國君有房中之樂鄭箋云君子祿仕在樂官左手執笙右手招我欲使我從之於房中俱在樂官也孔疏引鄭志答張逸云路寢房中可用男子是也孔氏據斯干箋說天子路寢爲明堂制無左右房謂當奏之小寢房中今攷房中之樂或亦奏於小寢然天子路寢實不爲明堂制鄭志說不誤孔說非也賈子新書官人篇云君清晨聽治罷朝而論議從容澤燕夕時開北房從薰服之樂案君罷朝論議恆在路寢則開北房即指路寢左右房言之薰

服之樂亦卽房中之樂矣云所謂陰聲也者后夫人之樂故爲陰聲與內宰大司徒陰禮義同典同注云陰聲屬地與此義異云二樂皆教其鍾磬者縵樂燕樂皆有鍾磬也鍾師注又謂奏燕樂用鍾鼓燕禮記注則謂有弦歌而無鍾磬賈彼疏云磬師據教房中樂待祭祀而用之故有鍾磬也房中及燕則無鍾磬也及鄉飲酒禮疏云既名房中之樂用鍾鼓奏之者諸侯卿大夫燕饗亦得用之故用鍾鼓婦人用之乃不用鍾鼓則謂之房中之樂也案賈兩疏說微異通典樂云隋牛弘脩皇后房中之樂據毛萇侯苞孫毓故事皆有鍾磬而王肅之意乃言不可又陳統云婦人無外事而陰尚柔以靜爲體不宜用金石弘等采肅統言以取正焉煬帝大業元年祕書監柳顧言增房中樂益其鍾磬奏曰房中樂者主爲王后弦歌諷誦以事君子文王之風由近及遠樂以感人須存雅正既不設鍾鼓義無四縣何以取正於婦道也磬師職云燕樂之鍾磬鄭曰房中樂也以此而論房中之樂非獨弦歌必有鍾磬也陳暘樂書亦據詩周南關雎窈窕淑女鍾鼓樂之之文謂房中樂非無鍾磬黃以周云燕樂自有鍾磬有舞教於磬師掌於旄人通行於祭祀饗食房中之樂弦歌二南鄭云無鍾磬之節者嫌與鄉樂無別也然既以磬師燕樂當之不能謂無鍾磬矣但鍾磬自在堂下不在房中房非設縣之所也梁書曰周備六代之樂至秦餘韶房中而已漢書亦云房中祠樂高祖唐山夫人所作也孝惠二年使樂府令夏侯寬備其簫管更名安世樂然則漢之安世卽房中之遺響也史但曰備其簫管而不及其他此卽鄭無鍾磬之說也其歌有云高張四縣樂充宮庭則宮庭自有鍾磬矣案鄭燕禮注謂房中樂無鍾磬與此注說異賈氏曲爲調停亦無定說竊謂房中樂有鍾鼓燕樂有鍾磬及鍾笙詩禮有明文足證后寢亦具宮縣但樂縣自在堂下黃說得之詩著由房之文亦止云執簧明在房者唯琴瑟簧矣燕禮注說實未晐備當以此注爲正至燕禮之

有房中樂蓋當合樂無算樂時祭饗無無算樂則唯合樂時奏之雖與鄉樂同用二南而其音節當小異也 凡祭祀奏縵樂

鍾師掌金奏之節金謂鍾及鎛 金奏擊金以爲奏樂之節 〔疏〕注云金奏擊金以爲奏樂之節者國語魯語云先樂金奏韋注云金奏以鍾奏樂也賈疏云此即鍾師自擊不編之鍾凡作樂先擊鍾故云擊金以爲奏樂之節金鶚云古樂節一曰金奏二曰升歌金奏堂下用鍾鎛兼有鼓磬以奏九夏春牘應雅以節之此樂之始也無金奏者以升歌爲始有金奏者升歌亦爲始事蓋金奏爲堂下樂之始升歌爲堂上樂之始也金奏下管樂之大者天子諸侯有大夫士無案金說是也凡諸侯以上作樂之節以金奏爲始故魯語謂之先樂矣云金謂鍾及鎛者賈疏云二者皆不編獨懸而已案賈似誤以此爲十二辰零鍾然其說非也此鍾即指編縣之鍾故鼓人注云金奏謂樂作擊編鍾明奏九夏兼用編鍾惟此官所自擊乃特縣之鎛耳十二辰零鍾雖亦此官擊之然非賓祭正樂所用詳樂師疏金鶚云燕禮注云肆夏以鍾鎛播之鼓磬應之所謂金奏也九夏爲樂之大者鍾鎛鼓磬亦皆樂器之大者故宜用之也四器並用而第言金者以鍾鎛爲主也

凡樂事以鍾鼓奏九夏王夏肆夏昭夏納夏章夏齊夏族夏祴夏驁夏 以鍾鼓者先擊鍾次擊鼓以奏九夏夏大也樂之大歌有九故書納作內杜子春云內當讀爲納祴讀爲陔鼓之陔王出入奏王夏尸出入奏肆夏牲出入奏昭夏四方賓來奏納夏臣有功奏章夏夫人祭奏齊夏族人侍奏族夏客醉而出奏陔夏公出入奏驁夏肆夏詩也春秋傳曰穆叔如晉晉侯享之金奏肆夏三不拜工歌文王之三又不拜歌鹿鳴之三三拜曰三夏天子所以

享元侯也使臣不敢與聞肆夏與文王鹿鳴俱稱三謂之三章也以此知肆夏詩也國語曰金奏肆夏繁遏渠天子所以享元侯肆夏繁遏渠所謂三夏矣呂叔玉云肆夏繁遏渠皆周頌也肆夏時邁也繁遏執傹也渠思文肆遂也夏大也言遂於大位謂王位也故時邁曰肆于時夏允王保之繁多也遏止也言福祿止於周之多也故執傹曰降福穰穰降福簡簡福祿來反渠大也言以后稷配天王道之大也故思文曰思文后稷克配彼天故國語謂之曰皆昭令德以合好也玄謂以文王鹿鳴言之則九夏皆詩篇名頌之族類也此歌之大者載在樂章樂崩亦從而亡是以頌不能具

【疏】凡樂事以鍾鼓奏九夏者賈疏云此九夏者惟王夏惟天子得奏諸侯已下不得其肆夏則諸侯亦當用故燕禮奏肆夏大夫已下者不得故郊特牲云大夫之奏肆夏由趙文子始明不合也其昭夏已下諸侯亦用之云昭夏者國語魯語韋注左傳襄四年杜注並引作韶夏昭韶聲類同云納夏者釋文作夏納二云本或作納夏郊特牲孔疏云鍾師九夏皆夏文在下而南本納夏獨夏文在上其義疑也案據此則陸音乃沿南本之誤左傳襄四年杜注納夏釋文及孔疏引定本亦並爲夏納皆誤本也二云齊夏者釋文二云本又作齋阮元二云齋者正字齊者假借字二云祴夏者唐石經作祴夏字從衣誤案鄉飲酒禮奏陔注引此經二云奏陔夏有鍾鼓者天子諸侯備用之大夫士鼓而已是大夫士亦得奏陔夏惟不得擊鍾此經王禮有金奏故鍾鼓備也金鶚二云鄉飲酒禮賓出奏陔然有鼓無鍾不得名爲金奏又但於賓出奏之與先樂金奏異也

注二云以鍾鼓者先擊鍾次擊鼓以奏九夏者賈疏二云鍾師直擊鍾不擊鼓而兼二云鼓者凡作樂先擊鍾次擊鼓欲見鼓鍾先後次第故兼言之也鼓中得奏九夏者謂堂上歌之堂下以鍾鼓應之故左氏傳二云晉侯歌鍾二肆亦謂歌與鍾相應而言也案凡九夏皆奏而不歌鄭誤釋爲樂歌賈遂謂堂上歌之堂下應之左襄四

年孔疏亦謂肆夏二人歌之並非也左襄十一年傳之歌鍾乃應升歌閒歌之編鍾非金奏所用也此鼓亦謂晉鼓鎛師鼓之詳鎛師職云夏大也者染人注同云樂之大歌有九者亦誤以夏爲歌詩也鄭意歌與奏通夏卽樂歌之總名聲義爲樂中之最大者其數有九故謂之九夏云故書納作內杜子春云內當爲納者杜以司門內史出內字皆借納爲之故讀從納也段玉裁云此亦子春以今字改古字也古內外出納字皆作內其音亦同說文入部曰內入也內入也糸部曰納絲溼納納也納與內義名殊杜子春轉云內當爲納蓋由漢人出納字皆作納故以今字改古字令讀者易明而非不知內納爲古今字也云祴讀爲陔鼓之陔者祴陔聲相近鄉飲酒禮注云陔夏也陔之言戒也終日燕飲酒罷以陔爲節明無失禮也段玉裁云樂師注鄭司農云若今時行禮於大學罷出以鼓陔爲節此子春所謂陔鼓讀從漢制也易祴爲陔故下文卽云奏陔夏矣杜必易爲陔者鄉飲酒禮鄉射禮燕禮大射儀字皆作陔也陔之言戒毛詩義曰南陔孝子相戒以養也鄭稱杜說而不易經文者經文祴字固從戒無容改字也說文示部曰宗廟奏祴樂從示戒聲𨸏部曰陔階次也從𨸏亥聲是知周禮爲正字儀禮爲假借字許君亦從故書作祴矣奏祴不必在宗廟而許云宗廟奏祴樂者爲其字之從示也鄭君說禮器云天子祫祭先王諸侯禮畢而出祴夏而送之笙師教祴樂鄭君云祴樂祴夏之樂也云王出入奏王夏尸出入奏肆夏牲出入奏昭夏者並據大司樂文案諸夏所用隨事不同杜略舉大司樂祭祀所用以見義耳九夏唯肆夏所用最多樂師云行以肆夏爲王常時出入路寢之禮與祭祀不同大司樂注謂大饗賓出入奏肆夏蓋賓與尸禮略同也燕之常禮及鄉飲酒禮皆賓出奏祴夏入無奏樂之文惟燕禮記載以樂納賓之盛禮則賓及庭奏肆夏與大饗賓入大門卽奏者亦小異並詳大司樂疏云四方賓來奏納夏者蓋卽據燕

禮記以樂納賓之義云臣有功奏章夏夫人祭奏齊夏族人侍奏族夏者此並無正文杜以意說之章夏取其章明功伐齊夏取其齊肅將事也云客醉而出奏陔夏者客賈疏述注作賓左傳疏引同笙師注亦云賓醉而出奏祴夏鄉射禮注同疑此作客誤也鄉飲酒禮賓出奏陔鄉射禮賓興樂正命奏陔賓降及階陔作賓出衆賓皆出燕禮賓醉北面坐取其薦脯以降奏陔賓所執脯以賜鍾人于門內霤遂出又大射儀文亦同並賓醉而出奏陔之事不言入者禮鄉大夫無入奏陔之文也云公出入奏驁夏者賈疏云按大射云公入奏驁夏是諸侯射於西郊自外入時奏驁夏不見出時而云出者見樂師云行以肆夏趨以采薺出入禮同則驁夏亦出入禮同故兼云出也其驁夏天子大射入時無文故子春取大射公入驁以明天子亦用也詒讓案大射儀公入驁注云此公出而言入者射宮在郊以將還為入燕不驁者於路寢無出入也是大射所謂入驁者即謂出時奏驁諸侯得用金奏明出入皆奏也又據大司樂云大射王出入令奏王夏則王大射與諸侯射奏樂異驁夏既非王出入所奏則於王當別有所用然禮經無文故杜止援大射為釋也賈說非杜恉云肆夏詩也者謂肆夏為詩篇名與後鄭說同引春秋傳者襄四年左傳文金奏肆夏三依左傳三字上當有之字杜注云肆夏樂曲名周禮以鍾鼓奏九夏其二曰肆夏一名曰樊三曰韶夏一名遏四曰納夏一名曰渠蓋擊鍾而奏此三夏曲文王之三大雅之首文王大明緜鹿鳴之三小雅之首鹿鳴四牡皇皇者華案肆夏之三金奏也文王之三升歌也鹿鳴之三鄭詩譜說以為合樂孫希旦以周以為閒歌義並通國語魯語云伶簫詠歌及鹿鳴之三韋注云言樂人以簫作此三篇之聲與歌者相應也依韋說則歌鹿鳴弁用簫奏明其非升歌矣凡升歌文王者合樂或用鹿鳴詳後疏云肆夏與文王鹿鳴俱稱三謂其三章也以此知肆夏詩也者杜意穆叔言文王之三鹿鳴

之三並謂歌詩三章肆夏雖不見詩然與文王鹿鳴同有三章故據彼定肆夏亦爲詩也引國語曰金奏肆夏繁遏渠天子所以享元侯者魯語叔孫穆子語宋本國語繁作樊音近字通享作饗享卽饗之借字韋注並與杜同蓋卽杜所本案天子享元侯奏肆夏卽大司樂注所謂大饗賓出入奏肆夏也此九夏爲金奏與升歌歌詩異而鄭詩小雅譜云其用於樂國君以小雅天子以大雅然而饗賓或上取燕或下就何者天子饗元侯歌肆夏合文王諸侯歌文王合鹿鳴諸侯於鄰國之君與天子於諸侯同天子諸侯燕羣臣及聘問之賓皆歌鹿鳴合鄉樂蓋鄭意九夏爲頌之類可奏亦可歌故詩譜說天子饗元侯升歌肆夏賈疏及左傳孔疏郊特牲孔疏引皇侃說並同郊特牲疏又謂下管亦用三夏江永云樂有金奏有升歌儀禮及仲尼燕居左傳國語所載甚分明升歌爲詩金奏以鍾鼓奏九夏有篇名而無辭卽有辭亦不載於頌金奏主器聲升歌主人聲也鄭詩譜言天子享元侯升歌肆夏是升歌與金奏混合爲一誤矣仲尼燕居云入門而金作是奏肆夏也升歌則用清廟文王世子養老亦歌清廟何嘗升歌肆夏乎案江說是也金榜阮元金鶚說同但鄭意肆夏爲詩故亦可歌非以金奏升歌爲一也郊特牲疏謂下管亦奏夏則大誤鄭亦無是義云肆夏繁遏渠所謂三夏矣者以國語云肆夏樊遏渠左傳總稱之曰三夏其實一也引呂叔玉云肆夏繁遏渠皆周頌也肆夏時邁也繁遏執傹也渠思文者釋文執傹音競詩作競案傹蓋競之俗體思文下汪道昆本及明監本毛本並有也字大射儀賈疏及左傳釋文孔疏詩周頌時邁孔疏引此注並同以文例校之疑舊本誤挩呂叔玉蓋漢經師治周禮者賈疏謂是子春引之子春意與叔玉同案疑是後鄭引之其人無攷要當在杜鄭前故杜鄭得述其義呂以三夏爲周頌三篇又以時邁爲肆夏而執競思文二詩適與時邁相次故卽以當樊遏與渠是則肆夏爲一樊遏爲二渠爲三

以肆夏統之故曰肆夏之三與文王之二三爲大明緜鹿鳴之二三爲四牡皇華文例正同然左傳云三夏國語云肆夏樊遏渠自來本無定解依呂說則樊遏連文與渠同爲肆夏之屬篇依韋杜說則樊爲肆夏遏爲昭夏渠爲納夏不以繁遏連文又以遏渠分屬二夏二說迥異後鄭此注既不從呂樂師先鄭注以肆夏爲樂名又云或曰逸詩則先鄭亦不以爲周頌之三篇但國語之義二鄭無釋不知其說云何左傳孔疏引劉炫規杜云杜解頌允三夏之名而分字配篇不甚愜當何則文王之三卽文王是其一大明緜是其二鹿鳴之三則鹿鳴是其一四牡皇皇者華是其二然則肆夏之三亦當肆夏是其一樊遏渠是其二安得復以樊爲肆夏之別名也若樊卽是肆夏何須重舉二名案劉氏所規蓋兼取呂說然謂杜解允三夏之名則仍依韋杜以昭夏納夏配肆夏爲三之說與呂又異徐養原云竊疑九夏皆總名每夏不止一曲繁遏渠三者皆肆夏之曲名猶鹿鳴之三屬小雅文王之三屬大雅也內傳云三夏謂肆夏之三曲非謂九夏中之三夏也九夏各有所用恐無連奏三夏之理案九夏非歌詩呂說固誤而肆夏不可與昭夏納夏同奏韋杜劉之說亦不可通尋文究義徐說殆近之矣云肆遂也夏大也者以下呂又說三夏因詩命名之義肆遂小爾雅廣言文云言遂於大位謂王位也者釋名肆夏之義云故時邁曰肆於時夏允王保之者此時邁詩末二句呂引之者亦證時邁名肆夏之義鄭箋云肆陳也我武王求有美德之士而任用之故陳其功於是夏而歌之樂歌大者稱夏允信也信哉武王之德能長保此時夏之美國語韋注說同陳奐云時邁肆于時夏思文陳常于時夏兩詩皆言夏而中閒厠執競一篇故遂以三詩配國語三夏鄭不以呂說爲然而箋詩兩言夏仍作九夏解非毛詩義也案陳說是也呂說因詩有肆夏之文曲爲傅合鄭詩箋說以夏爲樂歌則亦以爲與九夏同義然不以時邁爲卽肆夏與呂說異

又大射儀賓及庭奏肆夏注云肆夏樂章名今亡呂叔玉云肆夏時邁也時邁者大平巡守祭山川之樂歌其詩曰明昭有周式序在位又曰我求懿德肆于時夏此以延賓其著宣王德勸賢與據彼注是鄭亦兼存呂說也云繁多也者小爾雅廣詁文云遏止也者爾雅釋詁文云言福祿止於周之多也者釋名繁遏之義云故執傹曰降福穰穰降福簡簡福祿來反者毛傳云穰穰眾也簡簡大也反復也呂引以證執傹言福祿多之義云渠大也者書胤征僞孔傳同云言以后稷配天王道之大也者釋名渠之義云故思文云思文后稷克配彼天者亦引證后稷配天之事詩序亦云思文后稷配天也云故國語謂之曰皆昭令德以合好也者亦穆叔語彼文承肆夏文王之後故引以證肆夏樊遏渠並以昭令德而取此美名也云玄謂以文王鹿鳴言之則九夏皆詩篇名者此破呂叔玉之說別以九夏爲詩篇名故左傳國語以肆夏與文王鹿鳴同稱若時邁執傹思文彼自有名不當又名肆夏繁遏渠也云頌之族類也者鄭以禮記左傳說奏樂差次九夏尊於大雅明九夏用之賓祭其重與頌同知其詩亦當與頌爲族類但非今周頌時邁諸篇耳大射儀注亦云陔夏其歌頌類也與此注同金鶚云堂上所歌皆風雅頌之詩堂下笙歌金奏非詩也然亦有辭其體當稍與詩異蓋載在樂經樂經亡而遂失其傳也鄭以九夏新宮及南陔等六篇皆爲詩謂九夏頌之逸篇南陔等小雅之逸篇皆非也杜預云肆夏樂曲名此說最確九夏爲樂曲則笙管所奏亦當別爲樂曲而非詩矣又云頌非大夫士所得用而鄉飲酒賓出奏陔夏則九夏非頌可知也案金說是也樂曲用之金奏與詩用之歌二者微異杜呂合以爲一非也後鄭雖不用呂說然其誤亦同云此歌之大者載在樂章樂崩亦從而亡是以頌不能具者鄉射燕禮大射儀注說陔夏燕禮注說肆夏並以爲樂章樂章謂樂之章句以列於詩言之謂之詩篇以入樂言之謂之樂章其義一

也鄭以九夏爲頌而三頌不載故以爲別載於樂章樂崩以後失其辭據鄭意蓋以九夏之亡在孔子前猶正考父所校商頌十二篇孔子錄詩僅存五篇也

凡祭祀饗食奏燕樂以鍾鼓奏之疏凡祭祀饗食奏燕樂者亦於合樂時奏之也賈疏云饗食謂與諸侯行饗食之禮在廟故與祭祀同樂故連言之　注云以鍾鼓奏之者與奏九夏同詩周南關雎云鍾鼓樂之關雎爲房中之樂是燕樂有用鍾鼓之證互詳磬師疏

凡射王奏騶虞諸侯奏貍首卿大夫奏采蘋士奏采蘩鄭司農云騶虞聖獸疏凡射王奏騶虞者以下文與樂師略同亦通三射而言其大射天子射節大司樂令大師帥瞽歌之諸侯以下則樂師令歌此官皆奏鍾鼓以節之卿大夫士射則唯以鼓奏之無鍾也鄉射大射禮以樂射並云不鼓不釋注云不與鼓節相應不釋算也凡射之鼓節投壺其存者也周禮射節天子九諸侯七卿大夫以下五若然天子射樂九奏諸侯七奏卿大夫士五奏皆與射節相應也又投壺說射節有鼓有鼙則此官當兼擊鼙上經云鼓不及鼙下文掌鼙鼓唯云縵樂不及射樂皆互文見義亦詳樂師射人疏　注鄭司農云騶虞聖獸者據毛詩說也賈疏引五經異義云今詩韓魯說騶虞天子掌鳥獸官古毛詩說騶虞義獸白虎黑文食自死之肉不食生物人君有至信之德則應之周南終麟止召南終騶虞俱稱嗟歎之皆獸名謹按古山海經鄒書云騶虞獸說與毛詩同詁讓案異義引古毛詩說卽據召南騶虞傳文孔疏引陸璣說亦同又引鄭志張逸問傳曰白虎黑文又禮記曰樂官備何謂答曰白虎黑文周史王會云備者取其一發五豝言多賢也今案後鄭亦從毛說周書王會篇云央林以酋耳酋耳者身若虎豹尾長參其身食虎豹酋耳當作酋牙山海經海內北經又作騶吾騶酋虞牙吾並一聲之轉異義所引鄒書卽周書之誤

掌鼙鼓縵

樂鼓讀如莊王鼓之鼓玄謂作縵樂擊鼙以和之【疏】注云鼓讀如莊王鼓之鼓者此擬其音以見其義明此鼓不謂六鼓也小師注云出音曰鼓即此義段玉裁云下文云玄謂則此注語蒙上文亦司農說也莊王鼓之見宣十二年公羊傳當云莊王鼓之之鼓今脫一之字案段說是也孔繼汾校同凡注引舊說亦有冡上章而不著某云者互詳秋官敘官疏云玄謂作縵樂擊鼙以和之者鼙亦謂應鼙朔鼙之屬賈疏云此官主擊鼙於磬師作縵樂則鍾師擊鼙以和之

笙師掌教龡竽笙塤籥簫篪篴管舂牘應雅以教祴樂教教視瞭也鄭司農云竽三十六簧笙十三簧篪七空舂牘以竹大五六寸長七尺短者一二尺其端有兩空髤畫以兩手築地應長六尺五寸其中有椎雅狀如漆筩而弇口大二圍長五尺六寸以羊韋鞔之有兩紐疏畫杜子春讀篴爲蕩滌之滌今時所吹五空竹篴玄謂籥如篴三空祴樂祴夏之樂牘應雅教其舂者謂以築地笙師教之則三器在庭可知矣賓醉而出奏祴夏以此三器築地爲之行節明不失禮【疏】掌教龡竽笙塤籥簫篪篴管者說文龠部云⿱炊龠⿱炊龠音律管壎之樂也口部云吹噓也又欠部云吹出氣也龡即⿱炊龠之省凡經皆作龡注皆作吹經例用古字注例用今字也釋名釋樂器云竹曰吹吹推也以氣推發其聲也案竽笙等皆樂器之有孔者故經竝謂之龡此兼有匏土音不必竹器也此籥爲吹竹籥與籥師舞籥籥章葦籥竝異云舂牘應雅以教祴樂者祴唐石經作祴誤今從宋本嘉靖本正祴樂用此三器竝築地以發其聲故謂之舂也　注云教教視瞭也者賈疏云此樂器瞽矇有視瞭無所以知不教瞽矇者按小師云教鼓鼗柷敔塤簫管弦歌注云教教瞽矇也以小師在瞽矇之上又瞽矇所作與小師同故知小師所教瞽矇笙師所教文在視瞭之下不可隔視瞭教瞽

矇其視瞭雖不云其器明所教教視瞭也鄭司農云竽三十六簧笙十三簧者釋名釋樂器云笙生也竹之貫匏象物貫地而生也以匏爲之故曰匏也竽亦是也其中汙空以受簧也簧横也於管頭横施於中也以竹鐵作於口横吹之亦是也賈疏云按通卦驗竽長四尺二寸注云竽管類用竹爲之形參差象鳥翼鳥火禽火數七冬至之時吹之冬水用事水數六六七四十二竽之長蓋取於此也笙十三簧廣雅云笙以匏爲之十三管宮管在左方竽象笙三十六管宮管在中央禮圖云竽長四尺二寸此竽三十六簧與禮圖同詒讓案說文竹部云竽管三十六簧也笙十三簧象鳳之身也笙正月之音物生故謂之笙簧笙中簧也風俗通義音聲篇云竽謹按禮記管三十六簧也長四尺二寸今二十三管又云謹按世本隨作笙長四尺十三簧像鳳之身說並與鄭同爾雅釋樂云大笙謂之巢小者謂之和郭注云列管匏中施簧管端大者十九簧小者十三簧者宋書樂志亦云笙有十九簧至十三簧之異據此是笙十三簧謂其小者大者有十九簧也北堂書鈔樂部引三禮圖云笙有雅簧十三上六下七也雅竽簧上下各六也是又以竽爲十二簧與賈引禮圖不同凡竽笙皆每管有一簧諸書咸謂竽簧多於笙此獨反是疑有挩誤云篪七空者說文龠部云䶵管樂也七孔重文篪䶵或從竹釋名釋樂器云篪啼也聲從孔出如嬰兒啼聲也賈疏云廣雅云篪以竹爲之長尺四寸八孔一孔上出寸三分禮圖云篪九空司農云七空蓋寫者誤當云八空也或司農別有所見徐養原云今本廣雅八孔下少一孔上出一句多前有一孔上有三孔後有四孔頭有一孔四句王念孫謂曹注誤入要亦隋以前舊說但如此則有九孔與禮圖合而與正文不合疑非也八孔乃計其全七孔則不數上出者廣雅附會禮圖故多一孔當云前有一孔上有三孔後有三孔頭有一孔則與廣雅及司農說俱合矣向内曰前向外曰後向上曰上前一孔即上出孔

上出猶言隆起也御覽引世本注云篪吹孔有觜如酸棗卽此是也案徐說是也爾雅釋樂云大篪謂之沂郭注云篪以竹爲之長尺四寸圍三寸一孔上出一寸三分名翹橫吹之小者尺二寸風俗通義聲音篇云謹按世本蘇成公作篪管樂七孔長尺二寸呂氏春秋仲夏紀高注云篪以竹大二寸長尺二寸七孔一孔上伏橫吹之以上諸書並云篪七孔不云八孔徐氏本詩小雅何人斯孔疏說謂不數其上出者故七孔此說甚當賈氏輒㡯鄭之誤傎矣又書鈔樂部引五經要義云篪竹也六孔有底通典樂引月令章句云篪六孔有距橫吹之案距當卽所謂翹觜蓋皆指其上出之吹孔而言但云六孔未詳其說聶氏三禮圖引舊圖云雅篪長尺四寸圍三寸翹長一寸三分圍自稱九孔頌篪尺二寸此又作九孔然則孔有多少或雅篪頌篪之異與云春牘以竹大五六寸長七尺短者一二尺其端有兩空髤畫以兩手築地者此無正文蓋據漢制知之釋名釋樂器云春撞也牘築也以春築地爲節也舊唐書樂志云春牘虛中如筩無底舉以頓地如春杵亦謂之頓相相助也以節樂也案唐書說與先鄭小異又謂亦名相則與拊別名同未知何據髤卽䰍之省說文桼部云䰍桼也鄉射禮楅髤鄭注云髤赤黑漆也髤釋文音香牛反或七利反段玉裁謂七利反則字作桼案桼髤義同金鶚據國語周語謂牘應雅三者並木器㡯先鄭說之誤未知是否云應長六尺五寸其中有椎者蓋亦據漢制知之云雅狀如漆筩而弇口大二圍長五尺六寸以羊韋鞔之有兩紐疏畫者樂記訊疾以雅鄭注云雅亦樂器名也狀如漆筩中有椎孔疏引先鄭此注釋之云並以漢時制度而知也御覽樂部引風俗通義亦云雅形如漆筩有椎賈疏云疏畫者長疏而畫之云杜子春讀篴爲蕩滌之滌者段玉裁謂爲當作如是也此擬其音非破字不當云讀爲丁晏云風俗通云笛者滌也所以滌蕩邪穢納之於雅正也釋名云篴滌也其聲滌滌然也故杜讀爲

滌篴滌聲相近徐養原云說文有笛無篴篴之字蓋從竹逐聲易艮馬逐釋文一音胄胄笛並以由爲聲逐有胄音故笛字或從逐此字
見周禮乃古文也許君偶爾遺之云今時所吹五空竹篴者說文竹部云笛七空筩也羌笛三孔風俗通義聲音篇云謹按樂記武帝時
丘仲之所作也長二尺四寸七孔徐養原云馬融長笛賦有庶士丘仲言其所由出而不知其弘妙其辭曰近世雙笛從羌起易京君明
識音律故本四孔加以一君明所加孔後出是謂商聲五音畢笛雖古樂經秦漢而失傳漢笛起於羌京房知與古笛相類惟孔數不足
乃爲之加一孔而五音畢具說者謂笛爲武帝時丘仲作乃京房以後之人羌人造笛京房加孔丘仲述其事賦意甚明不知諸儒何以
誤會笛之孔數言四孔加一者丘仲也言五孔者杜子春也言七孔三孔者許慎也言六孔七孔者荀勖也參差不一按四孔加一則五
孔矣是子春與丘仲不異也許君七孔與荀勖笛律脗合惟丘仲言羌笛四孔而許云三孔似相剌謬或者疑爲二器不知三孔卽四孔
也按荀勖笛律以笛體中爲角聲故云笛有六孔及其體中之空爲七然則七孔者併笛體中計之若論其面則六孔也四孔者亦併笛
體中計之若論其面則三孔也許於七孔則併體計之者取備七音也於三孔則祇計其面者羌人剡竹但知有三孔耳豈知體中復可
當一孔哉故言古笛則當云七孔不得云六孔言羌笛則當云三孔不得云四孔大抵漢魏六朝所謂笛皆豎笛也宋元以後謂豎笛爲
簫謂橫笛爲笛而笛之名實淆矣云玄謂籥如篴三空者少儀注同孔疏謂案漢禮器制度知之案籥正字當作龠說文龠部云龠樂之
竹管三孔以和衆聲也竹部云籥書僮竹笘也經典通借籥爲龠釋名釋樂器云籥躍也氣躍出也孟子梁惠王篇趙注云籥簫也或曰
籥若笛而短有三孔風俗通義聲音篇云籥竹管三孔所以和衆聲也爾雅釋樂云大籥謂之產其中謂之仲小者謂之箹郭注云籥如

笛三孔而短小案以上諸說惟趙岐前一義以簫爲籥爲誤說餘並同鄭義而廣雅釋樂云籥謂之笛有七孔詩邶風簡兮毛傳云籥六孔說與鄭異徐養原云古之籥蓋卽漢之羌笛籥三孔羌笛亦三孔並見說文則二器無異三孔者籥也五孔者笛也七孔者笛之變也康成云籥如笛謂如五孔七孔之笛也竹音凡五比竹者簫併兩者管橫吹者篪惟籥與笛皆單管直吹故相似說文曰籥以和衆聲古之和聲用籥後世則受均於笛二物同類故皆可以和聲又云一說三孔以和聲六孔以奏舞曲說文籟三孔籥也是籥故有不止三孔者三孔者乃謂之籟耳籥字注三孔段玉裁以爲六孔之誤其說可從漢世有籟無籥如笛而短者籟也故皆以爲三孔郝懿行云蓋籥施用有異故孔數不同其施於吹以和樂者則三孔如笛而短其施於舞所執者則六孔當如笛而長知者風俗通引樂記云笛長一尺四寸七孔簡兮釋文云籥長三尺執之以舞是舞籥長於笛有半則知吹籥短於笛其體當不過一尺也笛與籥全相似故廣雅云龠謂之笛又云有七孔以簡兮傳六孔推之則知廣雅之七孔亦當指舞籥而言矣舞籥有孔者雖施於舞亦用以吹故周禮序官籥師注籥舞者所吹是其義也然籥既如笛而有三孔六孔七孔不同者吹籥短於笛而三孔舞籥長於笛而六孔或七孔陳奐說同案徐郝以三孔六孔爲吹籥舞籥之異是也孟子趙注說籥三孔而引詩左手執籥與毛傳不合蓋不知籥有吹與舞之異也云祴樂祴夏之樂者卽九夏之八也依鍾師杜注亦當爲陔賈疏云以其鍾師有祴夏此祴樂與之同故知此所教祴樂是鍾師所作祴夏者也云牘應雅教其舂者謂以築地者此破先鄭以舂牘爲器名之說明牘應雅三者並笙師教其舂之舂卽謂築地說文臼部云舂擣粟也竹部云築擣也故築地謂之舂也金鶚云舂字統牘應雅三件猶上以龡字統竽笙塤籥簫篪篴管也先鄭以舂牘二字共爲器名則亦當以龡字統之

此豈可斂之器邪云笙師教之則三器在庭可知矣者賈疏云以其
笙管在堂下近堂則三者亦在堂下遠堂在庭可知云賓醉而出奏
祴夏者鍾師杜注義同並據鄉飲酒鄉射燕禮爲說也云以此三器
築地爲之行節明不失禮者謂惟此三器爲祴樂所用爲賓行舒疾
之節明雖醉亦不失禮也金鶚云國語論樂云革木以節之牘應雅
皆木音柷敔之類皆所以節樂者也鄭謂以爲行節者禮云趨以肆
夏是金奏肆夏以爲行節牘應雅以節樂即以節行也但賓出奏陔
夏惟鄉飲酒燕禮用之若兩君相見及天子大饗諸侯賓出入皆奏
肆夏禮所謂趨以肆夏者兼出入言也笙師所掌又天子之樂也然
則祴樂非止陔夏疑九夏通名爲祴樂猶言縵樂燕樂也王出入奏
王夏亦奏之以爲行節諸夏皆當類此案金說是也祴樂與金奏同
用九夏但金奏在正樂之前唯天子諸侯樂有此節國語魯語所謂
先樂金奏是也其奏九夏以節出入者則通於鄉大夫士蓋不在正
樂之數若賓出奏陔或於禮終奏之故不得爲先樂而別謂之祴樂
祴之言戒或亦兼取出入之道爲名匠人注所謂令辟祴是也鄉射
禮注云陔夏者天子諸侯以鍾鼓大夫士鼓而已是祴樂亦用鍾鼓
不徒牘應
雅三器也

凡祭祀饗射共其鍾笙之樂

鍾笙與鍾聲
相應之笙

疏 注云鍾笙與
鍾聲相應之
笙者謂作樂時下管笙奏閒歌合樂諸節皆鍾笙並奏笙之聲應鍾
之均是謂鍾笙之樂賈疏云鄭爲此解者以其笙師不掌鍾而兼言
鍾故知
義然也

燕樂亦如之

疏 燕樂亦如之者燕樂
有簫管笙詳磬師疏

大喪廞其樂器及葬奉而藏之

廞興也興謂
作之奉猶送

疏 大喪廞其樂器者謂陳明器竽笙等樂器也
詳大司樂疏　注云廞興也興謂作之者此
說非也廞訓當爲陳詳司裘疏云奉猶送者
天府注同謂於窆時送至壙遂藏之椁中也

大旅則陳之

陳於饌處
而已不涖

其縣疏大旅則陳之者亦廞樂器也變文言陳者明陳而不藏也注云陳於鎛虡而已不涖其縣者賈疏云此經直言陳之明陳於鎛虡而已不臨其縣其臨縣者大司樂故大司樂云大喪涖廞樂器注云臨笙師鎛師之屬是也

鎛師掌金奏之鼓謂主擊晉鼓以奏其鍾鎛也然則擊鎛者亦視瞭疏掌金奏之鼓者與鼓人鍾師為官聯也詳鍾師疏　注云謂主擊晉鼓以奏其鍾鎛也者賈疏云鼓人職云以晉鼓鼓金奏故知之也金奏謂奏金金即鍾鎛鍾鎛以金為之故言金云然則擊鎛者亦視瞭者此冡前磬師注教視瞭擊編鍾而言賈疏云鎛與鍾同類大小異耳既擊鍾明亦擊鎛故云亦視瞭也案鄭賈並以意說之蓋以鎛師既擊鼓則不得更擊鎛故謂擊鎛者亦視瞭但此惟先樂金奏或然若他節則仍當以鎛師擊鎛不必皆視瞭也蓋此經諸樂官若磬師掌擊磬笙師掌吹笙職名並相應此官既名鎛師自當以擊鎛為專職不宜反掌擊鼓而不擊鎛也又鍾師掌金奏亦擊鎛則尤不當專屬視瞭竊疑先樂金奏其節最重或當鍾師擊鎛故此官改而擊鼓其他節則皆此官自擊鎛而以鼓人擊鼓不必如鄭賈說也大射儀無金奏而彼注說獻樂人有鼓人鎛人則鄭意亦謂擊鼓自是地官鼓人之正職不皆以鎛人代之矣鎛亦名鏞詳敘官疏

凡祭祀鼓其金奏之樂饗食賓射亦如之軍大獻則鼓其愷樂凡軍之夜三鼜皆鼓之守鼜亦如之守鼜備守鼓也鼓之以鼖鼓杜子春云一夜三擊備守鼜也春秋傳所謂賓將趨者音聲相似疏凡祭祀鼓其金奏之樂者賈疏云亦以晉鼓鼓之云饗食賓射亦如之者賈疏云饗食來朝諸侯賓射亦謂與來朝諸侯射於朝皆鼓其金奏之鼓也詒讓案樂師云饗食諸侯序其樂事令鍾鼓如祭之儀然則祭祀饗食皆樂師令

奏此官則鼓其金奏之鼓又眡瞭云賓射皆奏其鍾鼓此官與彼為官聯也饗食金奏之樂卽左襄四年傳天子享元侯奏肆夏是也賓射詳大宗伯疏云軍大獻則鼓其愷樂者此亦與眡瞭為官聯也賈疏云謂獻捷於祖作愷歌亦以晉鼓鼓之案大獻詳大司樂大司馬疏云凡軍之夜三鼜皆鼓之者此與鼓人眡瞭為官聯也　注云守鼜備守鼓也者謂王宮中常時戒守之鼓亦以夜鼓之列女傳賢明篇周宣姜后傳云雞鳴樂師擊鼓以告旦疑卽指此官李光地云凡軍之夜三鼜者行鼜也故云守鼜以別之云鼓之以鼖鼓者別於上金奏用晉鼓也賈疏云鼓人職云鼖鼓鼓軍事此並軍事故知用鼖鼓也杜子春云一夜三擊備守鼜也者明守鼜亦夜三鼓也賈疏云鼓人注引司馬法云昏鼓四通為大鼜夜半三通為晨戒旦明五通為發昫是一夜三擊備守鼜也云春秋傳所謂賓將趨者音聲相似者左昭二十年傳齊公孫青聘衛事杜本作賓將掫注云掫行夜據賈掌固疏則賈服本亦作掫與杜本同說文手部云掫夜戒守有所擊也亦引春秋傳左襄二十五年傳又云陪臣干掫杜亦以為行夜段玉裁云今左傳作賓將掫說文所據同也杜子春所據作趨古音芻聲取聲同在侯部也趨讀如促戒守之意惠棟云鼜說文作𪔳云讀若戚趨造音相近長言為趨短言為戚案惠說是也趨與掫趣音亦相近故此注引左傳作趨掌固注引又作趣依杜君一注義則鼜與掫為一依許義則鼜為擊鼓戒守掫為戒守有所擊不定擊鼓也二說蓋小異

大喪廞其樂器奉而藏之 疏 大喪廞其樂器者賈疏云此官所廞謂作晉鼓鼖鼓而已以其當職所擊者也案廞樂器亦當有鎛廞亦訓為陳賈從鄭釋為興作非也詳司裘疏

韎師掌教韎樂祭祀則帥其屬而舞之 舞之以東夷之舞 疏 韎師掌教韎樂者韎明堂位注

引並作昧從先鄭讀也詳敘官疏四夷樂韎韎蓋猶近雅故其用最多特設官以教之云祭祀則帥其屬而舞之者白虎通義禮樂篇云夷狄樂雖為舞者以為使中國之人何以言之夷狄之人禮不備恐有過誤也然則韎雖東夷之樂其舞亦使中國之人故韎師帥其屬而舞之也 注云舞之以東夷之舞者韎為東夷樂詳敘官及鞮鞻氏疏賈疏云凡舞夷樂皆門外為之案賈說本白虎通義詳鞮鞻氏疏

大饗亦如之

旄人掌教舞散樂舞夷樂散樂野人為樂之善者若今黃門倡矣自有舞夷樂四夷之樂亦皆有聲歌及舞

【疏】掌教舞散樂舞夷樂者賈疏云旄人教夷樂而不掌鞮鞻氏掌四夷之樂而不教二職互相統耳但旄人加以教散樂鞮鞻氏不掌之也案賈說非也此官掌教亦掌舞鞮鞻氏則又并掌其聲歌二官蓋互相備非互相統也 注云散樂野人為樂之善者者舞師凡野舞皆教之注云野舞謂野人欲學舞者然則此教散樂卽就舞師所教野人之中擇其善者使旄人更教之也賈疏云以其不在官之員內謂之為散也案賈意散樂卽謂冗散之樂今攷此為雜樂亦取亞次雅樂之義詳鹽人疏云若今黃門倡矣者王應麟云漢禮樂志成帝時鄭聲猶甚黃門名倡丙彊景武之屬富顯於世藝文志黃門倡車忠等歌詩十五篇詒讓案續漢書禮儀志劉注引蔡邕禮樂志云漢樂四品三曰黃門鼓吹天子所以宴樂羣臣此黃門倡卽習黃門鼓吹者非雅樂故鄭引以況散樂也云自有舞者散樂之舞在大司樂六大舞樂師六小舞之外其名數未聞云夷樂四夷之樂者四夷之樂卽下鞮鞻氏所掌者是也其四夷之舞所持經無文白虎通義禮樂篇云樂元語曰東夷之樂持矛舞助時生也南夷之樂持羽舞助時養也西夷之樂持戟舞助時煞也北夷之樂持干舞助時藏也

一說東方持矛南方歌西方戚北方擊金案鞮鞻氏疏引孝經鉤命決說夷舞所持與樂元語合通典樂引五經通義亦同惟西夷持鉞爲異未知孰是云亦皆有聲歌及舞者賈疏云此經有舞下鞮鞻氏云掌四夷之樂與其聲歌是也

凡四方之以舞仕者屬焉【疏】凡四方之以舞仕者屬焉者卽敘官云舞者衆寡無數在舞徒之外者也亦無員數與凡以神仕者同賈疏云此卽野人能舞者屬旄人選舞人當於中取之故也

凡祭祀賓客舞其燕樂【疏】凡祭祀賓客舞其燕樂者合樂時弁奏燕舞也燕樂詳磬師疏賈疏云賓客亦謂饗燕時舞其燕樂謂作燕樂時使四方舞士舞之以夷樂案據磬師笙師則賓客食及射皆奏燕樂賈謂饗燕時未晐又燕樂當亦有散樂詩王風云君子陽陽左執翿右招我由敖鄭箋以爲燕舞之位卽燕樂之舞也

籥師掌教國子舞羽歈籥文舞有持羽吹籥者所謂籥舞也文王世子曰秋冬學羽籥詩云左手執籥右手秉翟【疏】掌教國子舞羽歈籥者此與樂師爲官聯也賈疏云此官所教當樂師教小舞互相足故文王世子云小樂正學干大胥贊之籥師學戈籥師丞贊之注云四人皆樂官之屬也通職秋冬亦學以羽籥小樂正樂師也詒讓案據文王世子文則籥師雖掌文舞亦兼教武舞蓋此官所奏卽大司樂六大舞故文武兼備逸周書世俘篇云甲戌謁戎殷于牧野籥人奏武王入獻明明三終乙卯籥人奏崇禹生開三終籥人卽此籥師崇禹生開蓋大夏之舞曲以籥奏之者也　注云文舞有持羽吹籥者者此亦注用今字作吹也言此者對文王世子籥師學戈爲武舞御覽樂部引五經通義云王者之樂有先後者各尚其德也以文得之先文樂持羽旄而舞以武得之先武樂持朱干玉戚而舞所以增威武也云所謂籥舞也者春秋宣八年萬入去籥公羊傳云萬者何干舞也籥者何籥舞也何注云籥所吹

以節舞也吹籥而舞文樂之長案籥舞亦見詩小雅賓之初筵篇詳後凡文舞以羽籥爲主詳敘官疏引文王世子曰秋冬學羽籥者彼文云春夏學干戈秋冬學羽籥皆於東序鄭彼注云干戈萬舞象武也用動作之時學之羽籥籥舞象文也用安靜之時學之引之者證舞有羽籥也引詩云左手執籥右手秉翟者邶風簡兮篇文引之者證舞羽羽卽翟羽與籥相將之事敘官注亦引之詳彼疏孔疏引五經異義云公羊說樂萬舞以鴻羽取其勁輕一舉千里詩毛說萬以翟羽韓詩說以夷狄大鳥羽謹案詩云右手秉翟爾雅說翟鳥名雉屬也知翟羽舞也案羽舞穀梁隱五年傳謂之舞夏范注云夏大也大謂大雉大雉翟雉范亦從毛許說互詳舞師疏

祭祀則鼓羽籥之舞鼓之者恆爲之節 疏 注云鼓之者恆爲之節者樂記說舞大武云先鼓以警戒注云先鼓將奏樂先擊鼓以警戒衆也詩魯頌有駜云振振鷺鷺于下鼓咽咽醉言舞毛傳云咽咽鼓節也蓋凡大小舞皆先鼓以警衆既舞則又擊鼓爲之節故文王世子云胥鼓南注云旄人教夷舞則以鼓節之此籥師掌教文舞舞時亦擊鼓以爲之節其武舞蓋鼓人爲之鼓故鼓人云鼓兵舞是也又案大戴禮記五帝德篇云夔作樂以歌籥舞和以鍾鼓詩小雅賓之初筵云籥舞笙鼓毛傳云秉籥而舞與笙鼓相應則和籥舞又有鍾笙諸器此唯云鼓者以其舞節鼓爲尤重也賈疏謂祭祀合樂之時則使國子舞鼓動以羽籥之舞與樂節相應賈說以鼓爲鼓動羽籥似亦不專指鼓節然非經注意也

賓客饗食則亦如之 疏 賓客饗食則亦如之者亦擊鼓爲羽籥之舞節也此亦饗食與祭祀同樂與鍾師燕樂同

大喪廞其樂器奉而藏之 疏 大喪廞其樂器者賈疏云此所廞作惟羽籥而已不作餘器案賈說非也廞亦當訓爲陳詳司裘疏

籥章掌土鼓豳籥杜子春云土鼓以瓦爲匡以革爲兩面可擊也鄭司農云豳籥豳國之地竹豳詩亦如之玄謂豳籥豳人吹籥之聲章明堂位曰土鼓蒯桴葦籥伊耆氏之樂

疏掌土鼓豳籥者此官掌野樂其樂器亦與大師典庸器所掌異　注杜子春云土鼓以瓦爲匡以革爲兩面可擊也者鼓匡卽鼓腔也韗人以木爲之謂之皋陶依杜說土鼓亦冒革以其范土爲瓦以爲腔故名土鼓瓦土通稱大師八音土卽瓦音漢書司馬遷傳土簋土刑顏注云土謂燒土爲之卽瓦器也後鄭釋壺涿氏炮土之鼓亦云瓦鼓此注鄭無破杜之語明卽從其說呂氏春秋貴生篇高注釋土鼓亦以土爲瓦賈疏因禮運注云蕢土遂謂土鼓因於中古神農之器黃帝已前未有瓦器故不從非後鄭意也又案土鼓以瓦爲匡葢與缶略同呂氏春秋古樂篇云帝堯命質爲樂乃以麋輅置缶而鼓之彼置疑當作冒麋輅冒缶與杜瓦匡革面之說正相類土鼓本伊耆氏之樂郊特牲釋文引或說謂卽帝堯然則呂覽所云卽土鼓之制與缶以瓦爲之亦可鼓擊故易離九三云鼓缶說文缶部云缶瓦器所以盛酒漿秦人鼓之以節歌然彼不冒革則是土音此土鼓瓦匡而冒革則仍是革音與缶異也鄭司農云豳籥豳國之地竹者釋文出經豳字云注邠同段玉裁阮元並云此經用古字注用今字之一證今本皆改爲豳矣案段阮校是也此注豳字並當作邠詩豳風鄭譜云豳者后稷之曾孫曰公劉者自邰而出所徙戎狄之地名今屬右扶風栒邑漢書地理志云右扶風栒邑有豳鄉詩豳國公劉所都案今陝西邠州三水縣西有故豳城先鄭意此豳籥直謂以豳地所生之竹作籥猶大司樂雲和空桑龍門之琴瑟之類然豳竹作籥於經無徵故後鄭不從籥以竹爲之詳笙師疏云豳詩亦如之者謂下文之豳詩亦卽豳地所作之詩也豳風鄭譜云成王之時周公避流言之難出居東都二年思公劉大王居豳之職憂念民事至苦之功以比

序已志大師大述其志主意於豳公之事故別其詩以爲豳國變風焉依後鄭說豳詩非豳地所作詩與序義合先鄭說亦非也云玄謂豳籥豳人吹籥之聲章者破先鄭豳竹之說謂此豳籥卽依放豳人所吹葦籥之聲章以吹詩雅頌之等蓋葦籥與笙師竹籥聲自不同以豳人習吹此籥故卽謂之豳籥至其吹之爲聲以節歌則又有詩雅頌之異不必皆爲豳音也詳後疏引明堂位曰土鼓蒯桴葦籥伊耆氏之樂者釋文云耆又作帆阢案帆阢並從几聲與耆從旨聲相近蓋卽耆之別體明堂位文蒯作蕢鄭彼注云蕢當爲由聲之誤伊耆氏古天子有天下之號也又禮運云蕢桴而土鼓鄭彼注云蕢讀爲由由堛也謂摶土爲桴也土鼓築土爲鼓也孔疏云土鼓以與汙尊抔飲相連貴尚質素故知築土爲鼓周代極文而不爾也故杜注周禮籥章云以瓦爲匡不須築土其築土爲鼓先儒未詳蓋築地以當鼓節賈疏云蒯桴桴謂擊鼓之物以土塊爲桴引之者破子春土鼓用瓦說詒讓案築土爲鼓無由發其聲禮運注蓋鄭未定之說此注雖引明堂位文而無築土之文壺涿氏注又明云瓦鼓則不破杜可知蓋鄭三禮注義不必盡同故禮運疏謂周代尚文不築土爲鼓其說較賈爲長但築土爲鼓當謂摶土築令堅實以爲鼓非謂築地爲節孔說亦失之又案後鄭不從先鄭豳地竹籥而別引葦籥爲證則謂此豳籥亦用葦蓋此官所掌鼓與鼓人之鼓異籥亦與籥師之竹籥異也馬瑞辰云籥章以掌籥爲專司故首言豳籥蓋籥後世始用竹伊耆氏止以葦爲之豳籥卽葦籥也郊特牲正義謂伊耆卽神農祈年所以祭神農蜡亦行神農之禮故仍其舊樂祭以土鼓葦籥籥章旣言土鼓則知豳籥卽葦籥不曰葦而曰豳蓋豳人習之猶商人識之謂之商齊人識之謂之齊也案馬說是也

中春晝擊土鼓龡豳詩以逆暑

豳詩豳風七月也吹之者以籥爲之聲七月言寒暑之事迎氣歌其類也此風也而言詩詩摠

名也迎暑以晝求諸陽

【疏】中春晝擊土鼓龡豳詩以逆暑者說文日部二云暑熱也逆暑迎寒者迎其氣之至而祭之與迎春迎夏義同 注二云豳詩豳風七月也者豳風七篇七月其首篇也敘二云七月陳王業也周公遭變故陳后稷先公風化之所由致王業之艱難也七月凡八章其第二章二云春日遲遲采蘩祁祁女心傷悲殆及公子同歸鄭彼箋二云春女感陽氣而思男秋士感陰氣而思女是其物化所以悲也悲則始有與公子同歸之志欲嫁焉女感事苦而生此志是謂豳風又第六章二云爲此春酒以介眉壽箋二云介助也穫稻而釀酒以助其養老之具是謂豳雅又第八章二云朋酒斯饗曰殺羔羊躋彼公堂稱彼兕觥萬壽無疆箋二云於饗而正齒位故因時而誓焉飲酒既樂欲大壽無竟是謂豳頌孔疏二云此言是謂豳風六章二云是謂豳雅卒章二云是謂豳頌者籥章二云吹豳詩豳雅豳頌以周禮用爲樂章詩中必有其事此詩題曰豳風明此篇之中當具有風雅頌也別言豳雅豳頌則豳詩者是豳風可知既知此篇兼有雅頌則當以類辨之風者諸侯之政教凡繫水土之風氣故謂之風此章女心傷悲乃是民之風俗故知是爲豳風也雅者正也王者設教以正民作酒養老是人君之美政故知穫稻爲酒是豳雅也頌者美盛德之形容成功之事男女之功俱畢無復飢寒之憂置酒稱慶是功成之事故知朋酒斯饗萬壽無疆是謂豳頌也籥章之注與此少殊彼注二云豳詩言寒暑之事迎氣歌其類則首章流火觱發之類是也又二云豳雅者有于耜舉趾饁彼南畝之事則亦以首章爲豳雅也又二云豳頌者有穫稻釀酒躋彼公堂稱彼兕觥萬壽無疆之事兼以穫稻釀酒亦爲豳頌皆與此異者彼又觀籥章之文而爲說也以其歌豳詩以迎寒迎暑故取寒暑之事以當之吹豳雅以樂田畯故取耕田之事以當之吹豳頌以息老物故取養老之事以當之就彼爲說故作兩解也諸詩未有一篇之內備有風雅頌而此篇獨有三體者周公陳豳

公之教述其政教之始則爲豳風述其政教之中則爲豳雅述其政教之成則爲豳頌故今一篇之內備有風雅頌也宋翔鳳云七月一篇之詩而篇章言豳詩豳雅豳頌以其事各有宜迎寒暑則宜風故謂之豳詩祈年則宜雅故謂之豳雅息老物則宜頌故謂之豳頌鄭君於詩中各取其類以明之非分某章爲雅某章爲頌故說各不同胡承珙云細繹注意蓋篇章於每祭皆歛七月全詩而其取義各異案宋胡說是也王質饒魯並謂豳詩豳雅豳頌卽七月一詩而聲節不同宋胡略本彼說綜校此注及詩箋之意亦本謂通指七月全篇擧其本則曰詩取其言男女之正則曰雅取其言歲終人功之成則曰頌其吹之則聲均雖有殊別要皆總擧全詩必不斷章取義吹雅者不必遺躋堂之章吹頌者無害涉傷春之句是以詩箋綴豳雅於六章而禮注則援首章于耜擧趾諸文以傳樂田畯之義然則鄭意並不謂分章別體明矣孔氏蓋誤會鄭恉意其以七月一篇析爲三體首章及二章爲豳詩三章至六章爲豳雅七章及卒章爲豳頌故疑此注與詩箋小殊非也但詩之風雅頌在大師六詩與賦比興並擧者以體異也而以入樂則以聲異劉台拱云雅正也王都之音最正故以雅名列國之音不盡正故以風名雅之爲言夏也荀子榮辱篇云越人安越楚人安楚君子安雅又儒效篇云居楚而楚居越而越居夏而夏雅夏字通案劉說風雅之義甚塙蓋十五國風者各以其國之方言爲聲也二雅者以王都之正言爲聲也三頌者薦之郊廟則其攷聲尤嚴若後世宮廟大樂之聲是也惟其聲殊故左襄二十九年傳載季札觀樂一歌而能辨其聲又云爲之歌秦曰此之謂夏聲其周之舊乎秦爲西周王畿之地故雖後世流變而尚有夏聲之遺夏聲卽二雅之聲也由是推之則此經云吹豳詩者謂以豳之土音爲聲卽其本聲也吹豳雅者謂以王畿之正音爲聲吹豳頌者謂以宮廟大樂之音爲聲其聲雖殊而爲七月之詩則一也鄭釋未

及詳孔賈諸儒遂莫能深究其義矣云吹之者以籥為之聲者此亦
經用古字作龡注用今字作吹也詳笙師疏籥亦謂葦籥後經凡言
龡並同為之聲謂吹籥之聲以詩為調又以節歌非謂唯有吹也徐
養原云籥章龡豳亦合樂之類不言歌而言龡者籥章所掌主於籥
也然仍有琴瑟焉甫田云琴瑟擊鼓以御田祖以祈甘雨此即祈年
以樂田畯者也鞮鞻氏凡祭祀則龡而歌之鄭云以管籥為之聲凡
舞曲則用籥三豳亦舞曲歟案徐說是也云七月言寒暑之事者賈
疏云七月云一之日觱發二之日栗烈七月流火之詩是寒暑之事
云迎氣歌其類也者謂雖歌其全篇而唯取其首章言寒暑之事與
春秋迎氣事類相應也胡承珙云歌其類者即左傳歌詩必類之義
鄭撮舉詩詞正指類以曉人云此風也而言詩詩揔名也者大師六
詩首曰風是風總名詩也賈疏云對下有雅有頌即此是風而言詩
詩總名含豳風矣故云詩不言風也云迎暑以晝求諸陽者以暑生
於陽陽盛於晝故順其盛之時逆而求之案逆暑即祭司暑之神祭
法云相近於坎壇祭寒暑也鄭彼注云相近當為禳祈聲之誤也寒
暑不時則或禳之或祈之寒於坎暑於壇祭法釋文云相近王肅作
祖迎則與此逆暑迎寒文同孔疏又謂王肅以彼寒暑為六宗之一
孔叢子論書篇及書舜典僞孔傳說並同皆非鄭義依鄭說則彼為
禳祈與正祭異此逆暑迎寒雖非禳祈之祭其兆亦當於坎壇以義
類求之此中春逆暑當即迎祭祝融於南郊之壇蓋寒暑者時變於
天而氣附於地則司暑司寒之神當為地示王孔以坎壇為六宗續
漢書祭祀志劉注引司馬彪說以寒暑為祭天神並失之又案此經
寒暑止有中春中秋二祭其牲蓋用大牢周書嘗麥篇云惟四年孟
夏是月士師乃命大宗序于天時祠大暑則孟夏亦有祭暑其禮蓋
與逆暑同祭法禳祈鄭注謂用少牢則殺於正祭也大戴禮記夏小
正傳云夏有暑祭祭也者用羔此與左昭二年傳說中春啓冰以羔

祭司寒禮相類與嘗麥祠大暑不同蓋是告祭故又殺於禳祈也但左傳說季冬藏冰云黑牡秬黍以享司寒杜注云黑牡黑牲也孔疏云此祭玄冥之神非大神且非正祭計應不用大牲杜言黑牡黑牲當是黑牡羊也啓冰唯獻羔祭韭藏冰則祭用牲黍者啓唯告而已藏則設享祭之禮祭禮大而告禮小故也案依孔義則季冬祭寒用成牲中春祭寒用羔二禮隆殺有別而月令孔疏則謂黑牡卽黑羔與左傳疏說不同未知孰是要其非正祭則無疑也然則祭法禳祈無定時夏小正夏祭暑及左傳季冬中春二祭寒爲告祭皆在此經迎祭之外呂氏春秋季冬紀高注引此經中春逆暑中秋逆寒而說之云舉春秋省文然則冬夏可知是高誘謂寒暑有中春中秋季夏季冬四祭蓋兼據左傳季冬藏冰以黑牡享司寒之文是則迎司寒於中秋享以季冬迎司暑於中春享以季夏也今攷逆暑迎寒文與五時迎氣及郊迎長日之至同則亦正祭可知左傳季冬享司寒因藏冰而舉則自是告祭之禮惟孟夏祭大暑周書有明文當是正祭之一則孟冬亦一祭大寒可以類推意者寒暑天地之恆氣二中迎其至二孟祠其盛一年四祭不爲無徵但冬夏之祭在二孟而不在二季高說究與經未合耳

中秋夜迎寒亦如之迎寒以夜求諸陰

【疏】中秋夜迎寒亦如之者說文辵部云迎逢也逆迎也關東曰逆關西曰迎案迎寒猶逆暑也月令注及呂氏春秋季冬紀高注引此經亦作逆寒寒暑二祭禮秩同故樂亦不異注云迎寒以夜求諸陰者以寒生於陰陰盛於夜亦順其盛之時迎而求之迎寒蓋亦祭司寒左昭四年傳說天子冬藏冰以黑牡秬黍享司寒春獻羔而啓之杜注云司寒玄冥北方之神詩豳風七月孔疏引服虔說同然則此中秋迎寒亦迎祭玄冥於北郊之坎與左傳啓冰服杜注並謂在二月春分與月令鮮羔開冰文合彼爲告祭與此不同孔疏引鄭志以爲四月說未塙詳凌人疏

凡國祈

年于田祖龡豳雅擊土鼓以樂田畯祈年祈豐年也田祖始耕田者謂神農也豳雅亦七月也七月又有于耜舉趾饁彼南畝之事是亦歌其類謂之雅者以其言凡男女之正鄭司農云田畯古之先教田者爾雅曰畯農夫也

疏國祈年于田祖者此祭通於王國及都邑故繫國言之與後國祭蜡義同賈疏云此祈年于田祖并上迎暑迎寒並不言有祀事既告神當有祀事可知但以告祭非常故不言之耳若有禮物不過如祭法埋少牢之類耳此田祖與田畯所祈當同日但位別禮殊樂則同故連言之也案此祈年田祖及前迎寒暑皆正祭賈謂告祭非常非也又田祖是人鬼非地示賈謂如祭法埋少牢之類亦非是云以樂田畯者詩小雅甫田孔疏云先言祈年于田祖是此祭主祭田祖末言以樂田畯見其交及之故異其文也　注云祈年祈豐年也者說文示部云祈求福也詩小雅甫田云琴瑟擊鼓以御田祖以祈甘雨以介我稷黍以穀我士女此即祈豐年之事鄭彼箋云設樂以迎先嗇謂郊後始耕也亦引此經爲說孔疏云月令孟春天子乃以元日祈穀於上帝注云謂以上辛郊祭天即引襄七年左傳曰夫郊祀社稷以祈農事是故啓蟄而郊郊而後耕又曰乃擇元辰天子親載耒耜躬耕帝藉注云元辰郊後吉亥是郊後始耕也謂於始耕時而祭之也知者以先嗇人神不宜先天而祭故當郊後也祈雨又宜早不可以至二月而田祖是始教田者故知是始耕時祭之也案依鄭孔說則此祈年田祖在孟春郊後始耕之時攷月令祈年之祭有二一孟春祈穀于上帝即郊也二孟冬天子乃祈來年於天宗大割祠於公社及門閭彼冬祈之禮於經無徵疑是秦法鄭彼注以爲即大蜡亦無塙證攷此經田祖乃人鬼與郊宗迥異則月令春冬二祈皆非此田祖之祭可知鄭孔謂郊後始耕特爲此祭於經亦無可質證漢書郊祀志王莽奏云社者土也稷者百穀之主詩曰乃立冢土又曰以御

田祖以祈甘雨莽兩引詩蓋以冡土證社田祖證稷故顏注云田祖稷神也依莽說則祈年田祖卽祭社稷金鶚云周禮孟春祈穀於上帝仲春祭社稷亦所以祈年田祖卽配食於社稷者也案金卽本莽說若然此祈年田祖卽中春之祭社也攷大司徒注亦謂田祖與社中之田主爲一詩周頌載芟敘云春藉田而祈社稷也甫田首章云以社以方與以御田祖之文相應大雅雲漢詩云祈年孔夙方社不莫亦以祈年與方社並舉則祈年田祖當卽在春社之時莽奏蓋本西漢禮家舊義似可馮信但謂田祖卽稷神則又有棍人鬼於地示之嫌金謂配食社稷殆近之耳社有春祈秋報詳肆師疏云田祖始耕田者謂神農也者詩甫田毛傳云田祖先嗇也孔疏云郊特牲注云先嗇若神農籥章注云田祖始耕田者謂神農是一也以祖者始也始教造田謂之田祖先爲稼穡謂之先嗇神其農業謂之神農名殊而實同也詒讓案毛以田祖爲先嗇鄭說蓋與彼同故釋此田祖及郊特牲之先嗇並爲神農又大司徒注云田主田神后土田正之所依也詩人謂之田祖則鄭意田祖亦爲田主王莽顏師古又以田祖爲稷神今攷田之祭田祖蓋猶樂官之祭樂祖也大司樂云凡有道有德者使敎焉死則以爲樂祖祭于瞽宗是敎樂者可祭爲樂祖則教田者亦可祭爲田祖不必始耕田之帝王矣田祖卽先嗇毛鄭說自不可易但鄭謂是神農則又未塙詳後云豳雅亦七月也七月又有于耜舉趾饁彼南畝之事是亦歌其類者鄭意此亦歌其全篇而義唯取首章言農事諸文與祈年事類相應也今案豳雅者以二雅之聲吹歌七月之詩非徒以事類殊異之也鄭說未晐云謂之雅者以其言男女之正者大師注云雅正也鄭司農云田畯古之先教田者者凡諸經所云田畯有指田神者此經是也有指當時司田之官者詩七月及甫田大田之田畯是也田畯之神亦謂之司嗇郊特牲云蜡之祭也主先嗇而祭司嗇也注云先嗇若神農者司嗇后稷

是也又云饗農及郵表畷禽獸注云農田畯也據彼經注義則田神有三一先嗇爲神農二司嗇爲后稷三農卽田畯先鄭意或與彼同金鶚云蜡祭饗農及郵表畷禽獸其神最卑鄭以先嗇爲神農司嗇爲后稷不知神農配享炎帝王者祀於南郊后稷周之始祖推以配天又祀於社稷極其尊崇何乃下就蜡祭與農及郵表畷等並列乎先嗇蓋神農氏之時始教民稼穡之官司嗇則古之田畯也田畯不可謂之農農蓋古之良農也詒讓案祈年之祭最隆者爲夏正南郊祭受命帝以后稷配王親其事此祈年與社同時則王所不與有司涖其祭而已其禮甚殺不得祭古帝及先王則非神農亦非后稷明矣蓋此田祖卽先嗇田畯卽司嗇祈年及蜡祭皆兼祭此二神故後國祭蜡不言其神明冡此文省金鶚謂先嗇爲始教田之官司嗇爲古田畯於義近是詩甫田鄭箋亦云田畯司嗇今之嗇夫也彼雖指典農之官言之然可證田神之田畯亦卽司嗇也其與典農之官或謂之田月令命田舍東郊注云田謂田畯典農之官又謂之田大夫詩七月毛傳云田畯田大夫也又謂之農大夫國語周語命農大夫戒農用韋注云農大夫田畯也又謂之農正周語云農正再之注云農正后稷之佐田畯也四者異名同實疑是冬官之屬皆非此經之田畯矣引爾雅曰畯農夫也者釋言文說文田部同引之者證教田官稱田畯之義爾雅郭注云今之嗇夫是也詩七月孔疏引孫炎云農夫田官也

國祭蜡則龡豳頌擊土鼓以息老物

故書蜡爲蠶杜子春云蠶當爲蜡郊特牲曰天子大蜡八伊耆氏始爲蜡歲十二月而合聚萬物而索饗之也蜡之祭也主先嗇而祭司嗇也黃衣黃冠而祭息田夫也旣蜡而收民息已玄謂十二月建亥之月也求萬物而祭之者萬物助天成歲事至此爲其老而勞乃祀而老息之於是國亦養老焉月令孟冬勞農以休息之是也豳頌亦七月也七月又有穫稻作酒躋彼公堂稱彼兕觥萬

壽無疆之事是亦歌其類也謂之頌者以其言歲終人功之成【疏】國祭蜡者此祭亦通於王國及都邑也其在民閒者則禮殺謂之臘凡蜡祭之樂殺於郊廟故不用大舞大司樂六樂六變致神示物鬽乃通論樂理彼注以為蜡樂非也詳彼疏　注云故書蜡為䄍杜子春云䄍當為蜡者禮經無祭䄍之文唯月令季冬薦鞠衣于先帝注云為將蠶求福祥之助也先帝大皞之屬彼為將蠶告祭之禮然亦非息老物之時故杜破為蜡也段玉裁云此字之誤也引郊特牲者證國祭蜡卽息老物也鄭彼注云黃衣黃冠而祭祭謂旣蜡臘先祖五國也於是勞農以休息之收謂收斂積聚也息民與蜡異則黃衣黃冠而祭為臘必矣孔疏云對文蜡臘有別揔其俱名蜡也故月令孟冬祈來年于天宗大割祠于公社及門閭臘先祖五祀鄭注云此周禮所謂蜡是也又云月令臘在祈天宗之下但不知臘與蜡祭相去幾日惟隋禮及今禮皆蜡之後日案依鄭孔說則周制有臘臘卽息民之祭在蜡後而小於蜡此職專言蜡祭之樂不關臘祭之樂也而玉燭寶典引月令章句則云臘祭名也夏曰嘉平殷曰清祀周曰大蜡總謂之臘周禮國祭蜡以息老物言因臘大執衆功休老物以祭先祖及五祀勞農以休息之案蔡謂蜡與臘是一此職所言卽臘祭之樂與鄭說不同獨斷云夏曰嘉平殷曰清祀周曰大蜡漢曰臘風俗通義祀典篇說同廣雅釋天云夏曰清祀殷曰嘉平周曰大蜡秦曰臘此並以蜡臘為周秦漢之異名與月令章句說小異而亦謂蜡臘一祭二名今攷張氏蓋因月令本出呂覽而有臘先祖五祀之文史記秦本紀亦云惠文君十二年初臘故謂臘為秦制然左僖五年傳已云虞不臘矣晏子春秋諫下篇云景公令兵摶治當臘氷月之閒而寒韓非子五蠹篇云夫山居而谷汲者膢臘而相遺以水列女傳母儀篇魯母師傳云臘日休作者歲祀禮事畢則周時自有臘祭不得為秦漢制矣金鶚云郊特牲云素服以送終也蜡以息老物

故爲素服送終與常禮服不同也言黃衣黃冠而祭息田夫也明別
是一祭非正蜡之禮也注疏以此爲蜡後之祭此說近是息民之祭
雖在蜡後卻當與蜡同日何以知之籥章國祭蜡則吹豳頌擊土鼓
以息老物兼田夫萬物而言是息民之祭亦蜡祭也蓋別而言之息
民自爲一祭通而言之息民在蜡祭中可知當與蜡同日不然安得
統名爲蜡乎雜記云百日之蜡一日之澤鄭注引黨正國索鬼神而
祭祀則以禮屬民而飲酒于序以正齒位謂一日使之飲酒燕樂是
君之恩澤也息田夫必燕飲而謂之一日之澤其與蜡同日可知矣
孔疏以爲在蜡之後日非也息民之祭其禮與蜡別者蜡之祭天子
諸侯親之息民之祭則使有司行事郊特牲云野夫黃冠黃冠草服
也服草服而與野夫相接非至尊所宜矣案金說謂蜡與息民之祭
同在一日而有尊卑之別是也竊疑蜡臘之祭同在一時蓋以尊卑
詳略異禮天子諸侯有八蜡之祭則不必更祭臘庶民不得祭蜡則
有臘先祖五祀之祭鄭謂臘卽息民之祭與列女傳說臘日休作者
之文合是也此經云國祭蜡黨正又謂之國索鬼神而祭祀郊特牲
以大蜡繫之天子明堂位亦云秋省而遂大蜡天子之祭也明蜡祭
以王國爲最大此官所掌者自是王蜡祭之樂若民閒臘祭則固不
必官掌其樂矣皮弁素服此國蜡祭之服也黃衣黃冠民閒臘祭之
服也臘爲民閒通行之祭鄉邑之吏亦涖之而王侯則不與此其異
也郊特牲說天子八蜡之祭而因及於民閒之臘祭通而言之臘爲
蜡之細皆以息老物而舉是祭既同時並舉亦得互稱戰國之時蜡
祭禮亡而臘通行於民俗故月令有臘而無蜡而蔡氏輒合蜡臘爲
一祭又謂此經卽指臘祭言之蓋誤之甚也至於大蜡八神禮有明
文月令祈年天宗割祠公社門閭之祭與古禮不合此蓋後世增益
之禮鄭以之說蜡祭則不免牽合耳互詳黨正疏云玄謂十二月建
亥之月也者黨正注及郊特牲注義並同據月令祈天宗及臘皆在

夏正孟冬十月明郊特牲歲十二月據周歲終而言月令疏引皇侃以爲夏殷蜡各在己之歲終孔則以爲凡蜡皆在建亥之月未知孰是秦漢無蜡而有臘則皆在建丑之月故史記陳涉世家以十二月爲臘月說文肉部亦云冬至後三戌臘祭百神卽據漢制爲說與周蜡臘同在孟冬異也云求萬物而祭之者者謂經云息老物物卽萬物之神亦卽神仕所謂物鬽也賈疏云卽合聚萬物而索饗之是也云萬物助天成歲事至此爲其老而勞乃祀而老息之者郊特牲說蜡祭云皮弁素服而祭素服以送終也葛帶榛杖喪殺也鄭彼注云送終喪殺所謂老物也案鄭意蓋謂蜡祭卽取息老物之義息謂息其勞老謂送其終息老並指萬物言之與息民之臘祭義取息田夫者小異然此息老物之義當兼采金說通田夫萬物而言鄭唯舉一隅似未晐備賈疏謂老卽老物蜡祭是也息之者卽息田夫臘祭宗廟是也則又非鄭恉矣云於是國亦養老焉者謂蜡祭雖爲息老物而祭訖又有養老息民之事二者事相因也大戴禮記千乘篇云方冬三月草木落庶虞藏五穀必入于倉息國老六人以成冬事亦冬養老之事云月令孟冬勞農以休息之是也者卽據孟冬令文鄭彼注云黨正屬民飲酒正齒位是也引之者證彼云勞農休息兼有正齒位養老之禮也云豳頌亦七月也七月又有穫稻作酒躋彼公堂稱彼兕觵萬壽無疆之事是亦歌其類也者觵毛詩作觥宋婺州本注疏本同觥卽觵之俗釋文出躋堂二字則所見本無彼公二字臧庸云疑鄭注本約舉與車人顙瓬正相類案臧說得之惠棟阮元並謂當作躋堂稱觵亦是也毛傳云公堂學校也鄭箋云十月民事男女俱畢無饑寒之憂國君閒於政事而饗羣臣於饗而正齒位案依鄭詩箋說則七月所說卽月令孟冬大飲烝之事此天子養老於大學之禮在蜡祭之前而事亦相因故此注云是亦歌其類也金鶚云野人飲酒皆在鄉學中豳風云十月滌場朋酒斯饗曰殺羔羊躋彼

公堂稱彼兕觥萬壽無疆此卽蜡祭畢勞農休息而飲酒於序也玉藻云唯饗野人皆酒所謂朋酒斯饗也野人不得升君之堂毛傳以公堂爲學校是也祭蜡吹豳頌其以此與今案金說與箋小異而義亦通云謂之頌者以其言歲終人功之成者釋名釋典藝云稱頌成功謂之頌謂七月卒章以言歲終功成息燕之事故亦謂之頌也

周禮正義卷四十六

周禮正義卷四十七

瑞安孫詒讓學

鞮鞻氏掌四夷之樂與其聲歌四夷之樂東方曰韎南方曰任西方曰株離北方曰禁詩云以雅以南是也王者必作四夷之樂一天下也言與其聲歌則云樂者主於舞

【疏】注云四夷之樂東方曰韎南方曰任西方曰株離北方曰禁者賈疏云四夷樂者孝經緯鉤命決云東夷之樂曰韎持矛助時生南夷之樂曰任持弓助時養西夷之樂曰株離持鉞助時殺北夷之樂曰禁持楯助時藏皆於四門之外右辟是也按明堂位亦有東夷之樂曰韎南夷之樂曰任又按虞傳云陽伯之樂舞侏離則東夷之樂亦名侏離者東夷樂有二名亦名侏離鄭注云侏離舞曲名言象萬物生侏離若詩云彼黍離離是物生亦曰離案此四夷樂名鄭並依孝經緯明堂位爲說蔡氏獨斷亦依鄭義惟株離作侏離與賈引緯同毛詩小雅鼓鍾傳說四夷之樂韎作昧任作南株離作朱離與鄭略同公羊昭二十五年何注則云東夷之樂曰株離南夷之樂曰任西夷之樂曰禁北夷之樂曰昧徐疏以爲樂說文蓋本樂緯也藝文類聚樂部引五經通義說與何同曲禮孔疏引白虎通樂元語云東夷之樂曰朝離萬物微離地而生南夷樂曰南南任也任養萬物西夷樂曰味味昧也萬物衰老取晦昧之義北夷樂曰禁言萬物禁藏今本白虎通義禮樂篇作南夷之樂曰兜西夷之樂曰禁北夷之樂曰昧東夷之樂曰離文選東都賦云四夷閒奏德廣所及僸佅兜離罔不具集與今本通義同後漢書班固傳僸作佮昧作佅與文選又異案何班諸說並與鄭異或所傳不同或聲義轉易俞正燮云昧任等皆四夷本名名從主人單字還音故諸書有味昧韎佅任南朝侏

株兜離偶禁僸之異是也云詩云以雅以南是也者小雅鼓鍾篇文引以證南夷樂之名南也毛詩鄭以四夷樂名爲釋鄭箋義同云王者必作四夷之樂一天下也者明堂位云納夷蠻之樂於大廟言廣魯於天下也白虎通義禮樂篇云所以作四夷之樂何德廣及之也合歡之樂舞於堂四夷之樂陳於門外之右先王所以得之順命重始也誰制夷狄之樂以爲先聖王也先王推行道德調和陰陽覆被夷狄故夷狄安樂來朝中國於是作樂樂之作之門外者何夷在外故就之也夷狄無禮義不在內明堂記曰九夷之國東門之外所以知不在門內也明堂記曰納夷蠻之樂於大廟言納明有入也曰四夷之樂者何謂也以爲四夷外無禮義之國數夷狄者從東故舉本以爲之總名也案御覽樂部引五經通義亦云四夷之樂陳於戶以孝經緯白虎通說參證之則夷樂蓋陳於門外戶右若然明堂於四門外祭祀大饗則於廟門外燕則於路寢門外與云言與其聲歌則云樂者主於舞者鄭意此官專掌夷樂聲歌又兼掌舞則與韎師旄人爲官聯也賈疏云凡樂止有聲歌及舞既下別云聲歌明上云樂主於舞可知也

祭祀則龡而歌之燕亦如之吹之以管籥爲之聲【疏】注云吹之以管籥爲之聲者此亦注用今字作吹也亦吹管籥以爲歌舞之節與雅樂文舞略同獨斷云王者必作四夷之樂以定天下之歡心祭神明吹而歌之以管樂爲之聲卽本此注義

典庸器掌藏樂器庸器庸器伐國所獲之器若崇鼎貫鼎及以其兵物所鑄銘也【疏】掌藏樂器庸器者此官爲樂器受藏之府因幷主藏銘功之器與天府爲官聯也銘功之器卽鍾鼎之屬故與樂器同藏之　注云庸器伐國所獲之器者謂征伐敵國所獲其所藏之重器也云若崇鼎貫鼎者明堂位云崇鼎貫鼎大璜封父龜天子之器也鄭注云崇貫封父皆國名文王伐崇古者

伐國還其重器以分同姓是其事也云及以其兵物所鑄銘也者卽敘官先鄭注引左傳魯以齊之兵作林鍾而銘功是也

及祭祀帥其屬而設筍虡陳庸器設筍虡視瞭當以縣樂器焉陳功器以華國也杜子春云筍讀爲博選之選橫者爲筍從者爲鐻

【疏】及祭祀帥其屬而設筍虡者謂祭前之夕大司樂宿縣時設筍虡以共大師縣樂器也云陳庸器者謂宗廟六享並陳之於廟天府掌國之大寶器云若有大祭大喪則出而陳之彼注以大祭爲禘祫此經祭祀不云大明四時常祭咸有陳器亦與天府爲官聯也　注云設筍虡視瞭當以縣樂器焉者凡樂器編鍾特鍾編磬特磬及縣鼓皆縣於筍虡此官設之視瞭縣之二官爲聯事也賈疏云鄭知者按視瞭職云掌大師之縣此直云設筍虡明是視瞭縣之可知云陳功器以華國也者敘官注云庸功也華國詳天府疏杜子春云筍讀爲博選之選者段玉裁云此讀爲乃讀如之誤鶡冠子有博選篇筍音如之也擬其音不易其字故下文仍云橫者爲筍也陳奐云說文橁杶也橁木名假借之爲樂縣上橫者之名筍卽橁之省案段陳說是也筍明堂位字又作簨簨筍之俗與選聲類同梓人先鄭注讀爲竹筍之筍筍與選音亦相近云橫者爲筍從者爲鐻者梓人注義同釋文云鐻舊本作此字今或作虡案說文虍部云虡鍾鼓之柎也飾爲猛獸重文鐻虡或從金豦聲虡篆文虡省此及梓人經注並作虡卽篆文之變體杜作鐻用或體也段玉裁云經作虡注作鐻者漢人多用鐻字此亦經用古字注用今字之一證案段說近是但後鄭注仍作虡小胥梓人注同然則惟杜作鐻鄭自如經作虡兩君字例不同也筍虡皆以木爲之從橫相持以縣樂器釋名釋樂器云所以縣鍾鼓者橫曰簨簨峻也在上高峻也從曰虡虡舉也在旁舉簨也簨上之版曰業刻爲牙捷業如鋸齒也詩周頌有瞽設業設虡崇牙樹羽毛傳云業大版也所以飾栒爲縣也捷業如

鋸齒或曰畫之植者爲虡衡者爲栒崇牙上飾卷然可以縣也樹羽置羽也案栒字同孔疏云虡者立於兩端栒則橫入於虡其栒之上加施大版則著於栒其上刻爲崇牙似鋸齒捷業然故謂之業牙即業上齒也故明堂位云夏后氏之龍簨虡殷之崇牙注云橫曰簨飾之以鱗屬以大版爲之謂之業殷又於龍上刻畫之爲重牙以挂縣紘以其形卷然得挂繩於上紘謂縣之繩也樹羽者置之於栒虡之上角漢禮器制度云爲龍頭及頷口銜璧璧下有旄牛尾明堂位於崇牙之下又云周之璧翣注云周人畫繒爲翣戴以璧垂五采羽其下樹翣於簨之角上飾彌多是也案孔說甚覈筍虡之制蓋樹二植木爲柎上刻鳥獸以爲飾是爲虡以橫木爲格上刻龍蛇以爲飾是爲筍筍之上又有大版覆之刻爲鋸齒以白畫之是爲業鋸齒卷然上出可以縣紘是爲崇牙以其上覆大版旁樹二木望之與几相似故方言云几其高者謂之虡郭注謂即筍虡橫筍之旁更有璧翣之飾植虡之下則又有趺以鎭之使縣時不傾覆其趺或以玉石爲之故楚辭離騷云玉石兮瑤虡言以瑤爲虡趺也

饗食賓射亦如之大喪廞筍虡廞興也興謂作之

疏饗食賓射亦如之者饗食謂王饗食來朝諸侯樂師云饗食諸侯序其樂事令奏鍾鼓故此官設筍虡公食大夫禮諸侯食小聘大夫禮殺故無樂也賓射王與諸侯之賓射於朝詳司裘大宗伯射人疏云大喪廞筍虡者賈疏云案檀弓有鍾磬而無筍虡鄭注云不縣之彼鄭注見此文有筍虡明有而不縣以喪事略故也 注云廞興也興謂作之者司裘注義同案梓人爲筍虡非典庸器所作鄭說非也廞當訓爲陳並詳司裘疏

司干掌舞器舞器羽籥之屬

疏掌舞器者掌授與受藏與司兵司戈盾爲官聯也 注云舞器羽籥之屬者羽籥文舞所

用鄭以此官名司干嫌不掌文舞之器故特釋之明文武舞器竝掌之也賈疏云鄭知司干所掌舞器是羽籥以其文武之舞所執有異則二者之器皆司干掌之言司干者周尚武故以干爲職首其籥飾教而不掌若然干與戈相配不言戈者下文云祭祀授舞器則所授者授干與羽籥也案司戈盾亦云祭祀授旅賁殳故士戈盾授舞者兵云舞者兵惟謂戈其干亦於此官授之司兵云祭祀授舞者兵鄭注云授以朱干玉戚謂授大武之舞與此授小舞干戈別也案依賈此疏則司干於文舞之器羽籥等全掌之於武舞之器則但掌小舞之干不掌戈司戈盾則掌小舞之戈不掌干司兵則掌大舞之朱干玉戚不掌小舞之兵敘官疏則謂司兵五兵俱掌但無干彼注連言朱干實不掌是謂司干兼掌大舞之干也司兵疏又謂司干所授者是羽籥之等非干戚是謂司干并不掌小舞之干也二說齟齬不合以經攷之皆非也此經云掌舞器不辨文武大小則凡舞器悉掌之可知此官既通掌舞器而司兵司戈盾又授武舞之兵者蓋司干於文舞羽籥等器大小通掌其武舞則惟掌大舞之朱干玉戚不掌餘兵也何則朱干設錫飾戚以玉並專爲大舞而設非軍事所用之兵故掌於司干明專爲舞器也其他大小武舞所用之干戈既無朱玉之飾則與戎器無異以其不專爲舞器司干所不掌故大舞之兵掌於司兵小舞之兵掌於司戈盾此三官職掌各異之微意也鄭君未憭故於司兵誤以朱干玉戚爲釋賈緣注以推經遂益糾互無所折衷今通校三職謹更定其說如此

祭祀舞者既陳則授舞器既舞則受之既已也受取藏之

疏舞者既陳者謂合樂後與舞之時陳列於舞位也云則授舞器者以羽籥干戚等授當舞者與諸子司兵司戈盾爲官聯也　注云既已也者鄉師注同云受取藏之者舞畢舞者以器來還司干則受而藏之也

賓饗亦如之大喪廞舞器及

葬奉而藏之【疏】大喪廞舞器者陳舞者所用之器亦明器也後鄭訓廞爲興作非詳司裘疏賈疏云此官云干盾及羽籥

及其所廞廞干盾而已其羽籥籥師廞之故其職云大喪廞其樂器及葬奉而藏之其視瞭所廞者謂鼓與磬鍾師不云廞則鍾亦視瞭

廞之如是瞽矇及大師小師皆不云廞者以其無目其瞽矇所云柷敔塤簫管及琴瑟皆當視瞭廞之不云奉而藏之文不具笙師云等

笙已下則笙師自廞之故其職云廞藏鎛師主擊晉鼓則晉鼓鎛師廞之其兵舞所廞入五兵中故司兵云大喪廞五兵凡廞樂器皆大

司樂臨之故其職云大喪臨廞樂器以其樂師非一故諸官各歛不同

大卜掌三兆之灋一曰玉兆二曰瓦兆三曰原兆兆者灼龜發於火其形可占者其象

似玉瓦原之璺罅是用名之焉上古以來作其法可用者有三原原田也杜子春云玉兆帝顓頊之兆瓦兆帝堯之兆原兆有周之兆

【疏】掌三兆之灋者兆釋文作垗云亦作兆案說文卜部云垗灼龜坼也重文兆古文垗省此經多古文則當以作兆爲正釋文本非三

兆三易三夢八命並卜筮官之官法也凡卜者三兆並占書洪範云立時人作卜筮三人占則從二人之言賈士喪禮疏引鄭書注云卜

筮各三人大卜掌三兆三易又金縢云乃卜三龜一習吉士喪禮卜日云占者三人並三兆三易兼用之證 注云兆者灼龜發於火其

形可占者者說文火部云灼炙也大戴禮記曾子天圓篇云龜非火不兆管子水地篇云龜生於水發之於火於是爲萬物先爲禍福正

案發於火者謂以火發起其兆也賈疏云此依下文華氏云凡卜以明火爇燋遂吹其焌契是以火灼龜其兆發於火也其形可占者則

占人云君占體大夫占色之等云其象似玉瓦原之璺罅是用名之焉者釋三兆之名義也史記高祖本紀索隱云馬融注周禮灼龜之

兆與玉之璺罅相似是鄭即本馬說賈疏云璺罅謂破而不相離也謂似玉瓦原之破裂或解以爲玉瓦原之色釋文云璺舊許靳反沈一依聶氏音問云依字一作璺璺玉之坼也龜兆文似之占人注同又罅葉鈔本釋文及宋余仁仲本並作呼賈士喪禮疏引此注作璺罅丁晏云璺璺皆說文所無依字當作釁方言秦晉器破而未離謂之璺廣雅罅璺裂也文選東京賦薛綜注璺隙也古釁字亦書作璺案丁說是也璺即釁之變體璺則後起之字非古所有故馬注直爲釁字漢書高帝紀應劭注云殺牲以血塗鼓釁呼爲釁釁呼即璺罅亦即占人注之坼也此注作璺於義可通沈重依聶音改爲璺非也罅說文缶部云罅裂也又土部云[illegible]坼也罅[illegible]音義同注疏本作罅即罅之俗賈氏羣經音辨口部引此注亦作呼云今本作罅蓋北宋時經注本作罅釋文本作呼葉鈔余槧並原出北宋本故與賈書正合呼罅聲類亦同古通用漢書應注可證文選蜀都賦李注引鄭易注亦云解謂坼呼則釋文作呼蓋鄭本之舊也疏述或解以爲玉瓦原之色則不爲璺罅與馬鄭義異疑賈干兩家說云上古以來作其法可用者有三者作其法賈疏述注作其作法未知孰是此謂卜法權輿上古歷代改制其法非一周時取其占驗最精而可用者存此三法使卜官職之故此惟有三兆也云原原田也者讀原爲邍也原即邍之借字詳大司徒疏惠棟云周易比卦云原筮元永貞集解引干寶曰原卜也周禮三卜一曰原兆左僖二十八年傳曰原田每每杜注云高平曰原高卬之田坼如龜文故曰原田兆之璺罅有似高卬之田故曰原兆杜子春云玉兆帝顓頊之兆瓦兆帝堯之兆原兆有周之兆者賈疏云趙商問此并問下文子春云連山宓戲歸藏黃帝今當從此說以不敢問杜子春何由知之鄭荅云此數者非無明文改之無據故著子春說而已近師皆以爲夏殷周鄭既爲此說故易贊云夏曰連山殷曰歸藏如是玉兆爲夏瓦兆爲殷可知是皆從

近師之說也案賈引鄭志非無明文非疑當爲亦蓋三兆之說古書無文故鄭唯著杜說於此不復辨證也

其經兆之體皆百有二十其頌皆千有二百

頌謂繇也三法體繇之數同其名占異耳百二十每體十繇體有五色又重之以墨坼也五色者洪範所謂曰雨曰濟曰圛曰蟊曰克

【疏】其經兆之體皆百有二十者賈疏云經兆者謂龜之正經二云體者謂龜之金木水火土五兆之體若然龜兆有五而爲百二十者則兆別分爲二十四分案五兆詳占人疏　注二云頌謂繇也者左閔二年傳二云成風聞成季之繇杜注二云繇卦兆之占辭周易釋文引服虔二云繇抽也抽出吉凶也案卜繇之文皆爲韻語與詩相類故亦謂之頌云三法體繇之數同者據此經文二云其名占異耳者鄭以意推之以其三兆法既不同明其體繇細別之名及吉凶之占必當異也二云百二十每體十繇者以十乘百二十體故有千二百頌也二云體有五色又重之以墨坼也者此釋每體十繇之義體有五色則當有五繇再重之以墨坼故有十繇也賈疏二云按占人二云君占體大夫占色史占墨卜人占坼彼注二云體兆象色兆氣墨兆廣坼兆璺若然體色墨坼各不同今鄭二云體有五色又重之以墨坼則四者皆相因而有也何者以其有五行兆體體中有五色既有體色則因之以兆廣狹爲墨又因墨之廣狹支分卜璺爲坼是皆相因之事也今每體有十繇其體有五色曰雨曰濟之等其色統得體每色皆有墨坼則五色中各有五墨坼含得五色不復別二云五色以若八卦卦別重得七通本爲八卦總二云八八六十四卦不復別二云八卦以其六十四卦含有八卦故也二云五色者洪範所謂曰雨曰濟曰圛曰蟊曰克者彼文二云七稽疑擇建立卜筮人乃命卜筮曰雨曰霽曰蒙曰驛曰克曰貞曰悔凡七卜五占用二衍忒史記宋世家集解引鄭書注二云卜五占之用謂雨濟圛霁克也二衍忒謂貞悔也將立卜筮人乃先命名兆卦而分別

之兆卦之名凡七龜用五易用二審此道者乃立之也雨者兆之體
氣如雨然也濟者如雨止之雲氣在上者也圛者色澤而光明者也
雺者氣不澤鬱冥冥也克者如祲氣之色相犯也內卦曰貞貞正也
外卦曰悔悔之言晦也晦猶終也卦象多變故言衍貳也據鄭彼注
則此五者專屬卜言故引以釋此五色濟爲孔本作霽史記宋世家
亦作濟與鄭同今本孔書圛作驛蟊作蒙孔疏本圛同此注蟊作雺
今本蓋唐開元衞包所改蟊雺同聲假借字剋爲孔本克同又爲
孔本曰驛在曰蒙下此引曰圛在曰蟊上敘次與彼亦異史記集解
引鄭注亦先圛後雺蓋鄭本次第正如是賈疏亦引鄭注文刪削不
具復依孔書移其次第不足據也又爲孔傳說五者與鄭義小異今
並不取

掌三易之灋一曰連山二曰歸藏三曰周易

易者揲蓍變易之數可占者也名曰連山似山出內氣也歸藏者萬物莫不歸而藏於其中杜子春云連山宓戲歸藏黃帝

【疏】掌三易之灋者此職筮主三易也凡筮皆
三易並占詳前疏　注云易者揲蓍變易之數可占者也者揲葉鈔
釋文作揲誤釋名釋典藝云易易也言變易也賈子道德說云易者
察人之精德之理與弗循而占其吉凶賈疏云按易繫辭云分而爲
二以象兩掛一以象三揲之以四以象四時歸奇於扐以象閏此是
揲蓍變易之數可占者也就易文卦畫七八爻稱九六用四十九蓍
三多爲交錢六爲老陰也三少爲重錢九爲老陽也兩多一少爲單
錢七爲少陽也兩少一多爲坼錢八爲少陰也夏殷易以七八不變
爲占周易以九六變者爲占按襄九年左傳云穆姜薨於東宮始往
而筮之遇艮之八注云爻在初六九三六四六五上九惟六二不變
連山歸藏之占以不變者爲正但周易占九六而云遇艮之八是據
夏殷不變爲占之事周易孔疏云易緯乾鑿度云易一名而含三義
所謂易也變易也不易也又云易者其德也變易者其氣也不易者

其位也鄭玄依此義作易贊及易論云易一名而含三義易簡一也變易二也不易三也詒讓案據此則鄭君說易兼用易緯三義此止云變易者以揲蓍之數主於變易以爲占故不及易簡不易二義也唐六典太卜令掌易云用四十九筭分而揲之其變有四一曰單爻二曰拆爻三曰交爻四曰重爻凡十八變而成卦賈疏說與彼同唯以爻爲錢乃據漢以後錢卜言之古無此名也賈又引左傳注說以二易以七八不變爲占蓋賈服佚注杜注及孔疏引賈鄭先儒說並同攷周易乾鑿度云陽以七陰以八爲彖陽變七之九陰變八之六鄭注云彖者爻之不變動者九六爻之變動者連山歸藏占彖本其質性也周易占變者効其流動也則鄭說亦與賈服同金榜云乾鑿度謂七八爲彖九六爲變古彖占七八爻占九六公子重耳筮得貞屯悔豫皆八董因筮得泰之八其占皆以周易彖占七八也穆姜筮遇艮之八以周易占之爲艮之隨是爻之遇八者非周易法也其兩爻以上雜變者爲其義無所主占之卦彖與占變義同今案依金說則周易六爻不變或兩爻以上雜變者皆以彖占亦占七八不徒夏殷二易矣云名曰連山似山出內氣也者宋注疏本閩本氣下並有變字衍左傳襄九年孔疏引此注作出內雲氣也易疏引鄭易贊易論說云連山者象山之出雲連連不絕賈疏云此連山易其卦以純艮爲首艮爲山山上山下是名連山雲氣出內於山故名易爲連山阮元云按疏云雲氣出內於山是賈本本作雲氣當據正云歸藏者萬物莫不歸而藏於其中者易疏引鄭易贊易論說同禮運孔子曰我欲觀殷道是故之宋而不足徵也吾得坤乾焉鄭彼注云得殷陰陽之書也其書存者有歸藏孔疏引熊氏云殷易以坤爲首故先坤後乾賈疏云此歸藏易以純坤爲首坤爲地故萬物莫不歸而藏於中故名爲歸藏也鄭雖不解周易其名周易者連山歸藏皆不言地號以義名易則周非地號以周易以純乾爲首乾爲天天能周帀於

四時故名易爲周也必以三者爲首者取三正三統之義故律曆志云黃鍾爲天統黃鍾子爲天正林鍾爲地統未之衝丑故爲地正大蔟爲人統寅爲人正周以十一月爲正天統故以乾爲天首殷以十二月爲正地統故以坤爲首夏以十三月爲正人統人無爲卦首之理艮漸正月故以艮爲首也案易疏引鄭易贊易論說云周易者言易道周普无所不備鄭賈說所本孔氏駁之云鄭玄雖有此釋更無所據之文案世譜等羣書神農一曰連山氏一曰列山氏黃帝一曰歸藏氏既連山歸藏並是代號則周易稱周取岐陽地名又文王作易之時正在羑里周德未興猶是殷世也故題周別於殷以此文王所演故謂之周易其猶周書周禮題周以別餘代故易緯云因代以題周是也史徵周易口訣義說同姚配中云周密也遍也言易道周普所謂周流六虛者也黃以周云連山首艮卽象傳兼山艮之義歸藏首坤卽說卦傳坤以藏之之義繫辭傳曰易之爲書也不可遠爲道也屢遷變動不居周流六虛上下无常剛柔相易曰周流曰相易非釋周易之證乎孔疏鄭君說無所據抑何疏邪周易之名始於文王非周革商之後以周號代乃以周名易也連山歸藏古者本不名易而云三易者後人因易之名而名之也周易爻稱九六以變者占故特名易連山歸藏爻稱七八以不變者占故不名易是則周易非襲舊名而周易稱周亦非別餘代矣案姚黃說深得鄭恉但孔據易緯亦西漢古義今並存之杜子春云連山宓戲歸藏黃帝者宓釋文作虙又云戲本又作虧案戲虧形聲相近而誤賈疏云鄭志荅趙商云非無明文改之無據且從子春近師皆以爲夏殷也鄭旣爲此說故易贊云夏曰連山殷曰歸藏又注禮運云其書存者有歸藏是皆從近師之說也按今歸藏坤開筮帝堯嫁二女爲舜妃又見節卦云殷王其國常毋谷若然依子春之說歸藏黃帝得有帝堯及殷王之事者蓋子春之意宓戲黃帝造其名夏殷因其名以作易故鄭云改

之無據是以皇甫謐記亦云夏人因炎帝曰連山殷人因黃帝曰歸藏雖炎帝與子春宓戲不同是亦相因之義也案據賈引鄭易贊謂夏曰連山殷曰歸藏與周易爲三代之易與杜義異後人多從其說國語魯語韋注說三易亦云一夏連山二殷歸藏三周易張華博物志云連山歸藏夏商之書周時曰易隋書經籍志云昔宓羲氏始畫八卦因而重之爲六十四卦及乎三代實爲三易夏曰連山殷曰歸藏周文王作卦辭謂之周易並從易贊說也皇甫謐帝王世紀又兼采杜鄭之說而以連山屬炎帝又與杜小異攷祭法云厲山氏有天下左昭二十九年傳及國語魯語並作烈山氏鄭祭法注云厲山氏炎帝也起於厲山左傳孔疏引賈逵劉炫及魯語韋注說烈山氏並同易疏引世譜又作列山氏連厲烈列一聲之轉謐說不爲無據又論衡正說篇及朱震漢上易傳引姚信易注並謂烈山氏得河圖夏后因之曰連山歸藏氏得河圖殷人因之曰歸藏伏羲得河圖周人因之曰周易此亦兼包杜鄭義而謂連山氏非宓羲則又與皇甫謐說略同黃以周云宓羲無連山之號杜注連山虙羲則連山爲山出內氣杜氏當亦云然矣鄭志云近師皆以爲夏殷則連山歸藏亦當如鄭注所云可知矣自杜子春以及近師其說大略相同並無以連山歸藏爲前代氏號者孔疏云連山神農歸藏黃帝其言亦本於漢儒然漢儒謂神農首艮曰連山黃帝首坤曰歸藏是亦以義名書未嘗言是神農黃帝之號也神農本有烈山氏之稱或謂之厲山氏此以所生之地得名不關連山之書後人既謂連山神農作復因烈山厲山之號遂稱爲連山氏黃帝作歸藏亦遂有歸藏氏之稱此亦好事者取其書以爲號非以號名書也如連山歸藏皆取代號非以義名書則周官經當云連山易歸藏易於義乃通不然徒取代號之名不序其書人必莫知其爲何物矣案黃說亦足輔鄭義姚配中說同連山歸藏二易漢書藝文志未載而北堂書鈔藝文部引桓譚新論

云厲山藏於蘭臺歸藏藏於太卜又御覽學部引新論亦云連山八萬言歸藏四千三百言則漢時實有此二易漢志本七略或偶失箸錄耳隋經籍志載歸藏十三卷晉太尉參軍薛貞注云歸藏漢初已亡案晉中經有之唯載卜筮不似聖人之旨左傳襄九年疏亦斥爲僞妄之書賈氏所引蓋卽此本李江元包注說殷易用二十蓍與夏周易算術各異疑亦本僞歸藏文唐書藝文志又有連山十卷司馬膺注今亦不傳大抵晉唐時所傳二易皆後人僞託既非古經今不具論

其經卦皆八其別皆六十有四

三易卦別之數亦同其名占異也每卦八別者重之數

疏其經卦皆八其別皆六十有四者周易乾孔疏引易緯云卦者掛也言縣掛物象以示於人故謂之卦賈疏云謂連山歸藏周易皆以八卦乾坤震巽坎離艮兌爲本其別六十四鄭云謂重之數通本相乘數之爲六十四也　注云三易卦別之數亦同者據此經文明亦如上三兆體頌同數也云其名占異也者名異謂連山歸藏卦名與周易或同或異占異謂連山歸藏以不變爲占與周易以變爲占異詳前疏云每卦八別者重之數者賈疏云據周易以八卦爲本是八卦重之則得六十四何者伏犧本畫八卦直有三爻法天地人後以重之重之法先以乾之三爻爲下體上加乾之三爻爲純乾卦又以乾爲下體以坤之三爻加之爲泰卦又以乾爲本上加震爲大壯卦又以乾爲本上加巽爲小畜卦又以乾爲本上加坎爲需卦又以乾爲本上加離爲大有卦又以乾爲本上加艮爲大畜卦又以乾爲本上加兌爲夬卦此是乾之一重得七爲八又以坤之三爻爲本上加坤爲純卦又以坤爲本上加乾爲否卦又以坤爲本上加震爲豫卦又以坤爲本上加巽爲觀卦又以坤爲本上加坎爲比卦又以坤爲本上加離爲晉卦又以坤爲本上加艮爲剝卦又以坤爲本上加兌爲萃卦是以通體爲八卦也自震巽坎離艮兌其法皆如此則爲八八六十

四故鄭云別者重之數後鄭專以為伏犧畫八卦神農重之諸家以為伏犧畫八卦還自重之周易孔疏云重卦之人諸儒不同凡有四說王輔嗣等以為伏犧重卦鄭玄之徒以為神農重卦孫盛以為夏禹重卦史遷等以為文王重卦其言夏禹及文王重卦者案繫辭神農之時已有蓋取益與噬嗑以此論之不攻自破其言神農重卦亦未為得今以諸文驗之案說卦云昔者聖人之作易也幽贊於神明而生蓍凡言作者創造之謂也神農以後便是述修不可謂之作也則幽贊用蓍謂伏犧矣故乾鑿度云垂皇策者犧上繫論用蓍云四營而成易十有八變而成卦既言聖人作易十八變成卦明用蓍在六爻之後非三畫之時伏犧用蓍卽伏犧已重卦矣又周禮小史掌三皇五帝之書明三皇已有書也下繫云上古結繩而治後世聖人易之以書契蓋取諸夬既象夬卦而造書契伏犧有書契則有夬卦矣故今依王輔嗣以伏犧既畫八卦卽自重為六十四卦為得其實孔廣森云淮南子要略曰八卦可以識吉凶知禍福矣然而伏犧為之六十四變周室增以六爻是可為伏犧重卦之證

掌三夢之灋一曰致夢二曰觭夢三曰咸陟

夢者人精神所寤可占者致夢言夢之所至夏后氏作焉咸皆也陟之言得也讀如王德翟人之德言夢之皆得周人作焉杜子春云觭讀為奇偉之奇其字直當為奇玄謂觭讀如諸戎掎之掎掎亦得也亦言夢之所得殷人作焉

【疏】掌三夢之灋者釋文夢作㝱云本多作夢案夢正字當作㝱㝱卽㝱之俗經凡㝱字皆段夢為之後占夢釋文載或本作㝱㝱則用正字詳彼疏此三夢為占驗之成法與占夢六夢為夢之象感異　注云夢者人精神所寤可占者墨子經上篇云夢臥而以為然也列子周穆王篇云神遇為夢張湛注云神之所交謂之夢說文㝱部云㝱寐而有覺也又云寐覺而有言曰寤一曰晝見而夜夢也謂寐時精神若有所覺寤可以占其吉凶也

二云致夢言夢之所至者禮器鄭注二云致之言至也謂夢寐所至之竟也二云夏后氏作焉者此以三夢分屬三代無正文鄭以意言之賈疏二云上文三兆三易有子春所解且從子春此三夢子春等不說故鄭從近師爲夏殷周也二云咸皆也者爾雅釋詁文掌交注同二云陟之言得也讀如王德翟人之德言夢之皆得者王德翟人左僖二十四年傳文段玉裁二云凡云之言者於其音義之本不同者而通之也讀如德者專擬其音也言夢之皆得者說其義也陟得德三字古音同部二云周人作焉者以經文之次推之致夢夏作則觭夢殷作咸陟周作也杜子春二云觭讀爲奇偉之奇其字直當爲奇者段玉裁二云讀爲奇偉之奇者就其聲類易之也其字直當爲奇者謂竟當改爲奇字恐人未曉故盡言之也丁晏二云莊子天下篇觭偶不仵漢書五行志匹馬觭輪無反者服虔曰觭音奇偶之奇穀梁傳作匹馬倚輪方言倚奇也郭注奇偶古觭倚奇並聲近通借二云玄謂觭讀如諸戎掎之掎掎亦得也亦言夢之所得者賈疏二云按襄十四年左傳二云戎子駒支曰秦師不復我諸戎實然譬如捕鹿晉人角之諸戎掎之是掎爲得也段玉裁改讀如諸戎掎之之掎爲讀爲諸戎掎之之掎二云鄭君讀爲左傳之掎下文直二云掎亦得也可知鄭之易字矣今本誤作讀如非也案段校是也孔繼汾校亦增之字說文手部二云掎偏引也引之則得故二云亦得也二云殷人作焉者以其次在三夢之中故定爲殷制

其經運十其別九十運或爲緷當爲煇是視祲所掌十煇也王者於天日也夜有夢則晝視日旁之氣以占其吉凶凡所占者十煇每煇九變此術今亡【疏】注二云運或爲緷當爲煇是視祲所掌十煇也者釋文爲煇作作緷盧文弨二云爲非段玉裁二云古文同音段借故煇或作運或作緷詒讓案鄭以運緷煇聲類同此經運十與眡祲掌十煇之法數亦適合故據以爲釋彼先鄭注二云煇謂日光氣也煇俗作暈古多段運爲之淮南子覽冥訓二云畫隨灰而月

運闕高注云運讀連運圍之圍也運者軍也將有軍事相圍守則月運出也漢書天文志如淳注亦云暈讀曰運五詳眂祲疏矣廷華云其運其別當以占夢之法載於書者言若日旁氣爲十煇視祲掌之彼經並無占夢法此說牽合俞樾云上文經兆卽以三卜言經卦卽以三易言此文經運宜亦以三夢言乃以視祲之十煇當之失其義矣運當讀爲員莊子天運篇釋文曰司馬本作天員是其證也古運員聲近說文見部覞從見員聲讀若運然則運之通作員猶覞之讀若運矣說文員部云員物數也漢書高惠高后功臣表師古注曰員數也其經員十者其經數有十也三夢以員言猶三卜以兆言三易以卦言也案俞讀運爲員近是運緷員字並通蓋皆占夢書篇卷之名廣雅釋詁云緷束也商子農戰篇云雖有詩書鄉一束家一員猶無益於治也然則緷員並與束義相近三夢之言運猶詩書之言員矣云王者於天日也夜有夢則晝視日旁之氣以占其吉凶者欲見占三夢必視十煇之意御覽天部引易傳云日者衆陽之精以象人君漢書天文志孟康注云暈日旁氣也賈疏云此案占夢云以日月星辰占六夢之吉凶注引趙簡子夜夢日而日食史墨占之又視祲有十煇之法五曰闇先鄭云謂日月食餘九煇皆日旁氣故以日旁氣解之云凡所占者十煇每煇九變者賈疏云此類上三兆三易皆有頌別之數此經煇十其別有九十以義言之明一煇九變故爲九十解之云此術今亡者漢書藝文志雜占家有黃帝長柳占夢十一卷甘德長柳占夢二十卷是漢時有占夢之術以其無以十煇每煇九變之法故云今亡

以邦事作龜之八命一曰征二曰象三曰與四曰謀五曰果六曰至七曰雨八曰瘳國之大事待著龜而決者有八定作其辭於將卜以命龜也鄭司農云征謂征伐人也象謂災變雲物如衆赤烏之屬有所象似易曰天垂象見吉凶春

秋傳曰天事恆象皆是也與謂予人物也謀謂謀議也果謂事成與
不也至謂至不也雨謂雨不也瘳謂疾瘳不也玄謂征亦云行巡守
也象謂有所造立也易曰以制器者尚其象與謂所與共事也果謂
以勇決爲之若吳伐楚楚司馬子魚卜戰令龜曰鮒也以其屬死之
楚師繼之尚大克之吉是也 疏 注云國之大事待著龜而決者有八者賈疏云謂此八者皆大事除此八者卽小事入於九筮也若
然大事卜小事筮此既大事而兼言筮者凡大事皆先筮而後卜故
兼言著也詒讓案下文以八命贊三兆三易三夢之占是三易亦用
此八命又占人云以八卦占簭之八故八故卽此八命故注通著龜
言之二云定作其辭於將卜以命龜也者明經云作龜八命爲作命辭
與後經作龜爲鑿龜異凡命龜必有文雅之辭故毛詩鄘風定之方
中傳說建邦能命龜爲君子九能德音之一也釋文云命亦作令案
令命義同左文十八年傳云惠伯令龜杜注云以卜事告龜孔疏云
令者告令使知其意與命同也賈疏云凡命龜辭大夫已上有三命
筮辭有二士命龜辭有二命筮辭一知者按士喪禮命筮者命曰哀
子某爲其父某甫筮宅度茲幽宅兆基無有後艱筮人許諾不述命
注云既命而申之曰述不述者士禮略凡筮因會命筮爲述命及卜
葬日云涖卜命曰哀子某來日某卜葬其父某甫考降無有近悔許
諾不述命還卽席西面坐命龜注云不述命亦士禮略凡卜述命
命龜異龜重威儀多也命筮云不述下無西面命筮明命共述命作
一辭不述命則其所命龜筮辭兼在其中故曰因命也卜云不述命
猶有西面命龜則知命龜與述命異故曰述命命龜異龜重威儀多
是士禮命龜辭有二命筮辭有一之事大夫已上命筮辭有二命龜
辭有三者按少牢云史執筮受命於主人曰孝孫某來日丁亥用薦
歲事於皇祖伯某以某妃配某氏尚饗史曰諾又述命假爾大筮有
常孝孫某以下與前同以其述命述前辭以命筮冠述命首大夫筮

既得述命即卜亦得述命也是知大夫以上命龜有三命筮有二也鄭司農云征謂征伐人也者後大師有卜是也孟子盡心篇云征者上伐下也白虎通義誅伐篇云征猶正也尚書曰誕以爾東征誅祿甫也又曰甲戌我惟征徐戎云象謂災變雲物如衆赤烏之屬有所象似者釋文災作菑案菑即災之叚字後眡祲十煇二曰象先鄭注亦云象者如赤烏也賈疏云按哀六年楚子卒是歲有雲如衆赤烏夾日以飛三日使問諸周大史史曰其當王身乎若禜之可移於令尹司馬是赤烏之事引易曰天垂象見吉凶者繫辭上文李鼎祚集解引宋衷云天垂陰陽之象以見吉凶謂日月薄蝕五星亂行云春秋傳曰天事恆象皆是也者左昭十七年傳冬有星孛于大辰西及漢申須曰彗所以除舊布新也天事恆象今除於火火出必布焉諸侯其有火災乎杜注云天道恆以象類告示人國語周語內史過亦有是語韋注云恆常也事善象吉事惡象凶亦其義也引此二文者並證災變雲物為象之事云與謂予人物也者說文舁部云與黨與也又勺部云与賜予也經典並叚與為与先鄭意此三曰與者謂卜當予與否云謀謂謀議也者廣雅釋詁云謀議也說文言部云慮難曰謀事有疑難卜以決之也云果謂事成與不也者文選謝宣遠詩注引淮南子許注云果成也不與否同云至謂至不也者謂卜人來至否也云雨謂雨不也者謂卜當得雨否也史記龜策傳云卜天雨不雨雨首仰有外外高內下不雨首仰足開若橫吉安即卜雨不之事云瘳謂疾瘳不也者說文疒部云瘳疾瘉也人有疾則卜當瘉否也云玄謂征亦云行者謂征為征伐亦兼有行義爾雅釋言云征行也說文辵部云延正行也重文征延或从彳云巡守也者左襄十三年傳鄭石臭云先王卜征五年歲襲其祥杜注亦云征謂巡守征行文選張衡東京賦卜征考祥薛綜注云征巡行也薛杜並同後鄭義云象謂有所造立也者士冠記注云象法也謂造立事物依其法象

爲之引易曰以制器者尚其象者證造立爲象之義賈疏云上繫辭文注云此者存於器象可得而用一切器物及造立皆是易孔疏云之象也云與謂所與共事也者賈疏云不從先鄭予人物者與物情謂造制形器法其爻卦之象若造弧矢法睽之象若造杵臼法小過義可知不須卜與人共事得失不可知故須卜也云果謂以勇決爲之者論語雍也集解引苞咸云果謂勇敢決斷也云若吳伐楚楚司馬子魚卜戰令龜曰鮒也以其屬死之楚師繼之尚大克之吉是也者據左昭十七年傳文釋文云鮒左傳作魴案杜注云子魚公子魴也此作鮒疑傳寫之誤引此者證卜勇決之事

以八命者贊三兆三易三夢之占以觀國家之吉凶以詔救政

鄭司農云以此八事命卜筮蓍龜參之以夢故曰以八命者贊三兆三易三夢之占春秋傳曰筮襲於夢武王所用玄謂贊佐也詔告也非徒占其事吉則爲否則止又佐明其繇之占演其意以視國家餘事之吉凶凶則告王救其政

疏 注鄭司農云以此八事命卜筮蓍龜參之以夢者欲見上八命之事不徒命卜兼有命筮其卜筮之時或適又有夢抑或因感夢而有卜筮則以八命之辭兼卜筮夢三者相參互以贊其占賈疏謂先筮後卜聖人有大事必夢故又參之以夢是謂每事必卜筮夢三者兼備乃占非先鄭意也云故曰以八命者贊三兆三易三夢之占者亦明卜筮夢三者相參之義引春秋傳曰筮襲於夢武王所用者左昭七年傳云衞襄公夫人姜氏無子嬖人婤姶生孟縶孔成子夢康叔謂己立元史朝亦夢康叔謂己余將命而子苟與孔烝鉏之曾孫圉相元史朝見成子告之夢夢協婤姶生子名之曰元孟縶之足不良能行孔成子以周易筮之曰元尚享衞國主其社稷遇屯又曰余立縶尚克嘉之遇屯之比以示史朝史朝曰元亨又何疑焉康叔命之二卦告之筮襲於夢武王所用也引之者證卜筮參之以夢之事

云玄謂贊佐也者外宗注義同云詔告也者大宰注同云非徒占其事吉則爲否則止者賈疏云此解以八命命龜之當事也云又佐明其緜之占演其意以視國家餘事之吉凶者謂於所問事外兼有國家他事吉凶之象見於卦緜中大卜亦佐助審明演說其占意以攷吉凶也云凶則告王救其政者亦指餘事凶象見於占者則告王脩政事以救之

凡國大貞卜立君卜大封則眡高作龜

卜立君君無冢適卜可立者卜大封謂竟界侵削卜以兵征之若魯昭元年秋叔弓帥師疆鄆田是也視高以龜骨高者可灼處示宗伯也大事宗伯涖卜卜用龜之腹骨骨近足者其部高鄭司農云貞問也國有大疑問於蓍龜作龜謂鑿龜令可爇也玄謂貞之爲問問於正者必先正之乃從問焉易曰師貞丈人吉作龜謂以火灼之以作其兆也春灼後左夏灼前左秋灼前右冬灼後右士喪禮曰宗人受卜人龜示高涖卜受視反之又曰卜人坐作龜

疏 凡國大貞卜立君卜大封者賈疏云言凡非一貞正也凡國家有大事正問於龜之事有二則卜立君卜大封是也云則眡高作龜者眡釋文作視案陸本非也經例用古字作眡注例用今字作視詳大宰疏賈疏云凡卜法在禰廟廟門閾外閾西南北面有席先陳龜於廟門外之西塾上又有貞龜貞龜謂正龜於閾外席上又有涖卜命龜眡高作龜六節尊者宜逸卑者宜勞從下向上差之作龜眡高二者勞事以大貞事大故大卜身爲勞事則大宗伯臨卜其餘陳龜貞龜皆小宗伯爲之也　注云卜立君君無冢適卜可立者者冢適謂后夫人所生長子內則有冢子又有適子注云冢大也冢子猶言長子左昭十三年傳說楚共王無冢適有寵子五人無適立焉又襄三十一年傳云大子死有母弟則立之無則立長年鈞擇賢義鈞則卜古之道也定元年傳子家羈曰若立君則有卿士大夫與守龜在國語晉語云立大子之道三身鈞以年年同以愛愛疑決之以

卜筮並卜立君之事互詳小司寇疏賈疏云若然君無冢適則有卜法按昭二十六年傳王后無適則擇立長年鈞以德德鈞以卜王不立愛公卿無私古之制也何休以爲春秋之義三代異建適媵別貴賤有姪娣以廣親疏立適以長不以賢立子以貴不以長王后無適明尊之敬之義無所卜筮不以賢者人狀難別嫌有所私故絕其怨望防其覬覦今如左氏言云年鈞以德德鈞以卜君之所賢人必從之豈復有卜隱桓之禍皆由是與乃曰古制不亦謬哉又大夫不世如并爲公卿通繼嗣之禮左氏爲短玄箴之曰立適固以長矣無適而立子固以貴矣今言無適則擇立長謂貴均始立長王不得立愛之法年均則會羣臣羣吏萬民而詢之有司以序進而問大衆之口非君所能掩是王不得立愛之法也禮有詢立君亦義在此短之言謬失春秋與禮之義矣公卿之世立者有功德先王之命有所不絕如是宅中卜立君亦是年均德均也云卜大封謂竟界侵削卜以兵征之者大宗伯軍禮云大封之禮合衆也注云正封疆溝塗之固是也以是軍事故亦卜其吉凶李鍾倫云大封蓋封國大宗伯曰王大封則先告后土是也案李說近是下云國大遷大師則貞龜注謂大師輕於大祭祀儻大封是竟界侵削以兵征之則當晐於大師之內不宜反重於大祭祀也鄭義爲短云若魯昭元年秋叔弓帥師疆鄆田是也者昭元年經三月取鄆秋叔弓帥師疆鄆田杜注云春取鄆今正其封疆以彼卽大封用兵之事故引以爲證云視高以龜骨高者可灼處示宗伯也者注例用今字故作視也士喪禮又作示高鄭彼注謂示涖卜是凡視高皆示涖卜此注云示宗伯卽示涖卜也示亦與視義同云大事宗伯涖卜者大貞大祭祀喪事大遷旅並爲大事皆大宗伯涖卜賈疏云按大宗伯云祀大神享大鬼祭大示帥執事而卜日官尊故知涖卜也云大事宗伯臨則小事不使宗伯故下文云凡小事涖卜是大卜臨之也云卜用龜之腹骨骨近足者其部

高者史記龜策傳云廬江郡常歲時生龜長尺二寸者二十枚輸太卜官太卜官因以吉日剔取其腹下甲此注云用腹骨卽腹下甲也賈疏云言龜近四足其下腹骨部然而高高處灼之也鄭司農云貞問也者天府注同云國有大疑問於蓍龜者白虎通義蓍龜篇云天子下至士皆有蓍龜者重事決疑示不自專尚書曰女則有大疑謀及卿士謀及庶人謀及卜筮呂飛鵬云史記龜策傳祝曰諸靈數箣莫如汝信今日良日行一良貞足證貞之爲問云作龜謂鑿龜令可爇也者賈疏云按下華氏云凡卜以明火爇燋鑿卽灼也故云令可爇也劉台拱云先鄭以鑿之爲作後鄭以灼之爲作華氏掌共燋契杜子春云契謂契龜之鑿也後鄭易之云楚焞卽契所用灼龜也詩爰契我龜箋亦云契灼其龜而卜之皆不取鑿龜之義黃以周云兩鄭注異賈疏謂鑿卽灼非也先鄭注本杜子春史記龜策傳有鑽龜事鑽卽鑿謂鑽鑿其高處令可灼也鑿灼二事故曰令依杜注推之禮之作龜卽詩契龜契龜謂開龜之所鑿所謂兆也但卜之灼龜自鑽鑿處始先鄭竟以鑽龜當作龜與經文多違戾下云凡卜以明火爇燋遂歛其焌契卜師云凡卜事眂高揚火以作龜作龜在燋灼後如先鄭說作龜令可灼先後傎倒矣案劉黃說是也凡龜將卜蓋必先相視其骨可灼之處用鑽鑿刻識之且令火氣易入旣鑿而後灼之鑿亦謂之鑽荀子王制篇云鑽龜陳卦莊子外物篇說宋元君得神龜云七十二鑽而無遺筴史記龜策傳云卜先以造灼鑽鑽中已又灼龜首各三又復灼所鑽中曰正身灼首曰正足各三卽鑽而後灼之證杜及先鄭說卜法節次甚備但以鑿龜訓此經之作龜則未協後鄭不取鑿龜之義因以鑽灼爲一故注士喪禮云荆焞所以鑽灼龜者荀子楊注云鑽龜謂以火爇荆華灼之也文選江賦李注引莊子司馬彪注云鑽命卜以所卜事而灼之此並從後鄭義以鑽爲灼則與古卜法尤不合也云玄謂貞之爲問問於正者必先正之乃

從問焉者天府注義同後鄭以貞兼問正訓故增成先鄭義詳天府疏引易曰師貞丈人吉者證問正之義亦詳天府疏云作龜謂以火灼之以作其兆也者破先鄭鑿龜之義也梓人注云作猶起也前注云兆者灼龜發於火其形可占者作與發義同灼之則其兆象發起故士喪禮注卽訓作爲灼賈疏云作謂發使璺坼云春灼後左夏灼前左秋灼前右冬灼後右者丁晏云鄭君所據疑古龜經之文初學記引三禮圖曰龜以上春灼後左夏灼前左秋灼前右冬灼後右疑卽鄭圖也賈疏云並取義於禮記中庸故彼云國家將興亡見於蓍龜動於四體鄭注云四體龜之四足亦云春占後左夏占前左秋占前右冬占後右彼云占此云灼卽灼而占之亦一也引士喪禮曰宗人受卜人龜示高涖卜受視反之者彼注云以龜腹甲高起所當灼處示涖卜也涖卜族長也引又曰卜人坐作龜者注云作猶灼也引此二者以證眂高作龜之事也彼宗人示高卜人作龜此國大貞大卜兼視高作龜二事蓋尊卑吉凶之異

大祭祀則眂高命龜

命龜告龜以所卜之事不親作龜者大祭祀輕於大貞也士喪禮曰宗人卽席西面坐命龜

疏 大祭祀則眂高命龜者謂天地宗廟之祭大宗伯云凡祀大神祭大鬼享大示帥執事而卜日是也 注云命龜告龜以所卜之事者卽上八命是也爾雅釋詁云命告也雜記云大宗人命龜注云命龜告以所問事也云不親作龜者大祭祀輕於大貞也者賈疏云大貞之內有立君大封大卜作龜不命龜此大祭祀不作龜進使命龜作龜是勞事故云大祭祀輕於大貞也案依鄭賈義次之大祭祀當大宗伯涖卜小宗伯陳龜貞龜卜師作龜也引士喪禮曰宗人卽席西面坐命龜者士喪禮云宗人少退受命命曰哀子某來日某卜葬其父某甫考降無有近悔許諾不述命還卽席西面坐命龜依天子禮涖卜命大卜大卜述命而後命龜其卽席西面坐蓋與士禮同

凡小事涖卜

代宗伯疏凡小事涖卜者賈疏云凡大事卜小事筮若小事當入九筮不合入此大卜云小事者此謂就大事中差小者非謂筮人之小事也小事既大卜涖卜則其餘仍有陳龜貞龜命龜視高皆卜師為之其作龜則卜人也詒讓案此冢上大祭祀而云小事疑當指小祭祀言之樂師云凡國之小事用樂者令奏鍾鼓注云小事小祭祀之事此義或與彼同　注云代宗伯者上注云大事宗伯涖卜是也賈疏云大宗伯六命鄉小宗伯四命中大夫大卜亦四命下大夫卜師上士卜人中士下士其大宗伯涖卜大卜視高作龜其中陳龜貞龜命龜皆小宗伯為之下文大遷大師大卜貞龜貞龜上有涖卜亦大宗伯為之陳龜亦宜小宗伯也其命龜視高卜師作龜卜人次下云凡旅陳龜則涖卜仍是大宗伯貞龜命龜視高皆卜師亦卜人作龜次下云凡喪事命龜命龜之上有陳龜貞龜亦小宗伯涖卜還是大宗伯視高作龜卜師也又云按上所解陳龜在前重於命龜而士喪禮卜人卑而陳龜宗人尊而命龜在後者士之官少故所執不依官之尊卑也案大司馬云大師涖大卜注云臨大卜卜出兵吉凶也是大師司馬涖卜經有明文其陳龜依鄭說在涖卜下則疑當是小司馬賈謂亦大小宗伯為之非也又肆師云凡祭祀之卜日宿為期詔相其禮又嘗之日涖卜來歲之芟彌之日涖卜來歲之戒社之日涖卜來歲之稼則小事又有肆師涖卜者蓋以三事特異常法故彼職詳著之也又案卜事尊卑差次依鄭賈說則最尊者涖卜次陳龜次貞龜次命龜次眡高次作龜也然以士喪禮卜日之禮攷之則族長涖卜命龜宗人示高卜人陳龜貞龜作龜也卜人卑於族長宗人而陳龜貞龜則陳龜貞龜不當重於命龜眡高可知賈曲為之說謂士官少不依尊卑殆非也今綜校二禮竊疑陳龜乃大旅禮神之法無與卜事卜事差次當首涖卜次命龜次眡高次貞龜次作龜鄭賈所敘並未協但經無正文略以意為差次未敢以為必然也

國大

遷大師則貞龜正龜於卜位也士喪禮曰卜人抱龜燋先奠龜西面是也又不親命龜亦大遷大師輕於大祭祀也【疏】國大遷大師則貞龜者詩大雅緜說大王遷岐云爰契我龜又鄘風定之方中說衛文公遷楚丘云卜云其吉毛傳云建國必卜之左傳僖三十一年傳云狄圍衛衛遷于帝丘卜曰三百年又文十三年傳云邾文公卜遷于繹並卜大遷之事大師之卜經傳尤多不可枚舉史記龜策傳云王者發軍行將必鑽龜廟堂之上以決吉凶是也注云正龜於卜位也者大祝注云貞正也此與前大貞義異凡奠龜必正故曲禮云倒策側龜於君前有誅賈疏云卜位即閾外席上也引士喪禮曰卜人抱龜燋先奠龜西面者西面孔繼汾校依士喪禮作西首是也各本並誤士喪禮卜日云卜人先奠龜于西塾上南首此謂奠龜於殯門外之西塾也又云席於闑西閾外卜人抱龜燋先奠龜西首此謂從西塾抱龜嚮闑西閾外奠之也然則彼文先後有兩次奠龜此下注引彼先奠龜證陳龜此注引彼後奠龜證貞龜者蓋鄭意凡卜皆先陳龜後貞龜彼先奠龜當陳龜之節後奠龜當貞龜之節也云又不親命龜亦大遷大師輕於大祭祀也者以前大祭祀大卜親命龜但不親作龜此大遷大師大卜既不親作龜又不親命龜是視大祭祀禮尤殺也

凡旅陳龜陳龜於饌處也士喪禮曰卜人先奠龜于西塾上南首是也不親貞龜亦以卜旅祭非常輕於大遷大師【疏】注云陳龜於饌處也者饌處即所陳之處士冠禮云筮與席所卦者具饌于西塾注云饌陳也西塾門外西堂也引士喪禮曰卜人先奠龜于西塾上南首是也者于宋注疏本作於此謂殯門之西塾引以證陳龜之處也云不親貞龜亦以卜旅祭非常輕於大遷大師者賈疏云案大宗伯國有故旅上帝及四望則祀天亦是大祭祀而輕於大遷大師退在下者鄭以旅為非常祭故也李光地云祭饗有陳寶玉之事而龜其一禮器曰龜為前列先知

也大旅陳龜義蓋如此非用以卜也案李說是也陳龜之文惟此一見宅經說卜事更無此節注說之可疑有三士喪禮卜日先奠龜於西塾及將卜又奠龜於閾西閾外同爲奠龜且同使卜人爲之此注則以前奠爲陳龜後奠爲貞龜判然二事又分二官職之與禮經不合一也大旅上及受命帝禮至隆重其卜日宜在大祭祀之科今依鄭注反殺於大遷大師其差次未協二也且依鄭注則卜事自粗卜外惟陳龜最尊次貞龜次命龜然士喪禮卜人卑而陳龜宗人尊而命龜則陳龜卑於命龜鄭說與彼亦不合三也竊謂前後兩奠龜事本相因不必分屬陳貞且俄頃移置而必分掌二官亦似繁擾疑大旅之卜日當與大祭祀同小宗伯貞龜貞龜關前後兩奠別無所謂陳龜此陳龜不與卜事相關蓋陳之以禮神也禮器龜爲前列本說大饗之禮淩廷堪以爲大饗饗諸侯職金云旅于上帝則共其金版饗諸侯亦如之則大旅陳器有與饗諸侯同者此旅陳龜蓋亦與大饗龜爲前列相類以其徒陳而不卜與卜日事異故於大祭祀之外別文見義龜人云若有祭事則奉龜以往旅亦如之與此文例亦正同

凡喪事命龜重喪禮次大祭祀也士喪禮則筮宅卜日天子卜葬兆凡大事大卜陳龜貞龜命龜視高其他以差降焉

疏注云重喪禮次大祭祀也者賈疏云大祭祀大卜非直命龜兼視高此喪禮亦命龜與大祭祀同但不兼視高卽輕於大祭祀也但以喪事爲終故文退在凡旅下也詒讓案雜記云大夫之喪大宗人相小宗人命龜卜人作龜若然此凡喪事關王喪不使小宗伯命龜者亦尊卑禮異云士喪禮則筮宅卜日者士喪禮云筮宅冢人營之注云宅葬居也又云卜日謂卜葬日也引之者明士禮惟日有卜宅則用筮也云天子卜葬兆者據小宗伯云王崩卜葬兆是天子禮宅亦卜也雜記云大夫卜宅與葬日若筮則史練冠長衣以筮鄭彼注云筮者筮宅也謂下大夫若士也荀子禮論篇云月朝卜日月夕卜宅楊

注云此大夫之禮也士則筮宅據鄭說是中大夫以上有卜宅下大夫士則筮宅賈疏云欲見此經天子法卜葬日與士同其宅亦卜之與士異孝經云卜其宅兆亦據大夫以上若士則筮宅也云凡大事大卜陳龜貞龜命龜視高者賈疏云據此大卜所掌皆是大事故大卜或陳龜或貞龜或視高雖不言作龜於大貞亦作龜不言之者在其他以差降之中云其他以差降焉者謂若旅大卜陳龜則貞龜命龜眡高降而使卜師作龜降而使卜人餘亦並以尊卑遞降如前注及疏所交也

卜師掌開龜之四兆一曰方兆二曰功兆三曰義兆四曰弓兆開開出其占書也經兆百二十體此言四兆者分之為四部若易之二篇書金縢曰開籥見書是謂與其云方功義弓之名未聞

【疏】掌開龜之四兆者卜官之官法也　注云開開出其占書也者占書不卜則藏之當卜則卜師開而出之以備占也黃以周云開龜即詩緜之契龜毛傳曰契開也四兆謂龜兆案黃說近是緜傳似即據此經左昭十三年傳楚觀從曰臣之先佐開卜乃使為卜尹杜注云佐卜人開龜兆與此開龜義正同史記楚世家集解引賈逵說謂卜尹即卜師是也開龜蓋謂開發其兆包鑽鑿爇灼諸事言之毛詩傳則專據鑽鑿為訓義得通也若如鄭說開謂發書則經不當屬龜為文矣云經兆百二十禮此言四兆者分之為四部者大卜云經兆百二十體此分為四部則每部有三十體矣云若易之二篇者易緯乾鑿度云孔子曰陽三陰四位之正也故易卦六十四分而為上下象陰陽也夫陽道純而奇故上篇三十所以象陽也陰道不純而偶故下篇三十四所以法陰也周易孔疏云上下二篇文王所定案鄭意易六十四卦而分為二篇此卜兆百二十體而分為四部足相比例故舉以為況云書金縢曰開籥見書是謂與者周書金縢篇記周公為武王卜疾

之事云乃卜三龜習吉啓籥見書乃并是吉此引啓作開者以此經
云開啓開義同故依詁訓改之金縢孔疏引鄭書注云籥開藏之管
也開兆書藏之室以管乃復見三龜占書亦合於是吉引之者證開
出占書之事云其云方功義弓之名未聞者古卜書無傳故鄭未詳
其義

凡卜事眡高示涖卜也【疏】凡卜事眡高者賈疏云案上大卜而言則大貞使大卜眡高今云凡卜眡高者謂大卜不眡高者皆卜師眡高以龜高處示臨卜也詒讓案喪事大遷大師旅皆卜師眡高其大祭祀則亦大卜眡高也　注云示涖卜也者據士喪禮卜日宗人受卜人龜示高涖卜受視反之是眡高卽示涖卜也大事則宗伯涖卜小事則大卜涖卜並卜師示之

揚火以作龜致其墨揚猶熾也致其墨者孰灼之明其兆【疏】注云揚猶熾也者小爾雅廣言云揚舉也爾雅釋言云熾盛也火盛則光舉故引申之熾火亦謂之揚毛詩鄭風大叔于田篇火烈具揚傳云揚煬光也方言云煬翕炙也煬烈暴也郭注云今江東呼火熾猛爲煬揚煬聲義亦略同云致其墨者孰灼之明其兆者墨卽兆也謂之墨者如墨畫之分明卽龜兆所發之大枝其大枝旁錯出之小枝則爲坼書洛誥僞孔傳謂卜必先墨畫龜然後灼之非是詳占人疏國語吳語韋注云致極也灼不孰則兆之發者不能極其明析故必孰灼之以致極其兆使其縣理顯露火力無不至也賈疏云按占人注墨兆廣也墨大坼明則逢吉坼稱明墨稱大今鄭云孰灼之明其兆以解墨者彼各偏據一邊而言其實墨大兼明乃可得吉故以明解墨

凡卜辨龜之上下左右陰陽以授命龜者而詔相之所卜者當各用其龜也大祭祀喪事大卜命龜則大貞小宗伯命龜其他卜師命龜卜人作龜卜人作龜則亦辨龜以授卜師上仰者也下俯者也左左倪也右右倪也陰後弇也陽前弇也詔相告以其辭及威儀【疏】辨龜

之上下左右陰陽者吳廷華云龜之上下左右皆以龜甲言蓋在攻治之後臨卜時辨之則卽甲之上下左右陰陽耳云以授命龜者而詔相之者賈疏云據大卜命龜之人無定俱是命龜卽辨而授之注云所卜者當各用其龜也者鄭意經云上下左右陰陽卽龜名物之異卜時用各有所宜玉藻云卜人定龜注云謂靈射之屬所當用者孔疏謂若卜祭天用靈祭地用射春用果秋用雷之屬卽此注所云各用其龜也然此經云上下左右陰陽乃據一龜之甲體言之鄭以爲辨六龜之名物非經義云大祭祀喪事大卜命龜者賈疏云皆據大卜而言云則大貞小宗伯命龜者賈疏云以其大貞大卜下大夫視高視高之上有命龜貞龜陳龜小宗伯中大夫尊於大卜卑於大宗伯故知大貞小宗伯命龜也云其他卜師命龜卜人作龜卜人作龜則亦辨龜以授卜師者謂大貞大祭祀喪事皆自有命龜者則皆卜師授龜其大遷大師旅及凡小事以敍差之當卜師命龜不得自命自授故知當使卜人授卜師龜也賈疏云其他謂凡小事大卜臨卜大遷大師大卜貞龜凡旅陳龜如此之輩則卜師命龜卜師命龜則卜人作龜卜人灼龜則亦辨龜以授卜師按序官卜人中士八人於此不列其職者以其與卜師同職不見之也云上仰者也下俯者也左左倪也右右倪也陰後弇也陽前弇也者並據爾雅釋魚爲訓詳龜人疏吳廷華注云說本爾雅則與下龜人仰者靈俯者繹等文同彼疏謂據頭甲而言則在未得治之前可知注以彼生龜之體訓此經之龜甲誤案吳說是也但鄭以六龜釋此經固非然釋龜人六龜自據甲言之兼言頭形者乃賈疏之誤鄭意實不爾也詳龜人疏云詔相告以其辭及威儀者大行人注云詔相左右教告之也賈疏云辭謂命龜之辭威儀者謂若士喪禮卜日在廟門外臨卜在門東西面龜在門外席上西首執事者門西東面行立皆是威儀之事也

周禮正義卷四十七

周禮正義卷四十八

瑞安孫詒讓學

龜人掌六龜之屬各有名物天龜曰靈屬地龜曰繹屬東龜曰果屬西龜曰靁屬南龜曰獵屬北龜曰若屬各以其方之色與其體辨之

屬言非一也色謂天龜玄地龜黃東龜青西龜白南龜赤北龜黑龜俯者靈仰者繹前弇果後弇獵左倪靁右倪若是其體也東龜南龜長前後在陽象經也西龜北龜長左右在陰象緯也天龜俯地龜仰東龜前南龜卻西龜左北龜右各從其耦也杜子春讀果爲贏

疏 掌六龜之屬者此官掌藏龜史記龜策傳云夏殷欲卜者乃取蓍龜已則棄去之至周室之卜官常寶藏蓍龜蓋謂此官也白虎通義蓍龜篇引禮三正記云天子龜長一尺二寸諸侯一尺大夫八寸士六寸說文龜部說同然則六龜名物雖異其度皆長尺二寸漢書食貨志所謂元龜是也 注云屬言非一也者說文尸部云屬連也屬者連屬不一之稱故凡物種類不一者辜較舉之則云某屬云色謂天龜玄地龜黃東龜青西龜白南龜赤北龜黑者依畫繢六方之色說之黃以周云樂記青黑緣者天子之寶龜也青緣卽東龜黑緣卽北龜公羊定八年傳云龜青純何注龜甲頓也千歲之龜青頓詒讓案禮器孔疏引爾雅郭注有卜龜黃靈黑靈之屬唐六典李注亦載太卜令卜法云春用青靈夏用赤靈秋用白靈冬用黑靈四季之月用黃靈初學記龜部引柳隆龜經說略同卽方色之龜也云龜俯者靈者以下並爾雅釋魚文郭注云行頭低案天象下覆故龜甲俯者亦屬天王應麟王會篇補注引尚書大傳孟諸靈龜鄭彼注以爲卽此

天龜若然天龜出孟諸與惠士奇〻云謂行頭低甲亦前低〻云仰者繹者郭本釋魚作仰者謝注〻云行頭仰爾雅釋文〻云謝衆家本作射案射繹古音近字通鄭玉藻注亦作射賈疏〻云地在下法之故向上仰也惠士奇〻云謂行前頭仰甲亦前仰〻云前弇果者釋魚〻云前弇諸果郭注〻云甲前長案諸發聲故省之弇謂甲長掩覆其體詳典同疏賈疏〻云東龜在陽方故甲向前長而前弇也〻云後弇獵者釋魚〻云後弇諸獵郭注〻云甲後長賈疏〻云南龜亦在陽方故甲後長而後弇〻云左倪靁者大司樂靁鼓靁鼗注並從隸省作雷此注疑亦當作靁後人依經改爲靁釋魚〻云左倪不類郭注〻云行頭左庳今江東所謂左食者以甲卜審廣雅釋詁〻云倪衺也呂氏春秋序意篇〻云以日倪而西望知之倪卽謂衺側也莊子天下篇〻云日方中方睨倪睨字通邵晉涵〻云靁與類同聲近而轉不爲發語聲故鄭引之從省文賈疏〻云以其在陰方故不能長前後而頭向左相睥睨然惠士奇〻云行頭左庳甲亦左長〻云右倪若者釋魚〻云右倪不若郭注〻云行頭右庳爲右食甲形皆爾案墨子耕柱篇〻云夏后開卜於白若之龜蓋卽此北龜也賈疏〻云亦在陰方故亦不長前後而頭向右睥睨然惠士奇〻云行頭右庳甲亦右長倪猶庳也賈以睨爲睥睨失之龜人所辨者甲之體耳安問龜之左右顧哉案惠說是也卜師〻云凡卜辨龜之上下左右陰陽以授命龜者彼注亦以六龜爲釋彼臨卜辨授乃已治之龜甲則所謂俯仰弇倪者自指甲體言之釋魚郭注並據行頭爲訓與鄭義違賈反據彼釋鄭疏矣釋魚別有十龜二曰靈龜三曰攝龜禮器疏引郭注以靈龜當此天龜攝龜當此地及四方之龜檢今本爾雅注無此義鄭此注亦不引彼文孔說疑不足據〻云是其體也者賈疏〻云體有二法此經體據頭甲而言占人〻云君占體體謂兆象與此異也呂飛鵬〻云案鄭注中庸四體則謂龜之四足春占後左夏占前左秋占前右冬占後右專以其足言之與此異〻云東龜南龜長前後在

陽象經也者賈疏云據甲而言凡天地之閒南北為經東西為緯云西龜北龜長左右在陰象緯也者此亦謂甲左右長也賈疏謂據頭為說失之云天龜俯地龜仰東龜前南龜卻西龜左北龜右各從其耦也者賈疏云此鄭解兩兩相對為長短低仰之意也云杜子春讀果為贏者爾雅釋文云果衆家作裹唯郭作此字案果贏裹聲類並同賈疏云此龜前甲長後甲短露出邊為贏露得為一義故鄭引之在下

凡取龜用秋時攻龜用春時各以其物入于龜室六龜各異室也秋取龜及萬物成也攻治也治龜骨以春是時乾解不發傷也

【疏】凡取龜用秋時攻龜用春時者此官以秋時令鼈人取龜鼈人既得龜獻之此官則受殺而乾之以待春時攻治之以備用二官相與為官聯也云各以其物入于龜室者賈疏云龜有六室物色也六龜各入於一室以其蓍龜歲易秋取春攻訖即欲易去前龜也　注云六龜各異室也者莊子秋水篇云吾聞楚有神龜死已三千歲矣王巾笥而藏之廟堂之上然則龜室即笥也龜別為一笥故云異室非每龜別有築室也惠士奇云龜室在廟中史記龜策傳王者發軍行將必鑽龜廟堂之上以決吉凶漢高廟中有龜室案據惠說則龜室即總藏龜甲之府亦通云秋取龜及萬物成也者及其長成時取則骨體堅備也鼈人亦云秋獻龜魚月令季夏命漁師登龜注云甲類秋乃堅成又引此經謂作月令者誤以秋為據周之時故繫之六月詳鼈人疏云攻治也者瘍醫注同謂刳剔取出甲也史記龜策傳說宋元王殺龜云以刀剝之身全不傷脯酒禮之橫其腹腸是攻龜之事也云治龜骨以春是時乾解不發傷也者春時尚寒骨易乾故治龜解其甲取其乾則不發起傷坼白虎通義蓍龜篇引此文作攻龜用冬時義亦通

上春釁龜祭祀先卜釁者殺牲以血之神之也鄭司農云祭祀先卜者卜其日與其牲玄謂先卜始用卜筮者言祭

言祀尊焉天地之也世本作曰巫咸作筮卜未聞其人也是上春者夏正建寅之月月令孟冬云釁祠龜策相互矣秦以十月建亥爲歲首則月令秦世之書亦或欲以歲首釁龜耳【疏】注云釁者殺牲以血之神之也者雜記云廟成則釁之注云廟新成必釁之尊而神之也是凡釁並爲神之也初學記鱗介部引蔡氏月令章句云以牲祠龜筴塗以牲血謂之釁管子山權數篇說寶龜云藏諸秦臺一日而釁之以四牛史記龜策傳說宋元王殺龜云擇日齋戒甲乙最良乃刑白雉及與驪羊以血灌龜於壇中央卽釁龜之禮也鄭司農云祭祀先卜者卜其日與其牲者先鄭意此謂凡祭祀之日龜人先期爲之卜日與牲凡大祭祀皆卜牲卜日詳大宰大宗伯疏賈疏云後鄭不從者以其此官不主開卜事故不從也云玄謂先卜始用卜筮者者破先鄭先卜爲先事卜日牲之說經止云先卜鄭兼言筮者以卜筮事同後筮人不言祀先筮明此祀先卜兼有先筮也云言祭言祀尊焉天地之也者賈疏云按大宗伯天稱禋祀地稱血祭是天地稱祭祀今此先卜是人應曰享而云祭祀與天地同稱故云尊焉天地之也案鄭賈說未塙此祭祀先卜冢上春爲文猶校人云夏祭先牧也蓋因釁龜而特爲此祭但先卜人鬼小祀不得比之天地經云祭祀自是重疊之文與校人祭馬祖先牧馬社馬步諸文殆無殊別鄭謂尊之經本無此義也引世本作曰巫咸作筮者世本作篇之文明堂位孔疏云世本書名有作篇其篇紀諸作字是也御覽方術部引世本云巫咸堯臣也以鴻術爲帝堯之醫蓋宋衷注文書君奭云在大戊時則有巫咸乂王家又書序云伊陟相大戊伊陟贊于巫咸孔疏引鄭書注云巫咸巫官史記封禪書云伊陟贊巫咸巫咸之興自此始疑鄭謂巫咸卽殷巫咸也藝文類聚方術部引古史考云庖犧氏作卦始有筮其後殷時巫咸善筮說亦與世本異未知孰是賈疏云曲禮云卜筮者先聖王之所以信時日其易所作卽伏犧爲之

矣但未有揲蓍之法至巫咸乃教人爲之故巫咸得作筮之名云卜未聞其人也者以世本及先秦古書無作卜之文也云是上春者夏正建寅之月者天府注云上春孟春也云月令孟冬云釁祠龜策相互矣者月令云是月也命太史釁龜筴鄭彼注云筴蓍也今月令曰釁祠祠衍字案呂氏春秋孟冬紀作命大卜禱祠龜策此官即大卜之屬則呂覽作大卜是也鄭此注依今月令作釁祠亦兼證有先卜之祭也云相互者淮南子俶真訓高注云舛互也鄭意此以上春與月令孟冬釁時舛互不合月令注亦云秦與周異賈疏謂周與秦各二時釁龜策月令孟冬釁則周孟冬亦釁之周以建寅上春釁秦亦建寅上春釁之故云相互是謂二經皆互文見義非鄭恉也孔疏亦與賈同誤云秦以十月建亥爲歲首則月令秦世之書亦或欲以歲首釁龜耳者賈疏云據此注則周秦**各**一時釁此鄭兩解按月令注云周禮龜人上春釁龜謂建寅之月也秦以其歲首使大史釁龜策與周異矣彼注與此後注義同也案賈說亦非也鄭月令注與此注皆止一說上以二文舛互此乃以意推測其故謂月令雖與此經相校三月而此上春爲周之歲首月令孟冬爲秦之歲首時月不同其爲歲首則一或秦時習聞周法以歲首釁龜策則亦以其亥正歲首之月釁之此蓋爲月令周官作調人明二書非苟爲差異耳其云月令秦世之書者月令疏引鄭目錄云月令本呂氏春秋十二月紀之首章也以禮家好事抄合之後人因題之名曰禮記言周公所作其中官名時事多不合周法孔氏說之云秦以十月建亥爲歲首而月令云爲來歲授朔日即是九月爲歲終十月爲授朔此是時不合周法然按秦始皇十二年呂不韋死二十六年并天下然後以十月爲歲首歲首用十月時不韋已死十五年秦爲水位其來已久秦文公獲黑龍以爲水瑞何怪未平天下前不以十月爲歲首乎案孔說是也史記秦始皇本紀始皇二十六年初并天下始皇推終始五德之

傳以爲秦代周水德之始改年始朝賀皆自十月朔是謂改正始於始皇鄭則以爲秦幷天下之前已改從亥正故月令季秋令諸侯制百縣爲來歲受朔日注亦以秦建亥九月爲歲終爲說與史記異今攷史記秦本紀昭襄王四十二年先書十月宣太后薨後書九月穰侯出之陶四十八年先書十月韓獻垣雍後書正月兵罷則昭襄王時已以十月爲歲首故書於正月九月之前是始皇以前秦已建亥於史亦有明徵足證鄭孔之說矣

若有祭事則奉龜以往奉猶送也送之所當於卜【疏】若有祭事則奉龜以往者賈疏云此云祭事不辨外內則外內俱當卜皆奉龜以往所當卜處 注云奉猶送也者天府注同云送之所當於卜者謂廟中所卜之處也郊特牲云卜郊作龜于禰宮案禮特牲少牢饋食筮祭皆於廟門之外士冠禮筮亦然士喪禮卜日在殯宮之門外以柩在殯寢門與廟門同也惟筮宅在兆南與常事異

旅亦如之喪亦如之【疏】旅亦如之者大宗伯云國有大故則旅上帝及四望注云陳其祭事以祈焉禮不如祀之備也是旅輕於常祭故於祀事外別言之云喪亦如之者賈疏云謂卜葬宅及日皆亦奉龜往卜處也

菙氏掌共燋契以待卜事杜子春云燋讀爲細目燋之燋或曰如薪樵之樵謂所爇灼龜之木也故謂之樵契謂契龜之鑿也詩云爰始爰謀爰契我龜玄謂士喪禮曰楚焞置于燋在龜東楚焞即契所用灼龜也燋謂炬其存火【疏】菙氏者段玉裁云葉抄釋文曰埀氏本又作菙余仁仲本載音義同案埀即說文埀字假埀爲菙埀集韻曰周禮菙氏或作埀是也埀隸作垂菙說文作箠從竹今周禮從艸非也箠所以擊馬也棱用荆箠之類故曰箠氏阮元云下垂之字說文作埀周禮借以爲荆箠字也序官內作箠

氏而今本誤從艸作華此作假借垂字周禮內有前後字不同者案段阮說是也敘官作箠此作垂者猶地官敘官饎人稾人本職作饎人槁人今本敘官及此經並作華者傳寫變箠為華後人又依敘官以改此也互詳敘官疏　注杜子春云燋讀為細目燋之燋者段玉裁云細目燋蓋漢人有此語讀同焦其字不當從火轉寫誤也說文曰醮面焦枯小也晉灼漢書音義曰三輔謂憂愁而省瘦曰嫶冥皆與細目焦之語略同讀為當作讀如此擬其音也謂其物微小也案段說是也云或曰如薪樵之樵者段玉裁云曰如二字當作讀為所爇灼龜之木得謂之樵也此易其字也案段改如為為是也曰字則疑不誤云謂所爇灼龜之木也故謂之樵者說文火部云爇燒也杜意燋即析楚木為薪以爇火灼龜者故取薪樵為義其說與禮經不合故鄭不從樵宋婺州本作燋則是取爇灼為義與鄭讀同亦通云契謂契龜之鑿也者杜意燋為灼龜木別有鑿龜之器謂之契蓋以金為之若鑽鑿之類釋名釋書契云契刻也刻識其數也漢書敘傳云曰算祀於契龜顏注亦訓契為刻說文刀部云契刻也契即契之段字蓋契龜之鑿亦所以鑽刻故直謂之契也引詩云爰始爰謀爰契我龜者詩大雅緜文彼說太王卜都之事毛傳云契開也開刻義近即謂鑿之杜意詩契龜亦為鑿刻故引以為證鄭則不取鑿龜之義故彼箋云契灼其龜而卜之與毛杜異也云玄謂士喪禮曰楚焞置于燋在龜東楚焞即契所用灼龜也者士喪禮云卜人先奠龜于西塾上南首有席楚焞置于燋在龜東注云楚荊也荊焞所以鑽灼龜者黃以周云後鄭以禮經陳龜有燋楚焞而無契周官有燋契而無楚焞是楚焞即契所以灼龜者也故箋詩易毛傳而曰契灼我龜注周禮易杜先鄭注而曰楚焞即契所用灼龜又以古法相傳有鑽龜事故注士喪禮有楚焞所以鑽灼龜之文然與鑽鑿之義自異也案黃說是也鄭以下文云遂歛其焌契若非灼龜之木則不得云歛

故知契與楚焞是一依杜義灼龜用燋鑿龜用契灼鑿不同物鄭則謂鑽卽用灼木二義不同以史記龜策傳攷之則鑽與灼自是二事故大卜先鄭注亦謂先鑿後爇敘次甚明但諦審此經焌契則槁爲灼龜之木竊意龜卜所用有金契有木契金契用以鑽鑿木契卽楚焞用以爇灼以二者皆刻削其耑使鐵銳故同謂之契實則異物也毛杜二鄭咸偏據一隅故滋淆啎此經之契則是木非金杜義固不若後鄭之允也互詳大卜疏云燋謂炬其存火者士喪禮注云燋炬也所以然火者也少儀云執燭抱燋注云未爇曰燋案燋卽未爇之燭燭卽已爇之燋二者同物異名故下文云爇燋鄭意凡灼龜先用燋取火而後以契就燋燃之乃以灼龜灼龜用契不用爇也段玉裁云鄭君不易字云燋謂炬炬卽說文苣字苣東葦燒之也鄭意燋用葦然契契用荊灼龜杜云燋謂灼龜之木非也其存火儀禮注作以然火說文火部曰燋所以然持火也引周禮以明火爇燋黃以周云苣東而燒之所以存其火故曰其存火燒而存之以待然契故下文歛其焌契注曰以契柱燋火而吹之也燋火存而不焚故然契須柱而歛之案段釋燋契黃釋其存火皆得鄭恉蓋存者留也卜之時必先持火以待爇荊支且龜不必一灼卽兆恐契火不續又當用燋留火以備再然此與士喪禮注義異而意同也史記龜策傳云灼以荊若以剛木士喪禮疏亦云其存火者爲炬亦用荊爲之賈彼疏卽本此注其謂炬亦用荊與說文苣用葦不同未知孰是龜策傳又云卜先以造灼龜集解引徐廣讀造爲竈竈龜殆亦以爇燋而留火者與

凡卜以明火爇燋遂歛其焌契以授卜師遂役之

杜子春云明火以陽燧取火於日焌讀爲英俊之俊書亦或爲俊玄謂焌讀如戈鐏之鐏謂以契柱燋火而吹之也契既然以授卜師用作龜也役之使助之

疏 遂歛其焌契以授卜師者歛說文引作龡阮元云今本龡作歛者從炊省也說

文龡從龠炊聲賈疏二云謂若大卜視高已上則卜師作龜故以焌契授卜師若差次使卜人作龜則授卜人二云遂役之者賈疏二云因事曰遂以因授契訖卽受卜師所役使也　注杜子春二云明火以陽燧取火於日者陽燧卽司烜氏之夫遂燧俗字賈疏二云此秋官司烜氏職文謂將此明火以燒爇燋使然也二云焌讀爲英俊之俊書亦或爲俊者段玉裁二云契卽儀禮之楚焞易焌爲俊者謂其銳頭俊健可用開龜也說文火部曰焌然火也從火夋聲周禮曰遂龡其焌焌火在前以焞焯龜案許不從杜作俊其二云焞焯者謂灼之也詒讓案杜但讀焌爲俊而未釋其義以意推之似以焌爲燋之耑故爇而吹之其契則屬下以授卜師爲句杜說契以鑿龜不以灼龜不得與焌并吹其火也許讀焌如字雖與杜不同而二云焌火在前亦卽謂燋之前耑火所爇者又讀遂龡其焌句絕蓋亦以契下屬與杜義訓略同與鄭讀遂龡其焌契爲句異也二云玄謂焌讀如戈鐏之鐏者賈疏二云讀從曲禮二云進戈者前其鐏意取銳頭以灼龜也段玉裁二云鄭讀如鐏音兼用其義鐏插於地焌柱於燋火其狀一也而字可弗易案段說是也釋文焌焞二字音異而引李軌並音祖館反則李氏疑以此經之焌與楚焞之焞同字非也鄭上注謂楚焞卽契焌契卽然楚焞之耑與燋相柱者故以楚焞釋契而不二云楚焞卽焌此又讀焌爲鐏不讀爲焞則鄭不謂焌卽焞明矣說文焌字注二云焌火在前以焞焯龜焌焞並出不二云一物其焞字注又絕不及然火之義是許君亦不謂焌卽焞也二云謂以契柱燋火而吹之也者此亦注用今字作吹也廣雅釋器二云柱距也謂以楚焞之耑距著燋火之苣乃吹熾燋火以爇楚焞使然管子弟子職說然燭二云櫛之遠近乃承厥火居句如矩蒸閒容蒸然者處下此以契柱燋火吹之爇與彼略同二云契既然以授卜師用作龜也者卜師二云揚火以作龜故此官惟掌爇燋焌契不掌灼龜契既然仍授卜師使作龜也二云役之使助之者贊暸注二云役爲之使

此官爲大卜卜師之屬雖不掌作龜然授卜師焌契之後卜師有事仍受其役使佐助爲之也

占人掌占龜以八簭占八頌以八卦占簭之八故以眡吉凶占人亦占筮言掌占龜者筮短龜長主於長者以八筮占八頌謂將卜八事先以筮筮之言頌者同於龜占也以八卦占筮之八故謂八事不卜而徒筮之也其非八事則用九筮占人亦占焉【疏】注云占人亦占筮言掌占龜者筮短龜長主於長者者此亦注用今字作筮也賈疏云占筮卽此經云以八筮占八頌又云以八卦占筮之八故竝是占筮首云掌占龜不云占筮故云主於長者也鄭知筮短龜長者按左氏僖四年傳云初晉獻公欲以驪姬爲夫人卜之不吉筮之吉公從筮卜人曰筮短龜長不如從長是龜長筮短之事龜長者以其龜知一二三四五天地之生數知本易知七八九六之成數知末是以僖十五年傳韓簡云龜象也筮數也物生而後有象象而後有滋滋而後有數故象長馬融曰云筮史短龜史長者非鄭義也案左傳杜注亦據韓簡之言爲說卽賈所本云以八筮占八頌謂將卜八事先以筮筮之者八事卽大卜云以邦事作龜之八命是也彼經又云以八命者贊三兆三易三夢之占是八事通於卜筮簭人云凡國之大事先筮而後卜是將卜有先筮之法也云筮之言頌者同於龜占也者大卜三兆云其頌皆千有二百注云頌謂繇也是頌爲龜占之辭但卜用三兆不得有八頌明此是段頌爲筮辭之名以其大事卜筮相兼又三易爻辭亦爲韻語故通得頌名也云以八卦占筮之八故謂八事不卜而徒筮之也者謂此徒筮不卜故不云占八頌也故事義同公羊昭三十年傳云習乎邾婁之故何注云故事也凡八事王所不與者有徒筮詳筮人疏云其非八事則用九筮占人亦占焉者謂小事徒筮者則不用大卜之八命而用筮人之九筮占人通掌卜筮事不

別大小故亦占之也凡卜筮君占體大夫占色史占墨卜人占坼體兆象也色兆氣也墨兆廣也坼兆璺也體有吉凶色有善惡墨有大小坼有微明尊者視兆象而已卑者以次詳其餘也周公卜武王占之曰體王其無害凡卜象吉色善墨大坼明則逢吉

疏凡卜筮君占體大夫占色史占墨卜人占坼者此附記凡卜筮尊卑旅占之通法也君通王侯大夫亦通鄉及中下大夫言之不徒大卜下大夫二人也白虎通義蓍龜篇引此經云凡卜筮君視體大夫視色士視墨案占與視義同史作士者此文在大夫下疑班固以爵次易之史占墨與玉藻史定墨同鄭以爲即大史故大史云大祭祀與執事卜日注云與之者當視墨春秋時亦多使史官占卜是卜筮官與大史爲官聯也敘官大史下大夫二人上士四人卜師上士四人卜人中士八人此史在大夫之下卜人之上以次差之其大史之上士與若依班說作士則或兼含卜師上士義亦通也又案卜筮官亦通謂之史左僖二十八年傳云曹伯之豎侯獳貨筮史國語晉語說晉文公筮得國云筮史占之皆曰不吉韋注云筮史筮人少牢饋食禮及雜記筮曰並有史特牲饋食禮作筮人雜記注說亦同彼並卜筮官之屬與此史占墨爲大史異賈疏云此君體已下皆據卜而言而兼云筮者凡卜皆先筮故連言之　注云體兆象也者詩衞風氓篇爾卜爾筮體無咎言毛傳云體兆卦之體又玉藻云君定體注云視兆所得也兆所得則有象可見故此注云兆象與中庸注四體謂四足異依毛義卜筮兆卦通得謂之體但此經下文色墨坼並專據卜言之則體亦專屬兆體不關卦體也賈疏云謂金木水火土五種之兆言體言象者謂兆之墨縱橫其形體象以金木水火土也凡卜欲作龜之時灼龜之四足依四時而灼之其兆直上向背者爲木兆直下向足者爲水兆邪向背者爲火兆邪向下者爲金兆橫者爲土兆是兆象也案左哀九年傳晉

趙鞅卜救鄭遇水適火是古卜兆分五行之證孔疏引服虔云兆南
行適火卜法橫者爲土直者爲木邪向經者爲金背經者爲火因兆
而細曲者爲水書洪範孔疏說卜兆亦同賈說木水火三兆與服小
異唐六典大卜令職云凡兆以千里徑爲母兩翼爲外正立爲木正
橫爲土內高爲金外高爲火細長芒動爲水有仰伏倚著落起發催
折斷動之狀而知其吉凶李筌太白陰經龜卜篇蘇氏演義說卜法
並與服賈孔說小殊未知孰是云色兆氣也者說文色部云色顏气
也卜兆氣發爲色與人顏氣同故兆氣謂之色大卜注說體有五色
是也詳彼疏云墨兆廣也坼兆璺也者賈疏云據兆之正璺處爲兆
廣就正墨旁有奇璺罅者爲兆璺也案賈說是也說文土部云墨書
墨也墒裂也坼即墒之隸變璺者璺之俗墨蓋謂龜兆所發之大畫
如以墨畫物之界域明顯坼則大畫之旁坼裂之細文即大卜注所
謂璺罅史記龜策傳說卜法云大者身也小者枝也蘇氏演義引卜
法云大曰兆旁出文曰支璺即枝也國語晉語獻公卜伐驪戎史蘇
占之曰遇兆挾以銜骨齒牙爲猾戎夏交捽韋注云齒牙謂兆端左
右璺坼有似齒牙中有從畫故銜骨也又史記龜策傳說宋元王得
龜事云荆支卜之必制其創理達於理文相錯迎此說墨坼之文理
也墨坼對文則異散文亦通故玉藻史定墨注云視兆坼也孔疏云
凡卜必以墨畫龜求其吉兆若卜從墨而兆廣謂之卜從但坼是從
墨而裂其旁岐細出謂之爲璺坼是大坼稱爲兆廣小坼稱爲兆璺
也案書洛誥說卜營維事云惟洛食僞孔傳云卜必先墨畫龜然後
灼之兆順食墨此即孔穎達所本陳祥道云卜師作龜致其墨則後
墨也孔以爲先墨畫龜乃灼之誤江永云墨者火灼所裂之兆非先
以墨畫而後灼也兆之體不常安能必其如人所畫案陳江說是也
此卜人占坼玉藻又云卜人定龜鄭彼注謂定龜所當用陳祥道謂
定龜即此占坼亦墒莊子逍遙遊篇云宋人有爲不龜手之藥者陸

氏釋文引向秀云龜拘坼也是龜坼義同鄭玉藻注失之云體有吉凶色有善惡墨有大小坼有微明者此並以吉凶相對言之云尊者視兆象而已卑者以次詳其餘也者釋君占體大夫以下占色墨坼之義兆象易見故君占之色墨坼等委曲繁細故大夫以下以次詳測之也引周公卜武王占之曰體王其無害者書金縢云既克商二年王有疾弗豫二公曰我其爲王穆卜周公乃自以爲功爲三壇同墠乃告大王王季文王乃卜三龜一習吉啓籥見書乃幷是吉周公曰體王其罔害罔鄭引作無與僞孔本異史記魯世家及鄭玉藻注引並同僞孔傳云公視兆曰如此兆體王其無害言必愈鄭以彼周公自占體與此君占體相應故引以爲證云凡卜象吉色善墨大坼明則逢吉者上注吉凶兼舉此偏舉吉占說之象賈士喪禮疏引作體是也浦鏜孔繼汾並以象爲體之誤

凡卜簭既事則繫幣以比其命歲終則計其占之中否

杜子春云繫幣者以帛書其占繫之於龜也玄謂既卜筮史必書其命龜之事及兆於策繫其禮神之幣而合藏焉書曰王與大夫盡弁開金縢之書乃得周公所自以爲功代武王之說是命龜書

疏凡卜簭既事則繫幣以比其命者繫釋文作轂云音係案轂繫並係之叚字此疑當經作轂注作繫詳司門疏賈疏云既事者卜筮事訖卜筮皆有禮神之幣及命龜筮之辭書其辭及兆於簡策之上幷繫其幣合藏府庫之中云歲終則計其占之中否者此卜筮官之官計也賈疏云至歲終總計占之中否而句考之　注云杜子春云繫幣者以帛書其占繫之於龜也者說文巾部云幣帛也謂書所占之吉凶於帛繫於所兆之龜若筮則亦書帛繫之於蓍也云玄謂既卜筮史必書其命龜之事及兆於策者破杜書帛繫龜之說也書金縢云公歸乃納冊于金縢之匱中此注云策卽金縢之冊也賈疏云既卜筮卽筮亦有命筮之辭及卦不言者舉龜重者而略

筮不言可知或有筮短龜長直據龜而言其筮則否案賈前說是也
後說非云繫其禮神之幣而合藏焉者鄭以幣爲禮神之幣不以書
命破杜以幣即爲帛書也小宗伯云若國大貞則奉玉帛以詔號是
卜有禮神之幣之證云書曰王與大夫盡弁開金縢之書乃得周公
所自以爲功代武王之說是命龜書者亦金縢文孔疏引鄭注云弁
爵弁必爵弁者承天變降服開金縢之書者省察變異所由故事也
云是命龜書者謂周公所自以爲功代武王之說
即書其命龜之語於策而藏之之事故引以爲證

簭人掌三易以辨九簭之名一曰連山二曰歸藏三曰周易九簭之
名一曰巫更二曰巫咸三曰巫式四曰巫目五曰巫易六曰巫比七
曰巫祠八曰巫參九曰巫環以辨吉凶此九巫讀皆當爲筮字之誤
也更謂筮遷都邑也咸猶僉
也謂筮衆心歡不也式謂筮制作法式也目謂事衆筮其要所當也
易謂民衆不說筮所改易也比謂筮與民和比也祠謂筮牲與日也
參謂筮御與右也環
謂筮可致師不也

疏掌三易以辨九簭之名者三易中通有此九
筮即筮人之官法也注云此九巫讀皆當
爲筮字之誤也者此亦注用今字作筮也下同賈疏云此筮人掌筮
不主巫事故從筮也段玉裁云筮之古文作簭巫之古文作𢍰蓋故
書脫竹頭今書又改爲小篆之巫矣案段說是也鄭意巫皆簭之壞
字劉歆陳祥道薛季宣並讀九巫如字謂巫更等爲古精筮者九人
巫咸即世本作筮之巫咸巫易易當爲易即楚辭招魂之巫陽莊存
與說同其說與鄭異而略有根據附著之以備一讀云更謂筮遷都
邑也者此並無正文以意說之說文攴部云更改也故有遷義賈疏
云此遷都謂公卿大夫之都邑鄭荅趙商若武王遷洛盤庚遷殷之

等則卜故大卜有卜大遷之事詩鄘風定之方中孔疏云鄭志荅趙商云此都邑比於國爲小故筮之然則都邑則用筮國都則用卜也云咸猶僉也者爾雅釋詁云僉咸皆也云謂筮衆心歡不也者衆心歡則爲咸不歡則爲不咸國家有興作之事當順衆心故筮其歡不也左僖二十四年傳富辰曰昔周公弔二叔之不咸與此筮咸義同云式謂筮制作法式也者說文工部云式法也制作禮典爲後法式故筮其當否云目謂事衆筮其要所當也者小爾雅廣詁云目要也賈疏云是要目之事故論語顏回云請問其目鄭云欲知其要顏回意以禮有三百三千卒難周備故請問其目此云事衆故亦筮其要目所當者也云易謂民衆不說筮所改易也者周書謚法篇云好更改舊曰易政教既倣民衆不說則當有改易故筮以決之云比謂筮與民和比也者說文比部云比密也二人爲从反从爲比國家有事欲與民和比亦筮之也云祠謂筮牲與日也者此皆筮祠祀之事賈疏云按大卜大祭祀而卜之今此祀不卜而筮者彼大祀用卜此謂小祭祀故用筮也詒讓案表記云小事無時日有筮注云有事於小神無常時當日有筮臨有事筮之彼注又云大事用卜小事用筮然此注云筮牲與日蓋據常祀之小者言之左僖三十一年傳云禮不卜常祀而卜其牲日彼謂常祀之大者故有卜也若小神不在常祀之列者則兼筮祭不徒筮牲日表記所云是也云參謂筮御與右也者賈疏云參謂參乘之事故知是御及車右勇力與君爲參乘故筮之也詒讓案夏官敘官注云右者參乘此又兼御言之戰國策秦策高注云三人共載曰驂乘參驂字通若左傳卜御右之類云環謂筮可致師不也者賈疏云此環與環人字同彼環人注致師引宣公十二年楚許伯御樂伯攝叔爲右以致晉師之事明此經筮環亦是主致師以卜之事也趙商問僖十五年秦晉相戰晉卜右慶鄭吉襄二十四年晉致楚師求御於鄭鄭人卜宛射犬吉皆用卜今此用筮何

鄭荅天子具官有常人非一人致筮可使者諸侯患官無常人故臨時卜之也

凡國之大事先簭而後卜當用卜者先筮之即事漸也於筮之凶則止不卜

【疏】注云當用卜者先筮之即事漸也者舊本即事下並有有字宋婺州本無與賈疏述注及左傳僖四年孔疏引同今據校刪白虎通義蓍龜篇云不見吉凶於蓍復以卜何蓍者陽道多變變乃成賈疏云此大事者即大卜之八命及大貞大祭祀之事大卜所掌者皆是大事皆先筮而後卜筮輕龜重賤者先即事故卜即事漸也云於筮之凶則止不卜者賈疏云曲禮云卜筮不相襲若筮不吉而又卜是卜襲筮故於筮凶則止不卜按洪範云龜從筮逆又云龜筮共違於人彼有先卜後筮筮不吉又卜與此經違者彼是箕子所陳用殷法殷質故與此不同曲禮孔疏云春秋僖二十五年晉卜納襄王得黃帝戰於阪泉之兆又筮之得大有之睽哀九年晉卜伐宋亦卜而後筮是大事卜筮並用也但春秋亂世皆先卜後筮不能如禮其禮旣先筮後卜尚書先云龜從者以尊卑言之故先言龜也鄭注周禮云筮凶則止不卜所以洪範有筮逆龜從者崔靈恩云凡卜筮天子皆用三代蓍龜若三筮並凶則止而不卜鄭云若一吉一凶雖筮逆猶得卜之也則洪範所云者是也又表記云天子無筮鄭注云謂征伐出師若巡守也天子至尊大率皆用卜也春秋傳曰先王卜征五年歲襲其祥孔疏云此云無筮無徒筮不謂全無筮也簭人云國之大事先筮而後卜出師巡守皆大事者也案諦玩此經及曲禮表記諸文蓋天子凡舉大事皆當以卜為斷然於卜之前必先筮之筮得吉占未遽行也必復卜得吉而後行之御覽禮儀部引五經異義春秋公羊說祠宗廟筮而不卜鄭所不從詳大宗伯疏其小事則徒卜而已不先筮是天子惟遇大事以筮先卜然雖得吉占不以為憑是不以筮為重可知小事則又有卜無筮所謂天子無筮也惟巡守出師在道則有筮故表記

又云天子道以筮此則徒筮既筮不復再卜其云道以筮明道以外無徒筮然占人注又謂八事有徒筮者蓋謂征伐巡守之外餘事王所不與者亦容有徒筮與表記文不相破也若孔謂天子大事先筮後卜次事惟卜不筮小事無卜惟筮則又不然大卜明云凡小事涖卜作龜八命亦事兼大小而云天子小事無卜豈其然乎然天子大事雖以卜爲憑苟先筮不吉則亦不復卜以避相襲故此注云於筮之凶則止不卜曲禮注亦以卜不吉而筮筮不吉而卜爲相襲明此經之大事先筮後卜是筮吉而復卜不爲相襲也其諸侯以下有大事當卜者固可先筮若先筮得吉意欲不卜則亦可行不以徒筮爲嫌表記謂天子無筮明諸侯以下有徒筮矣其天子諸侯以下徒卜之事若雖得吉而意有所疑仍得再筮以決疑輔志亦不爲相襲若左閔二年傳載成季之將生桓公使卜楚丘之父卜之又筮之是也若卜凶則不得再筮鄭曲禮注引晉獻公卜取驪姬不吉復筮爲瀆龜筮正以其卜凶復筮爲非禮也其僖二十五年晉文公納襄王遇阪泉之兆此是吉卜而文公尚有所疑故復筮之與獻公之卜凶而又筮異孔乃譏其先卜後筮不能如禮不知此經之大事先筮後卜者本謂先筮得吉仍須再卜其先卜得吉而有所疑禮固不禁再筮也至哀九年晉伐宋則趙鞅卜而陽貨別爲之筮兩不相謀既非卜筮相襲亦非先卜後筮孔乃并疏之不亦疏乎其洪範稽疑之例以五從爲大同三從二逆爲吉二從三逆爲作內吉作外凶其所云龜從筮逆正謂卜吉之後卻遇筮凶非謂筮凶之後復得卜吉以此差之其所云龜筮共違於人者明汝逆卿士逆庶民逆之事或遇龜逆或遇筮逆苟二者有一是爲逆備其四便爲大凶非必龜筮並逆二者兼備必成五逆而後爲凶也賈氏不達乃謂彼爲殷法尚質與周不同非也崔靈恩牽於洪範龜從筮逆之文疑筮凶之後不得上春便止不復卜乃謂必三筮並凶則止而不卜亦未達鄭恉矣

相簭相謂更選擇其著也著龜歲易者與疏上春相簭者此與龜人上春釁龜同於歲首爲之月令云釁祠龜筴則相筮亦釁著矣此不言釁者文不具也　注云相謂更選擇其著也者矢人相笴注云相擇也此相筮與彼義同筮用蓍艸因通謂蓍爲筮白虎通義蓍龜篇引禮三正記云天子蓍長九尺諸侯七尺大夫五尺士三尺說文艸部說同是蓍長短有度舊蓍有朽折或長不中度不可用以筮故必選擇其佳者以備一歲之用也云蓍龜歲易者與者賈疏云據此則著歲易也兼云龜者龜人云以龜用春時明亦以新易故故知龜亦歲易此龜之歲易者謂龜人天地四時之龜若大寶龜等非常用之龜不歲易　凡國事共簭

占夢掌其歲時觀天地之會辨陰陽之氣其歲時今歲四時也天地之會建厭所處之日辰陰陽之氣休王前後疏占夢者釋文云夢本又作㝱案說文㝱部云㝱寐而有覺也引此經文並作㝱又夕部云夢不明也是㝱正字夢段借字但敘官及大卜並不作㝱釋文或本不知是故書否也廣韻一送引此經六夢亦與說文同云掌其歲時觀天地之會辨陰陽之氣者大卜已掌三夢之法此占夢官又就六夢分別其名以大卜之法參互占之　注云其歲時今歲四時也者據其夢時之年及四時所直而後天地之會陰陽之氣可以占也云天地之會建厭所處之日辰者賈疏云建謂斗柄所建謂之陽建故左還於天厭謂日前一次謂之陰建故右還於天故堪輿天老曰假令正月陽建於寅陰建在戌日辰者日據幹辰據支呂飛鵬云五行大義云正月日月會於諏訾之次訾諏亥也斗建在寅故寅與亥合二月日月會於降婁之次降婁戌也斗建在卯故卯與戌合三月日月會於大梁之次大梁酉也斗建在辰故辰與酉合四月日月會於實沈之次實沈申也斗建在巳故巳與申合五月日月會於鶉首之次鶉首未也斗建在

午故午與未合六月日月會於鶉火之次鶉火午也斗建在未故未與午合七月日月會於鶉尾之次鶉尾巳也斗建在申故申與巳合八月日月會於壽星之次壽星辰也斗建在酉故酉與辰合九月日月會於大火之次大火卯也斗建在戌故戌與卯合十月日月會於析木之次析木寅也斗建在亥故亥與寅合十一月日月會於星紀之次星紀丑也斗建在子故子與丑合十二月日月會於玄枵之次玄枵子也斗建在丑故丑與子合此經天地之會當指日月所會之次而言鄭君謂建厭所處之日辰建卽斗建所在也賈二云厭謂日前一次謂之陰建蓋卽日月所會前一次如建寅之月日月會於亥厭在戌是也二云陰陽之氣休王前後者鶡冠子學問篇二云陰陽者分數所以觀氣變也漢書藝文志二云陰陽者順時而發推刑德隨斗擊因五勝假鬼神而爲助者休王前後卽以五勝推之故知陰陽之氣卽謂是也王符潛夫論夢列篇二云夫占夢必謹其變故審其徵候內考情意外考王相卽吉凶之符善惡之效庶可見也是占夢考王相之證賈疏二云案春秋緯二云生王者休王所勝者死相所勝者囚假令春之三月木王水生木水休木勝土土死木王火相王所生者相相所勝者囚火勝金春三月金囚以此推之火王金王水王義可知詒讓案休王之說又見淮南子墬形訓白虎通義五行篇而五行大義又有五行休王支干休王八卦休王之義其論甚詳大旨並與春秋緯同

以日月星辰占六夢之吉凶

日月星辰謂日月之行及合辰所在春秋昭三十一年十二月辛亥朔日有食之是夜也晉趙簡子夢童子倮而轉以歌旦而日食占諸史墨對曰六年及此月也吳其入郢乎終亦弗克入郢必以庚辰日月在辰尾庚午之日日始有適火勝金故弗克此以日月星辰占夢者其術則今八會其遺象也用占夢則亡

【疏】以日月星辰占六夢之吉凶者卽下正噩六者占夢之官法也列子周穆王篇說夢有六候並

與此經同李光地云古者占夢必參以天地陰陽謂人感天地陰陽之氣於是乎有動於機而形於夢夫天地之會陰陽變化於四時不可睹也故察之乎日月星辰而象見矣史記龜策傳宋元王夢一丈夫延頸而長頭衣玄繡之衣而乘輜車曰我為江使於河而幕網當我路豫且得我我不能去王有德義故來告訴召博士衞平問之平乃援式而起仰天而視月之光觀斗所指定日處鄉四維已定八卦相望視其吉凶介蟲先見乃對元王曰今昔甲子宿在牽牛河水大會鬼神相謀漢正南北江河固期南風新至江使先來白雲擁漢萬物盡留斗柄指日使者當囚玄服輜車其名為龜王急使人問而求之此皆以日月星辰占夢之法也　注云日月星辰謂日月之行及合辰所在者謂見夢之日所直日月行度及所會之辰若十二次二十八舍是也引春秋昭三十一年傳而云此以日月星辰占夢者者證占夢用日月星辰之法也賈疏引鄭志云張逸問占夢注云春秋昭三十一年十二月辛亥朔日有食之是夜也趙簡子夢童子倮而轉以歌旦而日食占諸史墨對曰六年及此月也吳其入郢乎終亦弗克入郢必以庚辰日月在辰尾庚午之日日始有謫火勝金故弗克此以日月星辰占夢者不知何術占之前問不了荅曰日月在辰尾夏之九月辰在房未有尾星建戌厭寅寅與申對辰與戌對申近庚辰與戌對故知庚辰辰辰下為主人故午為主人金侵火故不勝雖不勝即復故云弗克日有適氣時得九月節者以庚午在甲子篇辛亥在甲辰篇也中有甲戌甲申甲午成一月也從庚午以下四日從甲辰至辛亥八日并之十二日通同四十二日賈又釋之云如是庚午之日當在八月十九日故言時得九月節也言雖不勝即復者以其庚金午火位相連故云雖不勝即復也言雖不勝者吳君臣爭宮秦救復至不能定楚是其不勝不能損吳是明即復也又引鄭志云問曰何知有此厭對之義乎荅曰按堪輿黃帝問天老事云四月陽

建於巳破於亥陰建於未破於癸是為陽破陰陰破陽故四月有癸
亥為陰陽交會十月丁巳為陰陽交會言未破癸者即是未與丑對
而近癸也交會惟有四月十月也若有變異之時十一月皆有建厭
對配之義也又引服虔左傳注云是歲歲在析木後六年在大梁大
梁水宗十一月日在星紀為吳國分楚之先顓頊之子老童童子楚
象行歌象楚走哭姬姓日月在星紀星紀之分姬姓吳也楚衰則吳
得志吳世世與楚怨楚走去其國故曰吳其入郢吳屬水水數六十
月水位故曰六年及此月也有適而食故知吳終亦不克又云後六
年定四年十一月閏餘十七閏在四月後其十一月晦晦庚辰吳入
郢在立冬後復此月也十二月辛亥日會月於龍尾而食庚午日初
有適故曰庚辰一日日月在辰尾尾為亡臣是歲吳始用子胥之謀
以伐楚故天垂象又云午火庚金也火當勝金而反有適故為不克
晉諸侯之霸與楚同盟趙簡子為執政之卿遠夷將伐同盟曰應之
食故夢發簡子賈又釋之云服氏以庚午之日日始適火勝金故不
克入楚必以庚辰此與鄭義別其餘略相依也又引鄭志云問曰周
之十二月夏之十月日夏禮正應在析木而云在星紀何荅曰據此
月中有十一月節故舉言之案據賈所述服子慎亦兼主占夢與鄭
合左傳杜注謂史墨釋日食之咎而不釋夢非鄭義又今本左傳倮
作贏適作讁字並同云其術則今八會其遺象也者賈疏云按堪輿
大會有八也小會亦有八錢大昕云堪輿八會之名淮南天文訓有
之其言曰北斗之神有雌雄十一月始建於子月從一辰雄左行雌
右行五月合午謀刑十一月合子謀德太陰所居辰為厭日厭日不
可以舉事堪輿徐行雄以音知雌故為奇辰數從甲子始子母相求
所合之處為合十日十二辰周六十日凡八合合於歲前則死亡合
於歲後則無殃甲戌燕也乙酉齊也丙午越也丁巳楚也庚辰秦也
辛卯戎也壬子趙也癸亥胡也淮南所云雄者陽建也雌者陰建也

陰建亦謂之厭合八猶八會也今依淮南及堪輿天老說推衍之正月陽建寅破於申陰建戌破於辰二月陽建卯破於酉陰建酉破於卯乙近卯故二月乙酉爲八會之一三月陽建辰破於戌陰建申破於寅甲近寅故三月甲戌爲八會之二四月陽建巳破於亥陰建未破於丑癸近丑故四月癸亥爲八會之三五月陰陽建俱在午而破於子壬近子故五月壬子爲八會之四六月陽建未破於丑陰建巳破於亥七月陽建申破於寅陰建辰破於戌八月陽建酉破於卯陰建卯破於酉辛近酉故八月辛卯爲八會之五九月陽建戌破於辰陰建寅破於申庚近申故九月庚辰爲八會之六十月陽建亥破於巳陰建丑破於未丁近未故十月丁巳爲八會之七十一月陰陽建俱在子而破於午丙近午故十一月丙午爲八會之八十二月陽建丑破於未陰建亥破於巳此建厭所在及八會之名也越絕書云大歲八會壬子數九吳越春秋云合壬子歲前合也合庚辰歲後會也左傳史墨占吳入郢必以庚辰亦以建厭所對知之則八會之占由來古矣淮南所列甲戌至癸亥蓋大會之日其下又有戊戌己亥己酉己卯戊午戊子當是小會之日而尚缺其二以例推之當是戊辰己巳也云用占夢則亡者漢時堪輿家雖據八會以占吉凶未有用之占夢者故云用占夢則亡也

一曰正夢無所感動平安自夢

疏一曰正夢者以下六夢皆夢之象感此官辨是六者而以大卜三夢之法參互占之　注云無所感動平安自夢者觀乎五夢皆是有所感動而夢也楚辭離騷王注云正平也故曰平安自夢

二曰噩夢杜子春云噩當爲驚愕之愕謂驚愕而夢

疏注杜子春云噩當爲驚愕之愕謂驚愕而夢者愕葉鈔釋文作咢字通說文㝱部引此經作咢㝱段玉裁云驚愕之愕說文祇作咢從吅屰聲又曰遻相遇驚也從辵從咢咢亦聲蓋子春以噩字不可識而改爲咢許君從之是以說文無噩字鄭不改經文者存故書古字也王

引之云噩卽咢字也玉篇云咢驚咢也噩驚也引周官二曰噩寱爾
雅釋天大歲在酉曰作噩釋文噩本或作咢史記楚世家熊咢索隱
咢作噩列子周穆王篇噩夢作蘁夢蘁卽蘁字借華蘁之蘁爲驚咢
之咢此皆咢噩同字之明證說文㖾譁訟也从吅屰聲又寱字注引
周禮二曰㖾寱隸省作咢凡字之从吅从㗊者皆同意故从吅之字
亦可从㗊噩字从㗊屰聲今作噩者其屰字曲畫隸皆變作直畫又
省而爲王耳然則噩卽㖾之或作非俗書也故杜破噩爲愕
而鄭不改字案王說是也驚愕則心爲之感動故因而成夢　三曰思
夢　覺時所思念之而夢　疏　三曰思夢者列子周穆王篇云神遇爲夢形遇爲事
故晝想夜夢神形所遇卽此思夢是也　注云覺時
所思念之而夢者說文心部云念常思也思念則情感蘊結故因而
成夢潛夫論夢列篇云晝有所思夜夢其事作吉作凶善惡不信者
謂之想思念與想義同　四曰寤夢　覺時道之而夢　疏　四曰寤夢者寤釋文云本又作蘁
案說文㝱部云寤寐覺而有言曰寤
一曰晝見而夜㝱也寤籒文寤蘁蓋卽籒文寤之省又徐鉉校本說
文㝱字注引此作悟夢與徐鍇繫傳本異不足據說文前一寤謂寐
覺之後神志惝怳而有言也與六夢寤夢無涉後一訓似卽釋此寤
夢之義御覽人事部引周書程寤篇說大姒得吉夢文王乃召太子
發占之于明堂蓋卽以夢爲寤與此寤夢之義亦異　注云覺時道
之而夢者阮元云廣韻引此時下有所字按上思夢注云覺時所思
念之而夢則此亦當有所字今本脫也案阮校亦通但列子張注襲
此注亦無所字廣韻所引疑傳寫增益也小爾雅廣言云寤覺也此
義與說文晝見義相近蓋覺時有所見而道其事神思偶
涉亦能成夢與上思夢爲無所見而馮虛想象之夢異也　五曰喜夢
喜說而夢　疏　注云喜說而夢者說文喜部云喜樂也憙說
也經典通作喜心有喜說則感動而成夢　六曰懼夢　恐懼而夢

疏 注云恐懼而夢者說文心部云懼恐也心有恐懼亦感動而成夢也 季冬聘王夢獻吉夢于王王拜而受之 聘問也夢者事之祥吉凶之占在日月星辰季冬日窮于次月窮于紀星迴于天數將幾終於是發幣而問焉若休慶之云爾因獻羣臣之吉夢於王歸美焉詩云牧人乃夢衆維魚矣旐維旟矣此所獻吉夢 疏 季冬聘王夢者以下掌歲終為王來歲祈吉夢禳惡夢也云獻吉夢于王者鄭謂獻羣臣之吉夢其義難通竊謂當仍是獻王之夢蓋一年所夢皆使此官占之有吉有凶咸應時獻其占而自藏其副貳至歲終則總計一年所占錄其吉者述其符應而獻之於王蓋亦歲終受成獻功之典而兼致頌禱賀慶之意也云王拜而受之者拜經例用古字當作𢷎詳大祝疏石經及宋以來版本並誤此示受吉於神故重其事也御覽人事部引周書程寤篇亦云文王及太子發並拜吉夢受商之大命於皇天上帝與此禮同注云聘問也者爾雅釋言文云夢者事之祥者賈疏云若對文禎祥是善妖孽是惡散文祥中可以兼惡夢者有吉有惡故云夢者事之祥也云吉凶之占在日月星辰者據上文云季冬日窮于次月窮于紀星迴于天數將幾終者月令季冬令文迴彼文作回鄭彼注云言日月星辰運行於此月皆周帀於故處也次舍也紀會也賈疏云次謂日辰所在季冬日月會于玄枵是日窮于次紀謂星紀日月五星會聚之處謂斗建所在十二月斗建丑故云月窮于紀星謂二十八宿十三月復位此十二月未到本位故直云星迴于天數將幾終者幾近也至此十二月曆數將終云於是發幣而問焉若休慶之云爾者據聘禮有發幣故意此聘夢亦發幣也國語周語劉康公聘於魯晉羊舌肸聘於周並云發幣於大夫韋注云發其禮幣是也國有休慶之事則有聘問鄭意此聘王夢亦謂為王聘問吉夢因而以幣休慶之此發幣即謂釋幣於神與下贈惡夢用釋菜禮相變亦相成

非發幣於王也御覽皇王部引帝王世紀載太姒得吉夢文王命祝以幣告於宗廟羣神然後占之亦釋幣之禮也俞樾云聘猶月令聘名士之聘以禮求之也下文贈惡夢注云贈送也是惡夢可以贈之使去則吉夢亦可聘之使來季冬聘王夢爲王求吉夢也故卽繼之曰獻吉夢於王明求得吉夢卽獻之也案俞說是也此經先聘夢次獻夢王拜受獻蓋與天府司民所紀祭司民司祿獻民數穀數王拜受獻節次略同是聘夢與司民司祿之祭禮相儗聘贈皆卽迎祈禳卻之事與占問不相涉鄭以問釋聘與小聘曰問義同亦正是求吉之意非謂占問以前之吉夢也云因獻羣臣之吉夢於王歸美焉者賈疏云君統臣功故獻吉夢歸美於王也曾釗云獻吉夢于王上承聘王夢下接舍萌于四方以贈惡夢則此吉夢亦王之吉夢也俞樾云羣臣之夢何與於王而獻之卽云歸美亦何必拜而受之如此之重乎注非是案曾俞說是也引詩云牧人乃夢衆維魚矣旐維旟矣者證獻夢之事此詩小雅無羊篇文箋云牧人乃夢見相與捕魚又夢見旐與旟占夢之官得而獻之於宣王將以占國事也彼箋卽據此經爲釋云此所獻吉夢者鄭意彼牧人卽羣臣而以吉夢聞於王明羣臣有吉夢得獻於王實則此所獻者爲王之夢與詩所紀事不同也

乃舍萌于四方以贈惡夢

杜子春讀萌爲明又云其字當爲明明謂敺疫也謂歲竟逐疫置四方書亦或爲明玄謂舍讀爲釋舍萌猶釋采也古書釋采釋奠多作舍字萌菜始生也贈送也欲以新善去故惡

疏 乃舍萌于四方以贈惡夢者蓋與獻吉夢同日事相因也 注云杜子春讀萌爲明又云其字當爲明者萌明聲類同杜蓋讀明爲覲禮方明之明徐養原云萌與明古字通漢書地理志廣漢郡葭明續漢志及史記貨殖傳並作葭萌云明謂敺疫也謂歲竟逐疫置四方者敺疫不得謂之明此明上疑當有舍字杜意疫癘皆鬼神所爲舍之卽謂敺之廣雅釋詁

云捨置也舍捨字通敺而置之遠卽所謂舍也男巫云冬堂贈無方無筭杜注亦云堂贈謂逐疫也無方四方爲可也此四方猶男巫云無方非舞師大宗伯所説四方地示也但舍明爲逐疫於經無徵下文敺疫又不云舍明故後鄭不從云書亦或爲明者謂故書別本亦或作明如杜說也云玄謂舍讀爲釋舍萌猶釋采也者采毛晉本作菜下同段玉裁云子春改萌爲明而不易舍鄭君易舍爲釋而不易萌詒讓案舍釋采菜字並通古凡祓禳之事或有釋菜士喪禮喪大記國君弔大夫士至門皆先釋菜與祓殯正相類鄭二禮注以爲禮門神非也此贈惡夢蓋用祓禳禮故亦有釋菜也釋菜禮詳大胥疏云古書釋采釋奠多作舍字者月令仲春命樂正習舞釋菜此經大胥職及大戴禮記夏小正傳呂氏春秋仲春紀並作舍采祭統舍奠注云舍當爲釋聲之誤也王制天子出征反釋奠于學此經大祝職亦作舍奠是也云萌菜始生也者說文艸部云萌艸芽也釋菜當取新者故謂之萌云贈送也者廣雅釋詁同聘禮云公使卿贈如覿幣注亦云贈送也吉夢曰聘故惡夢言贈文相對也云欲以新善去故惡者賈疏云舊歲將盡新年方至故此時贈去惡夢

遂令始難敺疫令令方相氏也難謂執兵以有難卻也方相氏蒙熊皮黃金四目玄衣朱裳執戈揚盾帥百隸爲之敺疫癘鬼也故書難或爲儺杜子春儺讀爲難問之難其字當作難月令季春之月命國難九門磔禳以畢春氣仲秋之月天子乃難以達秋氣季冬之月命大司大難旁磔出土牛以送寒氣

【疏】遂令始難敺疫者此冢上文謂季冬之難也說文馬部云敺古文驅从攴敺即敺之隸變唐石經敺字損缺攷射烏氏敺烏鳶方相氏敺疫敺方良石經並作毆此經亦當同然說文毆在殳部與古文驅字別石經誤也今從宋婺州本嘉靖本汪道昆本互詳射烏氏疏　注云令令方相氏也者以方相氏掌三時難此季冬難則占夢命之與彼爲官聯也云難謂執兵

以有難卻也者釋名難之義戰國策秦策高注云難猶敵也廣雅釋言云卻退也謂執兵敵而卻退之淮南子時則訓高注云儺猶除也論語鄉黨皇疏引譙周云儺卻之也亦與鄭義略同云方相氏蒙熊皮黃金四目玄衣朱裳執戈揚盾帥百隸爲之毆疫癘鬼也者並據方相氏文釋名釋天云疫役也言有鬼行役也厲疾氣也中人如磨厲傷人也厲癘字通疫鬼詳方相氏疏云故書難或爲儺者故書有兩本一本作難一本作儺也云杜子春讀爲難問之難其字當作難者杜子春下賈疏述注有云字是也今本並挩段玉裁云難問之難如八十一難經之難儺杜子春讀爲難問而鄭從之故占夢方相氏注皆云難卻於月令季春仲秋季冬注云此難難陰氣也此難難陽氣也難皆當讀乃旦反杜云讀爲難問之難者訓其音義也云其字當作難者定其形不當作儺又三引月令皆作難以爲證說文人部儺行有節也引詩佩玉之儺不引周禮然則許君亦依杜說毆疫之字作難矣論語鄉人儺鄭郊特牲之鄉人禓也釋文引鄭說曰魯讀爲獻今從古郊特牲注曰禓或爲獻或爲儺蓋鄭君古論語本作難後人改之如人旁耳劉昌宗依杜難音乃旦反是也戚衮言乃多反乃詩竹竿儺字之音陸氏無識於方相氏月令郊特牲鄉黨皆音乃多反淺人反以儺爲毆疫正字改易淆譌音形俱失案段校是也今論語鄉黨篇呂氏春秋季春仲秋季冬紀淮南子時則訓字並作儺淮南高注云儺讀躁難之難與杜讀略同論語皇疏謂口作儺儺之聲以毆疫鬼妄說不足據引月令季春之月命國難九門磔禳以畢春氣者難舊本誤儺下同今據明注疏本正鄭彼注云此難難陰氣也陰寒至此不止害將及人所以及人者陰氣右行此月之中日行歷昴昴有大陵積尸之氣氣佚則厲鬼隨而出行命方相氏帥百隸索室毆疫以逐之又磔牲以攘於四方之神所以畢止其災也王居明堂禮曰季春出疫于郊以攘春氣孔疏引熊氏云國難唯天子

諸侯有國爲難賈疏說同云仲秋之月天子乃難以達秋氣者鄭彼注云此難難陽氣也陽暑至此不衰害亦將及人所以及人者陽氣左行此月宿直昴畢昴畢亦得大陵積尸之氣氣佚而厲鬼亦隨而出行於是亦命方相氏帥百隸而難之王居明堂禮曰仲秋九門磔禳以發陳氣禦止疾疫孔疏引熊氏云此云天子乃難唯天子得難以其難陽氣陽是君象則諸侯以下不得難陽氣也賈疏說同云季冬之月命有司大難旁磔出土牛以送寒氣者鄭彼注云此難難陰氣也難陰始於此者陰氣右行此月之中日歷虛危虛危有墳墓四司之氣爲厲鬼將隨強陰出害人也旁磔於四方之門磔攘也出猶作也作土牛者丑爲牛牛可牽止也送猶畢也賈疏云命有司者謂命方相氏言大難者從天子下至庶人皆得難此子春難引三時之難惟取季冬大難知者此經始難文承季冬之下是以據季冬大難而言論語鄉黨皇疏云月令三儺俱是天子所命春是一年之始彌長災害故命國民家家悉儺八月儺陽陽是君法臣民不可儺君故稱天子乃儺也十二月儺難是陰陰既非一年之急故民亦不得同儺也案依皇說則萬民唯季春得儺與賈說季冬庶人得難正相反呂氏春秋季春作命國人儺則似通國得儺與皇說合但據月令孔疏引鄭論語注釋鄉人儺亦爲十二月之儺則鄭意當如賈說皇謂十二月民不得難孔氏庘其違鄭義是也

眡祲掌十煇之灋以觀妖祥辨吉凶妖祥善惡之徵鄭司農云煇謂日光炁也【疏】掌十煇之灋者謂占驗望氣之法式有此十者亦即眡祲之官法也 注云妖祥善惡之徵者說文女部云𡝐巧也示部云䄏地反物爲䄏也祥福也一曰善妖即𡝐之省經典通借爲䄏字若硩蔟氏庭氏夭鳥字又叚夭爲之䄏亦省作祅國語晉語云辨祅祥於謠韋注云祅惡也祥善也呂

氏春秋制樂篇云祥者福之先者也妖者禍之先者也若左昭十五年傳梓慎見赤黑之祲曰非祭祥也喪氛也卽妖徵之祲也漢書五行志述洪範五行傳說云凡草木之類謂之妖妖猶夭胎言尚微蟲豸之類謂之孽及六畜謂之禍及人謂之痾甚則異物生謂之眚自外來謂之祥祥猶禎也此以祥與妖同爲惡徵與此義異賈疏云祥是善之徵妖是惡之徵故言善惡之徵此妖祥相對若散文祥亦是惡徵毫有祥桑之類是也鄭司農云煇謂日光炁也者釋文云炁本亦作氣阮元云賈疏作氣炁俗字下注皆作氣詒讓案炁字不體詩大雅靈臺孔疏引此注亦作氣說文火部云煇光也日部別有暉字亦訓光與煇同義依許書字例日光氣字當作暉先鄭此注及後鄭大卜注字並從煇煇暉爲日月光氣之通名秦漢以後天官家以爲氣圍繞日月之專名暉字俗作暈戰國策趙策云故日月暉於外其賊在於內韓非子備內篇暉作暈圍釋名釋天云暈捲也氣在外捲結之也日月俱然呂氏春秋明理篇云日有暈珥高注云氣圍繞日周匝有似軍營相圍守故曰暈也此皆後世分別之義依天官測算日輪距地至遠光體本無變動此十煇並地氣烝騰日光穿映視之成暈如在日旁虹升雲布亦復如是古望氣之術占驗吉凶蓋以日旁氣爲尤重故二鄭並以日光氣爲釋保章氏注釋雲物亦云視日旁雲氣之色漢書陳涉傳周文爲項燕軍視日顏注引服虔云視日旁氣也其義並同

一曰祲二曰象三曰鑴四曰監五曰闇六曰瞢七曰彌八曰敘九曰隮十曰想

故書彌作迷隮作資鄭司農云祲陰陽氣相侵也象者如赤烏也鑴謂日旁氣四面反鄉如煇狀也監雲氣臨日也闇日月食也瞢日月瞢瞢無光也彌者白虹彌天也敘者雲有次序如山在日上也隮者升氣也想者煇光也玄謂鑴讀如童子佩鑴之鑴謂日旁氣刺日也監冠珥也彌氣貫日也隮

虹也詩云朝隮于西想雜氣有似可形想【疏】注云故書隮作迷隮作資者徐養原云隮迷隮資皆同音相通隮之爲資猶齎之爲資也大戴禮保傅云衞靈公之時迷子瑕不肖而任事此隮迷通用之證鄭司農云祲陰陽氣相侵也者敘官注云祲陰陽氣相侵漸成祥者晉書天文志云謂陰陽五色之氣浸淫相侵或曰抱珥背僪之屬如虹而短是也案晉志所載或說並與二鄭不同疑賈馬及干氏義云象者如赤烏也者晉天文志云謂雲氣成形象如赤烏夾日以飛之類是也案詳大卜疏云鑴謂日旁氣四面反鄉如煇狀也者煇釋文作暈云本亦作煇案此煇謂繞日之氣也暈卽暉之俗經注煇並與暉同後人妄生分別以繞日之氣別爲暈字遂改此注以異於經之十煇陸本不足據也先鄭此義蓋以鑴爲鐍說文角部云觼環之有舌者重文鐍觼或从金矞惠士奇云鑴者鐍也說文玉部瓊璚瓗通故鐍或从矞或從巂鐍省作矞揚雄大玄所謂紫蜺矞雲朋圍日也雲氣形如缺環謂之鐍與鑴通讀爲鑴軌之鑴淮南子覽冥訓曰君臣乖心則背譎見於天高注云日旁五色氣在兩邊外出爲背外向爲譎矞或作穴音相近也漢延平元年六月丁未日暈中外有僪背兩耳譎鐍僪矞實一字後魏皇始二年十月壬辰日暈有佩鐍佩作背璚卽僪則佩璚爲鐍信矣案惠說是也續漢書輿服志劉注引通俗文云缺環曰鐍此義蓋與玦同國語晉語金玦韋注云玦如環而缺以金爲之如環而缺故有四面反鄉之形漢書天文志云日月暈適背穴抱珥𧈢蜺顏注引孟康云背形如背字也穴多作鐍其形如半鐍也開元占經日占篇引石氏云氣青赤曲向外中有一橫狀如帶鉤名爲璚今案孟云如半鐍石云名爲璚亦卽玦也又呂氏春秋明理篇云日有倍僪高注云倍僪皆日旁之危氣也在兩旁反出爲倍在上反出爲僪案高說氣反出或在兩旁或在上皆所謂反鄉也此注云四面蓋兼彼二義開元占經日占篇引春秋感精符云日四

背璚臣射主背璚有四即四面反鄉之形也云監雲氣臨日也者晉天文志云謂雲氣臨在日上也說文臥部云監臨下也開元占經曰占篇引石氏云氣在日上名爲戴戴之色青赤案監似即戴也日上氣又有名冠者詳後云闇日月食也者說文日部云暗日無光也闇即暗之借字晉天文志云謂日月蝕或曰光脫也俞樾云闇即春秋所謂晦也僖十五年己卯晦成十六年甲午晦公羊傳並曰晦者何冥也是其事也案俞說是也日月食爲大異不當在十煇之數先鄭說未允呂氏春秋明理篇云其日有不光有晝盲高注云盲冥也此闇即所謂晝盲與下瞢爲不光異開元占經日占篇引春秋緯云后族專權謀爲國害則日晝昏亦謂此也云瞢日月瞢瞢無光也者一切經音義引三蒼云瞢不明也晉天文志云謂瞢瞢不光明也釋名釋天云蒙日光不明蒙蒙然也開元占經日占引黃帝用兵要法云日濛濛無光士卒內亂蒙濛與瞢並一聲之轉此瞢謂日見而無光與上闇爲全不見日小異惠士奇云續漢五行志注引京房占曰國有佞讒朝有殘臣則日不光闇冥不明孟康曰日月無光曰薄元帝永初元年四月日色青白無影正中時有影無光靈帝時日出東方赤如血無光是爲瞢云彌者白虹彌天也者藝文類聚天部引尚書考靈曜注云日旁氣白者爲虹御覽天部引月令章句云虹螮蝀也陰陽交接之氣著於形色者也雄曰虹雌曰蜺虹常依陰雲晝見於日衝無雲不見天陰亦不見蜺常依蒙濁見日旁白而直曰白虹凡日旁者四時常有之又引晉陽秋云建武元年虹長彌天漢書司馬相如傳顏注云彌竟也彌天猶云竟天晉天文志云謂白虹彌天而貫日也此兼用後鄭義又案先鄭義與後鄭異而從今書作彌則同賈疏謂先鄭從故書爲迷誤云敘者雲有次序如山在日上也者敘序古今字敘者之敘疑亦當作序凡注例述經字亦不必依元文今本疑後人依經改之說文攴部云敘次第也晉天文志云謂氣若山

而在日上或曰冠珥倍僪重疊次序在於日旁也云隮者升氣也者毛詩曹風候人篇南山朝隮傳云隮升雲也爾雅釋詁云躋陞也案隮即躋之異文陞升字同升氣亦即升雲先鄭升氣之詁與後鄭詩鄘風蝃蝀箋同則亦以隮爲虹其異於彌者長不必竟天耳晉天文志云謂暈氣也或曰虹也亦兼取二鄭義云想者煇光也者亦謂光氣可想象也云玄謂鑴讀如童子佩鑴之鑴謂日旁氣刺日也者晉天文志鑴作觿云日旁氣刺日形如童子所佩之鑴開元占經日占引孝經雌雄圖云日刺者爲有氣刺日中也案童子佩鑴詩鄘風芄蘭文毛詩鑴作觿段玉裁云蓋三家詩有作童子佩鑴者其義則同毛詩作觿也說文觿佩角銳耑可以解結日旁氣刺日故取銳耑之義也三家詩蓋假鑴爲觿案段說是也說文金部云鑴瓽也此日旁之氣於瓽義無取惟詩佩觿字或爲鑴與氣刺日之義相近故後鄭讀從之鄭內則注云觿皃如錐廣雅釋器云鑴錐也與觿義正同又開元占經日占篇引春秋考異郵云臣謀反璚刺日漢天文志注引如淳云有氣刺日爲鐍鐍抉傷也此以鑴爲鐍與後鄭讀異而義亦同云監冠珥也者賈疏云謂有赤雲氣在日旁如冠耳珥即耳也今人猶謂之日珥詒讓案後鄭意監者謂日上下兩旁有氣內向如相監守也以先鄭云雲氣臨日義未晐故易之冠珥者呂氏春秋明理篇高注云日旁危氣在上內向爲冠兩旁內向爲珥淮南子覽冥訓高注云內向爲珥在上外出爲冠與呂覽注義小異釋名釋天云珥氣在日兩旁之名也珥耳也言似人耳之在兩旁也漢天文志注引孟康云珥形點黑也如淳云凡氣在日上爲冠爲戴在旁直對爲珥開元占經日占篇引石氏云有氣青赤立在日上名爲冠日兩旁有氣短小中赤外青名爲珥又引王朔云日冠者氣門也冠者如半暈也法當在日上珥耳也珥者當如耳也又月占篇引黃帝占云月珥而冠者天子大喜或大風又引荆州占云月珥而戴不出百日主有

喜是月亦有冠珥矣云彌氣貫日也者亦取彌互貫帀之義謂雲氣貫日中而旁出破先鄭白虹彌天之義晉志謂白虹貫日并二鄭義爲一非也開元占經日占篇引京氏占云日中有白雲貫天下有白徒之衆三年至其黑雲天下有謀不成又引荊州占云赤雲貫日如建鼓三年不雨並氣貫日之事也云隮虹也者此補成先鄭義也引詩云朝隮于西者鄘風蝃蝀首章文云蝃蝀在東毛傳云蝃蝀虹也次章云朝隮于西傳云隮升也鄭箋云朝有升氣于西方孔疏云隮亦虹也言升氣者以隮升也由升氣所爲故號虹爲隮釋名釋天云蝃蝀其見每於日在西而見於東啜飲西方之水氣也見於西方曰升朝日始升而出見也詒讓案虹者本名因其爲雨氣上升映日成采故又謂之隮先鄭亦釋隮爲虹後鄭不易其義也云想雜氣有似可形想者謂日旁雜氣形類人物與上象相類晉天文志云謂氣五色有形想也青饑赤兵白喪黑憂黃熟或曰想思也赤氣爲人獸之形可思而知其吉凶也

掌安宅敘降宅居也降下也人見妖祥則不安主安其居處也

疏掌安宅敘降者謂民宅攘除妖祥之次序其凶禍所下謂禳移之事若後世相宅家言也蓋民宅有吉凶其氣祲亦有衺王此官掌望眡而安之 注云宅居也降下也者並爾雅釋言文司巫保章氏上方氏注並同云人見妖祥則不安主安其居處也者賈疏云掌主也此官主安居者人見妖祥則意不安主其居處不使不安惠士奇云安其宅故曰安宅周書寶典四位一曰定定得安宅成開五示四曰安宅示畜云次序其凶禍所下謂禳移之者此亦注用今字作序也此以望氣知民宅凶禍所降下猶保章氏以五雲之物辨吉凶水旱降豐荒之祲象次序之者謂見妖祥則以方位日辰占法次序推其凶禍所下之地可禳者禳卻之不可禳者則令移徙以就吉鶡冠子學問篇云神徵者風采光景所以序怪也與此序降義略同

正歲則行事占夢以季冬贈

惡夢此正月而行安【疏】注云占夢以季冬贈惡夢者據占夢文云此宅之事所以順民正月而行安宅之事所以順民者小宰注云正歲謂夏之正月以其皆取除舊布新之義故於占夢贈惡夢之後一月行之所以順民之志也終歲則弊其事弊斷也謂計其吉凶然否多少【疏】歲終則弊其事者歲終亦夏之季冬詳宰夫疏弊其事謂通計一歲所占之事課其驗否猶卜筮官歲終計其占之中否亦眂祲之官計也注云弊斷也者大宰注同云謂計其吉凶然否多少者謂校其禨移之驗否以計其功事也賈疏云占夢之官見有妖祥則告之吉凶之事其吉凶或中或否故至歲終斷計其吉凶也然謂中也知中否多少而行賞罰案此自謂眂祲當官所行之事不與占夢爲官聯賈說失之

周禮正義卷四十八

周禮正義卷四十九

瑞安孫詒讓學

大祝掌六祝之辭以事鬼神示祈福祥求永貞一曰順祝二曰年祝三曰吉祝四曰化祝五曰瑞祝六曰筴祝永長也貞正也求多福歷年得正命也鄭司農云順祝順豐年也年祝求永貞也吉祝祈福祥也化祝弭災兵也瑞祝逆時雨寧風旱也筴祝遠罪疾

【疏】掌六祝之辭者六祝六祈六辭六號九祭九拜並祝官之官法也先鄭後注云辭謂辭命也凡祈祭告神之辭命有此六者辭者詞之叚字詳後疏云祈福祥求永貞者賈疏云禱祈者皆所以祈福祥求永貞之事按一曰已下其事有六祈福祥即三曰吉祝是也求永貞二曰年祝是也今特取二事爲總目者欲見餘四者亦有此福祥永貞之事故也　注云永長也者爾雅釋詁文云貞正也者廣雅釋詁同云求多福歷年得正命也者賈疏云經祈福祥求永貞祈亦求也今鄭云求多福即經祈福祥也歷年得正命即經求永貞也詒讓案書召誥云今天其命哲命吉凶命歷年孟子盡心篇云莫非命也順受其正盡其道而死者正命也論衡命義篇云傳曰說命有三一曰正命二曰隨命三曰遭命正命謂本稟已自得吉也性然骨善故不假操行以求福而吉自至故曰正命此得正命猶書洪範五福曰考終命大戴禮記千乘篇云日曆巫祝執伎以守官俟命而作祈王年禱民命及畜穀蜚征庶虞草又公冠篇云成王冠周公使祝雍祝王云使王近於民遠於年並與求多福歷年得正命之義合鄭司農云順祝順豐年也者先鄭釋此六祝自年祝外並依小祝祝號爲說獨斷說大祝六祝之辭與先鄭同惟

云順祝願豐年也蓋傳寫之誤云年祝求永貞也者與後鄭云求歷年得正命同小祝無求永貞則六祝少其一故先鄭依此經補之云吉祝祈福祥也者據此經及小祝皆有祈福祥周書武順篇云禮義順祥爲吉說文士部云吉善也爾雅釋詁云祥善也左傳成十六年孔疏引李巡云祥福之善也是吉與福祥義同云化祝弭災兵也者小祝云彌裁兵此作弭災者亦注用今字之例詳彼疏弭災兵豫化之使不作故謂之化祝云瑞祝逆時雨寧風旱也者亦據小祝文一切經音義引倉頡云瑞應也風雨應時是謂之瑞爾雅釋天以甘雨時降爲祥瑞祥義同云筴祝遠罪疾者亦小祝文彼罪作辠此注用今字也詳甸師疏筴正字當作冊冊獨斷作策筴即策之俗內史策命不作筴疑此經乃傳寫之誤聘禮記云百名以上書于策筴祝蓋亦多文辭必書於簡策以告神故特以筴爲名國語晉語云川涸山崩策於上帝韋注云以簡策之文告于上帝此遠罪之筴祝也書金縢周公爲武王禱疾云史乃冊祝曰惟爾元孫某遘厲虐疾史記魯世家冊作策集解引鄭書注云策周公所作謂簡書也祝者讀此簡書以告三王此遠疾之筴祝也書洛誥戊辰王在新邑烝祭歲文王騂牛一武王騂牛一王命作冊逸祝冊惟告周公其後史記周本紀亦說武王克殷祭社使尹佚筴祝告受命然則筴祝不徒遠罪疾矣

掌六祈以同鬼神示一曰類二曰造三曰禬四曰禜五曰攻六曰說

祈嘄也謂爲有災變號呼告神以求福天神人鬼地祇不和則六癘作見故以祈禮同之故書造作竈杜子春讀竈爲造次之造書亦或爲造造祭於祖也鄭司農云類造禬禜攻說皆祭名也類祭于上帝詩曰是類是禡爾雅曰是類是禡師祭也又曰乃立冢土戎醜攸行爾雅曰起大事動大衆必先有事乎社而後出謂之宜故曰大師宜于社造于祖設軍社類上帝司馬法曰將用師乃告于皇天上帝日

月星辰以禱于后土四海神祇山川冢社乃造于先王然後冢宰徵師于諸侯曰某國爲不道征之以某年某月某日師至某國禜日月星辰山川之祭也春秋傳曰日月星辰之神則雪霜風雨之不時於是乎禜之山川之神則水旱癘疫之災於是乎禜之玄謂類造加誠肅求如志禬禜告之以時有災變也攻說則以辭責之禜如日食以朱絲禜社攻如其鳴鼓然董仲舒救日食祝曰炤炤大明瀸滅無光奈何以陰侵陽以卑侵尊是之謂說也禬未聞焉造類禬禜皆有牲攻說用幣而已

疏 掌六祈以同鬼神示者謂內外常祭之外別有此祈禱告祭之事其別凡六也天地宗廟大祀唯有類造社稷以下則六事通有之祈禱必特爲祝辭與常祭不同故此官職之 注云祈嘄也謂爲有災變號呼告神以求福者說文示部云祈求福也口部云嘄聲嘄嘄也漢書息夫躬傳顏注云嘄古叫字爾雅釋言云祈叫也一切經音義引孫炎注云祈爲民求福叫告之辭也郭注云祈祭者叫呼而請事案鄭卽用雅訓而字小異釋文云嘄音叫是也又引劉昌宗音禱則以嘄爲禱之借字非鄭意也但鄭爲此訓者以經云六祈祈者以號呼告求爲義故云有災變實則六者之中類造禬爲因祭則不必爲祈災之祭但祈災六祈通有而因祭則惟有類造鄭據多者爲釋耳其內外常祭則無此祈法故禮器云祭禮不祈注云祈求也祭祀不爲求福也孔疏引鄭志答趙商問祭祀不祈商按周禮設六祈之科禱禳而祭無不祈故敢問禮記者何義也鄭答云祭祀常禮以序孝敬之心當專一其志而已禱祈有爲言之主於求福豈禮之常也是鄭說常祭祀無祈法也云天神人鬼地祇不和則六癘作見故以祈禮同之者此亦注用今字作祇也下並同樂記注云同合和也天神人鬼地祇不和謂與人不和協則降災癘故以六祈祭告和協之此與大宗伯以軍禮同邦國之同義略同六癘作見據洪範五行傳文彼云六沴此及疾醫注引沴作癘者癘沴聲近義

通詳疾醫疏然此亦鄭就經同字爲訓實則此六祈兼有因祭亦不必見六癘而後有此祈事也云故書造作竈杜子春讀竈爲造次之造書亦或爲造者以竈爲七祀之一祈禱不專在竈故依聲類破竈爲造而擬其音則如造次字也段玉裁云竈從竈聲造從告聲古音同在尤幽部竈者古文假借字也徐養原云釋名云竈造也創造食物也廣雅竈造也此訓竈爲造作之造與子春之說義雖異而音則相近云造祭於祖也者下文云大師造於祖是也王制云天子將出類乎上帝宜乎社造乎禰諸侯將出宜乎社造乎禰注云類宜造皆祭名其禮亡孔疏云造乎禰者造至也謂至父祖之廟也然此出歷至七廟今惟云禰者白虎通云獨見禰何辭從卑不敢留尊者之命至禰不嫌不至祖也皇氏申之云行必有主無則主命載于齊車書云用命賞于祖是也今出辭別先從卑起最後至祖仍取遷主則行也若前至祖後至禰是留尊者之命爲不敬也若還則先祖後禰所以然者先應反行主祖廟故也案據孔引白虎通及皇侃說則造於禰仍當造於祖實則祖禰散文亦通稱此後文云大師造于祖又云大會同造于廟此與王制天子將出造於禰義相應曾子問云諸侯適天子必告于祖奠于禰諸侯相見必告于禰反必親告于祖禰此與王制諸侯將出造于禰義亦相應彼此互證知告祭祖禰通謂之造矣段玉裁云說文示部有祰字云告祭也疑即造字鄭司農云類造禬禜攻說皆祭名也者賈疏云以其祈禱皆是祭事按後鄭類造禬禜皆有牲攻說用幣而已用幣非祭亦入祭科之中云類祭于上帝者于注例當作於各本並誤此據肆師類造上帝及本職下文大師類上帝爲說然小宗伯云凡天地之大烖類社稷宗廟則爲位是人鬼地示並有類類非徒祭上帝也先鄭說未晐引詩曰是類是禡者大雅皇矣篇文毛傳云於內曰類於外曰禡引爾雅曰是類是禡師祭也者釋天文郭本類作禷注云師出征伐類於上帝禡於所征

之地引此二文者先鄭以此類與造同爲告祭與小宗伯四類異故證明之引又曰乃立冢土戎醜攸行者詩大雅緜篇文毛傳云冢大戎大醜衆也冢土大社也此引之者爲下引司馬法冢社起義也依毛義則凡宜祭竝於大社晉書禮儀志引摯虞議謂宜社於王社非也互詳大宗伯疏引爾雅曰起大事動大衆必先有事乎社而後出謂之宜者亦釋天文彼卽釋緜詩之義此六祈無宜先鄭欲兼釋下文宜社故幷引之詳後云故曰大師宜于社造于祖設軍社類上帝者此本職下文先鄭因釋造類二祭故牽連及之也案此六祈雖不專爲師祭而師祭亦賅於其中故先鄭直據下文爲釋後鄭亦但增成其義不謂此六祈無師祭也賈疏泥後鄭有災變告神求福之文遂謂出軍之祭自是求福此經六祈皆爲鬼神不和同設祈禮以同之不得將出軍之禮以解之故後鄭不從非也引司馬法者並仁本篇文彼云告于皇天上帝卽所謂類上帝也禱於冢社卽所謂宜於社爲古文大誓亦云宜于冢土冢社卽大社在王宮之左者也造於先王卽所謂造於祖也與此下文正合故引以爲證賈疏云將用師三字司農語云禜日月星辰山川之祭也者依春秋左氏說也引春秋傳者賈疏云昭元年左氏傳云鄭子產聘晉晉侯有疾問於子產子產對此辭按彼傳文癘疫之災於是乎禜之此云不時者鄭君讀傳有異孫志祖云據疏當作水旱癘疫之不時兼有兇人注可證今本作災是後人據左傳改案孫校是也孔繼汾段玉裁說同並詳兇人疏云玄謂類造加誠肅求如志者類造施於大神大鬼大示禮宜加誠肅但求如志而已不敢有佗也云禬禜告之以時有災變也者禬禜並是禳災之祭故直告以時有災變求其消弭其禮殺於類造也金鶚云女祝職云掌以時招梗禬禳之事以除疾殃是禬之祭主於癘疫禜之祭主於水旱云攻說則以辭責之者論衡順鼓篇云攻責也責讓之也廣雅釋詁云說論也謂陳論其事以責之其禮尤殺

也淮南子泰族訓云雩兑而請雨宋本許注云兑說也則請雨亦有說矣云禜如日食以朱絲縈社者賈疏云按莊公二十五年六月辛未朔日有食之鼓用牲于社公羊傳云日食則曷爲鼓用牲于社求乎陰之道也以朱絲縈社或曰脅之或曰爲闇恐人犯之故縈之何休云朱絲縈之助陽抑陰也或曰爲闇者社者土地之主尊也爲日光盡天闇冥恐人犯歷之故縈之然此說非也記或傳者示不欲絕異說爾先言鼓後言用牲者明先以尊命責之後以臣子禮接之所以爲順也鄭引公羊傳者欲見禜是禜之義案鄭言此者亦補先鄭義謂日月星辰山川之外又有社稷之禜也今本公羊經注禜並作營鄭賈引作禜與公羊釋文所載一本同春秋繁露止雨篇亦云以朱絲縈社十周疑西漢公羊師讀如是但鄭此注釋禜爲營鬯人禜門用瓢齎注云禜謂營酇所祭又釋爲營者禜營聲義並通鄭各舉一端爲釋義得兼舍也又禜有二有有常時者黨正春秋祭禜是也有無常時者遇災而禜日月星辰山川社稷國門及萴氏之攻禜是也此禜亦通晐之矣云攻如其鳴鼓然者謂救日食有鳴鼓也春秋繁露精華篇云大旱者陽滅陰也陽滅陰者尊厭卑也固其義也雖大甚拜請之而已無敢有加也大水者陰滅陽也陰滅陽者卑勝尊也日食亦然皆下犯上以賤傷貴者逆節也故鳴鼓而攻之朱絲而脅之爲其不義也此亦春秋之不畏強禦也是其義也引董仲舒救日食祝曰炤炤大明瀸滅無光者蓋亦出春秋繁露今本殘缺無此祝辭任昉文章緣起謂祝文始董仲舒祝日蝕文疑任氏猶見其全文此蓋董子所私定賈疏謂是漢禮非也廣雅釋訓云炤炤明也禮器云大明生於東注云大明日也公羊莊十七年傳齊人瀸于遂瀸者何瀸積也何注云瀸者死文瀸之爲死積死非一之辭日食光亡有若死然故云瀸滅無光也云奈何以陰侵陽以卑侵尊者日食爲月掩日故云陰侵陽卑侵尊云是之謂說也者說文言部云說說

釋也此救日食辭是正言以責陰卽六祈之說也依鄭此說則日食兼有禜攻說三祈庶氏除毒蠱以攻說禬之翦氏除蠹物以攻禜攻之彼各兼一祈亦其類也云禬未聞焉者以此職及女祝雖有禬然不詳其禮它經又無用禬之文故云未聞云造類禬禜皆有牲者賈疏云按禮記祭法云埋少牢於泰昭祭時也下云幽禜祭星雩禜祭水旱鄭注云凡此以下皆祭用少牢禜旣用牲故知類造皆亦有牲故云皆有牲也案造類賈疏述注作類造與經文敘次合祭法及詩大雅雲漢孔疏引此注亦同今本並誤倒造有牲詳後疏云攻說用幣而已者賈疏云知攻說用幣者是日食伐鼓之屬天災有幣無牲故知用幣而已旣云天災有幣無牲其類禮以亦是天災得有牲者災始見時無牲及其災成之後卽有牲故詩云靡愛斯牲是也案賈說非鄭意也春秋莊二十五年經日有食之鼓用牲于社左傳云非常也穀梁傳云鼓禮也用牲非禮也又是年經秋大水鼓用牲于社于門左傳云亦非常也凡天災有幣無牲穀梁云旣戒鼓而駭衆用牲可以已矣公羊並無譏用牲之文則日食大水左穀皆謂不當用牲公羊則否左傳昭元年杜注及孔疏引賈逵說史記鄭世家集解引服虔說竝謂禜祭唯用幣皆依左氏義也依鄭上注以日食朱絲禜社說禜而鬯人注又引大水用牲之文以說禜門是鄭謂禜社禜門並有牲與公羊說略同祭法疏引何休膏肓云感精符云立推度以正陽日食則鼓用牲於社朱絲營社鳴鼓脅之左氏云用牲非常明左氏說非夫子春秋於義左氏爲短鄭箴之曰用牲者不宜用春秋之通例此讖說正陽朱絲鳴鼓豈說用牲之義也讖用牲於社者取經死句耳今案依鄭箴膏肓說則又從左氏義以禜社爲不當用牲與此注義異賈孔強圓其說謂災初見時無牲災成之後有牲復與左氏義不合黃以周據詩雲漢謂水旱之禜有牲春秋用鼓于社于門爲攻禮攻有幣無牲故傳云爾非禜禮然也案黃說較通足釋

鄭何之紛矣又錢大昕云墨子兼愛下篇引湯說之辭曰惟予小子履敢用玄牡告於上天后曰今天大旱即當朕身履未知得罪於上下有善不敢蔽有罪不敢赦簡在帝心萬方有罪即當朕身朕身有罪無及萬方又釋之云此言湯貴為天子富有天下然且不憚以身為犧牲以祠說於上帝鬼神則說之禮殷人已有之矣鄭謂攻說用幣無牲其不然乎案依錢說則攻說亦有牲又不徒造類禬禜矣

作六辭以通上下親疏遠近一曰祠二曰命三曰誥四曰會五曰禱六曰誄

鄭司農云祠當為辭謂辭令也命論語所謂為命裨諶草創之誥謂康誥盤庚之誥之屬也盤庚將遷于殷誥其世臣卿大夫道其先祖之善功故曰以通上下親疏遠近會謂王官之伯命事於會胥命于蒲主為其命也禱謂禱於天地社稷宗廟主為其辭也春秋傳曰鐵之戰衛大子禱曰曾孫蒯聵敢昭告皇祖文王烈祖康叔文祖襄公鄭勝亂從晉午在難不能治亂使鞅討之蒯聵不敢自佚備持矛焉敢告無絕筋無破骨無面夷無作三祖羞大命不敢請佩玉不敢愛若此之屬誄謂積累生時德行以賜之命主為其辭也春秋傳曰孔子卒哀公誄之曰閔天不淑不憖遺一老俾屏余一人以在位嬛嬛予在疚嗚呼哀哉尼父無自律此皆有文雅辭令難為者也故大祝官主作六辭或曰誄論語所謂誄曰禱爾于上下神祇杜子春云誥當為告書亦或為告玄謂一曰祠者交接之辭春秋傳曰古者諸侯相見號辭必稱先君以相接辭之辭也會謂會同盟誓之辭禱賀慶言福祚之辭晉趙文子成室晉大夫發焉張老曰美哉輪焉美哉奐焉歌於斯哭於斯聚國族於斯文子曰武也得歌於斯哭於斯聚國族於斯是全要領以從先大夫於九京也北面再拜稽首君子謂之善頌善禱是禱之辭

【疏】作六辭以通上下親疏遠近者此以生人通辭為文與上六祝六祈主鬼神示言者異表記注

云辭所以通情也賈疏云此六者惟一曰稱辭自餘二曰已下不稱辭而六事皆以辭目之者二曰已下雖不稱辭命誥之等亦以言辭爲主故以辭苞之　注鄭司農云祠當爲辭謂辭令也者段玉裁云故書作祠於六辭義不相涉司農以其聲類改爲辭二字皆在古音之咍部也又案經文祠字當是辭之誤大行人協辭命注故書協辭命作汁詞命鄭司農云詞當爲辭玄謂辭命六辭之命也是則古書辭作詞之證說文辛部曰辭說也從𤔔辛𤔔辛猶理辜也此文辭之字也司部曰詞意者內而言外也從司言此發聲助語及摹繪物情之字皆謂之詞也案段說是也依後鄭義此六辭皆生人酬接之辭故此先鄭破祠爲辭後鄭亦從之云命論語所謂爲命禪諶草創之者憲問篇文何氏集解引孔安國注云禪諶鄭大夫名也阮元云疏中引注作卑葉鈔釋文及余本載音義皆作卑案漢書古今人表作卑諶讓案羣經音辨及後漢書皇后紀李注引風俗通亦作卑與賈疏述注同今本作禪蓋依何氏集解本改之論語爲命卽謂聘會往來使命之辭此命與彼同故先鄭引以爲釋也命亦通謂之辭命故大行人注總云六辭之命矣云誥謂康誥盤庚之誥之屬也者書敘云成王旣伐管叔蔡叔以殷餘民封康叔作康誥又云盤庚五遷將治亳殷民咨胥怨作盤庚三篇案書序盤庚不言誥左哀十一年傳伍子胥引作盤庚之誥故先鄭據以爲說尚書釋文引馬融書注云不言盤庚誥何非但錄其誥也取其徙而立功故以盤庚名篇是馬亦以盤庚爲誥也云盤庚將遷于殷誥其世臣卿大夫道其先祖之善功者于注例當作於各本並誤盤庚上篇云古先哲王暨乃祖乃父胥及逸勤予敢動用非罰世選爾勞予不掩爾善是也云故曰以通上下親疏遠近者謂康誥以兄誥弟盤庚以君誥世臣卿大夫與經云通上下親疏遠近義合也此通上下親疏遠近統君臣邦國家族言之賈疏謂苞父祖子孫上則疏而遠下則親而近則偏據一家

爲說與經注義違不可從云會謂王官之伯命事於會胥命于蒲主
爲其命也者胥命上疑當有若字昭十一年左傳單子會韓宣子于
戚叔向曰單子爲王官伯而命事於會言王官之伯會諸侯以命事
也又桓三年齊侯衛侯胥命于蒲左傳云不盟也公羊傳云胥命者
何相命也此皆諸侯會而自相命之事先鄭意此六辭之會卽爲其
辭也賈疏云後鄭不從之者見昭四年楚椒舉云商湯有景亳之命
周穆王有塗山之會以此觀之胥命于蒲與會有異今先鄭以胥命
解會於義不可故不從云禱謂禱於天地社稷宗廟主爲其辭也者
謂若小宗伯云大烖及執事禱祠于上下神示又云王之會同軍旅
甸役之禱祠後鄭注云求福曰禱此大祝爲其告神之辭也引春秋
傳曰鐵之戰以下者賈疏云按哀二年左傳衛靈公卒六月乙酉晉
趙鞅納衛太子于戚秋八月齊人輸范氏粟鄭子姚子般送之趙鞅
禦之衛太子爲右衛太子禱而爲此辭凡祭外神皆稱曾孫皇君也
衛得立文王廟故云君祖文王烈祖康叔者衛之始封君有功烈之
祖勝鄭伯名助范氏亂故云亂從午晉定公名范氏等作亂與君爲
難故云在難蒯聵與趙鞅爲車右車右執持戈矛故云備持矛焉三
祖謂文王康叔襄公戰不克則以爲三祖羞辱詒讓案無破骨無面
夷今本左傳作無折骨無面傷國語晉語晉惠公與秦戰於韓其誓
有無面夷之文疑先鄭誤記也云若此之屬者謂六辭之禱卽衛太
子所禱之屬是也先鄭誤以此禱爲告神之辭故後鄭不從云誄謂
積累生時德行以賜之命主爲其辭也者誄累聲類同大史讀誄後
鄭注云累其行而讀之荀子禮論篇云其銘誄繫世敬傳其名也楊
注云誄其行狀以爲謚也釋名釋典藝云誄累也累列其事而稱之
也墨子魯問篇云誄者道死人之志也凡作謚必先讀誄其事本通
於上下大史大喪讀誄謂誄先王也此大祝六辭主爲王誄羣臣故
云賜命也引春秋傳曰孔子卒哀公誄之以下者並哀十六年左傳

文今本左傳閔天不淑作旻天不弔嬛嬛予在疚作煢煢余在疚杜注云仁閔覆下故稱旻天弔至也慭且也俾使屏蔽也疚痛也律法也言喪尼父無以自爲法此引以證君誄臣積累德行以賜命之事也阮元云釋文嬛嬛求營反在疚九又反不出予字按左傳予作余此注余一人亦作余陸本或無此字案阮說近是說文女部嬛字注引春秋傳正作嬛嬛在疚無予字許鄭所見本疑同惠士奇云說文誄諡也諡行之迹也諡以誄成故誄訓爲諡則誄必有諡然魯莊公誄縣賁父哀公誄尼父未聞有諡康成謂哀公諡仲尼爲尼父蓋以字爲諡賁父尼父皆是也案惠說是也誄與諡事相因詳大史小史疏云此皆有文雅辭令難爲者也故大祝官主作六辭者統釋上辭命六者謂皆須用文雅辭令不可質陋故以大祝官主作之取其閑習也胡匡衷云古者通謂掌文辭之官爲史故祝燕禮大射稱祝史聘禮記云辭多則史是也云或曰誄論語所謂誄曰禱爾于上下神祇者論語述而篇云子疾病子路請禱子曰有諸子路對曰有之誄曰禱爾于上下神祇集解引孔安國云誄禱篇名也說文言部云讄禱也累功德以求福引論語誄作讄此與誄訓諡義異案先鄭前云誄謂積累生時德行以賜之命者乃誄之本義謂施於死者以作諡也此別一說引論語者則以誄爲讄之借字謂施於生者以求福也二義迥異賈疏謂與哀公誄孔子意同誤小宗伯注引論語作讄與許同此引不爾者蓋古論及齊魯之異先鄭欲以釋此六辭之誄故依作誄之本引之也杜子春云誥當爲告書亦或爲告者徐養原云說文告部告牛觸人角箸橫木所以告人也易曰僮牛之告又言部誥告也是誥與告大同小異鄭司農訓誥爲康誥盤庚之誥之屬子春從告與司農不同云玄謂一曰祠者交接之辭者謂朝聘來往交接之辭令也阮元云賈疏引注作玄謂一曰辭者按鄭君從司農改祠爲辭故下云辭之辭也此仍作祠非案阮校是也段玉裁說同後

鄭釋祠讀義並與先鄭同引春秋傳者賈疏云按莊四年公羊傳曰古者諸侯必有會聚之事相朝聘之道號辭必稱先君以相接是此之辭也彼無相見二字鄭以義增之云辭之辭也者段玉裁云言是爲辭之辭如美哉輪焉云云爲禱之辭閔天不淑云云爲誄之辭也云會謂會同盟誓之辭者賈疏云會中兼有誓盟者以其盟時皆云公會某侯某侯盟于某以此出會中含有盟其誓必因征伐按春秋征伐皆云公會某侯某侯侵某既有士卒當有誓辭故出會中兼有誓也王引之云如先鄭之說則因會而命事因命事而有辭如後鄭之說則因會而盟盟誓因盟誓而有辭不得直謂辭爲會也竊疑乃譮之假借譮古話字也說文話會合善言也籀文作譮從會盤庚曰乃話民之弗率馬注曰話告也言也文六年左傳箸之話言杜注曰話善也爲作善言遺戒譮爲告戒下民之辭與誥相近故三曰誥四曰譮案王說亦通云禱賀慶言福祚之辭者謂人以吉語相賀慶爲求福祚之辭不從先鄭禱爲祈福鬼神之事也云晉趙文子成室以下者並檀弓文晉獻文子成室章文鄭彼注云文子趙武也作室成諸大夫發禮以往輪輪囷言高大奐言衆多歌於斯哭於斯聚國族於斯者祭祀死喪燕會於此足矣全要領者免於刑誅也晉卿大夫之墓地在九原京蓋字之誤當爲原善頌謂張老之言善禱謂文子之言禱求也引以證禱非禱神之辭云是禱之辭者舊本誤作禱是之辭今據汪道昆本及明注疏本正謂檀弓趙文子語即此六辭之禱也

辨六號一曰神號二曰鬼號三曰示號四曰牲號五曰齍號六曰幣號

號謂尊其名更爲美稱焉神號若云皇天上帝鬼號若云皇祖伯某祇號若云后土地祇幣號若云玉云嘉玉幣云量幣鄭司農云牲號謂犧牲皆有名號曲禮曰牛曰一元大武豕曰剛鬣羊曰柔毛雞曰翰音粢號謂黍稷皆有名號也曲禮曰黍曰香合粱曰香萁稻曰

嘉疏少牢饋食禮曰敢用柔毛剛鬣士虞禮曰敢用絜牲剛鬣香合【疏】注云號謂尊其名更爲美稱焉者禮運作其祝號注引此六號釋之云號者所以尊神顯物也案祭祀尚文故不敢質言其本名別爲美稱以致其尊敬之意云神號若云皇天上帝者以下蔡氏獨斷說並同此舉神號之大者以見義即大宗伯所謂大號也其實神號中亦有小號人鬼地示並放此賈疏云月令季夏云以養犧牲以供皇天上帝皇天謂北辰曜魄寶上帝謂大微五帝云鬼號若云皇祖伯某者少牢饋食禮云用薦歲事于皇祖伯某注云皇君也伯某且字也云祇號若云后土地祇者亦注用今字作祇也左僖十五年傳云君履后土而戴皇天地祇即大宗伯地示此注后土亦謂大地之祇與大宗伯及月令之后土並異詳大宗伯疏云幣號若玉云嘉玉幣云量幣者賈疏云此並曲禮文經無玉號鄭兼言玉者祭祀禮神有玉曲禮亦有玉號按小行人合六幣圭以馬璋以皮玉得與幣同號故鄭兼言玉也鄭司農云牲號謂犧牲皆有名號者謂舊誤爲今依岳本正賈疏述注亦作謂此牲號即膳夫六牲之號亦兼六獸六禽言之曲禮注云號牲物者異於人用也獨斷云凡祭號牲物異於人者所以尊鬼神也引曲禮曰牛曰一元大武以下者賈疏云鄭彼注云元頭也武迹也一頭大迹豕曰剛鬣者豕肥則鬃鬣剛強羊曰柔毛者羊肥則毛柔潤雞曰翰音者翰長也音鳴也謂長鳴雞案曲禮尚有犬雉兔諸號此不備引云粢號謂黍稷皆有名號也者此亦經作齍注讀爲粢也詳小宗伯疏賈疏述注作齍非此即膳夫六穀之號六穀稷爲長故祭穀曰粢詳甸師疏引曲禮曰黍曰香合粱曰香萁稻曰嘉疏者萁釋文作其今本禮記香並作薌疏作蔬禮記釋文亦作疏鄭彼注云萁辭也嘉善也稻菰蔬之屬也賈疏云香合言此黍香台以爲祭香萁言此粱香可祭嘉疏言稻下萊地所生者嘉善也疏草也言此稻善疏草可祭引少牢饋食禮曰敢用柔毛剛鬣士

虞禮曰敢用絜牲剛鬣香合者證牲號粢號之辭賈疏云此士虞記文而云禮者記亦是禮 辨九祭一曰命祭二
曰衍祭三曰炮祭四曰周祭五曰振祭六曰擩祭七曰絕祭八曰繚
祭九曰共祭 杜子春云命祭祭有所主命也振祭振讀爲愼禮家讀振爲振旅之振擩祭擩讀爲虞芮之芮鄭司農云衍祭
羨之道中如今祭殤無所主命周祭四面爲坐也炮祭燔柴也爾雅曰祭天曰燔柴擩祭以肝肺菹擩鹽醢中以祭也繚祭以手從肺本
循之至于末乃絕以祭也絕祭不循其本直絕肺以祭也重肺賤肝故初祭絕肺以祭謂之絕祭至祭之末禮殺之後但擩肝鹽中振之
擬之若祭狀弗祭謂之振祭特牲饋食禮曰取菹擩于醢祭于豆閒鄉射禮曰取肺坐絕祭鄉飲酒禮曰右取肺左卻手執本坐弗繚右
絕末以祭少牢曰取肝擩于鹽振祭玄謂九祭皆謂祭食者命祭者玉藻曰君若賜之食而君客之則命之祭然後祭是也衍字當爲延
炮字當爲包聲之誤也延祭者曲禮曰客若降等執食興辭主人興辭於客然後客坐主人延客祭是也包猶兼也兼祭者有司曰宰夫
贊者取白黑以授尸尸受兼祭于豆祭是也周猶徧也徧祭者曲禮曰殽之序徧祭之是也振祭擩祭本同不食者擩則祭之將食者既
擩必振乃祭也絕祭繚祭亦本同禮多者繚之禮略者絕則祭之共猶授也王祭食宰夫授祭孝經說曰共綏執授 疏 辨九祭者謂飲
食之祭儀節有此九科膳夫注云凡食必祭示不有所先是也凡禮約者專舉一祭禮詳者或兼備衆祭大祝皆辨之 注杜子春云命祭
祭有所主命也者此謂以爲祭祀之祭也賈疏云凡祭祀天子諸侯木主大夫士有幣帛主其神曾子問以幣帛皮圭以爲主命當主之
處此子春之意亦當以幣帛謂之主命但此經文皆是祭食法不得爲主命故後鄭不從之云振祭振讀爲愼禮家讀振爲振旅之振者

段玉裁云子春易振為愼其說未聞司農說振祭搩肝鹽中振之擬之若祭狀蓋即禮家讀為振旅之振之說也云擩祭擩讀為虞芮之芮者段玉裁改經注擩並為搩云讀為當作讀如虞芮二國名擬其音如芮耳經注搩字今本作擩其誤自唐至今矣凡耎聲之字在元寒部音轉入脂微部需聲之字在侯部音轉入魚虞部而後人作偏旁多亂之此其大較也杜子春搩讀如虞芮之芮說文手部搩染也从手耎聲周禮六曰搩祭玫儀禮搩字屢見開成石經以下特牲少牢作搩不誤公食大夫士虞及周禮誤作擩以子春讀如芮儀禮周禮釋文皆曰而泉反一音而劣反劉又而誰反證之則其字定為耎聲非需聲今本釋文史漢司馬相如傳注文選子虛賦注玉篇手部廣韵上聲九麌皆譌作擩而今本說文作擩則併其源妄改之以致五經文字云搩字書無此字見禮經然則當張參時說文字林玉篇皆已有擩無搩矣今玉篇引說文擩染也蓋自顧野王孫強所據說文已譌唐韵因其需聲切以而主徐鼎臣因之自陸德明以前形雖譌未聞有而主之音也玉篇而主切蓋亦顧氏之舊廣韵麌韵作擩薛韵作搩則截然二字矣案段說是也但經注沿譌已久今未敢輒改鄭司農云衍祭羨之道中如今祭殤無所主命者先鄭說衍祭周祭炮祭亦誤以祭祀之祭為釋段玉裁云衍羨聲類同故司農以羨釋衍殤當為禓說文示部曰禓道上祭也正司農所謂羨之道中無所主命也孔廣森云漢書武帝紀天漢二年止禁巫祠道中者王嘉傳董賢母病長安廚給祠具道中過者皆飲食如淳曰禱於道中故行人皆得飲食也杜子春說道齎之奠亦云道中祭也漢儀每街路輒祭詒讓案衍羨聲近通用詩大雅板及爾游羨釋文云羨本作衍漢書溝洫志然何災之羨溢兮顏注云羨與衍同衍祭羨之道中疑當作衍祭祭羨之道中今本挩一祭字祭羨之道中者謂祭於墓道中冢人注云隧羨道也小爾雅廣名云無主之鬼謂之殤楚辭九歌

有國殤蓋祭無主之鬼於道上是謂祭殤亦謂之禓殤禓古通用此祭殤與上中下三殤之祭異也漢時祭殤皆於墓道之閒廣祭殤鬼無所主命故先鄭引以爲況然則先鄭於命祭蓋從杜說爲祭有所主命故謂衍祭無所主命亦取與彼相對爲文也云周祭四面爲坐也者小爾雅廣言云周市也言四面周帀爲神坐祭之也賈疏云謂若祭百神四面各自爲坐云炮祭燔柴也者賈疏云以其炮是燔燒之義故爲燔柴祭天此九祭先鄭謂周祭已上皆是祭鬼神之事振祭已下皆是生人祭食之禮後鄭不從之者祭天神地祇人鬼大宗伯辨之大祝不須別列且生人祭食不合與祭鬼神同科故皆以爲生人祭食法引爾雅目祭天曰燔柴者釋天文郭注云既祭積薪燒之先鄭意炮祭卽謂大宗伯禋祀實柴之祭故引此文證之云擩祭以肝肺菹擩鹽醢中以祭也者公食大夫禮注云擩猶染也案擩鹽者肝肺也擩醢者菹也以禮經攷之擩醢者又有膞擩鹽者又有燔先鄭不言者文略賈疏云按特牲少牢隋祭之時皆有以菹擩醢中以祭主人獻尸時賓長以肝從尸以肝擩鹽中以祭故先鄭云以肝肺菹擩鹽醢中以祭彼無云用肺擩鹽醢中先鄭連引之耳按彼所擩鹽中以振祭嚌之加于肵俎此則是振祭司農以初祭擩于鹽卽同擩祭解之於義不可案賈說非也士虞特牲少牢說尸食舉肺皆先振祭嚌之先鄭意蓋謂凡言振者必先擩乃振彼舉肺云振祭則亦擩可知經不言擩者以言振則擩已見故從省耳後鄭謂擩振本同亦此意賈疏謂振者皆擩其說不誤而於此顧以經無肺擩之文爲疑不亦疏乎又先鄭此注通約禮義亦不必專據隋祭禮經說肝肺之祭無不振而徒擩之文故不得不取振擩相兼者以爲釋賈謂於義不可抑又誤矣云繚祭以手從肺本循之至于末乃絕以祭也者于注例當作於各本並誤阮元云釋文出從持肺三字云劉沈皆子容反今本或無持字從則如字按賈疏本亦無持字詒讓案據

釋文則劉昌宗沈重本並有持字是也從讀爲從橫之從從持肺本卽鄉飲酒注所云垂紾之是也漢書李陵傳數循其刀環顏注云循謂摩循此謂以左手從持肺本以右手從本之離處摩循之以至於末使肺繚戾而後絕之以祭也肺本及繚義並詳後云絕祭不循其本直絕肺以祭也者絕肺孔繼汾校依有司徹疏引作絕末於義較長此亦從持肺本但不摩循直絕其末以祭故謂之絕祭特牲饋食禮云主人左執爵祭薦宗人贊祭奠爵興取肺坐絕祭嚌之注云絕肺祭之者以離肺長也少儀曰牛羊之肺離而不提心豕亦然云重肺賤肝故初祭絕肺以祭謂之絕祭至祭之末禮殺之後但擩肝鹽中振之擬之若祭狀弗祭謂之振祭者賈疏云重肺者此繚祭絕祭二者皆據肺而言周貴肺故云重肺賤肝者司農意上云以肝擩于鹽據特牲少牢尸食後賓長以肝從之意云故初祭絕肺以祭謂之絕祭者此絕祭依特牲少牢無此絕祭之事於義不可云祭之末禮殺之後但擩肝鹽中振之擬之若祭狀者此還據少牢擩肝祭而云若祭狀弗祭於義不可案特牲主婦致爵于主人云取肺坐絕祭嚌之又云取肝擩于鹽坐振祭嚌之卽先鄭所據賈謂特牲無絕祭非也但肝擩于鹽振祭嚌則彼賓有祭非弗祭也先鄭以爲虛擬則與經不合耳引特牲饋食禮曰取菹擩于醢祭于豆閒者彼文云祝命挼祭尸左執觶右取菹擩于醢祭于豆閒注云命詔尸也挼祭祭神食也擩醢者染於醢彼爲命祭兼擩祭先鄭引之者以證擩祭也引鄉射禮曰取肺坐絕祭者彼文云賓坐左執爵右祭脯醢奠爵于薦西興取肺坐絕祭尚左手嚌之注云郤左手執本右手絕末以祭也肺離上爲本下爲末引之者以證絕祭也引鄉飲酒禮曰右取肺左郤手執本坐弗繚右絕末以祭者左郤盧文弨校依鄉飲酒禮作郤左是也彼文云賓坐左執爵祭脯醢奠爵于薦西興右手取肺郤左手執本坐弗繚右絕末以祭尚左手嚌之興加于俎注云肺離之本

端厚大者繚猶紾也大夫以上威儀多紾絶之尚左手者明垂紾之乃絶其末夏炘云說文丿部云弗撟也弗繚者撟弗繚戾而祭之卽先鄭注云謂以手從肺本循之至於末乃絶以祭也引少牢曰取肝擩于鹽振祭者彼文擩作揳此引以證擩祭兼振祭之事也云玄謂九祭皆謂祭食者者破杜及先鄭以命祭衍祭炮祭周祭爲鬼神祭祀之事祭食詳膳夫疏云命祭者玉藻曰君若賜之食而君客之則命之祭然後祭是也者彼注云雖見賓客猶不敢備禮也侍食則正不祭孔疏云禮敵者共食則先祭若降等之客則後祭若臣侍君而賜之食則不祭若賜食而君以客禮待之則得祭雖得祭又先須君命之祭後乃敢祭也李光坡云命祭特牲所謂尸坐祝命挼祭是也淩廷堪云命祭謂隋祭也隋祭卽挼祭必祝命之故曰命祭特牲饋食禮尸入祝命挼祭尸左執觶右取菹揳于醢祭于豆閒佐食取黍稷肺祭授尸尸祭之士虞禮祝命佐食隋祭祭豆在祝命之前與特牲小異餘大率同也特牲不云命佐食者文不具也此祭在尸未飯時蓋祭食之最重者故以爲首案李淩並據禮經爲說較鄭爲長孫希旦夏炘說同隋祭互詳守祧疏云衍字當爲延炮字當爲包聲之誤也者大祝望衍注云衍讀爲延聲之誤也惠士奇云延衍音同古通漢書西域傳贊有漫衍之戲卽西京賦所謂巨獸百尋是爲曼延此衍與延通也丁晏云炮包聲相近易繫辭曰古者庖犧氏之王天下也釋文作包鄭本亦作包漢書律志作炮犧氏注炮與庖同云延祭者曲禮曰客若降等執食興辭主人興辭於客然後客坐主人延客祭是也者鄭彼注云延道也孔疏云若敵客則得自祭不須主人之延道今此卑客聽主人先祭道之己乃從之故云延客祭也李光坡釋衍爲醑淩廷堪亦云衍祭謂祭酒也詩小雅伐木釃酒有衍籩豆有踐毛傳衍美貌又特牲饋食禮主人洗角升酌醑尸注醑猶衍也是知衍祭爲祭酒也飲酒之禮獻酒必祭如鄉飲酒鄉射燕禮大

射士虞特牲少牢者有司徹之獻酒皆祭雖獻工獻笙獻獲者獻釋獲者獻祝獻佐食之屬無不祭者酢酒酬酒以及舉觶媵爵爲旅酬無算爵始之酒亦必祭唯至旅酬無算爵乃不祭耳凡祭酒皆左手執爵於豆閒祭之又祭禮亦啐之祭鉶亦嘗之而告旨則祭醴祭鉶當附于衍祭也夏炘云衍祭者卽禮之挹祭也古人祭鉶祭湆皆挹祭挹祭者以柶與匕挹鉶羹肉湆而祭之有司徹主婦獻尸尸以羊鉶之柶挹羊鉶遂以挹豕鉶祭于豆祭主人獻尸次賓二手執挑匕枋以挹湆注于疏匕若是者三以授尸尸卻手受匕枋坐祭嚌之挹衍亦聲相近衍溢也饒也以柶匕挹羹與湆有盈溢饒益之意案衍祭鄭謂爲延祭於義可通然惟見於記禮經則無見文李凌夏諸家並依經別爲詁釋亦未知是否姑兼存之云包猶兼也者廣雅釋詁云包裹也說文秝部云兼幷也包裹有兼幷之義故以兼訓包也云兼祭者有司曰宰夫贊者取白黑以授尸尸受兼祭于豆祭是也者彼文云尸升筵自西方坐左執爵右取韭菹擩于三豆祭于豆閒尸取麷蕡宰夫贊者取白黑以授尸尸受兼祭于豆祭案彼尸先取菹擩祭于豆閒後又取麷蕡受白黑兼祭于先祭菹之豆閒故云兼祭於豆祭白黑者彼注云白熬稻黑熬黍是也凌廷堪云包祭謂祭豆籩也按籩實爲脯豆實爲醢則用擩祭或振祭籩實爲糗脩豆實爲菹醢則用兼祭有司徹主婦受尸酢左執爵右取菹擩于醢祭于豆閒此祭豆也又取麷蕡兼祭于豆祭此祭籩也豆籩同祭故謂之兼祭不賓尸之禮主婦亞獻尸左執爵取棗糗祝取栗脯以授尸尸兼祭于豆祭亦兼祭也他如特牲主人獻尸有司徹主人獻侑受尸酢主婦獻尸獻侑致爵于主人不擯尸之禮主婦獻祝致爵于主人賓致爵于主婦皆豆籩同祭經或云兼祭或云同祭其實皆兼祭也後鄭所舉有司徹宰夫贊者取白黑以授尸尸受兼祭于豆祭則主人獻尸之禮也案淩申鄭義甚覈但鄭讀炮爲包近是而訓爲兼義究

似牽強竊疑炮當爲苞苴之苞苞祭卽士虞禮之祭苴也司巫藉館注二云書或爲租飽苞炮飽聲類並同祭苴爲葬虞之大節依司巫注疏則天子吉祭亦有之此經九祭不宜遺之若兼祭禮經或謂之同祭似當在下周祭內周與同義亦相近也此雖凡說而於聲義皆可通附著之以備一義二云周猶徧也者司會注同二云徧祭者曲禮曰殽之序徧祭之是也者彼注二云謂胾炙膾也以其本出於牲體也孔疏二云徧匝也賈疏二云凡祭者皆盛主人之饌故所設殽羞次第徧祭按公食大夫惟魚腊湆醬不祭以其薄故也其餘皆祭故謂之周祭淩廷堪二云公食大夫禮賓祭正饌坐取韭菹以辯擩于醢上豆之閒祭此祭豆也豆有六故二云辯辯卽偏字又二云贊者東面坐取黍實于左手辯又取稷辯反于右手興以授賓賓祭之此祭黍稷也簋有六故二云辯又二云三牲之肺不離贊者辯取之壹以授賓賓興受坐祭此祭肺也食禮用牛羊豕故二云辯又二云扱上鉶以柶辯擩之上鉶之閒祭此祭鉶也鉶有六故二云辯又賓祭加饌贊者北面坐辯取庶羞之大興一以授賓賓受兼一祭之此祭庶羞也庶羞十六豆故二云辯皆周祭也至于少牢隋祭尸取韭菹辯擩于三豆祭于豆閒則又命祭中之周祭矣二云振祭擩祭本同者賈疏二云同者皆擩但振者先擩後振擩者不振二云不食者擩則祭之者賈疏二云特牲少牢皆有授祭授祭未食之前以菹擩于醢祭于豆閒是不食者擩則祭之淩廷堪二云賈疏引特牲少牢授祭以明不食則不振非注意也少牢主人獻祝祝取菹擩于醢祭于豆閒此方是擩祭若授祭所二云則命祭中之擩祭二云將食者旣擩必振乃祭也者賈疏二云特牲少牢皆有主人獻尸賓長以肝從尸右取肝擩于鹽振祭嚌之加于菹豆是謂振祭言將食者振訖嚌之是將食也淩廷堪二云振祭擩祭皆謂祭薦俎也按士虞特牲尸入九飯佐食舉肺脊舉幹舉骼舉肩皆振祭嚌之少牢尸入十一飯上佐食舉牢幹魚腊肩牢骼牢肩尸亦振祭嚌之此皆祭俎

不擩而即振者也士虞特牲少牢有司徹凡以肝燔從者皆擩于俎鹽振祭嚌之此則擩而後振者也將食故必振鄉飲酒鄉射燕禮大射所云祭薦皆是擩祭鄉射記云薦脯五職祭半職橫于上蓋祭者左執爵右取祭脯擩于醢而祭于豆閒不食故不振經不云擩者省文也若籩實是糗餌之屬不可擩則必取菹擩于醢兼取籩實祭之又爲兼祭矣案淩謂祭俎不擩而振依經論之耳實則後鄭謂振祭擩祭本同是凡振祭無不擩矣然則士虞特牲少牢之振祭雖不云擩亦皆擩而後振者也前先鄭說擩祭兼有肺蓋與後鄭義同云絕祭繚祭亦本同者賈疏云同者絕之但絕者不繚繚者亦絕故云本同云禮多者繚之者賈疏云此據鄉飲酒鄉大夫行鄉飲酒賓賢能之禮故云禮多所繚之法即司農所引右取肺已下是也云禮略者絕則祭之者賈疏云此據鄉射州長射則士禮故云禮略者絕則祭之祭法即上先鄭所引鄉射禮取肺坐絕祭是也淩廷堪云絕祭繚祭皆謂祭肺也按鄉射燕禮大射主人獻賓大射主人獻卿特牲主婦致爵于主人主人獻賓有司徹主人獻尸主人主婦受尸酢不儐尸之禮主婦致爵于主人賓致爵于主婦經皆云興取肺坐絕祭是大夫士皆絕祭非繚祭也唯鄉飲酒禮主人獻賓賓興右手取肺卻左手執本坐弗繚右絕末以祭尚左手嚌之興加于俎注以弗繚爲繚祭鄭司農亦引此以爲繚祭之證疏云鄉飲酒大夫禮故云繚祭鄉射士禮故云絕祭但繚必兼絕絕不得兼繚是以此經云繚兼言絕也云共猶授也者共即供之借字廣雅釋詁云供進也言進而授之云王祭食宰夫授祭者宰夫當作膳夫膳夫云以樂侑食膳夫授祭是也此云宰夫者疑家前引有司徹文而誤賈疏謂據諸侯是宰夫非是有司徹自作宰夫此云王祭食自是膳夫也互詳膳夫疏授祭亦即肆師云饗食授祭注云授賓祭肺淩廷堪云燕禮主人獻公膳宰贊授肺大射主人獻公庶子贊授肺此絕祭也士虞特牲少牢

隋祭皆佐食授之此命祭也尸入飯時舉牲體亦佐食授之此振祭也有司徹主人獻尸宰夫贊者取白黑以授尸不儐尸之禮主婦亞獻祝取栗脯以授尸此兼祭也公食大夫祭黍稷祭肺祭庶羞亦贊者授之此周祭也皆為共祭也凡祭遠者授近者不授脯醢葅酒皆在席前故祭薦祭鉶祭酒無授祭也共祭亦備諸祭故以為九祭之終焉引孝經說曰共綏執授者賈疏云孝經緯文共綏執授者謂將綏祭之時共此綏祭以授尸引之者證共為授之義王應麟云疏謂綏祭非也續漢禮儀志注孝經援神契曰尊三老者父象也謁者奉几安車輭輪供綏執授宋均曰供綏三老就車天子親執綏授之永平二年養老詔亦有安車輭輪供綏執授之語蓋取孝經緯案王說是也北堂書鈔禮儀部引孝經鉤命決亦有此文白虎通義鄉射篇又云恭綏執授共供恭字通綏者車中把與少牢有司徹綏祭為墮祭之異文者迥別此注引之止取共授同義不關綏祭也引緯稱說者詳大司樂疏辨九𢷎一曰稽首二曰頓首三曰空首四曰振動五曰吉𢷎六曰凶𢷎七曰奇𢷎八曰褒𢷎九曰肅𢷎以享右祭祀稽首拜頭至地也頓首拜頭叩地也空首拜頭至手所謂拜手也吉拜拜而後稽顙謂齊衰不杖以下者言吉者此殷之凶拜周以其拜與頓首相近故謂之吉拜云凶拜稽顙而後拜謂三年服者杜子春云振讀為振鐸之振動讀為哀慟之慟奇讀為奇偶之奇謂先屈一膝今雅拜是也或云奇讀曰倚倚拜謂持節持戟拜身倚之以拜鄭大夫云動讀為董書亦或為董振董以兩手相擊也奇拜謂一拜也褒讀為報報拜再拜是也鄭司農云褒拜今時持節拜是也肅拜但俯下手今時撎是也介者不拜故曰為事故敢肅使者玄謂振動戰栗變動之拜書曰王動色變一拜答臣下拜再拜拜神與尸享獻也謂朝獻饋獻也右讀為侑

侑勸尸食而拜【疏】辨九𢷎者說文手部云𢷎首至地也从手𡍮重文𢪘揚雄說𢪘从兩手下案此經例用古字皆作𢷎注例用今字皆作拜拜卽𢷎之隸變九拜首與手各有高下深淺之不同揚云兩手下許云首至地各舉一耑爲義非通詁也云一曰稽首者稽釋文作稽亦經用古字注用今字之例稽䭫同聲叚借字賈疏說稽首爲稽䭫云本又作稽說文首部云䭫下首也案釋文本是也經作䭫注作留之字則誤以叚字爲正字矣此九拜稽首空首頓首振動四者爲拜儀之正肅拜則專爲婦人之拜吉拜凶拜則因事而別其手之所尚奇拜襃拜則隨禮之隆殺爲拜之數皆依上五拜而爲之別異其儀節也云以享右祭祀者賈疏云享獻也謂朝踐獻尸時拜侑侑食侑勸尸食時而拜此九拜不專爲祭祀而以祭祀結之者祭祀事重故舉以言之段玉裁云經文云以享右祭祀謂拜神拜尸拜賓也頓首非拜神之拜士虞禮祭用再拜稽首從賓用拜稽顙畫然分別然不可謂稽顙非士虞之拜也是祭祀中非無頓首也特牲饋食主人再拜稽首祝在左卒祝主人再拜稽首此拜神也下文迎尸於門外尸卽席主人拜妥尸尸荅拜則拜尸不稽首下文尸親嘏主人再拜稽首受黍此雖受諸尸實受諸神也故再拜稽首仍是拜神下文嗣舉奠之北面再拜稽首猶主人之再拜稽首祝也尸舉肝再拜稽首進受肝猶主人之再拜稽首受黍也再拜稽首之下皆不云尸荅拜則受黍受肝之皆爲拜神可知矣少牢饋食禮意同凡特牲少牢主婦之拜皆肅拜也　注云稽首拜頭至地也者郊特牲云拜服也稽首服之甚也玉藻云君賜稽首據掌致諸地注云致首於地據掌以左手覆按右手也白虎通義姓名篇云必稽首何敬之至也頭至地稽至也首謂頭也公羊宣六年何注孟子盡心下篇趙注國語周語韋注書召誥僞孔傳說並略同左傳僖五年孔疏云稽首頭至地頭下緩至地也尚書每稱拜手稽首者初爲拜頭至手乃復申頭以至

地至手是爲拜手至地乃爲稽首然則凡爲稽首者皆先爲拜手乃成稽首故尚書拜手稽首連言之傳雖不言拜手當亦先爲拜手乃爲稽首稽首拜手共成一拜之禮此其爲敬之極故臣於君乃然書太甲疏說同段玉裁云稽首者拜頭至地也既拜手而拱手下至於地而頭亦下至於地拱手至地手仍不分散非如今人兩手按地也手前於厀頭又前於手荀子曰下衡曰稽首是也淩廷堪云稽首臣於君之拜也燕禮大射覲禮凡臣與君行禮皆再拜稽首聘禮公食大夫禮異國之臣與主君行禮亦然又有非君臣而稽首者如儐郊勞歸饔餼使者鄉餼聘賓及大夫相食皆敬之至者故亦盛其禮也二云頓首拜頭叩地也者說文頁部云頓下首也段玉裁云叩者敂也敂者擊也既拜手而拱手下至於地而頭不徒下至地且敂觸其頷是之謂頓首稽首者言乎首舒遲至於地也頓首者言乎首急遽至於地也是稽頓之別也周禮言頓首不言稽顙禮經禮記羣經言稽顙不言頓首稽顙與頓首無二也惟左傳言穆嬴頓首於趙宣子以太子不立故申包胥九頓首於秦哀公以國亡故皆即稽顙也鄭注周禮頓首曰頭叩地也注士喪禮曰稽顙頭觸地也注檀弓曰稽顙者觸地無容叩地觸地之非有二可知矣至地者以首不以顙敂地者必以顙故謂之稽顙亦謂之顙公羊昭二十五年傳再拜顙何曰顙者猶今叩頭矣亦謂之頓顙吳語諸稽郢行成於吳曰頓顙於邊何言乎稽顙稽之言至也其至地與稽首同其以顙與稽首異也荀子大略曰平衡曰拜下衡曰稽首至地曰稽顙是即鄭君之頭至手曰空首頭至地曰稽首頭叩地曰頓首也其言淺深之度詞略異而意實同也平衡與心平下衡則拱手至地而頭亦至地荀卿於稽顙乃曰頭至地者稽顙之至地顯稽首之至地微稽首者將至地而未至地故於叩顙乃謂至地也又云頓首本爲凶拜後因他用如穆嬴申包胥者遂以爲請罪之拜戰國策中山司馬喜頓首於軾曰臣自

知死至矣陰姬公稽首曰誠如君言事何可豫道者一爲請罪之辭一爲有求之辭絕然分別蓋非請罪不頓首也漢羣臣上書兼言稽首頓首者蓋稽首爲對揚之辭頓首爲請罪之辭故先言稽首繼言頓首死罪其文字存於今可考者蔡邕戍邊上章蔡質所記立宋皇后儀許沖進說文解字表漢百石卒史碑皆頓首死罪連文案段說是也此經云頓首猶吳語云頓顙此注云頭叩地猶何卲公以叩頭釋公羊之顙也孟子盡心下篇云若崩厥角稽首趙注云頟角犀厥地漢書諸侯王表顏注引應劭云厥者頓也是角犀卽顙厥地卽稽顙亦卽頓首也孟子以厥角稽首並舉者通言之稽首稽顙頓首亦可互稱故一切經音義引蒼頡篇云稽首頓首也公羊說齊侯唁昭公及子家羈公及子家皆再拜顙高子國子致糗昭公則再拜稽首明顙重於稽首荀子說拜亦以稽顙重於稽首兩文正足相證左昭二十五年傳說季平子稽顙於叔孫昭子史記魯世家載其事作頓首此尤漢人以頓首爲卽稽顙之塙證但鄭雖釋頓首爲頭叩地然仍以頓首與稽顙爲二其意蓋謂頓首爲吉凶相兼之拜稽顙乃專爲喪拜故後注以稽顙釋吉拜凶拜又謂拜稽顙與頓首相近不知頓首卽稽顙其拜至重古多用之於凶拜其非喪禮而頓首若穆嬴申包胥者皆以有所求請而變於常拜者也乃賈疏及書太甲禮記檀弓左傳僖五年孔疏並誤會鄭意以頓首輕於稽首爲平敵相拜法若然則申包胥之頓首秦廷禮則君臣懸絕情則存亡迫切而乃僅爲平敵之拜其亦遠於事情矣又案頓首與稽首俱頭至地但頓首以叩顙爲異賈疏謂稽首至地多時頓首至地卽舉者失之至賈孔經疏雖誤以頓首爲平敵之拜然皆以頓首爲首至地惟左傳僖五年疏云頓首頭不至地暫一叩之而已此乃版本之誤太甲疏作頭下至地可據以校正又檀弓疏引此注頭叩地下有不停留也四字亦孔增釋之語非所見本之異也云空首拜頭至手所謂拜手也

者據書召誥云拜手明卽此空首也段玉裁云拜者頭至手也頭至手故經謂之拜手凡經或言拜手或單言拜一也周禮謂之空首何休注公羊宣六年傳曰頭至手曰拜手某氏注尚書大甲召誥曰拜手首至手皆其證也何以謂之頭至手也說文足部曰跪者所以拜也既跪而拱手而頭俯至於手與心平是之謂頭至手荀子曰平衡曰拜是也頭不至於地是以謂之空首對稽首頓首之頭箸地言也拜本專為空首之稱引伸之則稽首頓首肅拜皆曰拜又云凡言拜手稽首言拜稽首言再拜稽首皆先空首而後稽首也言拜而後稽顙者先空首而後頓首也言稽顙而後拜者先頓首而後空首也言稽顙而不拜者頓首而不空首也拜者常禮稽首者敬之至也稽顙者哀之至也黃以周云空首者男子之常拜也鄭注空首云拜頭至手所謂拜手惟其頭至手與心平故周禮謂之空首荀子謂之平衡也據孔賈二疏拜先以手拱至地而頭來就手是頭亦至地矣非特與荀子相悖且與稽首之例不分也曲禮注云上衡謂高于心平衡謂與心平賈子跪以微磬之容拜以磬折之容程瑤田謂其象如磬之懸身如磬鼓頭項如磬股卽所謂平衡曰拜也案段黃說是也黃釋荀子義尤析蓋鄭謂空首首至手明首與手相箸首既不至地則手亦不當至地少儀手拜鄭注云手至地彼自是婦人之拜與男子拜手不同也凡經典男子行禮單言拜者皆卽空首詳言之則曰拜手略言之則曰拜雖稽首頓首亦多先拜手則空首之拜通於尊卑矣而賈孔經疏並謂空首止為君荅臣之拜不知空首為常拜其用甚廣不徒君荅臣之禮也至穆天子傳說許男受王賜降再拜空首其書晚出經晉人竄易不為典要段氏亦謂其不可信郭璞注云空首頭至於地據鄭說則彼空首卽稽首蓋景純亦知臣拜君不當空首故為此說以彌其罅隙不足據也云吉拜拜而後稽顙者鄭謂此吉拜亦喪拜中之吉拜也拜而后稽顙檀弓文鄭以雜記有非三年

之喪以其吉拜之文而取檀弓以合之故彼注云稽顙而後拜曰喪拜拜而後稽顙曰吉拜義與此同賈疏云此謂齊衰已下喪拜而云吉者對凶拜爲輕此拜先作頓首後作稽顙稽顙還是頓首但觸地無容則謂之稽顙案此當云先作空首後作稽顙賈謂頓首爲平敵拜法與稽顙同而仍異故不得其解檀弓疏說亦同云謂齊衰不杖以下者者鄭意三年喪斬衰齊衰並用凶拜齊衰期以下可用吉拜但據喪服經父在爲母又夫爲妻出妻之子爲母父卒繼母嫁從爲之服皆齊衰杖期以其恩義較重當亦用凶拜故以吉拜惟據齊衰期不杖以下也云言吉者此殷之凶拜者檀弓云孔子曰拜而后稽顙頹乎其順也注云此殷之喪拜也先拜賓順於事也又云稽顙而后拜頎乎其至也注云此周之喪拜也先觸地無容哀之至又云三年之喪吾從其至者注云重者尚哀戚自期如殷可賈疏云言自期則是齊衰不杖已下用殷之喪拜淩廷堪云考之禮經但有拜稽顙而無稽顙拜之文則拜而後稽顙其周禮歟鄭檀弓注以爲殷之喪拜似與經未合段玉裁云云周禮檀弓雜記三注略同皆謂三年喪及齊衰杖之喪則稽顙而後拜此大祝之凶拜周之喪拜也齊衰不杖以下則拜而後稽顙此大祝之吉拜殷之喪拜也夫檀弓之拜而後稽顙爲殷喪禮稽顙而後拜爲周喪禮未知鄭之所據攷之各經則皆言拜稽顙絕無有言稽顙拜者惟檀弓記晉文公事云稽顙而不拜國語則云拜而不稽首是檀弓未可爲先稽顙後拜之證竊意拜後稽顙自是周禮如此孔子因古禮稽顙而後拜頎乎其至顧三年之喪行此則謂稽顙後拜爲殷禮似近之案鄭以拜稽顙稽顙拜爲殷周禮異蓋由肊定淩段駁之是也云周以其拜與頓首相近故謂之吉拜云者鄭意蓋謂頓首稽顙二者並爲頭叩地但頓首爲請罪之拜有容稽顙爲喪拜觸地無容以此爲異吉拜先拜手而後稽顙與常拜先拜手而後頓首相近故雖喪拜而有吉拜之名賈謂先

作頓首後作稽顙非鄭意也云凶拜稽顙而後拜謂三年服者者賈疏云此雜記云三年之喪卽以喪拜非三年喪以其吉拜又檀弓云稽顙而後拜頎乎其至孔子云三年之喪吾從其至者若然上吉拜齊衰不杖已下則齊衰入此凶拜中鄭不言之者以雜記云父在爲妻不杖不稽顙父卒乃稽顙則是適子爲妻有不得稽顙時故略而不言但適子妻父爲主故適子父在不稽顙則衆子爲妻父在亦稽顙不據衆子常稽顙者據雜記或文詒讓案此經吉拜凶拜鄭據檀弓襍記文謂二者並爲喪拜惠士奇云小功以下爲吉大功以上爲凶其拜也以吉凶分左右吉尚左凶尚右奔喪禮曰聞遠兄弟之喪旣除喪而後聞喪免袒成踊拜賓則尚左手注云小功緦麻不稅者也雖不服猶免袒尚左手吉拜也逸奔喪禮曰凡拜吉喪皆尚左手吉喪故吉拜檀弓孔子有姊之喪拱而尚右則大功以上皆凶拜矣莊存與云康成說非也吉凶不相干經云吉拜必謂施於賓祭嘉好之事者今以齊衰不杖以下當之反吉凶之名不正甚矣稽顙而後拜拜而後稽顙皆凶拜也吉拜則冠昏相見以往賓禮嘉禮吉禮拜者多矣案莊糾鄭說之誤是也惠雖不知吉拜非喪拜而援奔喪禮以手尚左尚右釋此經之吉拜凶拜則亦得之賈子容經云拜以磬折之容吉事尚左凶事尚右隨前以舉卽此經吉拜凶拜之塙詁鄭檀弓注云喪尚右右陰也吉尚左左陽也蓋吉拜者凡常時之稽首頓首空首肅拜振動諸拜皆尚左手也凶拜者居喪時之稽首頓首空首諸拜皆尚右手卽雜記所謂喪拜也其女拜則反是內則云凡男拜尚左手女拜尚右手謂吉拜也凡喪拜皆從凶禮尚右手若已除喪當從吉禮故聞喪而從吉拜奔喪禮謂之吉喪明其已逮吉時而始聞喪不復用凶拜並非小功以下之禮也雜記之吉拜喪拜亦卽指手尚左尚右之別彼喪事而有吉拜者其上文云非爲人喪問與賜與鄭謂文有滅脫以意推之蓋非居喪之常禮抑或據吉喪

而言故非三年之喪則吉拜若常禮則居喪而喪拜其正也孔子有姊喪而拱尚右豈徒三年之喪哉此經拜儀不專屬喪禮則吉凶相對吉拜自不當專指喪禮之輕者而言鄭以雜記釋此經說本不誤而以檀弓釋雜記又轉以釋此經則非也又案禮記尚左尚右之儀鄭未詳釋段玉裁云九拜皆必拱手凡拱右手在內左手在外是謂尚左左手在內右手在外是謂尚右賈子曰隨前以舉者正謂吉則舉左手在前凶則舉右手在前也玉藻君賜稽首據掌致諸地注曰致首於地以左手覆按右手此亦取尚左之義但謂右手掌據地左手掌按右手上恐非古稽首之儀古稽首頓首空首肅拜皆必拱手非如今人兩手伏地之匍匐也案段說是也杜子春云振讀為振鐸之振者此別其義明振動義與振鐸之振同也云動讀為哀慟之慟者杜以振動為喪拜故又讀動為慟動慟聲類同葉鈔釋文及余仁仲本載音義並作哀動亦通淩廷堪云振動即喪禮拜而後踊也振動之拜諸儒言人人殊惟杜得之蓋凶事之有振動猶吉事之有稽首皆拜之最重者士喪禮君使人弔襚及君臨大斂既夕禮君使人賵主人皆拜稽顙成踊非君之弔襚賵則拜而不踊是拜而後踊於君始行之故曰與稽首同也陳壽祺云凡喪之祭有踊無拜蓋以踊為拜也或踊而拜或拜而踊或拜而稽顙非振動而何士虞禮曰宗人告事畢賓出主人送拜稽顙又曰獻畢未徹乃餞賓出主人送拜稽顙又曰乃餞丈夫踊賓出主人拜送于門外既夕曰席升設于柩西奠設如初主人踊無算降拜賓即位踊又曰乃奠如初主人要節而踊此喪事之祭也踊也拜稽顙也皆振動之狀也案淩陳並申杜讀似得其恉夏炘亦謂踊者振也哭者慟也以申淩義但拜必跪而踊則立喪禮之拜而成踊者必拜畢與乃踊是踊與拜二事迥別然則以踊為拜杜說如是究不甚通恐非經義竊謂振動之拜禮經無明文以意求之疑即拜儀之應樂節者也樂師教樂儀云環拜以鍾

鼓爲節先鄭注云環謂旋也拜直拜也蓋吉拜之最繁者當與樂節相應故有振動之儀猶之鄉射五物之有和容與舞與云奇讀爲奇偶之奇者此亦別其義也鄭大夫及後鄭讀並同而義則異云謂先屈一膝今雅拜是也者黃以周云賈子容經跪以微磬之容揄右而下進左而起手有抑揚各尊其紀此卽樂記武坐致右軒左之法坐亦跪也今謂之小跪杜注謂之雅拜後漢書云高句驪國跪拜曳一腳是其遺法詒讓案漢書何武傳云舉方正所舉者召見槃辟雅拜有司以爲詭衆虛僞顏注引服虔云行禮容拜也則漢時自有雅拜此杜舉漢法爲況然於古無徵故二鄭並不從云或云奇讀曰倚倚拜謂持節持戟拜身倚之以拜者奇倚聲類同此杜兼存異說亦於古無徵故二鄭亦不從鄭大夫云動讀爲董書亦或爲董振董以兩手相擊也者動董亦聲類同賈疏述注作書亦或爲董振之董疑賈所見本振下誤衍之字遂失其句讀段玉裁云書亦或爲董句絕疏誤釋文云今倭人拜以兩手相擊如鄭大夫之說蓋古之遺法惠士奇云呂氏春秋古樂曰帝嚳乃令人抃高注兩手相擊曰抃是爲抃舞後世舞蹈實出於此詒讓案兩手相擊古謂之抃與拜儀無涉故後鄭不從云奇拜謂一拜也者段玉裁云大夫云一拜亦讀奇偶之奇取奇意也又云奇拜者謂一拜也奇者不耦也凡禮經言拜不言再者皆謂一拜也經有明言一拜者士相見禮曰士大夫奠摯再拜稽首君荅一拜士見於大夫于其大也一拜其辱賓退送再拜聘禮曰公一拜送几又賓不降一拜進筵受醴雜記孔子拜鄉人爲火來者拜之士一大夫再稽首頓首則經未嘗有言再者黃以周云經云拜手稽首者一拜也再拜則曰再拜稽首有云拜稽顙者亦一拜也再拜則曰再拜顙云褎讀爲報報拜再拜是也者陳壽祺云樂記禮有報而樂有反鄭注云報讀爲褎是褎報古通段玉裁云褎拜者謂再拜已上也褎者大也有所多大之辭也凡禮經聘禮少牢饋食禮

特牲饋食禮言三拜及左傳僖十五年言三拜稽首襄四年言三拜定四年言九頓首以及婦人之俠拜皆是也黃以周云古人行禮多用一拜其或再拜以加敬三拜以示徧皆爲褒大之拜案段黃說是也褒拜者對一拜之名凡再拜以上拜數不一者並屬此鄭司農云褒拜今時持節拜是也者段玉裁云大夫易爲報字司農不易云今時持節拜者言此褒美之拜也云肅拜但俯下手者先鄭誤以肅拜爲不跪也後鄭不破蓋亦同先鄭說少儀云婦人吉事雖有君賜肅拜爲尸坐則不手拜肅拜鄭注云肅拜拜低頭也手拜手至地也婦人以肅拜爲正凶事乃手拜耳黃以周云先鄭云但俯下手者俯謂俛而低首也鄭注少儀云拜低頭與先鄭注合但俯低頭而下兩手較空首拜手之禮爲輕也肅拜者跪而俯首下手也少儀明言坐而肅拜而後人乃云立而肅拜不亦左乎案黃說肅拜是也孫希旦說同惟先鄭自謂肅拜不跪故此注云但俯下手明俯下手之外更不用跪矣然二鄭雖誤以肅拜爲不跪而云俯首則自是肅拜之正法蓋跪而微俯其首下其手則首雖俯不至手手雖下不至地也國語晉語韋注云肅拜下手至地也左傳成十二年杜注云肅手至地案韋杜似並掍肅拜手拜爲一失之惠士奇云賈子容經曰端服整足曰經立微磬曰共立磬折曰肅立垂佩曰卑立平衡曰經坐微俯曰共坐俯首曰肅坐廢首低肘曰卑坐觀肅立肅坐則肅拜可知肅者磬折之象下於拱上於卑但俯首不廢首段玉裁云肅拜者婦人之拜也少儀曰婦人雖有君賜肅拜是則肅拜爲婦人之常猶拜手爲男子之常也婦人以肅拜當男子之空首以手拜扱地當男子之稽首以稽顙當男子之頓首又云先鄭云但俯下手言但者正謂首不下以男子拜手稽首拜而後稽顙例之則婦人亦必肅拜而後手拜亦必肅拜而後稽顙案惠謂肅必俯首段謂婦人肅拜亦跪並是也凡拜之通法未有不跪亦未有不俯首者少儀注以拜低頭釋肅拜

正與此注云俯下手同義賈子謂俯首曰肅坐亦可證凡婦人拜儀
皆輕於男子故以肅拜擬男子之空首首但小俯而不必平衡又以
手拜擬男子之稽首亦但手扱地而首不必至地其淺深差降正同
少儀孔疏謂婦人手拜當男子之空首亦誤黃以周云少儀云婦人
爲尸坐肅拜是肅拜必坐之證說文云跪所以拜也未有不跪坐而
可稱拜者矣禮婦人執爵拜亦坐而後拜也案黃說是也荀子以平
衡下衡至地明拜與稽首稽顙淺深之度而不言拜之不跪又國語
晉語秦公子縶弔公子重耳重耳再拜不稽首起而哭後不稽首而
曰起是凡拜必跪之塙證肅拜亦然飲酒之禮凡拜必坐奠爵然後
拜旣拜之後始執爵與而特牲有司徹主婦皆執爵拜者以肅拜雖
跪而手不至地自不必奠爵拜也困學紀聞引張建章渤海記謂唐
武后時婦人拜始不跪則周時婦人肅拜必跪可知矣云今時撎是
也者釋文云撎卽今之揖通典職官說同說文手部云撎舉首下手
也揖攘也一曰手箸胷曰揖鄉飲酒禮賓厭介介厭衆賓注云推手
曰揖引手曰厭今文皆作揖案漢人言撎者長揖也禮經言揖厭者
今之拱手也左傳成十六年孔疏引晉宋儀注貴人待賤人賤人拜
貴人撎卽以長揖爲撎晉宋禮猶與漢詁相應也先鄭誤以肅拜爲
不跪故以長揖之撎爲況又案許以撎爲舉首非昂首也但較之拜
之俛首爲略舉耳古之肅亦然文選西征賦李注引說文作撎拜舉
首下手也疑許亦以撎當肅拜與先鄭說同但漢之撎不跪與古之
肅同而古之肅拜則跪與漢之撎究不同先鄭以撎況肅拜自是誤
以肅拜爲不跪故有是說儻先鄭謂肅拜亦跪則宜先引左傳之肅
而後以撎況之不宜直以撎況肅拜矣左傳注謂肅手至地若今撎
是亦謂撎不跪也漢之撎亦曰長揖者別於徒言揖者爲略推引其
手不長也撎揖皆無跪法長揖亦省稱揖史記漢書說周亞夫持兵
揖揖卽長揖也晉以後不知撎揖之本義乃以漢之撎爲揖而轉以

禮經之揖爲撎故文選潘岳西征賦說周亞夫事云率軍禮以長撎不知漢人止有長揖無長撎也六朝唐人並以長揖爲揖故陸德明杜佑皆以撎爲揖若禮經之揖厭非徒與肅拜不相涉卽與左傳之肅及漢之撎亦迥別賈鄉飲酒疏謂厭字或作撎此疏亦引鄉飲酒有撎入門之法左傳孔疏云撎如今揖之小則蓋皆誤以撎爲引手之厭也云介者不拜者據曲禮少儀文少儀注云軍中之拜肅拜先鄭言此者謂肅拜爲婦人之正禮而兼爲男子之軍禮也然軍禮之肅不跪故云不拜若不跪亦得稱拜則不拜之文不可通矣云故曰爲事故敢肅使者者左傳成十六年晉楚戰於鄢陵晉郤至對楚工尹襄語先鄭以彼肅卽此肅拜故引以爲證彼又云三肅使者而退杜注及晉語韋注並與先鄭義同段玉裁云肅與肅拜當爲二左傳之肅不言拜則肅而不拜未嘗跪也曲禮曰介者不拜爲其拜而蓌拜注曰蓌則失容節蓌猶詐也此皆言不便於跪故肅以爲禮肅蓋如後世長揖高帝紀酈食其不拜長揖師古曰長揖者手自上而極下也此長揖始見證以左傳云閼蒙甲冑不敢拜命敢肅使者公羊傳僖三十三年揖師而行何休曰揖其父於師中介冑不拜漢書周勃傳云天子至中營亞夫揖曰介冑之士不拜請以軍禮見是其不跪顯然郤至之肅與禮之肅拜有跪不跪之殊肅者立而低頭下手如今人之揖也司農稱左傳證周禮失之黃以周云肅拜者跪而俯首下手也肅者立而俯首下手也案段黃說並詳析孫希旦說同凡軍禮之肅爲其被甲不可跪也若婦人本不被甲何以亦不跪乎足明婦人肅拜非卽男子之肅矣男子之肅爲長揖與徒揖異公羊西漢時始箸竹帛其說百里蹇叔子揖師而行蓋亦長揖與禮經揖厭義異也云玄謂振動戰栗變動之拜書曰王動色變者賈疏云按中侯我膺云季秋之月甲子赤雀銜丹書入酆至昌戶再拜稽首受按今文大誓得火烏之瑞使上附以周公書報誥於王王動色變雖不

見拜文與文王受赤雀之命同爲稽首拜也莊述祖云振動本無拜
文鄭引王動以證振動是動卽拜也漢書劉輔傳曰君臣祗懼動色
相戒後漢書班固傳曰君臣動色連下色變爲義與鄭異也案莊說
是也此今文大誓逸文馬鄭所注者與東晉僞古文異檀弓疏亦引
大誓火流爲烏王動色變賈士昏禮疏又云是武王觀兵白魚入王
舟王動色變武王於時拜天神爲此拜當稽首也依賈兩疏說則鄭
意彼云王動卽謂王拜天受瑞故據以釋此變動之拜若然此卽稽
首拜但威儀小別其說殊迂曲不足據也云一拜荅臣下拜再拜拜
神與尸者賈疏云此二者增鄭大夫之義知再拜拜神與尸者按特
牲禮祝酌奠於鉶南主人再拜祝在左也再拜於尸謂獻尸尸拜受
主人拜送是也天子諸侯亦當然或解一拜荅臣下亦據祭祀時以
其宴禮君荅臣拜或有再拜時故也案賈引或解是也段玉裁亦謂
此注主祭祀言今案祭祀荅臣下拜蓋若有司徹荅衆賓拜之比其
燕禮亦有一拜故檀弓孔疏云燕禮大射公荅再拜者爲初敬之爲
賓尊之故再拜燕末無筭爵之後唯止一拜而已云享獻也者牛人
注同云謂朝獻饋獻也者王祭禮九獻獻必有拜此惟舉朝踐饋獻
者以外祭祀無二祼再獻后獻王不拜其內外祭祀通王親拜者唯
有朝踐饋獻故鄭偏舉之以概其餘也互詳司尊彝疏云右讀爲侑
者據特牲少牢饋食禮皆云侑也後注讀同但大司樂經注字並作
宥此作侑依今文禮也詳大司樂疏段玉裁云右侑古音同在之咍
部詩彤弓一朝右之毛傳曰右勸也此古文假右爲侑之證也云侑
勸尸食而拜者少牢饋食禮尸七飯後云尸告飽祝西面于主人之
南獨侑不拜侑曰皇尸未實侑尸又食告飽祝西面于主人之南主
人不言拜侑尸又三飯注云侑勸也案少牢再侑特牲三侑王禮侑
尸無見文據大司樂王大食三宥則祭祀侑尸食亦當同賈少牢疏
謂天子十五飯當十一飯而侑說亦近是又詩小雅楚茨說王禮云

以享以祀以妥以侑鄭箋云迎尸使處神坐而食之爲其嫌不飽祝以主人之辭勸之彼云以享以侑即此經之享右也依禮疏詩箋說則王禮惟尸飯數特多其祝侑王拜之節當與少牢同矣

凡大禋祀肆享祭示則執明水火而號祝

明水火司烜所共日月之氣以給烝享執之如以六號祝明此圭絜也禋祀祭天神也肆享祭宗廟也故書祇爲祊杜子春云祊當爲祇

疏　凡大禋祀肆享祭示則執明水火而號祝者號祝謂以六號詔祝於神之辭若特牲饋食禮陰厭及迎尸入室執奠時祝皆稱號勸饗即肆享號祝之事禮運云作其祝號玄酒以祭彼祝號即此號祝而玄酒自爲設尊雖與明水同物而與此執明水以號祝事不相涉也　注云明水火司烜所共日月之氣以給烝享者司烜氏云掌以夫遂取明火於日以鑒取明水於月以共祭祀之明齍明燭共明水此明水火即明水明燭也給烝享通鬼神示三祭言之云執之如以六號祝明此圭絜也者司烜氏注說明水火云欲得陰陽之絜氣也故祭祀祝號時亦執之以明齍盛牲幣等無不圭絜之義圭絜猶言蠲絜詳蜡氏疏賈疏讀執之屬上以給烝享爲句失之云禋祀祭天神也者賈疏云大宗伯昊天稱禋日月稱實柴司中之等稱燎燎通而言之三者之禮皆有禋義則知禋祀祀天神通星辰已下云肆享祭宗廟也者肆與大宗伯肆獻祼與瑞肆先王之肆義同亦謂解牲體也宗伯六享依鄭義禘祫時祭皆有肆享則廟祭之通名故經以肆享晐六享矣云故書祇爲祊杜子春云祊當爲祇者段玉裁云此字之誤也杜改爲祇又依全書之例作示賈疏云宗伯血祭已下是也詒讓案杜以禋祀爲天神肆享爲人鬼則不得獨遺地示故破之又案杜意祇祊字形相近故譌然經例用古字作示則與祊形仍遠竊疑此經故書作祭祊祊當與大司馬秋獮祀祊字同祊即方之段字祭祊即大宗伯地示五祀之祭也五祀與社稷同血祭故書以

晐地示而配禋祀肆享猶鼓人以社祭配神祀鬼享於義隋釁逆牲亦自可通鄭則以杜破祊爲祇於文義尤明切故從之也

逆尸令鐘鼓右亦如之隋釁謂薦血也凡血祭曰釁既隋釁後言逆牲容逆鼎右讀亦當爲侑

疏隋釁者自此至下令徹並承上文禋祀肆享祭祇三者通有此事云逆牲逆尸者祭統云君逆牲而不迎尸別嫌也尸在廟門外則疑於臣在廟中則全於君君在廟門外則疑於君入廟門則全於臣全於子是故不出者明君臣之義也據此則君不親迎尸故使大祝與小祝同逆之其牲則君親迎大祝亦從君逆也凡祭天地以下外神皆有迎尸詳節服氏疏又案少牢饋食禮云祝出迎尸于廟門之外注云主人不出迎尸伸尊也又有司徹云尸與侑北面于廟門之外西上主人出迎尸注云賓客尸而迎之主人益尊是正祭祝迎尸賓尸主人親迎尸正祭主人不迎者嫌其厭尸之尊賓尸則尸尊漸殺不嫌於厭屈故親迎若然王禮祭之明日繹而賓尸王尤尊亦迎尸可知矣凡祭禮逆尸在逆牲前此先逆牲後逆尸者曾子問注謂嘗禘郊社五祀之祭牲至已殺而日食大廟火則接祭而已不迎尸孔疏云按郊特牲云既灌然後迎牲則迎尸於奧在未殺牲之前此經殺牲後云不迎尸者凡迎尸之禮其節有二一是祭初迎尸於奧而行灌禮灌畢而後出迎牲於時延尸於戶外殺牲薦血毛行朝踐之禮設腥爓之俎於尸前是一也然後退而合亨更迎尸入坐於奧行饋孰之禮是二也此云不迎尸者直於堂上行朝踐禮畢則止不更迎尸而入此謂宗廟之祭郊社之祭無文不迎尸亦謂此時也熊氏云郊社五祀祭初未迎尸之前已殺牲也以其無灌故也故大宰云祀五帝納亨注云謂祭之晨又中霤禮皆爲祭奠於主乃始迎尸是郊及五祀殺牲在迎尸之前也則此不迎尸亦得爲祭初不迎尸也案孔熊說迎尸有二者初迎迎尸入廟門卽禮經及祭統所謂迎尸也後迎迎尸

入室以禮經通例言之當謂之延尸因其自堂延之入室故亦通謂之迎以後說推之則此經先逆牲後逆尸或亦指朝踐後之延尸抑或據禋祀祭示外祀無祼者言之二義並通要皆於禮無迕矣孟子梁惠王篇趙注引此經作逆尸逆牲疑趙岐據禮改之又案此云逆尸小祝則云大祭祀送逆尸若然此官唯掌逆不掌送以送輕於逆故小祝獨掌之與逆尸正屬同與其事異也云令鍾鼓者謂令金奏九夏等若大司樂云王出入則令奏王夏尸出入則令奏肆夏牲出入則令奏昭夏此官則亦命鍾師鎛師等奏鍾鼓與彼爲官聯詩小雅楚茨云皇尸載起鼓鍾送尸是也云右亦如之者尸食告飽三侑亦令奏鍾鼓也大司樂云王大食三宥皆令奏鍾鼓蓋王禮食及祭祀尸食皆奏樂也　注云隋釁謂薦血也者說文肉部云隋裂肉也血祭必先殺牲故取割裂之義此與守祧小祝之隋爲隋祭義異賈疏云賈氏云釁釁宗廟馬氏云血以塗鍾鼓鄭不從而以爲薦血祭祀者下文云既祭令徹則此上下皆是祭祀之事何得於中輒有釁廟塗鼓直稱釁何得兼言隋故爲祭祀薦血解之詒讓案孟子梁惠王篇釁鍾趙注引此經爲釋則趙說亦與馬同云凡血祭曰釁者明此薦血爲釁與釁廟釁器之釁事異而義略同說文爨部云釁血祭也賈疏云此經文承上禋祀肆享祭祇之下即此血祭之中含上三祀但天地薦血于座前宗廟即血以告殺故言凡血祭曰釁案賈說非鄭指也宗廟大祭祀有兩次薦血初即血以告殺與毛並薦禮運云薦其血毛禮器云血毛詔於室郊特牲云毛血告幽全之物也是也次爲血祭郊特牲云血祭盛氣也是也前薦與毛並薦在初殺牲時詔告於室中而不祭後薦與腥並薦唯血無毛在制祭後朝踐三獻前於堂上灌地而祭二薦不同此注以血祭釋隋釁則宜指後薦言之而賈籩人司尊彝疏謂薦腥時無血故此疏亦舉前薦告殺爲釋不知告殺時詔而不祭不得爲釁也互詳司尊彝疏又案天地血

祭卽禮器云郊血是祭天神之薦血以此推之北郊方丘地示諸祭亦當薦血又大宗伯以血祭祭社稷五祀亦隋釁之事也云既隋釁後言逆牲容逆鼎者賈疏云凡祭祀之法先逆牲後隋釁今隋釁在前逆牲在後者以其鼎在門外薦血後乃有爓孰之事逆鼎而入故云容逆鼎知鼎在門外者按中霤禮竈在廟門外之東主人迎鼎事案賈引中霤禮據月令孟夏注也少牢饋食禮云雍爨在門東南北上羹定雍人陳鼎五三鼎在羊鑊之西二鼎在豕鑊之西又云主人出迎鼎除鼏士舉鼎主人先入鼎序入陳鼎于東方當序南于洗西皆西面北上王禮牢鼎九亦當與鑊同在雍爨之西又少牢迎鼎在陰厭之前則王禮迎鼎當亦在四獻後延主入室前故賈謂在朝踐薦血後也若然依注義則迎牲有二初迎牲是未殺者後迎鼎則牲已殺而亨卽大宰所云納亨通言之亦得曰迎牲故經迎牲在隋釁後明義得兩含也云右讀亦當爲侑者賈疏云亦上九拜之下享右之字皆爲侑

來瞽令皐舞　皐讀爲卒嘷呼之嘷來嘷者皆謂呼之入　【疏】來瞽令皐舞者與樂師爲官聯也　注云皐讀爲卒嘷呼之嘷者樂師注云皐之言號嘷號音義同說文口部云嘷咆也号部云號呼也云來嘷者皆謂呼之入者賈疏云經云瞽人擬升堂歌舞謂學子舞人瞽人言來亦呼之乃入皐舞令呼亦來入故鄭云來嘷皆謂呼之入也案詳樂師疏

相尸禮　延其出入詔其坐作　【疏】相尸禮者尸葉鈔釋文作屍案尸屍聲類同但經祭尸字皆作尸不作屍宋本釋文誤詳大司樂疏　注云延其出入詔其坐作者士虞禮特牲少牢饋食禮並云祝延尸注云由後詔相之曰延延進也樂記云宗祝辨乎宗廟之禮故後尸鄭彼注云後尸居後贊禮儀又禮器云周坐尸詔侑無方注云告尸行節賈疏云尸出入者謂祭初延之入二灌訖退出坐于堂上南面朝踐饋獻訖又延之入室言坐者郊特牲云詔祝於室坐尸於堂饋獻訖又入室坐言

作者凡坐皆有作及與主人荅拜皆有坐作之事既祭令徹疏既祭令徹者膳夫云凡王祭祀則徹王之胙俎內小臣云徹后之俎此徹俎也九嬪云贊后徹豆籩外宗云佐王后薦玉豆眡豆籩及以樂徹亦如之大宗伯云凡大祭祀王后不與則攝而薦豆籩徹此徹豆籩也此官皆令之少牢饋食禮祭訖尸出廟門後亦云祝命佐食徹所俎特牲饋食禮云祝命徹阼俎豆籩是士大夫禮亦祝令徹與此略同又上令鍾鼓及歌舞則此令徹蓋亦兼令樂師小師等以樂徹矣大喪始崩以肆鬯渳尸相飯贊斂徹奠肆鬯所為陳尸設鬯也鄭司農云渳尸以鬯浴尸疏大喪者謂王喪也亦容關世子喪其王后喪別有女祝掌之不使大小祝也云始崩以肆鬯渳尸者小宗伯所謂大肆肆師所謂大渳是也據士喪禮沐浴在死日未襲以前王禮當同故經繫始崩言之又案女御云大喪掌沐浴注謂兼王及后喪今致王喪不當使女御浴據喪大記云御者入浴士喪禮則外御浴以此推之疑王喪當御僕浴此官唯掌鬯渳不掌浴也詳女御疏云相飯者賈疏云浴訖即飯含故言相飯也不言相含者大宰云大喪贊贈玉含玉此故不言云贊斂者賈疏云小斂十九稱在戶內大斂百二十稱在阼階冬官主斂事大祝贊之案賈本小宗伯注義也凡王崩五日小斂七日大斂此官皆贊其事喪大記云君之喪大胥是斂眾胥佐之注云胥樂官也不掌喪事胥當為祝字之誤也大祝之職大喪佐斂即據此經為說云徹奠者賈疏云小祝注云奠奠爵也謂正祭時此文承大喪之下故奠為始死之奠小斂大斂奠並大祝徹之案賈說是也依士喪禮始死之奠本在渳飯前經文通包大小斂奠故列於後也　注云肆鬯所為陳尸設鬯也者此以陳釋肆言此鬯為陳尸而設之故謂之肆鬯也小宗伯云王崩大肆以秬鬯渳注云大肆始陳尸伸之此肆鬯與彼義同詳彼疏鄭司農云渳尸以鬯浴尸者

小宗伯杜注義同鬯卽秬鬯之和鬱者也

言甸人讀禱付練祥掌國事

鄭司農云甸人主設復梯大祝主言問其具梯物玄謂言猶語也禱六辭之屬禱也甸人喪事代王受眚災大祝爲禱辭語之使以禱於藉田之神也付當爲祔祭於先王以祔後死者掌國事辨護之

疏言甸人讀禱者甸人卽甸師也文王世子云公族其有死罪則磬於甸人燕禮大射儀公食大夫禮士喪禮及左成十年傳並有甸人此經凡通舉官屬者皆稱人如內饔亦稱饔人是也賈疏云旣殯之後大祝爲禱辭與甸人言語甸人讀禱辭代王受眚災云付練祥掌國事者練者旣期所受之服也因以名小祥之祭喪服四制云十三月而練冠檀弓云練之衣黃裏縓緣士虞記云朞而小祥曰薦此常事又朞而大祥曰薦此祥事注云小祥祭名祥吉也釋名釋喪制云期而小祥亦祭名也孝子除首服服練冠也祥善也加小善之飾也又期而大祥亦祭名也孝子除縗服服朝服縞冠加大善之飾也案依士虞大祥祭辭則祥主薦祭而言劉釋非其義賈疏云祔謂虞卒哭後祔祭於祖廟練謂十三月小祥練祭祥謂二十五月大祥除衰杖此三者皆以國事大祝掌之故云掌國事也　注鄭司農云甸人主設復梯大祝主言問其具梯物者說文木部云梯木階也喪大記云復有林麓則虞人設階無林麓則狄人設階後鄭彼注云階所乘以升屋者階梯也據此則王復當地官山虞林衡諸官設階也先鄭意甸師職主薪蒸或兼掌以木爲復梯然與喪大記不合故後鄭不從先鄭釋言爲言問與家人注同賈疏云此文承贊斂之下則是旣殯之事始云設復梯者故後鄭不從云玄謂言猶語也者家人注亦同云禱六辭之屬禱也者以經云讀禱明其有文辭故知卽前六辭之禱也但前六辭注云禱賀慶言福祚之辭此喪事受眚災與賀慶之禱異而同爲告神之辭則其文體當不異耳云甸人喪事代王受眚災大祝爲禱辭語之使以禱於藉田

之神也者據甸師文災彼作裁此注用今字也彼注謂在既殯後耤田之神卽王社及田神等詳甸師疏云付當爲祔者祔付聲類同字又作附雜記大夫附於士鄭注云附讀皆爲祔是也段玉裁云此亦古文假借云祭於先王以祔後死者者既夕禮云卒哭明日以其班祔注云祔卒哭之明日祭名祔猶屬也祭昭穆之次而屬之說文示部云祔後死者合食於先祖釋名釋喪制云卒哭又祭曰祔祭於祖廟以後死孫祔於祖也爾雅釋詁云祔祪祖也郭注云祔付也付新死者於祖廟左僖三十三年傳云凡君薨卒哭而祔祔而作主杜注云以新死者之神祔之於祖案依鄭義天子七月而葬九月而卒哭皆數來月則并崩月數之十月而卒哭亦明日而祔也云掌國事辨護之者謂祔練祥三祭事皆辨治監視之賈疏引中候握河紀注云辨護者供時用相禮儀亦其義也互詳山虞疏

國有大故天裁彌祀社稷禱祠大故兵寇也天裁疫癘水旱也彌猶徧也徧祀社稷及諸所禱既則祠之以報焉

【疏】注云大故兵寇也者朝士云若邦凶荒札喪寇戎之故大司徒注云大故謂王崩及寇兵也此上文已見大喪下又別云天裁故知大故唯據兵寇也互詳大司徒疏云天裁疫癘水旱也者左昭元年傳水旱癘疫之災災裁字同注例用今字當作災各本並誤詳膳夫疏云彌猶徧也者說文長部云镾久長也彌卽镾之隸變镾本訓久長久長則無不周徧故又引申爲彌徧之義但經作彌注疑當用今字作弭詳小祝疏賈疏云按小祝云弭災兵弭爲安此弭爲徧不同者義各有所施彼是災兵之事故弭爲安此禱祀之事靡神不舉以彌爲徧王安石王昭禹劉台拱並謂彌當讀如小祝彌裁兵之彌案王劉說是也男巫云春招弭以除疾病義亦同注訓爲徧祀義似未安云徧祀社稷及諸所禱者以經言禱在社稷下故知社稷之外別兼有它所禱也月令孔疏云雩之與禱所以異者考異郵說云天子禱九州山

川諸侯禱封內大夫禱所食邑然則水旱所禱山川亦其一也云既則祠之以報焉者賈疏云以其始爲曰禱得求曰祠故以報賽解祠

大師宜于社造于祖設軍社類上帝國將有事于四望及軍歸獻于社則前祝鄭司農說設軍社以春秋傳曰所謂君以師行祓社釁鼓祝奉以從者也則前祝大祝自前祝也玄謂前祝者王出也歸也將有事於此神大祝居前先以祝辭告之

【疏】大師宜于社造于祖者佐小宗伯也大師注云大師大起軍師此以下六者皆師祭周書小明武篇說攻國云上下禱祀靡神不下是也王制云天子將出征類乎上帝宜乎社造乎禰案此造乎祖卽六祈之造及王制之造乎禰也祖禰散文通稱詳前疏宜者祭於大社爾雅釋天云起大事動大衆必先有事乎社而後出謂之宜王制孔疏引孫炎云求使宜也左閔二年傳云帥師者受命於廟受脤於社則宜社用蜃矣孔叢子問軍禮篇云告大社冢宰執蜃宜于社詩大雅緜孔疏云以兵凶戰危慮有負敗祭之以求其福宜故謂之宜案孔孫說略同賈疏云軍將出宜祭於社卽將社主行不用命戮於社造於祖者出必造卽七廟俱祭取遷廟之主行用命賞於祖皆載於齊車云設軍社者小宗伯云若大師則帥有司而立軍社設立義同軍社謂軍行所奉大社石主此官佐小宗伯於所止之處立其壝位詳小宗伯疏云類上帝者卽六祈之類肆師亦云類造上帝此官與彼爲官聯也上帝亦謂受命帝詳肆師疏云國將有事于四望者小宗伯云若軍將有事則與祭有司將事於四望此官亦佐小宗伯也四望詳大宗伯疏云及軍歸獻于社者此佐大司馬也賈疏云謂征伐有功得囚俘而歸獻捷于社按王制云出征執有罪反以釋奠于學注云釋菜奠幣禮先師也引詩執訊獲醜則亦獻于學詒讓案軍歸獻于社卽大司馬云師有功愷樂獻于社之事依大司樂注則亦獻於祖此不

珍倣宋版印

言者文略。注云鄭司農說設軍社以春秋傳曰所謂君以師行祓社釁鼓祝奉以從者也者左定四年傳祝佗語彼文師行作軍行小宗伯後鄭注引同此先鄭引作師者軍師亦通稱此證設軍社爲大祝之事並詳小宗伯疏云則前祝者大祝自前祝也者先鄭意前祝爲大祝自至神前以祝辭告之後鄭所不從云玄謂前祝者王出也歸也將有事於此神大祝居前先以祝辭告之者後鄭意此六事王親與者大祝則前王而祝王不與者大祝則前大宗伯大司馬小宗伯等官而祝也聘禮釋幣于禰云祝先入主人從入主人在右再拜祝告又再拜此官前祝蓋與彼略同賈疏云於此神據此經四望已上爲出時獻於社爲歸時皆大祝前祝以辭告之按尚書武成丁未祀于周廟庚戌柴望皆是軍歸告宗廟告天及山川卽此經出時告之歸亦告之此經上帝四望不見歸時所告故鄭總云王出也歸也而將有事於此神以該之案依賈申注義則郊社四望等外祭祀出入皆告王制孔疏則謂天子出告天地及廟還惟告廟不告天地又引白虎通云還不復告天者天道無外內故不復告也與賈義異未知孰是

大會同造于廟宜于社過大山川則用事焉反行舍奠用事亦用祭事告行也玉人職有宗祝以黃金勺前馬之禮是謂過大山川與曾子問曰凡告必用牲幣反亦如之

疏 大會同造于廟者以下四事亦皆此官所通掌祭奠之時則亦前祝也賈疏云大會同者王與諸侯時見曰會殷見曰同或在畿內或在畿外亦告廟而行云造者以其非時而祭造次之意卽上文造于祖一也案儀禮經傳通解續引尚書大傳云天子游不出封圻不告祖廟是王大會同在畿外乃有造廟之禮賈說兼畿內會同與伏傳不合未知孰是又凡此經云造于祖廟者造並訓爲就謂就而祭之也賈謂取造次之意蓋誤會前注杜讀非其義也云反行舍奠者賈疏云曲禮云出必告反必面據生時人

子出入之法今王出行時造于廟將還廟主行反行還祭七廟非時
而祭曰奠案依賈說則此文專家上造廟言之社則唯行時有宜反
不奠也舍當讀爲釋舍奠卽釋奠詳甸祝疏　注云用事亦用祭事
告行也者與上文有事于四望義同云玉人職有宗祝以黃金勺前
馬之禮是謂過大山川與者賈疏云按玉人職大璋中璋九寸邊璋
七寸射四寸厚寸黃金勺青金外天子以巡守宗祝以前馬彼注云
於大山川用大璋中山川用中璋小山川用邊璋此直見過大山川
不見中小者欲見中小山川共大山川一處直告大山川不告中小
故不見中小山川各有別處則用中璋邊璋此所過山川非直用黃
金勺酌獻而已亦有牢故校人職云將有事於四海山川則飾黃駒
注云四海猶四方王巡守過大山川則有殺駒以祈沈之禮與是其
牲牢也引曾子問曰凡告必用牲幣反亦如之者此諸侯適天子命
祝史告于社稷宗廟山川之禮引之者證大祝大會同告廟社山川
禮亦同也鄭彼注云牲當爲制字之誤也制幣一丈八尺彼文無必
字此有者鄭所增賈疏云案彼注破牲爲制此用牲幣不破之者彼
文不取牲義直取出告反亦告而已故破牲爲制於此經皆用牲知
者王制云歸假于祖禰用特堯典亦云歸格于藝祖用特校人有飾
黃駒之文則知此經出入皆有牲禮故不破牲爲制案賈說未析曾
子問又云天子巡守以遷廟主行無遷主必以幣帛皮圭告於祖禰
遂奉以出彼天子告廟無用牲之文故鄭意諸侯告廟社等不當有
牲此注則仍不破字與彼注義異彼孔疏引皇氏熊氏以彼爲諸侯
禮不應用牲故牲當爲制其天子則當用牲又引熊氏說亦舉此注
證天子用牲幣與賈說不同依上注云造類禬禜並有牲則無天子
諸侯之異皇熊說似非鄭意彼疏又載別說云或天子諸侯出入有
告有祭故告用制幣一丈八尺其卿大夫唯入祭而已故聘禮既使
而反祭用牲也今案通典吉禮引王肅云親告以牲有奠故也使祝

史用幣孔叢子儒服篇云天子將巡守先告於祖禰命史告羣廟親告用牲史告用幣此亦肅所私定故其說正同孔引別說似與彼相類然以義攷之祭即告祭不當分而爲二天子諸侯告祭並牲幣兼有當以此注爲正王皇熊及孔引或說並失之

建邦國先告后土用牲幣 后土社神也 疏 建邦國先告后土者謂封建五等侯國也曾釗云大宗伯王大封則先告后土大封與建邦國一也彼統土其禮此專主用牲幣之節爾案曾說本王安石王昭禹鄭鍔是也互詳大宗伯疏 注云后土社神也者賈疏云按大宗伯王大封則先告后土注云后土土神也土神則社神也案孝經緯云社者五土之總神郊特牲云社祭土而主陰氣故名社爲土神句龍生爲后土之官死則配社故舉配食人神以言社其實告社神也以其建邦國土地之事故先告后土雖告祭非常有牲有幣禮動不虛故也案此注社神當爲土神之誤賈強爲之說非也社神土神雖散文可通然建邦國所告則自是五祀之土神不爲社神肆師云立次祀用牲幣注謂次祀有五祀此告后土用牲幣與彼注義合凡土神與社神異鄭志於大宗伯注分別甚明此不宜更通之也且大宗伯注又云黎所食者明專指五祀土神言之若社神依鄭義則當云句龍所食矣鄭志載田瓊問偏舉大宗伯檀弓月令中庸諸注以獻疑而不及此注疑田瓊所見此注尚不作社神也並詳大宗伯疏

禁督逆祀命者 督正也正王之所命諸侯之所祀有逆者則刑罰焉 疏 注云督正也者爾雅釋詁文云正王之所命諸侯之所祀者司約治神之約注云謂命祀郊社羣望及所祖宗也此逆祀命亦謂受王之命當祀而不祀或不當祀而祀皆是也僖三十一年左傳衞成公命祀相甯武子曰不可以閒成王周公之命祀杜注云諸侯受命各有常祀又哀六年傳楚昭王曰三代命祀祭不越望國語魯語云大懼殄周公大公之命祀並諸侯受王命祀之

義賈疏云經直云禁督逆祀命鄭以諸侯解之者承上建邦國故知據諸侯詒讓案大宗伯云乃頒祀于邦國都家鄉邑則采地公邑亦有命祀其有僭逆大祝亦當禁督之矣云有逆者則刑罰焉者賈疏云大祝主諸侯逆祀告上與之刑罰不得自施刑罰

頒祭號于邦國都鄙祭號六號【疏】頒祭號於邦國都鄙者謂大宗伯頒祀於邦國都鄙等大祝則以祭號頒之也　注云祭號六號者賈疏云六號之中兼有天地諸侯不得祭天地而鄭云六號據上成文而言魯與二王之後得祭所感帝兼有神號案賈說非也此六號通晐大小祀諸侯雖無郊丘大祭而得祭分星及四望山川社稷等則亦有神號示號都鄙亦然故鄭通舉六號矣

周禮正義卷四十九

周禮正義卷五十

瑞安孫詒讓學

小祝掌小祭祀將事侯禳禱祠之祝號以祈福祥順豐年逆時雨寧風旱彌烖兵遠辠疾侯之言候也候嘉慶祈福祥之屬禳禳卻凶咎寧風旱之屬順豐年而順爲之祝辭逆迎也彌讀曰敉敉安也

疏掌小祭祀將事侯禳禱祠之祝號者將事與小宗伯若軍將有事則與祭有司將事于四望義同士昏記注云將行也謂於小祭祀侯禳禱祠而行事祝號卽大祝六祝六號是也賈疏云掌小祭祀卽是將事侯禳已下禱祠之事是也小祭祀與將事侯禳已下作目將事侯禳禱祠祝號又與祈福祥順豐年已下爲目祈福祥順豐年逆時雨三者皆是侯寧風旱彌烖兵遠辠疾三者卽是禳求福謂之禱報賽謂之祠皆有祝號案依鄭賈說則侯禳禱祠大小祭祀通有之此云小祭祀對大祝大禋祀肆享祭示爲大祭祀也小祭祀詳肆師司服疏云以祈福祥順豐年逆時雨寧風旱卽彼遠辠疾者依大祝六祝先鄭注此祈福祥卽彼吉祝順豐年卽彼順祝逆時雨寧風旱卽彼瑞祝彌烖兵卽彼化祝遠辠疾卽彼筴祝唯彼別有年祝而此無文要大致略同但二官皆掌祭祀祝號大祝所掌據禱祈告祭之大者言之此祈福祥以下則冢上小祭祀侯禳禱祠爲文將事微異耳管子小問篇云桓公踐位令釁社塞禱祝鳧已疵獻胙祝曰除君苛疾所謂遠辠疾也　注云侯之言候也候嘉慶祈福祥之屬者侯候聲類同白虎通義爵篇云侯者候也候逆順也王制孔疏引春秋元命苞云侯者候也候王順逆也案說文人部云候伺望也凡嘉慶之事則伺望迎之使來祈福祥順豐年逆時雨祈

順逆皆有候迎之義故知三者同爲侯也云禳禳卻凶咎寧風旱之屬者女祝注云卻變異曰禳與此義同凡凶咎之事則禳卻之使去寧風旱彌災兵遠辠疾寧彌遠亦皆有禳卻之義故知三者同爲禳也又案侯禳皆分方祭之肆師云與祝侯禳于畺及郊是也小子先鄭注云侯禳者侯四時惡氣禳去之也先鄭訓侯禳字義與此注略同而以爲一祭則異後鄭亦不從也云順豐年而順爲之祝辭者疑當重豐年二字以豐年是嘉祥之事故爲祝辭以禮順而侯祈之也國語楚語云虔其宗祝道其順辭亦祝辭之義云逆迎也者爾雅釋言文說文辵部云逆迎也關東曰逆關西曰迎大史注亦同謂時雨將至爲此祭祀以迎之云彌讀曰敉者段玉裁云敉彌聲類同部云敉安也者男巫注同說文攴部云敉撫也讀若弭重文侎敉或从人廣雅釋詁云侎安也案大祝先鄭注云化祝弭災兵也郊特牲云祭有祈焉有報焉有由辟焉注云辟讀爲弭謂弭災兵遠罪疾也字並作弭則與男巫招弭字同以說文攷之彌當爲長部镾字之變體弓部云弭弓無緣可以解轡紛者字與镾別而聲讀相近又有瓕字云弛弓也玉篇弓部謂與彌同案弛弓與解義亦相近說文心部又有⿰忄弭字云厲也一曰止也弭與⿰忄弭義亦略同以大祝及郊特牲注校之竊疑漢時通用弭爲彌此經例用古字作彌注例用今字當作弭故甸師注弭後殃字亦作弭今本大祝小祝男巫經注並彌弭錯出非其舊也至此經凡云彌者並取安息禦止之義杜子春男巫注讀弭如彌而鄭於此彌及男巫之弭皆破爲敉義並通也詳大祝男巫疏又案周書王會篇云阼階之南祝淮氏榮氏次之彌宗旁之爲諸侯有疾病之醫藥所居孔注云彌宗官名案彼祝淮祝榮即大祝下大夫二人彌宗疑即小祝此官掌彌災兵遠辠疾古巫祝兼治疾病故謂之彌宗而主諸侯疾病醫藥之事與

大祭祀逆𪔍盛送逆尸沃尸盥贊隋贊徹贊奠

隋尸之祭也奠奠爵也祭祀奠先徹後反言之者明所佐大祝非一【疏】大祭祀逆齍盛者贊少宗伯也齍盛依鄭讀亦當爲粢詳小宗伯疏賈疏云祭宗廟饋獻後尸將入室食小祝於廟門外迎饎人之齍盛於廟堂東實之薦於神座前江永云此條逆齍盛在迎尸之上小宗伯云祭之日逆齍省鑊告時于王告備于王肆師云祭之日表齍盛告絜展器陳告備據此諸文逆齍當在饗祭之晨而此疏云饋獻後尸將入室乃迎齍恐不然也案江說是也黃以周說同但大祭迎齍盛當有兩次一在祭日之晨所逆者未炊之米也一在六獻後尸將入室時所逆者已炊之食小宗伯注云逆齍受饎人之盛以入是也此與小宗伯並當通晐兩逆而注疏皆偏據後逆爲說未晐亦詳小宗伯疏云送逆尸者祭初逆尸入廟門贊大祝也祭畢又送尸出廟門少牢饋食禮云尸謖祝先尸從遂出于廟門是也云沃尸盥者賈疏云尸尊不就洗按特牲少牢尸入廟門盥於盤其時小祝沃水詒讓案內祭祀尸始入受祼時外祭祀尸入受獻時皆有盥也少牢饋食禮云小祝設槃匜與簞巾于西階東又云尸入門左宗人奉槃東面于庭南一宗人奉匜水西面於槃東一宗人奉簞巾南面於槃北乃沃尸盥于槃上特牲饋食記云沃尸盥者一人奉槃者東面執匜者西面淳沃執巾者在匜北注云淳沃稍注之案沃盥卽奉匜水澆沃之也少牢禮小祝設盥器而宗人沃尸盥者與天子禮異也士師云祀五帝則沃尸盥然則自祀五帝外餘大祭祀皆小祝沃尸盥矣凡尸盥於槃沃用匜詳鬱人疏云贊隋者贊大祝命祭也賈疏云按特牲少牢尸始入室拜妥尸尸隋祭以韭菹擩于醢以祭於豆閒小祝其時贊尸以授之云贊徹者亦贊大祝令之也又佐膳夫內小臣徹俎九嬪外宗徹豆籩與彼爲官聯也云贊奠者亦贊大祝也賈疏云大祝酌酒奠於鉶南則郊特牲注天子奠斝諸侯奠角小祝其時贊之 注云隋尸之祭也者謂尸未食前之隋祭也守祧注云隋

尸所祭肺脊黍稷之屬是也特牲饋食禮云祝命挼祭彼注亦謂挼隋讀同詳守祧疏賈疏云主人受尸酢時亦有隋祭但此經贊隋文
承逆尸沃尸之下故隋是尸之祭也云奠奠爵也者四獻後延主入室時奠神之爵也其爵用斝其酒禮運孔疏謂天子用齊酒是也士
虞禮特牲饋食禮並云祝洗酌奠奠于鉶南又少牢饋食禮云祝酌奠注云酌奠酌酒爲神奠之又特牲禮衆賓長加爵後有嗣舉奠少
牢則無之特牲注云大夫之嗣子不舉奠辟諸侯則天子諸侯亦有嗣舉奠之禮故文王世子云其登餕獻受爵則以上嗣是也云祭祀
奠先徹後者賈疏云奠爵在尸食前徹在尸謖後故云奠先徹後詒讓案依禮從尸在贊徹前亦在贊奠後也云反言之者明所佐大祝
非一者謂小祝佐大祝先後非一事故其文不次也 凡事佐大祝 唯大祝所有事 疏 注云唯大祝所有事者賈疏云經云
凡事諸有事皆佐大祝故鄭云唯大祝所有事乃佐之據大祝職不言之者或佐餘官或小祝專行之也若然佐大祝不在職末言之於
此見文者欲見自此已上有佐大祝者自此已下唯大喪贊渳佐大祝設熬以下小祝專行 大喪贊渳 故書渳爲攝杜子春
云當爲渳渳謂浴尸 疏 大喪贊渳者亦贊大祝也 注云故書渳爲攝杜子春云當爲渳渳謂浴尸者段玉裁云此字之誤也詒讓案
小宗伯王崩大肆以秬鬯渳注杜子春讀渳爲泯以秬鬯浴尸此渳故書誤爲攝杜又依彼及大祝文讀爲渳不讀爲泯者疑彼注字誤
或以說具於彼此不復出欲學者互訂之與 設熬置銘 銘今書或作名鄭司農云銘書死者名於旌今謂之柩士喪禮曰爲
銘各以其物亡則以緇長半幅赬末長終幅廣三寸書名于末曰某氏某之柩竹杠長三尺置于西階上重木置于中庭參分庭一在南
粥餘飯盛以二鬲縣于重冪用葦席取銘置于重杜子春云熬謂重也檀弓曰銘明旌也以死者爲不可別故以其旗識之愛之斯錄之

矣敬之斯盡其道焉爾重主道也殷主綴重焉周主徹重焉奠以素器以主人有哀素之心也玄謂熬者棺既蓋設於其旁所以惑蚍蜉也喪大記曰熬君四種八筐大夫三種六筐士二種四筐加魚腊焉士喪禮曰熬黍稷各二筐有魚腊饌于西坫南又曰設熬旁一筐乃塗【疏】設熬置銘者此謂殯日也王制云天子七日而殯諸侯五日而殯大夫士庶人三日而殯凡喪禮始死祝卽置銘於重至殯乃設熬此先設熬後置銘者士喪禮云設熬乃塗卒塗祝取銘置于肂將葬啓殯後又云取銘置于重及祖又云祖還車祝取銘置于茵是置銘不止一文經通晐前後故文不次也注云銘今書或作名者名銘聲類同段玉裁云說文金部不收銘字蓋於周禮取今書於儀禮取今文也徐養原云銘旌之銘今文固作名矣若銘刻之銘今文未必作名也說文無銘字蓋偶遺之漢碑有周憬功勳銘又孔宙碑魯相謁孔廟殘碑皆有銘字鄭司農云銘書死者名於旌者此從故書作銘爲釋也司勳注云銘之言名也荀子禮論篇云銘誄繫世敬傳其名也是銘卽取書名爲義故古卽作名字云今謂之柩者舉漢時俗語爲釋賈疏云銘所以表柩故漢時謂銘爲柩孔廣森云薛宣傳沘陽舉廉吏王立未及召死以府決曹掾書立之柩以顯其魂此疏釋鄭意云漢時謂銘爲柩然則彼言書柩者卽是書銘矣案孔說是也荀子禮論篇云書其名置于其重則名不見而柩獨明矣疑周末已通以銘爲柩與漢時語同矣御覽禮儀部引禮統云柩之言久也具書其諡置棺旁萬世久藏也亦其證引士喪禮者證銘之形制云爲銘各以其物者銘釋文作名鄭彼注云銘明旌也雜帛爲物大夫士之所建也今文銘皆爲名案先鄭於此經不從今書或本作名則於禮經亦未必盡從今文釋文本恐非賈疏云謂爲銘旌用生時旌旗但沽而小案士喪禮注王則大常諸侯則建旂孤卿建旜大夫士建物云亡則以緇長半幅者注云亡無也無旌不命之士也半幅

一尺賈士喪禮疏云經直云長半幅不言廣則亦三寸云頳末長終幅廣三寸者頳釋文作緽今本儀禮作經司常後鄭注引亦作頳案經正字頳或體緽卽頳之俗注云終幅二尺賈士喪禮疏云布幅二尺二寸今云二尺者兩邊除二寸而言之案賈彼疏以緇長一尺頳二尺爲同用布爲之此疏以頳末爲赤色繒兩說岐牾未知孰是云書名于末曰某氏某之柩者今儀禮名亦作銘司常後鄭注引作名與此同注云今文末爲旆也在棺爲柩黃以周云銘名古通惟書名于末之銘字當作名二鄭所引不誤案黃說是也末不作旆亦先鄭不盡從今文之證賈疏云書死者名於頳末之上某氏是姓下某是名此謂士禮案喪服小記云周天子諸侯大夫書銘並與士同云竹杠長三尺者注云杠銘橦也賈疏云依禮緯天子旌旗之杠九仞諸侯七仞大夫五仞士三仞今士三尺者則天子以下皆以尺易仞云置于西階上者彼文西階上有宇字注云宇梠也此引無疑先鄭所省賈疏云始死卽作銘倚于重殯訖置于西階上屋宇下云重木置于中庭參分庭一在南者士喪禮云重木刊鑿之甸人置重于中庭參分庭一在南此節引之彼注云木也縣物焉曰重刊斲治鑿之爲縣簪孔也士重木長三尺賈疏云經雖不言重士喪禮有取銘置于重是以因銘兼解重重木當約銘旌之杠天子九尺云粥餘飯盛以二鬲縣于重冪用葦席者士喪禮云夏祝鬻餘飯用二鬲于西牆下冪用疏布久之繫用靲縣于重冪用葦席注云鬻餘飯以飯尸餘米爲鬻也彼釋文云鬻本又作粥此所引與陸所見或本同御覽禮儀部引士喪禮作盛用二鬲疑先鄭所據禮經亦本有盛字賈疏云粥餘飯者飯米與沐米同按喪大記君沐粱大夫沐稷天子之士沐粱諸侯士沐稻天子當沐黍飯米之餘以爲粥盛以二鬲按鄭注士喪禮鬲與簋同差天子八諸侯六大夫四士二云取銘置于重者銘亦當從釋文作名士喪禮云祝取銘置于重賈疏云謂未殯以前殯訖

則置于西階上是也杜子春云熬謂重也者杜意蓋以熬指重鬲所
盛之餘飯而言粥餘飯或更熬之也然與士喪禮不合蓋偶失檢故
後鄭不從引檀弓曰銘明旌也以死者為不可別故以其旗識之者
舊本無其字宋董本岳本及注疏本並有與禮記同今據增釋文重
識字士喪禮注引檀弓同今本禮記不重段玉裁云子春所引檀弓
與鄭君注士喪皆云故以其旗識識之今本周禮注少一識字釋文
獨為善本盧文弨云識古幟字亦旗類上識字是幟下識字乃記也
司常注亦有徽識語案段盧說是也賈士喪禮疏引此注亦不重識
字不若陸所據本之善又檀弓別下有已字彼釋文云本或無已字
非此注與陸所見或本正同鄭彼注云明旌神明之旌不可別形貌
不見云愛之斯錄之矣敬之斯盡其道焉爾者爾彼文作耳賈疏云
鄭彼注謂重與奠奠則斯錄之據重斯盡其道據奠以是子春引證重
則取愛之斯錄之不取敬之斯盡其道連引之耳云重主道也者彼
注云始死未作主以重主其神也重既虞而埋之乃後作主云殷主
綴重焉者彼注云綴猶聯也殷人作主而聯其重縣諸廟也去顯考
乃埋之賈疏云謂始死作重之時至葬後作木主乃綴連重之鬲縣
於祖廟大祥遷廟乃埋重於廟門外之左云周主徹重焉者彼文徹
重作重徹此疑涉上文而誤賈疏云周人不綴重亦死始作重至葬
朝廟重先柩從入祖廟朝廟訖明旦將葬重先出倚於道左葬後既
虞埋於所倚之處故鄭注云周人作主徹重埋之云奠以素器以主
人有哀素之心也者彼文主人作生者此杜所改鄭彼注云哀素見
哀痛無飾也凡物無飾曰素賈疏云杜子春連引於經無所當云玄
謂熬者棺既蓋設於其旁者後鄭以熬為煎穀破子春以熬為重之
說也士喪禮云奉尸斂于棺乃蓋而後設熬是設熬在既蓋棺後也
云所以惑蚍蜉也者舍人注同引喪大記曰熬君四種八筐大夫三
種六筐士二種四筐加魚腊焉者證熬為熬穀並詳舍人疏引士喪

禮曰敖黍稷各二筐有魚腊饌于西坫南者此證士敖二種四筐之事賈疏云堂西南隅謂之坫饌於此者據未用時加之蓋後設於棺旁云又曰設敖旁一筐乃塗者證設筐敖之法賈疏云此皆所設之處言旁一筐則首足各一筐大夫亦旁各二筐首足各一筐君八筐左右各二筐首足亦各二筐鄭君引此者將以破子春爲重案賈此疏不詳天子設筐之法舍人疏說天子敖用六穀十筐首足各一筐則餘設於左右者有八筐依此疏說君八筐設法例之則首足各二筐設左右者止有六筐與彼疏例不同未知孰是

及葬設道齎之奠分禱五祀

杜子春云齎當爲粢道中祭也漢儀每街路輒祭玄謂齎猶送也送道之奠謂遣奠也分其牲體以祭五祀告王去此宮中不復反故與祭祀也王七祀祀五者司命大厲平生出入不以告

【疏】分禱五祀者於大遣奠後爲葬禱也注杜子春云齎當爲粢道中祭也者𡚁人禜門用瓢齎杜亦讀齎爲粢云粢盛也與此義同道中祭與大祝先鄭注所謂祭羨之道中亦略同段玉裁云杜易齎爲粢謂以粢盛祭於道中也云漢儀每街路輒祭者蓋據漢大喪儀今無攷賈疏云後鄭不從者按禮道中無祭法云玄謂齎猶送也者破子春讀也說文貝部云齎持遺也引申爲齎送廣雅釋詁云齎送也云送道之奠謂遣奠也者鄭既夕注云遣猶送也是齎遣並有送訓故後鄭釋爲遣奠此義固較杜爲長但經云道齎之奠而大遣奠則在廟而不在道於義微有未協竊謂此仍當兼取杜說蓋大遣奠奠畢包牲體載於遣車從柩而行道中或有停止則卽陳以爲奠至壙則藏於窆在道謂之道齎之奠猶之入壙則謂之奠窆量人云奠窆之俎實是也若然道齎之奠雖卽遣奠之俎脅臑骼三體而主行道言之則與廟奠小異其法數則襍記注云遣奠天子大牢包九个諸侯亦大牢包七个大夫亦大牢包五个士少牢包三个賈既夕疏云天子一大牢又加以馬牲牲別有三體

則十二體就十二體中細分爲八十一个九包包各九个是也互詳大史巾車疏云分其牲體以祭五祀告王去此宮中不復反故與祭祀也者明經云分禱五祀即承上道齎之奠爲文所分者即道齎奠之餘也賈疏云言分牲體者包牲而取其下體下體之外分之爲五處祭也案賈據既夕經注義也既夕注釋苞牲取下體云士苞三个前脛折取臂臑後脛折取骼亦得俎釋三个蓋鄭意包遣奠與特牲饋食禮歸尸俎禮相儷故亦俎釋三个所釋者即以分禱五祀猶特牲釋个爲陽厭也但諦審此疏云下體之外分之爲五處祭則是前後脛骨之外別取脊脅諸體以祭而既夕疏則謂所包臂臑骼之外取所餘肩膊等以祭是仍在下體之內兩疏義小異經注並無文未知孰得其正也又案此分禱五祀爲所禱之事注通言之故云祭祀據曾子問云天子崩自啓至于反哭五祀之祭不行已葬而祭祝畢獻而已然則未葬遇五祀正祭亦輟不行惟禱禮輕得於葬時行之故其俎實亦取包牲之餘不特殺也云王七祀者祭法云王爲羣姓立七祀曰司命曰中霤曰國門曰國行曰泰厲曰戶曰竈王自爲立七祀鄭注云此非大神所祈報大事者也小神居人之閒司察小過作譴告者爾司命主督察三命中霤主堂室居處門戶主出入行主道路行作厲主殺罰竈主飲食之事是王有七祀也曲禮說天子祭五祀注以爲殷制云祀五者司命大厲平生出入不以告者凡王平生出入蓋有告五祀之法若聘禮使行釋幣於行之比鄭言此者明七祀去其二爲五與大宗伯五祀爲五神異也黃以周云周禮五祀有二一爲中祀左傳所云句芒祝融蓐收玄冥后土是也在王者宮中曰戶竈中霤門行羣小祀也大宗伯五祀文在五嶽上爲中祀故鄭據左傳文以釋之小祝所掌五祀爲羣小祀故鄭據月令文以釋之賈疏云按月令春祀戶夏祀竈季夏祀中霤秋則祀門冬則祀行此並是人之以所由從之處非直四時合祭所以出入亦宜告之按

祭法王七祀之中有司命大厲此經五祀與月令同月令不祭司命及大厲之等此不祭則可知旣旣夕士禮亦云分禱五祀者鄭注云博求之依祭法士二祀案賈據旣夕記云乃行禱于五祀但彼士禮禱在屬纊時與此王禮葬將行時禱事異而其有事於五祀則同

大師掌釁祈號祝鄭司農云釁謂釁鼓也春秋傳曰君以軍行祓社釁鼓祝奉以從

疏大師掌釁祈祝號者賈疏云言掌釁者據大師之文而言耳則惟為以血釁鼓祈號祝者將出軍禱祈之禮皆小祝號以讀祝辭蓋所以令將軍祈而請之也此皆小事故大師用小祝以讀祝耳案據賈說則此祈與大祝六祈之祈同雖以釁祈連文而與肆師祈珥義別也注鄭司農云釁謂釁鼓也者左僖三十三年傳秦孟明曰不以纍臣釁鼓杜注云殺人以血塗鼓謂之釁鼓漢書高祖紀釁鼓顏注引應劭云釁祭也殺牲以血塗鼓釁呼為釁史記索隱引司馬法云血于鼙鼓者神戎器也釁互詳天府疏引春秋傳曰君以軍行祓社釁鼓祝奉以從者證大師釁鼓祝所有事也詳小宗伯疏

有寇戎之事則保郊祀于社故書祀或作禩鄭司農云謂保守郊祭諸祀及社無令寇侵犯之杜子春讀禩為祀書亦或為祀玄謂保祀互文郊社皆守而祀之彌烖兵

疏注云故書祀或作禩者大宗伯小子五祀注云故書祀作禩凡故書非一本此經故書閒有作祀者鄭從祀為正本故云或作禩大宗伯小子則故書皆作禩不作祀故不云或此鄭校讀之例也鄭司農云謂保守郊祭諸祀及社無令寇侵犯之者先鄭以郊祀為郊羣祀之兆則以郊祀連讀于社猶言及社社在郊者謂在南郊藉田之王社也都宗人云若有寇戎之事則保羣神之壝則此保亦謂小祝率領徒屬居郊社之兆壝而守之云杜子春讀禩為祀書亦或為祀者大宗伯先鄭讀同杜從禩為正本而改其讀故以作祀者為或本也云玄謂保祀互文郊社皆守而祀之者破先

鄭義也後鄭以祀于社屬讀祀卽謂祈禱也賈疏云郊言保守亦祀社言祀亦保守故云郊社皆守而祀之詒讓案都宗人寇戎保神壝無祀事者蓋文不具云彌裁兵者據上文明寇戎之事當有祈祀也彌裁疑當同大祝注作弭災詳前疏

凡外內小祭祀小喪紀小會同小軍旅掌事焉 疏 凡外內小祭祀小喪紀小會同小軍旅掌事焉者賈疏云按小司徒小祭祀奉牛牲鄭注云小祭祀王玄冕所祭按司服羣小祀用玄冕鄭注云小祭祀謂林澤四方百物是外小祭祀也其內小祀謂宮中七祀之等小喪祀者王后以下之喪小會同謂諸侯遣臣來王使卿大夫與之行會同之禮小軍旅者王不自行遣卿大夫征伐掌事者此數事皆小祝專掌其事也案小祭祀詳肆師司服疏小喪紀者賈謂據王后以下今攷宰夫注云大喪王后世子也小喪夫人以下又大史注云小喪卿大夫也賈外饔小司馬疏亦並謂夫人以下之喪則不得有王后此疏蓋誤此小喪或當兼含王子弟內諸侯及卿大夫之喪言之詳外饔大史疏小會同賈謂諸侯遣臣來王使卿大夫與之行會同之禮小司馬疏說亦同蓋據典瑞注說諸侯使大夫時聘殷覜既而爲壇會之使大夫執琬圭琰圭以命之是大會同外別有此王人與邦國使臣會同之小禮也金鶚云小行人云朝覲宗遇會同君之禮也可知人臣無會同之禮天子在上而卿大夫自相會同此春秋衰世之事而謂成周有之乎必不然矣孫希旦云王官伯出會諸侯則謂之小會同小祝小會同掌事焉是也案典瑞注大夫壇會命事之說於禮未協金據小行人文謂人臣無會同之禮黃以周說同足正賈氏之誤孫謂此小會同爲王官伯與諸侯會同之禮說亦甚塙左哀十三年傳子服景伯曰王合諸侯則伯帥侯牧以見於王伯合諸侯則侯帥子男以見於伯伯合諸侯正所謂小會同也蓋西周盛時無大夫會盟之事而王官伯與諸侯會盟則自是正禮

所合者卽五等之君與大行人以
會同賓屬君禮義亦不相妨也

喪祝掌大喪勸防之事 鄭司農云勸防引柩也杜子春云防當爲披玄謂勸猶倡帥前引者防謂執披備傾戲

疏 掌大喪勸防之事者大喪亦王后世子也 注鄭司農云勸防引
柩也者大史先鄭注云勸防引六紼與此義同卽大司徒云大喪
屬其六引是也先鄭以勸防總爲引柩之事謂勸助其力防其危險
然其義未析故後鄭分別釋之杜子春云防當爲披者據司士及既
夕禮喪大記並有披故破此防爲披也後鄭說亦與杜略同惟不破
字爲異王念孫云說文曰從旁持曰披防旁聲相近旁披聲之轉周
髀曰旁沱四隤而下滂沱卽陂陀也滂陂亦聲之轉故杜氏讀防爲
披矣云玄謂勸猶倡帥前引者者說文力部云勸勉也此通柩在廟
在道言之倡帥前引謂居前勸勉引柩者助其用力也賈疏云卽下
經御柩一也謂執纛居柩路前卻行左右車脚有高下則以纛詔告
執披者使持制之不至傾虧倡先也故云倡帥前引者云防謂執披
備傾戲者此專據柩行在道謂居旁防護之司士云作六軍之士執
披則披非喪祝所執但掌其事耳呂飛鵬云防有備禦之義故鄭以
執披備傾戲釋之詒讓案釋文戲音虧賈疏述注作傾虧既夕禮云
乃載商祝飾柩設披注云披絡柳棺上貫結於戴人居旁牽之以備
傾虧又商祝執功布以御柩執披注云居柩車之前若道有低仰傾
虧則以布爲抑揚左右之節使引者執披者知之據彼注則疏作傾
虧是也檀弓設披孔疏亦云傾虧廣雅釋詁云傾晦戲衰也釋名釋
喪制云兩旁引之曰披披擺也各於一旁引擺之備傾倚也傾戲傾
虧傾倚並聲近義同喪大記孔疏云謂之披者若牽車登高則引前
以防軒車適下則引後以防翻車敧左則引右
敧右則引左使車不傾覆也披互詳司士疏

及辟令啓 鄭司農云辟謂除菆

塗椁也令啓謂喪祝主命役人開之也檀弓曰天子之殯也菆塗龍輴以椁加斧于椁上畢塗屋天子之禮也【疏】及辟令啓者以下說於寢啓殯遷柩適祖廟之事謂王喪七月而葬之前八日則辟塗啓殯而遷柩也啓訖即朝廟故既夕禮目錄云凡朝廟日請啓期必容焉賈彼疏云以其一廟則一日朝天子七廟者葬前八日是也注云鄭司農云辟謂除菆塗椁也者小爾雅廣言云辟除也謂除菆塗去之檀弓孔疏云菆叢也謂用木菆棺而四面塗之椁者亦題湊菆木象椁之形云令啓謂喪祝主命役人開之也者小爾雅廣詁云啓開也既夕禮請啓期注云今文啓爲開役人謂胥徒開殯者喪祝主命之也引檀弓曰天子之殯也菆塗龍輴以椁加斧于椁上畢塗屋天子之禮也者證天子殯有菆塗椁必辟除乃可開殯鄭彼注云菆木以周龍輴如椁而塗之天子殯以輴車畫轅爲龍斧謂之黼白黑文也以刺繡於緣幕加椁以覆棺已乃屋其上盡塗之賈疏云天子諸侯殯用輴車天子畫轅爲龍先置龍輴於西階之上又置四重棺於輴車之中大斂於阼階訖奉尸入棺加蓋乃置熬於棺傍乃於椁攢其四面與棺平乃加斧於棺上以覆棺上更加之以椁材乃畢塗之如四面霤屋故云菆塗龍輴以椁加斧於椁上畢塗屋天子之禮也按檀弓云布幕衞綃幕魯布幕諸侯法綃幕天子禮刺以黼文謂之斧者形如大斧文言上者加斧訖乃攢塗其上故言加斧於椁上

及朝御匶乃奠

鄭司農云朝謂將葬朝於祖考之廟而後行則喪祝爲御柩也檀弓曰喪之朝也順死者之孝心也其哀離其室也故至於祖考之廟而後行殷朝而殯於祖周朝而遂葬故春秋傳曰凡夫人不殯于廟不祔于姑則弗致也晉文公卒將殯於曲沃就宗廟晉宗廟在曲沃故曰曲沃君之宗也又曰丙午入于曲沃丁未朝于武宮玄謂乃奠朝廟奠【疏】及朝御匶乃奠者賈疏云及猶至也謂侵夜啓殯昧爽朝廟故云及朝御柩者發殯宮輴車載

至廟其時喪祝執纛居前以御正柩也奠者接既夕禮朝廟之時重先奠從燭從柩從彼奠昨夜夕奠至廟下棺於廟兩楹之閒棺西設此宿奠至明徹去宿奠乃設此朝廟之奠於柩西故云乃奠　注鄭司農云朝謂將葬朝於祖考之廟而後行者既夕禮云遷于祖用軸鄭彼注云遷徙也徙於祖朝祖廟也蓋象平生將出必辭尊者既夕又云饌於禰廟禰廟卽考廟也云則喪祝爲御柩也者經作匶注作柩亦經用古字注用今字之例詳鄉師疏御柩者亦執翿居前爲節度詳後疏引檀弓者證喪有朝廟鄭彼注云朝謂遷柩于廟賈疏云殷人殯於廟始死斂訖卽以柩朝廟而殯之周人不殯於廟故始死殯於路寢七月而葬以次朝七廟先禰而後祖廟別一宿後朝始祖廟遂出葬於墓檀弓孔疏云朝廟之禮每廟皆朝故既夕禮云其二廟則饌於禰廟下云降柩如初適祖則天子諸侯以下每廟皆一日至遠祖之廟當日朝畢則爲祖祭至明日設遣奠而行案據賈孔說則王喪當徧朝七廟攷曾子問云天子崩國君薨則祝取羣廟之主而藏諸祖廟卒哭成事而后主各反其廟是未葬以前自禰以上六廟並無主而得徧行朝禮者蓋將朝之前祝先迎主反羣廟既朝而主仍藏祖廟與新主祔祖後仍反於寢事相類也云故春秋傳曰凡夫人不殯于廟不祔于姑則弗致也者賈疏云此僖八年左氏傳秋七月禘于大廟用致夫人傳曰秋禘而致哀姜焉非禮也凡夫人不薨于寢不殯于廟不赴于同不祔于姑則弗致也注云寢小寢同同盟將葬又不以殯過廟言諸侯夫人有罪不以禮終不當致檀弓孔疏云此言周人不殯于廟案僖八年致哀姜左傳云不殯于廟則弗致也則正禮當殯於廟者服氏云不薨於寢寢謂小寢不殯於廟廟謂殯宮鬼神之所在謂之廟鄭康成以爲春秋變周之文從殷之質故殯於廟杜預以爲不以殯朝廟未詳孰是詒讓案襄四年傳云定姒薨不殯于廟注亦云殯不過廟依杜說則所謂不殯廟者卽不朝

於廟依服說則不殯廟卽不殯於寢此並因檀弓言周禮無殯廟故強爲之說先鄭此注旣引檀弓於前又引左傳此文則亦不以殯廟爲殯尸於廟可知今案左傳之殯廟卽檀弓之殯祖不宜異訓服杜兩說並未允協孔引後鄭說以左傳爲殷法孔廣森又申其義援明堂位魯禘牲用白牡及公羊定元年傳正棺於兩楹之閒證魯用殷禮其說致塙足以正先鄭及服杜諸家之誤矣云晉文公卒將殯於曲沃就宗廟者於舊本作于今據宋注疏本正賈疏云此左氏僖公三十二年晉文公卒庚辰將殯于曲沃就宗廟已下鄭君解義語云晉宗廟在曲沃者左傳杜注云曲沃有舊宮焉義與先鄭同賈疏云晉承桓叔之後桓叔本在曲沃故晉宗廟在曲沃云故曰曲沃君之宗也者賈疏云莊二十八年左氏傳驪姬欲立其子賂外嬖梁五與東關嬖五使言於公曰曲沃君之宗也不可以無主夏使大子居曲沃是也案杜注云曲沃桓叔所封先君宗廟所在云又曰丙午入于曲沃丁未朝于武公者僖二十四年傳記晉文公入國時事云二月壬寅公子入于晉師丙午入于曲沃丁未朝于武公杜注云文公之祖武公廟引此諸文並證曲沃有宗廟也國語晉語云烝於武公韋注亦云武公獻公之禰廟在曲沃賈疏云按趙商問周朝而遂葬則是殯於宮葬乃朝廟按春秋晉文公卒殯于曲沃是爲去絳就祖殯與禮記義異未通其說荅曰葬乃朝廟當周之正禮也其末世諸侯國何能同也傳合不合當解傳耳不得難經何者旣夕將葬遷于祖用軸旣夕是周公正經朝廟乃葬故云不得難經孔子發凡言不薨于寢不殯于廟不祔于姑則不致明正禮約殯于廟發凡則是關異代何者孔子作春秋以通三王之禮先鄭引之者欲見春秋之世諸侯殯于廟亦當朝廟乃殯案據賈引鄭志說則晉文公亦殯於廟依殷禮也與孔氏說可互證云玄謂乃奠朝廟奠者卽遷祖奠也旣夕禮遷柩朝廟徹宿奠後云厥明乃奠注云爲遷祖奠也又記云其二

廟則饌于禰廟如小斂奠乃啓據彼推之則天子七廟啓日先朝禰廟其奠亦如小斂奠以後五日偏朝諸廟其奠並同至第七日朝大祖廟其奠則如大斂奠若然天子朝廟奠有七次唯末奠特盛也又案天子喪禮奠有十一始崩奠二小斂奠三大斂奠四朝夕哭奠五朔月奠六月半奠七薦新奠八遷祖奠九祖奠十大遣奠鄭知此奠爲遷祖奠者以文承朝廟後也賈疏云以經文奠在朝下明不據初來宿奠是據厥明所設朝廟之奠

及祖飾棺乃載遂御

鄭司農云祖謂將葬祖於庭象生時出則祖也故曰事死如事生禮也檀弓曰飯於牖下小斂於戶內大斂於阼殯於客位祖於庭葬於墓所以卽遠也祖時喪祝主飾棺乃載遂御之喪祝爲柩車御也或謂及祖至祖廟也玄謂祖爲行始飾棺設柳池紐之屬其序載而後飾既飾當還車鄉外喪祝御之御之者執翿居前郤行爲節度

疏及祖者賈疏云初朝禰次第朝親廟四次朝二祧次朝始祖后稷之廟至此廟中設祖祭按既夕禮請祖期曰日側是至祖廟之中而行祖祖始也爲行始云飾棺乃載者賈疏云既載乃飾按既夕禮遂匠納車於階間郤柩而下棺乃飾棺設帷荒之屬飾訖乃還車向外移柩車去載處至庭中車西設祖奠天子之禮亦是先載乃飾棺此先云飾棺後言乃載者直取便文非行事之次第云遂御者王念孫云御下當有之字案鄭仲師云遂御之喪祝爲柩車御也康成云御之者執翿居前郤行爲節度疏云遂御之者喪祝執纛郤行御正柩故云遂御之則經文有之字明矣自唐石經始脫之字而各本遂沿其誤後漢書蔡邕傳注太平御覽禮儀部三十一引此並作遂御之小宗伯云及執事眂葬獻器遂哭之冢人云共其裸器遂貍之巾車云飾遣車遂廞之行之文義並與此同案王說是也賈疏云加飾訖移柩車喪祝執纛郤行御正柩故云遂御之　注鄭司農云祖謂將葬祖於庭者於舊本作于今據汪道昆本及注疏本校正既

夕禮祖在葬前一日還遷廟奠後彼文云商祝御柩乃祖注云還柩鄉外又云祖還車注云祖有行漸車亦宜鄉外也又云布席乃奠注云車已祖可以爲之奠也是之謂祖奠據此是還柩及車向外謂之祖因而設奠謂之祖奠此經之祖蓋兼還柩及祖奠言之祖於庭據檀弓文云象生時出則祖也者謂象生時出行有祖道飲酒故葬亦有祖奠也既夕禮有司請祖期後鄭彼注亦云將行而飲酒曰祖生人出有祖詳大馭疏云故曰事死如事生禮也者賈疏云按祭義云文王之祭也事死如事生義出於彼以其生時出有祖故死亦有祖引檀弓者賈疏云按檀弓曾子弔於負夏主人既祖奠徹推柩而反之曾子從者怪主人推柩而反問於曾子曾子對曰胡爲其不可從者問子游子游對此辭云飯於牖下者謂始死於北牖下遷尸於南牖下沐浴訖即飯含故云飯於牖下小斂於戶內小斂十九稱在戶內大斂於阼者士三十稱大夫五十稱諸侯百稱天子百二十稱皆於阼階故言大斂於阼殯於客位者夏后氏殯於阼階殷人殯兩楹閒周人殯於西階故云殯於客位祖於庭者行祖祭在祖廟之庭葬於墓者行祖祭訖至明日旦行大遣奠既奠引柩向壙故云葬於墓所以即遠也者此子游之意從飯於牖下至葬於墓節級皆是就遠不合反來引之者證此經祖是爲行始向遠之義云祖時喪祝主飾棺乃載者載謂載柩於柩路也既夕禮請祖期後云乃載商祝飾柩先鄭依經文先飾棺後載與既夕不合故後鄭不從云遂御之喪祝爲柩車御也者既夕禮云商祝御柩商祝即喪祝也前朝廟遷柩用輴不用車此既載則柩在車故云爲柩車御御亦謂御正柩與凡馭車異云或謂及祖至祖廟也者賈疏云以其飾載在祖廟中故以祖爲祖廟解之後鄭雖不從亦通一義案喪禮自啓殯遷祖即至祖廟此上文已有朝廟及奠則早已在祖廟矣不應此更云及祖故二鄭並不從賈謂亦通一義非也云玄謂祖爲行始者申先鄭出祖之

義明不如或說也爾雅釋詁云祖始也既夕禮注說祖亦云還柩鄉外爲行始白虎通義崩薨篇云祖於庭何盡孝子之恩也祖者始也始載於庭也乘軸車辭祖禰故名爲祖載也案班義與鄭異而訓祖爲始則同云飾棺設柳池紐之屬者柳池紐皆棺飾詳縫人疏云之屬者凡齊披之類皆是也云其序載而後飾既飾當還車鄉外喪祝御之者還車向外即所謂祖也其序先載次飾次祖賈疏云鄭見經先言飾棺後言乃載車向外於文到故依既夕禮先載而後飾當還車向外以其載時車北向飾訖當還車向外喪祝御之云御之者執翿居前郤行爲節度者翿即纛所謂羽葆幢也鄉師云及葬執纛以與匠師御匶而治役是凡御柩者皆執纛故鄭謂此喪祝御柩亦執翿必郤行者以方還柩向外居前者行當向柩故郤退而行鄭注既夕商祝御柩云亦執功布居前爲還柩車爲節彼士禮故執功布而不執翿翿形制詳鄉師疏賈疏云恐柩車傾虧以纛告之故云爲節度也

及葬御匶出宮乃代 喪祝二人相與更也

【疏】及葬御匶出宮乃代者以下並祖奠畢柩行適葬之事御匶者與鄉師匠師爲官聯也賈疏云謂於祖廟厥明大奠後引柩車出喪祝於柩車前郤行御柩車出宮 注云喪祝二人相與更也者說文人部云代更也賈疏云按序官云喪祝上士二人故鄭云二人相與更

及壙說載除飾 鄭司農云壙謂穿中也說載下棺也除飾去棺飾也四翣之屬令可舉移安錯之玄謂除飾便其窆爾周人之葬牆置翣

【疏】注鄭司農云壙謂穿中也者方相氏注云壙謂穿地中也說文土部云壙塹穴也塹阬也蓋穿地爲阬謂之壙因以爲墓穿之名也廣雅釋邱云藏謂之壙釋名釋喪制云壙曠也藏於空曠處也漢書外戚傳顏注云穿謂壙中也云說載下棺也者鄉射禮注云說解也在涂時棺載於柩車及壙則喪祝解說而下其棺別載於龍輴以入於穿也云除飾去棺飾也者廣雅釋詁云除去

也亦謂解說去之既窆則以入壙覆棺既夕謂之見是也天子棺飾詳縫人疏云四翣之屬者釋文云翣本亦作翣案翣字是也四翣者卽左襄二十五年傳所云四翣不蹕縫人先鄭注引彼文亦作翣彼四翣大夫禮若天子則八翣並詳縫人疏云令可舉移安錯之者賈疏云除去棺飾者令可舉移安錯於壙中安錯之言出孝經詒讓案孝經事親章云卜其宅兆而安措之錯措字通小爾雅廣言云措置也云玄謂除飾便其窆爾者鄉師注云窆謂葬下棺也後鄭謂除去棺飾爲便下棺見窆後仍加飾非除去不用也亦與先鄭義同云周人之葬牆置翣者據檀弓文證葬入壙亦置飾也亦詳縫人疏

小喪亦如之

疏 小喪亦如之者賈疏云小喪王后世子已下之喪自掌勸防已下至除飾皆據王喪其小喪亦有勸防已下之事故云亦如之案賈說非也依宰夫大宗伯注義上文大喪內當含有后世子不得爲小喪宰夫注又云小喪夫人以下此經之義當如彼注至大史小喪賜謚注云小喪卿大夫也此下文又云凡卿大夫之喪掌事而斂飾棺焉則此小喪不關卿大夫明矣又此小喪疑當兼有三公內諸侯之喪詳外饔大史疏

掌喪祭祝號

喪祭虞也檀弓曰葬日虞不忍一日離也是日也以虞易奠卒哭曰成事是日也以吉祭易喪祭

疏 注云喪祭虞也者小宗伯注云喪祭虞祔也此不及祔者以卒哭已爲吉祭祔更在卒哭之後故不數之士虞禮云祝免澡葛絰帶布席于室中東面右几降出及宗人卽位于門西東面南上蓋卽喪祝也引檀弓者證喪祭爲虞之義不忍一日離也不檀弓作弗小宗伯注引同此疑字誤並詳彼疏

王弔則與巫前

鄭司農云喪祝與巫以桃厲執戈在王前檀弓曰君臨臣喪以巫祝桃茢執戈惡之也所以異於生也春秋傳曰楚人使公親襚公使巫以桃茢先祓殯楚人弗禁既而悔之君臨臣喪之禮故悔之

疏 王弔則與巫前者此與男巫爲官聯也荀

子正論篇云天子出戶而巫覡有事出門而宗祝有事蓋謂此也白虎通義崩薨篇云臣子死君往弔之何親與之共治民恩深義重厚欲躬見之雜記云君於大夫世婦大斂焉爲之賜則小斂焉於外命婦既加蓋而君至於士既殯而往爲之賜大斂焉孔疏引熊安生云卿則小斂焉爲之賜則未襲而往又引左傳隱元年公子益師卒公不與小斂故不書日證卿當視小斂及公羊昭十五年叔弓卒傳君聞大夫之喪去樂卒事而往檀弓注以爲未襲證卿未襲而往若然王於公卿大夫士之喪其弔臨差次亦當與彼同故司服王於三公六卿諸侯大夫士皆有弔服又王弔諸侯三公以卿禮準之當亦未襲而往大司馬說王有弔士庶子當亦準士禮既殯而往互詳司服大司馬疏　注鄭司農云喪祝與巫以桃厲執戈在王前者段玉裁云厲卽茢之假借賈疏云桃茢二者祝與巫執之執戈者是小臣也按喪大記小臣二人執戈立於前二人立於後彼是諸侯法王弔亦然故兼言執戈案桃茢詳戎右疏引檀弓曰君臨臣喪以巫祝桃茢執戈惡之也所以異於生也者段玉裁云此及下一茢字當本同上作厲如縫人注改𦐇爲翣之類釋文音上桃厲云記作茢正謂與此注不同也案段說近是先鄭引此者證王弔巫祝當有事也後鄭彼注云爲有凶邪之氣在側君聞大夫之喪去樂卒事而往未襲也其已襲則止巫去桃茢桃鬼所惡茢萑苕可埽不祥案士喪說君視斂云君至巫止于廟門外祝代之後鄭彼注引此經及檀弓文釋之云皆天子之禮諸侯臨臣之喪則使祝代巫執茢居前下天子也檀弓孔疏云天子未襲之前臨臣之喪巫祝桃茢執戈三者並具諸侯臨臣喪未襲之前巫止祝執茢小臣執戈若既襲之後斂殯以來天子與諸侯同並巫止祝代之無桃茢必知襲後無桃茢者案喪大記大斂惟有巫止之文無桃茢之事今案依後鄭及孔說則王弔祝與巫並前惟諸侯三公六卿之喪或未襲時往乃有是事其大夫以下喪

往皆在襲後則巫止於門外王入門後祝前巫不前若諸侯弔事雖未襲以前巫亦止門外無巫祝並前之禮也引春秋傳者左襄二十九年傳記襄公朝於楚遇康王喪之事云楚人使公親襚公患之穆叔云祓殯而襚則布幣也乃使巫以桃茢先祓殯楚人弗禁既而悔之杜注云諸侯有遣使賵襚之禮今楚欲依遣使之比祓殯先使巫祓除殯之凶邪而行襚禮此引以證桃茢爲祓殯也孔疏云檀弓云襄公朝于荆康王卒荆人曰必請襲魯人曰非禮也荆人強之巫先拂柩荆人悔之記之所言即是此事所異者此言請襚彼言請襲此言祓殯彼言拂柩雖俱說此事先後不同禮死而沐浴即襲襲後始小斂大斂乃殯按往年傳公及漢聞康王卒公欲反則康王之卒公未至楚楚人使公親襚傳在此年言之則此年始令公親襚襚不得爲襲也卒已踰月不得柩仍在地足知殯是而柩非記虛而傳實也然則襚衣所以衣尸既殯而使公襚者致襚所以結恩好其衣不必充用雜記記致襚之禮云委衣于殯東是既殯猶致襚也案孔說是也賈疏謂襚即襲之時未殯而云祓殯者名尸爲殯耳失之云君臨臣喪之禮故悔之者兼釋左傳義左傳杜注云禮君臨臣喪乃祓殯故楚悔之亦同鄭義

掌勝國邑之社稷之祝號以祭祀禱祠焉

勝國邑所誅討者社稷者若亳社是矣存之者重神也蓋奄其上而棧其下爲北牖

疏 掌勝國邑之社稷之祝號者戒社在路門外之東宗廟之前與大社左右相對穀梁哀四年傳云亡國之社以爲廟屏戒也范注云立亳之社於廟之外以爲屏蔽取其不得通天人君瞻之而致戒心白虎通義社稷篇云王者諸侯必有誡社者何示有存亡也明爲善者得之爲惡者失之故春秋公羊傳曰亡國之社奄其上柴其下郊特牲曰喪國之社屋之示不與天地絕也在門東明自下之無事處也或曰皆當著明誡當近君置宗廟之牆南禮曰亡國之社稷必以爲宗廟之屏示

賤之也郊特牲孔疏〻云亡國之社亦有稷故士師〻云若祭勝國之社稷則為之尸是有稷也案孔說是也淮南子說林訓〻云無國之稷易為求福無國即亡國也〻云以祭祀禱祠焉者賈疏〻云祭祀謂春秋正祭禱祠謂國有故祈請求福曰禱得福報賽曰祠　注〻云勝國邑所誅討者者謂當代先王誅討所滅之國邑仍存其舊社稷媒氏注〻云勝國亡國也邑謂國都猶殷之都亳是也御覽禮儀部引馬融注〻云所討國所封邑猶立其社稷案所封邑封疑當作誅馬鄭義同〻云社稷者若亳社是矣者穀梁哀四年傳〻云六月辛丑亳社災亳社者亳之社也亳亡國也亡國之社以為廟屏范注〻云殷都于亳武王克紂而班列其社于諸侯以為亡國之戒故因謂之亳社左傳杜注說同郊特牲薄社鄭注亦〻云薄社殷之社殷始都薄彼釋文〻云薄本又作亳是鄭以亳社為殷社即范杜說所本呂氏春秋貴直篇狐援曰殷之社蓋於周之屏是也漢書王莽傳劉嘉奏曰古者畔逆之國四牆其社辯社諸侯出門見之著以為戒辯社即班社言以勝國之社班之侯國使立為戒社故魯得有亳社然則周王國侯國咸以亳社為戒社更無它社矣而公羊哀四年經傳亳社作蒲社何注〻云蒲社者先世之亡國在魯竟則以蒲社為魯所因國之社依何說是周惟王都戒社為殷社其畿外侯國則各自立因國之社以為戒社今攷書敘〻云成王既踐奄將遷其君於蒲姑詩豳風破斧孔疏引鄭書注以蒲姑為齊地左昭九年傳蒲姑商奄釋文引服虔〻云蒲姑齊也商奄魯也漢書地理志亦謂成王滅蒲姑以封師尚父則蒲姑乃齊之因國故左昭二十年傳晏子謂太公居齊為因蒲姑氏然則即如何說魯立戒社亦宜立奄社耳何緣別立奄所遷蒲姑之社何說於義難通殆未足馮矣〻云存之者重神也者以其國邑雖亡社稷是神事重之不敢廢故存之也〻云蓋奄其上而棧其下者約公羊哀四年傳文詳媒氏疏〻云為北牖者郊特牲〻云喪國之社屋之不受天陽也薄社

北牖使陰明也鄭彼注云絕其陽通其陰而已薄社即亳社故鄭據以爲說凡卿大夫之喪掌事而斂飾

棺焉疏凡卿大夫之喪掌事而斂飾棺焉者賈疏云言掌事者雖禮有降殺勸防已下皆掌之兼主斂事故總云掌事而斂飾棺焉詔讓案掌事亦兼掌詔相之事樂記云商祝辨乎喪禮故後主人是也又喪大記云大夫之喪大胥侍之衆胥是斂士之喪胥爲侍士是斂注云胥當爲祝喪祝卿大夫之喪掌斂士喪禮商祝主斂案以士喪既夕篇攷之掌襲含小大斂拂柩飾柩御柩者商祝也掌淅米鬻餘飯進奠徹奠者夏祝也掌取銘者周祝也三祝皆卽喪祝是士之喪亦喪祝掌事及斂飾棺此不及士者文不具也

甸祝掌四時之田表貉之祝號杜子春讀貉爲百爾所思之百書亦或爲禡貉兵祭也甸以講武治兵故有兵祭詩曰是類是禡爾雅曰是類是禡師祭也玄謂田者習兵之禮故亦禡祭禱氣埶之十百而多獲疏掌四時之田者總冢下文明表貉以下諸事凡時田皆同云表貉之祝號者肆師注說表貉云其神蓋蚩蚘或曰黃帝則於六號當爲鬼號其牲號幣號當亦有之此官辨其號而爲之祝辭也賈疏云四時田卽大司馬所云春蒐夏苗秋獮冬狩按大司馬大閱禮云既陳乃設驅逆之車有司表貉於陳前當此貉祭之時田祝爲號　注云杜子春讀貉爲百爾所思之百者百爾所思詩鄘風載驅篇文此與肆師祭表貉注云貉讀爲十百之百同段玉裁云此當是易貉爲禡而訓其音義爲百故鄭君云禱氣埶之十百貉禡百三字同在古音魚鐸部也與肆師注互相足云書亦或爲禡者大司馬先鄭注同謂故書或本作禡也說文示部云禡師行所止恐有慢其神下而祀之曰禡周禮禡於所征之地案許書字與此或本同而說與二鄭異許引周禮者據王制云天子將出征禡於所征之地非此經文云貉兵祭也者謂貉本爲出兵之祭

兵祭猶言師祭也云甸以講武治兵故有兵祭者甸疑當作田此釋田有表貉之義穀梁昭八年傳云因蒐狩以習用武事禮之大者也又大宗伯軍禮云大田之禮簡衆也是田狩所以講武治兵故即用兵祭之禮也引詩曰是類是禡爾雅曰是類是禡師祭也者大雅及釋天文引以證彼禡即此貉同為兵祭也並詳大祝疏云玄謂田者習兵之禮故亦禡祭者與先鄭說同賈疏云詩與爾雅據出征之祭田是習兵故亦禡祭云禱氣埶之十百而多獲者從子春讀百為義取其增氣埶以多獲禽獸肆師注云禱氣勢之增倍埶勢古今字此注疑亦當與肆師同

舍奠于祖廟禰亦如之 舍讀為釋釋奠者告將時田若將征伐鄭司農云禰父廟

【疏】舍奠于祖廟禰亦如之者賈疏云天子將出告廟而行言釋奠於祖廟者非時而祭即曰奠以其不立尸奠之言停停饌具而已七廟俱告故祖禰并言 注云舍讀為釋者占夢注同凡此經釋奠釋采字並作舍詳大胥疏云釋奠者告將時田若將征伐者謂時田之前有此告奠之事與將征伐亦告祖禰事相若也賈疏云此經上下惟言時田不言征伐按大祝大師造于祖大會同造于廟皆造祖禰故兼言征伐詒讓案大傳說武王牧野之戰既事而退設奠于牧室彼即征伐舍奠之事大祝大會同有反行舍奠亦即釋奠也文王世子云凡學春官釋奠於其先師鄭注云釋奠者設薦饌酌奠而已無迎尸以下之事聘禮載使者歸釋奠於禰之禮云乃至于禰筵几于室薦脯醢觴酒陳席于阼薦脯醢三獻一人舉爵獻從者行酬乃出此天子將出舍奠之禮當與彼略同王制又云天子出征執有罪反釋奠于學以訊馘告孔疏云釋奠有牲牢又有幣帛無用菜之文又引熊安生云釋奠既有牲牢又菜幣兩有陳祥道黃以周並謂大祝釋奠為告祭曾子問云凡告必用牲幣是釋奠有牲幣是也但釋奠有牲牢則不當有菜魯頌閟宮說在泮獻馘又言采芹藻者采以為菹為豆實

耳與釋菜實於筐笄異也鄭王制注以釋奠爲釋菜奠幣亦非釋菜不薦饌奠幣卽釋幣與釋奠並不同互詳大胥疏鄭司農云禰父廟者公羊隱元年何注云生稱父死稱考入廟稱禰左傳襄十三年孔疏云禰近也於諸廟父最爲近也

師甸致禽于虞中乃屬禽及郊饁獸舍奠于祖禰乃斂禽禂牲禂馬皆掌其祝號

師田謂起大衆以田也致禽於虞中使獲者各以其禽來致于所表之處屬禽別其種類饁饋也以所獲獸饋於郊薦于四方羣兆入又以奠于祖禰薦且告反也斂禽謂取三十入腊人也杜子春云禂禱也爲馬禱無疾爲田禱多獲禽牲詩云既伯既禱爾雅曰既伯既禱馬祭也玄謂禂讀如伏誅之誅今侏大字也爲牲祭求肥充爲馬祭求肥健

疏禂牲禂馬者黃以周云凡禂牲禂馬皆在田獵之先詩吉日文可證上文乃斂禽句與此不相關非田事既舉乃禱之也注云師田謂起大衆以田也者經作甸注作田者小宗伯注云甸讀曰田經用叚字注從正字也注道昆本依經作師甸誤爾雅釋詁云師衆也大田起六軍羨卒竭作是起大衆故大宗伯云大田之禮簡衆也此經師田之文小宰掌之州長黨正族師遂人縣正稍人小司馬小子及此職凡十見彼九職鄭皆無釋賈疏並以師爲征伐田爲田獵則分爲二事此注獨以起大衆以田爲訓則鄭意謂師田卽大田與小宰諸職之師田義微異蓋以此官爲田而設此章致禽屬禽以下諸文並專爲田法不涉行師之事故鄭特釋之亦以四時大田並經屬文固不妨牽連同舉矣云致禽於虞中使獲者各以其禽來致先書戰用軍禮則師之與田其事相因故此官職掌雖不涉軍事而于所表之處者于注例並當作於此錯出誤下並同獸人云及弊田令禽注于虞中先鄭注云虞中謂虞人釐所田之野及弊田植虞旗於其中致禽而珥焉獸人主令田衆得禽者置虞人所立虞旗之中

是也賈疏云若田獵在山山虞植旗田獵在澤澤虞植旌各植旗爲表也云屬禽別其種類者遂大夫注云屬猶聚也凡禽獸種類同者聚於一處而後可以別之故別其種類謂之屬禽致禽時總致所獲不別種類既致甸祝乃別之田僕云及獻比禽注云田弊獲者各獻其禽比種物相從次數之此注別其種類即比校之事屬與比事亦相成此官與田僕爲官聯也云饁饋也者小宗伯注同云以所獲獸饋於郊薦于四方羣兆者郊有四方羣兆詳小宗伯職賈疏云田獵在四郊之外還國必過羣兆故將此禽獸薦於羣兆直以禽祭之無祭事案詳小宗伯疏云入又以奠于祖禰薦且告反也者賈疏云上經舍奠於祖廟謂出田今此舍奠在饁獸之下是告反也言薦者又以所獲禽牲薦廟也詒讓案薦者薦所獲禽獸與歲時薦新禮同亦詳大宗伯疏云斂禽謂取三十入腊人也者獸人云凡獸入於腊人取三十亦詳小宗伯疏賈疏云知入腊人者按腊人云掌凡田獸之脯腊按王制一爲乾豆二爲賓客三爲充君之庖此入腊人者按上殺者乾之以爲豆實供祭祀其餘入賓客庖廚直入腊人者據祭祀重者而言杜子春云禂禱也爲馬禱無疾爲田禱多獲禽牲者說文示部云禂禱牲馬祭也从示周聲重文䮞或从馬壽省聲案許亦以禱牲禱馬二祭同名與杜鄭義不異非以牲馬合爲一禂也禂馬者祭馬祖見毛詩吉日傳曾釗云禂即禱別體無煩改讀蓋禂从周周古與壽通爾雅禱謂之帳釋文一作幬書譸張爲幻釋文譸本作輈爾雅作侜爾雅釋言翿纛也翿開成石經作翢說文引詩既伯既禂更可爲禂即禱之明證俞樾云禂字蓋即禱之古文禂從周聲故亦從壽聲說文示部分禂禱爲二篆蓋即因此經而誤又出䮞篆爲禂之或體則孳乳浸多非古字矣杜子春訓禂爲禱乃以今字釋古字耳鄭必讀如誅而訓爲大義實未安案曾俞說亦通引詩云既伯既禱者小雅吉日篇文彼詩紀宣王田獵之事故引以爲證段玉裁云

杜引詩者以伯證禱馬毛傳云伯馬祖也重物愼微將用馬力必先爲之禱其祖此周禮之禂馬也又云禱禱獲也此釋既禱周禮之禂牲也案段說是也吉日孔疏以伯禱並爲馬祭失之徐鍇說文繫傳引詩伯作禡則以馬祖之祭與禡祭之禡混而爲一尤謬引爾雅曰既伯既禱馬祭也者釋天文郭注與毛詩傳同案爾雅云馬祭者釋詩之既伯并及既禱者因舉詩全句故牽連及之其實馬祭不關既禱也杜亦引以爲禂馬之證云玄謂禂讀如伏誅之誅今侏大字也者段玉裁云鄭君不從杜謂禂字之音讀如誅禂字之義則今所云侏大爲牲祭求肥充爲馬祭求肥健故禂之音義皆同侏大也周聲朱聲古音在尤侯類鄭必易杜說者上文禡祭已禱氣埶之十百而多獲禽矣不當此禂牲又爲禱多獲禽也惠士奇云文選注揚雄國三老箴曰負乘覆餗姦寇侏張侏張猶張大也李善云侏張卽輈張輈與侏古字通周書譸張爲幻侜侏譸輈皆通大玄八十七家童之次七曰修侏侏比于朱儒侏侏長大貌言雖長大與朱儒等又曰陽去其陰陰去其陽物咸倜倡倜與侏同倜倡言大而盛也則侏訓爲大明矣阮元云說文無侏字當是侜之異體云爲牲祭求肥充爲馬祭求肥健者此二者亦卽田時之祭牲卽田獵所獲之牲賈疏謂祭祀之牲非也肥充肥健並與侏大義協上正其讀此更釋其義也

詛祝掌盟詛類造攻說禬禜之祝號八者之辭皆所以告神明也盟詛主於要誓大事曰盟小事曰詛

【疏】注云八者之辭皆所以告神明也者賈疏云此八者之內類造已下是大祝六祈大祝不掌祝號故此詛祝與盟同爲祝號秋官自有司盟之官此詛祝兼言之者司盟直掌盟載之法不掌祝號與載辭故使詛祝掌之云盟詛主於要誓者曲禮云約信曰誓涖牲曰盟盟詛亦有誓但以用牲爲異左僖二十八年傳王子虎盟諸侯於王庭要言曰皆獎王室無相害也有渝此盟明神殛之俾隊其師

無克祚國又哀十二年傳云盟所以周信也故心以制之玉帛以奉之信以結之明神以要之並所謂要誓也云大事曰盟小事曰詛者賈疏云盟者盟將來春秋諸侯會有盟無詛詛者詛往過不因會而爲之故云大事曰盟小事曰詛也詒讓案鄭意盟詛二者詛小於盟以左傳考之固有一事而盟詛兼行者如襄十一年季武子將作三軍盟諸僖閎詛諸五父之衢定公五年陽虎囚季桓子冬十月己丑盟桓子于稷門之內庚寅大詛又六年秋陽虎又盟公及三桓于周社盟國人于亳社詛于五父之衢是也又封人云大盟則飾其牛牲注云大盟會同之盟又左傳有大詛則盟詛二者亦自有大小矣至於盟亦有盟往過詛亦有詛將來賈疏說未塙

作盟詛之載辭以敘國之信用以質邦國之劑信

載辭爲辭而載之於策坎用牲加書於其上也國謂王之國邦國諸侯國也質正也成也文王脩德而虞芮質厥成鄭司農云載辭以春秋傳曰使祝爲載書

疏作盟詛之載辭以敘國之信用者此與司盟爲官聯也賈疏云爲要誓之辭載之於策人多無信故爲辭對神要之使用信云以質邦國之劑信者與司約爲官聯也賈疏云亦爲此盟詛之載辭以成正諸侯邦國之劑謂要券故對神成正之使不犯　注云載辭爲辭而載之於策坎用牲加書於其上也者於其之於舊本誤于今據明監本正坎謂掘地爲坎坎牲加書事詳司盟疏賈疏云若然則策載此辭謂之載案司盟掌盟載之法彼注云載盟辭也盟者書其辭於策即是此載辭也又注云殺牲取血坎其牲加書於上而埋之謂之載書明此坎用牲加書於其上據載書而言以此言之則書辭於策謂之載辭加書於牲上謂之載書司盟掌載書詛祝掌載辭此注兼言坎用牲加書之事者事相因故兼解之案賈分此載辭與司盟注載書爲二非也左僖二十六年傳載在盟府杜注云載載書也又襄九年傳同盟于戲士莊子爲載書又

荀偃曰改載書杜注云載書卽盟辭不關加於牲上而後謂之載書也又哀二十六年傳載宋大尹將盟六卿事云使祝爲載書六子在唐盂將盟之祝襄以載書告皇非我時六卿未盟尚無坎牲加書之事而云爲載書明載書卽謂盟辭又襄十年傳云鄭子孔當國爲載書以位序聽政辟則凡策書並通稱載書不必盟載之書也鄭司盟注所云蓋欲見書辭於策卽加牲之書並非謂載書爲載於牲上之稱賈氏不達鄭恉强分爲二殊誤云國謂王之國邦國諸侯國也者賈疏云周禮體單言國者皆據王國邦國連言者皆據諸侯故爲此解案詳大宰疏云質正也成也者小爾雅廣言云質正也爾雅釋詁云質成也是質兼此二義云文王脩德而虞芮質厥成者虞芮質厥成詩大雅緜篇文毛傳云質成也成平也虞芮之君相與爭田久而不平乃相謂曰西伯仁人也盍往質焉乃相與朝周入其竟則耕者讓畔行者讓路入其邑男女異路斑白不提挈入其朝士讓爲大夫大夫讓爲卿二國之君感而相謂曰我等小人不可以履君子之庭乃相讓以其所爭田爲閒田而退引之者證質成互相訓之義鄭司農云載辭以春秋傳曰使祝爲載書者阮元黃丕烈並謂云當作說是也使祝爲載書卽哀二十六年左傳文先鄭以彼祝卽詛祝故引以證此作載辭之事賈疏謂後鄭以司農合載辭與載書爲一引以備一義非也載辭卽載書二鄭義同賈自妄生分別耳

司巫掌羣巫之政令若國大旱則帥巫而舞雩雩旱祭也天子於上帝諸侯於上公之神鄭司農云魯僖公欲焚巫尪以其舞雩不得雨

疏掌羣巫之政令者敘官云男巫無數女巫無數司巫總掌之故云羣巫明其人數多也云若國大旱則帥巫而舞雩者爾雅釋訓云舞號雩也賈疏云謂帥女巫已下是以女巫職云旱暵則舞雩亦據脩雩而言也　注云

雩旱祭也者公羊桓五年傳云大雩者何旱祭也何注云雩旱請雨祭名使童男女各八人舞而呼雩故謂之雩說文雨部云雩夏祭樂于赤帝以祈甘雨也月令仲夏之月命有司爲民祈祀山川百源大雩帝用盛樂注云陽氣盛而常旱雩吁嗟求雨之祭也自鞀鞞至柷敔皆作曰盛樂凡他雩用歌舞而已春秋傳曰龍見而雩雩之正當以四月凡周之秋三月之中而旱亦脩雩禮以求雨因著正雩此月失之矣周冬及春夏雖旱禮有禱無雩孔疏云以四月純陽用事陽氣盛而恆旱故制禮此月爲雩縱令雩祭時不旱亦爲雩祭按春秋周七月八月九月皆書雩穀梁不譏成七年冬大雩穀梁云無爲雩是譏其冬雩是冬無雩也春秋周之春及周之四月五月皆無雩文春夏不雩雖旱不爲脩雩之祭其周季夏當有正雩則龍見而雩是也案鄭孔並據左桓五年傳義彼文云秋大雩書不時也凡祀龍見而雩續漢書禮儀志劉注引服虔云龍角亢也謂四月昏龍星體見萬物始盛待雨而大故雩祭以求雨也杜氏釋例云龍見而雩謂建巳之月蒼龍七宿之體昏見東方於是大雩祭天遂爲百穀祈膏雨也始夏而雩者謂純陽用事防有旱災而祈之也至于四時之旱則又因用此禮而求雨故亦曰雩月令之書出自呂不韋其意也欲爲秦制非古典也穎氏因之以爲龍見五月五月之時龍星已過於見此爲彊牽天宿以附會呂不韋之月令且又自違左氏傳稱秋大雩書不時此秋即穎氏之五月而忘其不時之文欲以雩祭案此經雩不著時春秋經書大雩者二十皆在秋三月桓八年大雩在八月即夏正之六月也公羊止云旱祭穀梁云雩月正也左傳則以爲不時而別著龍見爲雩之正時月令則著大雩於五月此經文之異也左氏龍見鄭以爲夏四月而謂周之雩有二以四月爲正雩雖不旱亦舉其祭其夏五月六月七月在周爲秋三月遇旱則亦雩不旱則否是爲旱雩餘月則有禱無雩其說本春秋考異郵見穀梁成七年楊

疏引鄭釋廢疾蓋西漢古義如是服杜說及齊書禮志引王肅說並與鄭同惟杜以常雩外四時之旱皆得雩與鄭小異穎容據月令謂龍見在五月以五月爲正雩則杜氏已庌其誤矣黄以周云龍見而雩指尾信五年童謠謂之龍尾左傳啓蟄而郊四語皆據四孟爲文而龍尾之見實在孟夏巳月昭十七年傳云火出於夏爲三月三月東方心出其四月尾見東方可知也案黄說足申鄭服杜義論衡明雩篇云左氏傳曰龍見而雩龍見二月也春二月雩秋八月亦雩春祈穀雨秋祈穀實當今靈星秋之雩也按王仲任謂一歲再雩其言絕無根據龍見在夏天象昭然而輒移之二月漢靈星之祭祀天田不爲雩續漢書禮儀志自有旱雩與祭祀志靈星之祭絕不相關仲任并爲一尤誤玉燭寶典引鄭論語注謂莫春成雩祭之服雩者四月龍星見而爲之故季春成其服若然季春雩服始成則二月不得爲雩祭明矣又案此經不別正雩旱雩大戴禮記夏小正云四月越有大旱此經云大旱舞雩兩文正合則此文自廣咳四月正雩及餘月旱雩爲文若稻人之旱暵雩斂女巫之旱暵舞雩則並專指秋三月之旱雩非建巳月之常雩也其周冬春夏三時旱有祈禱則無定時禮亦尤殺故經注並不具又祭法云雩宗祭水旱也鄭注讀爲雩禜云雩禜亦謂水旱壇也是水祭亦得稱雩然此經惟主大旱脩雩故注亦不及水也云天子於上帝諸侯於上公之神者月令大雩帝注云謂爲壇南郊之旁雩五精之帝配以先帝也月令又云乃命百縣雩祀百辟卿士有益於民者以祈穀實注云百辟卿士古者上公若句龍后稷之類也天子雩上帝諸侯以下雩上公孔疏云以春夏秋冬共成歲功不可偏祭一天故雩五精之帝以自外至者無主不止當以人帝配之大皞配靈威仰炎帝配赤熛怒黄帝配含樞紐少皞配白招拒顓頊配汁光紀故云配以先帝也百辟則古之上公社稷五祀雖爲王朝卿士兼帶上公之官故左氏云封爲上公祀爲貴

神案鄭月令注謂大雩帝爲祭五天帝呂氏春秋仲夏紀高注亦云帝五帝也而說文謂止祭赤帝二說不同未知孰是依鄭義天子雩五帝在南郊公羊桓五年何注云君親之南郊以六事謝過自責通典吉禮引阮諶禮圖云雩壇在國巳地是也諸侯雩五神壇亦同穀梁定元年傳云雩者爲旱求者也求者請也焉請哉請乎應上公古之神人有應上公者通乎陰陽君親帥諸大夫道之而以請焉案穀梁說請乎古之神人應上公者蓋卽指五神言之所謂諸侯雩上公也又左傳桓五年孔疏引賈逵說大雩云言大別山川之雩月令疏引服虔說亦同然則諸侯亦雩山川不僅於上公之神矣賈疏云按禮記月令大雩帝用盛樂據天子雩五帝按彼下文命百縣雩祀百辟卿士百縣謂畿內鄉遂明畿外諸侯亦雩祀百辟卿士卽古上公句龍柱棄之等是天子祀上帝諸侯祀上公若魯與二王之後得祀天者亦得雩祭天鄭司農云魯僖公欲焚巫尫以其舞雩不得雨者賈疏云按僖二十一年夏大旱欲焚巫尫尫不必舞雩故檀弓云魯穆公云吾欲暴尫而奚若又云吾欲暴巫而奚若縣子曰天則不雨而暴人之疾子虐無乃不可與鄭注云尫者面鄉天覬天哀而雨之明非舞雩之人司農兼引尫者拔句連引之其實非舞者若四月正雩非直有男巫女巫按論語曾晳云春服既成童子六七人冠者五六人兼有此等故舞師云教皇舞帥而舞旱暵之事舞師謂野人能舞者明知兼有童子冠者可知案賈謂尫不必舞雩非也依檀弓縣子說蓋巫卽女巫尫卽男巫故女巫先鄭注亦唯舉暴巫以證義此注兼舉巫尫者明舞雩兼有男女巫也左傳杜注云巫尫女巫也主祈禱請雨者或以爲尫非巫也瘠病之人其面上向俗謂天哀其病恐雨入其鼻故爲之旱是以公欲焚之杜氏前說以巫尫爲一與檀弓義違後說本鄭義亦非詳敘官疏又案賈引論語童子六七人冠者五六人爲舞雩之人玉燭寶典引鄭論語注說正如此卽賈所本

論衡明雩篇說亦同公羊桓五年疏引春秋說又謂天子雩有冠者七八人童子八九人並於經無文恐不足信至大雩祭五帝用盛樂宜用大舞舞師所云皇舞舞旱暵之事者爲樂師小舞之一則仍是旱雩矣賈謂皇舞即四月常雩所用非也詳舞師疏

國有大烖則帥巫而造巫恆杜子春云司巫帥巫官之屬會聚常處以待命也玄謂恆久也巫久者先巫之故事造之當案視所施爲

疏國有大烖者司服注云大烖水火爲害案此大烖當兼天地大變及大荒大札等言之互詳小宗伯司服大司樂女巫疏

注杜子春云司巫帥巫官之屬會聚常處以待命也者爾雅釋詁云恆常也巫官之屬即男巫女巫神士之屬會聚常處謂巫官常所居之官舍會聚其處以待禱祈之命也然常處謂之巫恆於文不順故後鄭不從云玄謂恆久也者易彖下傳文云巫久者先巫之故事造之當案視所施爲者先巫謂先世始爲巫者史記封禪書載漢初有荊巫祠巫先賈疏云後鄭之意以恆爲先世之巫久故所行之事今司巫見國大烖則帥領女巫等往之所行之事按視舊所施爲而法之汪中云恆當作咸語之轉史記殷本紀巫咸之興自此始韓非說林下巫咸雖善祝不能自祓也案汪說與鄭異亦通

祭祀則其匰主及道布及蒩館杜子春云蒩讀爲鉏匰器名主謂木主也道布新布三尺也鉏藉也館神所館止也書或爲蒩館或爲祖飽或曰布者以爲席也祖飽茅裹肉也玄謂道布者爲神所設巾中霤禮曰以功布爲道布屬于几也蒩之言藉也祭食有當藉者館所以承蒩謂若今筐也主先匰蒩後館互言之者明共主以匰共蒩以筐大祝取其主蒩陳之器則退也士虞禮曰苴刌茅長五寸實于筐饌于西坫上又曰祝盥取苴降洗之升入設于几東席上東縮

疏注杜子春云蒩讀爲鉏者蒩鉏聲類同但蒩本訓藉而鉏則無藉義杜反破蒩從鉏義不可通必有譌互段玉裁改

經文葙爲鉏注爲鉏讀爲葙二云經文作鉏杜子春易爲葙字訓爲葙也今本以注改經復以經改注遂不可通矣黃以周又改經文作租注作租讀爲葙案段黃所校不同無可質證今攷鄉師已有葙字鄭於經文未必從鉏租二字竊疑經自作葙注當云葙讀爲苴蓋杜卽據士虞禮釋此經而後鄭從之今本苴譌爲鉏遂不可通耳二云匰器名者說文匚部云匰宗廟盛主器也引周禮曰祭祀共匰主許說與杜同廣雅釋器云匰笥也凡主藏於廟中以石爲室謂之祏說文示部云祏宗廟主也周禮有郊宗石室一曰大夫以石爲主御覽禮儀部引五經異義亦云左氏傳曰徙主祏于周廟言宗廟有郊宗石室所以藏栗主也案許云周禮者蓋通述周之禮典非引此經文郊宗石室謂配郊及宗祀明堂之遠祖在壇墠之上者其主實於石室藏之大祖廟也其實五廟二祧之主亦藏以石室當祭時出主於室則以匰盛之以授大祝不敢徒手奉持恐褻神也匰卽篚笥之屬每祭則司巫共之逮祭畢主復歸於室卽去匰別藏之主蓋不常盛於匰也黃以周云據說文祏卽石室之主石室亦曰石函非一物司巫祭祀則共匰主是匰於祭時設之平時在石函無匰案黃說是也石函卽石室故左莊十四年傳典司宗祏杜注云宗廟中藏主石室而昭十八年哀十六年注並以祏爲藏主石函明室函同物非石室之內別爲石函惟通典吉禮引摯虞決疑云廟主藏於戶之外西牆之中有石函名曰宗祏祏函中笥以盛主此謂石函之內復有盛主之笥笥蓋卽漢舊儀藏主之木函此自是漢晉制與此經匰不相涉也二云主謂木主也者說文宀部云宔宗廟宔祏經典通作主木主謂桑主栗主也公羊文二年作僖公主傳云主者曷用虞主用桑練主用栗用栗者藏主也何注云主狀正方穿中央達四方天子長尺二寸諸侯長一尺虞主用桑期年練祭埋虞主於兩階之閒易用栗也夏后氏以松殷人以柏周人以栗禮士虞記曰桑主不文吉主皆刻而諡之

蓋爲禘祫時別昭穆也藏主藏於廟室中當所常奉事也質家藏於堂又祭法孔疏引五經異義云今春秋公羊說祭有主者孝子以主繫心夏后氏以松殷人以柏周人以栗又周禮說虞主用桑練主以栗無夏后氏以松爲主之事許君謹案從周禮說論語所云謂社主也鄭氏無駁從許義也案主之形制穀梁文二年范注及楊疏引徐邈說並與何同楊疏又云麋信引衞次仲云宗廟主皆用栗右主八寸左主七寸廣厚三寸若祭訖則內于西壁埳中去地一尺六寸右主謂父也左主謂母也曲禮孔疏引白虎通云所以有主者神無依據孝子以繼心也主用木木有始終又與人相似也蓋記之以爲題欲令後可知也方尺或曰尺二寸案衞次及白虎通說又與何許諸家不同未知孰是又案鄭祭法注謂大夫無主通典吉禮及左傳哀十六年孔疏引五經異義公羊說大夫士無主大夫束帛依神士結茅爲菆許慎據左傳衞孔悝反祏于西圃大夫以石爲主鄭駁從公羊說謂大夫無主孔悝反祏爲所出公之主案說文祏字注引別說亦云大夫以石爲主今攷祏爲主室非卽以石爲主許義不足據然謂大夫士廟有主則於義得通通典又引徐邈及魏清河王懌議並謂大夫士當有主亦從許說也云道布新布三尺也者此於經無文聶氏三禮圖引舊圖說功布以大功布長三尺杜或卽指功布言之此未詳所用後鄭亦不從云鉏藉也者鉏段玉裁攷爲蒩今案疑當爲苴杜亦訓蒩爲苴與後鄭同云館神所館止也者廣雅釋宮云館舍也杜意蒩藉所以依神猶人之有館舍是謂之館也士虞禮後鄭注云苴所以藉祭也孝子始將納尸以事其親爲神疑於其位設苴以定之耳或曰苴主道也則特牲少牢當有主象而無何乎是苴有定神位及主象二說雖不知杜意所從然皆與館止之義相通云書或爲蒩館者此與正文不異必有誤或正文當爲鉏爲租亦未能定也云或爲租飽者租余仁仲本作蒩閩注疏本同未知孰是下同蒩租

聲類同館鮑形之誤云或曰布者以爲席也者此禮家別說司几筵
職無布席又與中霤禮屬几之文不合故後鄭不從云租鮑茅裹肉
者謂以茅包隋祭而藏之也宋世犖云館鮑篆形相近藉鮑爲租鮑
也者此就別本釋之段玉裁云讀鮑爲苞苴之苞也惠士奇云藉鮑
卽苴苞字曲禮云苞苴裹魚肉者也或以葦或以茅卽租鮑茅裹肉
之義案段惠宋說是也鮑苞聲類同苞苴之苞經典或借包爲之或
說蓋亦以藉爲苴鄉師茅藉後鄭注謂苴祭後藏去卽守祧之藏其
隋是也釋文云租鮑劉上音纂又音卷下音苞又音弭案劉音租爲
纂者疑以租爲蕝卽隱據五經異義士結茅爲蕝之義其音鮑爲苞
則與段惠諸說正同惟讀租如卷讀鮑如弭未詳其義攷卷與稍音
近弭與餌音近或劉所見別本有作此二字者與云玄謂道布者爲
神所設巾者生人有巾以自絜清故祭時亦爲神共之引中霤禮曰
以功布爲道布屬于几也者中霤禮逸禮篇名漢書藝文志云禮古
經五十六卷出于魯淹中及孔氏學十七篇文相似多三十九篇此
其一也月令注釋祭五祀之禮孔疏並以爲出中霤禮功布者既夕
禮云商祝免袒執功布入升自西階又云商祝拂柩用功布鄭注云
功布灰治之布也又喪大記云士御柩用功布孔疏云功布大功布
也今案功布蓋七升至十二升之布依逸禮祭五祀時以功布爲神
巾屬於爲神所設之几故此引以證祭祀有共道布之事也云藉之
言藉也祭食有當藉者者甸師注亦云苴以藉祭段玉裁云鄭君從
杜作藉杜既以藉釋苴矣鄭復云藉之言藉何也凡訓詁家云之言
者必義本異而爲通杜子春叔重藉皆訓藉鄭君意藉自有本義引
伸之爲藉義故云之言下文以士虞禮之苴證此經之藉正與鄉師
注同士虞之苴卽藉士虞之筐卽館也又士虞禮賈疏云特牲少牢
吉祭無苴案司巫祭祀則供匰主及藉館常祀亦有苴者以天子諸
侯尊者禮備故吉祭亦有苴凶祭有苴可知案依賈說則天子諸侯

吉祭亦有苴士虞禮祝酌奠奠後佐食祭黍稷膚祝祭酒皆於苴王祭禮九獻祝酌奠郊特牲注謂在饋孰時則四獻之後延主入室時或當有祭苴之法與云館所以承藉謂若今筐也者據士虞禮苴實于筐是筐即以盛苴說文匚部云匡飯器筥也重文筐匡或从竹謂之館者蓋亦取館止之義鄉師共茅以為藉此官則共館以承之云主先匰藉後館互言之者明共主以匰共藉以筐大祝取其主藉陳之器則退也者謂匰以盛主館以盛藉其事正同而立文有異故特釋之賈疏云謂主先匰器在上者欲見以匰器盛主來向祭所大祝取得主匰器即退藉後言館器欲見大祝取得藉館器退明亦初以館盛藉來互言之是以鄭云明共主以匰共藉以筐大祝取其主藉陳之器則退也二事雙解之引士虞禮曰苴刌茅長五寸實于筐饌于西坫上者筐士虞禮作篚篚筐形制略同彼經又云祝迎尸一人衰經奉篚哭從尸彼釋文亦云篚本亦作筐與此相類疑漢時別本有如是作者鄭沿之也賈疏云刌切也切之長五寸又陳之西坫者堂西南隅謂之坫饌陳於此未用前又曰祝盥取苴降洗之升入設于几東席上東縮者彼經祝盥下有升字賈疏述注亦有疑今本誤挩鄭彼注云縮從也賈疏云士虞禮設席於奧禮神東面右几故設于几東席上東縮據神東面為正東西設之故言東縮引之者見苴是藉祭之物

凡祭事守瘞瘞謂若祭地祇有埋牲玉者也守之者以祭禮未畢若有事然祭禮畢則去之

疏注云瘞謂若祭地祇有埋牲玉者也者大人注云瘞謂埋祭也說文土部云瘞幽薶也埋即薶之俗禮運瘞繒注云埋牲曰瘞大戴禮記曾子天圓篇云割列禳瘞盧注云瘞埋也祭地曰瘞呂氏春秋任地篇云有年瘞土高注云祭土曰瘞案瘞即大宗伯貍沈之貍鄭云祭地祇者通方丘北郊社稷五祀四望山林等言之爾雅釋天云祭地曰瘞埋郭注云既祭埋藏之詩大雅鳧鷖孔疏引爾雅李巡注云祭地以玉埋地中

曰瘞埋又引孫炎云瘞者翳也既祭翳藏地中蓋瘞爲祭地示之通
禮大宗伯地示三祭血祭及貍沈及疈辜不瘞耳凡瘞埋
並有牲玉帛賈疏謂鄭不言帛亦有帛可知是也互詳大宗伯疏云
守之者以祭禮未畢若有事然者賈疏云但祭地埋牲與禋祀同節
作樂下神之後卽有埋牲之事以後更有祭祀之節事故使司巫守
埋是以鄭云若有事然案賈說非也大宗伯地祇三祭自以血祭對
禋祀則社稷五嶽不以瘞埋歆神始可知而方丘北郊更可知矣若
山林川澤等無血祭之節乃從埋沈始耳然則孫炎郭璞謂祭後瘞
埋固非賈覲禮疏謂地祇皆以瘞埋爲歆神始又謂或可祭祀之後
更有柴瘞升沈之事則又兼用孫郭之說並非也蓋陰祀之瘞埋自
在正祭時既瘞之後尚有薦獻之節故以司巫守之使人無得竊發
所以敬神事備不謹不敢因既瘞遂以爲畢事故鄭云以祭禮未畢
若有事然也云祭禮畢則去之者謂薦獻禮
畢後也賈疏云以其無事故去之不復守也
凡喪事掌巫降之禮降下
也巫下神之禮今世或死
既斂就巫下禓其遺禮
【疏】注云降下也者眡祲注同國語周語有
神降於莘韋注亦同下者言自上而下
有聲象以接人云巫下神之禮者惠士奇云司巫與神通故掌下神
之禮楚人名巫爲靈子言靈降其身也云今世或死既斂就巫下禓
其遺禮者賈疏云按郊特牲鄉人禓鄭注云禓彊鬼被逐疫癘之事
故以禓爲彊鬼此禓當家之鬼非彊鬼也詒讓案急就篇云謁禓塞
禱鬼神寵說文示部云禓道上祭無禓字疑此禓字亦當爲禓郊特
牲字亦作禓賈引作禓非其舊也惠士奇云楚語曰余左執鬼中右
執殤宮注云執謂把其錄籍制服其身知其居處若今世云能使殤
也使殤猶下禓漢書司直卿丹薦邑子丞相史能使巫下神爲國求
福則知當時
禮俗皆然

男巫掌望祀望衍授號旁招以茅杜子春云望衍謂衍祭也授號以所祭之名號授之旁招以茅招四方之所望祭者玄謂衍讀爲延聲之誤也望祀謂有牲粢盛者延進也謂但用幣致其神二者詛祝所授類造攻說禬禜之神號男巫爲之招

【疏】旁招以茅者惠士奇云古者禳皆用茅也晏子春秋內篇雜上齊景公爲路寢之臺而鴞鳴其上公惡之臺成而不踊柏常騫齊之巫也請禳而去之且曰築新室置白茅公如其說築室置茅焉柏常騫夜用事明日使人視之鴞當陛布翌伏地而死矣

注杜子春云望衍謂衍祭也者謂即大祝九祭之二曰衍祭也彼注引杜說無衍祭之義或當同先鄭祭殤之訓矣云授號以所祭之名號授之者若大祝六號之神鬼示三號然彼號皆大祝所掌不宜男巫授之故鄭亦不從云旁招以茅招四方之所望祭者者文選東京賦薛綜注云旁四方故知旁招招四方所望祭之神經凡云旁者多謂四方司儀云宮旁一門匠人營國云旁三門是也月令命有司大難旁磔注亦云旁磔於四方之門此所望祭者蓋廣晐四方眾神與四望專屬大山川者異公羊宣十二年傳楚伐鄭鄭伯肉袒左執茅旌何注云茅旌祀宗廟所用迎道神指護祭者斷曰藉不斷曰旌用茅者取其心理順一自本而暢乎末所以通精誠副至意此望祭等雖非宗廟大祭其用茅亦迎道神之意蓋亦用茅旌也賈疏云此男巫於他官祭此神時則以茅招之於四方也云玄謂衍讀爲延聲之誤也者大祝注義同段玉裁云衍延聲類同云望祀謂有牲粢盛者者賈疏云類造禬禜遙望而祝之注大祝已云類造禬禜皆有牲攻說用幣而已有牲則有黍稷故此兼云粢盛也詒讓案牧人云望祀各以其方之色牲毛之故知望祀有牲粢盛也但彼注釋望祀云五嶽四鎮四瀆也則即大宗伯之四望而此望祀通含類造禬禜之神則似不專據四望與牧人義微異也云延進也者爾雅釋詁文云謂但用幣

致其神者但用幣則無牲及粢盛也致其神卽是進而禮之故云望
延然則望衍與望祀神同唯禮有詳略耳賈疏云遙望延其神以言
語責之此卽攻說用幣而已是也云二者詛祝所授類造攻說禬禜
之神號者鄭以經二者通云旁招以茅女祝以招與禬並舉明其禮
相類今詛祝亦以類造攻說禬禜並舉彼又云祝號與此授號文相
應故取彼爲釋知非男巫自授號者以祝號是祝官所職故也大祝
掌六號此不云大祝授者以大祝官尊且彼六號通大祭祀此祀衍
事小與彼不相當也但類造攻說禬禜不皆天神則亦有示號鬼號
鄭唯云神號者約舉重者言之耳云男巫爲之招
者明此官既受詛祝所授祝號則號呼以招之也

冬堂贈無方無筭

故書贈爲矰杜子春云矰當爲贈堂贈謂逐疫也無方四方爲可也
無算道里無數遠益善也玄謂冬歲終以禮送不祥及惡夢皆是也
其行必由堂始巫與神通言當東則東
當西則西可近則近可遠則遠無常數

疏

注云故書贈爲矰杜子春
云矰當爲贈者杜意矰於
義無取而占夢有贈惡夢之文故定爲字之誤段玉裁云矰贈古音
同在蒸登部云堂贈謂逐疫也者占夢云舍萌於四方以贈惡夢杜
彼注釋爲歲竟逐疫置四方故釋此冬堂贈亦與彼同云無方四方
爲可也者謂四方皆贈無有定方也云無筭道里無數遠益善也者
說文竹部云筭長六寸計曆數者算數也此筭卽算之借字逐疫欲
令遠去故遠益善也說苑脩文篇云古者有菑者謂之厲其有重尸
多死者急則有聚衆童子擊鼓苣火入官宮里用之各擊鼓苣火逐
官宮里事畢出乎里門出乎邑門至野外明逐厲道里無數必至野
外乃止也云玄謂冬歲終以禮送不祥及惡夢皆是也者此與下文
春招福文相對占夢注云贈送也欲以新善去故惡彼主占夢故但
贈惡夢此男巫所掌者廣故兼送諸不祥明不止逐疫也云其行必
由堂始者此釋堂贈之義送不祥及惡夢皆自內送之使出其行必

有堂始方相氏時難毆疫則索於室此官以禮送不祥則贈於堂亦互相備堂卽路寢之堂也云巫與神通言當東則東當西則西可近則近可遠則遠無常數者謂使巫問神所欲往送之使去故無定方道里亦無常數也

春招弭以除疾病招招福也杜子春讀弭如彌兵之彌玄謂弭讀爲敉字之誤也敉安也安凶禍也招敉皆有祀衍之禮

疏春招弭以除疾病者弭疑當作彌詳後惠士奇云古者巫彭初作醫故有祝由之術移精變氣以治病春官大祝小祝男巫女巫皆傳其術焉大祝言甸讀禱代受眚烖小祝將事侯禳求遠辠疾男巫祀衍旁招弭寧疾病女巫歲時釁浴祓除不祥故淮南子說山訓曰病者寢席醫之用鍼石巫之用糈藉所救鈞也豈非以巫祝能治病歟

注云招招福也者女祝招梗先鄭注謂招善與此義同謂招福使之來也云杜子春讀弭如彌兵之彌者彌疑並當作弭段玉裁云彌兵見小祝而左氏傳作弭兵蓋古文假借也云玄謂弭讀爲敉字之誤也者此聲之誤也小祝注亦云彌讀曰敉說文攴部云敉讀若弭俞樾云經文弭字當作彌注文彌字當作弭蓋經文作彌而杜子春讀爲弭兵之弭左傳弭兵字作弭不作彌也因經文誤作弭遂改注文作彌兵而義不可通矣後鄭不從杜讀而改讀爲敉小祝職云彌烖兵注曰彌讀曰敉敉安也正與此同彼經作彌知此經亦作彌也儀禮士喪禮注曰巫掌招彌以除疾病卽用此經之文案俞說是也以大祝小祝經注校之疑經用古字作彌注當用今字作弭今本此經正文及注互譌但士喪禮注宋本實作弭與釋文賈疏本不同彼注引此經亦多改從今字未知彼注元文果作彌否也互詳小祝疏云敉安也安凶禍也者敉安小祝注同以敉與招相對爲文謂安敉之使不作故云安凶禍也云招敉皆有祀衍之禮者賈疏云此招敉爲招福安禍與侯禳意同侯禳在小祝有祭之法故知此二者亦有望祀望衍之禮可知案賈說非也鄭意

蓋以經云招與上望祀望衍旁招以茅事同故知其禮亦相兼也

王弔則與祝前巫祝前王也故書前爲先鄭司農云爲先非是也疏王弔則與巫前者此與喪祝爲官聯也注云巫祝前王也者祝卽喪祝也禮運云王前巫而後史亦謂此也凡王弔巫與祝並前者唯在未襲時若在襲後則至所弔者之門巫止不與祝俱前詳喪祝疏云故書前爲先鄭司農云爲先非是也者先前義同先鄭不從先者以喪祝女巫並作祝前此文不宜異也徐養原云喪祝王弔則與巫前司農云喪祝與巫以桃厲執戈在王前引春秋傳公使巫以桃茢先祓殯然則先卽前也

女巫掌歲時祓除釁浴歲時祓除如今三月上巳如水上之類釁浴謂以香薰草藥沐浴疏注云歲時祓除

如今三月上巳如水上之類者此舉漢制爲況也賈疏云一月有三巳據上旬之巳而爲祓除之事見今三月三日水上戒浴是也詒讓案說文示部云祓除惡祭也爾雅釋言云祓福也詩大雅生民孔疏引孫炎云祓除之福左僖六年傳說微子歸周云武王親釋其縛受其璧而祓之杜注云祓除凶之禮又昭十八年傳云祓禳於四方振除火災是祓除爲一事風俗通義祀典篇云周禮女巫掌歲時以祓除釁浴禊者潔也春者蠢也蠢蠢搖動也尚書以殷仲春厥民析言人解療生疾之時故於水上釁潔之也巳者祉也邪疾已去祈介祉也續漢書禮儀志云三月上巳官民皆絜於東流水上曰洗濯祓除去宿垢疢爲大絜絜者言陽氣布暢萬物訖出始絜之矣劉注云謂之禊也蔡邕曰論語暮春者春服既成冠者五六人童子六七人浴乎沂風乎舞雩詠而歸自上及下古有此禮今三月上巳祓禊於水濱蓋出於此杜篤祓禊賦曰巫咸之徒秉火祈福則巫祝也韓詩曰鄭國之俗三月上巳之溱洧兩水之上招魂續魄秉蘭草祓除不祥

漢書八月祓灞水亦斯義也後漢書袁紹傳李注云曆法三月建辰巳爲退除可以埽除災也曾釗云古祓除不特三月上巳也宋書禮志劉楨魯都賦素秋二七天漢指隅人胥祓除國子水嬉又西京雜記高祖與戚夫人正月上辰出百子池邊灌濯以祓妖邪漢書又載八月祓灞上則祓除歲數舉之故經不曰季春而曰歲時謂歲之良時云爾賈疏單指三月失鄭義矣案曾說是也鄭以漢上巳水上之祓禊與韓詩說合其禮最古故舉證此祓除謂其禮略相類耳實則經歲時當晐下釁浴爲文周漢祓除亦皆不必在三月不定用上巳也又左定元年傳云君以軍行祓社釁鼓呂氏春秋本味篇云湯得伊尹祓之於廟則祓除或在廟社不皆如水上賈疏殊誤又此經祓除與旱暵舞雩事不相涉月令章句以祓除與舞雩爲一事亦非云釁浴謂以香薰草藥沐浴者蓋讀釁爲薰也釁薰聲義同詳鬯人疏說文艸部云薰香艸也鬯人共王之齊事共其秬鬯注云給淬浴大戴禮記夏小正云五月蓄蘭爲沐浴也楚辭九歌雲中君云浴蘭湯兮沐芳王注云蘭香艸也鬱人賈疏引王度記云天子以鬯諸侯以薰大夫以蘭芝則薰卽鬯蘭之屬國語齊語云管仲至三釁三浴之韋注云以香塗身曰釁亦或爲薰案齊語釁浴對文韋注訓爲以香塗身則釁與浴小異呂氏春秋贊能篇云管仲至齊竟桓公祓以爟火釁以犧猳與本味篇說湯祓伊尹事略同高注云殺牲以血塗之爲釁高亦訓釁爲塗與韋義同然塗浴事本相因此經釁浴亦專取香薰以示絜平時沐浴非女巫所掌此注與高韋義可互通也

旱暵則舞雩 使女巫舞旱祭崇陰也鄭司農云求雨以女巫故檀弓曰歲旱繆公召縣子而問焉曰吾欲暴巫而奚若曰天則不雨而望之愚婦人無乃已疏乎

[疏] 旱暵則舞雩者賈疏云此謂五月已後脩雩故有旱暵之事詒讓案舞師云教皇舞帥而舞旱暵之事注云旱暵之事謂雩也此舞雩與彼舞旱暵之事同然此舞專指

女巫舞彼皇舞自有舞徒爲之非女巫所舞也 注云使女巫舞旱
祭崇陰也者春秋緐露精華篇云大旱者陽滅陰也故崇陰以猒之
用女巫舞雩也鄭司農云求雨以女巫又引檀弓者繆公魯繆公也
禮記繆作穆焉作然無作毋注云然之言焉也穆或作繆巫主接神
亦覬天哀而雨之彼注亦引此經爲說先鄭引之
者以彼廢巫爲愚婦人是求雨用女巫之事也 若王后弔則與祝
前 女巫與祝前 疏 若王后弔則與祝前者此與女祝爲官聯也喪大
后如王禮 記云夫人於世婦大斂焉爲之賜小斂焉於諸妻
爲之賜大斂焉於大夫外命婦既殯而往彼侯國夫人弔禮王后亦
當與彼同據檀弓注及孔疏義王弔諸臣唯未襲時往乃巫祝並前
則后弔亦唯於諸侯夫人及公卿之妻或未襲時往乃有是事弔世
婦以下並女巫止門外祝前而已詳喪祝疏 注云女巫與祝前后
如王禮者賈疏云案前男巫與喪祝前王執桃莂此
女巫與女祝前后亦巫執桃祝執莂故云如王禮 凡邦之大烖歌
哭而請 有歌者有哭者冀 疏 凡邦之大烖歌哭而請者請謂請於天
以悲哀感神靈也 地山川社稷也廣雅釋詁云請求也穀
梁定元年傳云雩者爲旱求者也求者請也按此云凡邦之大烖與
司巫云國有大烖同所晐甚廣故國語晉語云川涸山崩國三日哭
韋注云周禮國有大災三日哭又漢書王莽傳崔發言周禮及春秋
左氏國有大災則哭以猒之顏注引此經釋之又引左傳宣十二年
楚圍鄭國人大臨事則哭不專屬旱雩蓋非常之變若小宗伯云天
地之大烖大司樂云大傀異烖者女巫並歌哭以請之賈疏謂惟指
旱暵言似誤 注云有歌者有哭者冀以悲哀感神靈也者歌者長
言以申其志哭者漢書王莽傳顏注云所以告哀也賈疏云按林碩
難曰凡國有大災歌哭而請魯人有日食而哭傳曰非所哭哭者哀
也歌者是樂也有哭而歌是以樂烖烖而樂之將何以請哀樂失所

禮又喪矣孔子曰歌則不哭歌哭而請道將何爲玄謂日食異者也於民無困哭之爲非其所裁害不害穀物故歌必禮也董仲舒曰雩求雨之術呼嗟之歌國風周南小雅鹿鳴燕禮鄉飲酒大射之歌焉然則雲漢之篇亦大旱之歌考異郵集二十四旱志曰玄服而雩緩刑理察挺罪赦過呼嗟哭泣以成發氣此數者非大哉歌哭之證也多哉哀也歌者樂也今喪家輓歌亦謂樂非孔子歌則不哭是出何經論語曰子於是日哭則不歌謂一日之中既以哀事哭又以樂而歌是爲哀樂之心無常非所以譏此禮若然此云歌者憂愁之歌若雲漢之詩是也案賈所引鄭荅臨孝存周禮難佚文林臨字通舊本舛互難通今並審文義校正依鄭引董子及春秋緯則舞雩有歌哭故爾雅釋訓云舞號雩也郭注云雩之祭舞者吁嗟而請雨釋文引孫炎云雩之祭有舞有號蓋舞與歌事相兼而號則哭也但旱雩亦大哉歌哭而請之一端耳非謂大哉專據旱暵也

周禮正義卷五十

周禮正義卷五十一

瑞安孫詒讓學

大史掌建邦之六典以逆邦國之治掌灋以逆官府之治掌則以逆都鄙之治典則亦法也逆迎也六典八法八則冢宰所建以治百官大史又建焉以爲王迎受其治也大史日官也春秋傳曰天子有日官諸侯有日御日官居卿以厎日禮也日御不失日以授百官于朝居猶處也言建六典以處六卿之職

【疏】掌建邦之六典以逆邦國之治者此官執典法之總與小宰司會內史爲官聯也月令孟春云乃命大史守典奉法司天日月星辰之行宿離不貸毋失經紀以初爲常注云典六典法八法也呂氏春秋孟春紀高注說同與此經掌典法義合注云典則亦法也者大宰注義同此亦注用今字作法也下並同云逆迎也者小祝注同云六典八法八則冢宰所建以治百官者大宰云掌建邦之六典以佐王治邦國又云以八法治官府以八則治都鄙三者所治各異鄭總云治百官者文不具也云大史又建焉以爲王迎受其治也者賈疏云鄭言此者欲見大史重掌此三者非是相副貳大宰既掌此大史迎受其治職文書云大史日官也者此官掌正歲年以治曆歲年皆積日所成故謂之日官大戴禮記保傅篇云不知日月之時節大史之任也引春秋傳者賈疏云左傳桓十七年冬十月朔日有食之不書日官失之也天子有日官諸侯有日御日官居卿以厎日禮也日御不失日以授百官于朝服氏注云日官日御典曆數者也是居卿者使卿居其官以主之重曆數也詒讓案厎舊本並誤底今從宋婺州本正釋文同杜注云日官天子掌曆者不在六卿之數而位從卿故言居卿也厎平也

謂平曆數日官平曆以班諸侯諸侯奉之不失天時以授百官案氏日卽馮相氏之致日馮相爲大史之屬故大史亦爲日官杜說未塙云居猶處也者說文尸部云居蹲也又云凥處也案居卽凥之借字云言建六典以處六卿之職者釋左傳日官居卿之義賈疏云案鄭注與服不同服君之意大史雖下大夫使卿來居之治大史之職與堯典云乃命羲和欽若昊天曆象日月星辰是卿掌曆數明周掌曆數亦是日官鄭意以五帝殊時三王異世文質不等故設官不同五帝之時使卿掌曆數至周使下大夫爲之故云建六典處六卿之職以解之詒讓案諦繹鄭意蓋謂大史爵秩不過下大夫而掌六典八法八則等大典令之籍與大宰卿職掌略同左傳居卿之言卽謂其爵卑職尊非以卿居史職其說自較服爲優但以左氏文義審之似究以杜注位從卿之說爲允蓋日官司天朝位特尊異之在六卿之次若賈子新書保傅篇謂史佚爲少師大戴禮記保傅篇亦謂史佚爲承而文王世子孔疏引尚書大傳說四鄰其爵視卿或卽史官居卿之義證與

凡辯灋者攷焉不信者刑之謂邦國官府都鄙以法爭訟來正之者

【疏】凡辯灋者攷焉者說文辡部云辡辠人相與訟也辯治也經典辯訟字通作辯宋以來版本並作辨誤今據唐石經正灋通晐上文典灋則而言賈疏云按上文大史既受邦國官府都鄙治職文書其三者之內有爭訟來正之者大史觀其辨法得理考之云不信者刑之者此官之官刑也凡所辯與本法不合者輕者以史官之官刑誅罰之其重者則歸於司寇附五刑而論之管子立政篇云五鄉之師五屬大夫皆受憲于大史大史既布憲入籍于大府考憲而有不合于大府之籍者侈曰專制不足曰虧令罪死不赦彼憲卽國法專制虧令者死或卽攷法不信者之刑與李鍾倫云辯法若子產爭賦貢宋仲幾辯役事之類故士伯數仲幾以故府之灋而執之所謂不信者刑之蓋亦如此

注云謂邦國官府都鄙以法爭訟來正之者者明此總承上文雖云辯法實兼有典則也大戴禮記子張問入官篇言調悅則民不辨法盧注云謂不爭也亦引此文爲釋二經義同　凡邦國都鄙及萬民之有約劑者藏焉以貳六官六官之所登約劑要盟之載辭及券書也貳猶副也藏法與約劑之書以爲六官之副其有後事六官又登焉

疏 凡邦國都鄙及萬民之有約劑者藏焉者此與司會內史司約爲官聯也大司寇云凡邦之大盟約涖其盟書而登之於天府大史內史司會及六官皆受其貳而藏之此卽邦國之大約劑也周書嘗麥篇說正刑書及受中云大史乃藏之于盟府以爲歲典亦此官與司盟聯事藏典之事又案上文典法則邦國官府都鄙三者並舉此約劑不云官府者以下別云六官之所登卽官府之約劑故此不及也賈疏謂此舉邦國都鄙及萬民在外者而言其實官府約劑亦藏之誤云以貳六官者此承上文言邦國都鄙萬民之大約劑凡入於六官者此官則藏其副貳與六官互相檢校也賈疏云六官各有一通此大史亦副寫一通故云以貳六官云六官之所登者此謂百官府之約劑六官所屬者其正本皆藏於六官正長之府而六官亦各副寫一通登之大史也上邦國都鄙萬民之約劑由邦國都鄙萬民各副寫二通登之六官又自登之大史不由六官轉登大史明此六官所登自爲其屬諸官府之約劑矣賈推鄭義以此卽邦國都鄙萬民之約劑謂在後六官更有約劑皆副寫一通上於大史藏之誤注云約劑要盟之載辭及券書也者司約云掌邦國及萬民之約劑又大約劑書于宗彝小約劑書于丹圖彼注云劑謂券書也案劑與小宰之質劑義同詳彼疏左昭元年傳鄭罕虎公孫僑公孫段印段游吉駟帶私盟于閨門之外公孫黑強與於盟使大史書其名是大史掌盟載之事賈疏云按司盟凡邦國有疑會同則掌其盟約之載

故知約劑中有要盟之載辭言及券書者此經萬民約劑無盟要載辭惟有券書故別言券書云貳猶副也者小宰先鄭注義同云藏法與約劑之書以爲六官之副者法卽上文辯法之法兼典法則者賈疏謂指司盟云掌盟載之法非是鄭意經云以貳六官所晐甚廣又及約劑言之云其有後事六官又登焉者鄭意謂經重言六官所登下文云約劑亂則辟法明法與約劑相將此官皆藏其副貳故兼法卽承上爲文謂初制法及爲約劑時此官旣藏其副貳其後六官之法或有增損及約劑或有更改則所掌之官又寫副本登之大史也然經云六官所登實非卽上邦國都鄙萬民之約劑二文不相冡鄭說失之

若約劑亂則辟灋不信者刑之

謂抵冒盟誓者辟法者考案讀其然不

疏若約劑亂則辟灋者此與司約爲官聯也賈疏云盟誓要辭藏在府庫在後抵冒其事不依要辭謂之約劑亂也則辟法者辟開也法則約劑也則爲之開府庫考按其然否云不信者刑之者司約注云不信不如約也蓋亦歸於司寇刑之刑卽司約墨殺之刑是也　注云謂抵冒盟誓者者漢書禮樂志云習俗薄惡民人抵冒顏注云抵忤也冒犯也言無廉恥不畏懼也此注抵冒盟誓亦謂倍犯盟誓釋經云約劑亂也云辟法者考案讀其然不者司約云掌邦國及萬民之約劑若有訟者則珥而辟藏其不信者服墨刑若大亂則六官辟藏其不信者殺彼注云辟藏開府視約書此辟法卽彼辟藏亦謂開府視其典法之書考案讀之以辨其然與不也

正歲年以序事頒之于官府及都鄙

中數曰歲朔數曰年中朔大小不齊正之以閏若今時作曆日矣定四時以次序授民時之事春秋傳曰閏以正時時以作事事以厚生生民之本於是乎在

疏正歲年以序事者序經例用古字當作敘馮相氏內史二職敘事字並作敘可證此作序者後人誤以注改經石經及各本並誤詳小宰疏此

掌治曆授時之事李淳風五經算術注說周曆上元丁巳至魯僖公五年丙寅積二百七十五萬九千七百六十九算元法四千五百六十章歲十九章月二百三十五歲中十二閏餘七周天分一萬七千七百五十九日法九百四十開元占經曆術篇載周曆同序事若夏小正月令四時所施行之事使皆得其序賈疏云謂造曆正歲年以閏則四時有次序依曆授民以事故云以序事也云頒之于官府及都鄙者亦包鄉遂公邑賈疏云官府據在朝都鄙據三等采地先近及遠故先言官府次言都鄙下乃言邦國　注云中數曰歲朔數曰年者玉海天文引三禮義宗云歲者依中氣一周以爲一歲年者依日月十二會以爲一年中朔大小不齊故有歲年之異月令孔疏云中數者謂十二月中氣一周總三百六十五日四分日之一謂之一歲朔數者十二月之朔一周謂三百五十四日謂之爲年此是歲年相對故有朔數中數之別若散而言之歲亦年也故爾雅釋天云唐虞曰載夏曰歲商曰祀周曰年是也戴震云中數云者日躔發斂一周凡三百六十有五日小餘不及四分日之一十二分之自前中氣入後中氣三十日而有盈分朔數云者月與日會以成一月凡十二月三百五十四五日有閏月則三百八十四日日月同行謂之合朔自前朔距後朔三十日而有虛分案孔戴說是也中數者謂自前年冬至數至今年冬至日行天一周是爲一歲二十四氣之數逸周書周月篇云凡四時成歲歲有春夏秋冬各有孟仲季以名十有二月月有中氣以著時應春三月中氣驚蟄春分清明夏三月中氣小滿夏至大暑秋三月中氣處暑秋分霜降冬三月中氣小雪冬至大寒閏無中氣斗指兩辰之閒此中數之義月令四立之日皆先三日大史謁之天子告以其日迎氣即正節氣之事注舉中氣可晐節氣也朔數者謂自今年正月月朔數至後年正月朔月會日於十二次一周是爲一年十二月之數說文月部云朔月一日始蘇也漢書律曆志

云日月相推日舒月速當其同謂之合朔周月篇云惟一月既南至昬昴畢見日短極是月斗柄建子始昬北指日月俱起于牽牛之初右回而行月周天起一次而與日合宿日行月一次而周天曆舍于十有二辰終則復始是謂日月權與此朔數之義氣朔盈朒積算畸餘難定故此官推策以正之也賈疏謂節氣一名朔氣以閏月內得後年朔氣曰朔數以後年正月得中氣曰中數不知節氣一周與中氣一周皆三百六十五日四分日之一不能分為二事也云中朔大小不齊正之以閏者大謂中數贏小謂朔數朒以中朔兩數相校則中數多於朔數一歲有十一日弱是為閏餘所謂大小不齊也賈疏云周天三百六十五度四分度之一日一日行一度月一日行十三度十九分度之七二十四氣通閏分之一氣得十五日二十四氣分得三百六十度仍有五度四分度之一一度更分為三十二五度為百六十四分度之一者又分為八分通前為百六十八分二十四氣分之氣得七分若然二十四氣氣有十五日七分五氣得三十五分取三十二分為一日餘三分推入後氣即有十六日氣者十五日七分者故云中朔大小不齊月有大小一年三百五十四日而已自餘仍有十一日是以三十三月已後中氣在晦不置閏則中氣入後月故須置閏以補之故云正之以閏云若今時作曆日矣者謂作曆日書須行之也漢曆日書例詳馮相氏疏云定四時以次序授民時之事者書堯典云乃命羲和欽若昊天曆象日月星辰敬授人時又云朞三百有六旬有六日以閏月定四時成歲公羊隱元年徐疏引鄭注云以閏月推四時使啓閉分至不失其常著之用成歲曆將以授民時且記時事此注云次序即謂定啓閉分至之先後以授民使作事也引春秋傳者左文六年傳云冬閏月不告朔非禮也閏以正時時以作事事以厚生生民之道於是乎在矣不告閏朔棄時政也何以為民道鄭此引作本御覽禮儀部引五經異義述春秋左氏說亦

同蓋所據本異杜注云四時漸差則置閏以正之順時命事事
不失時則年豐引之者證以閏正歲年及次序授民時之事也
頒告朔于邦國
天子頒朔于諸侯諸侯藏之祖廟至朔朝于廟告而受行
之鄭司農云頒讀爲班班布也以十二月朔布告天下諸
侯故春秋傳曰不
書日官失之也
【疏】注云天子班朔于諸侯諸侯藏之祖廟者此注
用今字作班也于注例當作於下同各本並誤
祖廟謂大祖廟公羊文六年何注謂諸侯受朔政於天子藏於大祖
廟賈疏亦引玉藻諸侯皮弁以聽朔於大廟證大廟卽祖廟惟穀梁
文十六年傳云天子告朔于諸侯諸侯受乎禰廟禮也范注云每月
天子以朔政班于諸侯諸侯受而納之禰廟彼以祖廟爲禰廟者蓋
所聞之異玉藻孔疏亦屛其與禮乖是也至頒朔之月禮無明文月
令季秋合諸侯制百縣爲來歲受朔日注云秦以建亥之月爲歲首
於是歲終使諸侯及鄉遂之官受此法焉是鄭意受朔必在前年歲
終則周正建子頒朔當在亥月此雖以意推約要在前年總班次年
之朔理無可疑范謂每月頒朔亦見十二月各有所班之政耳非謂
逐月分班也又御覽禮儀部引五經異義云諸侯歲遣大臣之京師
受十二月之政還藏於大廟許所云諸侯遣大臣受政事於經無所
見其謂藏於大廟說亦與鄭同御覽又引禮緯含文嘉注云天子孟
春上辛於南郊總受十二月之政還藏於祖廟月取一政班於明堂
也諸侯以孟春之月朝於天子受十二月之政藏於祖廟月取一政
行之舊唐書禮儀志王方慶議說同蔡邕集明堂月令論云古者朝
正於天子受月令以歸而藏諸廟中天子藏之於明堂每月告朔朝
廟出而行之此並謂諸侯親朝天子受政則諸侯無每歲春朝之法
殆未足信矣云至朔朝于廟告而受行之者謂至每月朔日之朝自
虎通義三正篇引尚書大傳云周以夜半爲朔則未明而行事也鄭
意經云頒告朔者頒謂天子頒於諸侯告謂諸侯自行告朔之禮論

語八佾篇子貢欲去告朔之餼羊何氏集解引鄭注云禮人君每月告朔於廟有祭謂之朝享也綜校鄭二禮及論語注義則諸侯每月朔以特牲告廟此經及論語謂之告朔春秋謂之告月賈疏謂告者使有司讀祝以言之是也既告朔遂受天子所頒朔政而行之春秋謂之視朔玉藻謂之聽朔賈疏謂視者人君入廟視之聽者聽治一月政令是也既聽朔復徧祭諸廟春秋謂之朝廟穀梁莊十八年傳謂之朝朔其在歲首則左襄二十九年傳謂之朝正孔疏引釋例以爲一歲之正是也其天子則告朔聽朔於明堂朝正於廟與諸侯三事並行於廟異而其先告朔次聽朔次朝廟行事之節次則同公羊文六年閏月不告月猶朝于廟傳云不告月者何不告朔也何注云禮諸侯受十二月朔政於天子藏於大祖廟每月朔朝廟使大夫南面奉天子命君北面而受之比時使有司先告朔愼之至也受於廟者孝子歸美先君不敢自專也言朝者緣生以事死親在朝朝莫夕已死不敢瀆鬼神故事必於朔者感月始生而朝又十六年經夏五月公四不視朔何注云不舉不朝廟者禮月終于廟先受朔政乃朝明王教尊也是公羊說亦謂先告朔次受朔而後朝廟左傳文六年杜注說同惟御覽禮儀部引五經異義說朝廟告朔之禮云月旦朝廟存神有司因告曰今月當行某政此謂朝廟在告朔之前春秋繁露三代改制質文篇云黑統平明朝正白統鳴晨朝正赤統夜半朝正亦似謂合朝朔卽首行朝正之禮並與鄭不同此注依鄭義當先告朔而後朝廟而云朝於廟告而受行之者到文見義耳非謂先朝廟後告朔受政也然依鄭說則此告朔卽論語之告朔乃諸侯自於其國告廟之禮大史布朔當言頒不當弁言告於文例難通不若先鄭說之允詳後又朝廟之禮蓋薦而不祭與六享迥殊後鄭謂朝廟有祭以釋司尊彝之朝享玉藻疏亦謂朝廟朝享爲一並非詳司尊彝疏鄭司農云頒讀爲班班布也者宮伯注同漢書五行志云周衰天

子不班朔又律曆志載三統曆云周道既衰天子不能班朔班朔卽此班告朔也二鄭義與劉班同云以十二月朔布告天下諸侯者賈疏云言朔者以十二月曆及政令若月令之書但以受行號之爲朔詒讓案先鄭謂班告朔卽布告每年十二月之朔於諸侯告之云者以上告下爲文與頒爲一事其說較後鄭爲塙大戴禮記虞戴德篇云天子告朔於諸侯率天道而敬行之以示威於天下也又用兵篇云夏桀商紂不告朔於諸侯穀梁文六年傳云不告月者何也不告朔也不告朔則何爲不言朔也閏月附月之餘日也積分而成於月者也天子不以告朔而喪事不數也范注云禮天子以十二月朔政班告於諸侯又文十六年傳云天子告朔于諸侯史記曆書云幽厲之後周室微陪臣執政史不記時君不告朔以上所云告朔卽班朔並指天子以朔告於諸侯故先鄭據以爲說今通校諸經蓋告朔本有二一爲天子告於諸侯此經及大戴禮穀梁傳所云是也一爲天子告朔於明堂諸侯告朔於廟論語及公羊傳所云是也二禮迥別不可掍而爲一此經上文云正歲年以序事頒之于官府及都鄙彼事據畿內所頒者正歲年之法地近而事詳此頒告朔于邦國則通於九服所頒者朔政而已地遠而事略其事亦不同諸侯自告朔非天子大史所掌此經之義不可通於論語也云故春秋傳曰不書日官失之也者卽桓十七年左傳文詳前疏賈疏云春秋之義天子班曆於諸侯日食書日不班曆於諸侯則不書日其不書日者由天子日官失之不班曆引之證經天子有班告朔之事

閏月詔王居門終月門謂路寢門也鄭司農云月令十二月分在青陽明堂總章玄堂左右之位唯閏月無所居居于門故於文王在門謂之閏

疏閏月詔王居門終月者說文王部云閏餘分之月五歲再閏引此經王居門下有中字疑許所增淮南子天文訓云月日行十三度七十六分度之二十八二十九日九百四十分日之

四百九十九而爲一月而以十二月爲歲歲有餘十日九百四十分日之八百二十七故十九歲而七閏案淮南書用顓頊曆十九歲七閏卽一章之閏數也五經算術李注引周曆章閏數同　注云門謂路寢門也者賈疏云明堂路寢及宗廟皆有五室十二堂四門十二月聽朔於十二堂閏月各於時之門故大史詔告王居路寢門若在明堂告事之時立行祭禮無居坐之處若在路寢堂與門聽事之時各居一月故云居門終月詒讓案鄭意天子平時所居悉在大寢故知閏月居門亦謂大寢門玉藻云聽朔於南門之外閏月則闔門左扉立於其中注云南門謂國門也天子廟及路寢皆如明堂制明堂在國之陽每月就其時之堂而聽朔焉卒事反宿路寢亦如之閏月非常月也聽其朔於明堂門中還處路寢門終月孔疏引皇氏云明堂有四門路寢亦有四門閏月各居其時當方之門御覽時序部引三禮義宗說天子春居東北之寢夏居東南之寢秋居西南之寢冬居西北之寢春三月之中居正寢三月之末土王之日則居中寢餘三時亦如之以從時氣此與淮南子時則訓說略同蓋並賈疏所本江永云鄭謂天子廟及路寢如明堂制非也明堂有四堂五室廟寢何得有之閏月聽朔於明堂門中闔其左扉以應天時卒事反路寢亦居門路門有門側之堂謂之塾也案江說是也依鄭賈說則王每月聽朔於南郊之明堂而反居路寢路寢與明堂同制皆有五室十二个四門以應五行十二月各隨其月而居焉閏月則各居其當方之門今攷玉藻闔扉而立承聽朔南門之外爲文聽朔在明堂則閏月立門亦據明堂而言可知鄭彼注兼舉路寢門非也至王路寢一小寢五宮人謂之六寢路寢實止一寢不得爲明堂五室之制且路寢之門卽路門爲五門之一若如皇說是有四路門矣其可通乎況路寢燕朝聽政之常居義取向明當正位南面儻亦隨月而遷則冬居玄堂王乃北面其不可又明矣以經攷之蓋聽朔明堂則十二月

每月一遷燕寢退息則五時每時一遷其聽政及齋居則路寢止一寢五時十二月無遷居之法惟閏月居門則同至居門終月實謂就此月中選有聽事及齋則居之非謂晨夕遊息於是也玉藻孔疏云終月謂終竟一月所聽之事於一日中耳於尋常則居燕寢也案孔釋終月義未憭而謂常居仍在燕寢則不誤蓋明堂有四門則閏月各居當方之門路寢止南方有門其旁出雖或有闈然非王居之所蓋不問閏在何月皆居正門並不逐時易方事畢則皆退息於燕寢唯齋居乃在門塾耳玉藻說聽朔闔門左扉立於其中者自謂明堂門凡門有兩扉閏月闔其左扉王則立其中以聽朔鄭曲禮注云中門謂棖闑之閒是也若路寢則當居門內塾之堂門堂內外左右各一故可燕息若棖闑之閒則可以暫立不可以常居明闔門之立唯明堂聽朔則然不關路寢也路寢與明堂不同制互詳宮人匠人疏鄭司農云月令十二月分在青陽明堂總章玄堂左右之位者月令云孟春天子居青陽左个仲春居青陽大廟季春居青陽右个孟夏居明堂左个仲夏居明堂大廟季夏居明堂右个中央土居大廟大室孟秋居總章左个仲秋居總章大廟季秋居總章右个孟冬居玄堂左个仲冬居玄堂大廟季冬居玄堂右个此引以證王十二月各有所居也鄭彼注釋大室爲大寢中央室四大廟爲當大室之堂八个爲四堂之兩偏案四堂各有左右个即所謂十二堂月令所言即王居明堂之制故當大室之堂謂之大廟以明堂有宗祀之禮故謂之廟若路寢而有廟稱則神人爲無別矣後鄭彼注以大寢爲釋說殊未析先鄭無說不知與後鄭同否云唯閏月無所居居于門者于亦當作於謂十二月分居十二堂適徧閏月在十二月之外故無所居而居於門以示別異也云故於文王在門謂之閏者說文王部云告朔之禮天子居宗廟閏月居門中从王在門中周禮曰閏月王居門中終月也與先鄭義同案春秋文六年公羊穀梁傳並謂閏月不

告朔左傳則謂閏月有告朔說文及玉藻孔疏引五經異義並從左氏說後鄭駁異義與許同但依後鄭說閏月告朔在明堂聽朔在明堂之門反居在路寢之門居門無與告朔事許謂告朔之禮天子居宗廟閏月居門中是并居門與告朔爲一又以門爲廟門其說復與鄭異今攷宗廟亦與明堂異無五室十二堂四門不可每月異居許說亦非也宗廟與明堂不同制詳匠人疏

大祭祀與執事卜日

執事大卜之屬與之者當視墨

【疏】大祭祀與執事卜日者此與下文戒之日同日卜得吉乃戒也大祭祀有卜日詳大宰大宗伯疏　注云執事大卜之屬者賈疏云大卜掌卜事故知執事是大卜言之屬者兼有卜師及卜人詒讓案大宰注說卜日執事有宗伯此不言者以大史是宗伯之屬故不及也云與之者當視墨者賈疏云按占人云君占體大夫占色史占墨卜人占坼彼言史者卽此大史故知當視墨

戒及宿之日與羣執事讀禮書而協事

協合也合謂習錄所當共之事也故書協作叶杜子春云叶協也書亦或爲協或爲汁

【疏】戒及宿之日者戒日卽祭前十日大宰云前期十日帥執事而卜日遂戒是也宿日在祭前三日大宗伯注云宿申戒也賈疏云戒謂散齊七日宿謂致齊三日云與羣執事讀禮書而協事者羣執事者廣晐諸有事於祭之官別於上執事爲專指卜官也賈疏云當此二日之時與羣執事預祭之官讀禮書而協事恐事有失錯物有不供故也　注云協合也者鄉士小行人注並同書堯典協和萬邦史記五帝本紀協作合是協合義同云合謂習錄所當共之事也者習謂肄習錄謂校錄羣執事所共爲之事並習錄之使合一無有差舛也云故書協作叶杜子春云叶協也書亦或爲協或爲汁者汁舊本作叶宋婺州本余仁仲本巾箱本並作汁與釋文合今從之或爲協或爲汁者故書或本非一本也段玉裁云杜以協釋叶而又云書亦或爲協則

鄭君作協之本也說文旪叶皆即協字杜又云或爲汁者古文假借字也徐養原云說文劦部文一重五恊同心之和从劦从心勰同思之和从劦从思協衆之和同也从劦从十古文協从日十作旪或从口作叶並劦之重文唯汁在水部液也在此經爲假借 祭之

日執書以次位常 謂校呼之教其所當居之處 【疏】執書以次位常者賈疏云言執書者謂執行祭禮之書若今儀

注以次位常者各居所掌位次常者此禮一定常行不改故云常也案位謂諸臣助祭者之位常即大宰八灋之官常謂祭有司當官常行之品式也賈弁位常爲一失之又案諸臣助祭之位經注並無文賈特牲饋食禮疏依特牲少牢禮推之云天子諸侯祭祀同姓無爵者在阼階前西面北上卿西階前東面北上大夫在門東北面士門西北面旅食在其後少牢下篇云衆賓位在門東北面旣獻在西階西南衆賓繼上賓而南天子諸侯之賓其位或依此與 注云謂校呼之教其所當居之處者校謂就其位比校召呼之察其是非及在不當居之處也

又教詔其辯事者攷焉不信者誅之 謂抵冒其職事 【疏】辯事者攷焉者辯宋本並作辨今據唐石經正誤士注云讞疑辯事字亦作辯辯事與前辯灋義同亦謂以職事爭訟者賈疏云此謂助祭之人大史掌禮知行事得失所行儀注謂之事則與人考焉云不信者誅之者亦史官之官刑也大宰注云誅責讓也辯事輕於辯法及約劑故不信者止責讓而不論刑也 注云謂抵冒其職事者羣執事各有當掌之職事凡慢廢不修與專擅侵官因而爭訟者皆爲抵冒亦詳前疏

大會同朝覲以書協禮事 亦先習錄之也 【疏】大會同朝覲以書協禮事者覲禮賜侯氏車服云諸公奉篋服加命書于其上升自西階東面大史是右侯氏升西面立大史述命注云讀王命書也又云大史加書于服上侯氏受蓋亦協禮事之類 注云亦先習錄之

也者如前大祭祀讀禮書而協事聘禮云史讀書展幣亦其類也

及將幣之日執書以詔王將送也詔王告王以禮事【疏】及將幣之日者將幣卽授玉大行人云廟中將幣三享是將幣在三享之前司儀合諸侯云擯之各以其禮其將幣亦如之是又在擯升之後其爲授玉甚明鄭司儀注釋將幣爲享非也賈疏謂將幣專指三享亦沿司儀注之誤云執書以詔王者周書王會篇說成周之會大史魚與大行人同爲相卽詔王之事也　注云將送也者小宰注同云詔王告王以禮事者大宰注云詔告也賈疏云王與諸侯行禮之時大史執禮書以告王使不錯誤

大師抱天時與大師同車鄭司農云大出師則大史主抱式以知天時處吉凶史官主知天道故國語曰吾非瞽史焉知天道春秋傳曰楚有雲如衆赤烏夾日以飛楚子使問諸周大史大史主天道玄謂瞽卽大師大師瞽官之長【疏】大師抱天時者國策秦策高注云抱持也案抱卽袌之借字詳遂師疏書續云天時變國語魯語云與大史司載糾虔天刑韋注云載天文也司天文謂馮相氏保章氏與大史相儷偶也此天時卽司載之典法藏於靈臺者儀禮經傳通解續引尚書大傳說武王伐紂云王升舟入水觀臺惡鄭注云觀臺靈臺知天時占候也若然王在軍蓋以觀臺占候儀器自隨水行則載之舟陸行則載之車大史所抱者卽觀臺器法之一也云與大師同車者與樂官大師爲官聯也大師自執同律與大史抱式不同但皆主占事故同乘一車在車自大史大師外亦宜有御及車右蓋驂乘也　注鄭司農云大出師則大史主抱式以知天時處吉凶者此釋上大師爲大出師與下大師爲樂官異大師注云大師大起軍師也處吉凶謂審度而定其吉凶史記龜策傳云處吉凶辨然否又云衛平援式定日處鄉呂氏春秋有始覽云察其情處其形淮南子兵略訓云相地形處次舍並審度相察之義賈疏云天時謂天文

見時候者抱式者據當時占文謂之式以其見時候有法式故謂載天文者爲式候天時知吉凶以告王故云處吉凶惠士奇云式卽栻也漢書王莽傳天文郎按栻抱猶按也顏師古曰栻所以占時日天文郎今之用栻者也史記龜策傳運式定日月分衡度視吉凶日者列傳旋式正棊司馬貞云式卽栻也栻之形上圓象天下方法地用之則轉天綱加地之辰故曰旋式猶運式也大玄常初一戴神墨履靈式漢藝文志有羨門式法二十卷劉勰文心雕龍書記篇曰星筮有占式式者則也陰陽盈虛五行消息變雖不常而稽之有則也案惠說甚覈式卽占天時之圖籍若漢書藝文志兵陰陽家言是也師行當順天時故大史占之以處吉凶孟子公孫丑篇云天時不如地利趙注云天時謂時日支干五行王相孤虛之屬也淮南子兵略訓云明於星辰日月之運刑德奇賌之數背鄉左右之便此戰之助也韓非子飾邪篇云初時者魏數年東鄉攻盡陶衛數年西鄉以失其國此非豐隆五行太一王相攝提六神五括天河殷槍歲星非數年在西也又非天缺孤逆刑星熒惑奎台非數年在東也故曰左右背鄉不足以專戰此蓋周時兵家占驗天時之略云史官主知天道者天道卽天文吉凶之道後漢書桓譚傳李注引鄭論語注云天道七政變動之占也云故國語曰吾非瞽史焉知天道者周語柯陵之會單襄公對魯成公語引證史官能知天道韋注云瞽樂太師掌知音樂風氣執同律以聽軍聲而詔吉凶太史掌抱天時與太師同車皆知天道也亦並據此經爲釋引春秋傳者左哀六年傳文孔疏引服虔云諸侯皆有大史主周所賜典籍故曰周大史一曰是時往問周大史云大史主天道者覆釋左傳問周大史之義云玄謂瞽卽大師大師瞽官之長者申周語以大師爲瞽之義敘官注云凡樂之歌必使瞽矇爲焉命其賢知者以爲大師小師是大師卽衆瞽官之長也

大遷國抱灋以前

法司空營國之法也抱之以前

當先王至知諸位處【疏】注云法司空營國之法也者司空之官法也今司空職亡惟匠人營國左祖右社前朝後市之屬是其遺法大史蓋亦藏其貳故大遷得抱之也此大遷所抱卽營國之法猶後大喪所執卽治葬之法知非上文六典八法八則之法者彼皆簡冊繁重非大史所能抱也云抱之以前當先王至知諸位處者王未至則大史先至按法以定宮廟之位處也

大喪執遷以涖勸防鄭司農云勸防引六紼【疏】大喪執遷以涖勸防者大喪謂王喪也法喪紀葬窆之法涖勸防者與喪祝爲官聯也注鄭司農云勸防引六紼者卽大司徒之六引言紼者散文通稱紼繂字同詳遂人疏喪祝先鄭注云勸防引柩也與此注同後鄭彼注云勸猶倡帥前引者防謂執披備傾戲較先鄭說尤析此不云者以義已具於彼可互推也勸防本喪祝所掌大史抱喪葬之法以涖其事備有遺失也

遣之日讀誄遣謂祖廟之庭大奠將行時也人之道終於此累其行而讀之大師又帥瞽廞之而作諡瞽史知天道使共其事言王之誄諡成於天道【疏】遣之日讀誄者與大師大祝爲官聯也說文言部云讀誦書也誄卽大祝六辭之誄彼官作與大史誦之因以制諡也注云遣謂祖廟之庭大奠將行時也者說文辵部云遣縱也既夕禮云書遣于策注云遣猶送也葬日柩將行若從親之去故其奠謂之大遣奠襍記云既遣而包其餘既夕云厥明陳鼎五于門外東方之饌四豆四籩醴酒鼎入乃奠是也凡將葬柩朝廟後有朝廟奠祖奠及大遣奠皆設於祖廟之庭喪奠唯遣奠最盛故謂之大奠白虎通義諡篇云祖載而有諡公羊桓十八年何注云蓋以爲祖祭乃諡祖載之日卽遣之日也云人之道終於此者謂葬爲人道之終也鄭言此者明作諡必於遣日之義穀梁桓十八年傳云諡所以成德也於卒事乎加之矣范注云諡者行之迹所以表德人之終卒事畢於葬故於葬定稱號也云累其行而讀之者曾

子問注云誄累也累列生時行迹讀之以作謚誄累聲類同詳大祝疏云大師又帥瞽廞之而作謚者誄與謚相因作謚必先讀誄故鄭云作謚也賈疏云按大師職凡大喪帥瞽而廞作柩謚王引之云此誤合廞與謚爲一事不可從當云大師又作謚案王說是也詳大師疏云瞽史知天道使共其事言王之誄謚成於天道者瞽史知天道亦據周語文賈疏云按禮記曾子問惟天子稱天以誄之注云以其無尊焉彼又引公羊傳制謚於南郊瞽史既知天道又於南郊祭天之所稱天以誄之是王之謚成於天道也若然先於南郊制謚乃於遣之日讀之葬後則稱謚案曾子問注云春秋公羊說以爲讀誄制謚於南郊若云受之於天然賈引作公羊傳非也白虎通義謚篇云天子崩大臣至南郊謚之者何以爲人臣之義莫不欲褒大其君掩惡揚善者也故之南郊明不得欺天也故曾子問孔子曰天子崩臣下之南郊告謚之釋名釋喪制云古者諸侯薨天子論行以謚之唯王者無上故於南郊稱天以誄之通典凶禮引五經通義云大臣吉服之南郊告天還素服稱天而謚之此並稱天制謚之事故先鄭云成於天道

凡喪事攷焉

爲有得失

疏注云爲有得失者此官掌喪紀之法故凡喪事則就而按攷行禮之得失也

小喪賜謚

小喪卿大夫也

疏小喪賜謚者賈疏云大史雖賜之謚不讀使小史讀之故小史職云卿大夫之喪賜謚讀誄彼注云其讀誄亦以大史賜謚爲節事相成其卿大夫將作謚之時其子請於君君親爲之制謚謚成使大史將往賜之小史至遣之日往爲讀之知義然者見禮記檀弓云公叔文子卒其子戍請謚於君曰日月有時將葬矣請所以易其名者君曰昔者夫子脩其班制以與四鄰交衞國之社稷不辱不亦文乎是其事也明禮亦當然其諸侯之法按曾子問云賤不誄貴幼不誄長諸侯相誄非禮春秋之世卑謚於尊不得如禮按曲禮言謚曰類以其象聘問之禮見天子乃使大史

賜之諡小史不讀之以其諸侯自有史若然此直言小喪賜之諡則三公諸侯亦在焉惠士奇云大史賜諡曰小喪小史賜諡曰卿大夫之喪則小喪指諸侯可知也案惠說以此小喪指諸侯與賈兼三公諸侯言者略同並校鄭爲長凡王子弟之爲內諸侯者其諡亦大史賜之公羊桓十八年何注云禮諸侯薨天子諡之卿大夫受諡於君穀梁范注義同白虎通義諡篇云諸侯薨世子赴告於天子天子遣大夫會其葬而諡之通典凶禮引五經通義說同曾子問云諸侯相誄非禮也鄭彼注云禮當言諡於天子也天子乃使大史賜之諡則鄭亦謂大史賜諸侯諡矣春秋釋例弔贈葬例云周禮太史氏掌喪事考其德行而賜之諡及周之衰天子不能帥禮則臣子亦自奉諡皆因葬而成其禮杜亦以此賜諡爲賜諸侯諡但以上文凡喪事攷焉爲考德行以賜諡則與經義不合耳 注云小喪卿大夫也者據小史云卿大夫之喪賜諡讀誄對王喪爲大喪也不云士者士無諡也然鄭此說不及賈惠以爲三公諸侯喪之允宰夫大喪小喪掌小官之戒令帥執事而治之三公六卿之喪與職喪帥官有司而治之及諸大夫之喪使其旅帥有司而治之小祝掌大喪勸防之事等云小喪亦如之又云凡卿大夫之喪掌事以彼二經證之則小喪非卿卿大夫之喪明矣宰夫注云大喪王后世子也小喪夫人以下小祝疏又以小喪爲王后世子以下之喪知此小喪非后夫人世子者后夫人世子不得有諡白虎通義諡篇云夫人無諡者何無爵故無諡或曰夫人有諡夫人一國之母修閨門之內則羣下亦化之故設諡以彰其善惡又云太子無諡士冠經曰天子之元子猶士也士無諡知太子亦無諡也通典凶禮引五經通義云婦人以隨從爲義夫貴於朝婦貴於室故得蒙夫之諡又云夫人無爵故無諡案五經通義說是也左昭十五年傳載景王穆后崩有諡魯夫人亦有諡者晉書禮志引服虔杜預胡訥王彪之說並以爲非禮白虎通後一說謂夫

人有諡非也凡射事飾中舍筭執其禮事舍讀曰釋鄭司農云中所以盛筭也玄謂設筭於中以待射時而取之中則釋之鄉射禮曰君國中射則皮豎中於郊則閭中於竟則虎中大夫兕中士鹿中天子之中未聞

疏凡射事者賈疏云則大射賓射燕射之等皆使大史為此三事云飾中者封人注云飾謂刷治潔清之也云舍筭者筭釋文作算葉鈔本仍作算案說文竹部云筭長六寸所以計曆數者算數也射筭即射籌所以計獲者字當從筭為正男巫無筭字借筭為算則此更不當作算今本釋文誤賈疏云舍筭者射有三番第一番三耦射不釋筭第二第三番射乃釋筭云執其禮事者賈疏云大史主禮者天子諸侯射先行燕禮後乃射其中禮事皆大史掌之　注云舍讀曰釋者甸祝注讀同詳大胥疏鄭司農云中所以盛筭也者大射儀云賓之弓矢與中籌豐皆止于西堂下注云中筭器也籌筭也又鄉射記云鹿中髹前足跪鑿背容八筭釋獲者奉之先首又云箭籌八十長尺有握握素注云箭篠也投壺禮亦有中孔疏云中之形刻木為之狀如兕鹿而伏背上立圜圈以盛筭聶氏三禮圖引舊圖云士之中長尺二寸首高七寸背上四寸穿之容筭長尺二寸聶氏云鄉射禮長尺有握握四指也一指一寸是尺四寸也案聶說是也投壺云筭長尺二寸與射筭不同舊圖蓋據投壺說未該云玄謂設筭於中以待射時而取之中則釋之者賈疏云按鄉射大射筭皆於中西設八筭於中內偶升將射大史取中之八筭執之待射中則更設於中待第二耦射第三耦已下皆然詒讓案大射儀云大史釋獲小臣師執中先首坐設之東面退大史實八筭於中又云釋獲者命小史小史命獲者又云獻釋獲者於其位胡匡衷云大史於射禮主釋筭故大射經又謂之釋獲者互詳射人疏引鄉射禮曰君國中射則皮豎中於郊則閭中於竟則虎中大夫兕中士鹿中者則大射記文豎彼作樹此依今文禮經也彼

注云國中城中也謂燕射也皮樹獸名今文皮樹爲繁豎於郊謂大射也大射於大學王制曰大學在郊閭獸名如驢一角或曰如驢歧蹄周書曰北唐以閭於竟謂與鄰國君射也士謂小國之州長也案虎兕鹿中並謂象其形爲之三禮圖引張鎰禮圖云皮樹人面獸形云天子之中未聞者以鄉射記無天子射中之文

小史掌邦國之志奠繫世辨昭穆若有事則詔王之忌諱鄭司農云志謂記也春秋傳所謂周志國語所謂鄭書之屬是也史官主書故韓宣子聘于魯觀書大史氏繫世謂帝繫世本之屬是也小史主定之瞽矇諷誦之先王死日爲忌名爲諱故書奠爲帝杜子春云帝當爲奠奠讀爲定書帝亦或爲奠玄謂王有事祈祭於其廟

疏掌邦國之志者謂掌王國及畿內侯國之史記別於外史掌四方之志爲畿外侯國之志也賈疏謂邦國連言專據諸侯國內所有紀錄之事失之云奠繫世辨昭穆者釋文云昭或作卲阮元云小宗伯辨廟祧之昭穆葉鈔釋文作卲周禮古文經當並作卲因注中作昭遂據以改經也此是古文假借字卲即說文卩部之卲字也凡從卩字有書作巳者案阮說是也說文人部云佋廟佋穆父爲佋南面子爲穆北面是昭穆正字當作佋昭卲皆同聲段借字賈疏云帝繫世本之中皆有昭穆親疏故須辨之云若有事則詔王之忌諱者賈疏云謂在廟中有祈祭之事小史告王以先王之忌諱也 注鄭司農云志謂記也者外史注義同又保章氏注云志古文識識記也廣雅釋詁云記志識也呂氏春秋貴當篇高注云志古記也國語楚語云教之故志使知廢興者而戒懼焉韋注云故志謂所記前世成敗之書孟子滕文公篇云且志曰喪祭從先祖趙注云志記也亦引此經與先鄭義同云春秋傳所謂周志國語所謂鄭書之屬是也者證邦國之志左文二年

傳晉狼瞫曰周志有之勇則害上不登於明堂杜注云周志周書也案今逸周書大匡篇有此文國語所謂鄭書檢今本國語未見惟左襄三十八年昭二十八年傳兩引鄭書杜注云鄭國史書疑先鄭誤記爲國語也周志卽王國之史明鄭意邦國不專指侯國矣云史官主書故韓宣子聘于魯觀書大史氏者于注例當作於各本並誤宣子晉韓起謚左昭二年傳晉侯使韓宣子來聘觀書於大史氏見易象與魯春秋孔疏云氏猶家也就其所司之處觀其書也案鄭引此者明小史卽大史之屬同官府小史所掌書卽藏於大史之府也此經掌書之官有四此官掌邦國之志蓋所藏者多當代典章韓起以易象春秋爲周禮亦是也外史掌四方之志及三皇五帝之書則兼藏古書二官蓋互相備又御史爲柱下史天府掌祖廟之守藏一官亦並掌藏書周代文籍司存略具是矣其它典法圖版之屬藏於百官府者則不可悉數也云繫世謂帝繫世本之屬是也者詳瞽矇疏云小史主定之者先鄭依杜說訓奠爲定也國語魯語云工史書世案奠繫世者謂正氏族譜諜之籍卽大傳所謂繫之以姓而弗別也小史掌定其屬籍故國語晉語云智果別族於太史爲輔氏是也云瞽矇諷誦之者賈疏云案瞽矇職云掌諷誦詩世奠繫鼓琴瑟是也云先王死日爲忌名爲諱者祭義云忌日必哀檀弓云忌日不樂注云謂死日又忌日不用舉吉事注云忌日親亡之日不用舉他事如有時日之禁也穀梁昭七年范注云忌日死者之日月耳鄭襲云傳稱子卯不樂謂之疾日先儒以爲甲子乙卯誠如是自宜以日辰爲忌遇之而感耳黃以周云古人親亡之日忌支辰非忌一二之定日人君之忌子卯其顯證也且月値其辰皆忌非止一年止忌一日喪大記曰大夫士之喪以練而歸朔月忌日則歸哭於宗室亦其明證也案鄭黃說是也王制注云惡忌日若子卯是先王忌日外又忌子卯矣云名爲諱者說文言部云諱誋也祭義云稱諱如見親曲禮云卒哭乃

諱注云敬鬼神之名也諱辟也檀弓云既卒哭宰夫執木鐸以命于宮曰舍故而諱新注云故謂高祖之父當遷者也易說帝乙曰易之帝乙爲成湯書之帝乙六世王天之錫命疏可同名依彼注義此先王之諱亦謂四親廟之王其六世以上則不諱也又王制云大史典禮執簡記奉諱惡注云諱先王名惡忌日彼以奉諱惡屬大史者小史卽大史之屬官長屬通職故大戴禮記保傅篇賈子新書傅職篇並云不知先王之諱與國之大忌凡此其屬太史之任也云故書奠爲帝杜子春云帝當爲奠奠讀爲定書帝亦或爲奠者瞽矇注義同詳司市疏大傳後鄭注引此經作定繫世卽從杜讀也云玄謂王有事祈祭於其廟者以下別言大祭祀明此有事非謂六享之祭乃有事祈禱於其廟也

大祭祀讀禮灋史以書敘昭穆之俎簋讀禮法者大史與羣執事史此小史也言讀禮法者小史敘俎簋以爲節故書簋或爲几鄭司農云几讀爲軌書亦或爲簋古文也大祭祀小史主敘其昭穆以其主定繫世祭祀史主敘其昭穆次其俎簋故齊景公疾欲誅於祝史玄謂俎簋牲與黍稷以書次之校比之

疏大祭祀者賈疏云此言敘昭穆之俎簋則非外神耳則大祭祀惟謂祭宗廟三年一祫之時有尸主兼序昭穆俎簋也詒讓案當亦兼大禘言之　注云讀禮法者大史與羣執事者此亦注用今字作法也賈疏云大史職云大祭祀戒及宿之日與羣執事讀禮書而協事彼云禮書卽此禮法也云史此小史也者以大史小史得通稱史此經先言讀禮法而後言史以書敘昭穆之俎簋故知史非大史卽此小史也云言讀禮法者小史敘俎簋以爲節者敘注例用今字當作序下同各本並誤詳小宰疏賈疏云謂大史讀法之時小史則敘昭穆及俎簋當依禮法之節校比之使不差錯云故書簋或爲几者段玉裁校改几爲九云簋字古音同九其古文作軌軌古音亦同九也公食大夫禮宰夫設黍稷六簋注

古文簋皆爲軌蓋古文字少假借車徹之字爲之若周禮故書作九則更古矣今本注九譌作几非其聲類徐養原亦從九云几字古在脂微韻簋九並在尤幽韻其音不同案段徐校是也故書蓋有三本正本作簋或本作九又作軌全經六篇簠簋字恆見惟此古文義異故二鄭並不從九今本作几者形近而譌惟說文舊本簋字古文作匭云从匚飢飢與几聲類同段校改爲从匚食九則其譌捉正與此注同矣鄭司農云几讀爲軌書亦或爲簋古文也者段玉裁校改爲九讀爲軌書亦或爲軌簋古文也云大鄭易九爲軌者依儀禮古文且周禮書亦或爲軌也云簋古文者謂此軌字乃簋之古文也不徑易九爲軌者簋小篆也其不徑從故書作九何漢時經典古籍如儀禮周易損卦皆用軌爲簋用九字者絕少也今本脫一軌字不可讀又云說文竹部古文簋字凡三曰匭曰匭曰杋其不數九軌何也說文所說者小篆古文之別也禮經所用者古文之假借也案段校亦是也凡注云書亦或爲某者皆或作之字正與所讀同故云亦以徵成其說先鄭既不讀九爲簋則不當云書亦或爲簋明矣先鄭本經文蓋亦從簋故下注直云俎簋而又兼從作軌之本者以其與公食禮古文合也若或本作九則文太簡古學者或不得其解故改讀爲軌而又釋之云簋古文明簋固是正字而軌亦古文段借非譌文也云大祭祀小史主敘其昭穆以其主定繫世者先鄭以昭穆即繫世之事故小史主定繫世并使敘祭祀之昭穆也云祭祀史主敘其昭穆次其俎簋故齊景公疾欲誅於祝史者證祝史主祭祀俎簋之事賈疏云事在昭二十年左氏傳彼傳云公有疾語晏子曰據與款謂寡人能事鬼神故欲誅於祝史是其事也云玄謂俎簋牲與黍稷者俎所以載牲體簋所以盛黍稷故云牲與黍稷俎簋詳膳夫及掌客疏云以書次之校比之者鄉師注云敘猶次也校比謂攷校比次其位處

大喪大賓客大會同大軍旅佐

大史凡國事之用禮灋者掌其小事【疏】大喪大賓客大會同大軍旅佐大史者凡大史所掌禮法之事小史皆佐助之小宰所謂大事則從其長云凡國事之用禮灋者掌其小事者小事之用禮法者則此官專治之不佐大史小宰所謂小事則專達也

卿大夫之喪賜謚讀誄其讀誄亦以大史賜謚爲節事相成【疏】卿大夫之喪賜謚讀誄者此不及士者士賤無賜謚讀誄之事也士冠禮記云死而謚非古也古者生無爵死無謚鄭彼注云今謂周衰記之時也古謂殷之士生不爲爵死不爲謚周制以士爲爵死猶不爲謚耳下大夫也今記之時士死則謚之非也謚之由魯莊公始也檀弓說魯莊公誄縣賁父卜國事云士之有誄自此始也注云周雖以士爲爵猶無謚也殷大夫以上爲爵郊特牲注說亦同是周禮士無謚誄之事又案既夕禮主人之史讀賵公史讀遣胡匡衷謂公史即小史讀遣與此讀誄事異而讀書同故皆小史掌之　注云其讀誄亦以大史賜謚爲節事相成者賈疏云按大史云小喪賜謚注云小喪卿大夫之喪注取此文彼不云讀誄今此云卿大夫之喪賜謚讀誄賜謚是大史之事非小史但小史於大史賜謚之時須誄列生時行跡而讀之謚法依誄爲之故云事相成案鄭賈意卿大夫之喪大史賜謚小史則讀誄二官爲聯事今依惠士奇說大史小喪專指諸侯則卿大夫之喪當此官賜謚并讀誄非大史所掌注疏說未塙

馮相氏掌十有二歲十有二月十有二辰十日二十有八星之位辨其敘事以會天位歲謂大歲歲星與日同次之月斗所建之辰樂說說歲星與日常應大歲月建以見然則今曆大歲非此也歲日月辰星宿之位謂方面所在辨其序事謂若仲春辨秩東作仲夏辨秩南譌仲秋辨秩西成仲冬辨在朔易會天位者合此

歲月日辰星宿五者以爲時事之候若今曆日大歲在某月某日某甲朔日直某也國語曰王合位于三五孝經說曰故勑以天期四時節有晚早趣勉趣時無失天位皆由此術云 疏 掌十有二歲十有二月十有二辰十日二十有八星之位者此以歲月辰日星宿五者辨其敘事下文又以致日月辨四時之敘合之鄭左昭八年傳士文伯說六物曰歲時日月星辰是也硩蔟氏注云日謂從甲至癸辰謂從子至亥月謂從娵至荼歲謂從攝提格至赤奮若星謂從角至軫案此星辰與大宗伯及保章氏星爲五星辰爲日月所會異二十八星鄭二十八宿凡十二月日月所躔及昏旦中星咸以此爲紀史記律書說二十八舍東壁營室危虛須女牽牛建星箕尾心房氐亢角軫翼七星張注弧狼罰參濁留胃婁奎此古蓋天術與淮南子天文訓漢書律曆志三統曆二十八宿不同以輈人熊旗象伐弧旌象弧之文證之則此經二十八星當從史遷說詳輈人疏云辨其敘事以會天位者辨唐石經誤辯今據宋婺州本及嘉靖本正敘事謂次序四時之事與大史義同賈疏云謂五者皆與人爲候之以爲事業次敘而事得分辨故云辨其序事也會天位者五者在天會合而爲候也 注云歲謂大歲者保章氏注及乙巳占分野篇引馬融注並同論衡調時篇云審論歲月之神歲則大歲也詩大雅小弁孔疏引服虔左傳注云歲歲星之神也左行於地十二歲而一周爾雅釋天云太歲在寅曰攝提格在卯曰單閼在辰曰執徐在巳曰大荒落在午曰敦牂在未曰協洽在申曰涒灘在酉曰作噩在戌曰閹茂在亥曰大淵獻在子曰困敦在丑曰赤奮若鄭所謂十有二歲也賈疏云此大歲在地與天上歲星相應而行歲星爲陽右行於天一歲易一辰又分前辰爲一百四十四分而侵一分則一百四十四年跳一辰十二辰帀則總有千七百二十八年十二跳辰帀以此而計之十二歲一小周謂一年移一辰故也千七百二十八年一大周十二跳帀

故也歲左行於地一與歲星跳辰年歲同此則服虔注春秋龍度天門是也以歲星本在東方謂之龍以辰爲天門故以歲星跳度爲龍度天門也云歲星與日同次之月斗所建之辰者保章氏注及乙巳占引馬注亦同賈疏云以歲星爲陽人之所見大歲爲陰人所不覩旣歲星與大歲雖右行左行不同要行度不異故舉歲星以表大歲言歲星與日同次之月一年之中惟於一辰之上爲法若元年甲子朔日冬至日月五星俱起於牽牛之初是歲星與日同次之月十一月斗建子子有大歲至後年歲星移向子上十二月日月會於玄枵十二月斗建丑丑有大歲自此已後皆然詒讓案此命大歲所在之一法也若大歲在寅正月日躔與歲星同在亥其月斗建寅大歲在卯二月日躔與歲星同在戌斗建卯大歲在辰三月日躔與歲星同在酉斗建辰大歲在巳四月日躔與歲星同在申斗建巳大歲在午五月日躔與歲星同在未斗建午大歲在未六月日躔與歲星同在午斗建未大歲在申七月日躔與歲星同在巳斗建申大歲在酉八月日躔與歲星同在辰斗建酉大歲在戌九月日躔與歲星同在卯斗建戌大歲在亥十月日躔與歲星同在寅斗建亥大歲在子十一月日躔與歲星同在丑斗建子大歲在丑十二月日躔與歲星同在子斗建丑皆以日與歲星同次之月斗建某辰則大歲亦在某辰唐書曆志載大衍曆議引洪範傳云曆記始於顓頊上元太始閼蒙攝提格之歲畢陬之月朔日己巳立春七曜俱在營室五度淮南子天文訓云天一元始正月建寅日月俱入營室五度天一以始建此謂顓頊曆曆元甲寅年之正月立春日月五星同度同度之月斗建於寅故卽命其歲爲甲寅漢書天文志云大歲在寅歲星大初曆在營室東壁此大歲在寅歲星在亥卽以歲星與日同次之月命大歲也二云樂說說歲星與日常應大歲月建以見者王引之刪與日二字二云歲星與日同次之月斗所建之辰此大歲建辰之一法也其月歲星

與日同次而不見者也樂說說歲星常應大歲月建以見此大歲建辰之又一法也其月歲星與日隔次而晨見者也而鄭引樂說以證歲星與日同次之月斗所建之辰則是誤合爲一矣開元占經歲星占篇引樂動聲儀曰角音和調則歲星常應大歲月建以見此鄭所謂樂說也史記天官書曰攝提格歲歲陰左行在寅歲星右轉居丑以正月與斗牽牛晨出東方色蒼蒼有光此樂說所謂歲星常應大歲月建以見也正月日在亥宮歲星在丑宮與日隔子宮則非與日同次之月同次則歲星在日前不能晨見今上云同次下云見殆失之矣蓋隔次晨見之法太初以後久不承用故言太歲者但知星日同次之法而已又案太歲建辰有二法而鄭釋太歲但言歲星與日同次之月斗所建之辰者據漢書天文志太初數之太歲但應歲星與日同次之月而不應隔次晨見之月三統數本於太初其太歲亦當與之同鄭君通三統數故所言太歲但應歲星與日同次之月也其實太歲建辰尚有應歲星晨見之月之法漢志所載甘石二家太歲在寅歲星正月出及史記天官書歲陰在寅歲星以正月與斗牽牛晨出東方皆以寅年應寅月則太歲之應歲星晨見之月具有明證或問曰歲星與日常應太歲月建以見安知非夕見西方乎曰古法歲星應太歲皆以晨出東方之月無言夕出西方者徧攷漢志續漢志及晉宋後魏隋唐諸志金水二星有夕見西方之法而木火土無之故知樂說所云指晨見而言也晨見之法歲星去日一次有餘星見之時日猶未出不得言與日也與日二字蓋因上句歲星與日同次而衍當依樂動聲儀刪正案王說是也史記天官書云攝提格歲歲陰左行在寅歲星右轉居丑正月與斗牽牛晨出東方此謂寅年正月日躔在亥歲星在丑與日隔子宮而晨見其月斗建寅故大歲應之而在寅也又云單閼歲歲陰在卯星居子以二月與婺女虛危晨出執徐歲歲陰在辰星居亥以三月與營室東壁晨出大荒駱

歲歲陰在巳星居戌以四月與奎婁胃昴晨出敦牂歲歲陰在午星居酉以五月與胃昴畢晨出叶洽歲歲陰在未星居申以六月與觜觿參晨出涒灘歲歲陰在申星居未以七月與東井輿鬼晨出作鄂歲歲陰在酉星居午以八月與柳七星張晨出閹茂歲歲陰在戌星居巳以九月與翼軫晨出大淵獻歲歲陰在亥星居辰以十月與角亢晨出困敦歲歲陰在子星居卯以十一月與氐房心晨出赤奮若歲歲陰在丑星居寅以十二月與尾箕晨出此並以歲星與日躔隔一宮晨見其月斗建所在命大歲之法也云然則今曆大歲非此也者賈疏云以今曆大歲歲星比辰大歲無跳辰之義非此經大歲者也王引之云謂東漢四分術大歲不應歲星云歲日月辰星宿之位謂方面所在者位猶方也謂五物雖有行留伏見不出四宮十二次之方位鶡冠子泰鴻篇云日信出信入南北有極度之稽也月信死信生進退有常數之稽也列星不亂其行代而不干位之稽也云辨其序事謂若仲春辨秩東作仲夏辨秩南譌仲秋辨秩西成仲冬辨在朔易者序舊本作敘今據明監本正凡注例用今字作序詳小宰疏辨秩宋婺州本並作辯秩字通仲春辨秩東作以下並書堯典文賈疏云按尚書皆作平秩不為辨秩今皆云辨秩據書傳而言辨其平也案南譌釋文作南僞今本尚書作南訛段玉裁云疏云辨秩據書傳非也古辨平通用鄭之古文尚書自作辨耳非必用尚書大傳也尚書大傳仲冬辨在伏物此作朔易則非從書傳可知也依釋文羣經音辨集韻八戈此注作南僞僞五和反葉鈔宋本釋文可據通志堂本作譌非也案段說是也史記五帝本紀索隱引大傳作辯秩東作又作便在伏物二文不同疑有一誤南譌漢書王莽傳亦作南僞與釋文本同僞孔傳云秩序也歲起於東而始就耕謂之東作東方之官平均次序東作之事以務農也訛化也掌夏之官平秩南方化育之事秋西方萬物成平序其政助成物易謂歲改易於北方平

均在察其政以順天常孔疏謂鄭以作爲生然則鄭釋辨秩之義或與僞孔同故此注亦引證辨其敘事之義云會天位者合此歲日月辰星宿五者以爲時事之候者爾雅釋詁云會合也謂推歲日月辰星宿五者所在次度合而課之以推時之早晚爲行事之候若後世推步家所爲大戴禮記曾子天圓篇云聖人慎守日月之數以察星辰之行以序四時之順逆謂之曆月令注云人君南面而聽天下視時候以授民事並其義也云若今曆日大歲在某月某日某甲朔日直某也者大歲在下當重某字今本挩某甲謂日辰也孔廣森云直某者謂建除之屬王莽傳曰十一月壬子直建又曰戊辰直定引國語曰王合位于三五者周語伶州鳩曰昔武王伐殷歲在鶉火月在天駟日在析木之津辰在斗柄星在天黿星與日辰之位皆在北維顓頊之所建也帝嚳受之我姬氏出自天黿及析木者有建星及牽牛焉則我皇妣太姜之姪伯陵之後逢公之所馮神也歲之所在則我有周之分野也月之所在辰馬農祥也我太祖后稷之所經緯也王欲合是五位三所而用之韋注云王武王也五位歲月日星辰也三所逢公所馮神周分野后稷所經緯也詩大雅大明孔疏云歲月日辰星五者各有位謂之五位星日辰在北歲在南月在東居三處故言三所又駁韋云案其文云星與日辰之位皆在北維歲之所在月之所在言五位三所謂五物在三處當以此五在爲三所不得以所字充之若必以所字充之則周之分野不言所也又正合五位則五物皆助若三所唯數逢公則日之與辰不助周矣韋昭之言非也案周語五位三所之說孔氏爲長彼五位歲月日與此同而辰爲日月所會星爲五緯之水星則與此星辰不同鄭引之者爾雅釋詁云會合也彼云合位與此經會天位義正同故以況義也又引孝經說者蓋孝經緯文今無可攷引之者亦證經以會天位之事勑以天期謂因天期以勑戒人事勑敕之借字詳大宰疏云皆由此術云者謂

周語及孝經緯所云並合五位以爲時事之候與馮相會天位術同冬夏致日春秋致月以辨四時之敘冬至日在牽牛景丈三尺夏至日在東井景尺五寸此長短之極極則氣至冬無愆陽夏無伏陰春分日在婁秋分日在角而月弦於牽牛東井亦以其景知氣至不春秋冬夏氣皆至則是四時之敘正矣【疏】冬夏致日春秋致月者即典瑞土圭以致四時日月之法彼注云度其景至不至以知其行得失也書堯典中夏云敬致亦義和夏致日之事云以辨四時之敘者辨唐石經亦誤辯今據宋本嘉靖本正　注云冬至日在牽牛景丈三尺夏至日在東井景尺五寸此長短之極者據大司徒土中立八尺之表冬夏致日之景而言冬夏至爲日道南北發斂之極故表景亦長短之極也淮南子天文訓云日冬至八尺之脩日中而景丈三尺日夏至八尺之景脩徑尺五寸漢書天文志云黃道北至東井去北極近南至牽牛去北極遠東至角西至婁去極中夏至至於東井北近極故晷短立八尺之表而晷景長尺五寸八分冬至至於牽牛遠極故晷長立八尺之表而晷景長丈三尺一寸四分春秋分日至婁角去極中而晷中立八尺之表而晷景長七尺三寸六分此日去極遠近之差晷景長短之制也案漢志夏至景長尺五寸冬至景長丈三尺皆有餘分蓋依劉向洪範五行傳說與大司徒說夏至景文小異故鄭不據也賈疏云按易緯通卦驗云冬至日置八神樹八尺之表日中視其影如度者歲美人和晷不如度者歲惡人爲言政令爲之不平注神讀如引言八引者樹杙於地四維四中引繩以正之故因名之曰引立表者先正方面於視日審矣晷進則水晷退則旱進尺二寸則月食退尺則日食注云晷進謂長於度日之行黃道外則晷長晷長者陰勝故水晷短於度者日之行入進黃道內故晷短晷短者陽勝是以旱進尺二寸則月食者月以十二爲數以勢言之宜爲月食退尺則日食者日之

數備於十晷進爲盈晷退爲縮冬至晷長丈三尺注云所立八尺之表景長丈三尺長之極彼雖不言夏至尺五寸景以冬至景長丈三尺反之致夏惟尺五寸景也是以鄭注考靈耀云日之行冬至之後漸差向北夏至之後漸向南日差大分六小分四大分六者分一寸爲十分小分四者分一分爲十分一寸千里則差六百四十里按大司徒職云日至之景尺有五寸謂之地中從夏至之後差之至冬至得丈三尺景案通卦驗說夏至晷景長一尺四寸八分與此小異賈謂通卦驗不言夏至晷景誤林喬蔭云周髀云凡爲日月運行之圓周七衡而六間以當六月節六月爲百八十二日八分日之五故曰夏至在東井極內衡日冬至在牽牛極外衡也衡復更終冬至故曰一歲三百六十五日四分日之一一歲一內極一外極衡者橫也謂橫界之以定節氣而爲日月出入所循之道卽今時憲家所謂日行之黃道與赤道斜交月行之白道又與黃道斜交者也古未有黃赤道之名故止謂之衡極內衡者七衡中之第一衡夏至之日道也次二衡爲大暑次三衡爲處暑次四衡爲秋分次五衡爲霜降次六衡爲小雪終於極外之第七衡爲冬至由是復自第七衡回次六衡爲大寒次五衡爲雨水次四衡爲春分次三衡爲穀雨次二衡爲小滿復至於極內之第一衡爲夏至自極內至極外是爲七衡又自極外還於極內是爲六閒此一歲之日軌所歷也其第四衡在七衡之中卽是赤道去南極北極遠近相等故日出入於此爲春秋分出以正卯入以正酉景居長短之中而晝夜所行地上之度與地下之度適均以其位正當天體之中也春分之日軌正當中衡此後漸離而北去極稍近則景稍短行地上之度漸多故晝漸長行地下之度漸少故夜漸短至於夏至而日最北去極最近地上之度極多地下之度極少是以夏至之景最短夜極短而晝極長歷二衡三衡復當中衡爲秋分此後漸離而南去極漸遠則景稍長行地上之度漸少故晝

漸短行地下之度漸多故夜漸長至於冬至而日最南去極最近地
上之度極少地下之度極多是以冬至之景最長夜極長而晝極短
復回而歷六衡五衡以至中衡爲春分向使日軌恆依中衡則無寒
暑進退何以能生成萬物而寒暑進退之由則根於夏至之極內與
冬至之極外極內極外卽極南極北也其相距皆二十四度故曰冬
至夏至者日道發斂之所生謂自冬至以後日皆斂北夏至以後日
皆發南此致日之所以必於冬夏也案林氏據周髀以釋此經是也
致日互詳大司徒土方氏疏二云極則氣至冬無愆陽夏無伏陰者賈
疏二云愆陽伏陰昭四年申豐辭以其德政所致而四時之景合度故
陰陽和也詒讓案僁左昭四年傳作愆僁愆古今字杜注二云愆過也
謂冬溫伏陰謂夏寒二云春分日在婁秋分日在角而月弦於牽牛東
井亦以其景知氣至不者亦月景長短之極也凡每月上下弦爲月
道南北發斂之極而二分兩弦之月正與二至日道相近故致月必
以是爲準極也賈疏二云按通卦驗二云夫八卦氣驗常不在望以入月
八日不盡八日候諸卦氣注二云入月八日不盡八日陰氣得正而平
以此而言明致月景亦用此日矣若然春分日在婁其月上弦在東
井圓於角下弦於牽牛秋分日在角上弦於牽牛圓於婁下弦東井
故鄭幷言月弦於牽牛東井不言圓望義可知也此以三月諸星復
若不在三月則未到本位大判皆以合昏星體在西而言以其二月
春分婁星昏在西秋分角星昏亦在西以是推之皆可知按天文志
云月有九行者黑道二出黃道北赤道二出黃道南白道二出黃道
西青道二出黃道東立春春分月東從青道立秋秋分西從白道立
冬冬至北從黑道立夏夏至南從赤道然用之一決房中道青赤出
陽道白黑出陰道若月失節度而妄行出陽道則旱風出陰道則陰
雨此云九行則通數黃道也進入黃道南別謂之赤道夏時月在黃
道南謂之赤道進入黃道北謂之黑道東西自相對春時月行黃道

東謂之青道進入黃道西謂之白道秋時月在黃道西謂之白道進入黃道東謂之青道此皆不得其正故曰出陽道則旱風出陰道則陰雨若在黃道是其正亦如日然故星備云明王在上則日月五星皆乘黃道又云黃帝占曰天道有三黃道者日月五星所乘問曰按星則差在其內何得與日同乘黃道又問曰日何得在婁角牽牛東鄭駁異義云三光考靈耀書云日道出于列宿之外萬有餘里謂五井乎荅曰黃道數寬廣雖差在內猶不離黃道或可以上下爲外內又按天文志云春秋分日在婁角去極中而晷中立八尺之表而晷景長七尺三寸六分也若然通卦驗云春秋晷長七尺二寸四分者謂晷表有差移故不同也林喬蔭云夫日所行之黃道與赤道斜交而月所行之白道又與黃道斜交則月所行之道非卽日所行之道明矣然一歲之中春秋二分黃道與赤道同度並在中衡而月之白道與日之黃道正交者亦惟春秋二分與赤道同度而在中衡蓋日行黃道以赤道爲中而月行白道則以黃道爲中中衡者日之中亦月之中也然月循白道行其南之極在黃道南不踰六度其北之極在黃道北亦不踰六度其距赤道也遠不過三十度近不下十八度正當黃道之處謂之正交出黃道外六度爲半交復當黃道爲中交入黃道內六度爲半交其初交自黃道外而入內其中交在對衡之所必自內而出外其初交自黃道內而出外其中交在對衡之所必自外而入內內卽北外卽南自外而入內月行之自南而北也謂之陽曆凡行二十七日有奇而交一終每年爲十三交有奇而致月必於春秋者蓋以春秋二分正當中衡爲黃赤二道之交月所行之度卽日二至所行之度春分之月上弦於夏至之日道下弦於冬至之日道則其望必在秋分之日道可知秋分之月上弦於冬至之日道下弦於夏至之日道則其望必在春分之日道可知以其黃道與赤道白道與黃道三者之度同也夫旣所行之度參值則月之東出西

沒其位亦必居卯酉之正與日相等或出沒於卯酉之南是知其在陽曆也或出沒於卯酉之北是知其在陰曆也且既月與日之度參値則月之過午之度亦必與日之度同而或高於日過午之度是又其在陰曆也或卑於日過午之度是又其在陽曆也月行一月與日相會皆有陽曆陰曆故周髀云三十日十六分日之七月一內極一外極然其行陰陽曆也有時而過乎外衡內衡有時而不及乎外衡內衡唯此二分之月行陽曆者正當內衡之極行陰曆者正當外衡之極故致月必以春秋矣案林說略本梅文鼎而據周髀以釋此經之義尤爲詳覈梅氏又云凡冬夏至表景既有土圭之定度則月亦宜然而今測月景每有不齊則交道可知假如春分日在婁而月上弦於東井秋分日在角而月下弦於東井則是月所行者夏至日道也其午景宜與土圭等又如春分日在婁而月下弦於牽牛秋分日在角而月上弦於牽牛則是月行冬至日道也其午景宜與土圭所度冬至長景等而徵之所測或等焉或不等焉其等於定度者必月交黃道之度也其短於定度者必月在日道之北而爲陰曆也其長於定度者必月在日道之南而爲陽曆也是故兩弦亦可以測陰陽曆也然則陰陽曆之變動若此又何以正四時之敘曰日道之出入赤道也距遠至廿四度月道之出入黃道最遠止六度距廿四度故景之進退也大夏至尺五寸冬至一丈三尺相去懸絕距止六度故景之進退也小陰曆陽曆之月景所差於日景者不過尺許而已假如月上下弦在東井而景更短於土圭其爲夏至之陰曆更無可疑卽使是陽曆而景長於土圭其長不過尺許無害其爲夏至之黃道也又如月上下弦在牽牛景加長於土圭所定之度其爲冬至之陽曆已成確據卽使陰曆而景短於土圭所定之度其短亦不過尺許無損其爲冬至之日道也夫兩弦之月道旣在二至之度則日躔必在二分而四敘不忒故舉兩弦立說亦足以明也云春秋冬夏氣皆

至則是四時之敘正矣者敘亦當作序此釋經以辨四時之敘謂二分二至之日晷景長短適與術應是四時之氣已至則時敘得其正不差忒也

保章氏掌天星以志星辰日月之變動以觀天下之遷辨其吉凶志古文識識記也星謂五星辰日月所會五星有贏縮圜角日有薄食暈珥月有虧盈朓側匿之變七者右行列舍天下禍福變移所在皆見焉

疏掌天星者此謂掌占恆星漢書天文志所謂中外官凡百七十八名積數七百八十三是其略也云以志星辰日月之變動者以日月五星十二舍躔次所直而察其變動之占賈疏云上馮相氏掌日月星辰不變依常度者此官掌日月星辰變動與常不同以見吉凶之事　注云志古文識識記也者禮運注云志謂識古文段玉裁云此亦謂古文假借非謂志即識字也小史外史注志記也不言古文識者互見後世志書字則皆假借案段說是也亦詳小史疏志者謂測其變動而記注之於策以推其吉凶所應也云星謂五星辰日月所會者大宗伯注義同知此星辰與馮相氏異者二十八星十二辰無變動故也云五星有贏縮圜角者賈疏云按天文志云歲星所在國不可伐可以伐人超舍而前爲贏退舍爲縮凡五星早出爲贏贏爲客晚出爲縮縮爲主人古人有言曰天下大平五星循度亡有逆行日不蝕朔月不蝕望云圜角者星備云五星更王相休廢其色不同王則光芒相則內實休則光芒無角不動搖廢則少光色順四時其國皆當也又云立春歲星王七十二日其色有白光角芒土王三月十八日其色黃而大休則圜廢則內虛立夏熒惑王七十二日色赤角芒土王六月十八日其色黃而大立秋大白王七十二日光芒無角土王九月十八日其色黃而大立冬辰星王七十二日其

色白芒角土王十二月十八日其色黃而大星當王相不芒角其邦大弱強國取地大弱失國亡土也詒讓案五星贏縮者謂行度有進退也圜角者謂光芒有斂也開元占經五星占篇引七曜云超舍而前過其所當舍之宿以上一舍二舍三舍謂之贏退舍而下一舍二舍三舍謂之縮又易萌氣樞云大進曰贏大退曰縮又引巫咸云光一尺以內爲角歲星七寸以上謂之角史記天官書云五星色白圜爲喪旱赤圜則中不平爲兵青圜爲憂水黑圜爲疾多死黃圜則吉赤角犯我城黃角地之爭白角哭泣之聲青角有兵憂黑角則水云日有薄食暈珥者釋文暈作運云本又作煇又作暈案暈俗字正字當從煇運同聲段借字詳大卜及眂祲疏漢書五行志引京房易傳云凡日食不以晦朔者名曰薄日月雖不同宿陰氣盛薄日光也又史記天官書集解引孟康云日月無光曰薄又引京房易傳云日赤黃爲薄或曰不交而蝕曰薄又引韋昭云氣往迫之爲薄虧毀爲蝕暈珥亦詳眂祲疏云月有虧盈朓側匿之變者賈疏云按尚書五行傳云晦而月見西方謂之朓朔而月見東方謂之側匿側匿則侯王其肅朓則侯王其舒案漢書五行志文與賈引洪範五行傳同惟側匿作仄慝云劉向以爲朓者疾也君舒緩則臣驕慢故日行遲而月行疾也仄慝者不進之意君肅急則臣恐懼故日行疾而月行遲不敢迫近君也顏注引孟康云朓者月行疾在日前故早見仄慝者行遲在日後當沒而更見云七者右行列舍者七者謂日月五星列舍謂二十八宿即日月所會總爲十二辰之次七政右轉皆循十二次以行鄭言此者明星日月皆有變動惟辰無變動以七政所見爲變動也云天下禍福變移所在皆見焉者廣雅釋言云遷移也謂禍福所降無定隨天象爲遷移也

以星土辨九州之地所封封域皆有分星以觀妖祥星土星所主土也封猶界也鄭司農說星土以春秋傳曰參爲晉星

商主大火國語曰歲之所在則我有周之分野之屬是也玄謂大界則曰九州州中諸國中之封域於星亦有分焉其書亡矣堪輿雖有郡國所入度非古數也今其存可言者十二次之分也星紀吳越也玄枵齊也娵訾衛也降婁魯也大梁趙也實沈晉也鶉首秦也鶉火周也鶉尾楚也壽星鄭也大火宋也析木燕也此分野之妖祥主用客星彗孛之氣爲象【疏】以星土辨九州之地所封封域皆有分星者占十二星土也此星謂二十八星與五星異辨漢書地理志敘引作辯字通乙巳占分野篇引馬融注云辨別也賈疏云此經論北斗及二十八宿所主九州及諸國封域之妖祥所在之事九州之地據北斗而言所封封域據二十八星而說云以觀妖祥者眡祲注云妖祥善惡之徵是也謂以分星之變動占其地之妖祥漢書五行志引劉歆說云凡日所躔而有變則分野之國失政者受之人君能修政共御厥罰則災消而福至不能則災息而禍生亦以星土占妖祥之事也　注云星土星所主土也者乙巳占引馬注云星土者星所主土地也鄭義本馬說王制孔疏引元命包云王者封國上應列宿之位注云若角亢爲鄭房心爲宋之比又御覽天部引春秋感精符云地爲山川山川之精上爲星辰各應其州域分野爲作精神符驗也云封猶界也者小爾雅廣詁云封界也大司馬制畿封國注云封謂立封於疆爲界故界即謂之封也乙巳占引馬注亦云封界也封域一國也云鄭司農說星土以春秋傳曰參爲晉星商主大火者左昭元年傳云鄭子產曰昔高辛氏有二子伯曰閼伯季曰實沈居于曠林不相能也后帝不臧遷閼伯于商丘主辰商人是因故辰爲商星遷實沈于大夏主參唐人是因及成王滅唐而封大叔焉故參爲晉星又襄九年傳云陶唐氏之火正閼伯居商丘祀大火而火紀時焉相土因之故商主大火大火即辰星此文與昭元年傳同以十二次分野校之參爲晉星與實沈爲晉合商主大火與大火爲宋合故先

鄭引以爲證乙巳占分野篇引馬注云傳曰參主晉商主大火也亦據左傳爲說云國語曰歲之所在則我有周之分野之屬是也者周語伶州鳩曰昔武王伐殷歲在鶉火歲之所在則我有周之分野韋注云鶉火周分野也先鄭引此諸文證星土即分星也所舉不備故後鄭復詳舉十二次所主之國也云玄謂大界則曰九州者賈疏云此解經九州之地按春秋緯文耀鉤云布度定記分州繫象華岐以北龍門積石西至三危之野雍州屬魁星大行以東至碣石王屋砥柱冀州屬璇星三河雷澤東至海岱以北兗州青州屬機星蒙山以東至羽山南至江會稽震澤徐揚之州屬權星大別以東至雲澤九江衡山荊州屬衡星荊山西南至岷山北距鳥鼠梁州屬開星外方熊耳以東至泗水陪尾豫州屬搖星此九州屬北斗星有七州有九但兗青徐揚幷屬二州故七星主九州也周之九州差之義亦可知案賈引文耀鉤說北斗主九州今本文多挩誤今並據開元占經石氏中官占所引補正又史記天官書云天則有列宿地則有州域二十八舍主十二州斗秉兼之又云角亢氐兗州房心豫州尾箕幽州斗江湖牽牛婺女揚州虛危青州營室至東壁幷州奎胃婁徐州昴畢冀州觜觿參益州東井輿鬼雍州柳七星張三河翼軫荊州漢天文志文亦同此別以二十八星分配諸州其云斗秉兼之者或即如文耀鉤所說矣云州中諸國中之封域於星亦有分焉者孔繼汾云國下衍中字大司徒土宜疏引此注亦無中字案孔校是也謂九州中諸國之封域亦各有所當之星下十二次分星等則其略也云其書亡矣者謂古天官家言星土之書漢時已亡也云堪輿雖有郡國所入度非古數也者史記日者列傳說孝武帝時聚會占家有堪輿家漢書藝文志五行家有堪輿金匱十四卷顏注引許慎云堪天道輿地道也又揚雄傳注引張晏云堪輿天地總名也占夢疏引鄭志亦有堪輿黃帝問天老之說是也其書蓋有漢時郡國所入度晉書

天文志州郡躔次下載陳卓范蠡鬼谷先生張良諸葛亮譙周京房張衡說於十二次中又詳著當州郡國所入度若角亢氐鄭兗州則東郡入角一度東平任城山陽入角六度之類蓋卽堪輿家之遺說其所舉郡國並據漢制故鄭云非古數也云今其存可言者十二次之分也者續漢書律曆志劉注引蔡氏月令章句云周天三百六十五度四分度之一分爲十二次日月之所躔也地有十二分王侯之所國也每次三十度三十二分之十四案鄭意十二次分星數與左氏國語各書所說合蓋古數之僅存者故據以爲說但十二次所主之國有趙秦鄭諸國亦非周初所有則仍非保章之故法十二次卽星紀至析木是也云星紀吳越也者乙巳占分野篇引馬注亦云分星自斗十二度謂之星紀之次吳越之分野之類也爾雅釋天云星紀斗牽牛也郭注云牽牛斗者日月五星之所終始故謂之星紀乙巳占分野篇云斗牛吳越之分野自斗十二度至女七度於辰在丑爲星紀星紀者言其統紀萬物十二月之位萬物之所終始故曰星紀左昭三十二年傳越得歲服杜注並謂歲在星紀吳越分說與此同以下十二次分野之說淮南子天文訓漢書天文志劉歆說春秋日食分野荀悅漢紀越絕書軍氣篇呂氏春秋十二紀高注續漢律曆志注引月令章句郡國志注引皇甫謐帝王世紀乙巳占引石氏星經費直周易分野未央分野晉天文志引陳卓等說開元占經並略同惟費直未央蔡邕皇甫謐所分星次度數與李占互有異同今不備校云玄枵齊也者爾雅釋天云玄枵虛也郭注云虛在正北北方黑色枵之言耗亦虛意乙巳占云女虛齊之分野自女八度至危十五度於辰在子爲玄枵玄枵也玄者黑也北方之色枵者耗也十一月之時陽氣在下陰氣在上萬物幽死未有生者天地空虛故曰玄枵左昭十年傳裨竈曰今茲歲在顓頊之虛姜氏任氏實守其地杜注云顓頊之虛謂玄枵姜齊姓任薛姓齊薛二國守玄枵之地又晏子

春秋諫上篇云景公之時熒惑守于虛晏子曰虛齊野也玄枵一名天黿國語周語云星在天黿韋注云天黿次名一曰玄枵也云娵訾衛也者讀漢郡國志注引帝王世紀云豕韋之次一名娵訾爾雅釋天云娵訾之口營室東壁也郭注云營室東壁星四方似口因名云乙巳占云危室壁衛之分野自危十六度至奎四度于辰在亥爲娵訾娵訾者言歎貌也十月之時陰氣始盛陽氣伏藏萬物失養育之氣故曰哀愁而歎悲嫌于無陽左昭十七年傳梓慎曰衛顓頊之虛其星爲大水杜注云衛星營室營室水也云降婁魯也者爾雅釋天云降婁奎婁也郭注云奎爲溝瀆故名降乙巳占云奎婁魯之分野自奎五度至胃六度於辰在戌爲降婁降下也婁曲也陰生於午與陽俱行至八月陽遂下九月剝卦用事陽將剝盡陰在上萬物枯落捲縮而死故曰降婁左昭七年傳夏四月日有食之士文伯曰去衛地如魯地於是有災魯實受之杜注云衛地豕韋也魯地降婁也日食於豕韋之末及降婁之始乃息周四月今二月故日在降婁云大梁趙也者爾雅釋天云大梁昴也乙巳占云胃昴趙之分野自胃七度至畢十一度於辰在酉爲大梁梁強也八月之時白露始降萬物於是堅成而強大故曰大梁淮南天文訓云胃昴畢魏蓋所聞之異云實沈晉也者乙巳占云畢觜參晉魏之分野自畢十二度至井十五度於辰在申爲實沈言七月之時萬物極盛陰氣沈重降實萬物故曰實沈國語晉語董因云實沈之墟晉人是居淮南天文訓云觜巂參趙越絕書軍氣云晉觜也趙參也亦所聞之異云鶉首秦也者乙巳占云井鬼秦之分野自井十六度至柳八度於辰在未爲鶉首南方七宿其形象鳥以井爲冠以柳爲口鶉鳥也首頭也故曰鶉首云鶉火周也者爾雅釋天云柳鶉火也郭注云鶉鳥名火屬南方乙巳占云柳七星張周之分野自柳九度至張十六度於辰在午爲鶉火南方爲火言五月之時陽氣始隆火星昏中在七星朱鳥之處故

曰鶉火國語伶州鳩說亦同云鶉尾楚也者乙巳占云翼軫楚之分野自張十七度至軫十一度於辰在巳爲鶉尾南方朱鳥七宿以軫爲尾故曰鶉尾左襄二十八年傳云歲在星紀而淫於玄枵裨竈云歲棄其次而旅於明年之次以害鳥帑周楚惡之杜注云歲星棄星紀之次客在玄枵歲星所在其國有福失次於北禍衡在南南爲朱鳥鳥尾曰帑鶉火鶉尾周楚之分云壽星鄭也者爾雅釋天云壽星角亢也郭注云數起角亢列宿之長故曰壽乙巳占云角亢鄭之分野自軫十二度至氐四度於辰在辰爲壽星三月之時萬物建於地春氣布養各盡其性不罹天夭故曰壽星云大火宋也者爾雅釋天云大辰房心尾也大火謂之大辰郭注云大火心也在中最明故時候主焉乙巳占云氐房心宋之分野自氐五度至尾九度於辰在卯爲大火東方爲木心星在卯火在木心故曰大火左襄二十八年傳云梓慎曰龍宋鄭之星也杜注云東方房心爲宋角亢爲鄭故以龍爲宋鄭之星又昭十七年傳云梓慎曰宋大辰之虛也杜注云大辰大火宋分野呂氏春秋制樂篇云宋景公之時熒惑在心子韋曰心者宋之分野也云析木燕也者爾雅釋天云析木之津箕斗之閒漢津也郭注云箕龍尾斗南斗天漢之津梁乙巳占云尾箕燕之分野自尾十度至斗十一度於辰在寅爲析木尾東方木宿之末斗北方水宿之初次在其閒隔別水木故曰析木云此分野之妖祥主用客星彗孛之氣爲象者賈疏云按公羊傳昭十七年冬有星孛于大辰孛者何彗星也何休云孛彗者邪亂之氣掃故置新之象左氏申繻曰彗所以除舊布新如是彗孛一也時爲宋衞陳鄭烖天文志彗長丈二言用客星者彗非位奔竄而入他辰者也案賈說非也客星謂非恆星而忽見者與彗孛不同開元占經客星占引黃帝占云客星者周伯老子王蓬絮國皇溫星凡五星皆客星也行諸列舍十二國分野各在其所出之邦所宿守之以占吉凶又彗星占引文穎漢書

注云孛彗星占略同其形象小異孛芒短其光四出蓬蓬孛孛也彗見其芒長寒寒如埽彗又爾雅釋天云彗星爲欃槍郭注云亦謂之孛言其形孛孛似埽彗釋名釋天云彗星光梢似彗也孛星星旁氣孛孛然也晉書天文志云偏指曰彗芒氣四出曰孛然則通言之彗與孛同析言之則彗孛形狀小異故晏子春秋諫上篇謂茀其於彗茀卽孛也又云列舍無次變星有芒熒惑回逆彗星在旁客星彗孛卽所謂變星孛星也鄭意分土妖祥之占並以變星等爲諭若黃帝占以客星分野所在占吉凶又晏子春秋外篇云彗星出其所向之國君當之是也

以十有二歲之相觀天下之妖祥

歲謂大歲歲星與日同次之月斗所建之辰也歲星爲陽右行於天大歲爲陰左行於地十二歲而小周其妖祥之占甘氏歲星經其遺象也鄭司農云大歲所在歲星所居春秋傳曰越得歲而吳伐之必受其凶之屬是也

疏以十有二歲之相者占歲星也古占五緯以歲星爲吉熒惑爲凶相卽馮相氏之相敘官注云相視也謂其可相視而占者卽前注云贏縮圜角及所行次舍是也

注云歲謂大歲歲星與日同次之月斗所建之辰也者詳馮相氏疏云歲星爲陽右行於天大歲爲陰左行於地者若史記天官書云攝提格歲歲陰左行在寅歲星右轉居丑單閼歲歲陰在卯星居子之類蓋歲星今年在丑則明年在子所謂右行也大歲今年在寅則明年在卯所謂左行也淮南子天文訓云太陰在寅名曰攝提格其雄爲歲星合斗牽斗止開元占經歲星篇引許慎注云歲星在天爲雄太陰在地爲太陰歲星爲陽故謂之雄太歲爲陰故又曰太陰也至爾雅釋天以太歲在甲曰閼逢等爲歲陽則以十日對十二辰爲陰陽又五行大義云大陰者太歲之陰神則卽今陰陽家之歲后在大歲後二神亦謂之大陰與歲星爲陽大歲爲陰並異云十二歲而小周者開元占經歲星占引石氏云歲星木之精也歲行一次十二

年一周天與太歲相應故曰歲星又引洪範五行傳云歲星以上元甲子歲十一月甲子朔日冬至夜半甲子時與日月五星俱起于牛前五度順二十八宿右行十二歲而一周天又引河圖洛書云歲星日行十二分度之一十二歲而周天漢書律曆志載三統曆云木金相乘爲十二是爲小周小周乘巛策爲二十八是爲歲星數又云天以一生水地以二生火天以三生木地以四生金天以五生土五勝相乘以生小周以乘乾坤之策而得大周然則鄭云十二歲小周者對一千七百二十八歲爲大周也云其妖祥之占甘氏歲星經其遺象也者史記天官書云昔之傳天數者在齊甘公又云甘石厤五星法集解引徐廣云甘公名德魯人張氏正義引七錄云楚人戰國時作天文星占八卷案漢書藝文志云六國時楚有甘公史記張耳傳索隱引劉歆七略云字逢葛洪抱朴子辨問篇又作甘均古書所言互異未知孰是藝文志有甘德長柳占夢十一卷而歲星經不著錄惟天文志有甘氏經之說說文女部亦引甘氏星經說大白爲上公歲星經殆卽星經之歲星篇七錄天文星占亦其遺說也王引之云甘氏十二歲之占亦用隔次晨見之法開元占經歲星占篇引甘氏曰攝提格之歲攝提在寅歲星在丑以正月與建星牽牛婺女晨出於東方是也正月日在亥宮歲星在丑宮中隔子宮與所謂星日同次者迥異漢書天文志曰大歲在寅歲星正月晨出東方石氏在斗牽牛甘氏在建星婺女此與日隔次而晨見之法也又曰大初曆在營室東壁此與日同次之法也鄭注舉星日同次之法以取大歲而乃證以隔次晨見之甘氏歲星經則不相符合矣案王說是也鄭司農云大歲所在歲星所居者明經云十有二歲兼大歲歲星二者言之也賈疏云亦欲見推大歲之處云歲星所居亦是歲星與日同次之月也大歲所在亦是斗所建之辰下有大歲也云春秋傳曰越得歲而吳伐之必受其凶之屬是也者左昭三十二年傳夏吳伐越史

墨曰不及四十年越其有吳乎越得歲而吳伐之必受其凶杜注云此年歲在星紀星紀吳越之分也歲星所在其國有福吳先用兵而反受其殃賈疏云按昭十三年蔡復之歲歲在大梁至昭三十二年正應在析木而越得歲者按彼服注歲星在星紀吳越之分野蔡復之歲歲在大梁距此十九年昭十五年有事於武宮之歲龍度天門龍歲星也天門在戌是歲越過故使今年越得歲龍東方宿天德之貴神其所在之國兵必昌向之以兵則凶吳越同次吳先舉兵故凶也或歲星在越分中故云得歲史墨知不及四十年越有吳者以其歲星十二年一周天存亡之數不過三紀三者天地人之數故歲星三周星紀至玄枵哀二十二年越滅吳至此三十八年鄭君之義則不然故春秋志云五星之期各用數有氣者期遠而禍大無氣者期近而禍小吳伐越以夏周之孟夏建卯仲夏建辰木用事之時木數三木用事則歲星王當從遠期以三乘十二爲三十六歲星復其所而三十七過其次而歲星去吳故伐越亦後至哀二十二年積三十八年冬十一月丁亥而越滅吳按越與在哀二十年吳惡未周故不滅也此鄭義與服小異大同也按括地象天不足於西北則西爲天門昭十五年歲星正應在鶉首越一次當在鶉火是以昭三十二年得在星紀若然天門不在戌者但龍度天門正應在五月日體在鶉首與歲星同次日沒於戌歲星亦應沒由度戌至酉上見而不沒故云龍度天門

以五雲之物辨吉凶水旱降豐荒之祲象物色也視日旁雲氣之色降下也知水旱所下之國鄭司農云以二至二分觀雲色青爲蟲白爲喪赤爲兵荒黑爲水黃爲豐故春秋傳曰凡分至啓閉必書雲物爲備故也故曰凡此五物以詔救政

【疏】以五雲之物辨吉凶水旱降豐凶之祲象者占雲氣也辨吉凶與觀妖祥義同賈疏云水旱降豐荒者水旱降爲荒凶也風雨降爲豐吉也　注云物色也者犬人注同經云

五雲之物即五雲之色也凡物各有形色故天之雲色地之土色牲之毛色通謂之物○云視日旁雲氣之色者史記天官書云王朔所候決於日旁日旁雲氣人主象皆如其形以占漢書藝文志有漢日旁氣行事占驗十三卷又功臣表引成帝時光祿大夫滑堪日旁占驗鄭即本王朔滑堪術也賈疏云以其視祲職十者皆視日旁雲氣之色此云祲象故知所視五雲亦視日旁雲氣之色也云降下也者眡祲注同○云知水旱所下之國者賈疏云以其云降明據日旁雲氣則知當十二辰之分野所下之國有豐荒也鄭司農云以二至二分觀雲色者據左傳義先鄭亦訓物為色與後鄭同○云青為蟲白為喪赤為兵荒黑為水黃為豐者皆謂雲色所主賈疏謂蓋據陰陽書今案先鄭此說疑據漢時望氣家言御覽咎徵部引三輔舊事云漢作靈臺以四孟之月登臺而觀黃氣為疾病赤氣為兵黑氣為水也其赤黑之占與先鄭說同惟云黃為疾病則異又無青白二占疑御覽所引文有挩誤也又易緯通卦驗說冬至候雲術云其雲青者饑赤者旱黑者水白者為兵黃者有土功亦與先鄭異云故春秋傳曰凡分至啓閉必書雲物為備故也者僖五年左傳云正月辛亥朔日南至公既視朔遂登觀臺以望而書禮也凡分至啓閉必書雲物為備故也杜注云分春秋分也至冬夏至也啓立春立夏閉立秋立冬雲物氣色災變也素察妖祥逆為之備先鄭引之者證分至觀雲物之事杜釋雲物為氣色亦與二鄭義同御覽天部引服虔云雲五雲也物風氣日月星辰也服亦據此經而釋物義與此經異云故曰凡此五物以詔救政者先鄭以下文詔救政與左傳為備義同故舉以互證非謂五物即五雲之物也

以十有二風察天地之和命乖別之妖祥

十有二辰皆有風吹其律以知和不其道亡矣春秋襄十八年楚師伐鄭師曠曰吾驟歌北風又歌南風南風不競多死聲楚必無功是時楚師多凍其命乖別審

矣**疏**以十有二風察天地之和命乖別之妖祥者占風角也說文艸部云茻戾也从艸而八八古文別八部云八分也从重八孝經說云故上下有別刀部云別分解也案乖即茻之隸變別八字同乖別即不和也惠士奇云天地之和者尸子所謂太平祥風也其風春爲發生夏爲長嬴秋爲收成冬爲安寧四時和爲通正此之爲景風亦曰永風反是爲乖別賈疏云此一經欲見十二辰順律氣以知妖祥之事　注云十有二辰皆有風者賈疏云鄭知十二風是十二辰氣爲風者師曠云歌北風南風皆據十二辰之氣爲風故知風即氣也按考異郵曰陽立于五極于九五九四十五日一變風以陰合陽故八卦主八風距同各四十五日艮爲條風震爲明庶風巽爲清明風離爲景風坤爲涼風兌爲閶闔風乾爲不周風坎爲廣莫風按通卦驗云冬至廣莫風十二月大寒小寒皆不云風至立春條風至雨水猛風至二月驚蟄不見風至春分明庶風至清明雷鳴雨下清明風至玄鳥來穀雨不見風立夏清明風至小滿不見風五月芒種不見風夏至景風至小暑大暑不見風立秋涼風至處暑不見風白露不見風秋分閶闔風至寒露霜降皆不見風立冬不周風至小雪大雪皆不見風如是無十二風何云十二月皆有風乎按通卦驗云三月六月九月十二月皆不見風惟有八以當八卦八節云十二月者則乾之風漸九月坤之風漸八月艮之風漸十二月巽之風漸三月故清明節次云清明風立夏復云清明風是清明風主三月復主四月則其餘四維之風主兩月可知雨水猛風與條風俱在正月則猛風非八卦之風亦可知之案淮南子天文訓說八風條風明庶風清明風景風涼風閶闔風不周風廣莫風風各主四十五日白虎通義八風篇說同史記律書云不周風居西北東壁居不周風東而東之至於營室危十月也律中應鍾其於十二子爲亥廣莫風居北方東至於虛須女十一月也律中黃鍾其於十二子爲子東至於牽牛建

星十二月也律中大呂其於十二子爲丑條風居東北南至於箕正月也律中泰蔟其於十二子爲寅南至於尾心房明庶風居東方二月也律中夾鍾其於十二子爲卯南至於氐亢角三月也律中姑洗其於十二子爲辰清明風居東南維而西之軫西至於翼四月也律中中呂其於十二子爲巳西至於七星張注五月也律中蕤賓景風居南方其於十二子爲午西至於弧狼涼風居西南維六月也律中林鍾其於十二子爲未北至於罰參七月也律中夷則其於十二子爲申北至於濁留八月也律中南呂其於十二子爲酉閶闔風居西方北至於胃婁奎九月也律中無射其於十二子爲戌按淮南書及史記所說八風名與緯同惟據淮南說則每風主四十五日通卦驗以廣莫風主冬至大寒小寒條風主立春雨水驚蟄以下並一風主三氣與淮南說正合其清明風自主立夏小滿芒種三氣若清明節之清明風與彼文同而實異賈疏誤據彼謂清明主三月復主四月又謂四維之風並主兩月非也至律書以八風分主十二月則與諸書又不同其法以不周風主十月廣莫風主十一月十二月條風主正月明庶風主二月三月清明風主四月五月景風於十二子爲午無主月涼風主六月七月八月閶闔風主九月不周風及條風閶闔風皆主一月廣莫風明庶風清明風皆主兩月涼風主三月景風無所主分配參互未詳其說呂氏春秋有始覽亦有八方之風而名復與諸書不同要之此經十二風卽十二辰之風當應十二律其與八風異同之說抑可存而不論矣云吹其律以知和不者呂氏春秋音律篇云大聖至理之世天地之氣合而生風日至則月鍾其風以生十二律此十二辰風卽十二律之氣若大師注所云者故必吹十二律以聽風之和與乖別也云其道亡矣者漢時有風角之占以風來之時與方占吉凶而無吹律占風之法是其道亡也云春秋襄十八年楚師伐鄭師曠曰吾驟歌北風又歌南風南風不競多死聲楚必

無功是時楚師多凍者左傳文及服注並詳大師疏云凡此五物者其命乖別審矣者謂其知南風不競卽命乖別之事

以詔救政訪序事訪謀也見其象則當豫爲之備以詔王救其政且謀今歲天時占相所宜次序其事

疏凡此五物者者五物猶云五事與上文五雲之物義異一天星二星土三十二歲四五雲五十二風此五者卽保章氏占驗之官法也云訪序事者阮元云序當作敘案詳大史疏 注訪謀也者爾雅釋詁文毛詩周頌訪落敘云嗣王謀於廟也國語楚語云教之令使訪物官韋注云訪議也物事也使議知百官之事業謀議義亦略同云見其象則當豫爲之備以詔王救其政者史記天官書云凡天變過度乃占國君彊大有德者昌弱小飾詐者亡太上脩德其次脩政其次脩救其次脩禳正下無之案此詔救政蓋兼脩德脩政脩救言之又管子四時篇云聖王日食則脩德月食則脩刑彗星見則脩和風與日爭明則脩生亦救政之事也云且謀今歲天時占相所宜次序其事者賈疏云謂事未至者預告王訪謀今年天時占相所宜次序其事使不失所也

周禮正義卷五十一

周禮正義卷五十二

瑞安孫詒讓學

內史掌王之八枋之灋以詔王治一曰爵二曰祿三曰廢四曰置五曰殺六曰生七曰予八曰奪大宰既以詔王內史又居中貳之 疏 掌王之八枋之灋者枋釋文作柄云本又作枋案大宰職亦作柄說文木部云枋木可作車與柄義別古音方聲丙聲同部故柄或借枋爲之八枋並王所執持以爲治此官奉以爲官法與大宰司會司士爲官聯也大宰八柄之次爵祿之外三予四置五生六奪七廢八誅與此敘次不同者彼自一爵至五生並爲賞之事自六奪至八誅並爲罰之事此則自廢置以下皆以賞罰自相對爲文義各有當也云五曰殺者此殺即大宰之誅誅殺義同大宰注訓誅爲責讓與此經義不合賈疏遂謂大宰有誅無殺此有殺無誅者誅與殺相因欲見爲過不止則殺之尤誤 注云大宰既以詔王內史又居中貳之者大宰云以八柄詔王馭羣臣是大宰已以此詔王內史又復居中贊助教告爲大宰之副貳居中謂居宮中凡皋門以內通爲宮中省文則曰中猶酒正注云給事中內史官府蓋在內故以爲稱大宰職尊而居宮外此官職卑而居宮中互相副貳以詔王治也

執國灋及國令之貳以攷政事以逆會計國法六典八法八則 疏 執國灋及國令之貳者與小宰司會大史爲官聯也賈疏云以內史掌爵祿殺生之事故執國法及國令之貳者國法大宰掌其正國令謂若凡國之政令故亦掌其貳詒讓案國令者先王及今王所施政令下畿內者與外史掌外令內外相備國語楚語云教之令韋注云令先王之

官法時令也三略下略二云出君下臣名曰命施於竹帛名曰令國法與國令凡著於圖籍者皆副在內史故呂氏春秋先識篇說殷內史向摯載其圖法去之周是殷周職掌略同二云以攷政事以逆會計者逆亦謂迎受詳大史疏賈疏云因即句考其政事及會計以知得失善惡而誅賞也　注二云國法六典八法八則者此亦注用今字作法也以大史掌建此三者以逆邦國官府都鄙之治此官與彼為聯事明國法內亦通含此三者可知典則通訓法以所治異名詳大宰疏

掌敘事之灋受納訪以詔王聽治

敘六敘也納訪納謀於王也六敘六曰以敘聽其情【疏】注二云敘六敘也者即小宰二云以官府之六敘正羣吏三曰以敘作其事此敘事亦謂依百官府尊卑之次而作其職事明與大史馮相氏保章氏敘事為次敘時事異也敘注例用今字當作序此注今本並作敘疑誤詳小宰疏二云納訪納謀於王也者訪與保章氏訪序事義同諸臣所謀議之事內史則受而納之此以臣下之言入告於王下命諸侯孤卿大夫又以王命出施於外猶書舜典納言之職故北堂書鈔設官部引漢官解故二云尚書唐虞曰納言周官為內史是也二云六敘六曰以敘聽其情者亦小宰文引之者證詔王聽治亦有敘也

凡命諸侯及孤卿大夫則策命之

鄭司農說以春秋傳曰王命內史興父策命晉侯為侯伯策謂以簡策書王命其文曰王謂叔父敬服王命以綏四國糾逖王慝晉侯三辭從命受策以出【疏】凡命諸侯及孤卿大夫則策命之者掌受王命作策書以頒爵位與典命司士為官聯也大宗伯二云王命諸侯則儐注云王將出命假祖廟立依前南鄉儐者進當命者延之命使登內史由王右以策命之即策命之儀書洛誥二云王入太室祼王命周公後作冊逸誥此即成王命尹逸策命魯公伯禽之事尹逸蓋即為內史以其所掌職事言之則曰作冊其後世為此官故又稱尹氏詩大雅常

武云王謂尹氏命程伯休父毛傳云尹氏掌命卿士是也左傳文二年服注僖十五年杜注後漢書班彪傳國語晉語韋注大戴禮記保傅盧注並以尹逸爲大史非也覲禮及左襄二十年傳並以大史掌策命之事疑內史大史亦通稱詳敘官疏凡命諸侯大宗伯儐命卿大夫士小宗伯儐其內史策命則同又左襄十年傳晉滅偪陽使周內史選其族嗣納諸霍人蓋以此官掌命諸侯故弁掌其族嗣之事也賈疏云周法爵及士士餘文更不見命士之法明士亦內史命之不言者以其賤略之也　注鄭司農說以春秋傳曰王命內史興父策命晉侯爲侯伯者左僖二十八年傳周惠王命晉文公事引之者證內史主策命諸侯之事興父彼作叔興父杜注云以策書命晉侯爲伯也周禮九命作伯云策謂以簡策書王命者說文冊部云冊符命也諸侯進受於王也象其札一長一短中有二編之形又竹部云策馬箠也經典通叚策爲冊內史掌爲冊命書云作冊是也聘禮記云百名以上書于策不及百名書于方彼注云策簡也賈彼疏云簡謂據一片而言策是編連之稱鄭作論語序云易詩書禮春秋策皆二尺四寸孝經謙半之論語八寸策者三分居一又謙焉是其策長短鄭注尚書三十字一簡之文服虔注左氏云古文篆書一簡八字是一簡容字多少者左傳杜敘云大事書之於策小事簡牘而已孔疏云蔡邕獨斷曰策者簡也其制長二尺短者半之其次一長一短兩編下附單執一札謂之爲簡連編諸簡乃名爲策以其編簡爲策故言策者簡也六經之策皆稱長二尺四寸蔡邕言二尺者謂漢世天子策書所用故與六經異也簡之所容一行字耳牘乃方版版廣於簡可以並容數行凡爲書字有多有少一行可盡者書之於簡數行乃盡者書之於方方所不容者乃書於策案據孔說則簡爲未編之策策即編連之簡故二鄭並以策爲簡策命諸侯等辭多或在百名以上故必書於策也云其文曰王謂叔父敬服王命以綏四國糾逖

王慝晉侯三辭從命受策以出者亦左傳文慝葉鈔釋文作匿字通
引之者見策書之式及受策之儀也杜注云逖遠也有惡於王者糾
而逖
之
凡四方之事書內史讀之
若今尚書
入省事
疏 凡四方之事書內史讀
之者賈疏云諸侯凡事
有書奏白於王內史讀示王詒讓案聘禮記云若有故則卒聘束帛
加書將命主人使人與客讀諸門外注云人內史也卽此讀四方事
書之事　注云若今尚書入省事者舉漢法爲況廣雅釋詁云省視
也視事謂尚書入省視讀奏之事王應麟云漢書霍光傳尚書令讀
奏
王制祿則贊爲之以方出之
贊爲之爲之辭也鄭司農云以方出
之以方版書而出之上農夫食九人
其次食八人其次食七人其次食六人下農夫食五人庶人在官者
其祿以是爲差諸侯之下士視上農夫祿足以代其耕也中士倍下
士上士倍中士下大夫倍上士卿四大夫祿君十卿祿杜子春云方
直謂今時牘也玄謂王制曰王之三公視公侯卿視伯大夫視子男
元士視
附庸
疏 王制祿則贊爲之以方出之者此以書命祿之事與司祿
虞人爲官聯也祿者采地及田粟之通名詳後　注云贊
爲之爲之辭也者王制祿亦有策命之辭內史則助爲之鄭司農云
以方出之以方版書而出之者哲族氏注云方版也制祿之辭文字
簡省不及百名故卽書方以出之云上農夫食九人其次食八人其
次食七人其次食六人下農夫食五人者賈疏云已下皆禮記王制
文按彼所釋凡地有九等按小司徒注有夫有婦乃成家自二人以
至十人爲九等則地有上上上中上下中上中中中下下上下中下下
下若然上地之中有上上之地食十人上中食九人今言上農夫食
九人不言上上食十人者欲取下士食九人祿與上中之地食九人
同故據上中已下而言也案以下文亦見孟子萬章篇鄭賈九等授
地之說於經未合詳小司徒疏云庶人在官者其祿以是爲差者鄭

彼注云庶人在官謂府史之屬官長所除不命於天子國君者賈疏云不言下上之地食四人以下者欲見八人以下至五人有四等當庶人在官者有府史胥徒其祿以是爲差故不言四人以下也若然則府食八人史食七人胥食六人徒食五人故云庶人在官者其祿以是爲差也案賈謂庶人在官者食八人以下燕禮疏及王制孔疏說並同攷孟子萬章篇云下士與庶人在官者同祿祿足以代其耕也是孟子之意謂庶人在官者其食有九人至五人五等下士同庶人在官第一等之祿食九人故趙注云庶人在官者食祿之等差由農夫有上中下之次亦有此五等鄭賈之意則謂下士食九人與上農夫同其庶人在官則惟有食八人以下四等不得第一等九人之食二說差次不同竊謂王制之文卽本孟子當以孟子義爲正也又案凡祿與命相將故須祿之制至命士而止不命之士及庶人在官者皆止有稍食稍食雖通稱祿然實非正祿也先鄭言此者亦因王制孟子成文牽連及之以備差率耳實則內史所命不及庶人也凡稍食與祿異詳宮正司士疏二云諸侯之下士視上農夫祿足以代其耕也中士倍下士上士倍中士下大夫倍上士卿四大夫祿君十卿祿者自下士至卿並謂無采地者須祿之差大宰九式所謂匪頒之式也先鄭意王國卿大夫士之無采地者其計田稅以制祿差次亦略同王制疏引鄭荅臨碩云王畿方千里者凡九百萬夫之地三分去二定受田者三百萬夫出都家之田以其餘地之稅祿無田者下士食九人中士食十八人上士三十六人下大夫七十二人中大夫百四十四人卿二百八十八人是後鄭亦據王制侯國制祿之差爲說也今攷周時諸臣唯貴戚世祿得有采地賞田其次則授以祿田更其次則賦以祿粟田以夫畮爲差粟以鍾石爲率內史以書命司祿頒田廩人頒粟斯其大較矣今依鄭志所說以上地百畮食九人十夫稅一計之則王下士食十夫稅中士二十夫稅上士四十夫稅

下大夫八十夫稅中大夫百六十夫稅卿三百二十夫稅此祿田夫
數之差也其米粟鍾石之數則無可攷王制疏引崔靈恩據史記上
地畮一鍾及廩人上歲食四鬴釋上農夫食九人而不詳其說今姑
依彼率計之廩人上歲民食每月四鬴則一人每歲食四十八鬴凡
三十石七斗二升也依王制下士視上農夫食九人則每歲食二百
七十六石四斗八升也中士倍之每歲食五百五十二石九斗六升
也上士又倍之每歲食一千一百五石九斗二升也下大夫又倍之
每歲食二千二百十一石八斗四升也卿四之每歲食八千八百四
十七石三斗六升也君十之每歲食八萬八千四百七十三石六斗
也依史記說則一夫之穫百鍾今下士食以鍾計之凡四十三鍾一
斛二斗八升十夫稅一足以共之矣墨子雜守篇有二百石三百石
之吏韓非子外儲說右云燕王收吏璽自三百石以上皆效之子之
此與下士之祿相近商子境內篇有千石八百石七百石六百石之
令此與中士上士之祿相近然則周須祿田粟之數雖無正文其較
略或當如是至國語晉語載叔向荅韓宣子問賦秦后子楚子干祿
云大國之卿一旅之田上大夫一卒之田韋注云五百人為旅為田
五百頃百人為卒為田百頃左昭元年傳謂子干與秦公子同食皆
百人之餼韋亦依左氏義蓋以家受一夫計之則大國卿祿五百夫
上大夫祿百夫也以先鄭此注及鄭志所說王國卿大夫之祿校之
彼上大夫祿減於中大夫六十夫而卿祿則贏百八十夫且卿祿五
大夫與孟子王制率亦不合疑春秋時侯國之後制與禮不甚合也
杜子春云方直謂今時牘也者管子霸形篇云削方墨筆尹注云方
謂版牘也案方即木版說文片部云牘書版也是方版牘並同物論
衡量知篇云斷木為槧析之為版力加刮削乃成奏牘是漢時削版
書通謂之牘漢人皆用尺牘故後漢書蔡邕傳李注云牘長一尺杜
以古者亦方短於策故舉今牘以況之凡杜鄭云直謂某者皆據當

時恆制恆言爲釋互詳巾車疏云玄謂王制曰王之三公視公侯卿視伯大夫視子男元士視附庸者證天子三公至元士祿田之差增成先鄭義也王制云公侯田方百里伯七十里子男五十里不能五十里者不合於天子附於諸侯曰附庸天子之三公之田視公侯天子之卿視伯天子之大夫視子男天子之元士視附庸案彼所說三等國里數與大司徒文不合鄭以彼爲殷制大司徒爲周公制禮後所增推畿內不增猶與殷同故彼注云唯天子畿內不增以祿羣臣不主爲治民是彼文本言畿內公卿大夫采地有百里七十里五十里諸等與祿田不同故鄭志說制祿不依彼爲差且依鄭小司徒載師注定畿內三等采地公百里卿五十里大夫二十五里元士無文則周卿大夫采地之數亦與彼不同若如此注說卿之祿田視七十里之國大夫之祿田視五十里之國是祿田反多於采地於率必不可通竊疑鄭節引彼文秖以明祿田亦準采地爲四等之衰耳其百里七十里五十里之等鄭本不以爲周制此注仍不從之也況彤別依小司徒載師注三等采地之田以推祿田之數云天子之公食四都孤卿食都中下大夫食縣載師以家邑之田任稍地以小都之田任縣地以大都之田任畺地家邑卽縣注云大夫之采地包乎中下小都卽都注云卿之采地兼乎孤大都卽四都注云公之采地夫公孤卿大夫之采地如是則未封者之所食可例推矣小宰聽祿位以禮命明制祿之多寡本以爵等而兼命數也典命云王之三公八命其卿六命其大夫四命及其出封皆加一等是出封之前不以采地之有無而殊其命數夫命數同者雖爵異而祿亦同故孤卿皆六命則皆食都中下大夫皆四命則皆食縣況爵等與命數俱同者寧以封不封而殊其食也封邑者之所食以報其大功德也其田之入有貢於王然兼有山澤林麓之利且子孫世守之若未封者固無地貢而祿僅田之入亦及身而止則所食雖同而多寡久近未嘗不稍殊

也上士食甸中士食丘下士食邑庶人在官者食井由大夫食縣而
差之每上以四則每下亦以四也案如沈說則與小司徒載師注義
不相違然與此注及王制並不合又以左傳說大國卿大夫之田校
之尚贏數倍司祿職亡無可質證未敢肊定也又案孟子萬章篇云
天子之卿受地視侯大夫受地視伯元士受地視子
男彼文復與王制不同蓋亦周末籍亡所聞有異也 **賞賜亦如之** 疏
賞賜亦如之者賈疏云此謂王以恩惠賞賜臣下之祿亦以方書贊
爲之辭按司勳職凡賞無常輕重視功功多則多功少則少耳詒讓
案此與司勳爲官聯也左昭三年傳鄭伯如晉公孫段相晉侯嘉焉
授之以策曰子豐有勞於晉國余聞而弗忘賜女州田以胙乃舊勳
伯石再拜稽首受策以出晏子春秋外篇云昔吾先君桓公予管仲
狐與穀其縣十七著之于帛申之以策通之諸侯以爲子孫賞邑然
則賞賜亦書方出之左傳晏子言策者方策散文得通 **內史掌書王命遂貳之** 副寫藏之 疏 內史掌書王命
者謂王之命令施於畿內諸臣者玉藻所謂右史書言王命即王言也史記晉世家云成王削桐珪與叔虞史佚曰天子無戲言言則史
書之內史爲右史詳敘官疏 注云副寫藏之者小宰注云貳副也賈疏云謂王有詔勅須之事則當副寫一通藏之以待勘校也
外史掌書外令 王令下畿外 疏 掌書外令者則亦當貳之經不言者文略 注云王令下畿外者畿內之令自有內
史書之故知外史書外令專據王下畿外邦國之令也 **掌四方之志** 志記也謂若魯之春秋晉之乘楚之檮杌 疏 掌四
方之志者與小史爲官聯也左襄二十三年傳云將盟臧氏季孫召外史掌惡臣而問盟首焉蓋即此官盟辭亦志記之所書故問之也
注云志記也者與小史邦國之志義同先鄭注亦訓志爲記詳彼疏云謂若魯之春秋晉之乘楚之檮杌者孟子離婁篇文趙注云此

三大國史記之名異乘者與於田賦乘馬之事因以爲名檮杌者嚚凶之類與於記惡之戒因以爲名春秋以二始舉四時記萬事之名彼三書卽三國之志記故舉以爲證

掌三皇五帝之書楚靈王所謂三墳五典

疏掌三皇五帝之書者賈疏云按孝經緯云三皇無文五帝畫象三王肉刑又世本作云蒼頡造文字蒼頡黃帝之史則文字起於黃帝今此云五帝之書爲可而云三皇之書者三皇雖無文以有文字之後仰錄三皇時事故云掌三皇之書也案三皇五帝鄭賈並無說白虎通義號篇云三皇者何謂也謂伏羲神農燧人也或曰伏羲神農祝融也禮曰伏羲神農祝融三皇也五帝者何謂也禮曰黃帝顓頊帝嚳帝堯帝舜五帝也風俗通義皇霸篇云三皇春秋運斗樞說伏羲女媧神農是三皇也禮號謚記說伏羲祝融神農含文嘉說虙戲燧人神農尚書大傳說遂人爲遂皇伏羲爲戲皇神農爲農皇也謹按易稱伏羲氏神農氏唯獨敘二皇不及遂人遂人功重於祝融女媧大傳之義斯近之矣五帝易傳禮記春秋國語大史公記黃帝顓頊帝嚳帝堯帝舜是五帝也曲禮孔疏引熊安生云鄭玄意則以伏羲女媧神農爲三皇故注中候敕省圖引運斗樞伏犧女媧神農爲三皇也然宋均注援神契引甄耀度數燧人伏犧神農爲三皇譙周古史考亦然白虎通取伏犧神農祝融爲三皇孔安國則以伏犧神農黃帝爲三皇並與鄭不同也其五帝者鄭注中候敕省圖云德合五帝坐星者稱帝則黃帝金天氏高陽氏高辛氏陶唐氏有虞氏是也實六人而稱五者以其俱合五帝坐星也案依孔熊述鄭釋三皇從運斗樞說呂氏春秋用衆篇高注司馬貞補三皇本紀並同五帝從史記說家語宰我問篇及呂覽高注張守節史記正義引譙周宋均說並同惟鄭別增少皞與諸家特異張守節又引皇甫謐帝王世紀孫氏注世本爲孔安國尚書敘並以伏犧神農黃帝爲三皇少昊顓頊高辛唐虞爲五帝王符潛夫

論五德志又以天皇地皇人皇為三皇太皞炎帝黃帝少皞顓頊為五帝衆釋紛異唯史遷說義據最墧鄭君應五帝坐之說五帝有六於數綴溢竊恐不然尚書敘孔疏又引梁主云五帝自黃帝至堯而止舜非三王亦非五帝與三王為四代斯尤信情更易進退失據今無取焉又案尚書當亦此官所掌文王世子云冬讀書典書者詔之典書當即此官也彼又云書在上庠者蓋此官典其正本其副貳在學官為國子所誦習者此官亦司其詔教之事與大司樂為官聯也若然書之篇目蓋亦甚衆經舉其尤古者故唯云三皇五帝之書耳

注云楚靈王所謂三墳五典者左昭十二年傳楚靈王謂左史倚相是能讀三墳五典八索九丘杜注云皆古書名孔疏云孔安國尚書序云伏犧神農黃帝之書謂之三墳言大道也少昊顓頊高辛唐虞之書謂之五典言常道也賈逵云三墳三皇之書五典五帝之典延篤言張平子說三墳三禮禮為大防爾雅曰墳大防也書曰誰能典朕三禮三禮天地人之禮也五典五帝之常道也馬融說三墳三氣陰陽始生天地人之氣也五典五行也此諸家者各以意言皆無正驗杜所不信案據孔說則鄭此注本賈侍中義文選東京賦薛綜注說同釋名釋書契說三墳五典八索九丘亦云此皆三王以前上古羲皇時書也今皆亡唯堯典存也亦從賈鄭義

掌達書名于四方謂若堯典禹貢達此名使知之或曰古曰名今曰字使四方知書之文字得能讀之

疏 掌達書名于四方者同邦國之文字與保氏大行人為官聯也 注云謂若堯典禹貢達此名使知之者謂此書名即指古書之篇名廣雅釋詁云達通也古書篇名亦學者所宜知故外史通達布告之四方若後世目錄之學是也云或曰古曰名今曰字者此別一說以書名為文字保氏所掌六書是也大行人九歲屬瞽史諭書名注云書名書之字也古曰名此注說與彼同聘禮記云百名以上書于策不及百名書于方注云名書

文也今謂之字論語子路篇必也正名乎皇疏引鄭彼注云正名謂正書字也古者曰名今世曰字說文敘云倉頡之初作書蓋依類象形故謂之文其後形聲相益卽謂之字字者言孳乳而寖多也箸於竹帛謂之書書者如也案審聲正讀則謂之名察形究義則謂之文形聲孳乳則謂之字遝言之則三者一也中庸云書同文管子君臣篇云書同名史記秦始皇本紀琅邪臺刻石云書同文字則名卽文字古今異稱之證也說文敘云黃帝之史倉頡初造書契及宣王大史籒著大篆十五篇與古文或異明史官通職竝掌書名以此及大行人二職言之古書篇名無勞達諭書契之用通於政俗外史掌方志弁達書字以正違誤辨疑惑其事相因或說不可易也左傳杜敘云周禮有史官掌邦國四方之事達四方之志孔疏謂杜卽據此達書名爲達四方之志案此官雖掌方志然與達書名不相涉杜說非經義不可從云使四方知書之文字得能讀之者謂以書名之形聲達之四方使通其音義卽後世字書之權輿也

若以書使于四方則書其令書王令以授使者【疏】注云書王令以授使者者謂書以授大小行人之屬

御史掌邦國都鄙及萬民之治令以贊冢宰王所以治之令冢宰掌王治【疏】掌邦國都鄙及萬民之治令以贊冢宰者此官掌治書故與冢宰異職而相贊亦官聯也賈疏云天官冢宰六典治邦國八則治都鄙及畿內萬民之治令此御史亦掌之以贊佐故同其事　注云王所以治之令冢宰掌王治者明此治令卽王之治令贊冢宰卽佐冢宰詔王也

凡治者受灋令焉爲書寫其治之法令來受則授之【疏】注云爲書寫其治之法令來受則授之者此亦注用今字作法也法令謂應行之條律其文繁多故爲書寫授所司使受而行之也

掌贊書王有命當以書致之則贊爲辭若今尚書作詔文

疏注云王有命當以書致之則贊爲辭者王有詔命當書之簡策宣布中外則代王爲辭令以致之蓋與大祝六辭之掌互相備若尚書諸命誥之類漢書藝文志云書者古之號令號令於衆其言不立具則聽受施行者弗曉故設此官贊爲之也王之有御史蓋猶百官府之有史故宰夫八職亦曰史掌官書以贊治彼史掌贊衆官府之書與此御史尊卑殊絕而所掌略同云若今尚書作詔文者王應麟云續漢百官志尚書侍郎三十六人一曹有六人主作文書起草後漢書周榮傳陳忠上疏薦周興曰諸郎多文俗吏鮮有雅材每爲詔文宣示內外轉相求請或以不能而專己自由辭多鄙故乃拜興尚書郎詔讓案初學記職官部引應劭漢官儀云尚書郎主作文書起草夜更直五日於建禮門內是也

凡數從政者

自公卿以下至胥徒凡數及其現在空缺者鄭司農讀言掌贊書數書數者經禮三百曲禮三千法度皆在玄以爲不辭故改之云

疏凡數從政者者凡數釋文作數凡阮元云釋文從司農讀也賈疏作凡數孔繼汾云數字本在凡字上與上文書字相屬故先鄭得讀爲掌贊書數後鄭改者其句讀非改其文也至注言凡數乃指其所數自公卿以下至胥徒凡從政者之凡數非疊經文發訓也似當從釋文爲得洪頤煊云數凡謂計其總從政者若作凡數則義不可通矣今本由後人誤乙案孔洪說是也盧文弨說同　注云自公卿以下至胥徒凡數及其現在空缺者者庖人注云凡計數之凡數謂三百六十官等見在謂在官者空缺謂死亡罷免者以公卿下至胥徒並是從政之人故其員數及見在空缺皆御史校計之與司士爲官聯也云鄭司農讀言掌贊書數者先鄭讀數屬上句後鄭不從云書數者經禮三百曲禮三千法度皆在者先鄭意此數即三千三百之類也經禮三百曲禮三千禮器文後鄭彼注云經禮謂周禮也周禮六篇其官有三百六十曲猶事也事禮謂今禮也禮篇多亡本數未聞其中

事儀三千先鄭義不知與後鄭同否云玄以爲不辭故改之云者明不從先鄭之故既以數字上屬則下句當云凡從政者義不可通故云不辭也

巾車掌公車之政令辨其用與其旗物而等敘之以治其出入公猶官也用謂祀賓之屬旗物大常以下等敘之以封同姓異姓之次序【疏】以治其出入者賈疏云出入謂若下文凡車之出入則會之於冬官造車訖來入巾車又當出封同姓之等亦是也注云公猶官也者牛人注同公車謂在官之車云用謂祀賓之屬者謂五路及諸車所用不同云旗物大常以下者謂五路建五旗旗各異物也云等敘之以封同姓異姓之次序者次序序舊本作敘今據余本及明注疏本正凡經例用古字作敘注例用今字作序疑此注等敘之敘亦當作序詳小宰疏賈疏云周人先同姓次異姓後云四衛蕃國以下故云次序也

王之五路一曰玉路錫樊纓十有再就建大常十有二斿以祀王在焉曰路玉路以玉飾諸末錫馬面當盧刻金爲之所謂鏤錫也樊讀如鞶帶之鞶謂今馬大帶也鄭司農云纓謂當胷士喪禮下篇曰馬纓三就禮家說曰纓當胷以削革爲之三就三重三匝也玄謂纓今馬鞅玉路之樊及纓皆以五采罽飾之十二就就成也大常九旗之畫日月者正幅爲縿斿則屬焉【疏】王之五路者以下辨五路等次旗物及所用之異金榜云巾車所辨者玉路之用二金路象路革路木路之用凡三建大常大旂大赤大白大麾者一用也以祀以賓以朝以即戎以田一用也同姓異姓及四衛蕃國以封一用也王朝有大事出五路陳之於九旗取五考工記曰龍旂九斿以象大火也鳥旟七斿以象鶉火也熊旗六斿以象伐也龜蛇四斿以象營室

也曲禮曰行前朱鳥而後玄武左青龍而右白虎招搖在上急繕其怒明堂位曰有虞氏之旂夏后氏之綏殷之大白周之大赤由是言之大旂爲交龍大赤爲鳥隼大白爲熊虎大麾爲龜蛇周赤殷白夏黑有虞氏青大常纁帛象中黃之色陳路所建各象其方色兼取備四代旗章玉路建大常十二斿金路建大旂九斿象路建大赤七斿革路建大白六斿木路建大麾四斿斿數之多寡亦適協其序凡王所乘路皆建大常節服氏掌祭祀朝覲袞冕六人維王之大常覲禮天子乘龍載大常未聞賓與朝建大旂大赤也大司馬仲秋教治兵王載大常未聞帥戎與田建大白大麾也左定四年傳分魯公以大路大旂分康叔以大路少帛綪茷旃旌分唐叔以大路此以金路封同姓與巾車合不皆大旂也案金說是也云一曰玉路者王五路以玉路爲最尊故隋書禮儀志引白虎通云玉路大路也書顧命大路在賓階面賈典路疏引鄭書注及僞孔傳並以爲玉路其公侯以下各以所乘之路最尊者爲大路鄉大夫命車亦然與天子玉路異也明堂位謂魯有四代之路云鸞車有虞氏之路也鉤車夏后氏之路也大路殷路也乘路周路也鄭注云鸞有鸞和也鉤有曲輿者也大路木路乘路玉路也案此經五路無虞夏之制又玉路至尊不宜降及木路魯爲同姓侯國封以金路似亦不當乘玉路彼記所說與此經無會又此五路所建旗章分五色而車則無色別之文月令有五時之路春乘鸞路夏乘朱路中央土乘大路秋乘戎路冬乘玄路似以五色分屬五時御覽禮儀部引皇覽逸禮說四時迎氣車各依方色與彼正相類春秋繁露三代改制質文篇說正黑統路輿質黑正白統路輿質白正赤統路輿質赤旗色亦同是則三代車依服色必與旗章相應依其說參互攷之月令鸞路當此金路朱路當此象路大路當此玉路戎路當此革路玄路當此木路故金路建大旂其色青象路建大赤其色赤玉路建大常其色黃革路建大白其色白木

路建大麾其色黑旗章之色與月令五時亦相應但經注並不云五路色異而月令鄭注亦謂彼非周制不可強爲傳合也云建大常十有二斿者凡兵車建旗皆於兩輢外闌閑置局以插之乘車當亦同詳考工記總敘疏云以祀者賈疏云以下諸路皆非祭祀之事則一名外內大小祭祀皆用此一路而已案依賈說則王大小祭祀通乘玉路也大戴禮記朝事篇云天子乘大輅建大常十有二旒樊纓十有再就率諸侯而朝日東郊輅卽路之借字大戴說與此經玉路以祀正合至明堂位云魯君孟春乘大路祀帝於郊則當爲木路故禮器云大路素而越席注云大路殷祭天之車也郊特牲云乘素車貴其質也旂十有二旒龍章而設日月注亦云素車殷路也魯公之郊用殷禮也大戴禮記禮三本篇云大路車之素幭也依鄭說則魯祭天用殷路與王禮不同故禮器注釋大路爲殷車下又別引此經五路以著其異明郊用素車與此經木路略同而與玉路則迥異也左桓二年傳云大路越席孔疏引服虔注釋爲木路論語衞靈公篇乘殷之路集解引馬融說亦援左傳大路爲釋說並與鄭同惟左傳杜注以爲玉路與禮器不合賈覲禮疏云大路則玉路也以周之玉路因殷之大路飾之以玉故猶以大路爲名案賈氏蓋欲參合鄭服杜諸家之義爲一實非鄭恉今以鄭義審之蓋郊乘素車卽木路自是魯用殷禮猶祭周公以白牡之例若周郊自乘玉路與朝日同不必用素車木路秦漢禮家或據魯禮以推王制故禮記多通言不別與此經實不相應也

注云王在焉曰路者敘官注云路王之所乘車覲禮注云路謂車也凡君所乘車曰路樂記云大路者天子之車也藝文類聚舟車部引白虎通義云天子大路路大也道也正也君至尊制度大所以行道德之正也諸侯路車大夫軒車士飾車公羊僖二十五年何注云天子大路諸侯路車大夫大車士飾車說並與鄭略同賈疏云謂若路門路寢路車路馬皆稱路故廣言之云王在焉

曰路路大也王之所在故以大為名諸侯亦然左氏義以為行於道路故以路名之若然門寢之等豈亦行於路乎案賈引左氏說蓋五經異義文釋名釋車云天子所乘曰路路亦車也謂之路者言行於道路也此兼據左氏義也攷左傳成二年說魯賜晉三帥先路又襄十九年晉侯請於王王賜鄭公孫蠆大路二十四年王賜穆叔大路二十六年鄭賜子展先路三命之服子產次路再命之服是左氏說侯國卿再命以上亦得乘路詩小雅采薇云彼路斯何君子之車箋云君子謂將率彼箋義亦謂文王為諸侯時將率得乘路蓋與左氏義同故左傳襄十九年孔疏引何休左氏膏肓庰左氏義短而采薇孔疏引鄭箴何則云卿以上所乘車皆曰大路是尤鄭兼取左氏義之證但此職及典路職唯王及后所乘稱路故鄭以路專屬王車乃偏據此經為釋其實箴膏肓說與詩及左氏義合自較此注為晐至左傳侯國卿所受諸路依鄭義當即此後文之夏篆夏縵以命賜之車尊之曰路其非命賜則不得稱路故左傳又云冢卿無路非無車之謂也而左傳疏引杜氏釋例謂子蟜穆叔所受大路當為革路若木路則與左氏舊義不合且依其說是侯國卿路與衞蕃之君同與此經孤乘夏篆卿乘夏縵之文亦復乖牾不足據也云玉路以玉飾諸末者釋名釋車云金路玉路以金玉飾車也文選司馬相如子虛賦云乘彫玉之輿郭璞注云刻玉以飾車也賈疏云凡言玉路金路象路者皆是以玉金象為飾不可以玉金為路故知玉金等飾之言諸末者凡車上之材於末頭皆飾之故云諸末也詒讓案續漢書輿服志載太皇太后皇太后法駕皇太子皇子安車並黃金塗五末六百石以上車銅五末劉注引徐廣云疑謂前一轅及衡端轂頭也然則周五路飾諸末或亦即以玉金等飾五末矣荀子禮論篇楊注謂車制有金飾衡軛之末為龍首其說亦本續漢輿服志或即五末之一詩大雅韓奕亦有金厄厄即軛也云錫馬面當盧刻金為之所謂鏤

鍚也者詩大雅韓奕鉤膺鏤鍚毛傳云鏤鍚有金鏤其鍚也鄭箋云眉上曰鍚刻金飾之今當盧也說文金部云鍚馬頭飾也又頁部云顱頊顱首骨也案鍚盧即鍚顱之省叚字當盧蓋馬鞁具之一凡馬頷上皆有華落更以金飾之則謂之鍚故左傳桓三年杜注云鍚在馬額急就篇顏注云鍚馬面上飾也以金銅爲之俗謂之當顱隋書禮儀志云方釳當顱蓋馬冠也案當盧在馬頷其形蓋如半月故莊子馬蹄篇云齊之以月題釋文引司馬彪云月題馬額上當顱如月形者也錢坫云眉上曰揚故詩揚且之皙毛傳曰揚眉上廣馬 上名之者因字借其義叚玉裁說同云樊讀如鞶帶之鞶謂今馬大帶也者蓋謂馬當胷之横帶也家語正論篇王注釋餘國語齊語韋注釋樊文選東京賦薛綜注釋鞶並同鄭義賈疏云按易訟卦上九云或鍚之鞶帶注云鞶帶佩鞶之帶但易之鞶謂鞶囊即內則云男鞶革是也此鞶謂馬大帶音字同故讀從之是以鄭即云馬大帶也叚玉裁云人大帶謂之鞶因而馬大帶亦謂之鞶不云讀爲者别人與馬也古文作樊聲類同也禮記作繁詒讓案說文革部云鞶大帶也男子帶鞶婦人帶絲本內則文也左傳桓二年杜注及孔疏引賈服義並略同蓋人服有二帶大帶謂之紳革帶謂之鞶通言之革帶亦或謂之大帶故許賈諸儒並有此訓易鞶帶李氏集解引虞翻說亦以大帶爲釋然鄭內則注云鞶小囊盛帨巾者則不從許義據賈引鄭易注鞶帶爲佩鞶之帶亦以鞶爲佩囊與帶不同物皆與此注義異會釗云鞶訓爲帶者許賈服之說耳鄭注儀禮禮記皆不承用士昏禮記注鞶鞶囊內則注鞶小囊此說本確今以樊爲鞶則將施囊於馬乎自知其說不通乃復采用前所不用之說足見其失陳奐云大帶在腹凡馬皆有無以別尊卑詩采芑崧高韓奕皆曰鉤膺傳曰樊纓膺胷也當胷前不在腹下也案會陳說是也樊正字當作緐此經及左傳作樊叚借字也其義則當如許君說爲馬髦上飾後鄭讀

爲鞶釋爲大帶並非經義詩大雅韓奕箋以樊纓釋鉤膺則用毛詩
說與此注義異是鄭亦自有兩解矣又案馬大帶鄭珍以爲卽所謂
鞶是也說文革部云鞶箸掖鞥也釋名釋車云鞶經也橫經其腹下
也馬大帶雖亦馬鞁具之一然與緐迥異不可以釋此經也鄭司農
云纓謂當胷者蓋謂馬當胷之革帶也文選東京賦薛注云鉤膺當
胷也說文革部云靳當膺也又肉部云膺胷也後漢書鮑永傳云拔
佩刀截馬當匈李注云當匈以韋爲之也毛詩小雅采芑鉤膺傳云
鉤膺樊纓也又秦風小戎鏤膺傳云膺馬帶也鄭箋云鏤膺有金飾
孔疏云膺若今之婁胷也詒讓案毛蓋以膺爲當胷之帶亦謂之纓
飾則有鉤鏤之異先鄭及薛綜並從毛說當胷當膺婁胷蓋異名同
物省文則稱膺亦卽許書之靳也左僖二十八年傳韅靷鞅靽杜注
云在胷曰靷靷實靳之誤又定九年傳王猛曰吾從子如驂之靳杜
注云靳車中馬也孔疏云靳是當胷之皮驂馬之首當服馬之胷胷
上有靳故以靳表中馬今攷纓與靳雖同在膺閒而實異物先鄭說
亦未塙引士喪禮下篇曰馬纓三就者既夕禮文鄭儀禮目錄云既
夕禮別錄名士喪禮下篇第十三先鄭此注亦從別錄也陳奐云既
夕禮薦馬纓三就記纓轡貝勒縣于衡又晉語亡人之所懷挾纓纕
韋注曰纓馬纓也既夕士禮夷吾出亡未立爲君故馬皆有纓而無
緐左成二年傳衛仲叔于奚請樊纓以朝杜注云樊纓馬飾諸侯之
服是緐纓爲尊者之馬飾也案陳說是也賈子新書審微篇亦云繁
纓者君之駕飾也若然則大夫以下不得有樊纓士喪禮有纓而無
樊就數又少明與諸侯以上禮異矣云禮家說曰纓當胷以削革爲
之三就三重三匝也者此禮經舊說先鄭依其義故引以爲證齊語
韋注云纓當胸削革爲之卽用禮家義賈疏云賈馬亦云鞶纓馬飾
在膺前十有二帀以旄牛尾金塗十二重案賈馬及先鄭蓋並讀樊
爲緐賈疏引賈馬乃從後鄭作鞶者誤也二家說纓與先鄭略同蓋

亦以爲落馬胷之韋而別以緐爲纓下所綴之采飾釋名釋車以樊纓爲鞅下之飾亦與此義相近說文糸部云緐馬髦飾也春秋傳曰可以稱旌緐乎重文緐緐或从㚅㚅籀文弁許氏此義又與賈馬毛鄭諸家說異綜而論之緐纓古義約區三科所施各異後鄭說樊爲馬大帶則施於脅下纓爲鞅則施於頸下也賈馬以纓爲當膺革而緐爲纓下飾則施於胷前也許以緐爲馬髦飾則施於髦上也漢晉諸儒所說要不出此今攷馬鞁具之有大帶與當胷貴賤所同而樊纓爲諸侯以上之盛飾則不可并爲一明矣參互詳校竊謂當以許義爲最塙蓋纓雖卽胷膺之革而緐則當於馬鞁具之外別爲盛飾緐者弁也猶人之有冠也文選東京賦云金鋄鏤錫鋄續漢輿服志作鋄鷂獨斷云金鋄馬冠也在馬髦前蓋卽古緐之遺制凡馬頟有錫則似冠武緐前屬於錫落馬髦而後接於馬背之華則似冠梁又以削革綴於緐而下復繞胷而上則似冠纓纓之下有垂飾則似冠緌緐落髦而纓落胷縱橫上下互相貫屬故馬賈以爲一物也凡經典言緐纓者義並如此緐或借作樊作鞶說者遂失其義文選張衡西京賦璿弁玉纓薛注云弁馬冠也叉髦以璿玉作之纓馬鞅也以玉飾之案璿弁玉纓卽左僖二十八年傳之瓊弁玉纓王制孔疏引服虔注亦以爲馬飾以張賦辭意推之蓋左氏舊說以弁爲緐之借字瓊弁玉纓卽謂以玉飾緐纓也薛注馬冠之訓正足證緐之古義在髦故謂之叉髦續漢志注引徐廣及宋書禮志並云金鋄爲馬叉髦叉髦卽是髦飾與許書緐字說解正同也其以纓爲馬鞅則又依後鄭說與先鄭不同蓋兼采衆家故離合錯出矣至禮家說云削革爲之者以當胷之韋言之賈馬云旄牛尾金塗十二重者以綴韋下垂之飾言之續漢輿服志云乘輿緐纓赤罽易茸金就十有二劉注又引傅玄乘輿馬賦注云緐纓飾以旄牛尾金塗十二重皆是也但禮經說馬飾並無旄牛尾之文賈馬似皆據漢乘輿緐纓制推之陳奐

據左哀二十三年傳薦馬稱旌緐之文謂緐纓旄牛尾爲之與羽葆幢及旌竿析羽注旄首相似其說亦通但周制是否如此究無塙證耳又左桓二年傳鞶厲游纓杜注云纓在馬膺前如索帬孔疏引服虔云纓如索帬今乘輿大駕有之獨斷云緐纓在馬膺前如索帬者是也晉書輿服志說同家語正論篇王注云馬纓當膺似索帬案服蔡諸家謂纓形如索帬其制未詳鈔本北堂書鈔衣冠部引束晳近游賦云服索裙之裨筏或馬膺飾下垂如人所著裙帔之象但此專爲纓制緐象實不如是也云玄謂纓今馬鞅者既夕禮注及東京賦薛注義並同蓋謂繞馬頸下之橫革也說文革部云鞅頸靼也靼柔革也釋名釋車云鞅嬰也喉下稱嬰言纓絡之也其下飾曰樊纓其形樊樊而上屬纓也案劉蓋兼用後鄭及賈馬義攷許書鞅與靳異訓以意推之蓋靳在馬膺而直下鞅在馬頸而橫出後宜屬於馬脅之帶故廣雅釋器云鞅謂之脅左僖二十八年杜注又云在腹曰鞅若靳爲當匈直革則無由至馬脅腹矣膺雖與頸相連而微後於頸鞅靳從橫交落其不同物甚明後鄭釋纓爲鞅而不從先鄭當胷之訓則所謂鞅者當同許義今攷纓屬於緐亦直垂而下則似靳而實非靳若與鞅則絕不相類纓直落膺下而鞅橫聯頸脅纓以爲飾而不任力鞅則任力而無采飾後鄭并爲一殊未允劉成國亦說鞅爲纓與後鄭同而又以嬰釋纓國語晉語有嬰纕韋注云嬰馬纓明二字音義同但劉說樊爲纓下飾則又與後鄭義異皆不塙也云玉路之樊及纓皆以五采罽飾之十二就者爾雅釋言云氂罽也郭注云毛氂所以爲罽一切經音義引通俗文云織毛曰罽禮器孔疏云染絲而織之曰罽案孔不用爾雅義依其說則與後革路絛纓無異殆不可信鄭蓋據漢乘輿繁纓赤罽金就十有二因取以況周制故知以罽飾之也齊語韋注說樊纓飾同賈疏云必知用五采者按典瑞云鎮圭繅五采五就則知王者就飾用五采惟有外傳小采以朝月

者用三采耳繅藉五采即云五就則一采一帀爲一就此中樊纓十
二就之屬就數雖多亦一采一帀爲一就如玉藻十二就然案賈說
非也大行人注說樊纓云以罽飾之每一處五采備爲一就則鄭自
謂五采備帀爲一就若如賈疏說以一采帀爲一就則九就止九等
采有參差不備者矣凡此經言采就者皆以衆采備帀爲一就詳典
絲典瑞疏此經五路樊纓之數玉路十二就爲最多餘四路以次遞
減而郊特牲云大路繁纓一就先路三就次路五就禮器作次路七
就鄭彼注云殷祭天車也案彼大路及先路繁纓並以少爲貴與此
經不合故鄭以爲殷制云就成也者典瑞注同云大常九旗之畫日
月者者據司常文凡大常大旂大赤大白大麾並爲旜制詳司常疏
云正幅爲縿斿則屬焉者葉鈔本釋文縿作幓案幓即縿之俗大行
人輈人注縿陸本並作幓賈疏及覲禮疏並謂正幅爲縿爾雅文案
今本爾雅釋天旌旂章推云纁帛縿無正幅爲縿之文蓋有佚捝郭
注云縿衆旒所著說文糸部云縿旌旗之游也段玉裁校本作旌旗
之游所屬也案縿爲旌旗之正幅以弧張之縣於杠者即司常注所
云凡九旗之帛皆用絳是也大行人注云斿其屬幓垂者也說文㫃
部云游旌旗之流也又有斿字說解同斿即游之省俗又作旒釋天
云練旒九郭注云練絳練也國語齊語韋注云正幅爲縿旁屬爲旒
詩鄘風干旄篇素絲紕之鄭箋云素絲者以爲縷以縫紕旌旗之旒
縿孔疏云縿謂繫於旌旗之體旒謂縿末之垂者須以縷縫之使相
連據鄭孔及郭氏說則斿別以練爲之用素絲爲縷縫著於正幅帛
之下垂以爲飾也故節服氏掌祭祀朝覲衮冕六人維王之大常注
云王旌十二旒兩兩以縷綴連旁三人持之禮天子旌曳地明斿屬
縿之下故其耑直垂得曳地也且九旗之斿有九七五三諸等惟其
下垂正直故可用奇數段令旁屬則兩旁分綴或多或少必不能稱
矣然則斿在縿下不在縿兩旁韋昭以旁屬爲旒義殊未安又通典

嘉禮說大常云其制杠長九仞以素錦綢之以絳帛一幅為縿附於
杠畫龍於縿上又屬十二斿於縿首長十二仞每斿皆畫交龍十二
依杜說則斿屬於縿首尤與鄭孔說異聶崇義圖旌旗又於縿之一
邊橫屬衆斿皆不足馮也又釋天郭注釋繼旐之旆云帛續旐末為
燕尾者此易斿而旆蓋旐之別制凡五旗無論旜物皆於縿末著斿
而旐物則或易斿為旆以旆繼縿末唯旐物有之而燕尾之制亦唯
旆為然它旗之斿雖屬縿末而不為燕尾不容提也左傳孔疏謂九
旗游數多者旁綴於縿其軍前之旆當如郭氏燕尾之說孔殆誤以
燕尾之旆為諸旗之通制尤為疏舛左昭十三年傳八月辛未治兵
建而不旆杜注云建立旌旗不曳其旆旆斿也此又通稱斿為旆與
繼旐之旆異物要斿旆相類皆繼縿末而非綴旁可互證也又案九旗
縿斿之度經注並無文據爾雅則旐縿廣二尺四寸長八尺公羊徐
疏引孫炎說謂斿長與縿同此專屬旐旆制他旗縿斿未知同否攷
士喪禮銘旌之制蓋放旐旆而小縮半幅以擬縿綖末終幅以擬旆
以彼推之則旆當長於縿一倍
不必如孫說也並詳司常疏

金路鉤樊纓九就建大旂以賓同姓

以封金路以金飾諸末鉤婁頷之鉤也金路無錫有鉤亦以金為之
以封其樊及纓以五采罽飾之而九成大旂九旗之畫交龍者以賓
以會賓客同姓以封謂王子母弟率以功德出封雖為侯伯其畫服
猶如上公若魯衛之屬其無功德各以親疏食采畿內而已故書鉤
為拘杜子春讀為鉤 疏 金路者五路之二也云建大旂者即輈人云龍旂九斿
此不著斿數者文不具也云以賓同姓以封者此專據
金路之用言之與建大旂不相冢也賈疏云周人先同姓故得金路
賜異姓已下則用象路之等同姓雖尊仍不得玉路玉路以祭祀故
不可分賜 注云金路以金飾諸末者制與玉路玉飾諸末同也云
鉤婁頷之鉤也者國語齊語韋注同賈疏云詩云鉤膺鏤錫鉤連言

膺明鉤在膺前以今驗古明鉤是馬婁頷也案賈說非也說文句部
云鉤曲也公羊昭二十五年傳牛馬維婁何注二云繫馬曰維繫牛曰
婁此對文則異散文可通方言二云頷頤頷也南楚謂之頷釋名釋形體
云頤或曰頷婁頷蓋卽句曲維婁馬頭頷之轂具猶當膺亦稱婁胷
也凡馬頷閒亦皆有革絡更以金飾之則謂之鉤也至詩之鉤膺毛
傳以爲樊纓鄭韓奕箋說同以與婁頷制異賈以爲一殊誤韓非子
外儲說右二云延陵卓子乘蒼龍挑文之乘鉤飾在前錯錣在後鉤在
頷卽在前矣明堂位別有鉤車與此異二云金路無錫有鉤者賈疏云
以玉路金路二者相參知之何者玉路二云錫金路二云鉤明知金路有
鉤無錫上得兼下言之則玉路直言錫兼有鉤可知又二云若然同姓
金路無錫韓侯受賜得有鏤錫者正禮雖不得後有功特賜有之也
案金路之馬雖無錫宜亦有當盧之革但不鏤金爲飾耳詩大雅韓
奕之鉤膺鏤錫賈謂特賜詩疏說同陳祥道馬瑞辰則謂此經錫鉤
朱龍勒條五路各舉其一互相備義亦通也二云亦以金爲之者賈疏
二云錫用金明鉤亦用金爲飾也二云其樊及纓以五采罽飾之而九成
者齊語韋注說同謂亦如上五采罽采備爲一成九就卽九成也二云
大旂九旗之畫交龍者者據司常文王賓客之事亦建大常而陳金
路則建大旂以表事義各有所取也二云以賓以會賓客者齊僕注義
同賈疏二云按齊右會同賓客前齊車故知以賓是以會賓客至於載
主亦同焉故曾子問二云天子巡守以遷廟主行載於齊車注二云齊車
金路若王弔亦乘金路是以士喪禮注二云君弔蓋乘象路謂得金路
之賜者弔時降一等乘象路明知王有玉路弔時降一等乘金路可
知二云同姓以封謂王子母弟率以功德出封雖爲侯伯其畫服猶如
上公若魯衛之屬者明經言封卽典命之出封彼注二云出畿內封於
八州之中是也賈疏二云周之法二王之後稱公王之同姓例稱侯伯
而已若魯衛稱侯鄭稱伯故兼二云雖爲侯伯也知畫服如上公者典

命云上公九命車旗衣服以九爲節是上公九命服袞冕又云侯伯七命車旗衣服以七爲節則服鷩冕爲異姓侯伯若魯衛鄭雖爲侯伯則服袞受五百里之封是以明堂位魯侯服袞冕是雖爲侯伯服如上公也言此者欲見二王後上公雖是異姓庶姓乘金路今同姓王子母弟以衣服與上公同明乘金路亦同矣詒讓案左僖二十八年傳王賜晉文公大輅之服又定四年傳成王分魯公康叔唐叔以大路杜注並以爲金路此皆同姓侯伯之禮覲禮疏謂大公與杞宋雖異姓服袞冕乘金路此異姓上公之禮國語齊語說周襄王命桓公賞服大路龍旂九旒渠門赤旂韋注引賈逵云大路謂金路鉤樊纓九就蓋亦優異之以上公之禮也畫服即司服注說冕服九章初一曰龍至五曰宗彝皆畫以爲繢是也詩秦風無衣孔疏引作車服譌汪文臺云畫服謂衣之畫者也故賈疏以上公服袞冕說之案汪說是也又案王世子之車旗於經無文以王子母弟出封如上公禮推之世子不當降於彼當亦得乘金路建大旂與云其無功德各以親疏食采畿內而已者明同姓內諸侯未出封雖同姓不得乘金路也王子母弟所食稍縣都三等采地親疏隆殺之差詳大宰載師注凡同姓內諸侯乘車經注無文攷覲禮侯氏裨冕乘墨車是外諸侯入朝得服冕而不敢乘路則內諸侯當亦不得乘路若然親王子母弟與公同食大都者亦乘夏篆稍疏與卿同食小都者亦乘夏縵更疏與大夫同食家邑者亦乘墨車與云故書鉤爲拘杜子春讀爲鉤者段玉裁云拘鉤古音同在侯部徐養原云說文拘鉤俱在句部句亦聲故知拘鉤音同古字通用詒讓案國語齊語韋注引賈逵說述此經亦作鉤則賈氏亦同杜讀

象路朱樊纓七就建大赤以朝異姓以封

象路以象飾諸末象路無鉤以朱飾勒而已其樊及纓以五采罽飾之而七成大赤九旗之通帛以朝以日視朝異姓王甥舅

【疏】象路者五路之三也云建

大赤者卽斡人云鳥旟七斿此不著斿數者亦文不具也　注云象路以象飾諸末者亦與玉路金路同釋名釋車云象路革路木路各隨所以為飾名之也楚辭離騷云雜瑤象以為車王注云象象牙也文選司馬相如上林賦云乘鏤象李注引張揖云鏤象象路也以象牙疏鏤其車輅是古有以象牙飾車之證云象路無鉤以朱飾勒而已者賈疏云經不云鉤明無鉤經直云朱鄭知以朱飾勒者見下文革路云龍勒明知此朱同為飾勒也云其樊及纓以五采罽飾之而七成者飾亦與玉路金路同惟以七成為殺云大赤九旗之通帛者司常云通帛為旜注云通帛謂大赤從周正色無飾是也金榜云司常鳥隼為旟巾車象路建大赤大赤卽鳥隼案金說是也斡人鳥旟七斿以象鶉火也曲禮謂之朱鳥國語吳語云左軍皆赤常赤旟韋注亦以鳥隼為旟釋之是其塙證鄭說非也左定四年傳分康叔以大路少帛綪茷旃旌杜注云綪茷大赤取染草名也案茷與旆通綪茷疑繼旐之旆以赤帛為之者與少帛同為雜帛旃旌則疑為大旂孔疏謂大赤卽是旃茷言旂尾旃言旂身亦沿鄭此注之誤不知繼旐之旆與旃不相屬也云以朝以日視朝者賈疏云謂於路門外常朝之處乘之此雖據常朝而言至於三朝皆乘之按司常云道車建旞注云道車象路也王以朝夕燕出入乘此象路則建旞若在朝廷大赤也其車則同也案道僕云掌馭象路以朝夕燕出入此止云朝者舉朝以晐夕又燕出入與朝事異此亦不及者皆文不具賈并朝夕燕出入為一非也象路以朝王藻亦謂之朝車士喪禮道車載朝服明道車卽朝車也朝有乘路者樂師注云王如有車出之事登車於大寢西階之前反降於阼階之前然則鄭意王日視治朝亦自大寢階前乘路以出路門也今攷每日常朝王是否乘車無可質證而三朝及臯門外廷通謂之朝自路門至臯門五百步幾及二里三詢之朝王有大事亦閒視焉其閒往來自必乘車理無可疑惟王朝燕

乘車亦當建大常而加全羽之旞經云建大赤自為陳路表事之旗與以朝不相冡賈謂燕出入建旞在朝廷建大赤則誤也云異姓王甥舅者賈疏云謂先王及今王有舅甥之親若陳國杞國則別於庶姓故乘象路之車也案杞為二王後當如上公乘金路疏說未當又後疏及覲禮疏謂同姓子男亦乘象路以下則象路亦有封同姓者經注特舉異姓侯伯爵尊者言之耳

革路龍勒條纓

五就建大白以即戎以封四衛

革路鞔之以革而漆之無他飾龍駹也以白黑飾韋雜色為勤條讀為條其樊及纓以條絲飾之而五成不言樊字蓋脫爾以此言條知玉路金路象路飾樊纓皆不用金玉象矣大白殷之旗猶周大赤蓋象正色也即戎謂兵事四衛四方諸侯守衛者蠻服以內

疏 革路者五路之四也戎右謂之戎車左莊六年傳謂之戎路曲禮云兵車不式武車綏綏孔疏云兵車革路也取其建戈刃即云兵車取其威猛即云武車也云建大白者即司常熊虎為旗輈人云熊旗六斿說文㫃部作五斿案玉路建大常金路建大旂象路建大赤斿數並與纓就同以相比例則許說亦通此不著斿數者亦文不具也 注云革路鞔之以革而漆之無他飾者一切經音義引倉頡篇云鞔覆也賈疏云自玉路金路象者四者皆以革鞔則冬官云飾車欲侈者也但象路以上更有玉金象為飾謂之他物則得玉金象之名此革路亦用革鞔以無他物飾則名為革路也案以上四路並有鞔革鄭賈皆不云用何革左定四年傳有犀軒杜注以為卿車則王四路疑亦當用犀也互詳輿人疏呂氏春秋孟秋紀高注云革路白路也彼據月令五時路言之與此革路小異云龍駹也者龍即駹之誤段玉裁云見牧人案或改經文為尨為駹或不改互見也尨駹古通用云以白黑飾韋雜色為勒者爾雅釋畜云馬屬面顙皆白惟駹說文牛部云牻白黑雜毛牛也駹牻聲義略同故駹亦為白黑色釋名釋車云勒絡

頭也絡其頭而引之也說文革部云勒馬頭絡銜也段玉裁云网部䍐馬絡頭也金部銜馬勒口中此云絡銜者謂絡其頭而銜其口可控制也爾雅轡首謂之革革即勒之省馬絡頭者轡所係也故曰轡首案段釋甚析蓋馬頭面閒從橫絡䍐之韋革謂之絡口中所貫銜之銅鐵具謂之銜絡與銜相聯系通謂之勒此龍勒飾韋爲之蓋指絡而言說苑臣術篇云翟黃乘軒車黃金之勒則指銜而言二者異材同名馬靶轡屬於勒故釋器謂之轡首勒革上絡馬額兩旁直垂而下以屬於銜其閒以銅爲飾謂之鋚說文金部云鋚轡首銅也毛詩小雅蓼蕭鞗革沖沖鞗革即鋚勒鋚金材而著於革故字或從革也賈疏以勒爲轡飾則誤以鋚爲勒矣云條讀爲絛者說文木部云條小枝也於義無取故依聲類讀爲絛也段玉裁云絛與條同依聲云其樊及纓以絛絲飾之而五成者說文糸部云絛扁緒也急就篇顏注云絛一名偏諸織絲縷爲之詩齊風著孔疏引王基毛詩駁云紞今之絛色不雜不成爲絛然則絛蓋織色絲爲之故既夕禮注云諸侯之臣飾纓以三色而三成此三色者蓋絛絲也其箸之如罽然天子之臣如其命數王之革路絛纓據此則革路以色絲飾纓猶玉金象三路以色罽飾纓云五成者又殺於象路也云不言樊字蓋脫爾者以上下四路並言樊纓惟此不言樊故疑其文有佚脫也云以此言絛知玉路金路象路飾樊纓皆不用金玉象矣者賈疏云上玉路鞶纓十有二就馬氏以爲旄牛尾金塗十二重有此嫌故徵破之也詒讓案鄭意蓋謂金玉象諸路止飾諸末若樊纓則不以爲飾也云大白殷之旗猶周大赤蓋象正色也者明堂位云殷之大白周之大赤周書克殷篇云武王乃手大白以麾諸侯又云百夫荷素質之旗于王前孔注云素質白旗後漢書章帝紀李注引禮緯云十一月時陽氣始施於黃泉之下色皆赤赤者陽氣故周爲天正色尚赤十二月萬物始牙而色白白者陰氣故殷爲地正色尚白春秋繁露三

代改制質文篇云正白統者旗白正赤統者旗赤是旗章隨正色之
事也鄭不云大白於九旗何屬此注云猶周大赤則謂卽通帛之旜
而以帛素爲之者其說非也金榜云司常熊虎爲旗巾車革路建大
白大白卽熊虎司馬法旗章殷以虎尚威是殷有旗矣案金氏謂大
白卽熊虎之旗其說甚塙國語吳語云王親秉鉞載白旗以中陳而
立韋注云熊虎爲旗是其證也又釋名釋兵云白旆殷旌也以帛繼
旐末也此似以大白爲白旆猶左傳杜注以大赤釋綪茷也攷詩小
雅六月白旆央央毛傳云白旆繼旐者也是毛不以白旆爲大白劉
疑本三家詩說不知旐縿旗素帛色迥異不容強合也周書克殷又
說武王斬二女縣諸小白彼對大白言之蓋卽熊旗之爲雜帛者猶
大綏小綏之比小白左定四年傳又作少帛少小白帛字通杜注亦
謂是雜帛之物是也云卽戎謂兵事者說文戈部云戎兵也論語子
路篇亦可以卽戎矣何氏集解引包咸注云可就兵攻戰也賈疏引
鄭志趙商問巾車職云建大白以卽戎注云謂兵事司馬職仲秋辨
旗物以治兵王載大常下注云凡班旗物以出軍之旗則如秋不知
巾車大白以卽戎爲在何時荅曰白者殷之正色或會事或勞師不
親將故建先王之正色異於親自將賈疏又云按司馬法云章夏以
日月上明殷以虎上威周以龍上文不用大常者周雖以日月爲常
以龍爲章故郊特牲云龍章而設日月又按周本紀武王遂入至紂
之死所王射之三發而后下車以輕劍斬紂頭縣於大白之旗不用
大常者時未有周禮故武王雖親將猶用大白也案此經卽戎專屬
革路與建大白不相冡大白乃陳革路時建以表事王卽戎自建大
常鄭賈並強爲之說非也云四衛四方諸侯守衛者蠻服以內者賈
疏云此四衛非謂在衛服者以其諸侯非同姓與王無親卽是庶姓
在四方六服已內衛守王大司馬以要服爲蠻服故云蠻服以內也
孔廣森云大行人子男五命樊纓五就此革路條纓五就當爲子男

之車不云封子男而云四衞者言四方衞服之國也呂氏春秋愼勢曰王者之封建也彌近彌大彌遠彌小海上有十里之諸侯管子事語曰齊諸侯方百里負海子七十里男五十里齊中也與爾雅距齊州之齊同義亦言中州之國大負海之國小是故男服以內近則鮮子男采服以外遠則無侯伯春秋時河濟之閒小國非一然如許男之類或夏殷舊封而周未加其爵或如滕子則始封本侯後絀其爵今不復可識別以推周初封建之制所可徵者唯曲禮云東夷北狄西戎南蠻雖大曰子左傳曰晉甸侯也又云鄭伯男也又曰曹爲伯甸明侯服甸服男服皆侯伯所封采服衞服要服蓋子男所封以衞言者舉其中也案孔說是也書酒誥康王之誥並云侯甸男衞於男服之外止舉衞服明以衞晐采要二服康誥又云侯甸男邦采衞於男采之閒繫以邦字明男服以內公侯伯爲成國與采服以外不同也鄭賈以此四衞通晐六服說殊未析又大戴禮記少閒篇云士脩四衞盧注云四衞四方之職彼據侯國四境言之與此經義小異

木路前樊鵠纓建大麾以田以封蕃國 木路不輓以革漆之而已前讀爲緇翦之翦翦淺黑也木路無龍勒以淺黑飾韋爲樊鵠色飾韋爲纓不言就數飾與革路同大麾不在九旗中以正色言之則黑夏后氏所建田四時田獵蕃國謂九州之外夷服鎭服蕃服杜子春云鵠或爲結

疏 木路者五路之五也木路卽殷之大路魯郊亦用之禮器云大路繁纓一就此別取尙質之義與王田路異也云建大麾者卽輈人云龜旗四斿此不著斿數者亦文不具云以封蕃國者賈疏云凡五等諸侯所得路者在國祭祀及朝天子皆乘之但朝天子之時乘至天子館則舍之於館是以覲禮記云偏駕不入王門謂舍之於客館乘墨車龍旂以朝鄭云在旁與己同曰偏若兩諸侯自相朝亦應乘之若齊弔及朝幷朝夕燕出入可降一等若在軍皆乘廣車若以田以鄙則乘木路

也若五等諸侯親迎皆乘所賜路以其士親迎攝盛乘大夫車則大夫已上尊則尊矣不可更攝盛轉乘在上之車當乘所賜車與祭祀同則王乘玉路可也若如鄭注同姓雖爲侯伯畫服如上公得乘金路若爲子男似不得當與異姓同乘象路也異姓象路則降上公以其上公雖庶姓亦乘金路其異姓侯伯子男皆乘象路也言四衛革路者亦謂庶姓侯伯子男蕃國木路者夷狄惟有子男同木路也無問祀賓已下皆乘之 注云木路不輓以革漆之而已者於木路加漆爲黑色也賈疏云以其言木則木上無革可知必知有漆者以其喪車尚有漆者況吉之乘車有漆可知云前讀爲緇翦之翦翦淺黑也者旣夕禮云加茵用疏布緇翦鄭彼注云翦淺也今文翦作淺據此則翦本訓淺彼文云緇翦故爲淺黑此不云緇翦知亦爲淺黑者因大麾色黑車旗色當相配也據後疏引賈馬義則此經舊說蓋讀前如字段玉裁云前翦聲類同云木路無龍勒者賈疏云以經不云勒明降於革路無龍勒可知云以淺黑飾韋爲樊鵠色飾韋爲纓者爾雅釋器云象謂之鵠釋文云鵠白也此鵠色亦卽謂白色樊纓二者皆以韋爲之故知以翦鵠之色飾韋也云不言就數飾與革路同者前四路皆言就數惟此不言明亦以絛絲飾之而五成與革路同故文冢彼而省但依前玉路金路象路纓就並與旗斿數相應而此路建大麾四斿樊纓亦當四成鄭說或未塙也云大麾不在九旗中者說文手部云摩旌旗所以指麾也麾卽摩之俗鄭以司常九旗無與大麾相當者故謂不在其中金榜云司常龜蛇爲旗巾車木路建大麾大麾卽龜蛇檀弓綢練設旐夏也是夏有旐矣明堂位曰夏后氏之綏綏卽大麾亦謂之大綏詩韓奕淑旂綏章毛傳云綏大綏也案金氏謂大麾卽九旗之旐又卽夏后氏之綏其說甚塙鄭謂不在九旗中誤互詳司常疏云以正色言之則黑夏后氏所建者後漢書章帝紀李注引禮緯云十三月萬物孚甲而出其色皆黑人得加

功展業故夏爲人正色尚黑春秋緐露三代改制質文篇云黑統路輿色黑旗黑明堂位云有虞氏之旂夏后氏之綏鄭彼注云綏當爲緌讀如冠蕤之蕤有虞氏當言緌夏后氏當言旂此蓋錯誤也緌謂注旄牛尾於杠首所謂大麾書云武王左杖黃鉞右秉白旄以麾孔疏云知有虞氏當言緌夏后氏當言旂者以虞質於夏故知虞世但注旄夏世始加旒縿必知此緌當巾車大麾者彼大麾上有大白大赤此經夏后氏之緌下有大白大赤故知緌當大麾也然巾車注云正色言之大麾夏后氏之旗色黑鄭此注以緌爲有虞氏所建緌則大麾不同者有虞氏但有注旄竿首夏后氏之旗若去旒縿則與虞氏不異同謂之緌也案鄭意當如孔說賈疏說亦同今攷明堂位注以綏爲卽大麾不誤而讀綏爲緌又以爲有虞氏制王制注亦同蓋謂虞夏旗竝以注旄故得緌名但虞旗無縿斿夏旗乃有之此大麾卽沿夏制實則虞旂自有縿斿不得爲徒緌亦不與夏旗同名賈孔曲爲申述不可通也釋名釋兵以緌爲有虞氏之旌綏爲夏后氏之旌蓋從鄭義而小異亦不足據詳夏采疏依金說大麾卽龜蛇之旐所以象北方玄武故其色黑爾雅釋天云緇廣充幅長尋曰旐郭注云帛全幅長八尺公羊宣十二年徐疏引孫炎云緇黑繒也然則大麾蓋以緇帛爲縿與大常之縿帛同色異也檀弓云綢練設旐鄭彼注云綢練以練綢旌之杠此旌葬乘車所建也旌之旒緇布廣充幅長尋曰旐此本釋天之文而以緇廣充幅長尋爲據旐言又以緇爲緇布蓋不知爾雅之旐卽此大麾故誤爲之說不可從也又案司馬法天子之義篇云旂章夏以日月尚明也九旗之旐無日月者疑周以日月畫大常故去之夏旂或本有日月矣云田四時田獵者小司徒注義同四時田名詳大司馬職賈疏引鄭志趙商問巾車職曰建大麾以田注云田四時田獵商按大司馬職曰四時皆建大常今又云建大麾以田何荅曰麾夏之正色雖習戰春夏尚生其時宜入兵夏

本不以兵得天下故建其正色以春夏田秋冬出兵之時乃建大常故雜問志云四時治兵王自出禮記天子殺則下大綏司馬職王建大常足相參正詒讓案鄭不知此建大麾乃陳木路時所建以表事與田事不相冡則此職田建大麾與大司馬治兵王建大常之文違牾故謂春夏田建大麾秋冬田建大常以通其說亦非經義也今依金氏說時田王自行乘木路自建大常與陳路時木路建大麾以表事不同至王制云天子殺則下大綏諸侯殺則下小綏毛詩小雅車攻傳亦云天子發抗大綏諸侯發抗小綏此大綏亙卽大麾然止謂抗之下之以爲田節則亦取表事之義非謂田時王所乘木路建此旗也惠士奇亦糾鄭志之誤謂中冬大閱中秋治兵固建大常及其田也仍建大麾以表獲其說較鄭爲長然春夏田亦建大常不徒秋冬也云蕃國謂九州之外夷服鎭服蕃服者據大司馬九服末爲夷鎭蕃三服大行人止有六服要服以下卽云九州之外謂之蕃國故知蕃國卽彼三服在九州之外也杜子春云鸞或爲結者段玉裁云字之誤也如大宗伯吉禮爲告禮賈疏云按馬氏云前樊結纓謂再重樊纓在前有結在後往往結華以爲堅且飾節良以爲樊纓皆有采就則前與鸞亦可以爲飾而賈氏謂前纓有結其義非今子春爲結後鄭引之在下得通一義故也案賈引馬傳且飾節良句文難通疑節字當是衍文據此則賈馬二家本鸞皆作結且讀前如字依馬說則樊纓在前別有結以飾樊纓之後賈侍中說似亦與馬同其說於古無徵故後鄭不從

王后之五路重翟鍚面朱總厭翟勒面繢總安車彫面鷖總皆有容蓋重翟重翟雉之羽也厭翟次其羽使相迫也勒面謂以如王龍勒之韋爲當面飾也彫者畫之不龍其韋安車坐乘車凡婦人車皆坐乘故書朱總爲䌱鷖或作緊鄭司農云鍚馬面鍚䌱當爲總書亦或爲總鷖讀爲鳧鷖之鷖鷖總者青黑色

以繒爲之總著馬勒直兩耳與兩鑣容謂幨車山東謂之裳幃或曰潼容玄謂朱總繢總其施之如鷖總車衡輨亦宜有焉繢畫文也蓋如今小車蓋也皆有容有蓋則重翟厭翟謂蔽也重翟后從王祭祀所乘厭翟后從王賓饗諸侯所乘安車無蔽后朝見於王所乘謂去飾也詩國風碩人曰翟蔽以朝謂諸侯夫人始來乘翟蔽之車以朝見於君盛之也此翟蔽蓋厭翟也然則王后始來乘重翟乎【疏】王后之五路者后乘路亦有五與王路相配也云安車者賈疏云按下翟車尊於安車而進安車在上者以其翟車有幄無蓋安車重翟同無幄而有容蓋故進安車與重厭之車同在上也　注云重翟重翟雉之羽也者翟雉詳內司服疏賈疏云凡言翟者皆謂翟鳥之羽以爲兩旁之蔽言重翟者皆二重爲之云厭翟次其羽使相迫也者丁晏云說文厂部厭笮也竹部笮者迫也故鄭以厭爲迫賈疏云謂相次以厭其本下有翟車者又不厭其本也云勒面謂以如王龍勒之韋爲當面飾也者當面卽前注之當盧以其著馬面謂之面猶膺飾謂之膺也說文革部云韅勒靼也面韅聲義略同鄭以勒卽是馬面絡羈之具且上言鍚面下言彫面並據飾言明此勒面勒亦當是飾故知卽以龍勒之韋爲面飾若然經不云龍面而云勒面者遙冡上革路龍勒爲文也云彫者畫之不龍其韋者廣雅釋詁云彫畫也案畫謂漆韋而鏤刻爲文與畫繢異上勒面爲龍其韋以飾面此言彫不言勒故知不龍其韋唯刻畫之也隋書禮儀志載北周五輅有彫面注云刻漆韋爲當顱彼亦以彫爲刻足證鄭義彫訓刻畫詳梓人疏云安車坐乘車凡婦人車皆坐乘者賈疏云按曲禮云婦人不立乘是婦人坐乘男子立乘曲禮大夫七十而致事若不得謝則必賜之几杖乘安車則男子坐乘亦謂之安車也若然則王后乘五路皆是坐乘獨此得安車之名者以餘者有重翟厭翟翟車輦車之名可稱此無異物之稱故獨得安車之名也詒讓案續漢輿服志劉注

引蔡邕二云立乘曰高車坐乘曰安車宋書禮志二云凡婦人車皆坐乘故周禮王后有安車而王無也列女傳貞順篇齊孝孟姬曰妾聞妃后踰閾必乘安車輜軿今立車無軿非所敢受命也安車有容故亦通稱輜軿與漢時輜車軿車制異曲禮大夫安車注二云安車坐乘若今小車也孔疏謂卽書傳略說所二云乘車輲輪輲與輇同婦人車惟輦車人輓爲輇輪則安車輪與常車同與男子安車異也賈子新書容經說乘車之容二云坐乘以經坐之容手撫式視五旅欲無顧顧不過轂是卽安車之儀矣二云故書朱總爲䋺者謂此經二總字故書惟朱總之總作䋺字也釋文二云䋺戚二云檢字林蒼雅及說文皆無此字衆家亦不見有音者惟昌宗音廢以形聲會意求之實所未了當是廢而不用乎非其音也李兵廢反本或作緦恐是意改也案昌宗者劉昌宗也段玉裁二云此字之誤也字形之誤不妨誤爲本無之字宜衆家之不爲音也徐養原二云集韻兼收於六至二十廢至韻基位切繒也此因鄭注鷖總以繒爲之故有此訓而音終不相近究屬譌字二云**鷖**或作繄者徐養原二云鷖繄同音相借鄭司農二云鍚馬面鍚者卽前注馬面當盧是也二云䋺當爲總書亦或爲總者䋺字不體故先鄭依故書別本作總也二云鷖讀爲鳧鷖之鷖者段玉裁改爲繄讀爲鳧鷖之鷖二云故書或作繄司農易繄爲鷖鄭君從司農說今本作鷖讀爲誤也案段校是也二云鷖總者青黑色以繒爲之者段玉裁二云鷖鳧屬青黑色繒色似之案說文糸部二云繄一曰青黑色繒許字從故書義則與鄭同案今本說文青作赤段據玉篇正是也詩大雅鳧鷖毛傳二云鷖鳧屬孔疏引蒼頡解詁二云鷖鷗也一名水鴞又引陸璣疏云鳧青色案鷖鳧鷗色蓋略同曲禮前有水則載青旌注二云青青雀水鳥是也鷖色青故一名青文選江淹雜體詩李注引呂氏春秋精諭篇海上人有好青者列子黃帝篇亦載其事青作漚漚與鷗同鷖鷗青雀青鳥蓋異名同物以青黑繒爲總謂之鷖總猶周書王會篇以

青旌爲鳧旌矣云總著髙勒直兩耳與兩鑣者士冠禮注云總束髮垂後爲飾孔疏云總者裂繒爲之束髮之本垂餘於髻後以爲飾黃以周云顏師古云總以絲縷爲之總當以絲縷織爲組廣雅云總束也總爲束物之組故翟車謂之組總毛詩干旄傳總以素絲而成組是也朱總繢總卽所謂組總先鄭云以繒爲之未確當孔謂笄總亦用繒誤賈疏云凡言總者謂以總爲車馬之飾若婦人之總亦既繫其本又垂爲飾故皆謂之總也案黃說亦通隋書禮儀志說周制重翟亦有總云以朱爲之如馬纓而小則似亦以絲組爲之爾雅釋器云鑣謂之钀郭注云馬勒旁鐵說文金部云鑣馬銜也釋名釋車云鑣苞也所以在旁包斂其口也蓋總著於馬面勒閑兩旁其本結於勒上正直兩耳其下之垂者與銜鐵之旁出口角者又正相當也云容謂幨車山東謂之裳幃或曰潼容者葉鈔釋文潼作湩云本亦作潼案幨與裧同士昏禮云婦車有裧注云裧車裳幃周禮謂之容車有容則固有蓋既夕記云主婦車疏布裧注云裧者車裳幃於蓋弓垂之詩衛風氓云漸車帷裳毛傳云帷裳婦人之車也鄭箋云帷裳童容也列女傳貞順篇齊孝孟姬曰野處則帷裳擁蔽幃卽帷之借字據此經及詩士昏士喪二禮則帷裳自后夫人至士妻車皆得設之蓋婦人車之通制矣段玉裁云潼釋文作湩詩注作童皆音同通志堂本湩作幢俗字也集韻一東曰湩徒同切湩容車幨帷也此據釋文案段說是也釋名釋牀帳云幢容幢童也施之車蓋童童然以隱蔽形容也亦從俗作幢詩氓孔疏云以幃障車之傍如裳以爲容飾故或謂之幃裳或謂之童容其上有蓋四傍垂而下謂之幨故雜記曰其輤有裧注云裧謂鼈甲邊緣是也然則童容與幨別司農云謂幨車者以有童容上必有幨故謂之爲幨車也案孔以童容與幨異非先鄭意也凡車裳帷下垂而長與衣裳下垂同二者通謂之襜說文衣部云襜衣蔽前又云直裾謂之襜褕襜裧並襜之別體方言

二云襜褕江淮南楚謂之襜褣是衣亦有襜褣之稱猶車襜謂之潼容也車裳帷詳言之曰潼容省文則曰容故釋名釋車云容車婦人所載小車也其蓋施帷所以隱蔽其形容也荀子正論篇云天子居則設張容負依而坐荀子之容蓋亦卽掌次之帷王坐設帷與后車設帷裳通謂之容楊注以容爲羽衞未塙車帷之裳與蓋衣相屬故士昏注謂有容則有蓋既夕注謂裧卽車裳帷於蓋弓垂之與釋名所言蓋施帷者正同是裧屬於蓋下垂卽爲帷裳並非二物惟喪車裳帷則爲圍棺而設自不能與蓋弓所綴衣相連故雜記云其轄有裧緇布裳帷注云裳帷圍棺者彼裳帷不與蓋衣相屬故蓋衣之邊緣必別爲裧下垂尺所以爲飾所謂鼈甲邊緣也若婦人車則無鼈甲邊緣而直以蓋衣下垂爲裳帷其長下接輢式當有數尺與喪車裧迥異也云玄謂朱總纘總其施之如鷖總者謂亦著馬勒直兩耳與兩鑣也云車衡輨亦宜有焉者增成先鄭之義衡軥前橫木縛軛者見軥人說文車部云輨轂端錔也鄭意三總皆不止飾馬首兼施於車諸末也其在輨者蓋於兩軸耑設之云纘畫文也者司几筵纘純注同王引之以彼纘爲赤組則此纘總或與朱總色相近也云蓋如今小車蓋也者釋名釋車云安車蓋卑坐乘今吏所乘小車也此三車亦坐乘蓋亦宜卑與漢時小車同故以況也云皆有容有蓋則重翟厭翟謂蔽也者賈疏云案馬氏等云重翟爲蓋今之羽蓋是也爲有此嫌故微破之若重翟厭翟是蓋何須下文云皆有容蓋乎是以後鄭約下王之喪車五乘皆有蔽明后之車言翟者亦謂蔽也詒讓案凡后夫人之車蓋皆鞔以皮革三翟之車則兩旁之藩又加以羽飾左閔二年傳說齊歸衞夫人魚軒杜注云夫人車以魚皮爲飾彼魚皮蓋卽鞔車之革其外當皆有飾也又齊風載驅毛傳云諸侯之路車有朱革之質而羽飾此謂男子車亦有羽飾於經無文未詳所據云重翟后從王祭祀所乘者此重翟爲后五路之首於王五路當

王路以祀故知后從王祭祀所乘也舊唐書祝欽明傳引三禮義宗
云重翟者后從王祭先王先公所乘也賈疏云后無外事惟祭先王
先公羣小祀皆乘此重翟也案賈據內司服注說后服三翟從王祭
祀有此三等若然后服三翟則乘重翟車服適相稱也云厭翟后從
王賓饗諸侯所乘者厭翟爲后五路之二於王五路當金路以賓故
知后從王賓饗諸侯之所乘也唐書引三禮義宗云厭翟者后從王
饗諸侯所乘也賈疏云案內宰職云賓客之祼獻瑤爵皆贊注云謂
王同姓及二王之後王祼賓客亞王而禮賓獻謂王饗燕亞王獻賓
也此時后則乘厭翟也不言祼者文略耳云安車無蔽后朝見於王
所乘者安車爲后五路之三於王五路當象路以朝故知后乘此車
以朝見王亦取與內司服展衣以禮見王相配也唐書引三禮義宗
云安車者后宮中朝夕見於王所乘也云謂去飾也者賈疏云以其
安車不言翟明無蔽以其朝王質故去飾也引詩國風碩人曰翟蔽
以朝者衞風文蔽毛詩作茀傳云茀蔽也此作蔽者疑鄭據韓詩引
之者亦證二翟爲蔽也易既濟云婦喪其茀彼釋文引鄭易注云茀
車蔽也與毛義同云謂諸侯夫人始來乘翟蔽之車以朝見於君盛
之也此翟蔽蓋厭翟也者釋詩義也毛詩傳云翟翟車也夫人以翟
羽飾車毛以翟茀爲羽飾則不爲羽蓋與鄭義同而以彼爲五路之
翟車則與鄭異鄭知爲厭翟者以王后乘重翟上公夫人乘厭翟侯
伯夫人當乘安車以昏禮攝盛則衞侯夫人始來得乘厭翟故云盛
之也毛詩召南何彼襛矣序云王姬下嫁於諸侯車服不繫於其夫
下王后一等鄭箋云下王后一等謂車乘厭翟服則褕翟孔疏云諸
侯之夫人始嫁及常乘之車說者各爲其見崔靈恩以爲二王之後
夫人各乘本國先王之上車魯之夫人乘重翟知者以魯夫人服褘
衣與王后同故知車亦同也其同姓異姓侯伯夫人皆乘厭翟子男
夫人乘翟車所用助祭饗賓朝見各依差次其初嫁之時侯伯以下

夫人所乘車皆上攝一等知者以士妻乘墨車上攝大夫之車故也崔又一解云諸侯夫人初嫁不得上攝以其逼王后故也卿大夫之妻得上攝一等案鄭注巾車引詩翟茀以朝謂厭翟也衛是侯爵故厭翟崔氏後解與鄭注同既不上攝鄭注巾車云乘翟茀之車以盛之者以乘祭祀之車故言盛也二劉以五等諸侯夫人初嫁皆乘厭翟與鄭不合其三公之妻與子男同其孤妻夏篆卿妻夏縵大夫墨車士乘棧車初嫁皆上攝一等案賈疏正與崔氏後解同云然則王后始來乘重翟乎者后路以重翟爲最尊更無盛路故直乘重翟也賈疏云王姬下嫁下后一等及諸侯夫人皆乘厭翟則王后自然始來乘重翟可知若然王之三夫人與三公夫人同乘翟車九嬪與孤妻同乘夏篆二十七世婦與卿妻同乘夏縵女御與大夫妻同乘墨車士之妻攝盛亦乘墨車非嫁攝盛則乘棧車也諸侯已下夫人祭祀賓饗出桑朝君差之皆可知也若然諸侯夫人亦當有安車以朝君也

翟車貝面組總有握翟車不重不厭以翟飾車之側爾貝面貝飾勒之當面也有握則此無蓋矣如今輧車是也后所乘以出桑

【疏】組總有握者釋文云握干馬皆作幄段玉裁云幕人注曰四合象宮室曰幄說文無幄字古借屋字爲之說文木部有楃字云木帳也從木屋聲帳皆以繒爲之而必有楃幢帳柱也故或從木詒讓案楃正字幄俗字握則同聲段借字也爾雅釋言云握具也釋文引李巡本作幄此經用借字與爾雅郭本同組詳典絲疏賈疏云上言朱總繢總鷖總彼皆以繒爲之今此言組總則以組條爲之揔亦施於勒及兩耳兩鑣弁車衡轄焉　注云翟車不重不厭以翟飾車之側爾者此翟車但以翟名明不重不厭可知飾車側即謂飾蔽也云貝面貝飾勒之當面也者說文貝部云貝海介蟲也爾雅釋魚云貝餘蚳黃白文餘泉白黃文是貝有文故可以飾勒之當面既夕禮薦乘車貝勒鄭注云貝飾勒即此云有握則此無蓋

矣者釋名釋牀帳云幄屋也以帛衣板施之形如屋則幄是以帛衣板與以蓋施容同段玉裁云鄭蓋意謂上三車皆有容有蓋翟車以握當容不云有蓋也詒讓案此以握當容亦兼以當蓋故不别施蓋通言之蓋有衣亦謂之屋史記秦始皇本紀車黄屋集解引蔡邕云黄屋者蓋以黄爲裏是也云如今輧車是也者王聘珍云續漢書輿服志太皇太后皇太后非法駕則乘紫罽輧車釋名釋車云輧車輧屏也四面屏蔽婦人所乘牛車也詒讓案宋書禮志引字林云輧車有衣蔽無後轅漢時輧車當是上施幄四面下覆爲屏蔽與乘車立蓋不同故鄭以證此翟車也云后所乘以出桑者舊唐書祝欽明傳引三禮義宗云翟車者后求桑所乘也案鄭以翟車於王五路當革路卽戎后無外事惟有出郊躬桑亦取與内司服鞠衣告桑相配也月令季春后妃齊戒親東鄉躬桑内宰云中春詔后帥外内命婦始蠶於北郊是出桑之事其時后卽乘此翟車也又月令季春天子薦鞠衣於先帝注云爲將蠶求福祥之助也彼是祭告與出桑事相因賈疏謂亦乘此翟車是也

輦車，組輓，有翣羽蓋。輦車不言飾后居宮中從容所乘但漆之而已爲輇輪人輓之以行有翣所以禦風塵以羽作小蓋爲翳日也故書翣爲毼杜子春云當爲翣書亦或爲毼

疏 輦車者阮元云釋文作連車云音輦本亦作輦案說文連負車也从辵从車古經當以連爲輦鄉師與其輂輦注故書輦作連鄭司農云連讀爲輦詒讓案連輦古通但此經小司徒鄉師縣師均人遂人遂師稍人與此職輦字凡八見唯鄉師故書作連二鄭竝讀從今書則此不當獨從連釋文本雖近古然非鄭本也 注云輦車不言飾者賈疏云以其不言翟又不言面揔之等是不言飾也云后居宮中從容所乘者舊唐書祝欽明傳引三禮義宗云輦車后游宴所乘也呂氏春秋本生篇云出則以車入則以輦務以自佚命之曰招蹷之機高注云出門乘車入門用輦招至也蹷機

門內之位也乘輦於宮中游翔至於𨻶機宮中游翔即從容游燕也左襄二十三年傳云范宣子使二婦人輦而如公則婦人常乘皆以輦不徒后夫人也又此輦車於王五路當木路王乘木路以田后無田事服但自居內宮從容往來所乘與內司服禒衣以燕居相配故其制卑而飾殺又使人輓與上四車不同也云作漆之而已者與王木路同凡吉車無不漆也云爲輇輪人輓之以行者凡周以前輦皆有輪秦始去之詳鄉師疏鄉師輂輦注云輦人輓行彼輦爲民閒載任器之車與此后車制小異而人輓則同續漢書祭祀志劉注引干寶注云對輿曰輦案對輿當作對舁亦謂二人相對輓引之也賈疏云案禮記云載以輲車輲車載柩之車則地官蜃車人輓之以行此輦車組輓亦是人輓行者案雜記注引許氏說文解字曰有輻曰輪無輻曰輇則人輓行者皆是無輻曰輇案上雜記注輇崇蓋半乘車之輪乘車高六尺六寸則此當三尺三寸云有翣所以禦風塵者小爾雅廣服云大扇謂之翣說文竹部云箑扇也或作⿱竹妾翣與箑字通古今注云周制王后夫人車有翣即緝雉羽爲扇翣以障翳風塵也依崔說則翣亦以羽爲之女御職后喪棺飾亦有翣說文羽部以翣爲羽飾則輦車之翣蓋亦爲大羽扇樹車兩旁故可以禦風塵與云以羽作小蓋爲翳日也者輦車輇輪組輓其車卑小故蓋亦小取足以翳日而已云故書翣爲⿰馬毛杜子春云當爲翣書亦或爲䩭者段玉裁云釋文曰⿰馬毛䩭並音獵案說文鬣或作𣰽䩭者𣰽之譌也舊籍皆譌巤爲葛如獵臘鑞蠟纖擸躐字或體皆從葛集韻鬣或作鬛然則䩭即鬣特易其左右耳周書王會篇青馬黑鬣謂之母兒王應麟云䩭即鬣字是也鬣聲妾聲聲類同在覃談部故杜得尋其聲類改爲翣字其作⿰馬毛者從馬毛會意蓋古文鬣字之存於漢注中者陸氏云⿰馬毛或音毛或說大謬⿰馬毛果讀毛則杜無由改爲翣矣徐養原云⿰馬毛字又因與䩭形相涉而誤

王之喪車五乘木車

蒲蔽犬禖尾櫜疏飾小服皆疏木車不漆者鄭司農云蒲蔽爲贏蘭車以蒲爲蔽天子喪服之車漢儀亦然犬禖以犬皮爲覆笭故書疏爲揟杜子春讀揟爲沙玄謂蔽車旁禦風塵者犬白犬皮既以皮爲覆笭又以其尾爲戈戟之弢麤布飾二物之側爲之緣若攝服云服讀爲箙小箙刀劍短兵之衣此始遭喪所乘爲君之道尚微備姦臣也書曰以虎賁百人逆子釗亦爲備焉

疏王之喪車五乘者别於吉時五路故稱喪車經不詳后之喪車者既夕記云主人乘惡車白狗幦蒲蔽御以蒲菆犬服木錧約綏約轡木鑣馬不齊髦主婦之車亦如之疏布裧鄭彼注謂即此木車彼主婦車與主人同以相準況則后喪車亦當與王同故經不别出也云犬禖者禖說文引作幦詳後注云木車不漆者者賈疏云喪中無飾後至禫乃漆之此明木車及下素車等皆未漆也若然上王之木路鄭注云不革輓漆之而已彼亦稱木而有漆者彼此各有所對上文木路對革路有革又有漆則木路漆之而已據吉時言耳此木路對禫始有漆明此木路不漆飾指木體而言也鄭司農云蒲蔽謂贏蘭車以蒲爲蔽天子喪服之車漢儀亦然者贏汗疏本作贏賈疏云此舉漢時有贏長蘭乘不善之車故舉以說之也丁晏云集韻三十四果贏蘭車名喪服所乘續漢書輿服志小使蘭輿赤轂此謂追捕考案有所勑取者之所乘也案丁說是也賈釋贏蘭爲贏長蘭其義未聞釋文云贏魯火反劉又音果依劉陸讀則贏蓋贏之借字疏作贏卽贏之俗蘭蓋卽車蘭贏蘭疑謂車蘭贏露無革縉之冡覆惟以蒲蔽之而已云犬禖以犬皮爲覆笭者玉藻君羔幦虎犆大夫齊車鹿幦豹犆朝車士齊車鹿幦豹犆注云幦覆苓也犆謂緣也詩大雅韓奕鞹鞃淺幭毛傳云幭覆式也段玉裁云說文巾部幦髤布也从巾辟聲引周禮駹車大幦字作幦與鄭作禖異辟聲與冥聲古音支清之合也既夕禮玉藻少儀公羊傳作幦大雅曲禮作幭鄭

珍云車箱外三面皆有闌其闌中名曰笭又名篚又名籠說文竹部笭車笭也篚車笭也籠亦曰笭是也以扃下或用竹蔽之小孔玲瓏故曰笭又曰籠以其似匡篚可盛物故曰篚詒讓案[衤莫]蓋幎之別體幎亦作冪既夕記注云古文幦爲冪是也此經則冪爲巾冪字而覆笭字作[衤莫]其正字當爲幭說文巾部云幭蓋幭也大戴禮記禮三本篇大路車之素幭也荀子禮論篇作素末曲禮又云素簚[衤莫]冪幦末並聲近段借字簚則幭之譌體也鄭珍釋笭制近是蓋凡車前式輢外三面軓上皆以木爲闌闌止有橫直材無版而以竹爲笭著於三面闌內故急就篇顏注云笭車前曲闌也其物織竹爲之若小匧然故釋名釋車云笭橫在車前織竹作之孔笭笭也既夕禮注說柩車之池聶氏三禮圖引舊圖說篚並云狀如小車笭是也其字从竹今本玉藻少儀注並从艸作苓字通覆笭者以皮冡覆笭之上釋名釋車又云陰蔭也橫側車前所以蔭笭也詩秦風小戎箋云陰揜軓在式前垂輈上此笭在式前軓上之證蓋[衤莫]陰與笭式並同設一處但陰版側垂式外故蔭笭并揜軓而不揜式[衤莫]則通覆式內外而兼覆笭軓故毛詩傳云覆式鄭禮注及公羊何注廣雅釋器並云覆笭曲禮孔疏又云車覆闌也然[衤莫]可稱覆式而笭非即式玉藻疏謂笭即式車式以笭爲之有豎者有橫者蓋誤以軨當笭不知笭用竹爲之與軨異材也公羊昭二十五年傳齊侯唁公于野井以幦爲席然則幦之形蓋如席而尺度少陋矣詩禮之幦皆以皮爲之惟荀子禮論篇說天子大路絲末楊注云蓋織絲爲幦與詩禮不同或當冬夏異用與至說文幦訓漆布自是別有所本其引此經犬幦蓋據故書或本許舉以證段借之義兩訓不相冡也云故書疏爲揟杜子春讀揟爲沙者釋文云揟本又作胥案揟胥聲類亦同徐養原云說文疋部疋足也或曰胥字又㐬部疏通也从㐬从疋亦聲又手部揟取水沮也从手胥聲疋胥疏揟其音皆同故可通用杜子春讀爲沙者蓋讀

爲紗也古無紗字只借用沙內司服素沙注云今世有沙縠者名出
於此沙紗雙聲故讀從之後鄭以喪車之飾不當用沙故改作疏訓
爲麤布典瑞鄭司農讀疏爲沙云沙除與此義雖異而通借之例同
案徐說是也云玄謂蔽車旁禦風塵者者既夕記蒲蔽注云蔽藩爾
雅釋器云輿革前謂之鞎後謂之笰竹前謂之禦後謂之蔽郭注釋
蔽爲以竹衣後戶案鞎笰禦蔽對文則異散文亦通爾雅所釋蔽雖
據車後爲文實則車兩旁之藩亦得通稱蔽故鄭云車旁禦風塵者
也云犬白犬皮者據既夕記白狗幦爲說也鄭彼注云未成豪狗以
狗皮爲之取其臑也白於喪飾宜是其義曲禮大夫士去國素簚陸
釋文及孔疏亦以爲白狗皮覆笭也云既以皮爲覆笭又以其尾爲
戈戟之弢者賈疏云以經云犬禊尾櫜與禊與櫜共用犬櫜則弢也
詒讓案說文櫜部云櫜車上大櫜詩曰載櫜弓矢毛詩小雅彤弓傳
云櫜韜也弢與韜同樂記注云兵甲之衣曰櫜戈戟亦兵類故其弢
亦名櫜也云麤布飾二物之側爲之緣者喪服注云疏猶麤也二物
謂禊及櫜也賈疏云案喪服齊衰已下皆稱疏禮之通例凡言疏布
者皆據大功布而言若然此則以八升布爲二物之緣也案疏布疑
卽疏衰六升之布賈以爲大功布未塙詳冪人疏云若攝服云者釋
文出攝菔云音服案陸本疑涉下注誤沾艸形阮元云攝服字見既
夕記諸本並同不作菔也賈疏云案既夕記云貳車白狗攝服注云
攝猶緣也狗皮緣服差飾引之者證其二物爲緣之事也云服讀爲
菔小菔刀劍短兵之衣者既夕記犬服注云笭閒兵服以犬皮爲之
取堅也亦白段玉裁云菔釋文集韻余本岳本皆從艸俗本從竹同
矢箙字案刀劍短兵之衣字正當作服既夕記犬服攝服祇作服是
也詒讓案說文竹部云箙弩矢服也司弓矢注云箙盛矢器也漢隸
从艸从竹字多互通菔卽箙之別體推校鄭意蓋謂箙本爲矢箙引
申之刀劍之衣亦得通稱箙服則段借字也儀禮有服無箙故既夕

注不易字此經則司弓矢繕人槀人並有箙字其字較服字為尤切故此注讀從之然則俗本作箙亦不誤也凡兵衣並謂之服此經云小服故鄭以刀劍短兵為說明別於長兵之衣為大服也少儀云劍則啓櫝蓋襲之加夫襓與劍焉注云夫襓劍衣也孔疏引熊氏云依廣雅夫襓木劍衣謂以木為劍衣者若今刀榼孔又破熊說云襓字從衣當以繒帛為之熊氏用廣雅以木為之其義未善也案劍衣以木以繒孔與張熊說不同未知孰是此經小服則當如既夕記亦以犬皮為之而緣以疏布也云此始遭喪所乘者以木車在王喪車中制度最麤質是初遭喪哀痛迫切時所乘也賈疏云此喪車五乘貴賤皆同乘之是以士喪禮主人乘惡車鄭注引雜記曰端衰喪車皆無等然則此惡車王喪之木車也是其尊卑同也云為君之道尚微備姦臣也者以新君初立君臣之位未定宜備姦臣窺伺故載兵也賈疏云備姦臣者為尾櫜戈戟而言也云書曰以虎賁百人逆子釗亦為備焉者書顧命云成王崩太保命仲桓南宮毛俾爰齊侯呂伋以二干戈虎賁百人逆子釗于南門之外彼亦是始遭喪為備之事故引之證此喪車有戈戟是備姦臣也

素車棼蔽犬𧝝素飾小服皆素

素車以白土堊車也棼讀為薠薠麻以為蔽其𧝝服以素繒為緣此卒哭所乘為君之道益著在車可以去戈戟

疏注云素車以白土堊車也者小爾雅廣詁云素白也一切經音義引蒼頡云堊白土也故知素車是白土堊車也既夕禮惡車注云古文惡作堊云棼讀為薠薠麻以為蔽者說文林部云棼複屋棟也於義無取故破之也段玉裁云棼分聲薠煩聲煩焚省聲同在古音文魂部也薠即萉黂字文微二韻合音最近非青薠也王聘珍云薠即蕡聲同古字通喪服傳云苴絰者麻之有蕡者也賈疏引馬氏云蕡者枲實枲麻之有子者其色麤惡故用之案段王說是也說文艸部云薠青薠似莎者無麻訓據釋文薠音扶文反則

禮家舊讀皆以蕢爲卽籩人草人弓人之蕢其字說文作萉或作黂淮南子說山訓云見黂而求成布高注云黂麻之有實者是黂布卽苴麻之布故可爲蔽也互詳籩人疏云其䄙服以素繒爲緣者賈疏云禮之通例素有二種其義有色飾者以素爲白士義有以繒爲飾者卽以素爲繒故鄭釋二素以白繒別釋之也云此卒哭所乘者賈疏云案士虞禮卒哭丈夫說絰帶于廟門外婦人說首絰不說帶是卒哭變服變服卽易車案喪服大功章注云凡天子諸侯卿大夫既虞士卒哭而受服此鄭云卒哭據士而言也詒讓案玉藻云年不順成則天子乘素車彼遇災變用喪禮故與卒哭所乘車同云爲君之道益著在車可以去戈戟者禮器云天子崩七月而葬又雜記云士三月而葬是月也卒哭大夫三月而葬五月而卒哭諸侯五月而葬七月而卒哭以是差之天子蓋七月而葬九月而卒哭卽如鄭喪服注天子既虞受服亦在七月之後是嗣君之位已定不必更爲嚴備故經不云尾櫜明去戈戟也

藻車藻蔽鹿淺䄙革飾故書藻作䡵杜子春䡵讀爲華藻之藻直謂華藻也玄謂藻水草蒼色以蒼土堊車以蒼繒爲蔽也鹿淺䄙以鹿夏皮爲覆笭又以所治去毛者緣之此既練所乘

疏注云故書藻作䡵杜子春䡵讀爲華藻之藻直謂華藻也者䡵字無攷釋文云音揔李一音倉會反依李軌一音則字當从最疑誤淮南子俶真訓云華藻鏄鮮高注云華藻華文也段玉裁云說文艸部藻水草也從艸從水巢聲或從喿作藻是則藻藻同字義本水艸借爲華采字凡禮經文采之訓古文多用繅字今文多用藻璪字是也蓋漢人已分別藻爲華藻藻爲水艸故杜作藻鄭君作藻故書作䡵字不可得其音義故易之敢聲與巢聲喿聲部分最近又雙聲也說文無䡵字蓋從杜又云周禮經文用繅不用藻或當作讀爲華繅之繅既易爲繅乃以華藻釋之案段說近是既夕記注說此藻車字亦作繅弁師注云繅雜文之名

也卽華藻之義二云玄謂藻水草者說文艸部同詩召南采蘋孔疏引陸璣疏二云藻水草也生水底有二種其一種葉如雞蘇莖大如箸長四五尺其一種莖大如釵股葉如蓬蒿謂之聚藻二云蒼色者說文艸部二云蒼草色也案蒼爲淺青色詳大宗伯疏二云以蒼土堊車以蒼繒爲蔽也者堊車繒蔽皆與藻色同也二云鹿淺複以鹿夏皮爲覆笭者既夕禮薦乘車鹿淺幦注二云鹿淺鹿夏毛也玉藻大夫士齊車皆鹿幦豹犆此王練車用大夫士制也賈疏二云夏時鹿毛新生爲淺毛二云又以所治去毛者緣之者說文革部二云革獸皮治去其毛革更之此華飾卽以鹿夏皮去其毛以飾複也二云此既練所乘者賈疏二云王喪十三月練是變除之節故知此卽既練所乘也

駹車萑蔽然複髤飾故書駹作龍髤爲軟杜子春二云龍讀爲駹軟讀爲桼垸之桼直謂髤桼也玄謂駹車邊側有漆飾也萑細葦席也以爲蔽者漆則成藩卽吉也然果然也髤赤多黑少之色韋也此大祥所乘

疏駹車萑蔽者萑今本並作萑唐石經初刻同磨改作萑葉鈔釋文亦作萑案此正字當作萑萑雚並字別於義無取詳司几筵疏二云然複髤飾者說文巾部引作犬幦段玉裁謂犬譌字是也許述此經皆從賈景伯讀後賈疏引賈本亦作然則今本說文之譌明矣幦複之借字詳前疏 注二云故書駹作龍髤爲軟杜子春二云龍讀爲駹者軟舊本誤軟今據宋婺州本余本岳本及釋文正下同犬人二云凡幾珥沈辜用駹可也注二云故書駹作龍鄭司農二云龍讀爲駹謂不純色也案此故書與前龍勒字同彼杜及先鄭皆不讀爲駹故後鄭因而釋之二云龍駹也此及犬人杜及先鄭並改讀後鄭亦從之例異而義同也牧人玉人杜鄭注又讀龍爲尨駹尨並爲雜色詳牧人疏段玉裁二云說文幦字下引周禮駹車犬幦不作龍車者從杜也二云軟讀爲桼垸之桼直謂髤桼也者段玉裁二云古音次同桼在真臻部之入聲如漢蘭陵有次室亭故魯次室邑列女傳漆室之女或作次室

是也輸字軟字蓋本無車旁轉寫加之耳易次爲桼於其聲類得之旣易其字乃以髤桼訓其義凡言直謂者皆舉方俗語言明之華藻髤桼皆方俗語言也但云讀爲桼則桼之色不一故斥言髤桼說文無軟字者從杜又云司几筵漆几說文作髤桼几此蓋禮家有易桼爲髤者巾車此條則杜易軟爲桼桼字在真臻部髤從桼髟聲俗作髤在尤幽部音理遠隔而俗或誤仞一字如笙師注釋文髤香牛反或切利反則字當作桼廣韻集韻髤音七四切誤放於此案段謂軟桼聲類同以申杜易字之指其說甚覈此經故書作軟今書作髤故書之軟於義無取故杜破爲桼今書之髤則義自可通故後鄭因而不易桼垸依下文及角人注當作漆垸經注例皆作漆不作桼詳載師疏云玄謂駹車邊側有漆飾也者亦取雜文之義賈疏云以下文漆車全有漆則此時未全爲漆故知駹是邊側少有漆也云萑細葦席也者萑亦當作萑司几筵柏席用萑注云萑如葦而細者詳彼疏云以爲蔽者漆則成藩卽吉也者賈疏云下文藩蔽者因此舊蔽而漆之故云漆則成藩也云然果然也者賈疏云果然獸名是以賈氏亦云然獸名也丁晏云文選吳都賦狖鼯果然注引異物志曰猓然猿狖之類居樹色青赤有文日南九眞有之廣韻二仙燃猓燃獸名似猨白質黑文云髤赤多黑少之色韋也者髤卽髤之省說文桼部云髤桼也鄉射記鄭注云髤赤黑漆也賈疏云案下注雀黑多赤少故知此髤是赤多黑少者也詒讓案此疑當云黑多赤少之色漆色本黑故下文漆車注以爲黑車此髤則以黑而微赤別之今本似後人所改詳後疏云此大祥所乘者賈疏云以二十五月大祥除服之節故知此車是大祥所乘也

漆車藩蔽豻䙉雀飾

漆車黑車也藩今時小車藩漆席以爲之豻胡犬雀黑多赤少之色韋也此禫所乘

【疏】注云漆車黑車也者岳本漆作桼非賈疏云凡漆不言色者皆黑且大夫所乘墨車無篆縵之飾直得黑名是凡車

皆黑漆也○云藩今時小車藩漆席以爲之者曲禮注云安車坐乘若今小車也案小車卽釋名所謂吏所乘者詳前后五路疏又詩齊風
載驅云簟茀朱鞹毛傳云簟方文席也車之蔽曰茀鄭詩大雅韓奕箋云簟茀漆簟以爲車蔽今之藩也孔疏云簟者席之名巾車云漆
車藩蔽旣以漆爲車名藩亦漆之故注云漆席以爲之案孔說是也凡吉車簟茀皆以竹爲席此藩蔽據鄭前注卽以駹車之細葦席爲
之則與吉車用竹不同但席上加漆制略與簟茀相類耳漢時小車蓋貴者所乘則以銅爲耳所謂軓也賤者所乘則不得有車耳而以
簟席爲蔽謂之藩故旣夕注訓蔽爲藩說文車部又訓軒爲藩車則大夫以上吉車之蔽無論重較平較通得稱藩王五喪車蒲棼藻萑
四蔽皆不漆惟此車蔽加漆近於純吉故專得藩稱矣藩俗又作轓漢書景帝紀顏注云據許愼李登說轓車之蔽也攷說文實無轓字
顏說誤又左襄二十三年傳云以藩載欒盈杜注云藩車之有障蔽者彼蓋車之別制藩蔽周帀尤縵密者與軒車不同也車耳之軓亦
通謂之藩字又或段作蕃轓並與此藩蔽小異詳輿人疏云豻胡犬者射人注同賈疏云謂胡地之野犬或作狐字者謂狐與犬合所生
之犬也案說文豸部云豻胡地野狗重文犴豻或從犬爾雅釋獸邢疏引字林云豻野狗似狐黑喙賈疏卽本許義玉藻孔疏引熊安生
說同賈所見別本胡作狐者聲之誤賈曲爲之釋玉藻疏亦有是說並非云雀黑多赤少之色韋也者雀色卽鍾氏之三入爲緅也彼注
云緅今禮俗文作爵言如爵頭色也士冠禮爵弁注云其色赤而微黑如爵頭然案爵雀之借字依鍾氏及士冠注義則雀乃赤多黑少
之色緅說文糸部作纔亦云微黑色並與此注不同而士冠注別云爵弁黑色則鄭說亦自相違異賈士冠禮疏說之云若以纁入黑則
爲紺以紺入黑則爲緅是三入赤再入黑故云其色赤而微黑若將緅比纁則又黑多矣故淮南子云以涅染紺則黑於涅況更一入黑

爲緅乎故巾車注云雀黑多赤少之色也任大椿云攷染法三入以前全以丹秫染赤至四入染黑乃爲紺紺更染黑乃爲緅是赤已三入黑方再入蓋緅爲淺黑爵緅同色以赤爲體則曰赤而微黑以黑變赤則曰黑色鄭士冠禮前後二注互相成也又攷說文纔字下云帛雀頭色一曰微黑色如紺纔淺也蓋四入爲紺五入爲緅緅雖黑深於紺尚與紺相近故說文云如紺而比之六入之玄七入之緇則淺矣漢書文帝紀顏注纔少也淺與少同玩纔字之義可以知爵色矣詒讓案雀色赤多黑少當以士冠注義爲正白虎通義紼冕篇說爵弁云其色如爵頭周之冠色所以爵何爲周尚赤所以不純赤但如爵頭何以本制冠者法天天色玄者不失其質故周加赤班說雖不無牽傅然以爵弁赤爲周之正色則爵色必赤多於黑可知賈爲此注及士冠注作調人說究難通竊疑此注當作赤多黑少上文之髹乃是黑多赤少之色傳寫誤互易之遂與士冠注不合耳雀色互詳鍾氏疏云此禫所乘者賈疏云以二十七月釋祥之節素縞麻衣而服禫服朝冠緌冠故知當禫所乘也案下文大夫乘墨車士乘棧車皆吉時所乘之車既言天子至士喪車五乘尊卑等則大夫士禫亦得乘漆車所以大夫禫卽乘漆車與吉同者禮窮則同也案鄭說此五喪車並依喪服變除有此五節卽以次更易乘之是專據先王及王后喪言之也而既夕記注云主人之惡車如王之木車則齊衰以下其乘素車繅車駹車漆車與彼注謂士亦具五喪車而以喪服輕重乘之賈彼疏推其義謂齊衰乘素車大功乘繅車小功乘駹車緦麻乘漆車天子雖絕旁期而於正統期功之服則仍無降然則亦當以次乘此素車以下但天子降絕者多不降絕者少故鄭此注不備釋也又既夕記注據雜記喪車無等之文謂王五喪車下達於大夫士故賈疏謂大夫禫卽乘漆車與吉同既夕疏又謂士尋常棧車不鞔而漆之今既禫與王同乘漆車者亦禮窮則同張惠言云士吉

時乘棧車不漆無有緫反乘漆車之理 服車五乘孤乘夏篆卿乘夏
緫與小功並當髦車也案張說是也
縵大夫乘墨車士乘棧車庶人乘役車 服車服事者之車故書夏篆
爲夏緣鄭司農云夏赤也緣
緣色或曰夏篆篆讀爲圭瑑之瑑夏篆轂有約也玄謂夏篆五采畫
轂約也夏縵亦五采畫無瑑爾墨車不畫也棧車不革鞔而漆之役
車方箱可載任器以共役 疏 服車五乘者此王國孤卿以下之所乘不見三公車
者疑下同孤乘夏篆也侯國孤卿以下並與王國同
其孤卿大夫等食采畿內者爲內諸侯蓋各乘其當官之車同姓內
諸侯無官者疑亦以其所食三等都邑之差乘夏篆以下三車非有
功德出封者不得乘路也互詳前疏又外諸侯入仕畿內者其乘車
經注無文惟詩王風云大車檻檻毳衣如菼毛傳云大車大夫之車
也鄭箋謂是子男入爲大夫之制毛唯云大夫之車不辨何車孔疏
述毛則謂大夫出封服子男之毳冕則亦乘子男之車大車蓋革路
依孔義參合推之則外諸侯入仕仍得服路而陳奐則據覲禮及公
羊昭二十五年何注徐疏謂毛意當以大車爲墨車二說不同今攷
外諸侯不純臣朝覲尚不得申其上路則入仕爲王臣者禮自宜略
屈蓋服章不減而車則降亦禮之變而文者陳說殆近之矣其都鄙
亦有卿大夫士所乘之車又當遞降於王臣亦可以類推也此經自
墨車以上通謂之軒車說文車部云軒曲輈藩車也曲輈爲駟馬車
之通制藩即上經之蔽則惟大夫以上車有之故毛詩曹風候人傳
云大夫以上乘軒左傳閔二年杜注亦云軒大夫車是也又卿夏縵
以上凡受命賜者亦通稱路詳前疏云孤乘夏篆者篆說文車部引
作䡅詳後 注云服車服事者之車者謂孤卿大夫士及庶人在官
者言之以其皆服王事故巾車掌公車并掌諸服事者之車也大司
徒十二職事十二曰服事先鄭注云服事謂爲公家服事者彼服事

專指府史胥徒等而言與此注兼卿大夫士言者異云故書夏篆爲夏緣者篆緣聲之誤段玉裁校改緣爲綠云故書作綠故司農云綠綠色今各本作緣此正同內司服注之誤案以內司服注證之段說近是篆作綠者形之誤鄭司農云夏赤也者夏與瑕聲近說文玉部云瑕玉之小赤也故夏亦訓赤也阮元云也當色譌惠士奇云詩采芑毛傳軝朱而約之故司農以夏爲赤色案惠說亦通赤朱色同白虎通義考黜篇引禮說九錫路車有朱輪文選別賦李注又引尚書大傳說命士得乘朱軒孤車容有此等飾也云緣緣色者緣者黑色與內司服褖衣色同士喪禮褖衣注古文作緣依先鄭說則夏緣似卽丹漆之飾但段玉裁校改爲綠綠色於義較長若然孤所乘車或以朱綠二色爲飾古書說車飾並無綠色白虎通說路車有赤有青之蓋青與綠色相近或卽謂是與云或曰夏篆篆讀爲圭瑑之瑑者段玉裁云謂書亦或爲篆也讀爲疑當作讀如擬其音耳故下文仍曰夏篆不曰夏瑑輪人亦云陳篆也錢坫云以革覆轂而朱約之如圭之瑑然說文玉部曰瑑圭璧上起兆瑑也今約轂有兆瑑故讀如瑑緣瑑篆通云夏篆轂有約也者輪人云陳篆必正注云篆轂約也詩小雅采芑約軝錯衡毛傳云軝長轂之軝也朱而約之又商頌烈祖鄭箋云約軝轂飾也諸侯來助祭者乘篆轂之車說文車部云軝長轂之軝也以朱約之案先鄭意篆卽約軝夏篆爲赤轂約與毛許言朱而約之同後鄭以夏爲五采與先鄭異故詩箋不云朱約也軝卽輪人之幬革約者於轂閒瑑刻之爲圻堮故謂之約采芑孔疏謂以皮纏束車轂以爲飾而上加以朱漆則誤以約與軝爲一詳輪人疏夏篆說文車部云𨊻車約𨊻也周禮曰孤乘夏𨊻阮元云𨊻與篆聲相近蓋賈許所讀本如是訓爲車約與兩鄭義合黃以周云說文之𨊻乃篆之異文篆𨊻音義相同與詩之軝字本別約自謂篆軝自謂幬革故字亦从革作軝案阮黃說是也云玄謂夏篆五采畫轂約

也者染人染夏注云染夏者染五采謂之夏者其色以夏翟為飾故此夏篆亦謂當瑑刻之處以五采畫其華也毛詩及說文云朱約則不為五采與鄭說小異御覽禮儀部引皇覽逸禮說天子四時迎氣車春青稅夏赤稅秋白稅冬黑稅稅疑即篆之叚字猶內司服緣衣雜記作稅衣也此夏篆雜五色逸禮四稅或畫純色與云夏縵亦五采畫無瑑爾者說文糸部云縵繒無文也左成五年傳國語晉語山崩君乘縵韋杜注並云縵車無文孔疏謂乘縵即乘墨車案郊特牲云丹漆雕幾之美素車之乘蓋夏瑑備有丹漆雕幾之飾夏縵與墨車皆轂有革幬而無篆約則無雕幾之文若縵繒然故同謂之縵但夏縵仍有五采丹漆畫文故別得夏名墨車又唯有漆而無丹采素車則弁無漆其制尤樸非常乘之車也云墨車不畫也者謂車輿黑漆之轂則徒漆無刻文又無畫文也士昏禮主人乘墨車注云墨車漆車釋名釋車云墨車漆之正黑無文飾大夫所乘也案覲禮侯氏入朝亦乘墨車者以入王國降從大夫之制輿人注謂大夫以上革鞔輿則此墨車之輿亦以革鞔而漆之也云棧車不革鞔而漆之者賈疏云此則冬官棧車欲弇恐有圻壞是不革鞔者也此已上尋常所乘若親迎則士有攝盛故士昏主人乘墨車婦人亦如之有裧為異耳王后別見車五乘此鄉孤已下不見婦人車者婦人與夫同故昏禮云婦車亦如之知士車有漆飾者案唐傳云古之帝王必有命民於其君得命然後得乘飾車駢馬衣文駢錦注云飾漆之駢併也是其事阮元云棧車者木立軫上不曲如棧若大夫墨車鄉夏縵以上則並名軒有車耳黃以周云孤鄉大夫車皆以色言士車不曰素明有漆也鄉大夫不瑑起而仍有革鞔士棧車獨以木名明無革也案阮黃說是也依賈述鄭義則士車雖無革鞔而得有漆飾而既夕禮云賓奠幣于棧左服注云棧謂柩車也凡士車制無漆飾彼注無漆飾據鞔輿之革加漆言之與輿人注以革鞔輿釋飾車義同與此

及大傳注並異也依鄭說則士車之異於大夫者在於不革鞔而已其輿上諸材除重較外它制蓋大略相同不革鞔則橫直諸材露見於外若管子內業篇說傳曲木直木爲馬棧故謂之棧車也又棧車字亦作輚輾既夕禮注云今文棧作輚左成二年傳逢丑父寢於輾中杜注云輾士車輚輾棧聲並相近又賈引尚書大傳士乘飾車公羊僖二十五年何注說同似即輿人之飾車與此棧車異詳彼疏云役車方箱可載任器以共役者賈疏云庶人以力役爲事故名車爲役車知方箱者案冬官乘車田車橫廣前後短大車柏車羊車皆方故知庶人役車亦方箱是以唐傳云庶人木車單馬衣布帛案賈引伏傳木車蓋即竹木之車亦名檀車詩小雅杕杜檀車嘽嘽毛傳云檀車役車也釋名釋車云役車給役之車也棧車棧靖也麻靖物之車也皆庶人所乘也劉所云棧車蓋役車之別制故詩小雅何草不黃云有棧之車行彼周道毛傳亦云棧車役車也鄭箋云棧車輂者則與毛義小異說文木部云棧棚也竹木之車曰棧此似亦指役車言之並非士所乘無革鞔之車也左宣十二年傳說楚若敖蚡冒乘篳路杜注云篳路柴車孔疏云以荊竹編車案孔說則柴車亦即竹木之車柴棧義同公羊哀四年傳說亡國之社柴其下媒氏注柴作棧是其證若然柴車亦即棧車故韓非子外儲說左云孫叔敖相楚棧車牝馬舊注亦云柴車也棧車以竹木爲棚蓋與方箱之制小別鹽鐵論散不足篇云古者椎車無柔棧輿無植柔即輮之省無植蓋謂無輿上式較軹轛諸材僅以竹木縱橫編之如棧棚故曰棧輿夫賈疏及何草不黃孔疏並謂役車棧車同無革鞔故役車亦名棧車是以詩棧車爲即方箱之車說尚未析也

凡良車散車不在等者其用無常

給遊燕及恩惠之賜不在等者謂若今輜車後戶之屬作之有功有沽

【疏】凡良車散車不在等者者謂貴賤通用之車不在五路及服車五者之等者也曲禮

云國君不乘奇車注云獵衣之屬疑亦此散車之類左傳襄十九年
孔疏引杜氏釋例謂此良車散車卽謂上五路之良散當以出賜故
言其用無常諺說不足據又呂氏春秋簡選篇說齊桓公良車三百
乘則指戎車之良者與此良車異也　注云給遊燕及恩惠之賜者
謂王遊燕而出或不乘五路或王有恩惠之賜所用之車皆不在常
等也若非遊燕而出行或賜諸侯及有功之臣則仍依前五路及服
車五者之等不得用良車散車也賈疏謂遊燕亦謂遊燕歡樂而有
賜非云不在等者謂若今輜車後戶之屬者漢時輜車貴賤可以通
用亦無等差故舉以為況說文車部云輜軿車前衣車後也釋名釋
車云輜車載輜重臥息其中之車也輜廁也所載衣物雜廁其中也
軿車軿屏也四面屏蔽婦人所乘牛車也輜軿之形同有邸曰輜無
邸曰軿衣車前戶所以載衣服之車也案後戶者漢時輜車之制史
記龜策傳宋衞平說龜云乘輜車則周時或已有此制然乘車正法
無是也凡輜車軿車衣車三者制度大同而小異故說文車部軿字
注云輜也後漢書梁冀傳李注引蒼頡篇云軿衣車也三者互釋知
其形制必大致相同其所以異者蓋軿車四面有衣蔽衣車後有衣
蔽而前開戶可以啟閉輜車則前有衣蔽而後開戶由前視之見其
衣蔽則類軿車由後視之見其戶則又類衣車故許云軿車前衣車
後也三國志閻溫傳裴注引魏略云趙岐逃詣北海於市中販胡餅
孫賓碩乘犢車將騎入市疑其非常人乃開車後戶顧所將兩騎令
下馬扶上之賓碩閉車後戶下襜遂載岐驅歸御覽飲食部引魏略
下襜作下前襜是也據魚豢所云則孫嵩所乘犢車蓋卽輜車故有
後戶前襜劉熙以軿車為婦人所乘牛車孫嵩所乘輜車亦駕犢也
可證此注後戶及說文軿車前衣車後之說云作之有功有沽者賈
疏云釋經良車散車精作為功則曰良麤作為沽則曰散也詒讓案
散車次於良車良車猶屨人之功屨散車猶屨人之散屨此經凡言

散者並盬沽亞次於上之義互詳鹽人疏功沽詳酒正疏又既夕禮云稾車載簑笠注云稾猶散也散車以田以鄙之車案彼注據田僕田路爲說蓋謂王田鄙乘木路士田鄙則乘散車非謂五等之木路爲散車也

凡車之出入歲終則會之計其完敗多少【疏】凡車之出入歲終則會之者正公車之歲會亦即此官之官成也歲終謂夏之季冬詳宰夫疏又案凡大師大田大會同行役諸臣所乘之車蓋皆此官授之其六軍將帥及士卒所乘戎車則沿車僕授之故詩小雅出車云我出我車於彼牧矣即謂出戎車也凡此諸車之出入蓋皆通會之矣　注云計其完敗多少者賈疏云車之出謂出給官用車之入謂用罷歸官於當時錄爲簿帳至歲終則總會計完敗多少以入計會也

凡賜闕之完敗不計【疏】凡賜闕之者賜通常賜好賜而言稾人注云闕猶除也謂於會計之簿書闕除不載也　注云完敗不計者賜車毀折不復入齎故完敗可不計若然賜出多少即在上文車出數內仍當計之矣

毀折入齎于職幣計所傷敗入其直杜子春云齎讀爲資資謂財也乘官車毀折者入財以償繕治之直【疏】毀折入齎于職幣者與職幣爲官聯也　注云計所傷敗入其直者以此官掌車知其直多少故使計毀車之直徵之於乘車之人此官既得直乃入之職幣之府賈疏云謂乘官車者毀損有折壞其車不堪乘用者或全輸價直入官或計所損處酬其價直入官皆入其資杜子春云齎讀爲資資者段玉裁云杜意齎資各字如鄭君說則齎資同字無煩改易也見外府案段說是也此經作齎杜讀爲資與典婦功事齎故書作資杜讀爲齎正相反詳外府及典婦功疏云資謂財也者毛詩大雅板傳云資財也說文貝部云資貨也案貨財義同許訓資爲貨以別於齎爲持遺杜說與許同故破齎爲資後鄭外府注以齎資爲一字故從杜義而不從其讀大戴禮記子張問入官篇云良工必自

擇齎材墨子非樂篇說爲舟車云萬民出財齎而予之並與此經義同云乘官車毀折者入財以償繕治之直者賈疏云以此貨物入於職幣職幣主受給官物所用之餘此之財物亦授之職幣既得此物還與冬官繕治之故云以償繕治之直也

大喪飾遣車遂廞之行之廞興也謂陳駕之行之使人以次舉之以如墓也遣車一曰鸞車

疏大喪飾遣車者共明器之車與司裘司常校人爲官聯也既夕禮注云遣猶送也賈疏云大喪謂王喪遣車謂將葬遣送之車入壙者也言飾者還以金象革飾之如生存之車但麤小爲之耳又賈虎賁氏疏云遣車多少之數天子無文案雜記云遣車視牢具鄭注云多少各如所包遣奠牲體之數檀弓云國君七个遣車七乘大夫五个遣車五乘鄭云諸侯不以命數喪數略也士無遣車大夫五乘諸侯七乘天子宜九乘故鄭注雜記云天子大牢苞九个遣車九乘苞肉皆取大遣奠之牲體天子大牢外更加馬牲皆前脛折取臂臑後脛折取骼骨斷各九个皆細分其體以充數也檀弓孔疏云葬柩朝廟畢將行設遣奠竟取遣奠牲體臂臑折之爲段用此車載之以遣送亡者故謂之遣車又云服虔之意視牢具者視饗餼牢具故襄二十五年崔杼葬莊公下車七乘服注云上公饗餼九牢遣車九乘與此異也案依鄭說遣車視遣奠牲體之數則天子遣車當九乘孔引服氏以爲視饗餼牢具之數則上公九乘天子當十二乘二說未知孰是 注云廞興也者司裘注同云謂陳駕之者此兼從先鄭司裘司服大師司兵注說訓廞爲陳也其義較訓興者爲長亦詳司裘疏既夕禮先葬一日朝始祖廟於廟庭載飾柩訖卽云陳明器于乘車之西器西南上綪又云苞二彼士禮無遣車唯有苞大夫以上則以遣車載苞明大喪飾柩後當巾車飾遣車司常建旌校人飾馬又同駕訖與明器並陳之也賈疏云案下車僕云大喪廞革車彼廞謂作之此文既言飾遣車已是作更言遂廞之

故以陳駕解廏也云行之使人以次舉之以如墓也者既夕禮葬日旦明於始祖廟大遣奠後云徹巾苞牲取下體不以魚腊行器茵苞器序從以彼推之則徹奠即苞牲體大夫以上載以遣車亦與明器同時行先柩就道也知使人舉之者亦據既夕禮甸人抗重出自道注云抗舉也又行明器不言車馬明皆人舉行之可知檀弓疏云遣車之形甚小巾車大喪飾遣車鄭云使人以次舉之以如墓也又雜記遣車視牢具置于四隅鄭云四隅椁中之四隅以此而推故知小也案據孔說是遣車較常車特小故一人可抗舉之以行又校人遣車之馬注以為芻靈則亦人舉行之故圉人廏馬注亦云人捧之是也云遣車一曰鸞車者據家人文

及葬執蓋從車持旌從車隨柩路持蓋與旌者王平生時車建旌雨則有蓋今蜃車無蓋執而隨之象生時有也所執者銘旌

疏及葬執蓋從車者從載柩之車也賈疏云謂至葬時將向壙此巾車之官執蓋以隨柩車之後云持旌者賈疏云亦使巾車之官執持銘旌此在柩車之前而文在下者以執蓋是巾車因言持旌耳非謂持旌亦從車也以車銘旌表柩象殯時在柩前是以既夕禮云祝取銘置于茵注云以重不藏故於此移銘加於茵上若然茵既行時在柩車前明銘旌亦與茵同在柩車前可知也案賈說是也既夕禮葬日大遣奠後行器茵苞二器相次皆先柩車而行王喪以遣車載遣奠之苞則行器時亦與茵相次可知故明堂位注引此經持旌云旌從遣車明銘旌與茵相將同從遣車而行也檀弓孔疏亦云天子銘旌將葬移置於茵從遣車之後亦入於壙也　注云從車隨柩路者此專據執蓋言之明不從遣車貳車也云持蓋與旌者王平生時車建旌雨則有蓋今蜃車無蓋執而隨之象生時有也者賈疏云蓋所以表尊亦執而隨之所以禦雨今蜃車既設帷荒不得設蓋是以執而隨柩車雖無用但象生時有也詒讓案蓋即車蓋也所以禦雨亦以蔽日蓋可建可

說王在車則建之下則訝而車右執之以從道右云王下則以蓋從是也凡王行無不建蓋不必雨也白虎通義攷黜篇引禮說路車有赤蓋青蓋雖非古制然可證五路行必建蓋也鄭謂執蓋執旌象生時所有得之謂王生時雨乃有蓋則誤詳輪人疏云所執者銘旌者賈疏云將葬之旌士有二旌大夫已上皆有三旌知者以既夕禮是士禮而有乘車所建旃是攝盛故用孤卿所建通帛之旃也又有銘旌以其士無遣車故無廞旌也大夫以上有乘車所建旌卿已上尊矣無攝盛以尋常所建旌王則大常孤卿建旃大夫亦應攝盛用旃是一也又有廞旌又有銘旌也案銘旌詳小祝疏賈謂大夫以上葬有三旌檀弓孔疏引熊安生說同鄭知巾車所持是銘旌者大常建於車不須人持廞旌司常注謂行廞車時脫之故知巾車持旌非彼二旌也

及墓嘑啓關陳車

關墓門也車貳車也士喪禮下篇曰車至道左北面立東上

疏 陳車者謂陳祥車也注云關墓門也者謂墓塋域之門說文門部云關以木橫持門戶也引申之凡門皆曰關故墓門亦稱關也詩陳風墓門有棘毛傳云墓門墓道之門云車貳車也者王喪以五路爲魂車其貳車皆從正路陳於墓道也凡五路之副通稱貳車詳馭夫疏賈疏云以其遣車在明器之中按既夕陳明器在道東西面此不言明器而別陳車是貳車可知天子貳車象生時當十二乘也引士喪禮下篇曰車至道左北面立東上者亦既夕記文彼上文云薦乘車道車稾車至卽冢三車爲文鄭彼注云道左墓道東先至者在東此引以證陳車之事也賈疏云士無貳車惟據乘車道車稾車三乘此王禮亦有此三乘車於後別有貳車十二乘若然則此車非止貳車而已鄭直云貳車者舉其士喪禮不見者而言耳案賈說是也大喪葬時至墓之車通有五種一在道載柩之路遂師謂之蜃車上云執蓋從車所從卽是車也一五路及貳車曲禮謂之祥車士喪禮注謂之魂車卽此所

陳者是也一窆時載柩入壙之輴車即遂飾注云行至壙乃說更復載以龍輴是也一明器苞遣奠之車即上飾遣車是也一嗣王與后所乘之喪車即上喪車五乘是也然車雖有五種柩路以載柩輴車以下壙喪車生人所乘皆不陳於墓道遣車雖陳然在明器之中惟士禮三車立道左之文與此陳車事正相應故鄭據以爲釋

小喪共匶路與其飾柩車載柩車也飾棺飾也

疏 小喪者賈疏云上言大喪據王不別言后與世子則此小喪中可以兼之案賈說非也此小喪當依宰夫注義謂夫人以下亦容兼內諸侯及公卿大夫之喪言之詳大史疏云共匶路與其飾者謂共載柩之車及其車飾與縫人爲官聯也凡此皆互文以見義上文大喪不言共匶路方苞曾釗謂此官亦共之是也稍人注謂王柩路遂人共之誤詳彼疏 注云柩路載柩車也者經作匶注作柩阮元云此亦經作古字注作今字之例是也詳鄉師疏凡載柩天子以下至士竝同用蜃車詳遂師疏云飾棺飾也者與縫人縫棺飾同詳彼疏

歲時更續共其弊車故書更續爲受讀杜子春云受當爲更讀當爲續更續更受新共其弊車歸其故弊車也玄謂俱受新耳更易其舊續續其不任用共其弊車巾車既更續之取其弊車共於車人材或有中用之

疏 歲時更續共其弊車者弊葉鈔釋文作敝案敝正字弊者獘之俗叚借字也說文攴部敝訓衣敗引申之凡故敝靡敝敝惡通謂之敝輪人輈人築氏函人鮑人弓人經注竝作敝唯此及司弓矢弊弓鳧氏注擳弊字作弊以宋本釋文諸之疑舊本經竝作敝也又此弊車與大宰幣餘之幣義亦略同管子小匡篇云戎車待游車之獘所謂弊車也 注云故書更續爲受讀杜子春云受當爲更讀當爲續者段玉裁云一爲字誤一爲聲誤也丁晏云燕禮注古文更爲受左昭二十九年傳以更豕韋之後史記更作受云更續更受新者國語晉語云姓利相更韋注云更續也是更續

同義故子春以更續爲一事與後鄭義異也云共其弊車歸其故弊車也者國策秦策高注云弊壞也謂巾車所出車更續受新之後其故舊弊壞之車復使歸於巾車也杜不言歸於車人故後鄭補之云玄謂俱受新耳者賈疏云謂更與續二者於彼用車之人俱受其新車也云更易其舊者小爾雅廣詁云更易也賈疏云謂車雖未破日月已久舊壞者更易以新者云續續其不任用者賈疏云謂雖未經久其有破壞不中用者復以新車續之云共其弊車巾車既更續之取其弊車共於車人者以此官唯掌公車出入之計不掌造作故知仍歸於車人也賈疏云此巾車不專主車人所造大車柏車而已兼主輪人輿人所造乘車兵車而云共車人者則車人謂造車之人兼輪人輿人等造車人也云材或有中用之者謂弊車之材或有未盡壞敗可中造車之用者則亦不可棄之故必歸之車人使用之也

大祭祀鳴鈴以應雞人雞人主呼旦鳴鈴以和之聲且警眾必使鳴鈴者車有和鸞相應和之象故書鈴或作軨杜子春云當爲鈴【疏】大祭祀者謂祀天地宗廟也云鳴鈴以應雞人者說文金部云鈴令丁也廣韻十五青云鈴似鍾而小應雞人者二官相與爲官聯也注云雞人主呼旦者雞人職云大祭祀夜嘑旦以嘂百官是也云鳴鈴以和之聲且警眾者恐雞人所呼未徧聞故車人復鳴鈴和之以警戒眾凡警眾大事則擊鼓次事則振鐸小事則鳴鈴皆取其有聲也段玉裁云旦當是旦之誤亦通云必使鳴鈴者車有和鸞相應和之象者大馭注云和鸞皆以金爲鈴賈疏云案韓詩云升車則馬動馬動則鸞鳴鸞鳴則和應是車有和鸞相應之象故鳴鈴以應雞人云故書鈴或作軨杜子春云當爲鈴者作軨釋文作爲軨案軨爲車闌卽輿人之軹轛鳴軨於義無取故杜不從之段玉裁云此亦聲誤也或古文假借

周禮正義卷五十二

瑞安孫詒讓學

典路掌王及后之五路辨其名物與其用說用謂將有朝祀之事而駕之鄭司農云說謂舍車也春秋傳曰雞鳴而駕日中而說用謂所宜用疏掌王及后之五路者此官專掌王及后之路與巾車通掌公車之政令異賈疏云上巾車已主王后之五路今此又掌之者以其冬官造得車訖以授巾車飾以玉金象之等其王及后所乘者又入典路別掌之案玉金象等之飾冬官造成時當已備非巾車所爲賈說失之注云用謂將有朝祀之事而駕之者說文馬部云駕馬在軛中也此用說卽下云駕說朝祀卽巾車所掌玉路以祀象路以朝等是也鄭司農云說謂舍車也者毛詩召南甘棠傳云說舍也字通作稅方言云發稅舍車也東齊海岱之閒謂之發宋趙陳魏之閒謂之稅郭注云稅猶脫也說文卩部云卸舍車解馬也蓋用則駕之舍則卸之故謂之說也引春秋傳者左宣十二年晉楚戰於邲傳文杜注云說舍也云用謂所宜用者謂陳駕諸事賈疏云還是朝祀之等也若有大祭祀則出路贊駕說出路王當乘之贊駕說贊僕與趣馬也疏若有大祭祀則出路者謂圜丘方丘南北郊大饗明堂迎氣祀五帝朝日及宗廟六享王皆親祭則乘玉路也詳巾車疏注云出路王當乘之者賈疏云按上巾車玉路以祀此云若有大祭祀則出路鄭云王當乘之惟出玉路也按下文大喪大賓客亦如之注云亦出路當陳之此惟云大祭祀則出路據王所乘之亦當陳之爲華國詒讓案此注言乘不言陳下注言陳不言乘皆以互見爲義又凡大祭祀后與其事者其路當亦典路出之云贊駕說贊

僕與趣馬也者明此官與彼諸官爲聯事也賈疏云夏官大馭戎僕齊僕之等及趣馬之官主駕說故知所贊駕說者贊僕與趣馬也詒讓案凡五路之馭通謂之僕據大馭及條狼氏文詳彼疏

大喪大賓客亦如之

司農說以書顧命曰成王崩康王既陳先王寶器又曰大路在賓階面贅路在阼階面先路在左塾之前次路在右塾之前漢朝上計律陳屬車於庭故曰大喪大賓客亦如之

疏 大喪大賓客亦如之者大喪亦謂王王后之喪世子喪不得備五路則唯陳所乘之路而已詳巾車疏大賓客謂朝覲會同皆陳路也又朝聘賓至此官徒屬蓋亦贊駕稅之事故左襄三十一年傳云諸侯賓至巾車脂轄此官爲巾車之屬故通言不別也 注云亦出路當陳之者賈疏云謂陳之以華國亦有當乘之法但大賓客王乘金路也其大喪則無乘吉時路故注爲陳之而說也詒讓案嗣王在喪乘五等喪車當亦此官出之注不云出喪車亦文不具也周書克殷篇說武王滅紂告受命亦云陳常車孔注云常車威儀車也是凡大禮皆有陳車不徒祭喪賓三禮也云鄭司農說以書顧命曰成王崩康王既陳先王寶器以下者路今僞孔傳本並作輅蓋唐開元時所改說文車部云輅車軨前橫木也非此路車字又贅路釋文云贅又作綴僞孔本同此證大喪陳路之事賈疏云按彼上文云陳寶及列玉五重大訓之等乃陳車乘故云既陳先王寶器云又曰大路在賓階面注云大路玉路云贅路在阼階面注云贅次也次在玉路後謂玉路之貳也云先路在左塾之前注云先路象路門側之堂謂之塾謂在路門內之西北面與玉路相對也云次路在右塾之前注云象路之貳與玉路之貳相對在門內之東北面案賈所引並鄭書注佚文顧命孔疏又引鄭注云不陳金路革路木路者主於朝祀而已蓋彼是大喪有朝祀之事故止陳玉路象路不陳餘三路此經有大賓則王乘金路不乘時亦當陳之與大喪異其革路

木路主於戎田雖大賓亦不陳也書傳則云綴輅金次輅木孔疏引馬融王肅皆謂唯不陳戎路曲禮孔疏亦以次路爲五路之一並與鄭義異也云漢朝上計律陳屬車於庭者上計律亦漢律篇名史記張蒼傳云蒼以列侯居相府領主郡國上計者續漢書禮儀志劉注引蔡質漢儀云正月旦德陽殿朝賀屬郡計吏皆陛覲故有陳列屬車之法王應麟云安帝紀永初四年春正月元日會徹樂不陳充庭車注每大朝會必陳乘輿法物車輦於庭以年饑故不陳孔廣森云常時大朝會皆陳車於庭東京賦所云龍輅充庭者也石虎鄴倣古制每正會充庭車馬金根玉輅華輅數十見鄴中記云故曰大喪大賓客亦如之者顧命爲大喪禮漢律爲大賓客禮咸足相證明也

凡會同軍旅弔于四方以路從王出於事無常王乘一路典路以其餘路從行亦以華國

【疏】凡會同軍旅弔于四方以路從者會同軍旅皆謂王親行在外弔于四方者王無出畿特弔於四方之禮惟巡守會同在邦國遇諸侯之喪則有弔事故亦以路從也　注云王出於事無常王乘一路典路以其餘路從行者賈疏云按經會同軍旅及弔有三事則是衣裳之會及弔王乘金路兵車之會及軍旅王乘革路是王出於事無常也王雖乘一路典路以其餘路皆從惟玉路祭祀之車尊不出其餘皆出也案士喪禮注說諸侯弔士云君弔蓋乘象路矣則王弔於四方亦當乘象路矣賈謂亦乘金路非鄭恉也又此經路從之文當通晐五路若會同王乘金路則以玉象木革四路從行若軍旅王乘革路則以玉象木金四路從行故曲禮孔疏云王者五路玉象木金革各一路王自乘一所餘四路皆從行是孔謂玉路亦從行賈謂玉路尊不從行於義爲短云亦以華國者謂行則以從止則陳之與大喪大賓客陳路同爲華國也

車僕掌戎路之萃廣車之萃闕車之萃苹車之萃輕車之萃萃猶副也此五者皆兵車所謂五戎也戎路王在軍所乘也廣車橫陳之車也闕車所用補闕之車也苹猶屏也所用對敵自蔽隱之車也輕車所用馳敵致師之車也春秋傳曰公喪戎路又曰其君之戎分爲二廣則諸侯戎路廣車也又曰帥斿闕四十乘孫子八陳有苹車之陳又曰馳車千乘五者之制及萃數未盡聞也書曰武王戎車三百兩故書苹作平杜子春云苹車當爲軿車其字當爲萃書亦或爲萃疏掌戎路之萃者此官掌戎車其別有五皆以共王及宿衛卿大夫士庶子之所乘也月令說季秋天子教田獵習五戎云授車以級左隱十一年傳云鄭伯許授兵於大宮公孫閼與穎考叔爭車是將出軍授兵則亦授車然則六軍之戎車此官當亦掌之矣六軍之卒出於鄉遂家賦一人而不出車其車皆官給之以軍法二十五人爲兩推之蓋一閭二十五家而給戎車一乘一族百家則四乘一黨五百家則二十乘一州二千五百家則百乘一鄉一萬五千家則五百乘六鄉則三千乘爲六軍戎車之大數其車盡出於官與都鄙丘甸出車之法異坊記孔疏引巾車毀折入齎於職幣之文證鄉遂兵車皆官所給然革車爲此官所專掌則鄉遂戎車當亦此官授之惟毀折入齎或當掌於巾車耳　注云萃猶副也者戎僕掌王倅車之政注云倅副也萃倅字通左傳宣十二年孔疏引作倅蓋依訓義改之賈疏云此車僕惟掌五戎之萃其五戎之正不言所掌者巾車雖掌五戎之一其下四戎之正亦巾車掌之矣案賈說非也後注云萃各從其元元卽正戎則鄭意五戎正副此官通掌之經唯云萃者明五戎皆有副也但諦審經義鄭詁亦究未塙王安石王昭禹並釋萃爲隊義似較長蓋此掌五戎之萃當與諸子掌國子之倅義同萃卽謂諸戎車之部隊亦卽縣師司右所謂車之卒伍也萃者通正副尊卑之言非專

指副倅諸子鄭注訓倅爲副貳亦失之云此五者皆兵車者明五者
名制雖異而考工記總敘通謂之兵車其輪輿度數同也曲禮又謂
之武車云所謂五戎也者賈疏云凡言所謂者謂他成文檢諸文不
見更有五兵車爲五戎之文惟有月令季秋云以習五戎鄭彼注以
五戎爲弓矢殳矛戈戟不爲五兵車解之則未知鄭所謂五戎者所
謂何文或可鄭解彼五戎或爲此五兵車解之以五戎之事無正文
故鄭兩解之也云戎路王在軍所乘也者卽巾車云革路以卽戎是
也詩唐風彼汾沮洳箋云公路主君之軘車左宣二年傳晉趙盾爲
旄車之族釋文旄本作軘詩孔疏引服虔云軘車戎車之倅服說卽
本此經若然戎路亦通稱軘車矣云廣車橫陳之車也者廣與橫聲
類同古通用橫陳謂縱橫陳列之以自固也左襄十一年傳鄭人賂
晉侯以廣車軘車淳十五乘甲兵備杜注云廣車軘車皆兵車名淮
南子原道訓橫四維而含陰陽高注云橫讀桄車之桄桄廣音同桄
車亦卽廣車也戰國策西周策說知伯欲伐厹由遺之大鍾載以廣
車則疑是任載之大車史記樗里疾傳正義謂卽此經廣車非也云
闕車所用補闕之車也者國語晉語云古之爲軍也軍有左右闕從
補之韋注云闕缺也鄭意戰時列車爲陳或有疏闕以此車補其數
左桓五年傳云爲魚麗之陳先偏後伍伍承彌縫杜注云以車居前
以伍次之承偏之隙而彌縫闕漏蓋無論車徒皆有彌縫補闕之部
隊矣云苹猶屏也所用對敵自蔽隱之車也者苹屏音同此車蓋以
韋革周帀四面爲屏蔽故對敵時可蔽隱以避矢石也吳子圖國篇
云革車奄戶縵輪籠轂乘車及戎路皆無戶苹車有屏蔽或當有戶
而奄之與漢輧車制蓋相近與云輕車所用馳敵致師之車也者說
文車部云輕輕車也國策齊策使輕車銳騎衝雍門高注云輕便六
韜軍用篇有矛戟扶胥輕車百六十乘周書大明武篇云輕車翼衞
在戎二方詩秦風駟驖輶車鸞鑣鄭箋云輕車驅逆之車也案輶輕

義同輕車在五戎中最爲便利宜於馳驟故用爲馳敵致師之車又兼用之田狩也又周時傳遽之車亦用輕車故大行人或謂之輶軒使者與此戎車制蓋略同續漢書輿服志亦云輕車古之戰車也洞朱輪輿不巾不蓋建矛戟幢麾輣輒弩箙又引吳孫兵法云有巾有蓋謂之武剛車武剛車者爲先驅又爲屬車輕車殿焉案周制當與漢同武剛車有巾蓋疑卽苹車也引春秋傳曰公喪戎路者左莊九年傳師及齊師戰于乾時我師敗績公喪戎路傳乘而歸杜注云戎路兵車此引以證諸侯亦有戎路也云又曰其君之戎分爲二廣者宣十二年晉楚戰于邲傳欒武子曰其君之戎分爲二廣廣有一卒卒偏之兩又云楚子爲乘廣三十乘分爲左右右廣雞鳴而駕日中而說左則受之日入而說云則諸侯戎路廣車也者鄭意據左氏諸文諸侯雖有戎路之名實則降天子一等以廣車當戎路不得如天子以革路卽戎也若然魯莊公所喪之戎路如鄭說亦卽廣車矣云又曰帥斿闕四十乘者亦宣十二年傳云楚子使潘黨率游闕四十乘從唐侯以爲左拒杜注云游車補闕者說與鄭同斿左傳作游鄭引作斿與司常斿車字同蓋所見本異云孫子八陳有苹車之陳者漢書藝文志兵權謀家有吳孫子兵法八十二篇圖九卷隋書經籍志子部兵家有孫子八陣圖一卷吳孫子牝八變陣圖一卷苹車之陳蓋出於彼今孫子十三篇圖已不傳未知其審云又曰馳車千乘者孫子作戰篇云馳車千駟革車千乘曹注云馳車輕車也駕駟馬革車重車也案馳車駕四馬則駟與乘義同故鄭引之卽作千乘亦以證輕車爲馳敵車也至孫子革車蓋當此經之戎路廣車曹注以爲任載之重車與經義不合未知是否云五者之制及萃數未盡聞也者五戎之車經但舉其名而其形制及萃數無文考工車工雖備詳兵車之制而廣闕苹輕其詳不具故云未盡聞也引書曰武王戎車三百兩者書牧誓序文鄭引以證戎車之萃數也云故書苹作平

杜子春云苹車當爲軿車其字當爲萃書亦或爲萃者段玉裁校改作平車當爲軿車云杜爲立車無軿之軿巾車注云翟車今軿車是也平并聲類同鄭君從今書作苹不作軿者以軿車是婦人車此五者皆兵車故据孫子作苹字也苹萃字形相似孔繼汾徐養原校改作平車當爲軿車其字當爲苹書亦或爲苹徐云堯典平秩東作馬本作苹見釋文是平苹古亦通用苹之爲軿同音相訓也苹之爲平古字相通也案孔徐校是也軿正字苹平聲近段借字釋名釋車謂軿車四面有屏蔽此苹車亦有屏蔽與軿車義同故杜云平車當爲軿車也廣韻十五青軿字注云輜軿兵車卽據杜說軿車詳巾車疏此苹車義雖當爲軿而孫子有苹車其字近古且與故書平車形聲尤近故杜據以正讀

凡師共革車各以其萃

五戎者共其一以爲王優尊者所乘也而萃各從其元焉

疏 注云五戎者共其一以爲王優尊者所乘也者賈疏云按巾車王所乘惟革路而已卽此上文戎路是也是王惟乘一路耳今此經不云革路總云共革車則革車之言所含者多五戎皆是則王雖乘一路四路皆從是優尊所乘也云而萃各從其元焉者詩小雅六月元戎十乘毛傳云元大也司馬法天子之義篇云戎車夏后氏曰鉤車先正也殷曰寅車先疾也周曰元戎先良也史記三王世家集解引韓詩章句云元戎大戎謂兵車也車有大戎十乘謂車縵輪馬被甲衡扼之上盡有劍戟名曰陷軍之車所以冒突先啓敵家之行伍也案詩元戎疑卽五戎之正車鄭意此萃爲副對元言之經云共革車又云各以其萃明五戎之萃各從其元也今案萃當爲部隊各以其萃者謂五者各自成一隊分別部居不雜廁也

會同亦如之

巡守及兵車之會則王乘戎路乘車之會王雖乘金路猶共以從不失備也

疏 注云巡守及兵車之會則王乘戎路者賈疏云以戎僕云掌馭戎車凡巡守及兵車之會亦如之云乘車之會王雖乘金

路猶共以從不失備也者巾車云金路以賓故知乘車之會王乘金路也此文縂云會同是兼兵車乘車之會言之明王雖不乘戎路亦共五戎以從以備非常也

大喪廞革車言興革車則遣車不徒戎路廣闕苹輕皆有焉【疏】大喪廞革車者此謂王喪也后世子不與戎事則喪亦不陳五戎可知也 注云言興革車則遣車不徒戎路廣闕苹輕皆有焉者鄭訓廞皆為興故經云廞革車注云興革車然其說非也廞實當訓為陳謂葬前一日則陳於祖廟之庭葬日至壙則陳於墓道也詳司裘疏賈疏云經云革車亦是五戎之總名故知不徒戎路廣闕苹輕皆有可知若然王喪遣車九乘除此五乘之外加以金玉象木四者則九乘矣

大射共三乏鄭司農云乏讀為匱乏之乏【疏】大射共三乏者王大射三侯侯有一乏文選東京賦薛注云大射張三侯故設三乏乏以革為之獲旌者之禦矢也射人謂之三容先鄭注云容者乏也待獲者所蔽也大射儀云司馬命量人量侯道與所設乏以貍步大侯九十參七十干五十設乏各去其侯西十北十又云凡乏用革此畿外諸侯大射禮若王大射則當如司裘注所說熊侯九十弓虎侯七十弓豹侯五十弓侯各設乏也乏之制詳射人疏賈疏云乏一名容則射人云三獲三容是也以其為革車用皮其乏亦用皮故因使為之若然直云大射共乏至於賓射燕射之等則亦使共之矣舉大射尊者而言 注鄭司農云乏讀為匱乏之乏者服不氏杜注同段玉裁云音義皆同匱乏也陳祥道云正面北乏面南故文反正為乏

司常掌九旗之物名各有屬以待國事日月為常交龍為旂通帛為旜雜帛為物熊虎為旗鳥隼為旟龜蛇為旐全羽為旞析羽為旌物名

者所畫異物則異名也屬謂徽識也大傳謂之徽號今城門僕射所被及亭長著絳衣皆其舊象通帛謂大赤從周正色無飾雜帛者以帛素飾其側白殷之正色全羽析羽皆五采繫之於緌旌之上所謂注旄於干首也凡九旗之帛皆用絳

【疏】掌九旗之物名者王之旗物有此九種析別言之則旗爲畫熊虎之專名大總言之則九者得通稱旗也云各有屬以待國事者諸旗大者爲正又各依其章物爲小徽識與大者爲屬正者建之車屬者被之身各隨國事用之也云日月爲常交龍爲旂通帛爲旜雜帛爲物熊虎爲旗鳥隼爲旟龜蛇爲旐者此並因章物爲名以示別異金榜云巾車玉路建大常金路建大旂象路建大赤革路建大白木路建大麾左傳臧哀伯曰三辰旂旗昭其明也考工記曰龍旂九斿以象大火也鳥旟七斿以象鶉火也熊旗六斿以象伐也龜蛇四斿以象營室也曲禮曰行前朱雀而後玄武左青龍而右白虎招搖在上急繕其怒明堂位曰有虞氏之旂夏后氏之綏殷之大白周之大赤由是言之大旂爲交龍大赤爲鳥隼大白爲熊虎大麾爲龜蛇周赤殷白夏黑然則有虞氏之旂以青與爾雅素錦綢杠纁帛縿素陞龍於縿是大常纁帛象中黃之色也案金氏以大旂大白大赤大麾釋旂旗旟旐略本呂大臨陸佃說其謂大常色黃與旂青旟赤旗白旐黑分屬五方說本鄭鍔陳傅良義皆致塙司馬法天子之義篇云旂夏后氏玄首人之執也殷白天之義也周黃地之道也司馬法說周旂黃蓋即指大常初學記武部引河圖云風后曰予告汝帝之五旗東方法青龍曰旂南方法赤鳥曰旟西方法白虎曰旗北方法玄蛇曰旐中央法黃龍曰常三國志吳志胡綜傳大牙賦亦云四靈既布黃龍處中周制日月實曰大常此並謂大常色象中黃御覽兵部引諸葛亮兵要云以朱雀旍豎午地白虎旍豎西地玄武旍豎子地青龍旍豎卯地招搖旍豎中央則漢人釋曲禮已有以招搖爲中央之旗配四官爲五者與金說並

可互證蓋此經九旗之內正旗實止有五常旂旜旗旐分象五方色故大戴禮記虞戴德篇云天子以歲二月爲壇於東郊建五色穀梁莊二十五年傳又說天子救日置五麾楊疏引麋信云各以方色之旌置之五處是也其旜物二者則爲縿斿純駮之異凡旜縿斿同色爲純物縿斿異色爲駮常旂爲天子諸侯所建疑唯有旜而無物自旗以下則貴賤通建故旜物兼有經箸旜物於常旂之後旗旟旐之前文例最精自鄭賈諸儒並以九旗通爲絳色又以旜物別爲二旗而旗制淆舛不可理董今依金氏攷定五正旗各放方色又綜校諸經知旜物爲諸旗之通制不入正旗之數而後此及大司馬二經義始可通而詩禮爾雅諸文亦無不符合矣詳後疏又案此天子五旗斿數皆以尊卑遞減大常十二斿大旂卽龍旂九斿大赤卽鳥旟七斿大白卽熊旗六斿大麾卽龜旐四斿並見巾車軵人以此差之則旟當尊於旗而經列旟於旗後者文不次也說文謂旗五斿與考工記不同或非天子制其諸侯卿大夫士斿各依命數詳後及典命大行人疏云全羽爲旞析羽爲旌者二者又以注羽爲識別亦五正旗之通制也金榜謂旞旌各通上諸旗以有羽爲異皆有旒縿卽畫日月等其說亦塙大司馬治兵所辨止七旗無旞旌卽其證也蓋日月交龍等爲縿章全羽析羽爲杠飾常旂旟旗旐五旗各有不注羽及注全羽注析羽三者隨所用而異制然則以五旗隨事別異實有十五等而旟旗旐又各有旜物則有二十四等矣亦詳後疏　注云物名者所畫異物則異名也者異物謂日月交龍之屬異名謂常旂之屬畫之以示別異國語吳語大夫種曰審物則可以戰乎王曰辯韋注云物旌旗物色徽幟之屬辯別也此物名與彼審物義同云屬謂徽識也者賈疏云謂在朝在軍所用小旌故以屬言之詒讓案徽卽徽號識者詩小雅六月云織文鳥章鄭箋云織徽織也賈疏引詩箋作識徽字說文巾部作徽徽識正字徽織借字識俗又作幟云大傳

謂之徽號者大傳殊徽號鄭彼注云徽號旌旗之名也案據鄭彼注則徽號指大旌旗而言然徽號與徽識文同彼徽號中當亦含有小旌旗故引以爲證凡五旗之小徽識所畫蓋亦與正旗同詳後疏云今城門僕射所被及亭長著絳衣皆其舊象者證徽識亦用絳帛與正旗同也今攷五旗依方色不皆絳縿徽識之色當如其正旗鄭舉證未審孔廣森云城門僕射所被者卽東京賦戎士介而揚揮薛綜注揮爲肩上絳幟如燕尾者也善曰左氏傳廚人濮曰揚徽者公徒也徽與揮古字通說文巾部曰徽幟也以絳徽帛箸於背又衣部曰褚卒也卒衣有題識者也廣雅曰亭父更褚卒也轉相證明是漢時亭卒褚衣亦有徽識任大椿云續漢書輿服志卻非冠制似長冠下促宮殿門吏僕射冠之負赤幡青翅燕尾諸僕射幡皆如之僕射負赤幡卽所云城門僕射所被也絳衣赤幡戎事皆尚赤也又後漢書杜喬傳喬故掾陳留楊匡聞之號泣星行到洛陽乃著故赤幘託爲夏門亭吏守衞尸喪云亭吏著赤幘所云亭長絳衣也案孔任說是也方言云楚東海之閒亭父謂之亭公卒謂之弩父或謂之褚郭注云言衣赤也亦亭長絳衣之證云通帛謂大赤者巾車注義同鄭意旜別爲一旗無畫章其說非也五旗之旜雖縿斿皆通用一色然各應方色不盡用赤帛巾車之大赤雖亦爲旜而以畫章言之實當爲鳥隼之旟非旜之專名也詳巾車疏云從周正色無飾者謂旜從周正色通體用赤帛爲之既不畫物又無側飾也爾雅釋天云因章曰旃郭注云以帛練爲旒因其文章不復畫之左傳僖二十八年孔疏引孫炎云因其繒色以爲旗章不畫之也釋名釋兵亦云旃通以赤色爲之無文采案郭孫劉說竝本鄭義今攷鄭郭諸說竝非也旜卽常旂旟旗旐之純色者通帛者謂縿斿通以一色之帛爲之如大常則縿斿皆黃大旂則縿斿皆青是也爾雅云因章者亦謂縿斿章色相因不異釋天說大常云纁帛縿練旒九郭注謂縿旒皆用絳案彼

纁爲黃色與絳微異郭說爲未審而謂縿斿同色則正合通帛因章之義若然此旜爲五旗之通制亦各有畫章故鄉射記說國君獲旌云於竟則龍旜彼卽交龍之旂而謂之旜足證通帛爲五旗之通制非別爲一旗亦不得無畫章矣又說文㫃部云旃旗曲柄也所以旃表士衆引周禮曰通帛爲旃重文旜或从亶案據說文旜卽旃之或體然曲柄之旃禮經無見文漢書田蚡傳云列曲旃顏注引蘇林云禮大夫立曲旃彼似隱據襄十四年左傳招大夫以旃之文但左傳不云曲旃蘇說與此經大夫建物文亦不合恐非古法也云雜帛者以帛素飾其側者說文素部云素白緻繒也明堂位說旌旗飾云殷之崇牙注云刻繒爲重牙以飾其側鄭蓋隱據彼義飾側卽重牙也說文勿部云勿州里所建旗象其柄有三游雜帛幅半異所以趣民故遽稱勿勿重文㫃勿或从㫃段玉裁曾釗並謂此經之物卽㫃之譌是也許謂勿爲州里所建疑兼據大司馬治兵鄉家載物其云三斿者亦據字形爲說此經物爲大夫士所建則不定三斿矣釋名釋兵云雜帛爲物以雜色綴其邊爲燕尾依鄭義物正幅亦全以赤繒爲之但以白繒飾其側與旜通赤帛異依許說雜帛爲幅半異則謂正幅或半爲赤繒或半爲白繒不關側飾依劉說以雜色綴其邊爲燕尾則正幅亦全用赤繒綴邊亦卽飾側之義但用雜色繒則不定用素又云爲燕尾並與鄭小異今案物降於旜亦諸旗之通制以雜帛爲縿斿亦有畫章五旗常旂最尊無物旟旗旐三旗則並有之王之五旗雖皆爲旜而小事亦有用物者所謂小白小綏是也雜帛者縿斿異色猶士冠禮之雜裳皆取不專屬一色之義蓋縿如五正旗而以雜色爲之斿其別制又有易斿爲旆者故釋天云繼旐曰旆郭注云帛續旐末爲燕尾者公羊昭十二年何注亦云繼旐如燕尾曰旆案爾雅此文卽釋旐旆之制也凡旜物皆以斿屬縿下而旐末獨有屬以旆者蓋爲不命之士無物者別擬此制凡斿依命數而不命

則無物旐為縣鄙郊野所建內包有六遂遂吏有鄰長萬五千人則皆不命之士也四郊郊公邑之小吏不命者蓋尤衆既各有地治民衆則不容無物故亦使建旐而不命則無以為斿故改箸旆以示別異以五旗之敘唯旐最卑而以一旆繼旐末亦與衆斿不同故毛許何鄭諸儒並承用雅訓以旆專屬之繼旐明常旂旜旗四旗不得有旆也士喪禮說不命之士云為銘各以其物亡則以緇長半幅經末長終幅廣三寸鄭注云今文末為旆是彼經末即以擬旆明正幅之緇卽以擬旐此可證旆之繼旐為無物者之別制而緇經上下異色尤足為雜帛之塙詁若然如旐旜則緣斿通用緇帛旐物則緣亦用緇而斿旆則無定色若詩小雅六月之白旆左傳定四年之綪茷皆是以它色相雜故云雜帛許鄭諸儒並謂物別為一旗無畫章又釋雜帛或為帛素飾側或為幅半異或為雜色飾邊並非經義又案何郭所云燕尾者並以為旆之專制亦所以別於緣斿者凡它旗屬斿者正幅容有重牙為飾而斿則未有為燕尾者劉氏不審乃以是為物之通制復誤以繼下為綴邊則又違何義矣互詳巾車疏云白殷之正色者釋物必以帛素飾側之意云全羽析羽皆五采繫之於旞旌之上者廣雅釋詁云析分也左傳襄十四年孔疏云言全羽析羽者蓋有全取其翅或析取其翮賈疏云按序官夏采注云夏采夏翟羽色禹貢徐州貢夏翟之羽有虞氏以為綏後世或無故染鳥羽象而用之謂之夏采若然冬官鍾氏染鳥羽是周法染鳥羽為五色故鄭云皆五采羽繫之於旞旌之上案依鄭賈說旞旌皆用染羽全羽蓋謂一羽備五采析羽則衆羽雜五采鄉射禮說翿旌云以白羽與朱羽糅卽所謂析羽但不具五色耳舞師樂師注說舞羽亦有全羽析羽與此義略同孔謂有全取其翅恐不塙又案周書王會篇有陰羽鳧旌孔注云鷸鳧羽為旌旄也據此則旌羽亦有用純色者不必皆五采也云所謂注旄於干首也者此據毛詩鄘風干旄傳文證旞旌

繫羽卽注之干首亦皆兼有旄也爾雅釋天亦云注旄首曰旌案干
卽釋天之杠夏采注之橦詩干旄孔疏引孫炎云析五采羽注旄上
也其下亦有旒縿卽據此經補爾雅義也詩小雅出車設此旐矣建
彼旄矣鄭箋謂設旐者屬之於干旄而建之戎車此亦九旗兼有著
旄之證互詳夏采疏賈疏云若然則此據旌非首有羽亦有旄故鄭
引爾雅注旄以證旞旌明其兩有是以干旄詩云孑孑干旄孑孑干
旌鄭彼注云周禮孤卿建旃大夫建物首皆注旄焉明干首旄羽皆
有之此雖據旞旌旄羽並有至於大常已下首皆有旄羽故衞之臣
子雖旃物而有旄羽則大常已下皆有明矣故夏采云乘車建綏復
於四郊注綏以旄牛尾爲之綴於橦上王祀四郊乘玉路建大常今
以之復去其旒異之於生是其旌首皆有旄之驗也金榜云旞旌皆
張縿幅屬旒焉畫於縿如日月爲常以下析羽爲旌亦有用犛牛尾
者故爾雅云注旄首曰旌左定四年傳又謂之羽旄晉人假羽旄於
鄭明日或旆以會是兵車之會故載羽旄案賈金說是也說文㫃部
云游車載旌析羽注旄首也則許君亦謂羽旄兩有左定四年傳羽
旄襄十四年傳又作羽毛毛旄字通杜注亦云王者游車之所建卽
據下經爲釋此經有羽無旄爾雅有旄無羽蓋各偏舉一端也又孫
叔然爾雅注謂旄亦有旒縿郭注說同蓋皆隱據毛詩傳箋孤卿大
夫建旃物皆注旄之說夏采之綏卽此經之旞鄭謂卽用大常去旒
存旄異之於生彼注去旒之說雖不足據而謂生時大常有注旄與
詩箋說亦可互證也綜校鄭詩禮注義蓋謂常旂旜旗旐旟物皆兼
注羽旄而旞旌則專以羽旄得名亦别爲二旗有縿斿而無畫章不
知旞旌卽就五正旗注羽以爲别異實非别爲二旗也云凡九旗之
帛皆用絳者此謂旗之正幅所謂縿也鄭知帛皆用絳者蓋據爾雅
釋天云纁帛縿郭注亦云纁帛絳也金榜云大常纁帛象中黃之色
纁淺絳色鄭君遂謂九旗之帛皆用絳失之案金說是也釋天所云

乃專指大常言之其四旗備四代旗章縿帛當各象其方色故虞戴德謂之五色明不得皆用絳周書克殷篇云百夫荷素質之旗于王前孔注云素質白旗是卽旗不必盡用絳帛之證也鄭說未然賈疏以周尚赤申鄭說亦非凡日月交龍熊虎鳥隼龜蛇等並畫於正幅之縿首釋天郭注謂旂畫交龍於旒殊誤據鄭覲禮記注謂大常縿首畫日月旒畫交龍是正章必畫於縿旒綴縿下止畫附章不得與縿首同也賈疏又云按全羽析羽直有羽而無帛而鄭云九旗之帛者據衆有者而言或解以爲旞旌之下亦有旄旒而用絳帛也其旄之下旆似不用絳故爾雅云纁廣充幅長尋曰旐繼旐曰旆詩云白旆央央旆卽左氏定四年傳云分康叔以少帛綪茷旃旌是旌旆異色也爾雅別云素錦綢杠素陞龍練旒九彼施於喪葬之旐也案賈韓人疏亦謂旞旌無縿幅又詩干旄及左傳成十六年孔疏皆謂此旞旌空建鳥羽與賈說同並非鄭恉鄭以旞旌皆有羽又有帛帛卽縿也鄉射記說君獲旌國中射以翿旌於郊則以旌又謂無物則以翿旌是翿旌無物旌則有物其制不同旌不得直有羽無帛明矣賈引別說得之但九旗之帛用絳者止鳥旟一旗餘則各依方色賈引或說謂旞旌皆用絳帛賈又以旆不用絳帛爲旄旌之制並非也又釋天素錦綢杠一章據大常而言縿廣充幅一章據龜旐而言鄭檀弓明堂位注引彼二章以釋喪旌之綢練設旐則似以彼二者並爲喪葬之旗故不用絳而用素及縚也其說與經義不合賈亦沿其誤互詳巾車疏

及國之大閱贊司馬頒旗物王建大常諸侯建旂孤卿建旜大夫士建物師都建旗州里建旟縣鄙建旐道車載旞斿車載旌

仲冬教大閱司馬主其禮自王以下治民者旗畫成物之象王畫日月象天明也諸侯畫交龍一象其升朝一象其下復也孤卿不畫言奉王

之政教而已大夫士雜帛言以先王正道佐職也師都六鄉六遂大夫也謂之師都都民所聚也畫熊虎者鄉遂出軍賦象其守猛莫敢
犯也州里縣鄙鄉遂之官互約言之鳥隼象其勇捷也龜蛇象其扞難辟害也道車象路也王以朝夕燕出入斿車木路也王以田以鄙
全羽析羽五色象其文德也大閱王乘戎路建大常焉玉路金路不出【疏】及國之大閱贊司馬頒旗物者辨師田所建之旗物與大
司馬爲官聯也賈疏云按大司馬仲春教振旅仲夏教茇舍仲秋教治兵仲冬教大閱大閱謂仲冬無事大簡閱軍禮司常主旗物故贊
司馬頒物也此九旗發首雖總爲大閱而言其道車載旞斿車載旌非爲軍事也案斿車亦通晐兵車賈謂非軍事非是詳後云王建大
常者以下辨五正旗及旜物旞旌之用大司馬治兵文略同巾車王祭祀乘玉路亦建大常十有二斿覲禮記說王所載旂同是凡祭祀
會同賓客建旗無異不徒師田也云諸侯建旂者五等諸侯賓祭會同師田亦同建旂唯斿數各依命數其差公九斿侯伯七斿子男五
斿也又凡同建一旗而命數不同者仍數亦當有異詳後及大行人輿人疏云孤卿建旜大夫士建物者此爲內百官府所建旗物大司
馬治兵云百官載旟與此異者旜物爲五旗之通制而有尊卑純駁之異彼百官中通晐孤卿大夫士則知此孤卿所建爲鳥旟之旜大
夫士所建則旟之物故詩鄘風干旄篇有干旟之文而毛傳釋爲大夫之旃彼大夫蓋上大夫即卿之通稱所載亦即旟旜也其斿亦依
命數孤依通典賓禮引高堂隆說七命則當七斿卿則六斿王之三公所建無文疑當建旂而八斿降於上公一等知不建旟者王旟止
七斿三公不得踰王也建物者中下大夫同四斿上士三斿中士二斿下士一斿不命之士無物所建未聞疑當建旐旆緣用緇帛又以
雜色爲旆而無斿與云師都建旗者王念孫云師當爲帥說文引周禮作率都建旗帥率古字通則周禮本作帥都大司馬師都載旜師

字亦當爲帥也釋文無帥字之音賈疏釋師爲衆則唐初已誤爲師不始於開成石經矣段玉裁云唐以前俗字帥作師故誤爲師耳說
文㫃部引周禮率都建旗作率者故書作帥者今書也見樂師聘禮注亦曰古文帥皆作率案王段說是也曾釗王紹蘭說同輈人注引
作師蓋亦後人依此經誤本改之但審校經義帥都當分爲二帥即軍帥猶大司馬治兵云軍吏載旗但彼又云帥都載旜則於軍吏中
又專舉軍將以別於師帥以下明軍將爲命卿即六卿及六鄉大夫常時常建鳥旟之旜而在軍則建熊旗之旜軍容與國異也都則當
爲采邑之主大司馬又云鄉家載物彼經都家並見此經有都無家蓋家即晐於都之中都所建者爲熊旗之旜家所建者則旗之物也
凡公卿王子弟等有爵者自依命數爲斿數其無爵者疑亦有等衰或大都視公八斿小都視卿六斿家邑視中下大夫四斿與軍吏以
下斿數詳大司馬疏云州里建旟者州里即六鄉之吏大司馬鄉載物則此所建者亦鳥旟之物唯鄉大夫爲卿當建旟旜其差鄉大夫
六斿州長黨正四斿族師三斿閭胥二斿比長一斿云縣鄙建旐者縣鄙鄭謂即遂之屬別今案當爲公邑之吏但大司馬郊野載旐即
四郊六遂此經無郊野或彼此互文見義以六遂與四等公邑並在野義得兼含也公邑之長縣師三斿其屬別未聞遂吏則遂人遂大
夫遂師縣正並四斿鄙師三斿酇長二斿里宰一斿鄰長不命無物或亦建旐旆與四郊之吏當與遂同又案自王建大常以下並上得
兼下下不得僭上咸以爵次爲敘所以表尊卑也若表事所建則又與此不同如王陳路及郊射救日咸通建五旗而司勳書名于王之
大常大司徒大司馬鄉師遂人之致民役皆建大旗山虞亦有虞旗王田以大麾表獲而檀弓明堂位喪葬亦通建旐皆不定依爵次尊
卑恆法蓋表事與表爵本不同也互詳大司徒鄉師遂人巾車疏云道車載旞斿車載旌者此冢上所建諸旗而以注羽爲別異也依鄭

說道車爲象路斿車爲木路依金榜說斿車亦兼有革路其說近是金氏又謂常旂旜旗旐諸旗有無羽者蓋賓祭之所用其曰旜曰旌則以有羽爲異道車斿車所載是也又鄭大司馬治兵章注云凡頒旗物以出軍之旗則如秋以尊卑之常則如冬司常佐司馬時也大閱備軍禮而旌旗不如出軍之時空辟實金氏駮之云四時之田春辨鼓鐸夏辨號名秋辨旗物至大閱備焉鼓鐸號名辨於春夏者無變也不當獨於旗物空辟實司常云大閱贊司馬頒旗物其所頒固卽治兵之旗物也案金說亦是也蓋此經與大司馬治兵旗物本同唯以旜物旞旌錯文互見鄭遂疑其不同而強爲之說義實不可通皆由不知九旗之中正旗實止有五旜物旞旌爲五旗之通制故創趾適屨牴牾百出漢唐禮家沿襲莫悟唯金氏知旞旌卽就五旗而注羽斿車所載卽大閱之旗物而道車載旞爲牽連類及足補正鄭賈之義今又攷定旜物亦諸旗所同而後大閱治兵錯互之文無不可通故詳論之互詳大司馬疏　注云仲冬教大閱司馬主其禮者據大司馬文凡振旅茇舍治兵亦當頒旗物經唯見大閱者舉冬以晐三時文不具也云自王以下治民者旗畫成物之象者賈疏云謂自王以下至諸侯并鄉遂之官是也詒讓案成物卽日月交龍之等鄭言此者欲見孤卿大夫士泛指百官不專治民故建旜建物不畫成物也大司馬注云凡旌旗有軍衆者畫異物無者帛而已與此義略同云王畫日月象天明也者釋名釋兵云日月爲常畫日月於其端天子所建言常明也文選東京賦薛注云大常上畫三辰以象天明也賈疏云按桓二年臧哀伯云三辰旂旗昭其明也三辰日月星則此大常之畫日月者也此直言日月不言星者此舉日月其實兼有星也案賈說是也穆天子傳說葬盛姬云日月之旗七星之文郭注云言旗上畫日月及北斗星也周禮曰日月爲常旗亦通名書益稷及左傳桓二年孔疏並引穆傳證大常畫日月北斗江永又據鄭

司服注周以日月星辰畫於旌旗之文明鄭亦謂大常有星辰又引曲禮招搖在上證星卽畫北斗金鶚亦云曲禮招搖在上急繕其怒鄭注畫招搖星於旌旗上以起居堅勁軍之威怒象天帝也招搖星在北斗杓端主指者司常交龍爲旂卽左青龍熊虎爲旗卽右白虎鳥隼爲旟卽前朱鳥龜蛇爲旐卽後玄武然則日月爲常卽招搖在上矣案此說本陳祥道與賈孔禮疏及金江諸說足互相備然大常所畫三辰之外又有交龍故郊特牲云旂十有二旒龍章而設日月以象天也又司馬法天子之義篇云章周以龍尚文也蓋謂大常覲禮記云天子載大旂象日月升龍降龍注云大旂大常也王建大常縿首畫日月其下及旒交畫升龍降龍爾雅釋天云素錦綢杠纁帛縿素陞龍於縿練旒九飾以組維以縷郭注云畫白龍於縿令上向此與覲禮文正相應亦指大常而言大常色黃而爾雅云纁縿者纁黃色略同爾雅又不云交龍而但云升龍者疑亦禮家之別說金榜又云天子大常龍章而設日月十有二斿爾雅不言日月下又云練旒九蓋周秦閒之儒往往以諸侯禮制上說天子故樂記亦云龍旂九斿天子之旌案金說亦近是釋天之九旒與大旂同而不得謂卽大旂者以其縿用纁不用青也但周秦閒人說多以龍旂九斿爲天子制則其或本爲大常而誤減其斿數抑或卽大旂而誤易其章色皆未可定要七國僭王不盡正如其本制故雅文與禮經不無舛互矣亦詳輈人疏云諸侯畫交龍一象其升朝一象其下復也者此交龍之旂制殺於大常故其縿不畫日月而爲交龍亦當爲交畫升龍降龍象升朝者謂升龍象下復者謂降龍也釋名釋兵云交龍爲旂旂倚也畫作兩龍相依倚諸侯所建也案劉謂兩龍相依倚似不爲升降上下說與鄭異又說文㫃部云旂旗有衆鈴以令衆也此以有鈴主爲令衆許鄭各偏舉一義爾雅釋天亦云有鈴曰旂賈疏云象升朝天子象下復還國也云孤卿不畫言奉王之政教而已者不畫

即謂通帛無飾奉王政教謂不得專制聘禮使者載旜注云聘使卿則侯國卿所載亦同釋名釋兵云通帛爲旃旃戰也戰戰恭己而已士雜帛言以先王正道佐職也者賈疏云謂中央赤旁邊白自是先通以赤色爲之無文采三孤所建象無事也劉說與鄭略同云大夫王殷之正色而在旁故云以先王正道佐職也詒讓案釋名釋兵云雜帛爲物將帥所建象物雜色也劉以物爲將帥所建又云象雜色與此經注並不合云師都六鄉六遂大夫也謂之師都都民所聚也者賈疏云以師衆也都聚也主鄉遂民衆所聚故謂之師都也六鄉大夫皆卿六遂大夫皆大夫也鄉合建旜大夫合建物今總建旗以其領衆在軍爲將故同建熊虎之旗段玉裁改師亦爲帥云玩注意正謂鄉遂大夫帥領民聚之都王念孫云玩鄭注亦當作帥蓋都爲民所聚其帥之者大夫也文十六年左傳夫人王姬使帥甸攻而殺之杜注曰帥甸郊甸之帥義與帥都同案段王說是也賈依誤本爲釋不可從穀梁僖十六年傳云民所聚曰都此鄭說所本王引左傳帥甸以證注義亦深得其恉大司馬中秋治兵帥都載旜彼注云遂大夫也則又不兼鄉大夫與此注義復小異然以經攷之二說皆非也此帥即六軍之將帥義已詳前鄭鍔云帥都當爲都鄙之吏江永云帥都都家之百官也不言家蓋於都中包之案鄭江釋都字得之但以帥都爲一則尚沿注說之誤又此爲都之主彼以爲官吏亦未審也此都即大都小都之都而家邑晐乎其中大宰八則治都鄙注亦兼三等采地爲訓明都得兼家故此唯有都而無家後徽識之象及大司馬茇舍號名則又並有家而無都唯大司馬治兵章都家異載兩者備有皆錯文以見義蓋都大家小而同爲采主故所建旜物雖不同而其爲熊旗則一也六軍之將或以鄉大夫爲之則鄭舉鄉大夫於帥尚可通而以此兼釋都則迥不相涉至鄭兼舉鄉遂大夫則全經別無以鄉遂爲都之文況公邑采地孰非民之所聚而必知

其爲鄉遂乎殆不可通矣云畫熊虎者鄉遂出軍賦象其守猛莫敢犯也者鄭意天子六軍出於六鄉六遂副之軍旅主於威嚴故取猛獸爲象司馬法天子之義篇云章殷以虎尚威也今攷定帥既爲六軍之將都家之主亦得帥領采邑之卒與守猛之義固無悖也至釋名釋兵云熊虎爲旗旗期也言與衆期於下軍將所建象其猛如熊虎也說文㫃部云旗熊旗五游以象伐星士卒以爲期劉許釋旗爲期衆並依聲爲訓義與鄭別云州里縣鄙鄉遂之官互約言之者賈疏云州是鄉之官里與縣鄙是遂之官故總言鄉遂之官遂之里是下士得與鄉之州中大夫同建旟則知鄉之閭亦得與遂之縣同建旐也遂之鄙得與縣同建旐鄉之黨亦得與州同建旟可知是互也言約者鄉之族上從黨同建旟比上從閭同建旐也遂之酇上從鄙同建旐鄰上從里同建旟是約也但族師已下幷鄙師已下皆是士官雖與在上大夫同建其刃數則短當三刃已下詩鄘風干旄孔疏亦釋此注云如鄭之意則以鄉遂同建旗鄉之下有州黨族閭比遂之下有縣鄙酇里鄰今云州里建旟則六鄉內州長黨正及六遂內酇長里宰鄰長等五人同建旟也又縣鄙建旐謂六遂內縣正鄙師及六鄉內族師閭胥比長等五人同建旗故鄭云互約言也案依賈說則六鄉之屬州旟黨旟族旟閭旐比旐六遂之屬縣旐鄙旐酇旐里旟鄰旟鄉之族上同州黨遂之酇亦上同縣鄙也孔說州黨閭比縣鄙里鄰所建並與賈同惟以鄉之族下同閭比建旐遂之酇下同里鄰建旟則與賈異而孔月令疏說又與賈同注既無文未知鄭意云何然以九旗斿數差之旟當尊於旐而依鄭互約之言鄉則尊者建旟卑者建旐於襃尚合遂則尊者建旐卑者建旟敘次實爲乖迕此其必不可通者陳祥道云鄉師出田法于州里州長攷州里之治則州里州所里也鄭鍔云州里者六鄉之吏一鄉者五州之積里者卽民所居之稱州長言大攷州里鄉師言受州里之役要皆指六鄉

言之案陳鄭說是也王安石王昭禹黃度項安世吳廷華說並同蓋里者居也言州之所居闕六鄉及黨族閭比言之與遂人五鄰之里之名其實一也不見四郊六遂者郊遂之吏當與縣鄙同建旗郊野不同此云州里建旟卽大司馬云鄉載物旟爲鳥隼之章物爲雜帛又見大司馬此文偶不具鄭謂此州里之里卽六遂五鄰之里與縣鄙爲互文則非也縣鄙鄭鍔李光坡姜兆錫方苞江永並謂卽公邑之吏亦較鄭爲長蓋此縣卽縣師縣士之縣爲四等公邑之通名公邑謂之縣鄙猶大小都謂之都鄙凡宰夫司士朝士之言縣鄙者義並同鄭以爲卽六遂之縣鄙而謂建旐中含六鄉之閭其說亦非也詳宰夫疏又案此職九旗之建與下文徽識之象大司馬治兵茇舍兩章亦有其文而各不同舊說舛互甚多今以二職之文參互校之此職建旗其等有八王也諸侯也孤卿也大夫士也帥也都也州里也縣鄙也徽識之象有三官府也州里也家也大司馬治兵載旗之等有十王也諸侯也軍吏也帥也都也鄉也家也郊也野也百官也茇舍號名之等有六帥也縣鄙也家也鄉也野也百官也綜而論之王與諸侯此職與大司馬同帥都爲軍將都家縣鄙爲公邑亦二職所同而帥又卽大司馬茇舍之帥以門名都又晐有後徽識及大司馬茇舍治兵之家也此孤卿及大夫士卽後徽識之官府象事亦卽大司馬之百官也此州里爲鄉吏卽大司馬之鄉及茇舍號名之鄉以州名也惟大司馬治兵之軍吏爲通軍將至伍長而郊野卽茇舍號名之野以邑名並爲此職所無則以軍吏卽帥之屬而四郊六遂與公邑同載旐兩經亦足互相備耳然則二職所言文雖小異而舉爵則王侯也百官也軍帥吏也舉地則鄉州也郊野也縣鄙也都家也通校諸文或偏舉或備舉要不出此數者而五正旗與旜物互文錯見參綜校覈其條理未嘗不齊一矣若依鄭說惟王諸侯家二職所同孤卿大夫士卽官府百官鄭亦無異義餘則紛異雜出若此職

之帥都鄭以爲鄉遂大夫大司馬之帥都則又專爲遂大夫而鄉大夫則爲鄉家此名同而義異也此職之州里縣鄙鄭以爲鄉遂之州長縣正以下官互約言之而大司馬之鄉以州名則爲州長至比長縣鄙各以其名則爲縣正至鄰長又不互約言之又於治兵郊野之郊以爲鄉遂州長縣正以下則不分爲二此亦名同而義異也其說同異幷析漫無義例一經之中旨成岐牾其誤明矣互詳大司馬疏云鳥隼象其勇捷也者爾雅釋天云錯革鳥曰旟詩大雅六月毛傳云鳥章錯革鳥爲章也鄭箋云鳥隼之文章孔疏引孫炎云錯置也革急也畫急疾之鳥於縿也又引鄭志答張逸亦云畫急疾之鳥隼是也釋名釋兵云鳥隼爲旟旟譽也軍吏所建急疾趨事則有稱譽也案爾雅及毛詩傳所云革鳥卽謂急疾之鳥與此注象勇捷義同釋天郭注乃云此謂全剝鳥皮毛置之竿頭卽禮記云載鴻及鳴鳶公羊宣十二年徐疏引李巡亦云以革爲之置於旐端並誤鳥隼者說文鳥部云雖祝鳩也重文隼雖或从隹一曰鶉字又鷻雕也案隼字注之鶉卽鷻之省十二次南方有鶉首鶉火鶉尾亦卽鷻字旟象朱鳥卽謂鷻也經典凡言隼者並是鷻而非祝鳩玉燭寶典引陸氏毛詩草木疏云隼鷂也齊人謂之擊征或謂題肩或謂鵽鷹春化爲布穀此之屬數種皆爲隼也文選西京賦薛注云隼小鷹也國語魯語韋注云隼鷙鳥今之鶚也諸說差異未知其審依陸說則鷂類衆多通得隼名矣王引之云鳥隼者鳥中之隼也猶鳥謂之鳥鳥非謂隼之外別有他鳥也案王說是也隼爲鷙鳥之急疾者故鄭云象其勇捷賈疏謂鄭以勇解隼以捷解鳥非其恉也又說文㫃部云旟錯革鳥其上所以進士衆旟旟衆也案許君釋旟爲衆亦別一義云龜蛇象其扞難辟害也者賈疏云龜有甲能扞難蛇無甲見人避之是避害也詒讓案釋名釋兵云龜蛇爲旐旐兆也龜知氣兆之吉凶建之於後察度事宜之形兆也又說文㫃部云旐龜蛇四游以象營室

攸攸而長也劉以龜兆知吉凶爲釋許又以旐攸疊均爲訓並與鄭異二云道車象路也王以朝夕燕出入者道右云掌前道車注亦云道車象路也王行道德之車又道僕云掌馭象路以朝夕燕出入是鄭所據也依鄭說此道車爲王平時在國內所乘故取行道德爲名對斿車爲游行之車爲文曲禮云武車綏旌德車結旌德車即道車旌與旞散文得通稱也說文旞字注作導車不爲道德之字與鄭字義並異巾車象路建大赤大赤即九旗之旟陳路以表事王朝夕燕出入則象路載大常而加全羽即是載旞賈疏不知強爲分別謂在朝則建大赤朝夕燕出入則建旞誤也云斿車木路也王以田以鄙者據田僕云掌馭田路以田以鄙是也說文作游車斿即游之省田鄙爲國外游行之事故名所乘之路爲斿車賈疏云巾車云木路以田是游樂之所囿人掌囿游之獸禁是知斿車是木路也金榜云道車謂象路斿車謂革路木路與玉路金路合爲五路鄭君釋斿車專云木路於五路遺其一左傳帥斿闕四十乘謂斿車補闕者是革路亦名斿車變路言車闕孤卿大夫士也又云旌亦有用犛牛尾者又名爲旄詩出車設此旐矣建彼旄矣兵車之旌也車攻建旐設旄田車之旌也案金說是也經典言兵車建旌者不可枚舉則建析羽者必不止田車可知蓋對文則斿車與戎車有別故國語齊語云戎車待游車之褎韋注云戎車兵車游車游獵之車也史記司馬相如上林賦亦云前皮軒後道游彼云游即此斿車而與戎車皮軒對舉明專指田車言之也散文則戎車與斿車通故此經以革路木路同稱斿車戎右兼田右亦其比例凡王五路所載旗玉路金路依金榜說皆不注羽象路則注全羽革路木路則注析羽周書王會篇成周之會天子車陰羽鳧旌或兵車之會與至巾車木路建大麾以田大麾即九旗之旐陳路以表事王田獵則木路建大常而加析羽即是載旌而詩車攻所謂建旐設旄則以大麾表獲亦得爲旌賈疏不憭乃謂

正田獵建大麾小田獵及巡行縣鄙建旌蓋沿鄭志荅趙商說之誤詳大司馬疏云全羽析羽五色象其文德也者鄭意道車斿車內無華路故旞旌注羽五色象文德也說文㫃部云旞導車所載全羽以爲允允進也重文旞或从遺作又云旌游車載旌析羽注旄首也所以精進士卒也釋名釋兵云全羽爲旞旞猶滑也順滑之貌也析羽爲旌旌精也有精光也並依聲爲訓與鄭義異云大閱王乘戎路建大常焉玉路金路不出者賈疏云鄭據此文大閱之時王乘戎路金玉之路不出其祀帝於郊及乘車之會金路玉路皆出也案鄭賈意此大閱軍事王乘戎路與道車象路斿車木路爲三惟金路玉路不出故不及也今依金說戎路建旌即大常亦得稱斿車鄭賈說並未晐

皆畫其象焉官府各象其事州里各象其名家各象其號事名號者徽識所以題別衆臣樹之於位朝各就焉覲禮曰公侯伯子男皆就其旂而立此其類也或謂之事或謂之名或謂之號異外內也三者旌旗之細也士喪禮曰爲銘各以其物亡則以緇長半幅赬末長終幅廣三寸書名於末此蓋其制也徽識之書則云某某之事某某之名某某之號今大閱禮象而爲之兵凶事若有死事者亦當以相別也杜子春云畫當爲書玄謂畫畫雲氣也異於在國軍事之飾

【疏】皆畫其象焉者畫當從杜讀爲書謂王載大常以下九旗又當書其縿以著其官事姓名也在軍所被小徽識亦爲此制但其度較短小爲異以大司馬經證之中秋治兵辨旗物王載大常等而云各書其事與其號焉此主謂九旗之書也中夏茇舍辨號名云帥以門名縣鄙各以其名家以號名鄉以州名野以邑名百官各象其事此主謂徽識之書也二時所辨不同而各有所書其義甚明此經承上九旗爲文則自當爲旗物之書與大司馬治兵章文正同蓋此所書與上經所畫日月以下咸旗物徽識之通制而徽識爲九旗之屬其所畫所書

既並同則經舉旗物自可晐徽識不必更耑重出於義無疑鄭不知此經亦爲九旗之正而專以徽識爲釋則義既未晐且與上文亦不相承貫矣　注云事名號者徽識者鄭意此即上經云各有屬是也詩小雅六月織文鳥章箋云鳥章鳥隼之文章將帥以下衣皆著焉依彼說則徽識如九旗而小亦有畫章各如其旗若建旟者其徽識即畫鳥隼之章故六月孔疏云以絳爲縿畫爲鳥隼又絳爲旒書於末以爲徽織是也云所以題別衆臣者左襄十年傳舞師題以旌夏杜注云題識也此徽識亦所以表識名位鄭云題別衆臣則公卿大夫士常朝之位及諸侯朝覲之位皆有此徽識左昭元年傳云舉之表旗蓋謂此也云樹之於位朝各就焉者賈疏述注朝下有者字盧文弨云詩六月正義亦有者字此脫詒讓案釋文本亦無者字蓋與賈本異此謂未入朝之先各以其徽識樹於所當立之位入朝時各覲所樹之徽識而就位與軍事徽識綴之於身異也云覲禮曰公侯伯子男皆就其旂而立此其類也者證朝覲禮有此題別朝位之旂也覲禮云上介皆奉其君之旂置于宮尚左公侯伯子男皆就其旂而立注云置於宮者建之豫爲其君見王之位也諸侯入壝門或左或右各就其旂而立王降階南鄉見之並詳司儀疏云或謂之事或謂之名或謂之號異外內也者大司馬注釋帥縣鄙家鄉野百官之號名云此六者皆書其官與名氏焉是徽識所書略同經但以外內殊別其文曰事曰名曰號所書實不異也韓非子外儲說右篇云衞君入朝於周周行人問其號對曰諸侯辟疆是號名亦通稱賈疏云官府在朝是內其州里在百里二百里家在三百里四百里五百里並是外也云三者旌旗之細也者此誤以象事名號爲徽識之專制也賈疏云對上大常已下爲旌旗之大者也引士喪禮者儀禮積作經名作銘小祝先鄭注引與此同案彼注云今文銘皆爲名此上從古文下從今文也彼銘旌用布二幅有半凡通長三尺並詳小祝疏

云此蓋其制也者在朝表位之銘旌其制無文故依喪禮類推之也賈疏云按禮緯云天子之旌高九刃諸侯七刃大夫五刃士三刃按士喪禮竹杠長三尺則死者以尺易刃天子九尺諸侯七尺大夫五尺士三尺其旌身亦以尺易刃也若然在朝及在軍綴之於身亦如此故云蓋其制也吳廷華云據覲禮疏云此表朝位之旂與銘旌及在軍徽識同皆以尺易仞今案以大夫五仞論以尺易之當五尺人特六尺之軀而綴以五尺之旂於事理不合案吳糾賈引禮緯說天子以下旌以尺易仞之非是也禮緯說天子至士旌旗仞數亦見廣雅釋天而於經無文據典命則五等諸侯及公卿大夫旗當依命數禮緯四等之差與九命不相應若依其制而以尺易仞爲徽識則王當九尺既與上公九命無別又五尺以上之旂止可建之朝位在軍不可設之於身蓋皆不足據互詳節服氏與人疏詩六月疏釋此注云鄭以死之銘旌卽生之徽織引士喪禮以證自王以下旌旒雖有等差其徽識疑同長三尺以同著於衣不宜差降亦縿長一尺旒長二尺案孔說雖亦以意推之而於理較允勝於賈義也云徽識之書則云某某之事某某之名某某之號者賈疏云官府天官在軍當云大宰之下某甲之名地官之下當云大司徒之下某甲之事餘四官之下皆然某某之名者此據州里而言假令六鄉之下則言某鄉之下某甲之名若六遂之下當云某遂之下某甲之名也某某之號者此據都家之內假令三百里大夫家之下當云某家之下某甲之號此三者則偏其職內矣案賈說非鄭指也鄭意蓋謂官府之徽識所書云某某者卽其所執之事州里之徽識所書云某某者卽其鄉遂之名家之徽識所書云某某者卽其采邑之號非謂某某之下更綴以之事之名之號云云也鄭此說甚允但九旗之正制亦如是不徒徽識也司勳云凡有功者銘書于王之大常此大常有書名之證左成十六年傳云楚人謂夫旌子重之麾也蓋亦以旗物所書辨識之

矣云今大閱禮象而爲之者賈疏云此在軍之旌緌於身大小象銘旌及在朝者爲之詒讓案此亦鄭誤以此經爲承上大閱之文故專以大閱爲說不知此統四時治兵大師大田諸事而言不徒大閱也詳前疏云兵凶事若有死事者亦當以相別也者國語越語云兵者凶器也漢書嚴助傳淮南王安上書云兵者凶事鄭意兵事凶危故豫爲死事之備然此所書實爲旗物徽識之通制蓋以識別部曲非徒備死事也鄭說亦未晐杜子春云畫當爲書者畫與書字形相近杜據大司馬治兵辨旗物而云各書其事與其號焉故破此畫爲書明此事名號等並書而不畫也後鄭於此職不從杜破畫爲書而於大司馬則破書爲畫蓋與杜說正相反竊謂經云書其象與象事象名象號文上下相承咸爲文字表識之言與大宰治象大司徒教象大司馬政象大司寇刑象義蓋相近事名號等非有形法可以繪畫則不當爲畫明矣鄭鍔吳廷華並謂當從杜讀爲書是也互詳大司馬疏呂飛鵬云通典軍禮引盧植大傳注云徽章也號所以書之於緌若夏則書其號爲夏也此與子春義合云玄謂畫畫雲氣也者後鄭上注云徽識之書則謂徽識有書兼有畫非謂唯有畫無書也其與杜異者所書事名號之旁更增雲氣耳然雲氣之畫止爲華飾既無關法象且經云書其象者自指書其事名號而言亦不當別及雲氣之畫後鄭義未塙也畫雲氣亦詳冪人疏云異於在國軍事之飾者賈疏云覲禮及銘旌皆不云畫以其在國質故也惟在軍畫之故云軍事之飾文也

凡祭祀各建其旗王祭祀之車則玉路【疏】注云王祭祀之車則玉路者據巾車云玉路以祀賈疏云偏據王而言云乘玉路則建大常經云各建其旗則諸侯已下所得路各有旗按上文諸侯建旂大行人云建常九斿雖言常皆是交龍爲旂散文通故名旂爲常孤卿則旜大夫則物故言各建其旗也

會同賓客亦如之置旌門賓客朝覲

宗遇王乘金路巡守兵車之會王乘戎路皆建其大常掌舍職曰爲帷宮設旌門【疏】置旌門者與掌舍爲官聯也　注云賓客朝覲
宗遇王乘金路者據巾車云金路以賓賈疏云見齊僕云掌馭金路以賓又齊右亦云會同賓客前齊車齊車卽金路朝覲宗遇卽會同
故總以金路解之也案朝覲宗遇爲四時常朝其時會殷同非兵車之會者亦與常朝同賈謂朝覲宗遇卽會同失之云巡守兵車之會
王乘戎路者明別有兵車之會同則不乘金路而乘戎路也云皆建其大常者謂金路戎路皆建大常也引掌舍職曰爲帷宮設旌門者
證旌門爲帷宮之門彼注云張帷爲宮則樹旌以表門案此亦專據會同王行在道而言也此經云置置卽樹也蓋司常共旌弁置之與
掌舍共治其事賈疏謂掌舍樹之此官供旌則與經云置不合失之大喪共銘旌銘旌王則大常也士喪禮曰爲銘各以其
物【疏】大喪共銘旌者詳小祝疏　注云銘旌王則大常也者王之旗識以大常爲最尊故用爲銘旌引士喪禮者證王當用大常之
義詳前疏建廞車之旗及葬亦如之葬云建之則行廞車解說之【疏】建廞車之旗者此與巾車校人爲官
聯也廞車卽廞遣車建旌者冢人注云亦設鸞旗是也王遣車備五路則亦如五路之旗爲大常大旂等但沽而小耳后世子以下則有
降殺互詳冢人及巾車疏賈疏云此謂在廟陳時建之謂以廞旌建於遣車之上云及葬亦如之者賈疏云此謂入壙亦建之　注云葬
云建之則行廞車解說之者賈疏云此釋經及葬亦如之者在廟陳詩云建葬時亦建則惟有在道去之使人各執遣車又當各執廞旌
是行廞車解說之也凡軍事建旌旗及致民置旗弊之始置旗以致民民至仆之誅後至者【疏】凡軍
事建旌旗者謂凡大師戎車所建若前大閱王建大常之等皆此官建之此軍事及下甸建旗等亦贊司馬此不言者文不具也云及致

民置旗者此又軍事中之一耑賈疏謂凡軍事建旌旗者當大司馬
欲致衆之時司常建之此言爲及致而設非經義　注云始置旗以
致民者大司馬中冬大閱禮司馬建旗羣吏各帥其民而致明此軍
事致民置旗亦先置旗以待羣吏來致民也云民至仆之誅後至者
者大司馬云大師及致建大常比軍衆誅後至者彼注又云弊仆也
蓋所致之民畢至則仆其所建之旗有後至者則察而誅之此官唯
掌建旗仆旗不掌
誅鄭牽連及之耳
甸亦如之疏
甸亦如之者小宗伯注云甸讀曰田
謂四時大田此官亦建旌旗於田車
及致民亦置旗弊之大司馬振旅以旗致民大閱司馬建旗于後表
之中羣吏以旗物鼓鐸鐲鐃各帥其民而致質明弊旗誅後至者卽
其事
也
凡射共獲旌
獲旌獲者
所持旌
疏
凡射者賈疏云則大射賓射及燕射
皆共之云共獲旌者共以授服不氏
使執之也　注云獲旌獲者所持旌者鄉射禮云君國中射則以翿
旌獲於郊則以旌獲於竟則龍旜此諸侯之制天子三射之獲旌當
用大常而注析羽亦容有翿旌詳射人疏賈疏云謂
若大射服不氏唱獲所持之旌三侯皆有獲旌也
歲時共更旌
取
舊
予注云取舊予新者巾車注云更易其舊是也賈疏云謂受官
新疏旌旗用之者歲之四時來換易司常取彼之舊與此之新也
都宗人掌都祭祀之禮凡都祭祀致福于國
都或有山川及因國無
主九皇六十四民之祀
王子弟則立其祖王之廟其祭祀王皆賜禽焉主其
禮者警戒之糾其戒具其來致福則帥而以造祭僕
疏
掌都祭祀之
禮者此官爲
大小都私臣掌五禮者猶大小宗伯掌王國祭祀之禮賈疏推鄭意
以爲王臣非也詳序官疏五禮以吉禮爲最重故首舉之　注云都
或有山川者此以下並釋都之命祀也賈疏云見祭法云山川丘陵
能興雲雨諸侯有其地則祭無其地則不祭都是畿內諸侯明亦祭

境內山川也云及因國無主九皇六十四民之祀者王制云天子諸侯祭因國之在其地而無主後者鄭注云謂所因之國先王先公有功德宜享世祀今絕無後爲之祭主者昔夏后氏郊鯀至杞爲夏後而更郊禹晉侯夢黃熊入國而祀夏郊此其禮也案九皇六十四民等雖皆人鬼以是古之帝王故特尊尚之與祖王廟同也賈疏云按史記伏羲已前九皇六十四民並是上古無名號之君絕世無後今宜主祭之也案賈所引史記今檢無其文未知何據九皇六十四民並詳小宗伯疏云王子弟則立其祖王之廟者謂王子弟食采於都者或得立其所出王之廟也非王子弟則不得立王廟但自祭家廟則不致福於王也郊特牲云諸侯不敢祖天子大夫不敢祖諸侯而公廟之設於私家非禮也由三桓始也鄭注云魯以周公之故立文王廟三家見而僭焉孔疏云案襄十二年秋吳子壽夢卒臨於周廟禮也注云周廟謂文王廟也此經云諸侯不敢祖天子而文二年左傳云宋祖帝乙鄭祖厲王大夫不敢祖諸侯而莊二十八年左傳云凡邑有宗廟先君之主曰都與此文不同者此據尋常諸侯大夫彼據有大功德者故異義禮戴引此郊特牲云又匡衡說支庶不敢薦其禰下士諸侯不得專祖於王古春秋左氏說天子之子以上德爲諸侯者得祖所自出魯以周公之故立文王廟左傳宋祖帝乙鄭祖厲王猶上祖也又曰凡邑有宗廟先君之主曰都以其有先君之主公子爲大夫所食采地亦自立所出宗廟其立先公廟準禮公子得祖先君公孫不得祖諸侯許慎謹案周公以上德封於魯得郊天兼用四代之禮樂知亦得祖天子諸侯有得祖天子者知大夫亦得祖諸侯鄭氏無駁與許氏同也其王子母弟無大功德不得出封食采畿內賢於餘者亦得采地之中立祖王廟故都宗人家宗人皆爲都家祭所出祖王之廟也通典吉禮引鄭志張逸問許氏異義駁衞孔悝之反祏有主者何謂也荅禮大夫無主而孔獨有者或時末代之

君賜之使祀其所出之君也諸侯不祀天而魯郊諸侯不祖天子而
鄭祖厲王皆時君之賜也詒讓案異義謂諸侯有上德乃得祖天子
然則王子弟有大功德出封畿外者乃得立先王廟鄭志亦謂鄭祖
厲王爲時君之賜而鄭此注謂畿內都家有祖王廟則與異義及鄭
志說殆不盡同竊謂祭僕云凡祭祀王所不與則賜之禽後鄭亦云
王所不與同姓有先王之廟若非祖王之廟則王本無與法何假設
不與之文以彼證此則都家王子弟有得立祖王廟者殆無疑義左
襄十二年傳說魯臨諸侯之喪云同姓於宗廟同宗於祖廟是故魯
爲諸姬臨於周廟邢凡蔣茅胙祭臨於周公之廟杜注云宗廟所出
王之廟祖廟始封君之廟又昭十八年傳說鄭人救火云使祝史徙
主祏于周廟此並侯國立所出王廟之明文則畿內王子弟采邑可
以例推林喬蔭云宗法起於別子別子得祀其所自出武王爲天子
以其母弟周公爲別子使之立文王之廟以統文王之子孫故據魯
而言曰周廟以別於周公之廟據禮而言則曰宗廟以別於祖廟祖
廟卽別子爲祖之廟宗廟卽別子所自出之廟故春秋以魯爲宗國
鄭之始封爲厲王之子宣王母弟與周公同故左傳有鄭祖厲王之
語鄭之周廟爲厲王廟亦別子所自出之廟也但別子得祀所自出
者一君之世只有一人以其統先君之諸子若先君之諸子皆有爵
命爲封君則皆爲別子而各自爲祖於後世然不得祀其先君以先
君之族已有所統也諸侯如此大夫亦然魯之孟孫叔孫季孫同出
桓公季友爲莊公母弟得祀桓公爲所自出以統桓族而孟孫叔孫
雖亦爲大夫之太祖而不得祀所自出則公子不得禰先公也而郊
特牲云公廟之設於私家非禮也自三桓始者蓋是時三家並祀桓
公則亂宗法矣故爲非禮案林說本毛奇齡於此經及郊特牲左傳
義並可通是也朱大韶鄒漢勛說並同依其說則喪服傳云公子不
得禰先君公孫不得祖諸侯彼自據公族之不爲宗者言之王侯子

弟之爲大宗者自得於采邑立所出王之廟鄭之初封本爲內諸侯周廟之立亦必不自東遷後始矣又晉文侯子成師封於曲沃亦有是亦別子於大都立所出君廟之證郊特牲本爲非宗而立廟者設宗廟故左莊二十八年傳云曲沃君之宗也杜注云先君宗廟所在文與左傳不相近也至於春秋以後都邑立廟或因古或搠新不必皆協禮典戰國策齊策云馮煖誡孟嘗君曰願請先王之祭器立宗廟於薛此則采邑得請命於君立宗廟惠士奇亦據左傳襄二十五年齊祝佗父祭於高唐注高唐有齊別廟昭四年楚有宗祧之事於武城明武城亦有楚之別廟斯並後世之異制於禮或合或否固不能盡援古義以繩之矣云其祭祀王皆賜禽焉者賈疏云見祭僕云王所不與則賜之禽都家亦如之玄謂王所不與同姓有先王之廟是賜禽法詒讓案此家上山川因國無主九皇六十四民等及王子弟立祖王廟者有賜禽法也大宰八則治都鄙一曰祭祀以馭其神注云祭祀其先君社稷五祀彼先君或非祖王及社稷五祀並爲恆祀王皆不賜禽則亦無致福法故注不及也云主其禮者警戒之糾其戒具者亦據祭僕掌受命于王以眂祭祀而警戒祭祀有司糾百官之戒具此都宗人掌都祭祀之禮亦當警戒都有司糾其戒具也云其來致福則帥而以造祭僕者賈疏云見祭僕云凡祭祀致福者展而受之是造祭僕之事詒讓案此當爲都宗人自致於祭僕鄭意似以此官爲王臣故謂其別帥都之有司與後注謂此官令都有司禱祠正同非經義也

正都禮與其服禁督其違失者服謂衣服及宮室車旗

疏正都禮者猶大小宗伯掌邦禮此通晐五禮而言與上專舉吉禮異注云禁督其違失者者大祝云禁督逆祀命者注云督正也違失謂僭踰及廢墜凡不合典法者並禁止督正之云服謂衣服及宮室車旗者此皆以命數爲差等正之者與典命諸臣五等之命必相協也賈疏云以下文家宗人兼言宮室

車旗之禁明衣服之外總須正之若有寇戎之事則保羣神之壝守山川丘陵墳衍之壇域疏若有寇戎之事則保羣神之壝者小祝云有寇戎之事則保郊祀于社注云保祀互文郊社皆守而祀之若然此保羣神之壝當亦有祈祀之事經不言祀者文不具也　注云守山川丘陵墳衍之壇域者謂都鄙無郊社大祀唯有此等羣神之壝也今案都邑當亦有社稷經言羣神足以該之以壝爲壇域者小宗伯云兆山川丘陵墳衍各于其方注云兆爲壇之營域壝與兆義同賈疏云言壝者謂於中爲壇四畔爲壝舉壝則壇見矣國有大故則令禱祠既祭反命于國令令都之有司也祭謂報塞也反命還白王疏國有大故則令禱祠者禱釋文作𥜽云本亦作禱案說文示部云禱告事求福也重文𥜽禱或省𥜽卽禱之異文隸變作禱宮正先鄭注云故謂禍災小宗伯國有禍裁亦有禱祠之事故幷以令都家也　注云令令都之有司也者賈疏云此都宗人是王家之官王命使禱祠是都內之事明所令令都內之有司有事於神者也曾釗云令者王令都宗人卽下曰反命是也自上出爲命自下稟爲令其實一也案曾說是也祭僕云掌受命于王以眡祭祀既祭帥羣有司而反命彼文意與此正同足以互證賈推注義以此官爲王臣故以令爲別令都之有司鄭意蓋當如是然非經義也云祭謂報塞也者史記封禪書冬塞禱祠索隱云塞與賽同賽今報神福也漢書郊祀志顏注云塞謂報其所祈也案塞賽古今字鄭知祭非卽禱祠者家宗人云禱祠反命又云祭亦如之明祭與禱祠是二事故鄭以祭爲禱祠得福後報塞之祭管子禁藏篇云塞久禱韓非子外儲說右上篇云秦襄王病百姓爲之禱病愈殺牛塞禱是先禱後塞之證也賈疏云凡祈福曰禱至於得福則曰祭當與正祭同名祭則是經言祭據報塞而言也曾釗云禱者求福祠者報塞祭則時祭之蓋

社稷先君廟之祭公卿自依大宗伯所須典禮而行至於名山大川之在其地及因國在其地而無主後者則王以時令都宗人往祭有下不言反命既祭上不先言祭者省文故於家宗人互備其義鄭注故則令都宗人往禱既得福則令往祠既事則皆反命而經於禱祠似誤案曾說亦是也此經禱祠之文數見女祝注云祠報福又小宗伯注云求福曰禱得求曰祠大祝注云諸所禱則祠之以報焉是祠卽是報塞不得更以祭爲報塞蓋女祝云掌王后之內祭祀凡內禱祠之事喪祝云掌勝國邑之社稷之祝號以祭祀禱祠焉並以祭祀禱祠二者分舉此先云禱祠後云既祭祭卽祭祀也且此既祭與祭僕文同彼既祭承脤祭祀爲文則此亦通言祭祀不專指報塞可知家宗人云國有大故則命禱祠反命祭亦如之明禱祠與祭各有反命鄭以爲止有既祭一反命非經義曲禮孔疏引此注作祠謂報塞則與女祝小宗伯大祝注義同然以賈疏及家宗人注校之則此注自以報塞釋祭孔所引義雖是實誤本也云反命還白王者禱祠及祭本奉王命而往今祭訖當使王知之故必還白於王也

家宗人掌家祭祀之禮凡祭祀致福大夫采地之所祀與都同若先王之子孫亦有祖廟

【疏】掌家祭祀之禮者此亦家邑私臣之掌五禮者也云凡祭祀致福者亦造於祭僕也左昭十六年傳鄭子產曰孔張爲嗣大夫受脤歸脤杜注云歸脤謂大夫祭歸肉於公孔疏引劉炫以爲亦祭廟之肉卽侯國家祭祀致福於君之事則下臣亦同可知　注云大夫采地之所祀與都同者大夫采地卽載師云以家邑之田任稍地是也賈疏云則家止謂大夫不通公卿也言所祀與都同者據山川九皇六十四民在其地者云若先王之子孫亦有祖廟者謂王子孫之自爲宗者其家邑亦得立祖廟則亦有賜禽法左昭十六年傳云孔張立於朝而

祀於家孔疏引服虔云祀其所自出之君於家以爲太祖案孔張亦鄭公族故得立祖廟也賈疏云亦如上都宗人但天子與諸侯禮異諸侯之卿大夫同姓邑有先君之主則曰都無曰邑天子之臣同姓大夫雖有先君之主亦曰邑也國有大故則令禱祠反命祭亦如之以王命令禱祠歸白王於獲福又以王命令祭之還又反命疏國有大故則令禱祠反命者與都宗人令禱祠及反命于國同云祭亦如之者亦與都宗人既祭同先云禱祠後云祭二者皆有反命以都宗人及此職參互校覈其義甚明賈疏不憭乃云此更言祭亦如之者與上異則此是禱祠訖王復更有命祭祭訖亦反命不知禱祠與祭自是二事絕不相蒙或偏舉或並行各視王命蓋不可豫定禱祠訖後不必皆有王命更祭之法命祭亦不必皆在禱祠之後也注云以王命令禱祠歸白王者鄭意蓋亦以此官爲王臣故謂其以王命轉令家之有司也未祭之先令往禱祠及歸又以禱祠之事白於王今案亦當爲王命家宗人禱既又命祠鄭說非經義云於獲福又以王命令祭之還又反命者此亦誤以祭爲報塞謂命往先所禱祠之處而報塞終事而歸以報塞之事白於王也然經祭自通指祭祀與禱祠爲二事鄭說失之掌家禮與其衣服宮室車旗之禁令掌亦正也不言寇戎保羣神之壝則都家自保之都宗人所保者謂王所祀明矣疏掌家禮與其衣服宮室車旗之禁令者猶小宗伯云掌五禮之禁令又云辨吉凶之五服車旗宮室之禁此掌家邑之禮禁與彼略同明禮通晐五禮衣服亦通吉凶言之家邑之主衣服宮室車旗亦以命數爲差見典命職禁令謂正其不如法者注云掌亦正也者賈疏云都宗人云正故知此掌與彼正同云不言寇戎保羣神之壝則都家自保之都宗人所保者謂王所祀明矣者賈疏云此鄭都家總解者鄭欲釋經二處互見其文何者彼經言

若有寇戎之事則保羣神之壝者據王所命祀者而言則此家宗人亦有王所命祀者家宗人亦保之可知此家宗人不言寇戎保羣神之壝者是王所不祀家宗人自保之則都宗人亦有王不祀者都宗人自保之可知故鄭二者雙言之

凡以神仕者掌三辰之灋以猶鬼神示之居辨其名物猶圖也居謂坐也天者羣神之精日月星辰其著位也以此圖天神人鬼地祇之坐者謂布祭衆寡與其居句孝經說郊祀之禮曰燔燎掃地祭牲繭栗或象天酒旗坐星廚倉具黍稷布席極敬心也言郊之布席象五帝坐禮祭宗廟序昭穆亦又有似虛危則祭天圜丘象北極祭地方澤象后妃及社稷之席皆有明法焉國語曰古者民之精爽不攜貳者而又能齊肅中正其知能上下比義其聖能光遠宣朗其明能光照之其聰能聽徹之如是則神明降之在男曰覡在女曰巫是以使制神之處位次主而為之牲器時服巫既知神如此又能居以天法是以聖人用之今之巫祝既闇其義何明之見何法之行正神不降或於淫厲苟貪貨食遂誣人神令此道滅痛矣

疏凡以神仕者者阮元云唐石經仕作士然士字獨小蓋本作仕後磨改作士序官經注疏作士詒讓案宋以來版本並作仕今從之序官作士誤也詳彼疏云掌三辰之灋以猶鬼神示之居者此官主祭禬之禮而兼三辰圖象為官法其職蓋兼史巫之事而與馮相氏保章氏司巫男巫女巫等為官聯也注云猶圖也者小行人注同爾雅釋言云猷圖也猷猶字同郭注引此經亦作猷釋云謂圖畫案郭引作猷者依彼經文改據郭說則此官猶鬼神示之居卽謂圖畫其形象位次鄭義當與郭同詩周頌般隋山喬嶽允猶翕河箋亦云猶圖也望秩於山川小山及高嶽皆信案其山川之圖而次序祭之若然此經亦謂案日月星辰之圖詩禮義可互證也云居謂坐也者說文土部云坐止也呂氏春秋

愼人篇高注云居止是居坐同義云天者羣神之精日月星辰其著位也者左桓六年傳云三辰旂旗昭其明也杜注云三辰日月星也詩大雅大明孔疏引服注說同是日月星謂之三辰此與日月所會之辰專指二十八宿者別以三辰爲天之著位者國語周語云大夫士日恪位著韋注云中廷之左右曰位門屏之閒曰著此以朝位況三辰之位也天廣大無位著可辨故以日月星辰之宿次爲之識別猶馮相氏云天位矣云以此圖天神人鬼地祇之坐者謂布祭衆寡與其居句者此亦注用今字作祇也下同賈疏云鄭意鬼神祇之居止是布祭於神神有衆寡多少或居方爲之或句曲爲之也案依賈說居句卽倨句謂祭位或方或圜也詳冶氏疏引孝經說郊祀之禮曰燔燎掃地祭牲繭栗或象天酒旗坐星廚倉具黍稷布席極敬心也者賈疏云援神契文祭牲繭栗者據祭地酒旗星名廚亦星名言廚倉所以具黍稷以祭祀詒讓案酒旗坐星廚倉席皆星名續漢書五行志劉注引鄭洪範五行傳注云七星北有酒旗南有天廚開元占經甘氏中官占引甘氏云酒旗三星在軒轅右角五帝內座五星在華蓋下天廚六星在紫微宮東北維外石氏外官占引石氏云天倉六星在婁南又史記天官書云五帝坐五星卽所謂五帝內座續漢天文志劉注又引靈憲云大角有席天市有坐亦是也鄭引彼證祭祀取象星辰之事凡注引緯並稱說詳大司樂疏云言郊之布席象五帝坐者亦謂布席之位象五帝內座星也五帝主五方布席當各如其方詳小宗伯疏云禮祭宗廟序昭穆者若禘祫合祭序昭穆之位是也亦詳小宗伯疏云亦又有似虛危者大司樂注云虛危爲宗廟開元占經北方七宿占引石氏云虛危主廟堂祀考故置墳墓識先祖塋域虛危五星爲祠堂墳墓四星祠祀享賈疏云虛危有墳墓四司又爲宗廟布席象之云則祭天圜丘象北極者史記天官書云天極星其一明者太一常居也旁三星三公或曰子屬賈疏云北

極有三星則中央明者爲太一常居傍兩星爲臣子位焉云祭地方澤象后妃者賈疏云天有后妃四星天子象天后象地后妃是其配合也案賈說后妃星即天官書云天極星後句四星末大星正妃餘三星後宮之屬也詳九嬪疏云及社稷之席皆有明法焉者開元占經甘氏外官占引甘氏云天社六星在弧南又石氏外官占引石氏云稷五星在張星南賈疏云有天社之星祭社之位象焉故云及社稷之席之席之言結五帝已下也引國語者楚語觀射父對昭王曰古者民神不雜民之精爽不攜貳者而又能齊肅衷正其智能上下比義其聖能光遠宣朗其明能光照之其聰能聽徹之如是則明神降之在男曰覡在女曰巫是使制神之處位次主而爲之牲器時服韋注云爽明也攜離也貳二也齊一也肅敬也衷中也義宜也聖通也朗明也徹達也降下也覡見鬼神者也周禮男亦曰巫處居也位祭位也次主次其尊卑先後牲之毛色小大也器所當用也時服四時服色所宜案鄭引之者廣論古神巫能制神之處位次主處位即此經鬼神示之居也衷作中智作知明神作神明者所見本不同或傳寫舛異賈疏云欲見巫能制神之處位者心由精爽之意不攜貳言其專一也上下比義者上謂天神下謂地祇能比方尊卑小大之義言聖能通知神意神明降之者正謂神來降於其身言在男曰覡在女曰巫者男子陽有兩稱名巫名覡女子陰不變直名巫無覡稱云巫既知神如此又能居以天法是以聖人用之者明古神巫能通鬼神之情明天象之法故聖人設官以掌之知神即觀射父所說是也居以天法指孝經說所云郊祀以下祭祀之象法用之謂立司巫以下諸官及以神仕者並聖人用巫事神之事云今之巫祝既闇其義何明之見何法之行正神不降或於淫厲苟貪貨食遂誣人神令此道滅痛矣者鄭廣論漢時邪巫誣惑世俗之事鹽鐵論散不足篇云世俗飾僞行詐爲民巫祝以取釐謝苟貪貨食即取釐謝也以

冬日至致天神人鬼以夏日至致地示物彪以禬國之凶荒民之札

喪天人陽也地物陰也陽氣升而祭鬼神陰氣升而祭地祇物彪所以順其爲人與物也致人鬼於祖廟致物彪於墠壇蓋用祭天地

之明日百物之神曰彪春秋傳曰螭彪魍魎杜子春云禬除也玄謂此禬讀如潰癰之潰【疏】以冬日至致天神人鬼以夏日至致地示

物彪者此明二至祀圓丘方丘之明日別有此禬鬼神示之祭也禮輕故使以神仕者致之賈疏云言以冬日至夏日至此則大司樂云

冬日至於地上之圓丘奏之若樂六變天神皆降夏日至於澤中之方丘奏之地祇皆出是也但其時天之神地之祇皆降仍於祭天之

明日更祭此等小神祇故於此別之也　注云天人陽也者牧人注云陽祀祭天於南郊及宗廟此天廣晐衆小天神依賈說此所致者

爲小神祇則天神無昊天五帝日月及大星辰等人鬼亦無先王先公等也云地物陰也者牧人注云陰祀祭地北郊及社稷也此地示

亦廣晐衆小地示則無大地社稷五神及大山川等物彪則大宗伯四方百物之屬是也云陽氣升而祭鬼神陰氣升而祭地祇物彪所

以順其爲人與物也者賈疏云冬日至祭天神人鬼以其陽故十一月一陽生之月當陽氣升而祭之夏日至祭地祇以其陰故五月一

陰生之日當陰氣升而祭之各順陰陽而在冬夏至也云致人鬼於祖廟者據五廟二祧而言此人鬼無先王先公而致之得在祖廟者

未詳其說賈酒正肆師疏引馬融說宗廟小祀謂祭殤與無後及司勳功臣亦祭於廟鄭意或當指彼數者而言其因國無主後及三皇

五帝九皇六十四民之祭則當在壇墠不得於宗廟也云致物彪於墠壇者祭法鄭注云封土曰壇除地曰墠賈疏云此鄭惟釋人鬼物

彪不言致天神地示之處者大略亦當在墠壇也云蓋用祭天地之明日者賈疏云當冬至夏至之日正祭天地之神示事繁不可兼祭

此等雖無文鄭以意量之故云蓋用祭天地之明日也案賈說非鄭恉也鄭云祭天地之明日不云冬至夏至之明日則謂圜丘方丘正祭不正在日至之日明矣凡圜丘方丘皆卜日但在二至之月耳詳大司樂疏云百物之神曰鬽者說文鬼部云鬽老精物也从鬼彡彡鬼毛重文魅或从未聲百物之神即物之老而能爲精怪者許鄭說同廣雅釋天云物神謂之鬽引春秋傳曰螭鬽魍魎者賈疏云按左氏宣公三年楚子問鼎之大小輕重王孫滿對曰夏之方有德也遠方圖物貢金九牧鑄鼎象物故民入川澤山林不逢不若螭魅魍魎莫能逢之服氏注云螭山神獸形魅怪物魍魎木石之怪文十八年注螭山神獸形或曰如虎而噉虎或曰魅人面獸身而四足好惑人山林異氣所生爲人害如賈服義與鄭異鄭君則以螭鬽爲一物案今杜本左傳作螭魅罔兩彼釋文云魅本又作鬽與鄭此注同魍魎方相氏注亦作罔兩鄭引彼文亦證鬽之爲物神與賈服義同非以螭鬽爲一物也疏說未然杜子春云禬除也者庶氏先鄭注同女祝注亦云除災害曰禬禬猶刮去也云玄謂此禬讀如潰癰之潰者庶氏注同賈疏云就足子春之義言此以對彼彼大祝云類造禬禜之禬禬爲會合之義不爲潰也段玉裁云云此禬者別於大祝大宗伯小行人之禬也案段說是也鄭於此經及庶氏之論並云讀如潰明其爲去災害之通語與大祝六祈之禬爲祭祀之專名異也女祝注訓禬爲除災害而不云讀如潰則鄭謂彼禬即六祈之一非此經與庶氏之禬矣蓋此及庶氏之禬與祭名之禬義雖相近而音讀則異云讀如潰癰之潰者擬其音而其義之別亦見也依鄭義此及庶氏之禬取潰除爲義女祝及大祝詛祝之禬取刮去爲義大宗伯大行人小行人之禬取會合爲義三者不同賈謂大祝之禬爲會合之義亦非鄭指

詳女祝疏

周禮正義卷五十三

周禮正義卷五十四

瑞安孫詒讓學

夏官司馬第四

鄭目錄云象夏所立之官馬者武也言爲武者也夏整齊萬物天子立司馬共掌邦政政可以平諸侯正天下故曰統六師平邦國

疏夏官司馬第四者阮元云唐石經作第七非鄭目錄云象夏所立之官者司馬於六官爲第四於四時當夏故象之而稱夏官大戴禮記千乘篇云司馬司夏以教士車甲云馬者武也言爲武者也者說文馬部云馬怒也武也左襄六年傳宋平公謂華弱爲司武杜注云司武司馬藝文聚職官部引韋昭辯釋名云大司馬馬武也大總武事也白虎通義封公侯篇云司馬主兵不言兵言馬者馬陽物乾之所爲行兵用馬不以傷害爲文故言馬也云夏整齊萬物者鄉飲酒義云夏之言假也養之長之假之仁也釋名釋天云夏假也寬假萬物使生長也養長與整齊義相成故亦爲整齊萬物也云天子立司馬共掌邦政政可以平諸侯正天下者掌邦政敘官文平諸侯正天下即所以整齊之此明象夏立官之義云故曰統六師平邦國者平邦國亦敘官文六師即天子六軍詳後疏

周禮　鄭氏注

惟王建國辨方正位體國經野設官分職以爲民極乃立夏官司馬使帥其屬而掌邦政以佐王平邦國政正也政所以正不正者也孝經說曰政者正也正德名以行

道疏使帥其屬而掌邦政以佐王平邦國者大宰六典云四曰政典以平邦國是也　注云政正也政所以正不正者也者政正聲類同論語顏淵篇云政者正也釋名釋言語云政正也下所取正也管子正篇云正之服之勝之飾之必嚴其令而民則之曰政案此即鄭目錄政可以平諸侯正天下之義引孝經說曰政者正也正德名以行道者賈疏云是孝經緯文亦是正者先自正己之德名以行道則天下自然正引之以證正不正之事案鄭氏引緯皆稱說詳大司樂疏

政官之屬大司馬卿一人小司馬中大夫二人軍司馬下大夫四人輿司馬上士八人行司馬中士十有六人旅下士三十有二人府六人史十有六人胥三十有二人徒三百有二十人輿衆也行謂軍行列晉作六軍而有三行取名於此

疏大司馬卿一人者政官之正也書顧命成王召六卿僞孔傳謂畢公爲司馬詩淇奧孔疏引鄭注同又毛詩大雅常武傳云程伯休父始命爲大司馬並即大司馬卿也云小司馬中大夫二人者政官之貳也大射儀有司馬正賈彼疏謂即小司馬又有司馬師亦司馬之屬官也云軍司馬下大夫四人者政官之攷也國語晉語悼公使魏絳爲元司馬在輿司馬之上蓋即此軍司馬韋注亦云中軍司馬也江永云晉制敘軍將佐之後有司馬猶之軍司馬也云輿司馬上士八人者晉語悼公使藉偃爲輿司馬即此官也云府六人史十有六人胥三十有二人徒三百有二十人者賈疏云此序官從大司馬至府六人其數與諸官同自史以下則異諸官皆云史十二人胥十二人徒百二十人獨此官史十有六人胥三十二人徒三百二十人與諸官異者以大司馬大總六軍軍事尚嚴特須監察故胥徒獨多　注云輿衆也者淮南子兵略訓云收藏於後

遷舍不離無淫輿無遺輜此輿之官也許注云輿衆也侯領輿衆在軍之後者賈疏云按左氏傳僖二十八年晉侯聽輿人之誦是輿爲衆之義也云行謂軍行列者毛詩周南卷耳寘彼周行傳云行列也云晉作六軍而有三行取名於此者賈疏云左氏僖二十八年傳云晉侯作三行以禦狄注云晉置上中下三軍今復增置三行以辟天子六軍之名以所加三軍者謂之三行彼名軍爲行取於此行司馬之名也易祓云左傳魯會晉師于上鄍輿帥受一命之服晉享六卿于蒲圃輿尉受一命之服所謂輿者車也晉作三行以禦狄其後晉中行穆子與無終及羣狄戰于太原毀車爲行所謂行者徒也成周師田之法險野徒爲主易野車爲主於是設二司馬之屬專掌車與徒之任黃度亦云輿司馬掌車行司馬掌卒軍司馬兼掌之詒讓案易氏據左成二年昭元年傳證輿爲車行爲徒左傳杜注亦謂輿帥主兵車其說可通蔣載康林喬蔭說亦同竊疑詩唐風彼汾沮洳有公路公行公路卽輿之長帥公行卽行之長帥與此輿行兩司馬義同惜諸職并亡無可質證附著於此以備一義

凡制軍萬有二千五百人爲軍王六軍大國三軍次國二軍小國一軍軍將皆命卿二千有五百人爲師師帥皆中大夫五百人爲旅旅帥皆下大夫百人爲卒卒長皆上士二十有五人爲兩兩司馬皆中士五人爲伍伍皆有長軍師旅卒兩伍皆衆名也伍一比兩一閭卒一族旅一黨師一州軍一鄉家所出一人將帥長司馬者其師吏也言軍將皆命卿則凡軍帥不特置選於六官六鄉之吏自鄉以下德任者使兼官焉鄭司農云王六軍大國三軍

次國二軍小國一軍故春秋傳有大國次國小國又曰成國不過半天子之軍周爲六軍諸侯之大者三軍可也詩大雅常武曰赫赫明明王命卿士南仲大祖大師皇父整我六師以修我戎既儆既戒惠此南國大雅文王曰周王于邁六師及之此周爲六軍之見于經也春秋傳曰王使虢公命曲沃伯以一軍爲晉侯此小國一軍之見于傳也百人爲卒二十五人爲兩故春秋傳曰廣有一卒卒偏之兩

疏 凡制軍者此經宋以來版本並不跳行今從唐石經孔繼汾謂若地官鄉老鄉大夫鄉吏之比是也此王及邦國治軍之制及將吏爵等之差制軍者謂平時討戶任民以豫定其軍籍也江永云春秋時晉作二軍三軍三行新軍六軍魯作三軍舍中軍皆於平時作之爲中軍爲上軍下軍人有所隸之軍軍有所統之將非待出軍時始作之案江說是也云萬有二千五百人爲軍者一軍五師之人數也此軍師旅卒兩伍以下人數穀梁襄十一年范注左傳昭八年杜注引司馬法文並同彼本出於夏官官法之遺也國語齊語管子作內政以萬人爲一軍又說文車部云四千人爲軍亦與此經不合未知所據云王六軍大國三軍次國二軍小國一軍者玉海食貨引三禮義宗云天子六鄉六遂故有十二軍諸侯三鄉三遂故有六軍次國二鄉二遂故有四軍小國一鄉一遂故有二軍鄉爲正軍遂爲副倅故云天子六軍諸侯大者三軍次二軍小一軍皆據正軍而言不數副倅賈疏云此大國次國小國者皆以命數同者軍數則同則上公爲大國侯伯爲次國子男爲小國也魯是侯爵而魯頌云公徒三萬注云萬二千五百人爲軍大國三軍合三萬七千五百人言三萬者舉成數也然當僖公之時其實二軍故襄公十一年作三軍則前無三軍矣若僖公時有三軍則中閒應有舍文注詩爲三軍者作詩之人舉魯盛時而言若然魯公伯禽之時則三軍矣魯語季武子爲三軍叔孫穆子曰不可又云今我小侯也明大侯之時有三軍矣鄭答

林碩爲二軍之大數者以實言之也白虎通義三軍篇云國必三軍何所以戒非常伐無道尊宗廟重社稷安不忘危也三軍者何法天地人也穀梁傳曰天子有六軍諸侯一軍諸侯所以一軍者何諸侯蕃屏之臣也任兵革之重距一方之難故得有一軍也案班引穀梁說者據襄十一年傳云古者天子六師諸侯一軍蓋師軍散文通稱范注以六師爲萬五千人非傳義也古書說天子皆六軍惟侯國軍制文多錯互公羊隱五年何注云禮天子六師方伯二師諸侯一師疑卽本穀梁說三略中略云諸侯二師方伯三師則疑以方伯當大國諸侯當次國然又無小國諸文並與此經不合春秋繁露爵國篇又謂公侯大國四軍其一軍以奉公家凡口軍三次國小國亦口軍三但口數遞減附庸則口師三此制古所未聞尤不足據周書武順篇云五伍二十五曰元卒一卒居前曰開一卒居後曰敦左右一卒曰閭四卒成衞曰伯三伯一長曰佐三佐一長曰右三右一長曰正三正一長曰卿三卿一長曰辟此疑亦論侯國三國之制其一元卒卽此經之兩一伯卽此經之卒數同而名異自伯以上各以三遞乘至辟而領二萬四千三百人則與此經大國三軍之數遠不相應不足取證云軍將皆命卿者江永云鄉出萬二千五百人爲軍軍帥命卿卽鄉大夫亦卽王朝之六鄉也詒讓案六軍出於六鄉其軍將以下卽六鄉之吏也至出軍征伐則王於軍將之中特命一人爲統帥而鄉吏之中閒有不任武事者則或依爵秩易置之六鄉制軍命將之法蓋大略如是其六遂及都鄙雖無豫定之軍籍而或遇征伐事多及師不功六軍不足用則亦調發及之其軍制及卒伍之等數亦當與六鄉略同云二千五百人爲師師帥皆中大夫五百人爲旅旅帥皆下大夫百人爲卒卒長皆上士者江永云州出二千五百人爲師師帥中大夫卽州長也黨出五百人爲旅旅帥下大夫卽黨正也族出百人爲卒卒長上士卽族師也云二十有五人爲兩者舊本

並挩有字惟唐石經作廿有五人爲兩今據補此以車一乘爲名也書牧誓敘孔疏引風俗通云車有兩輪故稱爲兩蓋兩卽車一乘之名故毛詩召南鵲巢傳云百兩百乘也在軍則以五伍共衞一車因謂二十五人爲兩孔廣森云古者車戰故賦輿之法以乘爲主而周禮萬二千五百人爲軍不言其車數以詩考之軍蓋五百乘乘蓋二十五人天子六軍而采芑曰其車三千魯僖公時二軍而閟宮曰公車千乘五百乘爲軍是其明證周法五人爲伍五伍爲兩兩之言輛也二十五人而車一輛百乘成師則二千五百人五百乘成軍則萬二千五百人然此唯六鄉制軍之數如是其郊遂以外井地制賦所謂甸出長轂一乘者與此不同案孔說甚塙古說兵車卒伍多誤援丘甸一乘七十五人之法釋制軍之車乘詩小雅采芑云其車三千師干之試鄭箋云戎車三千乘其士卒皆有佐師扞敵之用司馬法兵車一乘甲士三人步卒七十二人宣王承亂羨卒盡起孫子作戰篇云凡用兵之法馳車千駟革車千乘帶甲十萬吉天保集注引曹操云馳車輕車也駕駟馬革車重車也言萬騎之重也一車駕四馬卒十騎一重養二人主炊家子二人主保固守衣裝廄二人主養馬凡五人步兵十人重以大車駕牛養二人主炊家子一人主守衣裝凡三人也帶甲十萬士卒數也又引杜牧云司馬法曰一車甲士三人步卒七十二人炊家子十人固守衣裝五人廄養五人樵汲五人輕車七十五人重車二十五人故二乘兼一百人爲一隊又引張預云曹公新書云攻車一乘前距一隊左右角二隊共七十五人守車一乘炊子十人守裝五人廄養五人樵汲五人共二十五人攻守二乘凡一百人李靖問對引新書說同今案孫子曹注家子二人當作一人依其說則輕車一乘卒步騎共二十人又養家子廄共五人通二十五人其重車一乘則惟有養二人家子一人共三人而已而曹氏新書說攻車每乘三隊守車每乘一隊隊各二十五人攻車卽輕

車守車卽重車也依孫子注說則輕重車二乘共二十八人兩車各
自有廄養等依新書說則輕重車二乘共百人輕車之廄養卽以將
重車二書同出曹氏而所計之數絕不同攷孫子注本以養二人主
炊此與公羊宣七年何注云炊亨曰養正合自是古義而家子與廄
各自有所職今張李所引新書乃以炊家子為一廄養為一竟似襲
孫子注而失其句讀者其不出曹氏殆無疑義杜牧所說兵車一乘
七十五人與采芑箋引司馬法同所說重車一乘二十五人則自據
曹氏新書說與所引司馬法本不相冡而後人乃并指為司馬法佚
文不知先秦古書安得有炊家子句讀之謬哉後人說車乘人數並
以杜說為真出司馬法莫能辨證疏矣金鶚駁鄭詩箋說云夫天子
六軍七萬五千人耳今用一十八軍二十二萬五千人古者用兵未
有如此之多王者起徒役無過家一人而謂羨卒盡起其不合者一
也閟宮云公車千乘公徒三萬夫一乘七十五人是千乘當有七萬
五千人何言三萬此詩盛誇魯之疆豈反少言之乎鄭箋云大國三
軍合三萬七千五百人言三萬者舉成數也不知以三軍言每乘七
十五人止須五百乘與公車千乘不合且凡舉大數皆舉所近若是
三萬七千五百人當言四萬不應退減其數而言三萬也其不合者
二也孟子言武王伐殷革車三百兩虎賁三千人虎賁甲士也若每
兩甲士三人則三百兩當止九百人若統士卒言之當有二萬二千
五百人何止三千其不合者三也大司馬軍師旅卒兩伍此戰陳不
易之法春秋時猶然四兩為卒二兩則為卒之半配偶均齊今以三
兩為一乘則不得以四兩為卒推而上之旅與師軍之法皆亂矣其
不合者四也然則一乘七十五人必不可用之戰明矣周官言五伍
為兩兩者車一乘也蓋兵車一乘甲士十人步卒十五人甲士二伍
步卒三伍士卒不相雜也凡用兵選其強壯有勇者為甲士又選其
尤者使居車上左人持弓矢主射右人持矛主擊刺中人主御是為

甲首左傳言獲其甲首三百甲首者甲士之首也三百人則三百乘也餘甲士七人蓋在車之左右步卒十五人蓋在車之後也以二十五人爲一乘按之諸書皆合方叔南征車三千乘每乘二十五人三千乘得七萬五千人是王六軍之制也春秋襄十一年作三軍明以前無三軍閟宮詩言公徒三萬僖公時止二軍也二軍二萬五千人言三萬舉大數也抑或兼將重車者言之每乘二十五人則千乘適二萬五千人是爲二軍併將重車者計之適三萬也孟子言武王虎賁三千人是甲士三千每乘車甲士十人故革車三百兩也韓非子言武王素甲三千與紂戰亦一證也又左氏閔二年傳云帥車三百乘甲士三千人管子乘馬云一乘四馬白徒三十人奉車兩皆無不合周官伍兩卒旅之制更無論矣至齊語云五十人爲小戎此乃管仲變易周制然五十人是二十五人之倍則卽變法之中亦可以知古法也左成元年疏謂對敵布陳必用大司馬伍兩卒旅之法非一乘車七十五人此足以證諸說之謬案金說尤覈黃以周謂周書武順二十五人爲元卒卽詩之元戎亦足證孔金之說至兵車一乘各以重車一乘載任器又兵車每乘有養家子廄五人非卽將重車之人並當以孫子注說爲正杜牧及李靖引曹氏新書說不足據也司馬法革車一乘士十人者謂甲士徒二十人者步卒十五人加以廄養等五人也將重車人自有廄養三人御及牽傍又不在此數要不可以兵車之徒充之矣廄養等五人雖亦通謂之徒而不在正卒之數故此經以二十五人爲兩此與魯頌司馬法文本無迕管子乘馬篇說徒三十人奉車兩亦與司馬法同山至數又云二十七人而奉一乘七當爲五之誤此蓋不兼廄養言也至孫子馳車一駟甲百人疑春秋以後侯國之別制曹氏萬騎之說尤非古制與此經卒兩之數不能强合也漢唐諸儒釋車乘人數牽於司馬法一乘七十五人之文故坊記孔疏引五經異義說以魯頌公車千乘謂大總計地

出軍公徒三萬謂鄉遂兵數不知魯頌正是一乘三十人之制也司馬法所謂一乘七十五人者據漢書刑法志及詩小雅信南山孔疏乃都鄙計井出車之法與出車一乘三十人者不同杜牧張預攷之不審乃以一乘七十五人爲制軍出戰之常法以傅合孫子之義是合鄉遂比閭都鄙丘甸爲一法說皆必不可通至司馬法丘甸出車徒之法雖與鄉遂不同而出軍則亦以二十五人爲一乘與鄉遂無異六鄉之士卒出於鄉里而兵車大車馬牛出於官將重車之人蓋出於四郊六遂之士卒出於遂邑車馬牛亦出於官將重車之人蓋出於近遂之公邑所謂出兵而不出車也若都鄙則車徒馬牛及將重車者並出於丘甸所謂出車而兼出兵也蓋都鄙軍籍雖不豫定至有事征調及之則亦必以都鄙之卒配都鄙之車其不能易伍兩之制可知矣互詳小司徒疏又案左隱十一年傳鄭伯使卒出豭行出犬雞以詛射潁考叔者杜注云百人爲卒二十五人爲行行亦卒之行列則又以兩爲行未知何據云兩司馬皆中士者江永云閭出二十五人爲兩兩司馬中士即閭胥也云五人爲伍者通典兵引司馬穰苴云凡立軍一人曰獨二人曰比三人曰參比參曰伍五人爲列案比參不能成列故軍法必自伍始云伍皆有長者賈疏云伍長是比長下士不言皆下士者以衆多官卑故略而不言也詒讓案制軍始於伍五伍而成一兩以伍兩車乘之數計之每軍蓋爲車五百乘士萬二千五百人凡軍將一人師帥五人旅帥二十五人卒長百二十五人兩司馬五百人伍長二千五百人六軍共車三千乘士七萬五千人凡軍將六人師帥三十人旅帥百五十人卒長七百五十人兩司馬三千人伍長一萬五千人大國三軍車千五百乘士三萬七千五百人次國二軍車千乘士二萬五千人小國一軍車士如上每軍之數其軍將以下並如王國之制其都數則依軍遞減也此六軍三千乘三軍千五百乘二軍千乘一軍五百乘並立鄉制軍之籍

法有增減如魯則初爲三軍後減爲二軍春秋時復增減不常晉則初爲二軍春秋初減爲一軍後又增爲三軍六軍是也軍增則鄉亦增軍減則鄉亦減可以隨時改易若計井出賦則百井一乘有一定之率方千里者出車萬乘方三百十六里有奇者出車千乘地無加削則賦亦無贏朒故公五百里出賦可二千五百乘而制三軍則止一千五百乘伯三百里出賦止九百乘而制二軍乃千乘子二百里出賦止四百乘男百里出賦止百乘而制一軍乃皆五百乘所以出賦少而出軍多者軍以鄉制一家出一人賦以井計八家出一人兩法不相妨也若然五等之國唯侯四百里出賦與制軍皆千乘爲偶合耳是則制軍與出賦兩不相謀而立鄉與計井之不能通爲一法亦明矣　注云軍師旅卒兩伍皆衆名也者小司徒注義同云伍一比兩一閭卒一族旅一黨師一州軍一鄉家所出一人者明一軍卿一鄉一萬二千五百家所出也賈疏云鄭以經伍兩卒旅師軍皆據在鄉內民數而言者以其凡出軍皆據六鄉爲數是以小司徒云凡起徒役無過家一人是以鄭據在鄉之數而以家一人結之也孔廣森云郊外之軍賦馬牛車輦旗鼓戈盾皆出自私家六鄉之軍則自公家給之於民無取焉其車車僕之所共也其兵司兵之所授也其馬與牛牧田牛田之所秣也所資於民者家出一卒而已云將帥長司馬者其師吏也者將卿軍之師吏帥卿師旅之師吏長卿卒伍之師吏司馬卿兩之師吏也通言之將帥司馬皆爲兵卒之長故書牧誓云千夫長百夫長孔疏引鄭書注云師帥旅帥也云言軍將皆命卿則凡軍帥不特置選於六官六卿之吏者以六官之卿及六鄉之鄉大夫並爲命卿出軍時則於此十二卿中選擇以爲軍帥也書甘誓大戰於甘乃召六卿毛詩大雅棫樸及禮記曲禮孔疏引鄭書注云六卿者六軍之將周禮六軍皆命卿則三代同矣續漢書百官志劉注引劉劭爵制云古者天子寄軍政於六卿居則以田警則以戰

素信者與衆相得也故啓伐有扈乃召六卿大夫之在軍爲將者也及周之六卿亦以居軍在國也則以比長閭胥族師黨正州長鄉大夫爲稱其在軍也則以卒伍司馬將軍爲號所以異在國之名也案劉氏謂軍將卽以六鄉大夫爲之蓋據平時常法而言六韜農器篇亦云田里相伍其約束符信也里有吏官有長其將帥也此並言鄉吏卽可爲軍將也賈疏云鄭云選於六官者謂王朝六卿此六軍之將還選六鄉中有武者爲軍將也又別言六鄉之吏者據六鄉大夫及州長黨正族師閭胥比長中有武者今出軍之爵還遣在鄉所管之長爲軍吏也鄭必知還遣本長爲軍吏者見管子云因內政寄軍令且經並據在鄉時尊卑而言故知因遣其鄉之官而領之也是以州長職注云掌其戒令賞罰則是於軍因爲師帥自黨已下注皆云因爲旅帥因爲卒長閭胥以下雖不言因爲義可知江永云軍將皆命卿如春秋時晉國之制則是以六官之長爲軍將矣然則元帥必冢宰乎觀宣王命將出師有其人不必六鄉之長則亦惟王所命也黃以周云武王伐紂用三軍誓曰御事司徒司馬司空是軍帥以正卿治事之塙證詒讓案國語說管子制齊士鄉十五公帥五鄉爲中軍國子高子各帥五鄉爲左右其制與此經不合而以軌長里有司連長鄉良人等帥其衆則與此經鄉吏爲長帥略同又魯語叔孫穆子曰天子作師公帥之以征不德韋注云師謂六軍之衆也公謂諸侯爲王卿士者也周禮軍將皆命卿據韋說則彼公卽此經命卿也云自鄉已下德任者使兼官焉者謂師帥以下軍吏則專選鄉吏中州長以下德任者兼之不選六官貳攷以下官也賈疏云按大司馬云師都載旜鄉遂載物鄭云鄉遂大夫或載旜或載物衆屬軍吏無所將則自鄉已下至伍長有武德堪任爲軍之吏者乃兼官兼官者在鄉爲鄉官在軍爲軍吏若無武德不堪任爲軍吏者則衆屬他軍吏身不得爲軍吏是無所將也是以詩云韎韐有奭以作六師鄭云

諸侯世子除三年之喪未遇爵命服士服而來時有征伐之事天子
以其吏任為軍將是代為軍將之事則王朝之官有武德者皆可代
為軍吏也鄭司農云王六軍大國三軍次國二軍小國一軍故春秋
傳有大國次國小國者明此三等侯國與左傳同也賈疏云春秋成
三年冬十一月晉侯使荀庚來聘衛侯使孫良夫來聘公問諸臧宣
叔曰中行伯之於晉其位在三孫子之於衛也位為上卿將誰先對
曰次國之上卿當大國之中中當其下下當其上大夫小國之上卿
當大國之下卿中當其上大夫下當其下大夫上下如是古之制也
衛在晉不得為次國晉為盟主其將先之丙午盟晉丁未盟衛蓋指
此為大國次國小國也云又曰成國不過半天子之軍周為六軍諸
侯之大者三軍可也者左襄十四年傳云晉侯舍新軍禮也成國不
過半天子之軍周為六軍諸侯之大者三軍可也杜注云成國大國
也案鄭王制注以方五百里者為大國方四百里三百里者為次國
方二百里及百里者為小國賈疏本彼注義謂公為大國侯伯為次
國子男為小國晉侯爵以霸主得置三軍是謂侯未成國三軍非其
本制左傳孔疏則據大宗伯七命賜國注云方四百里以上為成國
謂此經大國三軍次國二軍小國一軍當以公侯為大國伯為次國
子男為小國也諸侯五等唯有三等之命伯之命數可以同於侯其
軍則計地大小故伯國之軍不得同於侯也是孔謂晉於正法得置
三軍今攷大宗伯注本作方三百里以上為成國孔所據乃誤本也
然則彼注成國本兼伯言之竊疑左傳成國亦當通公侯伯而言彼
云不過半天子之軍明有不及半者亦得為成國也先鄭引左傳之
意或亦如是但晉侯爵為次國正法不得立三軍則當如賈說魯頌
公車千乘亦止二軍即其證也又案凡制軍之數與鄉遂必相應魯
於正法止有二軍而書費誓有三郊三遂則本有三軍國語魯語韋
注云魯伯禽之封舊有三軍其後削弱二軍而已不知何據竊意魯

初三軍或伯禽特受褒賜非常制也其後世復侯國之常制乃減為二軍故穀梁昭五年舍中軍傳云貴復正也范注云魯次國舊二軍是也若詩箋以魯僖千乘為即三軍則金鶚已糾其誤矣引詩大雅常武曰赫赫明明王命卿士南仲大祖大師皇父整我六師以修我戎既儆既戒惠此南國者釋文云儆本亦作敬案毛詩本作敬毛傳云赫赫然盛也明明然察也王命南仲於大祖皇甫為大師鄭箋云南仲文王時武臣也顯著乎昭察乎宣王之命卿士為大將也乃用其以南仲為大祖者今大師皇父是也使之整齊六軍之衆治其兵甲之事命將必本其祖者因有世功於是尤顯大師者公兼官也敬之言警也警戒六軍之衆以惠淮浦之旁國謂勅以無暴掠為之害也又引大雅文王曰周王于邁六師及之者大雅棫樸篇文在文王之什故引稱文王也毛傳云天子六軍鄭箋云于往邁行及與也周王往行謂出兵征伐也二千五百人為師今王興師行者殷末之制未有周禮周禮五師為軍軍萬二千五百人賈疏云此經言軍而詩云師者此皆軍也故鄭荅林碩云軍者兵之大名軍禮重言軍為其大衆故春秋之兵雖有累萬之衆皆稱師詩云六師即六軍也然軍旅卒兩皆衆名獨舉師者故易師彖云師貞丈人吉无咎軍二千五百人為師丈之言長也以法度為人之長故吉无咎謂天子諸侯而主軍軍將皆命卿天子六軍兵衆之名移矣正言師者出兵而多以軍為名次以師名少旅為名言師舉中言之也由此言之故以師為大名不言軍為其大衆不言旅為其中故以師表名見其得中以兼上下言多以軍為名謂征伐次以師為名謂君行師從少以旅為名謂鄉行旅從之時也案賈說是也棫樸六師之義傳箋不同先鄭此注引彼六師證此六軍即依毛義後鄭不破之則亦與毛及先鄭義同與詩箋義異棫樸孔疏亦駁箋說云鄭之此言未是定說鄭志趙商問此箋引常武整我六師宣王之時又出征伐之事不稱六軍而

稱六師不達其意答曰師者衆之通名故人多二云焉欲著其大數則乃言軍耳此正答常武六師而不中此箋之意是其自持疑也又臨碩并引詩三處六師之文以難周禮鄭釋之云春秋之兵雖累萬之衆皆稱師詩之六師謂六軍之師總言三文六師皆云六軍是亦以此爲六軍之意也案據孔說則臨碩引詩六師以難此經之六軍雖與棫樸箋說異而以六師與六軍爲一則同鄭釋則正依毛說與此注不破先鄭同足證彼箋之不爲定論矣又賈述易師象義卽後鄭易注佚文天府疏及棫樸疏所引並略同云此周爲六軍之見于經也者于釋文作於是也各本並誤賈疏云此引春秋及大雅常武與文王皆是正經故云之見于經也云春秋傳曰王使虢公命曲沃伯以一軍爲晉侯此小國一軍之見于傳也者于亦當作於賈疏云莊十六年傳文以其新并晉國雖爲侯爵以小國軍法命之故一軍也云百人爲卒二十五人爲兩故春秋傳曰廣有一卒卒偏之兩者賈疏云宣十二年欒武子說楚之軍法云其君之戎分爲二廣廣有一卒卒偏之兩服氏云左右廣各十五乘百人爲卒言廣有卒爲承也五十人曰偏二十五人曰兩廣既有一卒爲承承有偏偏有兩故曰卒偏之兩引之以證卒是百人兩爲二十五人意也案據賈說則服意蓋謂一廣有卒百人是爲廣包二偏偏包二兩偏兩卽一卒之內所含之數左傳杜注則云十五乘爲一廣司馬法百人爲卒二十五人爲兩車十五乘爲大偏今廣十五乘亦用舊偏法復以二十五人爲承副依杜說則以卒包偏別以兩裨卒一廣凡一百二十五人李靖問對釋左傳亦謂兩在卒外而云五十人曰兩每乘百五十人與服杜復異先鄭義或當與服同也

一軍則二府六史胥十人徒百人

疏 一軍則二府六史胥十人徒百人者賈疏云此非常也有軍則置之無則已府史不言府二人史六人而逆言其數者欲見所置非常故倒言以見義也詒讓案六

軍則十二府三十六史六十胥六百徒也此皆在軍別置與大司馬本屬之府史胥徒在官府者異

司勳上士二人下士四人府二人史四人胥二人徒二十人故書勳作勛鄭司農云勛讀爲勳勳功也此官主功賞故曰掌六鄉賞地之法以等其功疏司勳者掌功賞之事軍事所尤重故屬夏官 注云故書勳作勛鄭司農云勛讀爲勳勳者段玉裁云說文力部曰勳能成王功也勛古文勳也是勛古文勳小篆實一字司農當云勛勳古今字而二云讀爲者時無勛字不敢定爲卽勳寧從易字之例也員聲熏聲聲類同在文魂部至叔重乃定爲一字豈賈侍中說與二云勳功也者爾雅釋詁文二云此官主功賞故曰掌六鄉賞地之法以等其功者據本職文證勳功之義也

馬質中士二人府一人史二人賈四人徒八人質平也主買馬平其大小之賈直疏馬質者賈疏云馬者主以供軍之用馬質主平馬賈買之故亦列職居前也然不使與校人相近而在此者平馬大小賈直故使與量人相近故也以其主馬故屬夏官詒讓案馬質兼掌給六軍之馬與校人專掌王馬異故與司勳掌六鄉賞地之官相次而不屬校人 注云質平也者地官敘官質人注同云主買馬平其大小之賈直者質人主平定物賈此馬質亦主平定馬大小之賈直故皆以質名官

量人下士二人府一人史四人徒八人量猶度也謂以丈尺度地疏量人者掌建國之法及邦國之地與司馬制畿封國事相因故亦屬夏官 注云量猶度也者說文重部云量稱輕重也引申之以丈尺量度長短遠近亦通謂之量廣雅釋詁亦云量度也云謂以丈尺度地者王制云司空執度度地注云度丈尺也以其職掌建國之法量市朝道巷門渠等皆是度

地之事

小子下士二人史一人徒八人小子主祭祀之小事疏小子者掌小祭祀羞羊肆等故列羊人之前而屬夏官　注云小子主祭祀之小事者即薦羞及祈珥飾牲之事是也

羊人下士二人史一人賈二人徒八人疏羊人者此亦以五行象類屬夏官也庖人注云羊屬司馬火也月令注云羊火畜也又少牢饋食禮司馬封羊注引尚書傳云羊屬火賈疏云羊人在此者以其職有掌羊牲及祭祀割牲等之事羊屬南方火司馬火官故在此按說卦云兌爲羊注云其畜好剛鹵又易說云大山失金雞西嶽亡玉羊玉羊者西嶽之精而羊不在西方者羊有二義按五行傳云視之不明則有羊禍注云羊畜之遠視者屬視故列在夏官兌爲羊又屬西方也

司爟下士二人徒六人故書爟爲燋杜子春云燋當爲爟書亦或爲爟爟爲私火玄謂爟讀如予若觀火之觀今燕俗名湯熱爲觀則爟火謂熱火與疏司爟者此亦以五行象類屬夏官也賈疏云在此者按其職有行火之政令火屬南方故在此也　注云故書爟爲燋杜子春云燋當爲爟書亦或爲爟者爟燋形近而誤說文火部云爟取火於日官名舉火曰爟周禮曰司爟掌行火之政令重文烜或从亘又云燋所以然持火也周禮曰以明火爇燋也案許於爟下引司爟文燋下引華氏文則許亦從杜讀爲爟矣陳壽祺呂飛鵬並謂爟有二義其云取火於日者秋官之司烜也云舉火曰爟并引司爟經文即此行火之司爟也案陳呂說是也許所見周禮蓋夏秋二官並作爟字與杜鄭所校故書又微異許意以取火於日爲爟之本訓舉火爲別訓秋官之司爟氏本訓也此司爟爲

別訓故引此職文於舉火之後明與前一義別也淮南子氾論訓祓之以爟火高注云爟火取火於日之官也周禮司爟掌行火之政令火所以祓除不祥也亦兼夏秋二官爲訓足與許書互證亦詳秋官敘官疏黃以周云依說文爟卽司烜氏之烜字則司爟當從故書作燋記曰執燭抱燋四時抱燋變國火故名其官曰司爟案黃說亦通又案說文舉火曰爟段玉裁謂卽秦漢權火之制呂氏春秋本味篇高注亦以周禮司爟與權火爲一然於經無文杜鄭訓讀亦與權火不合蓋並不取之矣詳本職疏云爟爲私火者段玉裁云爲謂字之誤私火者對司烜祭祀之火而言賈疏云民閒理爨之火爲私火詒讓案本職云凡祭祀則祭爟則不專屬私火矣故後鄭不從云玄謂爟讀如予若觀火之觀者此從杜校擬其音也爟觀聲類同予若觀火書盤庚文賈疏云盤庚告其羣臣不欲徙而匿情者予若觀熱也我有刑罰如熱火可畏孔安國以觀爲視我觀汝情如視火與鄭義異也案賈所述書義蓋本鄭書注黃以周云鄭從子春司農說以爟烜爲二字說與許異故此注云爟讀如予若觀火之觀彼注云烜讀如衞侯燬之燬以別其音義之不同云今燕俗名湯熱爲觀則爟火謂熱火與者段玉裁云此說其義也燕俗名湯熱爲觀此卽涫字說文涫鬻也今俗語滾水是也古音觀涫爟三字同音官因湯熱爲涫知熱火謂之爟下文云四時變國火則不得訓爲私火故易其義也案段說是也鄭以此爟字義訓難通故引俗語以明之賈疏謂對司烜明火爲冷火誤

掌固上士二人下士八人府二人史四人胥四人徒四十人固國所依阻者也國曰固野曰險易曰王公設險以守其國

疏掌固者此官與司險掌疆並掌畿疆守固之事故亦屬夏官　注云固國所依阻者

也者說文□部云固四塞也國策秦策云秦東有肴函之固高注云固堅牢難攻易守也此官掌脩城郭溝池樹渠之等皆國所依阻以爲堅固之事也云國曰固野曰險者說文𨸏部云險阻難也賈疏云對下文司險是在野之義也以其掌固職云掌脩城郭溝池樹渠之固並據國而言司險職云周知山林川澤之阻而達其道路皆據在野而言故知在野曰險引易曰王公設險以守其國者賈疏云易坎卦彖云天險不可升也地險山川丘陵也王公設險以守其國引之證固是在國王公設之以守國若然易云王公設險險卽此固以其言王公設之非是在野自然之險者也是對文則險固異散則險固通名也

司險中士二人下士四人史二人徒四十人

掌疆中士八人史四人胥十有六人徒百有六十人疆界也 疏 掌疆者職闕大司徒云辨其邦國都鄙之數制其畿疆而溝封之又封人云凡封國封其四疆造都邑之封域者亦如之是王國邦國都邑及九畿並有疆界掌疆所掌蓋職其守備之事胡匡衷云左桓十七年傳齊人侵魯疆疆吏來告疆吏疑卽掌疆也 注云疆界也者大司徒注義同

候人上士六人下士十有二人史六人徒百有二十人候候迎賓客之來者 疏 候人者賈疏云按其職云各掌其方之道治與其禁令以設候人是候迎賓客之事故詩云彼候人兮荷戈與祋亦是武事故在此也詒讓案淮南子時則訓九月官候又兵略訓云前後知險易見敵知難易發斥不忘遺此候之官也許注云軍候候望者也此別主行軍斥候之事國語晉語所謂候遮扞衞是也左成二一年傳晉有候正晉語又有元候亦稱候奄似皆與此不同互詳本職疏 注云候候迎賓

客之來者者說文人部云候伺望也此候人亦伺望賓客之來而迎之故以爲名據本職云若有方治則帥而致于朝及歸送之于竟則候人兼主送賓客故毛詩曹風候人傳云候人道路送迎賓客者孔疏云案秋官環人掌送迎邦國之賓客以路節達諸四方又掌訝掌待賓客有賓客至逆於境爲前驅而入及歸送亦如之若候人主送迎賓客而環人掌訝又掌送迎賓客者環人掌執節導引使門關無禁掌訝以禮送迎詔贊進止候人則荷戈兵防衛奸寇雖復同送迎而職掌不同故異官也

環人下士六人史二人徒十有二人 環猶卻也以勇力卻敵 疏 環人者賈疏云按其職云掌致師察軍慝皆是軍師之事也故在此也 注云環猶卻也以勇力卻敵者說文玉部云環璧也此借爲還字鄉飲酒禮注云還猶退廣雅釋言云卻退也段玉裁云此環讀爲往還之還秋官環人讀爲環繞之環洪頤煊云環通作擐左氏成二年傳擐甲執兵杜注擐貫也下文環四方之故亦謂其威武禦敵與秋官環人義別案洪說亦通

挈壺氏下士六人史二人徒十有二人 挈讀如絜髮之絜壺盛水器也世主挈壺水以爲漏 疏 挈壺氏者賈疏云按其職云掌挈壺以令軍井挈轡以令舍挈畚以令糧又云凡軍事縣壺以序聚㯹皆爲軍事故在此也 注云挈讀如絜髮之絜者賈疏云詩云總角之宴毛傳云總角結髮此鄭依毛傳絜卽結之義也段玉裁云絜髮猶束髮也讀如絜者擬其音也說文曰挈縣持也縣而持之曰挈因以爲凡縣之名挈壺挈轡挈畚是也詒讓案釋名釋姿容云挈結也結束也束持之也鄭大學注云絜猶結也挈也是挈絜結聲義並通云壺盛水器也者壺以盛酒亦以盛水所盛雖異其形制蓋略同詳司尊彝疏云世主挈壺水以爲漏

者喪大記注云壺漏水之器也賈疏云以其稱氏此則官有世功則以官為氏故以世主解之也案挈壺水為漏事詳本職注凡官名氏者鄭賈並以世官為釋義未塙詳天官敘官及考工記敘疏

射人下大夫二人上士四人下士八人府二人史四人胥二人徒二十人

疏射人者大射儀注云司馬政官主射禮故此官掌射法亦屬夏官也云下大夫二人上士四人下士八人者射人之長檀弓謂之射人師又凡行射禮以射人為射正大射儀有大射正注云射人之長蓋若此下大夫二人又有小射正蓋若此上士四人下士八人等但彼侯國之制爵次當遞降一等耳

服不氏下士一人徒四人服不服不服之獸者

疏服不氏者此官掌教擾猛獸與田狩之事相通故屬司馬又贊射事故冢射人而次之　注云服不服不服之獸者者猛獸桀摯不可馴服此官主教擾之故以服不為名逸周書周祝篇云山之深也虎豹貔貅何為可服即此服不之義

射鳥氏下士一人徒四人

疏射鳥氏者此官掌射鳥又射掌取矢與服不氏相類故次其後

羅氏下士一人徒八人能以羅罔捕鳥者郊特牲曰大羅氏天子之掌鳥獸者

疏羅氏者此官掌捕鳥掌畜掌養鳥職掌並與射鳥氏相類故次其後　注云能以羅罔捕鳥者者釋文捕作搏云本又作捕案搏捕古今字詳小司徒疏說文网部云羅以絲罟鳥也古者芒氏初作羅爾雅釋器云鳥罟謂之羅郭注云謂羅絡之毛詩王風兔爰傳云鳥網為羅孔疏引李巡云鳥飛張

網以羅之案凡捕鳥捕獸捕魚並有用罔此官專掌捕鳥故以羅氏名官析言之則羅專爲捕鳥之罔通言之則凡罔並得稱羅大司馬二云羅弊是也引郊特牲曰大羅氏天子之掌鳥獸者者賈疏云按彼云大羅氏天子之掌鳥獸者也諸侯貢屬焉彼大羅氏則此羅氏爲一彼稱大對諸侯此直曰羅氏此無所對故不稱大此職唯羅鳥不主獸彼兼言獸者諸侯所貢鳥獸屬焉則兼掌所貢之獸也詒讓案呂氏春秋仲秋紀高注引此經大羅氏掌獻鳩杖以養老亦兼據禮記文

掌畜下士二人史二人胥二人徒二十人畜謂斂而養之疏注二云畜謂斂而養之者釋名釋言語二云畜養也斂謂收聚之此官掌養鳥故取蓄養爲義與庖人六畜字異

司士下大夫二人中士六人下士十有二人府二人史四人胥四人徒四十人疏司士下大夫二人者賈疏二云以其職二云掌以德詔爵以功詔祿與大司馬二云進賢與功同故列職於此也詒讓案大戴禮記盛德篇二云賢能失官爵功勞失賞祿爵祿失則士卒疾怨兵弱不用曰不平也不平則飭司馬亦足證司士屬夏官之義燕禮少牢饋食禮並有司士文王世子二云其在外朝則以官司士爲之是侯國亦有此官左成十八年傳說晉有司士則卽後司右與此職異云中士六人下士十有二人者少牢饋食禮有司士贊者蓋卽此中士以下是也

諸子下大夫二人中士四人府二人史二人胥二人徒二十人諸子主公卿大夫士之子者或曰庶子疏諸子者掌國子之倅又以軍法治之故亦屬司馬又國子之選備宿衛給侍從者謂之士庶子凡庶

子之班敘次於命士並此官掌之故次司士之後注云諸子主公卿大夫士之子者者以其職云掌國子之倅國子卽公卿大夫士之子不分適庶也云或曰庶子者據文王世子云庶子之正於公族者鄭彼注云庶子司馬之屬掌國子之倅爲政於公族者是此諸子亦稱庶子也燕義載此諸子職文亦稱庶子又書康誥云矧惟外庶子訓人僞孔傳云在外掌衆子之官主訓民者蓋亦以此諸子官爲釋互詳本職疏胡匡衷云諸庶訓皆爲衆諸子庶子皆掌國子國子衆多故云諸或言庶諸庶通名俞正燮云宮伯外饔酒正司士象胥職庶子在士下大僕職御庶子在僕下掌客職云王巡狩國君致從者士眡諸侯卿庶子眡諸侯大夫庶子從王禮在士從王下朝大夫序官庶子八人列在士府史下燕禮大射禮有庶子執燭阼階上大射儀獲者執薦庶子執俎從之設於乏南與服不氏徒四人等至夏官諸子則下大夫二人中士四人蓋諸子庶子名同而事異文王世子之庶子及後世太子王侯庶子官與夏官諸子通此一庶子也燕禮大射儀之庶子與周官凡所正名庶子者同此又一庶子也管子戒篇云中婦諸子亦言女使賤役新序雜事五云胡亥置酒饗羣臣召諸子諸子賜食先罷胡亥下階視羣臣陳履狀善者因行踐敗而去諸子聞見之者莫不太息是諸子先食而侍饗爲近侍小臣或亦名諸子與諸子官無涉案俞說甚覈此經通例凡王族及公卿大夫士之子弟其入學者爲國子國子之備宿衛侍從於王者爲士庶子此諸子者掌國子庶子之官也象胥掌客二職及燕禮載庶子禮秩咸在士下故司士掌士此官掌庶子二官相次以其掌庶子故燕禮謂之庶子正文王世子及燕義之庶子卽庶子正亦卽此諸子官也燕禮大射儀之稱庶子者卑於庶子正及此經所稱士庶子則皆此官所領之屬及所掌之人兩者雖微不同然燕義之庶子本通正屬言之與此經義不迕也互詳宮伯疏

司右上士二人下士四人府四人史四人胥八人徒八十人右謂有勇力之士充王車右**疏**司右上士二人者賈疏云王車之右執干戈以衞王亦是武事故在此也詒讓案本職云掌羣右之政令則此官司衆乘車兵車之右職重員多故司士謂之大右然王五路之右則非其所屬故不列諸右之前蓋三右雖亦選於羣右而爵秩特尊戎右中大夫齊右下大夫司右爵止上士僅與道右相等明不與彼爲長也又左成十八年傳云荀賓爲右司士屬焉孔疏引服虔以爲司士主右之官謂司右也彼晉官制與此經名異　注云右謂有勇力之士充王車右者賈疏云其職云國之勇力之士能用五兵者屬焉鄭云選右當於中是用勇力充之者也案御覽兵部引五經要義云國君及元率戎車將在中央當鼓御者在左勇力之士執戈在右彼據王侯元帥戎車法也乘車則尊者居左御居中尋常兵車將卒所乘與乘車同而右則常充車右是中左有時更易右則有常位故以右爲名也詳後疏

虎賁氏下大夫二人中士十有二人府二人史八人胥八十人虎士八百人不言徒曰虎士則虎士徒之選有勇力者**疏**虎賁氏者此官與旅賁氏節服氏並勇力之士掌王出入先後儀衞之事故亦屬司馬而次司右之後樂記注云賁憤怒也書牧誓武王戎車三百兩虎賁三百人僞孔傳云勇士稱也若虎賁獸言其猛也皆百夫長風俗通義正失篇說書虎賁云言猛怒如虎之奔赴也漢書百官公卿表顏注云賁讀與奔同言如猛獸之奔北堂書鈔設官部引漢官儀云虎賁言其猛怒如虎之奔走古有勇士孟賁改奔曰賁蓋依此是也沈約宋書百官志說略同盧文弨云虎賁氏掌先後王而

趨旅賁氏掌執戈盾夾王車而趨凡祭祀會同賓客則服而趨軍旅則介而趨皆以趨爲言者以賁卽奔也古字本通用詩鄘風鶉之奔奔襄二十七年左氏傳禮記表記俱作賁賁宋志乃以爲王莽輔政以古有勇士孟賁故以奔爲賁說殊無典據王引之云虎賁有爲宿衛之臣者夏官虎賁氏掌先後王而趨以卒伍立政綴衣虎賁顧命虎賁百人是也有爲士卒武勇之稱者孟子盡心篇武王之伐殷也革車三百兩虎賁三千人楚策秦虎賁之士百餘萬是也虎賁是士卒故云三千云百餘萬若周禮之虎賁氏但有虎士八百人而已不得如是之多也書牧誓序武王戎車三百兩虎賁三百人三百人當爲三千人因上文三百兩而誤也呂氏春秋簡選篇武王虎賁三千人簡車三百乘貴因篇武王選車三百虎賁三千史記周本紀武王率戎車三百乘虎賁三千人人數皆作三千不作三百蓋一車十人古人有此兵制閔二年左傳齊侯使公子無虧帥車三百乘甲士三千人以戍曹車一乘卒十人故革車三百兩得有虎賁之卒三千人不得云三百人也乃孟子趙注既誤以虎賁爲小臣書序傳又沿虎賁三百人之誤而以虎賁爲百夫長皆考之不審也案王說是也牧誓孟子所言虎賁皆指兵車之甲士而言故樂記謂之虎賁之士古制兵車一乘甲士十人互詳前疏云下大夫二人中士十有二人者卽宿衛虎士之長帥書顧命所謂虎臣也彼僞孔傳又謂齊侯呂伋爲天子虎賁氏卽此下大夫也　注云不言徒曰虎士則虎士徒之選有勇力者者賈疏云以其在胥下例皆是徒今不言徒而曰虎士明先是徒之選有勇力者乃爲之以當徒處

旅賁氏中士二人下士十有六人史二人徒八人　疏旅賁氏者賈疏云言旅見其衆言賁見其勇漢書百官公卿表顏注云旅衆也賁與奔同言爲奔走之任也案國語魯語云天子有虎賁習武訓也諸侯有旅賁禦災害

也又楚語左史倚相述衞武公曰在輿有旅賁之規然則天子有虎賁又有旅賁諸侯唯有旅賁不得有虎賁也

節服氏下士八人徒四人世爲王節所衣服疏注云世爲王節所衣服者賈疏云以其著服與王爲節而稱氏故知官有世功則曰官族然凡稱氏者鄭雖不釋爲世功但注有詳略從可知也案此官掌王之冕服故以節服爲名賈謂著服與王爲節非也又經官名凡稱氏者亦不必皆世官鄭說未塙詳春官敘官疏又案書立政有綴衣虎賁僞孔傳云掌衣服孔疏以大僕掌正王之服位爲釋殊不塙竊疑綴衣即節服氏故與虎賁同舉矣

方相氏狂夫四人方相猶言放想可畏怖之貌疏方相氏狂夫四人者亦武士之類故亦屬司馬而次虎賁諸官之後狂夫無爵蓋與虎賁氏虎士同左閔二年傳狂夫阻之孔疏引服虔云方相之士蒙玄衣朱裳主索室中毆疫號之爲狂夫國語晉語韋注說同　注云方相猶言放想可畏怖之貌者釋文云放本或作瓬案放想言仿佛想象也說文人部云仿相似也漢書禮樂志相放㤄顏注云放㤄猶髣髴也方與放仿瓬相與想聲類並同

大僕下大夫二人小臣上士四人祭僕中士六人御僕下士十有二人府二人史四人胥二人徒二十人僕侍御於尊者之名大僕其長也疏大僕者賈疏云凡言僕御者是武衞之事又大僕職凡軍旅田役贊王鼓是凡僕御皆連類在此也云小臣上士四人祭僕中士六人御僕下士十有二人者賈疏云大僕以下四官因仍同府史之等者大僕以下至御僕乃是別職同官故共府史胥徒也詒讓案凡諸職同府史胥徒者爲同官

府燕禮注謂天子大僕小臣祭僕御僕皆同官故大僕射人職謂之僕人左僖二十四年襄三年傳並謂御僕為僕人大射儀有僕人正僕人師僕人士注云僕人正僕人之長師其佐也士其吏也彼經又有小臣正小臣師注云小臣師正之佐也正相君出入君之大命燕位者也案鄭彼注於僕人正師不云何官而於小臣正師並引大僕禮亦有小臣師注云師長也小臣之長一人猶天子大僕正君之服職為釋賈燕禮疏遂謂諸侯兼官有小臣無大僕依其說則僕人小臣止是一官何以大射經二官並舉且僕人小臣又各有正有師則是四等必非小臣一官明矣今以左傳攷之成六年晉有僕大夫昭十二年楚有正僕人蓋卽僕人正而僕人師檀弓又作卜人師左傳孔疏及禮記釋文並謂卽此大僕則諸侯自有大僕之官不盡以小臣兼也以意求之疑大射儀僕人正卽此大僕下大夫僕人師卽此御僕下士小臣正卽此小臣上士小臣師卽此祭僕中士侯國亦備此四官但爵當降於王臣耳蓋大僕御僕同稱僕人此經及左傳旣有可據而喪大記云君夫人之喪小臣復與祭僕大喪復于小廟之文亦相應則祭僕小臣二職可互通之明證要以別職同官故長屬大小不嫌通稱矣互詳本職疏 注云僕侍御於尊者之名者左傳文十八年杜注云僕御也說文人部云僕給事者是凡侍御給事於尊者通名為僕此大僕祭僕御僕隸僕等並取侍御為名御僕於王尤親近故又稱御射義引逸詩云御于君所注云御猶侍也胡匡衷云大僕小臣皆侍從之官與僕馭官別周禮有大僕小臣等官又別有大馭中大夫與戎僕齊僕道僕田僕馭夫皆掌馭車左傳諸侯有僕人又別有戎御等官其職各不相通漢書百官公卿表云大僕秦官掌輿馬注引應劭云周穆王所置也蓋大御衆僕之長中大夫也是秦制以大僕掌輿馬而後之言官制者遂誤合兩職為一矣案胡說是也此大僕自是侍御之官周初建國卽設之非穆王所置也至

秦改以僕夫爲大僕大僕則與此名同職異應說殊誤云大僕其長也者謂與小臣祭僕御僕隸僕三官爲長也書敘云穆王命伯冏爲周大僕正正長義同僞孔傳云大僕大御中大夫則謂卽後大馭非也又續漢書百官志大僕劉注引干寶云若漢侍中案干蓋以職事相近故以爲況書立政云王左右常伯常任文選劉琨答盧諶詩李注引揚雄侍中箴又藉田賦注引應劭漢官儀古文苑胡廣侍中箴並以常伯常任爲漢侍中以干注參互證之常伯常任或卽此大僕之屬與立政又有綴衣孔疏謂卽大僕則未塙

隸僕下士二人府一人史二人胥四人徒四十人此吏而曰隸以其事褻 疏 隸僕者賈疏云以僕皆在此故亦在此但所掌事褻故別官職不屬大僕案賈說非也隸僕亦當屬大僕但不同官耳 注云此吏而曰隸以其事褻者事褻謂若本職云掌五寢之埽除糞洒之事及王行洗乘石等並是勞褻之事賈疏云此經言下士二人卽是吏按秋官有罪隸已下是奴稱隸以其掌褻故與賤同稱隸也

弁師下士二人工四人史二人徒四人弁者古冠之大稱委貌緇布曰冠 疏 弁師者諸首服以亦是服御之事故次諸侍御官之後但弁師不與司服同屬春官又不與屨人同屬天官其義難通賈疏謂以夏物長大而盛壯人年長大乃冠以象夏故不同司服在春官而在此也其說亦未塙云工四人者爲弁冠及治弁飾等之工若考工記韋氏玉人雕人之屬是也 注云弁者古冠之大稱者說文皃部云覍冕也周曰覍殷曰吁夏曰收从皃象形重文弁或覍字案弁卽弁之隸變又說文冖部云冠弁冕之總名也士冠禮鄭注云弁名出於槃槃大也言所以自光大也白虎通義紼冕篇云弁之爲言攀也所以攀持其髮也

釋名釋首服云弁如兩手相合抃時也鄭意析言之古首服有冕弁冠三者制別通言之則冕弁皆爲冠冠亦得言弁故此官兼掌冕弁而特以弁爲名也云委貌緇布曰冠者賈疏云此二者對皮弁爵弁六冕惟曰冠若散文亦得言弁故司服云凡田冠弁服凶事服弁服皆得言弁也詒讓案此謂對文則冠與冕弁別也士冠記云始冠緇布之冠也大古冠布齊則緇之所謂緇布冠也委貌者司服之冠弁服鄭士冠禮注以爲卽玄冠詳司服疏

司甲下大夫二人中士八人府四人史八人胥八人徒八十人甲今之鎧也司甲兵戈盾官之長

【疏】司甲者以下至稾人六官並掌戎器之官故亦屬司馬云府四人者掌甲兵之藏樂記云車甲衅而藏之府庫是也　注云甲今之鎧也者釋名釋兵云鎧猶塏也塏堅重之言也或謂之甲似物有孚甲以自禦也廣雅釋器云函甲介鎧也書費誓孔疏云世本云杼作甲宋仲子云少康子杼也經典皆言甲秦世以來始有鎧之文古之作甲用皮秦漢以來用鐵鎧字從金蓋用鐵爲之而因以作名也武億云鄭蓋以漢制況之謂漢名甲爲鎧其實用皮用金在古並有此制管子地數篇葛盧之山發而出水金從之蚩尤受而制之以爲劍鎧矛戟蚩尤已以金作鎧韓子共工之戰鐵銛矩者及乎敵鎧不堅者傷乎體此又在蚩尤以前已云鎧鎧所從來遠矣非自後世爲然春秋時此制益廣吳越春秋王僚乃被棠鐵之甲又戰國策當敵則斬堅甲盾鞮鍪鐵幕劉氏云謂以鐵幕爲臂脛之衣呂氏春秋貴卒篇趙氏攻中山中山之人多力者曰吾丘鴆衣鐵甲操鐵杖以戰則甲用金與革古蓋兼之諸說妄爲區分其義非也案武說是也賈疏說亦與孔同誤云司甲兵戈盾官之長者賈疏云以其此官下大夫又在上已下皆士官故云長也

司兵中士四人府二人史四人胥二人徒二十人疏司兵者說文收部云兵械也案古者五戎通曰兵

司戈盾下士二人府一人史二人徒四人戈今時句子戟疏司戈盾者文王世子注引此官作司戈司盾分爲二官蓋記憶之誤　注云戈今時句子戟者冶氏注及書顧命孔疏引鄭書注文選東京賦薛注義並同冶氏注又云戟今三鋒戟也鄭謂戈戟二兵漢時同名戟其句子者乃古之戈也釋名釋兵云戈句子戟也戈過也所刺擣則決過所鉤引則制之弗得過也方言云戟楚謂之釨凡戟而無刃秦晉之閒謂之釨或謂之鏔吳揚之閒謂之戈東齊秦晉之閒謂其大者曰鏝胡其曲者謂之鉤釨鏝胡郭注云釨取名於鉤釨也鉤釨鏝胡卽今雞鳴鉤釨戟也案釨子字通冶氏先鄭注以胡爲子然則鄭意蓋謂句子卽句胡也賈疏云按冬官冶氏爲戈戟戈則兩刃長六尺六寸戟則三刃長丈六尺形既不同鄭云戈句子戟而爲一物解之者鄭舉漢法以況之漢時見戈有旁出者爲句子亦名胡子故號戈爲句子戟也案鄭賈說戈戟形制與古不合詳冶氏疏

司弓矢下大夫二人中士八人府四人史八人胥八人徒八十人司弓矢弓弩矢箙官之長疏注云司弓矢弓弩矢箙官之長者賈疏云司弓矢下大夫已下繕人槀人皆士官故得與之爲長也詒讓案大射儀云賓之矢則以授矢人於西堂下胡匡衷謂司弓矢職曰大射燕射共弓矢與彼矢人相當是也矢人蓋卽此官之屬與考工記矢人爲工別

繕人上士二人下士四人府一人史二人胥二人徒二十人繕之言勁也善也【疏】繕人者此官與稾人並掌爲弓弩矢箙之官皆司弓矢屬官故燕禮記謂繕人爲弓人詳本職疏　注云繕之言勁也善也者曲禮云急繕其怒注云繕讀曰勁是繕與勁通毛詩鄭風叔于田敘繕甲治兵箋云繕之言善也又一切經音義引三蒼云繕治也繕之言善也華嚴經音義引珠叢云凡治故造新皆謂之繕也管子輕重甲篇云弓弩多匡軫者而重藉於民奉繕工卽此繕人之工也

稾人中士四人府二人史四人胥二人徒二十人鄭司農云稾讀爲芻稾之稾箭幹謂之稾此官主弓弩箭矢故謂之稾人【疏】注云鄭司農云稾讀爲芻稾之稾箭幹謂之稾者舊本作三稾字明注疏本又皆作稾並未是今依段玉裁黃丕烈校下二字從稾段云箭幹謂之稾稾字之引伸也說文稾稈也稈禾莖也司農云讀爲蓋經作枯槀字從木同於地官而司農易爲稾從禾也阮元云枯槀之槀从木讀爲芻稾之稾則易其字矣禾稾者莖也箭幹亦莖也故箭幹之稾卽禾稾引伸之義也作枯槀字則無義矣槀枯也又木名也易爲稾字而後曰箭幹謂之稾注例如此倘作謂之槀則不當言讀爲矣凡枯槁字苦浩切凡禾稾字古老切經典釋文以及各韻書皆如此此經釋文曰槀古老反依鄭易字之音也案段阮說是也此官故書作槀而先鄭讀爲稾地官敘官稾人故書作稾而先鄭讀爲槀二職注正相反而其以正字讀借字例則一也槀稾字經本多互譌詳地官敘官疏賈疏云按冬官矢人云以其笴厚爲之羽深後鄭云笴讀爲稾謂矢幹古文假借字云此官主弓弩箭矢故謂之稾人者稾亦當從段校作稾賈疏云此稾人非直掌矢稾兼主弓弩矢箙等而云稾人者以稾爲主耳

戎右中大夫二人上士二人右者參乘此充戎路之右田獵亦爲之右焉疏戎右者此官與齊右道右爲五路之右以掌車馬之事故屬司馬此五右不列司右之後而在此者以右與馭爲聯事故列大馭之前也　注云右者參乘者右舊本並作古蓋涉下齊僕注而誤今依注疏本正齊右注云陪乘參乘謂車右也月令注云人君之車必使勇士衣甲居右而參乘賈疏云若在軍爲元帥則將居鼓下將在中御者在右若凡平兵車則射者在左御者居中若在國則尊者在左御者亦中央其右是勇力之士執干戈常在右故云右者參乘也詒讓案書甘誓云左不攻于左汝不恭命右不攻于右汝不恭命御非其馬之正汝不恭命僞孔傳云左車左左方主射右車右勇力之士執戈矛以退敵詩魯頌閟宮箋云兵車之法左人持弓右人持矛中人御續漢百官志劉注引劉劭爵制說古車戰兵車車大夫在左御者處中勇士居右此平兵車三人共乘之法鄭風清人箋云兵車之法將居鼓下左成二年傳說鞌之戰云晉解張御郤克鄭丘緩爲右郤克傷於矢未絕鼓音張侯曰自始合而矢貫余手及肘余折以御左輪朱殷此將在中當鼓下御當左輪是元帥兵車三人共乘之法公羊成二年傳謂齊頃公在軍居車左與禮家說不合非也凡乘車法與平兵車同尊者在左一車之上乘者與御得右而三故即謂右爲參乘左文十八年傳云齊懿公使邴歜僕閻職驂乘杜注云僕御也驂乘陪乘服問云君之母非夫人則羣臣無服唯近臣及僕驂乘從服並以車右爲驂乘驂參字通兵車又有四人共乘之法乘者與御右之外其一人卽謂之駟乘左文十一年傳云侯叔夏御莊叔緜房甥爲右富父終甥駟乘是也云此充戎路之右者戎路卽革路也左桓八年傳楚伐隨鬬丹獲其戎車與其戎右少師以是戎車之右故與車俱獲矣云田獵亦爲之右焉者謂兼充木路之右也齊右注亦云戎右兼田右賈疏云按巾

車王路有五按下文僕亦有五惟此戎右已下有三不見玉路祀路之右又不見木路田路之右故以田戎相類齊祀相因以類相兼故戎右兼田右齊右兼祀右若然僕有五不兼者僕難於右是以六藝之中有五御而不言右也按巾車玉路居前戎路在後此右在前又戎右中大夫齊右下大夫道右上士戎右官又尊者夏官主事尚威武故戎右居前使官尊也

齊右下大夫二人充玉路金路之右疏注云充玉路金路之右者巾車云玉路以祀金路以賓此官兼充二車之右賈疏云充玉路為主故云云齊按曲禮云立如齊注齊謂祭祀時則齊雖施於祭前當祭時亦名齊故得兼金玉二路而鄭不言亦以其齊同故也案賈說非也齊車以金路為主故本職注亦云齊車金路王自整齊之車也齊右與齊僕同車而有祭祀之事則兼玉路之右蓋金玉二路雖同右而馭則齊僕專馭金路其玉路則為大馭所掌明齊右充金路是其正玉路自是兼充賈謂充玉路為主非鄭指也王朝覲會同必齊詳後疏

道右上士二人充象路之右疏注云充象路之右者本職注云道車象路也王行道德之車是也賈疏云在朝所以行道是以名車為道車不兼而官卑者以其上四事簡故使兼此道右每日視朝行事繁故不兼以其事卑於齊戎之等故官職卑也

大馭中大夫二人馭之最尊疏大馭中大夫二人者此官與戎僕齊僕道僕田僕為五路之馭與右同掌車馬之事故冢諸右而次之此大馭即玉路駕種馬之僕夫也校人云六繫為廄廄一僕夫是五馭為王路之馭而兼為廄長種馬二廄故有中大夫二人彼注謂別有僕夫上士之官非也詳校人疏又案依校人良駑六馬皆以御領圉以趣馬領圉御以馭夫領趣馬以僕夫領馭夫

以校人領僕夫則此五路之馭及馭夫並校人之屬而列於其前者蓋以馭右類次於此與全經長屬尊卑相次者不同亦變例也　注云馭之最尊者賈疏云以其御玉路以祀以是特尊不與下同名僕而謂之大馭也若然戎右在前尚威武此戎僕在後者以其僕雖駕馭爲難仍非武事故退戎僕於後進大馭於前也仍尊戎僕在齊僕之上而使中大夫爲之與戎右尊卑同也

戎僕中大夫二人　馭言僕者此亦侍御於車　疏　戎僕中大夫二人者此卽戎路駕戎馬之僕夫也亦一廄廄中大夫一人　注云馭言僕者此亦侍御於車者賈疏云上大僕已下言僕並是侍御之官稱僕今此馭車之人亦言僕者在車亦是侍御之類故云亦侍御於車也詒讓案戎僕亦謂之戎御又曰御戎國語晉語云知欒糾之能御以和於政也使爲戎御韋注云戎御御公戎車左成十八年傳云弁糾御戎使訓諸御知義又桓三年傳曲沃武公伐翼韓萬御戎杜注云御戎戎僕也

齊僕下大夫二人　古者王將朝覲會同必齊所以敬宗廟及神明　疏　齊僕下大夫二人者此卽金路駕齊馬之僕夫也亦二廄廄下大夫一人齊僕亦稱乘馬御左成十八年傳云程鄭爲乘馬御杜注云乘馬御乘車之僕也孔疏謂當此齊僕是也　注云古者王將朝覲會同必齊所以敬宗廟及神明者賈疏云按曲禮下注云春夏受贄於朝受享於廟秋冬一受之於廟是朝覲敬宗廟按覲禮及司儀會同之時設方明於壇上設六玉以禮方明之神是會同敬神明巾車云金路建大旂以賓則金路主爲賓路賓路則諸侯與王行朝覲會同之禮故鄭以朝覲會同以釋齊也詒讓案齊右注以齊車爲王自整齊之車者齊戒與整齊義同又案朝禮春夏亦當受贄於廟詳大宗伯疏

道僕上士十有二人王朝朝莫夕主御王以與諸臣行先王之道 疏 道僕上士十有二人者此卽象路駕道馬之僕夫也道馬亦一廄宜用僕夫二人而有上士十二人者以王朝夕燕出入其事尤繁故於每廄一僕夫之外增設員數使得更番休直備空闕也賈疏云按上齊右已下至齊僕皆二人唯戎右與道僕人數多者則戎右有所斬殺故左氏傳晉縛秦囚萊駒爲右使萊駒斬之故人多也道僕所以特多者以朝夕在朝來往駕脫難而且煩故人最多也 注云王朝朝莫夕者本職云掌馭象路以朝夕燕出入注云朝夕朝朝莫夕是也云主御王以與諸臣行先王之道者御當作馭凡五馭字經注並作馭與侍御字異各本並誤此釋象路名道車之義道右職注云王行道德之車與此注義同

田僕上士十有二人 疏 田僕上士十有二人者此卽田路駕田馬之僕夫也亦於二廄僕夫二人之外增設員數與道僕同賈疏云人亦多者王有四時之田兼有園囿遊獵及取鮮獸之等亦是事繁而難故亦特多也

馭夫中士二十人下士四十人 疏 馭夫者卽貳車使車從車之馭而兼爲繫長以其爲僕夫之屬官故次其後賈疏云馭夫總六十人按校人三乘爲皁皁一趣馬三皁爲繫繫一馭夫則馬三十六匹一馭夫計良二千一百六十匹則六十馭夫又駑六麗一師六師一趣馬六趣馬一馭夫則一馭夫主四百三十二匹駑千二百九十六匹則馭夫三人并前六十三人與此不合者蓋此序官脫三人也案經中下士共六十人卽良馬五種十廄之馭夫也其駑馬一廄之馭夫經無文賈依注說議補三人未知是否

校人中大夫二人上士四人下士十有六人府四人史八人胥八人徒八十人校之爲言校也主馬者必仍校視之校人馬官之長 疏 校人中大夫二人者此官主馬爲左右校之長而兼領五駁駁夫故列僕馭及養馬諸官之閒左哀三年傳云校人乘馬則魯亦有此官校人之長亦稱校正周書大武篇云校正厲御左成十八年傳云弁糾御戎校正屬焉又襄九年傳云命校正出馬杜注云校正主馬官孔疏謂當此校人案依本職則僕夫屬校人而左傳以校正屬戎御疑晉制與周異也云府四人者韓非子亡徵篇云私門之官用馬府之世馬府蓋卽校人之府也 注云校之爲言校也主馬者必仍校視之者宋余仁仲本言校校視兩校字並作校釋文云校人字從木若從手旁作是比校之字耳今人多亂之注校之校人同段玉裁云案此釋文則校人校之從木言校仍校從手後人因說文無從手之字遂槪從木錢大昕云說文手部無校字漢碑木旁字多作手旁此隸體之變非別有校字六朝俗師妄生分別而陸亦從而和之傎到甚矣孟子徹者徹也禮記齊之言齊也皆以義釋名非有異文案錢斥陸本之誤是也盧文弨說同凡秦漢古書以義訓名不嫌同字此例甚多據釋文蓋六朝時寫本經注五校字或皆作從手之校陸氏於經從校注則正其二而仍其二不悟其皆譌體亦其疏也然陸意注言校校視並爲比校之義則不誤國語晉語韋注云仍數也仍校視之言數考校閱視之以審馬之阜蕃肥健與否賈疏謂鄭讀從曲禮少儀效馬效羊之效取效見之義則誤又案漢書司馬相如傳顏注云養馬稱校人者謂以木爲闌校以養馬耳故呼爲閑也焦循云師古解校人是也廣雅釋木云校柴也哀四年公羊傳亡國之社蓋掩之掩其上而柴其下媒氏注云亡國之社奄其上而棧其下是柴卽棧亦校卽棧也管子內業篇傳馬棧者最難先傳曲木

曲木又求曲木曲木已傳直木無所施矣先傳直木直木又求直木直木已傳曲木亦無所施矣蓋編木圍其四面用以畜馬則爲馬棧亦卽爲校爲閑案顏焦說是也本職云六廄成校校有左右是校爲馬廄之總名與閑義略同此官掌左右校之馬卽以名官本職自明此注校視之義與經不甚合至孟子萬章篇說鄭子產使校人畜生魚於池趙注云校人主池沼小吏彼侯國下吏與此官名偶同固迥不相涉也云校人馬官之長者賈疏云與下趣馬至圉人爲長有事皆取長官法度

趣馬下士皁一人徒四人趣馬趣養馬者也鄭司農說以詩曰蹶惟趣馬【疏】趣馬下士皁一人者自此至圉人六官並掌養馬屬於校人故文其後校人云三乘爲皁沈彤云十二匹爲皁駑馬與良馬同詒讓案皁早之譌別詳大司徒疏此皁爲廄櫪之名方言云櫪梁宋齊楚北燕之閒或謂之樎或謂之皁郭注云養馬器也周書羅匡篇云皁畜約制孔注云皁廄別名莊子馬蹄篇云編之以皁棧釋文引崔譔云皁馬閑也呂氏春秋權勳篇云猶取之內皁而著之外皁也高注云皁櫪也史記鄒陽傳集解引漢書音義云皁食牛馬器以木作如槽也案皁蓋閑廄之小者此趣馬每皁一人據良馬言之若駑馬則與此異依校人職良馬駑馬之數計之良馬每種二廄凡三十六皁趣馬三十六人五種十廄凡一百八十皁趣馬百八十人駑馬依經文八麗一師八師一趣馬八趣馬一馭夫三之爲趣馬二十四人更以三乘爲皁計之二十四趣馬凡馬三千七十二匹爲七百六十八乘二百五十六皁是一趣馬掌十皁尚餘十六皁無所隸合良駑十二廄凡趣馬二百四人也依鄭注義良馬數如經不改駑馬並破八爲六則駑馬每皁圉師一人六圉師一趣馬六趣馬一馭夫三之爲趣馬十八人每一趣馬有六皁合良駑十二廄凡趣馬一百九十八人也又案月令季秋說天子教田獵

云命七騶咸駕注以七騶爲卽趣馬呂氏春秋季秋紀高注說同蔡中郎集月令問答云問者曰令曰七騶咸駕今曰六騶何也曰本官職者莫正於周官周官天子馬六種種別有騶故知六騶左氏傳晉程鄭爲乘馬御六騶屬焉無言七者知當爲六也月令孔疏引皇氏則云天子馬有六種又有總主之人幷六騶爲七案此經趣馬各掌其皁無總主之人至蔡引左成十八年傳六騶則非天子之制彼杜注云六騶六閑之騶周禮諸侯有六閑馬蔡杜皆據此經而義互異恐皆不塙云徒四人者亦據良馬每皁之數也徒掌在皁養馬故古書亦通謂之皁左昭七年傳云士臣皁此徒亦爲下士之屬與彼正相應史記索隱引韋昭云皁養馬之官下士也司馬貞云養馬之官其衣皁也二說並不足據依校人職良馬十廄徒七百二十人駑馬二廄一千二十四人通一千七百四十四人也依鄭義駑馬十八趣馬爲百八皁徒四百三十二人良駑通一千一百五十二人也注云趣趣馬趣養馬者也者說文走部云趣疾也又馬部云騶廄御也依許說此趣卽騶之叚字後漢書張讓傳李注云騶養馬人國語楚語說齊有騶馬繻卽趣馬官也鄭則就趣字本義釋之謂養馬事繁此官董督令促疾也說與許蓋小異書立政亦作趣馬云鄭司農說以詩曰蹶惟趣馬者小雅十月之交篇文引以證彼趣馬卽此官也惟今詩作維鄭彼箋云蹶氏趣馬中士也掌王馬之政孔疏謂言中士者字誤阮元云毛詩作維三家詩作惟釋文出蹶惟二字賈疏引注作惟是也諸本作維非

巫馬下士二人醫四人府一人史二人賈二人徒二十人巫馬知馬祖先牧馬社馬步之神者馬疾若有犯焉則知之是以使與醫同職疏巫馬下士二人醫四人者此卽醫治疾馬之官天子馬六種十二閑其數

特多故別設醫官不并入獸醫賈疏云巫知馬祟醫知馬疾故連類在此也云賈二人者賈疏云治馬死生須知馬價故有賈人也注云巫馬知馬祖先牧馬社馬步之神者馬疾若有犯焉則知之是以使與醫同職者馬祖先牧馬社馬步並見校人職鄭意此官掌治馬疾而名巫者以馬疾或由犯神當使巫禳治之故巫醫兩有也俞樾云巫馬職但云掌養馬疾而乘治之相醫而藥攻馬疾無一字及祭然則巫馬非巫也巫猶醫也楚辭天問篇化爲黃熊巫何活焉王逸注曰言鯀死後化爲黃熊入於羽淵豈巫醫所能復生活是巫醫古得通稱蓋醫之先亦巫也說文酉部曰古者巫彭初作醫是也故廣雅釋詁曰醫巫也其字亦或從巫爾雅釋地醫無閭釋文曰李本作毉是也巫馬卽馬醫因其所屬有醫四人故於其長尊之曰巫耳案俞說是也

牧師下士四人胥四人徒四十人主牧放馬而養之

疏牧師者此官爲牧馬官之長故稱師也注云主牧放馬而養之者謂放馬於牧地而養之牧人掌養六牲此牧師專主養馬亦稱牧者六牲得通稱也

廋人下士閑二人史二人徒二十人廋之言數

疏廋人者亦省稱廋聘禮記云芻肉及廋車注云廋廋人是也云下士閑二人史二人徒二十人者沈彤云下士及史每閑二人天子十二閑則二十四人徒每閑二十人則二百四十人注云廋之言數者釋文出數也二字是陸本數下有也字明監本亦有廣雅釋詁云廋藪取也廋藪數聲義並相近此廋人掌十二閑之馬政亦取校數之義也郊特牲帝牛必在滌三月鄭注云滌牢中所搜除處也彼釋文載一本搜作廋孔疏云搜謂搜埽清除故周禮掌養馬者謂之廋人案孔說與鄭此注異而義亦通

圉師乘一人徒二人圉人良馬匹一人駑馬麗一人養馬曰圉四馬為乘良善也麗耦也

疏圉師乘一人徒二人者依校人職良馬五種十廄共馬二千一百六十匹為五百四十乘凡圉師五百四十人徒一千八十人駑馬二廄依經文馬三千七十二匹一千五百三十六麗七百六十八乘八麗一圉師凡一百九十二人徒三百八十四人合良駑十二廄凡圉師七百三十二人徒一千四百六十四人依鄭讀駑馬一千二百九十六匹六百四十人麗三百二十四乘六麗一師則圉師一百八人每乘徒二人則六百四十八人合良駑共圉師六百四十八人徒一千七百二十八人云圉人良馬匹一人駑馬麗一人者九章算術音義引字林云駑駘也依校人職良馬五種十廄圉人匹一人凡二千一百六十人駑馬二廄圉人麗一人依經文凡一千五百三十六人合良駑十二廄凡圉人三千六百九十六人依鄭讀駑馬圉人凡六百四十八人合良駑十二廄凡二千八百八人也左莊三十二年傳魯有圉人犖史記魯世家作鄧扈樂公羊宣十七年何注云養馬者曰扈扈卽圉人也 注云養馬曰圉者本職先鄭注義同說文夲部云圉一曰圉人掌馬者左昭七年傳云馬有圉牛有牧杜注云養馬曰圉養牛曰牧此經養馬有圉師又有牧師掌牧地者牧圉對文則異散文亦通云四馬為乘者本職先鄭注云四匹為乘管子乘馬篇云一乘者四馬也乘四馬故校人云乘馬一師四圉云良善也者玉府注同云麗耦也者說文鹿部云麗旅行也引申為兩偶之稱小爾雅廣言云麗兩也詩鄘風干旌孔疏引王肅云夏后氏駕兩謂之麗廣雅釋詁云儷耦也方言云䴡數也郭注云偶物為䴡麗儷麗數字並通校人注亦同

職方氏中大夫四人下大夫八人中士十有六人府四人史十有六

人胥十有六人徒百有六十人職主也主四方之職貢者職方氏主四方官之長疏職方氏中大夫四人者洪适隸釋載漢樊毅脩華嶽碑引周禮識方氏華謂之西嶽案職識聲類同疑漢經師或有讀職爲識者義亦得通也賈疏云在此者司馬主九畿職方制其貢事相成故在此官尊而人多以其共天下人民貢賦之事事繁故也注云職主也者亨人注同云主四方之職貢者者本職云制其職各以其所能制其貢各以其所有是也曲禮云五官之長曰伯是職方注亦訓職爲主云云是伯分主東西者此官與彼異而職方訓義同云職方氏主四方官之長者與下土方氏至撢人等十官爲長也

土方氏上士五人下士十人府二人史五人胥五人徒五十人土方氏主四方邦國之土地疏土方氏者自此至形方氏五職並掌四方疆域教治之官故類列於此注云土方氏主四方邦國之土地者俞樾云土當讀爲度此官主相度四方故曰度方氏其職云以土地相宅注曰土地猶度也是鄭意正以土爲相度之度乃於此注曰主四方邦國之土地又似以本字讀之者失之矣土度古通用說見大司徒案俞說是也

懷方氏中士八人府四人史四人胥四人徒四十人懷來也主來四方之民及其物疏注云懷來也者爾雅釋言文云主來四方之民及其物者亦據本職文

合方氏中士八人府四人史四人胥四人徒四十人合方氏主合同四方之事疏注云合方氏主合同四方之事者小行人注云合同也

訓方氏中士四人府四人史四人胥四人徒四十人訓道也主教道四方之民疏注云訓道也者爾雅釋詁文云主教道四方之民者說文言部云訓說教也訓道卽教道本職云正歲則布而訓四方明取教道四方之民故名訓方氏也

形方氏中士四人府四人史四人胥四人徒四十人形方氏主制四方邦國之形體疏注云形方氏主制四方邦國之形體者遂人云以土地之圖經田野造縣鄙形體之法注云形體謂制分界也司馬法仁本篇云以土地形諸侯此官主正邦國之封疆故亦以形方爲名猶營國謂之體國矣

山師中士二人下士四人府二人史四人胥四人徒四十人疏山師者此官與川師邍師並掌邦國土地名物之官故次職方諸官之後賈疏云按其職云掌山林之名辨其物與其利害而頒之于邦國使致其珍異之物按王制云名山大澤不以封故天子立山師以遙掌之使貢故與職方亦連類在此也

川師中士二人下士四人府二人史四人胥四人徒四十人

邍師中士四人下士八人府四人史八人胥八人徒八十人邍地之廣平者疏注云邍地之廣平者者爾雅釋地云廣平曰原詩小雅公劉孔疏引李巡云廣平謂土地寬博而平正也釋名釋地云廣平曰原原元也如元氣廣大也案邍原古今字經例用古字作邍注例用今字當作原詳大司徒疏

匡人中士四人史四人徒八人匡正也主正諸侯以法則疏匡人者此官與撢人主巡行邦國諭達教治之官故次諸掌土地官之後　注云匡正也者爾雅釋言文云主正諸侯以法則者據本職文

撢人中士四人史四人徒八人撢人主撢序王意以語天下疏注云撢人主撢序王意以語天下者釋文云撢與探同案撢者覃之隸變說文手部云撢探也探遠取之也據許書則撢探義同而字異爾雅釋詁云探取也謂探取王之志意序述之以語天下也俞樾云據其職云掌誦王志道國之政事以巡天下之邦國而語之曰誦曰道曰語皆言說之義疑撢字當讀爲譚說文言部談語也無譚字蓋古或叚撢爲談因又變其字作譚耳莊子則陽篇夫子何不譚我于王乎釋文引李注曰譚說也案俞說亦通

都司馬每都上士二人中士四人下士八人府二人史八人胥八人徒八十人都王子弟所封及三公采地也司馬主其軍賦疏都司馬每都上士二人者此官與家司馬及春官之都宗人家宗人秋官之都士家士皆都家私臣之受命於王者也左昭二十年傳楚使城父司馬奮揚殺大子建即此以其掌采地軍賦得以職事自達於王朝故亦以事類附列夏官之末而實非大司馬之屬官也鄭唯以家司馬爲家臣而以都司馬爲王臣則王國但置一官以總治都家之軍賦足矣何必每都爲設官於國乎賈疏謂上士已下王自以臣爲司馬遙掌都內亦沿鄭說之誤　注云都王子弟所封及三公采地也者鄭意此都唯據大都言之不含小都也賈疏云不通卿大夫者按司裘云諸侯則共熊侯豹侯卿大夫則共麋侯卿不入

諸侯之中故知義然案此都亦當兼小都鄉之采地言之注疑有挩文賈說非是詳後疏云司馬主其軍賦者賈疏云卽司馬法云成出士十人徒二十人之等並是都司馬所主也詒讓案主都家軍賦之官亦謂之司馬者若伍長大司馬職謂之公司馬彼注云雖卑同其號是也

家司馬各使其臣以正於公司馬家卿大夫采地正猶聽也公司馬國司馬也卿大夫之采地王不特置司馬各自使其家臣爲司馬主其地之軍賦往聽政於王之司馬王之司馬其以王命來有事則曰國司馬

疏家司馬各使其臣以正於公司馬者於經例當作于石經及舊本並誤吳廷華云此文似經不似序官據春官序官云都宗人上士二云云家宗人如都宗人之數秋官序官云都士中士二人云云家士亦如之此序官語也此不言家司馬官數多寡如何第云各使其臣則經語而非序官語據都司馬職云掌都之士庶子云云又云家司馬亦如之其語與春秋兩序官相似且家司馬無文則可知此語爲家司馬經文其經文家司馬亦如之六字則序官語蓋錯簡耳姜兆錫云家司馬亦如之者其官若役猶都司馬之數每家上中下士各若干府史胥徒各若干也各使其臣以正於公司馬者其職亦猶都司馬之職但都司馬掌其兵馬與政學以聽於國司馬而家司馬則各使其臣以正於公司馬也此其序官序職義以類從亦瞭然矣況家司馬亦如之句若在序職則是其職亦如都司馬之掌其兵馬與政學以聽於國司馬也而此序官乃又云各使其臣以正於公司馬是彼此矛盾豈字句之小訛而已哉案吳姜二說是也沈彤江永說同右夏官之屬卿一人中大夫十四人下大夫三十人上士六十七人中士百五十八人下士二百六十七人府七十六人史二百五十五人胥二百四十五人徒二千

一百八十八人賈八人工四人醫四人虎士八百人方相氏狂夫四人凡正官自卿至庶人總四千七十一人又趣馬每皁下士一人徒四人依經下士二百四人徒一千七百四十四人彼鄭讀下士一百九十八人徒一千一百五十二人圉師每乘一人徒二人圉人良馬每匹一人駑馬每麗一人依經圉師七百三十二人徒一千四百六十四人圉人三千六百九十六人依鄭讀圉師六百四十八人徒一千七百二十八人圉人二千八百八人未知孰是又都司馬每都上士二人中士四人下士八人府二人史八人胥八人徒八十人有員數無總數又家司馬無員數又六軍軍將卿六人師帥中大夫三十人旅帥下大夫百五十人卒長上士七百五十人兩司馬中士三千人伍長下士一萬五千人又府十二人史三十六人胥六十人徒六百人皆出軍權置以上三者皆不可計大凡可計者總四千七十一人　注云家卿大夫采地者賈疏云按載師職家邑任稍地謂大夫采地小都任縣地謂卿之采地大都任疆地謂三公采地則卿入小都中今此經直言家而小都入家中不在上都中者司馬主軍事嚴凝為主須辨尊卑故依司裘卿與大夫不得稱諸侯者為家又不使王臣為之也若然都宗人家宗人及都士家士皆使王臣為之者都家宗人有祖王之廟九皇六十四民王所當祭故使王臣為之都家之士以獄訟刑罪王政之重非王臣不決故亦使王臣為之但非嚴凝故卿入都耳詒讓案家司馬專指大夫家邑之司馬也此注兩卿字疑皆後人所增蓋夏官之有都司馬家司馬猶春官之有都宗人家宗人秋官之有都士家士也春官敘官都宗人家宗人注云都謂王子弟所封及公卿所食邑家謂大夫所食采邑方士職注義同惟此以卿與大夫同屬家不入都內同此都家分職而注乃互異且與載師卿食小都之文顯相違牾攷都司馬職家司馬亦如之注云大夫家臣為司馬者亦不言卿之家臣則此注為傳寫之誤無疑賈疏

珍倣宋版印

所見本已誤故援司裘鄉大夫共𥠇侯之文又謂司馬主軍事須辨尊卑强爲斡旋不知都家宗人主禮都士家士主刑何以不辨尊卑且春官秋官注不據鄉大夫共𥠇侯之文此獨據而合之果何說乎又案都宗人家宗人都士家士亦家臣之命於王者非王臣也賈說亦誤詳春官秋官敘官疏云正猶聽也者凡聽受職事及聽斷政治竝謂之正本職云以聽國司馬是正聽義同云公司馬國司馬也者本職注云大司馬之屬皆是對家司馬爲私臣故云公司馬明與大司馬職公司馬爲伍長之專稱異也職喪國有司亦云公有司注云或言公或言國言國者由其君所來居其官曰公義與此同云鄉大夫之采地王不特置司馬者明家司馬卽家之臣鄭意此對上王子弟及三公采地王爲特置都司馬賓則都司馬亦當爲家臣非王所特置也云各自使其家臣爲司馬主其地之軍賦往聽政於王之司馬者胡匡衷云少牢饋食禮司馬刲羊大夫家臣爲司馬者如家司馬之職攷左傳有叔孫氏之司馬鬷戾又襄二十三年季氏以公鉏爲馬正杜注馬正家司馬是大夫自以其家臣爲司馬也云王之司馬其以王命來有事則曰國司馬者明與職喪國有司義同賈疏云其職云以聽於國司馬對此從下向上則曰公司馬

周禮正義卷五十四

珍倣宋版印

周禮正義卷五十五

瑞安孫詒讓學

大司馬之職掌建邦國之九灋以佐王平邦國平成也正也【疏】掌建邦國之九灋者謂修立此九法之書須之邦國九法九伐等並政官之官法也賈疏云此九法已下皆言邦國則施於諸侯爲主但此九法據殷同之時建之故大行人云殷同以施天下之政注云政謂邦國之九法則殷同之時司馬明布告之故云建也案賈說非也大行人所施之政雖卽此九法但建與施異大司馬建九法於平時至殷同之時乃取此已建之法與大行人同施行之二官相與爲官聯耳疏幷建與施爲一事誤　注云平成也正也者平成爾雅釋詁文說文亏部云平又正也成正者謂成其政治正其違僭司馬法仁本篇云以政令平諸侯

制畿封國以正邦國封謂立封於疆爲界【疏】制畿封國以正邦國者佐王制邦國之封域與大司徒爲官聯也曾釗云畿謂侯畿甸畿之等國謂大國次國小國之等賈疏云謂制諸侯五百四百里之等各有封疆界分乃得正　注云封謂立封於疆爲界者大司徒制其畿疆而溝封之注云封起土界也蓋於兩疆分判處起土爲界埒故謂之封

設儀辨位以等邦國儀謂諸侯及諸臣之儀辨別也別尊卑之位【疏】設儀辨位以等邦國者佐王制邦國之禮等與大宗伯大行人司儀掌訝爲官聯也司勳注云等猶差也設儀辨位所以明侯國君臣尊卑之等差故云以等邦國掌訝云掌邦國之等籍以待賓客然則大司馬建其法掌訝主其籍其事同也　注云儀謂諸侯及諸臣之儀者賈疏云以此經云等邦國按大行人云以九儀辨諸侯之命等諸臣之

爵鄭云九儀謂命者五公侯伯子男也爵者四孤卿大夫士也知九儀中唯有諸侯諸臣無天子之臣按大宗伯云以九儀之命正邦國之位注云每命異儀則九儀之中謂一命以至九命之儀其中有六命八命并九命作伯兼有王臣則與此異也云辨別也者天官敘官注同云別尊卑之位者謂朝位等並以爵之尊卑為別大行人云凡諸侯之王事辨其位正其等協其禮賓而見之是也

進賢興功以作邦國

興猶舉也作起也起其勸善樂業之心使不惰廢

疏 進賢興功以作邦國者進賢謂邦國三歲貢士於天子也射義云古者天子之制諸侯歲獻貢士於天子天子試之射宮注云歲獻獻國事之書及計偕物也三歲而貢士舊說云大國三人次國二人小國一人孔疏謂據尚書大傳公羊莊元年何注說略同案諸侯三歲貢士蓋與鄉大夫三歲賓興賢能期正相應伏說甚塙漢書食貨志云諸侯歲貢少學之秀者於天子公羊宣十五年何注穀梁閔元年范注說並同是謂比歲貢士於天子與伏傳義不合鄭所不從也興功舉諸臣有功者以為三卿五大夫等 注云興猶舉也者大司徒注同云作起也者胥注同云起其勸善樂業之心使不惰廢者賈疏云以臣有賢有功舉之與官則起邦國之內勸善樂業之心使不惰廢善業也

建牧立監以維邦國

牧州牧也監監一國謂君也維猶連結也

疏 建牧立監以維邦國者佐王建邦國之君長與大宰為官聯也賈疏云二百一十國以為州州有牧使維持諸侯又一國立一監以監察一國上下相維此則大宰云建其牧立其監亦一也 注云牧州牧也者大宰注云以侯伯有功德者加命作州長謂之牧是也云監監一國謂君也者釋文出監國無一字蓋所見本挩之大宰注云監謂公侯伯子男各監一國是也並詳彼疏云維猶連結也者說文系部云維車蓋維也引申為繫連締結之語廣雅釋詁云維係也連結亦與係義相近

制

軍詰禁以糾邦國詰猶窮治也糾猶正也疏制軍詰禁以糾邦國者賈疏云按上文大國三軍次國二軍小國一軍也詰禁者按士師有五禁天子禮此諸侯國亦當有五禁以相窮治相糾正故云以糾邦國也　注云詰猶窮治也者說文言部云詰問也引申為窮治書周官孔疏引大司寇馬注云詰猶窮也月令詰誅暴慢注云詰謂問其罪窮治之也云糾猶正也者小宰注云糾猶割也察也軍禁亦以割察邦國之不正使歸於正故云猶正也**施貢分職以任邦國**職謂賦稅也任猶事也事以其力之所堪疏施貢分職者佐王命邦國之貢職與大行人為官聯也賈疏云施貢多少據國地大小故地官大國貢半次國三之一小國四之一皆由天子施之此大宰九貢弁小行人春令入貢皆是歲之常貢與大行人因朝而貢者異也案賈說大國次國小國所貢之差據大司徒公食者半侯伯食者參之一子男食者四之一為說也然彼經所云食者當依先鄭說為五等諸侯所自食則不可以此為貢數之差次賈依後鄭說以食者並為天子所食之貢非經義不可從詳彼疏　注云職謂賦稅也者爾雅釋詁云職常也鄭意賦稅有常法故通謂之職賈疏云分職者即大宰所云九職是也彼據畿內此據諸侯諸侯邦國亦由天子分之使民有職業因使稅之所稅者市之以充貢若然言貢據向天子而言云稅據民所為為說事相因吳廷華云職方氏職云制其職各以其所能制其貢各以其所有職即述職之職貢即大宰之九貢也注以職為賦稅疏以職為大宰之九職誤案吳說本王昭禹是也莊有可說同小行人云令諸侯春入貢秋獻功注云功考績之功也彼貢功即此所施與分之貢職蓋天子施其職諸侯則獻其功分職與獻功事相因猶大宰萬民之九職司會謂之九功也下文以九職之籍施邦國之政職職亦謂邦國君臣所受之職事並與賦稅異也云任猶事也者大宰以任百官注云

任猶傳也廣韻七至云事事刃又作剸傳是事傳字同詳大宰疏云事以其力之所堪者謂差其國之大小定其力所堪承之貢賦以事之

簡稽鄉民以用邦國 簡謂比數之稽猶計也 **疏** 簡稽鄉民者劉台拱云鄉民制鄉以處民案劉說是也諸侯亦制鄉遂故小行人注謂諸侯有鄉遂大夫玉海食貨引三禮義宗謂諸侯三鄉三遂次國二鄉二遂小國一鄉一遂書費誓云魯人三郊三遂三郊即三鄉史記孔子世家魯有昌平鄉是也賈飲酒禮疏說邦國制亦依崔義儀禮經傳通解引尚書大傳云古者百里之國三十里之遂二十里之郊七十里之國二十里之遂九里之郊五十里之國九里之遂三里之郊伏傳三等國里數與此經不合而皆有郊遂則可以證義論語鄉黨皇疏左傳孔疏並謂諸侯亦郊內為鄉郊外為遂與王國制同蓋即依書傳義也若然邦國亦有遂經唯言鄉者文不具國語周語晉文公請隧韋注以隧為六遂云唯天子有隧諸侯則無也今攷晉文所請乃天子葬禮韋引賈逵唐固虞翻及左傳僖二十五年杜注賈子審微篇說並如是不可易也韋說與費誓不合不可從又左襄九年傳宋有四鄉正國語齊語管子制國以為二十一鄉工商之鄉六士鄉十五韋注云二千家為一鄉二十一鄉凡四萬二千家此管子所制非周法並與侯國三鄉之制不合不為典要也

注云簡謂比數之者小宰八成聽師田以簡稽先鄭注云簡猶閱也廣雅釋詁云閱數也是簡閱並為比數之言賈疏云謂比數計會鄉民而用之云稽猶計也者小宰注同

均守平則以安邦國 諸侯有土地者均之尊者守大卑者守小則法也 **疏** 均守平則者佐王施邦國之地政與大司徒土均大宗伯為官聯也劉台拱云均守即土均職所謂均地守也平則即所謂以地美惡為輕重之法案劉說是也此則與大宗伯五命賜則義同即大司徒土均之法也詳大宗伯疏賈疏以為職貢之法則與施貢

分職無異非經義也　注云諸侯有土地者均之尊者守大卑者守小者書舜典僞孔傳云諸侯爲天子守土故稱守均之者謂若大司徒建五等爵土之差爵尊則地大爵卑則地小均平之使各守其境土也云則法也者大宰注義同

比小事大以和邦國　比猶親使大國親小國小國事大國相合和也易比象曰先王以建萬國親諸侯

疏 比小事大以和邦國者司馬法仁本篇云比小事大以和諸侯義本於此　注云比猶親者形方氏注同廣雅釋詁云親比近也是比與親義同云使大國親小國小國事大國相合和也者約形方氏文賈疏云按司儀有五等諸侯自相爲賓亦有五等諸侯之臣相爲國客按春秋有小國朝大國大國聘小國故鄭云使大國親小國釋經比小小國事大國釋經事大使相合和故云以和邦國也引易比象曰先王以建萬國親諸侯者證比訓親之義

以九伐之灋正邦國　諸侯有違王命則出兵以征伐之所以正之也諸侯之於國如樹木之有根本是以言伐云

疏 注云諸侯有違王命則出兵以征伐之所以正之也者白虎通義誅伐篇云征猶正也欲言其正也征正聲類同義亦相近賈疏云此經與下文爲目則下九者皆是違王命者也若然按下文九者唯有賊賢害民一者稱伐其餘八者皆不言伐此經總言伐者侵滅二者亦是伐之例其餘六者皆先以兵加其境服乃告之墠之削之正之殘之杜之故皆以伐言之云諸侯之於國如樹木之有根本是以言伐云者釋九者總稱伐之義說文人部云伐擊也一曰敗也亦斫也白虎通義誅伐篇云伐者擊也欲言伐擊之也明諸侯專國根本深固故以斫伐樹木爲況賈疏云此九伐施於邦國在於時會之時是以大行人云時會以發四方之禁注云禁謂九伐之法是當時會者也

馮弱犯寡則眚之　馮猶乘陵也言不字小而侵侮之眚猶人眚瘦也王霸記曰四面削其地

疏 馮弱犯寡則眚

之者馮司馬法仁本篇作憑卽馮之俗說文犬部云犯侵也賈疏云
馮弱據以強陵弱犯寡據以大侵小如此者眚瘦其地使不得強大
也　注云馮猶乘陵也者馮訓乘春官敘官注同毛詩大雅小旻傳
云馮陵也左襄八年傳云馮陵我城郭云言不字小而侵侮之者左
昭十六年傳云非不能事大字小之難孔疏引服虔云字養也此馮
弱犯寡亦謂不能養小國而侵侮之云眚猶人眚瘦也者眚卽省之
叚字經例作眚注例作省大司徒注可證此疑當作眚猶人省瘦也
釋名釋天云眚省也如病者省瘦也又釋言語云省瘦也臞瘦約少
之言也漢書外戚傳注晉灼云三輔謂憂愁面省瘦曰嬐冥後漢書
袁閎傳李注引謝承書云面貌省瘦字皆作省呂飛鵬云眚省古通
用字春秋莊二十年肆大眚公羊作肆大省大司徒眚禮卽省禮詁
讓案說文女部云媘減也水部云渻少減也凡眚瘦省瘦字並有減
少之義蓋與媘渻聲義略同引王霸記曰四面削其地者蓋漢書藝
文志禮記百三十一篇之一司馬法仁本篇說此九伐之文其上文
有王霸之所以治諸侯者六云云疑卽本王霸記也削其地亦與減
渻之義近賈疏云對下文削之者不四面削之爲異也惠士奇云如
鄭說則眚與削何別春秋莊二十有二年肆大眚穀梁曰肆失也眚
災也災紀也范注云災謂罪惡紀治理也有罪當治理之然則眚之
者治其辠也眚公羊作省省與眚通宣王命程伯休父爲大司馬而
作常武之詩曰率彼淮浦省此徐土眚之言省也省其土非削其地
也曾釗云四面削其地句當引在野荒民散則削之下此眚
當訓如大司徒眚禮之眚眚裁損之也案惠曾二說亦通　賊賢害
民則伐之春秋傳曰粗者曰侵精者曰伐又曰有鍾鼓曰伐則伐者兵入其竟鳴鍾鼓以往所以聲其罪【疏】賊賢害民則伐
之者謂專殺賢大夫與害民皆是暴虐之事故聲罪以伐之也　注
引春秋傳曰粗者曰侵精者曰伐者釋文云粗本亦作麤公羊莊十

年傳二月公侵宋曷爲或言侵或言伐觕者曰侵精者曰伐何注云觕麤也將兵至竟以過侵責之服則引兵而去用意尚麤精猶精密也侵責之不服推兵入竟伐擊之益深用意稍精密案粗觕麤聲義略同穀梁隱五年傳云苞人民毆牛馬曰侵斬樹木壞宮室曰伐此鄭所不用又引又曰有鍾鼓曰伐者左莊二十九年傳云凡師有鍾鼓曰伐無曰侵輕曰襲杜氏釋例云侵伐襲者師旅討罪之名也鳴鍾鼓以聲其過曰伐寑鍾鼓以入其竟曰侵掩其不備曰襲此所以別輿師用兵之狀也云則伐者兵入其竟鳴鍾鼓以往所以聲其罪者卽兼用公羊左氏二義國語晉語亦云伐備鍾鼓聲其罪也韋注云以聲章其罪也

暴內陵外則壇之

內謂其國外謂諸侯壇讀如同墠之墠王霸記曰置之空墠之地鄭司農云壇讀從憚之以威之憚書亦或爲墠玄謂置之空墠以出其君更立其次賢者

疏 暴內陵外則壇之者暴經例用古字當作虣石經及各本並誤陵夌之陵字暴詳地官敘官及司虣疏賈疏云暴內卽上云賊賢害民是也陵外卽上云馮弱犯寡是也上二文各有其一故伐之告之不奪其位此則外內之惡兼有故壇之奪其位立其次賢 注云內謂其國外謂諸侯者其國謂封域之內諸侯謂鄰國云壇讀如同墠之墠者段玉裁改讀如爲讀爲云鄭君易壇爲墠今本作讀如非也案段校是也書金縢爲三壇同墠僞孔傳云壇築土墠除地鄭祭法注義同是壇與墠聲近而義別故鄭破壇爲墠也丁晏云詩東門之墠釋文作壇云依字當作墠左氏襄二十八年舍不爲壇正義引服虔云除地爲墠古壇墠字多通用引王霸記曰置之空墠之地者羣書治要注地作中說文土部云墠野土也墠爲除地故謂之空墠謂置之空虛之野地不得居其都邑也徐養原云按司徒序官廛人注杜子春以廛爲市中空地疑廛亦與墠同也廛壇墠三字同音互相假借案徐說亦通鄭司農云壇讀從憚之以威之憚書亦或爲

墠者釋文出憚之云本或無之字段玉裁改墠爲憚云今本作墠誤鄭司農讀從憚云從者以書有作憚者也憚之以威見左傳昭十三年黃丕烈亦從段校云本書注云書亦或爲者不易讀爲讀從之字前後注文可證案段黃說是也國語魯語云帥大讎以憚小國晉語云大罪伐之小罪憚之下又云伐備鍾鼓戰以鐸于丁寧則憚與戰事同韋注云憚懼也白虎通義誅伐篇云戰者何謂也尚書大傳曰戰者憚警之也先鄭讀爲憚蓋與晉語伏傳義略同謂憚卽伐之小者於義亦得通也云玄謂置之空墠以出其君者依王霸記義破先鄭讀也黃以周云出謂出其君於墠對立賢爲文惠士奇云置之空墠之地者幽之也荀子王霸曰官人失要則死公侯失禮則幽幽謂囚之左傳哀八年邾子無道吳子使大宰子餘討之囚諸樓臺栫之以棘使諸大夫奉大子革以爲政此古幽之之法蓋置之空墠之地制其出入不得自由亦不離其國內周書囚蔡叔于郭鄰幽之也叔卒仍立其子仲於蔡則郭鄰乃空墠之地名明在蔡之境內矣案惠謂置之空墠爲幽是也鄭謂出其君者亦謂出其國都別置之空地不必出其國境也云更立其次賢者者亦增成王霸記義賈疏云以其古者不滅國故知更立次已下賢子弟

野荒民散則削之荒蕪也田不治民不附削其地明其不能有

疏注云荒蕪也者說文艸部云荒蕪無也一曰艸淹地也曲禮云地廣大荒而不治注云荒穢也國語周語云田疇荒蕪韋注云荒虛也荀子彊國篇云國大荒者亡楊注云大荒謂都荒廢不治云田不治民不附削其地明其不能有者說文刀部云削析也射義云數有讓而削地賈疏云古者量地以制邑度地以居民地邑民居必參相得無曠土無遊民今言野荒民散由君政惡民並適彼樂國故民散而野荒是其君不能有故削之

負固不服則侵之負猶恃也固險可依以固者也不服不事大也侵之者兵加其竟而已用兵淺

者詩曰密人不恭敢距大邦疏注云負猶恃也者說文貝部云負恃也一曰受貸不償案注例凡云猶者皆叚借引申之義此本義亦云猶者鄭說負字義疑不與許同云固以依固者也者毛詩大雅天保傳云固堅也謂地險可自依恃爲堅固故不服也前敘官注云固國所依阻者也國曰固野曰險散文則險固義通云不服不事大也者爾雅釋詁云服事也謂不服事王及方伯云侵之者兵加其竟而已用兵淺者者卽上引公羊傳云粗者曰侵是也穀梁僖二十六年襄八年傳並云侵淺事也皆鄭所本國語晉語云襲侵密聲爲蹔事也此卽莊二十九年傳所謂無鐘鼓曰侵又穀梁隱五年傳謂苞人民毆牛馬曰侵並鄭所不用賈疏云對伐是用兵深者以其罪輕直侵之而已也詒讓案依經則侵宜兼從左氏義蓋古者用兵不廢權謀負固不服則不易攻伐故潛師侵襲使失其所恃而後可以服之鄭偏舉一隅爲釋耳引詩曰密人不恭敢距大邦者大雅皇矣篇文密者毛傳云密須氏引之者證不事大之義

賊殺其親則正之正之者執而治其罪王霸記曰正殺之也春秋僖二十八年冬晉人執衞侯歸之于京師坐殺其弟叔武疏賊殺其親則正之者謂恣爲淫虐以非罪誅夷宗族者也凡五服以內爲親掌戮云凡殺其親者焚之殺王之親者辜之注云親緦服以內是也　注云正之者執而治其罪者與前正邦國義略同謂執其君正治其罪也鄭讀正如字文選鍾會檄蜀文李注引此經作征疑馬干諸家讀與鄭異也引王霸記曰正殺之也者鄭嫌執治其罪謂不殺故又引王霸記文爲釋謂罪尤重者則正其罪而殺之也云春秋僖二十八年冬晉人執衞侯歸之于京師坐殺其弟叔武者左傳云春晉侯伐衞衞侯出奔楚使元咺奉叔武以受盟六月晉人復衞侯公子歂犬華仲前驅叔孫將沐聞君至喜捉髮走出前驅射而殺之元咺出奔晉冬會于溫衞侯與元咺訟衞侯不勝執衞侯歸之于京師

鄭以衛侯殺弟是賊殺其親晉執衛侯合於執而治其罪之義故引以爲證若然親雖通晐五服而以子弟爲尤重故公羊僖五年晉侯殺其世子申生傳云殺世子母弟直稱君者甚之也何注云甚之者甚惡親親也穀梁襄三十年天王殺其弟佞夫傳云君無忍親之義天子諸侯所親者唯長子母弟耳蓋諸侯之尊兄弟雖不得以屬通然無絕親之理故有殺親則正治其罪矣

放弑其君則殘之放逐也殘殺也王霸記曰殘滅其爲惡

疏放弑其君則殘之者釋文云弑本又作殺說文殺部云弑臣殺君也白虎通義誅伐篇云弑者試也欲言臣子殺其君父不敢卒候閒司事可稍稍試之釋名釋喪制云下殺上曰弑弑伺也伺閒而後得施也案弑殺經典多互譌釋文或本亦誤尚書大甲敘云伊尹放諸桐僞孔傳云不知朝政故曰放注云放逐也者說文攴部云放逐也云殘殺也者方言云惏殺也晉魏河內之北謂惏曰殘賈疏云以殺解殘也經本不云殺不云滅云殘者蓋取殘賊殺之殺之苦毒故尚書梓材云戕敗人脊注戕殘也又云無脊戕無脊虐注云無相殘賊無相暴虐是戕爲殘賊也異義鄭君以爲左氏宣十八年秋七月云邾人戕鄫子于鄫傳曰凡自內虐其君曰弒自外曰戕卽邾人戕鄫子是也自內弒其君曰弒者晉人弒其君州蒲是也雖他國君不加虐亦曰殺若加虐殺之乃謂之戕之取殘賊之意也若自上殺下及兩下自相殺之等皆曰殺若然此經云殘者是加虐殺之雖非他國君至於賊臣亦云殘也案賈引梓材注卽鄭書注佚文依賈說則殘與戕義同宜十八年公羊傳云戕鄫子于繒者何殘而殺之也又穀梁傳云戕猶殘也捝殺也范注云捝謂捶打殘賊而殺鄭意此殘亦殘賊而殺之以放弒其君其罪尤重當在掌戮焚辜之比也引王霸記云殘滅其爲惡者此訓殘爲滅也戰國策秦策云昔智伯瑤殘范中行又衛策云魏文侯欲殘中山高注並云殘滅也說苑權謀篇云荊伐蔡而

殘之又云湯乃與師伐而殘之遷桀南巢氏焉皆以滅爲殘俞樾云殘當讀爲翦氏之翦鄭彼注曰翦斷滅之言也古或以踐爲之書序遂踐奄鄭注曰踐讀爲翦翦是也又或以殘爲之史記周本紀作殘奄是也翦從前聲與戔聲相近故得通用成王翦奄正用大司馬法也成二年左傳曰余姑翦滅此而朝食王霸記所謂殘滅其爲惡者猶云翦滅其爲惡也依說文則字當作戩戈部戩滅也詩曰實始戩商今詩閟宮篇作翦商凡言翦滅者皆戩之叚字作踐作殘又翦之叚字矣案惠俞說是也尚書敘釋文引尚書大傳云遂踐奄踐之云者謂殺其身執其家豬其宮蓋殘踐聲類同皆滅國殺君之尤酷者與下外內亂禽獸行則滅之爲唯滅其君異鄭訓殘爲殺王霸記又以殘滅爲說義實相成也

犯令陵政則杜之令猶命也王霸記曰犯令者違命也陵政者輕政法不循也杜之者杜塞使不得與鄰國交通

【疏】注云令猶命也者遂士注同說文卩部云令發号也又口部云命使也文選長楊賦注引春秋元命苞云命者天子之令賈子禮容語下篇云命制令也是命令互相訓引王霸記曰犯令者違命也者文王世子注云犯猶干也言干犯王之命令也云陵政者輕政法不循也者一切經音義引蒼頡云陵侵也謂輕藐國之政法不率循之是爲陵政也云杜之者杜塞使不得與鄰國交通者小爾雅廣詁云杜塞也說文攴部云敼閉也讀若杜杜即敼之叚字謂杜塞其四境不得交通鄰國也惠士奇云戰國策中山稱王齊閉關不通其使以隘之隘之者猶杜之也春秋莊十年宋人遷宿公羊曰遷之者何不通也以地還之也何氏曰還繞也繞取其地使不得通四方蓋杜之也管子霸形楚欲吞宋要宋田夾塞兩川使水不得東流晉伐齊亦欲使齊之境內盡東其畝公羊成二年傳齊國佐曰使耕者東畝是則土齊也土之之言杜也此九伐杜之之法也古土杜通公羊注云以齊爲土地失之呂氏春秋簡選篇晉文公反鄭

之埤東衛之敵者亦以此外內亂鳥獸行則滅之王霸記曰悖人倫外內無以異于禽獸不可親百姓則誅滅去之也曲禮曰夫唯禽獸無禮故父子聚麀 疏 外內亂鳥獸行則滅之者公羊莊二十六年傳云君死乎位曰滅左文十五年傳云凡勝國曰滅之又襄十三年傳云用大師焉曰滅誅滅去之亦謂用大師滅其君也惠士奇云滅之者滅其君不滅其國滅者誅君之辭誅君之子不立更擇其先世子孫賢者立之然則不曰誅而曰滅何也君死曰滅春秋吳敗頓胡沈蔡陳許之師于雞父胡子髡沈子逞滅杜預曰國雖存君死曰滅是也公羊謂邾婁之君顏淫九公子于宮中近乎外內亂鳥獸行矣天子爲之誅顏而立其弟叔術則滅之之事也左傳襄公四年曰滅斟灌哀公元年又曰殺斟灌王肅云古者滅殺同名然則滅之者殺之而已　注引王霸記曰悖人倫外內無以異于禽獸不可親百姓則誅滅去之也者于亦當作於外亂謂外淫列女傳貞順篇云諸侯外淫者絕是也內亂謂內淫若烝報也引曲禮曰夫唯禽獸無禮故父子聚麀者鄭彼注云聚猶共也鹿牝曰麀引之者證經言鳥獸行也賈疏云按春秋公羊左氏說凡征戰有六等謂侵戰伐圍入滅用兵麤觕不聲鍾鼓入境而已謂之侵侵而不服則戰之謂兩陳交刃戰而不服則伐之謂用兵精而聲鍾鼓伐而不服則圍之謂帀其四郭圍而不服則入之謂入其四郭取人民不有其地入而不服則滅之謂取其君此皆舉重而言假令先入後滅書入舉重已外盡然

正月之吉始和布政于邦國都鄙乃縣政象之灋于象魏使萬民觀政象挾日而斂之以正月朔日布王政於天下至正歲又縣政法之書挾日十日也 疏 正月之吉始和布政于邦國都鄙者自此至職末並大司馬當官專領之職事所謂官常也大司馬於周正建子之月朔日布政於天下和當

讀爲宣詳大宰疏賈疏云謂上九法九伐并下凡令以下皆此時布之云乃縣政象之灋于象魏使萬民觀政象者亦於正月吉布政之日縣政象之法使萬民觀之政象之法即大司馬之官法九法等是也注云以正月朔日布王政於天下者大宰注義同云至正歲又縣政法之書者鄭以乃縣政象之法以下爲正歲夏正建寅月之事小司馬職雖闕當亦有正歲即政官之屬觀政象之灋之文與小宰小司徒小司寇同此縣政象與彼爲一時事然與經文承正月之吉者不合其說非也亦詳大宰疏云挾日十日也者大宰注云從甲至甲謂之挾日凡十日是也

乃以九畿之籍施邦國之政職方千里曰國畿其外方五百里曰侯畿又其外方五百里曰甸畿又其外方五百里曰男畿又其外方五百里曰采畿又其外方五百里曰衛畿又其外方五百里曰蠻畿又其外方五百里曰夷畿又其外方五百里曰鎮畿又其外方五百里曰蕃畿畿猶限也自王城以外五千里爲界有分限者九籍其禮差之書也政職所共王政之職謂賦税也故書畿爲近鄭司農云近當言畿春秋傳曰天子一畿列國一同詩殷頌曰邦畿千里維民所止

【疏】乃以九畿之籍施邦國之政職者即上九法施貢分職之事也九畿即職方氏之九服國畿爲王國不在其數司馬掌九畿故書酒誥謂之圻父詩小雅祈父傳云祈父司馬也職掌封圻之兵甲祈圻畿字並通分建畿服肇自唐虞周沿厥制而數則迥異書禹貢云五百里甸服百里賦納總二百里納銍三百里納秸服四百里粟五百里米五百里侯服百里采二百里男邦三百里諸侯五百里綏服三百里揆文教二百里奮武衛

五百里要服三百里夷二百里蔡五百里荒服三百里蠻二百里流史記夏本紀說五服云令天子之國以外五百里甸服甸服外五百里侯服侯服外五百里綏服綏服外五百里要服要服外五百里荒服依史遷說則禹貢五服面各二千五百里兩面通五千里其總銍采男等即當服五百里之政法鄭孔傳說亦同是則彼之甸服當此國畿侯服當此侯畿綏服當此甸畿要服當此男畿荒服當此采畿也而鄭君書注之說則又不然詩商頌殷武孔疏云皋陶謨云禹曰予惟荒度土功弼成五服至于五千注云荒奄也奄大九州四海之土數十既畢廣輔五服而成之至於面各五千里四面相距爲萬里堯制五服服各五百里要服之內四千里曰九州其外荒服曰四海禹所弼五服之殘數亦每服者各五百里故有萬里之界焉又禹貢云五百里甸服每言五百里一服者是堯舊服每服之外更言三百二百里者是禹所弼之殘數也堯之五服服五百里耳禹平水土之後每服更以五百里輔之是五服服別千里故一面而爲差至於五千也賈逵馬融之說尚書云甸服之外每百里爲差所納總銍秸粟米者是甸服之外特爲此數其侯服之外每言三百二百里者還就其服之內別爲名耳非是服外更有其地也史記司馬遷說以爲諸小數者皆是五百里服之別名大界與堯不殊四面相距爲五千里耳王肅注尚書總諸義而論之云賈馬既失其實鄭玄尤不然矣禹之功在於平治山川不在於拓境廣土土地之廣三倍於堯而書傳無稱焉則鄭之創造難可據信且其所以爲服之名輕重顛倒遠近失所難得而通先王規方千里以爲甸服其餘均平分之公侯伯子男使各有寰宇而使甸服之外諸侯皆入禾槀非其義也史遷之旨蓋得之矣又齊譜疏引鄭注云甸服比周爲王畿其弼當侯服在千里之內侯服爲甸服其弼當男服在二千里之內綏服服於周爲采服其弼當衞服在三千里之內要服於周爲蠻服其弼當夷服在四

千里之內荒服於周爲鎮服其弼當蕃服在五千里之內據鄭書注所云則堯時五服方五千里禹弼成五服之後服各弼五百里爲萬里周有天下地亦方萬里與禹時同惟分五服爲九故王制注云禹承堯舜要服之內地方七千里夏末既衰夷狄內侵諸侯相并土地減國數少殷湯承之更制中國分三千里之界亦分爲九州周公復唐虞之舊域分其五服爲九其要服之內亦方七千里又詩齊譜云周公致太平斅定九畿復夏禹之舊制是也蓋禹貢通畿內爲五服此經除畿內爲九畿文本不同鄭欲齊而一之故爲此說國語周語韋注漢書王莽傳顏注引服虔說並依鄭義今攷禹貢五服之義當以史遷王孔之說爲允賈馬說以甸服總銍諸文爲在服外而侯服以外四服所云采男等則又在服內一經前後文同義異必不可通鄭復據賈馬釋甸服之義通之侯綏四服謂每服畸零之文並爲禹所弼之數在本服五百里之外審校文義既未允協使果堯服五千禹弼爲萬里則宜更立服名不宜并入舊服且將新弼舊一服之倍爲里二千甸服所弼若通爲王畿是則禹之畿內倍於殷周揆之於理既爲疏闊若以所弼殘數分建邦國而仍冡甸服之名則於分服之義自相違伐宜王肅斥其難通也然禹貢孔疏引肅弃稷注云方五千里者直方之數若其迴邪委曲動有倍加之較則又欲舉書禮里數倍半之差歸之道路弧直計算之異求之古籍既無塙證且道路迂曲較之鳥道雖有增多亦斷無倍加之理其說仍不可據竊謂自禹至周更歷三代戶口日增疆宇漸闢故禹之九州五服爲五千里周之九州王畿并六服爲七千里每面益地千里差較無多理所宜有至於蕃國三服地既荒遠不過因中土畿服之制約爲區別王會所及蓋有不能盡以道里限者矣要之禹貢職方服數既異不宜彊爲比傅諸家之說削趾適屨鉏鋙益甚今無取焉云方千里曰國畿者周書作雒篇云乃作大邑成周于土中制郊甸方六百里因西

土爲方千里呂氏春秋愼勢篇云古之王者必擇天下之中而立國天子之地方千里以爲國所以極治任也賈疏云此據王畿內千里而言非九畿之畿但九畿以此國畿爲本向外每五百里加爲一畿也云其外方五百里曰侯畿者周語韋注云侯圻言諸侯之近者歲一來見也周書職方孔注云侯服爲王者斥候也賈疏云侯者候也爲天子伺候非常也云又其外方五百里曰甸畿者曲禮注云甸服治田出穀稅職方孔注云甸田也治田入穀也賈疏云甸者爲天子治田以出賦貢云又其外方五百里曰男畿者職方孔注云男任也任王事賈疏云男者任也任王者之職事云又其外方五百里曰采畿者曲禮注云采九州之內地取其美以當穀稅賈疏云采者采取美物以供天子云又其外方五百里曰衛畿者職方孔注云衛服爲王扞衛也賈疏云衛者爲天子衛守云又其外方五百里曰蠻畿者禹貢疏引鄭書注云蠻者聽從其俗羈縻其人耳故云蠻蠻之言緍也職方孔注云蠻服用事差簡慢賈疏云蠻者縻也以近夷狄縻繫之以政教自此已上六服是中國之九州自此已外是夷狄之諸侯此蠻服出大行人云要服亦一也言要者亦見要束以文教也詁讓案此采衛蠻三服通言之亦曰四衛巾車云革路以封四衛是也云又其外方五百里曰夷畿又其外方五百里曰鎭畿又其外方五百里曰蕃畿者賈疏云夷者以夷狄而得夷稱也鎭者去中國稍遠理須鎭守蕃者以其最遠故得蕃屏之稱此三服總號蕃服故大行人云九州之外謂之蕃國世一見指此三服也此云者衛服之內各舉一邊而言其實通稱唯蠻服以外直據彼爲號不通中國之名也詁讓案蕃畿職方氏作藩服周書職方同孔注云藩服屏四境也案蕃爲屏蔽之義則當以藩爲正此經及大行人蕃國並作蕃者叚借字也又案此九畿自侯畿至此衛畿五服面五千里爲中國故書康誥酒誥康王之誥說外服並止於采衛左襄十五年傳亦云王及公侯

伯子男甸采衞大夫各居其列呂氏春秋愼勢篇又云凡冠帶之國舟車之所通不用象譯狄鞮方三千里並據此衞畿之內而言而職方九州則又外及要服卽此蠻畿是面三千五百里也至周代古籍說畿服者亦多駮文國語周語祭公謀父曰夫先王之制邦內甸服邦外侯服侯衞賓服夷蠻要服戎狄荒服韋注亦依鄭義兼取禹貢與此經爲釋謂邦內甸服卽此經之國畿云甸服者爲沿夏名邦外侯服卽此經之侯服侯衞賓服則統此經侯甸男采衞五服言之夷蠻要服卽此經之蠻服夷服戎狄荒服卽此經之鎭服蕃服蓋以五服晐此經之九服也然禹貢疏引韋注又以彼賓服卽禹貢之綏服則於此經當爲采衞二服非總舉五畿與今本韋注復異今案國語以甸服爲畿內同於禹貢與此經甸在侯服外迥異攷書康誥云侯甸男邦采衞又酒誥云越在外服侯甸男衞邦伯二書作於周公致政以前而畿服之名已與此經同白虎通義爵篇引酒誥以爲殷制則此經九服或卽沿殷名亦未可知國語所云必祭公追紀古名故取禹貢五服而不取職方九服周語襄王謂晉文公曰昔我先王之有天下也規方千里以爲甸服義亦然也韋氏以此經曲爲傳合說殊未安又周書王會篇云方千里之內爲比服方二千里之內爲要服方三千里之內爲荒服比與賓一聲之轉禹貢玭珠字或作蠙是其證也彼比要荒三服卽周語所謂侯衞賓服夷蠻要服戎狄荒服也然無甸服所說里數與此經及禹貢又並不合疑皆傳寫譌互孔晁注以爲因殷之服名殊無塙證王制又云千里之內曰甸千里之外曰采曰流孔疏亦以殷制中國方三千里爲釋與此經畿服之制所差尤多皆非周制也

注云畿猶限也者毛詩商頌玄鳥傳云畿疆也小爾雅廣詁云限疆界也是畿限義同說文田部云畿天子千里地以遠近言之則言畿也是畿爲國畿之專名引申之凡畿疆之限通謂之畿路史國名紀引尚書大傳云圻者天子之境也諸侯曰

境埒卽畿也畿境對文則異散文亦通云自王城以外五千里爲界有分限者九者此九畿卽謂九服之界限有九者不數國畿也王制孔疏引五經異義云今尚書歐陽夏侯說中國方五千里古尚書說五服旁五千里相距萬里許愼謹按以今漢地考之自黑水至東海衡山之陽至於朔方經略萬里從古尚書說鄭氏無駁與許同案此九畿面五千里爲界卽古尚書說五服相距萬里但服數不同據異義所云則漢時尚書古今文兩家說本不同今文說謂三代並方五千里則王城以外面二千五百里故王制注引孝經說云周千七百諸侯布列五千里內論衡別通篇云殷周之地極五千里是也馬鄭許三君則並從古文說禹貢與周並方萬里王城以外面五千里故王制疏引鄭易注謂黃帝堯舜地方萬里三代之末地方五千里實則禹貢面二千五百里兩面方五千里此經九服面五千里兩面方萬里二經不同說禹貢者當從今文書義說此經者當從古文書義不容偏據也云籍其禮差之書也者說文竹部云籍簿書也禮差謂國之大小爵之尊卑及大行人說以九服之遠近定朝覲之疏數與貢物等左昭十三年傳子產曰爵卑而貢重者甸服也則職貢之籍服各不同若此之類皆著於書也云政職所共王政之職謂賦稅也者賈疏云案大宰云以九職任萬民據畿內此九職亦施與邦國則此政職也但施職事與之使萬民勤職而出賦稅諸侯得之以市取土毛以貢之則禹貢篚貢是也據民而出謂之賦稅據諸侯所送謂之貢也案鄭賈說非也此政職卽謂邦國君臣所奉行之政治職事與上文分職義同詳前疏云故書畿爲近鄭司農云近當言畿者段玉裁云當言畿者當爲畿也幾聲斤聲文微二韻合音也丁晏云爾雅幾近也易小畜上九月幾望子夏作近中孚六四月幾望京作近引春秋傳者襄二十五年左傳鄭入陳子產獻捷于晉晉人曰何故侵小對曰昔天子之地一圻列國一同自是以衰今大國多數圻矣

若無侵小何以至焉杜注云圻方千里同方百里此引圻作畿者先鄭據左氏古文與杜本異又引詩殷頌者玄鳥篇文先鄭引此二者證字當從畿之義

凡令賦以地與民制之上地食者參之二其民可用者家三人中地食者半其民可用者二家五人下地食者參之一其民可用者家二人賦給軍用者也令邦國之賦亦以地之美惡民之衆寡爲制如六遂矣鄭司農云上地謂肥美田也食者參之二假令一家有三頃歲種二頃休其一頃下地食者參之一田薄惡者所休多

疏凡令賦以地與民制之者此冡上施政職而并頒邦國授地令賦之政法也注云賦給軍用者也者所謂軍賦也別於大宰九賦等爲給經用之賦云令邦國之賦亦以地之美惡民之衆寡爲制如六遂矣者賈疏云此文承上邦國之下而云令賦是還據邦國諸侯而說也按遂人上地夫一廛田百畮萊五十畮中地家二百畮下地家三百畮與此上地食者參之二合故鄭云邦國如六遂矣詒讓案鄭言此者明此經三等授田上地食者三之二與遂人六遂之制同與大司徒都鄙之制異也其三等任民之法則與小司徒六鄉之制同遂人云以下劑致甿注云民雖受上田中田下田及會之以下劑爲率謂可任者家二人今此備上中下三劑則任民之法不與遂同也賈疏又據小司徒注謂授田有九等之法云若然則上地是上下之地應家八人一人爲家長可任者當云家七人今云家三人者經欲互舉以明義故以中地之上家七人見出上地之下家八人者明亦有上地之中上地之上又言下地食者參之一其民可用者家二人地卽據下地之上人卽據中地之下家五人者亦是互舉以明義故地舉其下人舉其中欲見亦有下内三等地及人也其說殊爲迂曲今並不取詳小司徒疏鄭司農云上地謂肥美田也食

者參之二假令一家有三頃歲種二頃休其一頃者即遂人云上地田百晦萊五十晦也歲種其田而休其萊其大司徒都鄙三等田則上者不易之田家百晦彼無萊田皆歲種不休與此異也賈疏云舉上地只應云一頃五十晦而云三頃者直取參之二舉整言之或并二家而說也云下地食者參之一田薄惡者所休多者即遂人云下地田百晦萊二百晦是也此皆磽瘠之地所休多謂若歲種一頃休其二頃也

中春教振旅司馬以旗致民平列陳如戰之陳以旗者立旗期民於其下也兵者守國之備孔子曰以不教民戰是謂棄之兵者凶事不可空設因蒐狩而習之凡師出曰治兵入曰振旅皆習戰也四時各教民以其一焉春習振旅兵入收衆專於農平猶正也

【疏】中春教振旅者春習兵之法也以下四時習兵大田之制此官脩戰法以教之亦政官官法之大端故其文特詳也教振旅者習戰罷還師入國之事云司馬以旗致民者命司常置之司常云凡軍事建旌旗及致民置旗弊之甸亦如之是也云平列陳如戰之陳者說文𨸏部云陳列也經典通叚陳為之此教戰陳列軍衆如臨敵接戰時之陳即後大閱禮陳車徒之法是也但冬狩章云左右陳車徒有司平之注以為鄉師正其行列則此振旅列陳亦鄉師平之司馬當涖其事耳　注云以旗者立旗期民於其下也者大司徒云大軍旅大田役以旗致萬民注云徽衆刻日樹旗期於其下此與彼義同此所建即九旗之熊旗後作旗弊旗並同賈疏云謂大司馬素有田獵之期日今至期日立熊虎之旗於期處以集衆吳廷華云司徒以旗致民此又致之者司徒致於所治此則致之田所也云兵者守國之備者言兵械為國守圉之備故必豫閑習之引孔子曰以不教民戰是謂棄之者論語子路篇文集解引馬融云言用不習之民使之攻戰必破敗是謂棄之引證必豫教民習戰之事云兵者凶事者司常注同云不可空設因

蒐狩而習之者賈疏云蒐狩是田獵之名欲行蒐狩先芟草萊教戰訖乃入防田獵是以書傳云戰鬭不可空習故於蒐狩以閑之閑之者習之是其習兵因蒐狩也詒讓案儀禮經傳通解引尚書大傳公羊桓四年傳何注並云禽獸多則傷五穀因習兵事又不空設故因以捕禽獸所以共承宗廟示不忘武備又因以為田除害穀梁昭八年傳云因蒐狩以習用武事禮之大者也續漢書禮儀志劉注引月令章句云寄戎事之教于田獵武事不空設必有以誠故寄教于田獵閑肄五兵說並與鄭同云凡師出曰治兵入曰振旅皆習戰也者本穀梁莊八年治兵傳說司馬法仁本篇云天子大愷春蒐秋獮諸侯春振旅秋治兵所以不忘戰也案天子有振旅治兵諸侯亦有蒐獮司馬法蓋錯互言之賈疏云按莊公八年正月甲午祠兵公羊傳曰祠兵者何出曰祠兵入曰振旅其禮一也皆習戰也注云禮兵不徒使故將出兵必祠於近郊陳兵習戰殺牲饗士卒左氏說治兵於廟禮也注云三年而治兵與秋同名兵華將出故曰治兵穀梁傳亦云出曰治兵習戰也入曰振旅習戰也鄭玄於異義駮不從公羊云祠兵故云祠兵者公羊字之誤因而作說之亦不從左氏說治兵為授兵於廟云於周司馬職曰仲夏教茇舍仲秋教治兵其下皆云如戰之陳仲冬教大閱脩戰法虞人萊所田之野乃為之如是治兵之屬皆習戰非授兵於廟又無祠五兵之禮案賈所引左氏舊注蓋賈服義左隱五年傳臧僖伯云三年而治兵入而振旅杜注云雖四時講武猶復三年而大習據彼文則四時講武之外復有三年之大習與公羊桓六年何注三年簡車漢書刑法志卒正三年簡徒事略同此經無文殆非周初之制互詳後疏云四時各教民以其一焉者以春教振旅為戰罷收衆之事夏教茇舍為在道舍止之事秋教治兵為軍行出國之事冬教大閱為兩軍接戰之事征伐則四事備有無事講習則四時分肄各教民以一事互相備也云春習振旅兵入收

衆專於農者鄭中庸注云振收也詩采芑箋云振猶止也旅衆也止與收義亦略同以春農事方興故教以軍還入國收衆之事亦使民專於農也爾雅釋天云入爲振旅反尊卑也鄭注云尊老在前復常儀也此釋振旅之儀法與收衆之義亦不相悖公羊傳何注云將入嫌於廢之故以振訊士衆言之國語吳語說吳軍譁釦振旅則何說亦可通國語齊語韋注左傳隱五年杜注穀梁莊八年范注爾雅釋天郭注漢書刑法志顏注皆釋振旅爲整衆此並與何訓略同與鄭異也云平猶正也者前注同

辨鼓鐸鐲鐃之用王執路鼓諸侯執賁鼓軍將執晉鼓師帥執提旅帥執鼙卒長執鐃兩司馬執鐸公司馬執鐲

鼓人職曰以路鼓鼓鬼享以賁鼓鼓軍事以晉鼓鼓金奏以金鐃止鼓以金鐸通鼓以金鐲節鼓鄭司農云辨鼓鐸鐲鐃之用謂鉦鐸之屬鐲讀如濁其源之濁鐃讀如讙曉之曉提讀如攝提之提謂馬上鼓有曲木提持鼓立馬髦上者故謂之提杜子春云公司馬謂五人爲伍伍之司馬也玄謂王不執賁鼓尚之於諸侯也伍長謂之公司馬者雖卑同其號

疏辨鼓鐸鐲鐃之用者春辨金鼓與夏辨號名秋辨旗物三時各辨其一唯冬兼備但春亦有號名旗物夏秋亦有金鼓唯詳略小異耳吳子應變篇云鼓之則進金之則退春振旅還師宜習進退之節故以金鼓爲重孫子軍爭篇云軍政曰言不相聞故爲之金鼓視不相見故爲之旌旗夫金鼓旌旗者所以一人之耳目也吳語云王乃秉枹親就鳴鍾鼓丁寧錞于振鐸勇怯皆應三軍皆譁釦以振旅與此振旅辨鼓鐸鐲鐃事相應云王執路鼓者檀弓孔疏云兵車參乘若是元帥則在中央鼓下御者在左戈盾亦在右故成二年鞌之戰於是郤克爲中軍將時流血及屨未絕鼓音是將居鼓下也若天子諸侯親爲將亦居鼓下故戎右云贊王鼓成二年齊侯圍龍齊

侯親鼓之是也若非元帥則皆在左御者在中故成二年韓厥自其車左居中代御而逐齊侯故杜預云其車自非元帥御者皆在中故熊氏以爲雖非元帥上軍下軍之將亦居鼓下故成十六年鄢陵之戰子重將左而云子重鼓之也故爲將皆在鼓下也以其親鼓故以爲鼓下案周禮諸侯執賁鼓軍將執晉鼓師帥執提旅帥執鼙豈皆居鼓下也其義恐非也案熊謂凡軍將皆居中央鼓下是也此經王侯及軍將所執路賁晉三鼓鄭謂皆建於所自乘之車此皆大鼓必當車中建之則執之者亦必居中可知其師帥執提以下皆小鼓不必建於車中則執之者自可居車左熊並不謂師帥以下皆居中央鼓下孔蓋失糾又案凡車上建鼓皆爲楹鼓左傳宣四年孔疏云車上不得置簨虡以縣鼓故爲作跗若殷之楹鼓也鄭珍云車箱外三面皆有闌其式前之闌金鼓在焉左宣四年伯棼射王汰輈及鼓跗著於丁寧可見輈之後有鼓鼓之後有鉦鼓有跗者吳語載常建鼓韋昭注鼓晉鼓也建謂爲之楹而樹之知古人戰車上是樹楹鼓鼓大跗小則中多空地鉦乃手所搖擁其大無幾當即繫於跗裏十八年齊殖綽郭最皆衿甲面縛坐於中軍之鼓下闌之長各如其輈式則左右軌兩縱木當隧前一分及前闌兩端之外皆有四寸六分空地兩囚坐此鼓在其上非坐鼓下而何又云車之辨等衰者止在諸飾其長短廣狹須求合轍必無貴賤皆同據吳語十旌一將軍載常建鼓韋昭謂鼓是晉鼓依周禮軍將執晉鼓之文自不誤但今以韗人計之晉鼓之木長六尺六寸鼖鼓長八尺面皆徑四尺古之鼓面在兩旁其樹於笭中面當空處雖不知高下跗要與軾相切爲晉鼓數若以面向人木之占地總六尺六寸式內外分居三尺餘軍將即須退式後三尺餘擊之則身必立當箱軫之際若以面向側四尺之面於式內亦居二尺其木適如車廣軍將居中手必繞出左右兩人之外乃及擊之若鼖鼓木長八尺面向人則擊者幾無立處面向側

則且出車旁七寸矣皆無可者然旗鼓師之耳目斷無不建鼓之理
反覆繹之夏官言仲冬教大閱羣吏聽誓訖中軍以鼙令鼓鼓人皆
三鼓司馬振鐸羣吏作旗車徒皆作鼓行注謂中軍中軍之將也三
鼓者鼓人也鼓人師帥旅帥也中軍之將令鼓鼓人擊鼓以行之夫
以大閱脩戰法中軍之將令鼓止用鼙而擊鼓率其卒伍以行者又
止是師帥旅帥則所擊者亦止是提鼙耳臨戰所擊豈得異是若仲
春教振旅此時本主於辨鼓鐸鐲鐃之用故王以下所執不同然鼓
坐作進退亦止是師旅之帥鼓以行之王及諸侯軍將不過以所執
令之不必親登車擊鼖晉也路鼖晉之大既不可建車上晉鼓下爲
提然則軍將或王侯自將必皆建提下則建鼙明矣賈氏中軍令鼓
疏云將居鼓下以鼖晉圍長筭之人非居其下不可然如何擊之耶
案鄭子尹說是也據大僕凡軍旅贊王鼓注云王通鼓佐擊其餘面
賈彼疏亦以路鼓釋之是鄭意自謂王在軍所乘戎路實建路鼓王
親與大僕等同擊之則謂諸侯軍將等兵車亦實建鼖晉諸鼓可知
賈申鄭自不誤然子尹依三鼓廣長之度筭之建與擊皆不能無所
妨礙故疑此經爲習戰之禮王侯等不必親登車擊鼓若臨戰則王
侯軍將車所建而擊者亦不過提鼙等小鼓今攷鼓跗高度經注無
明文以考工記總敘說兵車六等之度推之車軫四尺人長八尺通
爲一丈二尺輈人注謂衡高八尺七寸輈曲中高度與彼等則與人
要腹正相值也左傳謂鼓跗與輈高相直而以徑四尺長六尺至八
尺之鼓縣其上無論跗之爲直木曲木鼓之爲直向側向縱不觸人
首亦必蔽人目矣儻更出人首之上則跗木必長一丈三尺以上以
一丈三四尺之木建徑四尺長六尺至八尺之鼓車行不搖抗不安
乎是其不能絕無所礙明矣況大閱禮中軍以鼙令鼓曰令鼓則非
親擊可知若中軍將車自建晉鼓何不自擊晉鼓以令之而必擊鼙
以令鼓人鼓之乎竊疑此經師帥執提以下其鼓較小皆是親執其

軍將以上職位較崇所用三鼓廣長之度絕後將車所不易建當別以車載之則三鼓不必親執經以與下提鼙等牽連並舉故通言執耳吳語將軍建鼓文例亦同實則王侯軍將所親執者仍是鼙與大閱禮中軍用鼙同也其大師王在軍臨戰之時王車亦止載鼙以令鼓而鼓人別乘副車載路鼓以從之如大閱中軍以鼙令鼓而後鼓人三鼓彼鼓人卽地官之屬所鼓者蓋卽路鼓晉諸鼓別載以從者也諸侯軍將以下當亦如是左傳伯棼射楚王車及鼓跗亦卽鼙散文通稱猶吳語嬖大夫提鼓卽此旅帥所執之鼙耳肆師注引尚書大傳說武王觀兵事云王升舟入水鼓鍾亞是水行鍾鼓不與王同舟則陸行鍾鼓亦必別建於副車行軍又有鍾錞而軍將所令亦止用鐲鐸皆足相比例夫然則三鼓雖大而專車以載當無難容之慮而鼓人唯掌擊鼓不執它事亦當無不能擊之慮於理勢儻有合乎古軍禮亡佚將鼓別載無可證論惟大閱中軍用鼙而鼓人別鼓可相推迹而注又誤釋鼓人爲師帥旅帥其制彌晦子尹知三鼓必非將車所能建而不如其有別載之法後文大閱禮卽其塙證也云軍將執晉鼓者釋文軍將作將軍云本或作軍將案國語吳語云吳王陳士卒百人以爲徹行百行行頭皆官師擁鐸十行一嬖大夫提鼓十旌一將軍建鼓彼將軍建鼓卽此軍將執晉鼓軍將卽將軍也韋注引此經亦作將軍執晉鼓與陸本同左傳昭二十八年公羊宣十二年穀梁文五年傳國語晉語大戴禮記衞將軍文子篇亦並有將軍之文或此經舊本如是不必與師帥旅帥等同也云旅帥執鼙者卽吳語嬖大夫提鼓旅帥下大夫也云兩司馬執鐸者卽吳語官師擁鐸兩司馬中士也韋注據彼百人爲行以官師爲卒長上士案祭法官師與適士廟制不同則官師自當爲中下士或吳制百人之長以中下士爲之與王朝制異彼注又引賈逵唐固虞翻說以官帥爲大夫則誤韋氏亦不從也　注引鼓人職者證三鼓三金之用彼文

賁鼓作蕡鼓賁卽轒之省詳彼疏據此經是路鼓晉鼓亦軍事所用彼各舉一端爲義文不具也鄭司農云辨鼓鐸鐲鐃之用謂鉦鐸之屬者賈疏云按司馬法云十人之長執鉦百人之帥執鐸千人之帥執鼙萬人之主執大鼓義與此同故引之爲證也詒讓案鼓人注云鐲鉦也形如小鍾說文金部云鐲鉦也鉦鐃也似鈴鐃小鉦也是鐲鐃皆鉦之類故總云謂鉦鐸之屬以晐之司馬法以什計數與吳語陳制正同而與此經軍制則異先鄭似不必據彼文互詳敘官疏云鐲讀如濁其源之濁者此擬其音也段玉裁云淮南子漢書禮樂志皆有濁其源之語云鐃讀如讙曉之曉者賈疏云從毛詩云以讙讙曉案賈引毛詩卽大雅民勞篇以謹惛怓釋文本鄭箋云惛怓猶讙譊也曉譊字通釋名釋樂器云鐃聲譊譊也云提讀如攝提之提者史記天官書云大角旁星曰攝提索隱引春秋元命苞云攝提之爲言提攜也此擬其音而義亦同也云謂馬上鼓有曲木提持鼓立馬髦上者故謂之提者說文手部云提挈也國語吳語之提鼓卽鼙又越語云范蠡乃左提鼓韋注亦並訓提爲挈此提鼓當大於鼙而其可提挈則同故卽以提爲名髦謂馬鬣詩魯頌駉孔疏云髦卽是鬣皆謂馬之騣也案依先鄭說提鼓蓋以曲木爲柄人立馬上提持之鼓下垂與馬之鬣相直然此章路鼓以下並據在車言之不宜獨帥執提獨爲單騎賈疏亦駁之云此先鄭蓋據當時已有單騎舉以況周其實周時皆乘車無輕騎法也莊存與云古人車戰無騎兵馳馬夾轂去隊十二三尺安得有提持之鼓立馬髦上而鼓之鄭珍云先鄭以漢法況周然此可推古提鼙之制其木必短建車上者則必曲木折向外令其面適當式前高或及膺乃便軍將之擊案賈莊鄭諸說是也御覽樂部引大周正樂云馬上之鼓曰提鼓有木可提執蓋卽沿先鄭此注之誤竊謂提鼓以提爲名固當有柄可以提持但不必在馬髦上耳說文鼓部云鼙騎鼓也玉燭寶典引蒼頡篇云鼙馬

上鼓也疑禮家舊說又有釋旅帥執鼙爲騎鼓與先鄭釋提略同其說亦非也鼙詳小師疏杜子春云公司馬謂五人爲伍伍之司馬也者以其在兩司馬之下故知爲伍之司馬敘官云五人爲伍伍皆有長是也敘官又云家司馬各使其臣以正於公司馬彼以王國對都家言之謂之公乃軍司馬以下之通稱與此公司馬爲伍長異云玄謂王不執賁鼓尚之於諸侯也者賈疏云按鼓人職賁鼓鼓軍事討王在軍自爲元帥自合執賁鼓今不執賁鼓者見諸侯因朝而來與王爲賓客故讓之使執賁鼓故云尚之於諸侯案賈說謬也廣雅釋詁云尚加也高也尚之於諸侯言尊王加之諸侯之上以示殊異此三鼓並依大小尊卑差次用之據鼓人六鼓之次路鼓尊於鼖鼓今諸侯既執賁鼓王不可與彼等故尊異之而執路鼓非謂王讓於諸侯而不執賁鼓也云伍長謂之公司馬者雖卑同其號者賈疏云按諸官大夫乃與大官同號宰夫已下幷上士中士下士皆不得與大官同號今於序官大司馬之下上士得號與司馬中士得號行司馬及在軍二十五人長中士號兩司馬五人長下士號公司馬皆與大官同號者以司馬主軍軍事主嚴雖卑得同號也案賈說未塙諸司馬官卑而同卿號者以其同主兵耳左成二年傳齊有銳司徒辟司徒襄十八年傳鄭有野司寇然則他官亦有正屬同名者無義例也

以教坐作進退疾徐疏數之節習戰法【疏】以教坐作進退疾徐疏數之節者說文土部云坐止也重文㘴古文坐案坐本訓止引申之凡坐地坐席並謂之坐江永云古人之坐兩膝著席而坐於足與跪相似但跪者直身臀不著地又謂之跽跪危而坐安曲禮疏云坐亦跪也坐通名跪跪名不通坐此跪坐之別也案江說是也此坐陳卽跪地也郊特牲說軍旅之事云左之右之坐之起之以觀其習變也賈疏云按下大閱禮備軍法虞人萊所田之野下文云中軍以鼙令鼓鼓人皆三鼓已下有此坐作進

退疾徐疏數之節彼大閱具言於此略說有此坐作之法注云習戰法者據後大閱云脩戰法教之卽所以習之也

遂以蒐田有司表貉誓民鼓遂圍禁火弊獻禽以祭社

春田爲蒐有司大司徒也掌大田役治徒庶之政令表貉立表而貉祭也誓民誓以犯田法之罰也誓曰無干車無自後射立旌遂圍禁旌弊爭禽而不審者罰以假馬禁者虞衡守禽之厲禁也旣誓令鼓而圍之遂蒐田火弊火止也春田主用火因焚萊除陳草皆殺而火止獻猶致也屬也田止虞人植旌衆皆獻其所獲禽焉詩云言私其豵獻肩于公春田主祭社者土方施生也鄭司農云貉讀爲禡禡謂師祭也書亦或爲禡

疏遂以蒐田者春大田之法也云有司表貉者賈疏云按下大閱禮遂以狩田以下云以旌爲左右和之門羣吏各帥其車徒以敘和出左右陳車徒有司平之旣陳乃設驅逆之車有司表貉于陳前此亦當如彼但春非大備故亦略言也云誓民者賈疏云卽下大閱禮羣吏聽誓於陳前鄭引月令司徒北面誓之是也江永云田時誓有二一前誓在列陳之後戒其坐作進退之不用命也後誓在表貉之後戒其從禽之不如法也春冬各言其一疏引大閱羣吏聽誓解有司表貉誓民未密案江說是也前誓習戰之誓誓以軍法卽大閱陳車徒羣吏聽誓于陳前是也後誓田獵之誓誓以田法此表貉後之誓是也云鼓遂圍禁者賈疏云卽下文中軍以鼙令鼓鼓人皆三鼓已下是也旣誓令鼓而圍之云火弊獻禽以祭社者賈疏云此因田獵而祭非月令仲春祭社也

注云春田爲蒐者爾雅釋天云春獵爲蒐郭注云搜索取不任者左隱五年傳云春蒐杜注云蒐索擇取不孕者說苑脩文篇云蒐者搜索之國語周語云蒐於農隙韋注云春田曰蒐蒐擇也禽獸懷妊未著搜而取之也義並略同蒐字又作獀祭義獀狩注云春獵爲獀齊語云春以獀振旅韋注引此經作獀田又作搜玉燭寶典引

月令章句述此經作搜田說之云搜索其不孕任者以供宗廟之事淮南子泰族訓云時搜振旅以習用兵也許注云搜簡車馬也漢書刑法志亦云春振旅以搜案彼搜與蒐並聲近義同又公羊桓四年傳春曰苗秋曰蒐何注云蒐簡擇也簡擇幼稚取其大者春秋繁露深察名號篇云春苗秋蒐從公羊說也穀梁桓四年傳春曰田秋曰蒐范注云取獸於田蒐擇之舍小取大左傳隱五年孔疏引白虎通義云春謂之田何春歲之本舉本名而言之也秋謂之蒐何蒐索肥者也從穀梁說也御覽資產部又引韓詩內傳云春曰畋夏曰獀二傳及韓詩說並與此經義異云有司大司徒也掌大田役治徒庶之政令者據大司徒職文月令季秋教田獵亦云司徒搢扑北面誓之鄭以經有司通表貉誓民爲文意表貉誓民事相因並司徒主之也鄭鍔云有司者肆師甸祝也肆師大田獵祭表貉則爲位甸祝掌四時之田表貉之祝號則有司謂此二官明矣王昭禹姜兆錫秦蕙田莊有可說同黃以周云肆師爲表貉之位甸祝掌表貉之祝號與誓民無與案黃說是也表貉自是肆師甸祝所掌而誓民則當爲司徒注與鄭鍔說相兼乃備云表貉立表而貉祭也者表卽後大閱禮列陳之處二百五十步爲四表貉祭蓋當最南第一表祭之肆師注云貉師祭也於所立表之處爲師祭祭造軍法者禱氣勢之增倍詳彼疏云誓民誓以犯田法之罰也者將田先以犯田法之罰與民誓之使民不犯卽士師田役之禁是也賈疏云當司徒北面誓之時小子斬牲以左右徇陳也云誓曰無干車無自後射者自此至罰以假馬並誓辭賈疏云此據漢田律而言無干車謂無干犯他車無自後射象戰陳不逐奔走又一解云前人已射中禽後人不得復射彼又云無面傷之等象降者不逆擊之案士師注引此首二語作軍禮黃以周以爲司馬法逸文近是賈疏謂出漢田律疑不足據又士師疏引鄭易注釋無自後射謂不中之後不復重射與此所述二義又不同

黃以周云無干車者謂各守車行毋躐犯他轍而逐獸也無自後射者謂各安徒列毋自人後而爭射前禽也案黃說亦近是但無自後射止是恐其誤傷前人耳似不必專屬徒言也云立旌遂圍禁者賈疏云旌則下文大閱禮云旗居卒閒者是也詒讓案此云圍禁王制云天子不合圍曲禮云國君春田不圍澤者王制孔疏云天子四時田獵皆得圍但圍而不合是也云旌弊爭禽而不審者罰以假馬者旌弊即仆旌止田也田止則屬禽故有爭禽之罰投壺云請爲勝者立馬鄭彼注云馬勝筭也謂之馬者若云技藝如此任爲將帥乘馬也賈疏云謂獲禽所筭之籌罰者謂效功時爭禽不審即罰去其籌陳祥道云漢人格五之法有功馬散馬皆刻馬象而植焉假馬投壺之馬蓋亦如此孔廣森云馬者蓋刻木爲馬象亦中之類案陳孔說是也鄭云勝筭蓋亦以馬爲籌名云禁者虞衡守禽之厲禁也者即迹人云掌邦田之地政爲之厲禁而守之是也以田必於山澤則守禽當亦虞衡所掌山虞林衡川衡澤虞諸職所云掌山林川澤之禁令政令蓋並兼守禽之厲禁言之賈疏雜引山虞澤虞二職使民守厲禁爲說不知彼自爲民閑占伐林木占取澤物之事與田獵守禽之禁無與也云既誓令鼓而圍之遂蒐田者司徒誓畢鼓人乃鼓進衆遂圍其厲禁而蒐田也云火弊火止也者獸人弊田注云弊仆也仆而田止此四時田獵凡云弊者義皆爲止後車弊羅弊徒弊並同云春田主用火因焚萊除陳草者此所謂火田也爾雅釋天云火田爲狩左桓七年經二月焚咸丘孔疏引李巡孫炎爾雅注云放火燒草守其下風郊特牲云季春出火爲焚也然後簡其車賦而歷其卒伍而君親誓社以習軍旅注云謂焚萊也凡出火以火出建辰之月火始出君親誓社誓吏士以習軍旅而遂田以祭社也言祭社則此是仲春之禮也仲春以火田田止弊火然後獻禽至季春火出而民乃用火今云季春出火乃誓社記者誤也據彼注則火未出得先焚

萊故牧師亦云孟春焚牧又羅氏注引王制昆蟲未蟄不以火田之文以爲十月卽得火田故王制疏以爲十月以後至中春並得火田此中春大蒐之地尤廣以萊是草地春時新草將生故因獮而大焚陳草使新草易生也云皆殺而火止者謂將殺圍禁而火作旣殺則以火息爲田止之節王制疏說此火弊云謂殺獲禽獸將畢總放火焚萊而後止依孔說則似田止而後火作非也云獻猶致也屬也者鄭以此及後夏苗云獻禽秋獮冬狩及山虞並云致禽澤虞又云屬禽三者文異事同田僕云及獻比禽義亦同也然冬狩章先云致禽後又云入獻禽以享烝以文例推之則此獻禽自指獻鷹於社而言與田僕義異又甸祝致禽于虞中乃屬禽彼注云致禽使獲者各以其禽來致於所表之處屬禽別其種類則致與屬義亦自不同蓋此及夏苗云獻禽將獻必先致之經言獻以見致也秋獮云致禽旣致後亦獻之經言致以見獻也三章各偏舉一事惟冬狩文特詳故致獻兩載此經文詳略互見之例也至致後獻前更有屬禽之節以甸祝文推之亦四時備有可知彼此推校致屬獻三事節次甚明鄭并三者爲一似失之云田止虞人植旌眾皆獻其所獲禽焉者山虞云及弊田植虞旗于中致禽而珥焉又澤虞職云及弊田植虞旌以屬禽則山田用旗澤田用旌此止云植旌者旌旗散文得通獻其所獲禽獻於虞旌界域之中也引詩云言私其豵獻肩于公者豳風七月篇文義詳後引之者證獻禽之事彼雖獻之于公然獻公與獻神事相因故鄭引以證義云春田主祭社者土方施生也者以社爲五土總神故於土方施生之時獻禽以祭之此卽郊特牲所說君親誓社之事仲春自有祈社之正祭與此不同此獻禽之禮當殺於正祭也鄭司農云貉讀爲禡禡謂師祭也書亦或爲禡者先鄭依毛詩大雅禮記王制爾雅釋天諸文破貉爲禡故書或本亦正同後鄭雖用先鄭義而不從其破字故引之在後詳肆師甸祝疏

中夏教

茇舍如振旅之陳羣吏撰車徒讀書契辨號名之用帥以門名縣鄙各以其名家以號名鄉以州名野以邑名百官各象其事以辨軍之夜事其他皆如振旅茇讀如萊沛之沛茇舍草止之也軍有草止之法撰讀曰算算車徒謂數擇之也讀書契以簿書校錄軍實之凡要號名者徽識所以相別也鄉遂之屬謂之名家之屬謂之號百官之屬謂之事在國以表朝位在軍又象其制而爲之被之以備死事帥謂軍將及師帥旅帥至伍長也以門名者所被徽識如其在門所樹者也凡此言以也象也皆謂其制同耳軍將皆命鄉古者軍將蓋爲營治於國門魯有東門襄仲宋有桐門右師皆上鄉爲軍將者也縣鄙謂縣正鄙師至鄰長也家謂食采地者之臣也鄉以州名亦謂州長至比長也野謂公邑大夫百官以其職從王者此六者皆書其官與名氏焉門則襄仲右師明矣鄉則南鄉甄東鄉爲人是也其他象此云某某之名某某之號某某之事而已未盡聞也鄉遂大夫文錯不見以其素信于民不爲軍將或爲諸帥是以闕焉夜事戒夜守之事草止者慎於夜於是主別其部職疏中夏教茇舍者夏習兵之法也云如振旅之陳者卽如戰之陳也云羣吏撰車徒讀書契者說文辵部云徒步行也賈疏云羣吏謂軍將至伍長各有部分皆選擇其在車甲士三人步徒七十二人之等書契謂兵士簿書之要契此小宰之八成云師田以簡稽一也云辨號名之用者賈疏云此帥以門名已下是也云以辨軍之夜事者明茇舍習戰以夜與大閱質明而陳異也江永云夏茇舍是習夜戰之事齊語云夜戰聲相聞夏月晝熱夜涼宜於此時習之將帥以號名別之亦是便於夜也案江說是也六韜敵強篇云敵人夜來當明號審令出我勇銳冒將之士人操炬火二人同鼓必知敵人所在或擊其表裏

徽號相知令之滅火鼓音皆止是夜戰用徽號之事　注云茇讀如萊沛之沛者段玉裁云此擬其音也賈疏云按王制云居民山川沮澤注云沮謂萊沛時俗有水草謂之萊沛故讀從之也丁晏云茇沛聲相近毛詩武王載旆說文引作坺是其例也云茇舍草止之也者謂於野地芟除草萊而軍止其中除草而不除地故謂之草止詩召南甘棠召伯所茇毛傳云茇草舍也孔疏云茇者草也草中止舍故曰茇舍引此注作草止也無之字小雅車攻疏及玉燭寶典引並同疑今本涉下而衍說文艸部云茇草根也春艸根枯引之而發土爲撥故謂之茇广部云废舍也引詩茇作废废呂飛鵬云據此則废爲舍正字詩召南及此經作茇僖十五年傳作拔舍皆假借也魏徵羣書治要引此作拔舍詒讓案毛鄭並訓茇爲草訓舍爲止故車攻毛傳云大芟草以爲防或舍其中防者田之大界舍其中卽所謂茇舍草止也茇說文字作废而卽訓爲舍與毛鄭異依許義則經茇舍二字同訓文例重復不若毛鄭之允漢書刑法志云夏拔舍以苗顏注云拔舍草止不妨農也左僖十五年傳晉大夫反首拔舍從之杜注云拔草舍止此並以拔爲茇杜顏注說亦同毛鄭惟漢書禮樂志拔蘭堂注云拔舍止也此字亦作拔而以說文废字說解釋之蓋茇拔废聲類同義得通也詩鄘風載馳毛傳云草行曰跋跋茇義亦相近云軍有草止之法者尉繚子武議篇云吳起與秦戰舍不平隴畝樸樕蓋之以蔽霜露卽行軍草止之事左襄二十八年傳子產相鄭伯以如楚舍不爲壇外僕曰今子草舍無乃不可乎彼云草舍亦卽此茇舍也蓋行旅往來雖有野舍亦必除地爲壇掌舍所謂壇壝宮也軍行所久止之處亦有軍舍量人云營軍之壘舍是也惟在道暫息則除草而舍不除地爲壇壇以軍事尚嚴不求安適也云撰讀曰算算車徒謂數擇之也者丁晏云易繫辭雜物撰德釋文撰鄭本作算古撰算通用段玉裁云此易撰爲算也說文竹部曰算數也論語何

足算也鄭注算數也鄁詩威儀棣棣不可選也小雅車攻曰選徒囂囂毛傳皆訓選爲數而漢書引鄁詩作不可算此撰車徒注亦讀爲算訓爲數擇選撰算三字聲類同也案段說是也詩小雅車攻敘亦云宣王復會諸侯於東都因田獵而選車徒焉撰車徒卽選車徒也既陳恐車徒或有空闕及解怠者故使軍吏更數擇之此所選者爲既陳之車徒與未陳前之致民異韓非子外儲說左云宋襄公與楚人戰於涿谷上楚人已成列撰陳矣公乃鼓之宋人大敗撰陳亦卽撰車徒也云讀書契以簿書校錄軍實之凡要者簿舊本作薄案薄雖古字然注例簿書字皆不作薄宋本並作簿與釋文合今從之司會注云書謂簿書契其最凡也此義與彼同賈疏謂卽小宰八成之聽師田以簡稽今案小宰別云聽取予以書契與簡稽所用異此師田而曰讀書契者對文則別散文得通書契凡要並詳小宰疏軍實謂兵甲器械詳獸人疏云號名者徽識所以相別也者司常掌九旗之物名各有屬以待國事注云屬謂徽識也大傳謂之徽號徽識徽號號名義並同賈疏云卽司常注三者旌旗之細者也皆綴之於膊上以別死者也惠士奇云幟象銘旌被之於背是爲徽說文巾部謂以絳徽箸於背春秋傳揚徽者公徒東京賦戎士介而揚揮薛綜云揮爲肩上絳幟如燕尾然則幟垂於肩被於背國策齊策秦攻齊威王使章子將而應之與秦交和而舍章子爲變其徽章以雜秦軍皆是物也又云墨子旗幟篇曰吏卒男女皆辨異衣章衣章者小徽幟也城上吏置之背卒於頭上城下吏卒置之肩左軍於左肩右軍於右肩中軍置之胸蓋被之以備死事者也大旗署百戶邑及他人財物建旗其署令皆明白知之曰某子旗若國語齊語高子之鼓國子之鼓所以趣別衆臣在朝表位在軍象事某某之名某某之號其用蓋如此尉繚子經卒令曰卒有五章前一行蒼章次二行赤章次三行黃章次四行白章次五行黑章前一五行置章於首次二五行置

章於項次三五行置章於胸次四五行置章於腹次五五行置章於腰自腰至首五色爲章九旗之屬也案惠引墨子尉繚子證此徽幟是也毛詩小雅六月箋云徽識將帥而下皆著焉蓋徽識似旗旗而小軍禮用之著於將卒之身尉繚子所云即其遺制周書世俘篇云謁戎殷于牧野王佩赤白旂蓋即徽識之類是王亦著之不僅將帥也其小徽識亦著羽故國語晉語晉攻狄郤叔虎被羽先登克之後漢書賈復傳李注謂被羽即析羽之旌是也據齊策說章子變徽章以雜秦軍則軍有徽章所以識別部曲其用甚廣而鄭賈並專據備死事爲說於義殊隘云鄉遂之屬謂之名者鄭以經云縣都各以其名是六遂又云鄉以州名是六鄉亦即司常所云州里各象其名也云家之屬謂之號者以經云家以號名亦即司常所云家各象其號也賈疏云謂都家之內從大夫至士云百官之屬謂之事者以經云百官各象其事司常職同賈疏云從王朝六鄉已下至士野以邑名鄭雖不言亦在鄉遂之例云在國以表朝位在軍又象其制而爲之徽之以備死事者司常注云事名號者徽識所以題別衆臣樹之於位朝各就焉今大閱禮象而爲之兵凶事若有死事者亦當以相別也與此注義同然徽識亦不徒別死事並詳司常疏云帥謂軍將及鄉帥旅帥至伍長也者即上文羣吏及後軍吏是也以其尊卑雖殊同是統率兵卒故皆謂之帥云以門名者所被徽識如其在門所樹者也者凡軍帥在門各樹大旗旗在軍所被徽識制度雖短小亦如大旗旗之制也云凡此言以也象也皆謂其制同耳者賈疏云以謂若經云帥以門名已下至野以邑名已上五者皆言以也惟百官云象此六者以象雖異其制則同皆小旗旗也云軍將皆命卿者敘官文云古者軍將蓋爲營治於國門者謂於國門之內爲寺舍也國語吳語越王命有司大令于國曰苟任戎者皆造於國門韋注云國門城門也賈疏云此解軍將得以門爲名者只由非常之急要在於

門故使鄉在門住而營治其門故也惠士奇云詩鄭風緇衣正義引舜典曰闢四門鄭注曰鄉士之職使爲己出政教於天下言四門者亦因鄉士之私朝在國門魯有東門襄仲宋有桐門右師是後之取法於前也宋有澤門晳吳有胥門巢宋向戌稱盧門合左師而華氏亦居盧門皆鄉而爲軍帥者云魯有東門襄仲者襄仲莊公子公子遂也僖二十六年經公子遂如楚乞師左傳云東門襄仲杜注云襄仲居東門故以爲氏又宣十八年傳逐東門氏是也云宋有桐門右師者賈疏云按春秋左氏傳昭二十五年春叔孫婼聘於宋桐門右師見之注云右師宋師樂大心也其室居桐門故曰桐門右師是宋有桐門右師也引之證將帥得以門名之事案賈引左傳注蓋賈服義云皆上鄉爲軍將者也者鄭意襄仲及樂大心並以上鄉爲軍將營治在國門故以門爲氏號云縣鄙謂縣正鄙師至鄰長也者鄭意此六遂之屬官舉縣鄙以晐酇里鄰也下注云鄉遂大夫文錯不見故不數遂大夫也案此縣鄙當從江永姜兆錫方苞說爲公邑鄭以爲遂屬非也詳宰夫司常疏云家謂食采地者之臣也者舉家以晐都通指三等采地之臣謂若都家司馬之屬賈疏云食采地是公卿大夫其身在朝其臣在采地若公山弗擾之類今隨王在軍故以家號爲名也云鄉以州名亦謂州長至比長也者六鄉之屬官舉州以晐黨族閭比也司常云州里建旟與此同鄭意不關鄉大夫今案鄉大夫之不爲軍帥者當亦入此云野謂公邑大夫者後注同賈疏云謂爲四等公邑若載師職公邑有甸以出至五百里其長二百里三百里如州長四百里五百里如縣正長下皆有屬官在軍者皆以邑爲名鄭鍔云野六遂也六遂於鄰長言邑中之政於里宰言掌比其邑之衆寡於遂大夫言凡爲邑者此六遂爲邑之證也案鄭鍔說是也江永姜兆錫方苞莊有可說並同此野以邑名與鄉以州名連文則野爲六遂即遂人掌邦野之野無疑縣鄙縣士皆以公邑爲野而

此上文縣鄙已為公邑則野中不得又有公邑與後治兵郊野之野不同六遂在甸凡甸稍縣都通謂之野互詳遂人疏云百官以其職從王者者以職從王謂無地治但有職事也賈疏云謂三百六十官各以其職事從王在軍若大宰下六十官隨其長從王皆以事為號也云此六者皆書其官與名氏焉者賈疏云六者謂經五以一象假令為官則云大司徒下某官姓名某也云門則襄仲右師明矣者謂已釋於上云鄉則南鄉甄東鄉為人是也者惠士奇云廣韻一東引世本有宋大夫東鄉為似東鄉氏而為名又二十二覃晉國高士全隱於南鄉因以為氏則南鄉甄者亦氏南鄉而名甄也賈疏謂甄與為人皆當時鄉名失之段玉裁云左傳文七年正義云世本宋桓公生公子鱗鱗生東鄉矔是則左傳鱗矔世本作東鄉矔鄭注必出世本廣韻引世本奪人字耳案惠段謂鄭據世本是也南鄉甄無攷新唐書宰相世系表云宋戴公生公子充石字皇父皇父生季子來來生南雍鉶南雍鉶疑即南鄉甄之誤又左傳襄九年孔疏引服虔云皇鄖皇父充石之後十世孫宗鄉為人之子大司馬椒也宗鄉為人亦疑即東鄉為人之誤蓋二人皆系出戴公左成十五年傳朱別有向為人則傳云桓族與東鄉為人異世系表及服說當並出世本今世本既佚二書展轉援引又多譌舛遂莫能參證矣云其他象此云某某之名某某之號某某之事而已未盡聞也者此鄭以意推定縣鄙家野百官四者號名之式也軍帥及鄉上文已釋訖此某某之名乃專據縣鄙與野言之蓋鄭意縣鄙所書云某某者即其縣鄙之名野所云某某者即其邑之名餘如家與百官所云某某者亦即其所號之名與所掌之事也賈疏謂某某之名若門名當云桐門右師之下某官某姓某甲之名某某之號若魯之費邑即云費邑之下某官某姓某甲之號某某之事若地官之下則云大司徒之下某官某姓某甲之事非鄭指也互詳司常疏云鄉遂大夫文錯不見者賈疏云

此經六遂直云縣鄙不言遂六鄉言以州名雖見鄉亦不見鄉大夫之身其文交錯不見鄉遂大夫故云文錯不見也云以其素信于民者于亦當作於此誤疏述注作於賈疏云孫子云素信者與衆相得是也舊素與民相信者必情義相得故鄉遂之官還使爲軍吏云不爲軍將或爲諸帥是以闕焉者賈疏云管子云因內政寄軍令則鄉遂大夫已下至比長鄰長皆因爲軍吏以領本民在上或別使人爲軍將則鄉遂大夫別領人爲師帥旅帥以下經在軍吏帥以門名之內故闕鄉遂大夫也必知有別使人爲軍將法者見外傳穆叔云天子作師公帥之以征不德詩曰周公東征四國是遑此竝上公爲軍將詩曰韎韐有奭以作六師此乃諸侯世子爲軍將田獵亦容如此於是時鄉遂大夫則爲諸帥也云夜事戒夜守之事草止者愼於夜者謂戒備夜戰守禦之事草止無城郭溝池之固故愼於夜以防敵來掩襲也云於是主別其部職者天官敘官注云辨別也部謂部曲職謂職掌之事二者皆視號名以爲別賈疏云釋經以辨軍之夜事分別其當部當職不與外交雜也

遂以苗田如蒐之灋車弊獻禽以享礿夏田爲苗擇取不孕任者若治苗去不秀實者云車弊驅獸之車止也夏田主用車示所取物希皆殺而車止王制曰天子殺則下大綏諸侯殺則下小綏大夫殺則止佐車佐車止則百姓田獵礿宗廟之夏祭也冬夏田主于祭宗廟者陰陽始起象神之在內

疏 遂以苗田如蒐之灋者夏火田之法也賈疏云如上蒐時有司表貉誓民令鼓遂圍禁之等江永云苗田亦卽於夜畢之爾雅宵田爲獠楚辭招魂卒章懸火炎起亦言宵田之事云車弊獻禽以享礿者賈疏云二者則與春異以其春時火弊祭社此時車弊享礿也詒讓案獻禽亦謂歸獻之於廟與上春蒐獻社義同 注云夏田爲苗擇取不孕任者若治苗去不秀實者云者爾雅釋天云夏獵爲苗穀梁桓四年傳云夏曰苗左隱五

年傳云夏苗孔疏引白虎通義云夏謂之苗何擇去懷任者也即鄭所本又引爾雅孫炎注亦與鄭同左傳杜注則云苗爲苗除害爾雅郭注及穀梁范注說並同此別一義又公羊桓四年傳春曰苗秋曰蒐冬曰狩何注云苗毛也明當毛物取未懷任者不以夏田者春秋制也以爲飛鳥未去於巢走獸未離於穴恐傷害幼稚故於苑囿中取之何說雖與鄭略同而公羊之義以苗爲春田之名又謂夏無田與此經及爾雅左氏穀梁迥異國語周語云蒐於農隙獮於既烝狩於畢時似亦謂無夏田說苑脩文篇亦引春秋傳春曰苗夏曰蒐冬曰狩而釋之云苗者毛也苗者毛取之夏不田何也曰天地陰陽盛長之時猛獸不攫鷙鳥不搏蝮蠆不螫鳥獸蟲蛇且知應天而況人乎哉此正同公羊說今本說苑爲後人增竄文前後不相應非也又春秋繁露深察名號篇云春苗秋蒐冬狩夏獮董子傳公羊說故亦以苗爲春田而別有夏獮之文與公羊不合蓋亦後人所增公羊謂夏無田法鄭所不從然鄭亦自有二說王制云天子諸侯無事則歲三田一爲乾豆二爲賓客三爲充君之庖鄭彼注云三田者夏不田蓋夏時也引周禮四時田爲證孔疏謂鄭取春秋緯運斗樞文故以爲夏不田又引何休穀梁廢疾云運斗樞曰夏不田穀梁有夏田於義爲短鄭釋之云四時皆田夏殷之禮詩云之子于苗選徒囂囂夏田明矣孔子雖有聖德不敢顯然改先王之法以教授於世若其所欲改其陰書於緯藏之以傳後王穀梁四時田者近孔子故也公羊正當六國之亡讖緯見讀而傳爲三時田作傳有先後雖異不足以斷穀梁也又引鄭釋廢疾云歲三田謂以三事爲田即一曰乾豆之等據孔說則王制注雖以夏不田爲夏禮而釋廢疾說則謂夏時亦有夏田王制歲三田即指下文三事而言蓋鄭終不從公羊運斗樞說也黄以周云月令於孟夏云驅獸毋害五穀毋大田獵曰驅獸明夏亦田矣曰毋大田獵明夏獮較三時爲小也夏田較小故公羊

不舉其文案黃說亦通云車弊驅獸之車止也者驅獸之車卽後云驅逆之車是也以弊爲止與上文火弊義同云夏田主用車示所取物希者賈疏云春秋左氏傳云彼徒我車懼其侵軼我也是車行遲取獸少故知用車示取物希也云皆殺而車止者亦謂旣殺之後以車止爲田止之節王制疏說此車弊云謂獵人殺禽旣畢布列車乘總驅禽獸而後止息依孔說則爲田止而後車驅非也引王制曰天子殺則下大綏諸侯殺則下小綏者鄭彼注云綏當爲緌緌有虞氏之旌旗也下謂弊之賈疏云據殺訖而言毛詩傳云天子發抗大綏諸侯發抗小綏者據始殺而言詒讓案王制下綏之文於此經車弊無會鄭牽連引之耳大綏卽巾車之大麾亦卽司常之旌旜諸侯制殺於王蓋用旌物故謂之小綏鄭王制注讀綏爲緌以爲有虞氏之旌旗非也凡大田王乘木路仍載大常以表尊而表事則以大綏蓋佐車所載抗之下之以爲殺及止之節故詩小雅車攻云建旐設旄搏獸于敖御覽資產部引韓詩內傳云天子抗大綏諸侯小綏羣小獻禽其下天子親射之於門則似大綏與虞旗爲一疑非也大綏爲大麾亦卽旌旜及王田載大常並詳巾車疏云大夫殺則止佐車佐車止則百姓田獵者彼注云佐車驅逆之車案鄭以王制佐車卽驅獸之車故引以證此車弊然據田僕文則佐車卽副車非卽驅逆之車鄭王制注似誤又庶民惟冬得田獵故王制云豺祭獸然後田獵四時大田爲王親田而得有百姓者蓋卽據鄉遂六軍士徒而言也云礿宗廟之夏祭也者謂夏祭宗廟雖非正祭通名爲礿也大宗伯云以禴夏享先王司尊彝亦云夏禴礿禴字同甸師先鄭注約引此文亦作禴說文有礿無禴但經字不宜錯出疑此經注並當作禴也云冬夏田主于祭宗廟者者于亦當作於賈疏述注不誤此明下文冬狩以享烝與此享礿同爲祭宗廟也云陰陽始起象神之在內者賈疏云仲冬一陽生仲夏一陰生是陰陽在內故神象之而行祭也

此祭因田獵獻禽爲祭若正祭自在孟月案賈謂正祭在孟月依鄭王制注義孔疏亦謂此四仲祭非正祭惟杜氏春秋釋例云周禮祭宗廟以四仲蓋言其下限也左傳桓八年孔疏引秦道靜云周禮四時之祭皆用四仲之月則以此職夏礿冬烝並指正祭與鄭義異金鶚云王制云天子諸侯無事則歲三田一爲乾豆鄭注乾豆謂腊之以爲祭祀豆實也醢人朝事之豆有醓醢麋臡鹿臡麇臡鄭注作醢及臡必先膊乾其肉乃莝之雜以粱麴及鹽漬以美酒百日則成矣然則豆實非一時可辦故必先時而田春田以供夏夏田以供秋秋田以供冬冬田以供春自田至祭約有七八十日豆實乃具也夫豆而曰乾則非方田之時卽獻禽以享宗廟也明甚而獻禽以享之非正祭亦明矣其曰享礿享烝者凡夏祭皆得謂之礿冬祭皆得謂之烝不必正祭也且四時之田皆爲祭祀此獻禽若是正祭何以四祭僅擧其二而與祊社並列邪況祭祀必先齋戒十日不得出外馳逐而此經云入獻禽以享烝明是田獵之日卽入獻禽以享若是正祭何以不齋戒乎豈齋戒不妨田獵乎案金說是也凡正祭必在四孟之月不在四仲又此獻禽之祭當用薦新之禮無尸但饋食而已與時祭禮異並詳大宗伯疏

周禮正義卷五十五

周禮正義卷五十六

瑞安孫詒讓學

中秋教治兵如振旅之陳 疏 中秋教治兵者秋習兵之法也穀梁莊八年傳云出曰治兵習戰也左傳隱五年杜注云治兵始治其事爾雅釋天云出爲治兵尚威武也郭注云幼賤在前貴勇力案教治兵者教始出治軍之事春秋莊八年經正月甲午治兵左氏謂治兵于廟公羊作祠兵何注謂將出兵祠於近郊與此經不合鄭所不從詳前疏云如振旅之陳者亦如戰之陳也

辨旗物之用王載大常諸侯載旂軍吏載旗師都載旜鄉家載物郊野載旐百官載旟各書其事與其號焉其他皆如振旅 軍吏諸軍帥也師都遂大夫也鄉遂鄉大夫也或載旜或載物衆屬軍吏無所將也郊謂鄉遂之州長縣正以下也野謂公邑大夫載旐者以其將羨卒也百官卿大夫也載旟者以其屬衞王也凡旌旗有軍衆者畫異物無者帛而已書當爲畫事也號也皆畫以雲氣 疏 辨旗物之用者賈疏云按下文注以出軍之旗則如秋則此經是在軍旌旗也案賈說非也此辨旗物卽左宣十二年傳所謂百官象物而動也秋治兵所載旗與司常冬大閱所載旗同而文有錯綜互見鄭不得其義遂強爲之說謂此經爲出軍之法司常爲平時尊卑之常禮賈亦沿其誤今攷定旜物爲五旗之通制經故錯文見義大閱與治兵載旗物本不異也詳後疏云王載大常諸侯載旂者與司常大閱所建同凡五等諸侯同載旂唯斿數依命數各異詳司常疏云軍吏載旗者謂六軍將吏通軍將以下至伍長言之軍將當載熊旗之旜師帥以下當載熊旗

之物以命數差之蓋軍將六斿師帥旅帥四斿卒長三斿兩司馬二斿伍長一斿也案此經列七等載旗敘次並與司常同唯彼文以旗無物旗則旜物兩有宜與旟同列也今此經獨以旗列旜物前與彼列旜物後者以旜物爲五旗之通制而常旂爲王侯所載唯有旜而不合未詳其義云師都載旜者師當作帥司常師都建旗經注誤同石經及各本亦並誤凡五旗通有旜此帥卽六軍之將以其皆命卿故建熊旗之旜上軍吏內雖亦含有軍將然彼通乎大小明其同載熊旗此又特出軍將以明其別爲通帛以示尊異亦互文見義也都則爲大小都之長凡食都者必卿以上故亦載熊旗之旜以下諸旗斿數之異並詳司常疏云鄉家載物者唐石經初刻家作遂後磨改家宋以來各本並作遂段玉裁云此當從唐石經作鄉家各本作鄉遂非也假令是鄉遂則注不得云鄉大夫也嚴可均云上文師都建旜鄭注師都遂大夫也旣以師都爲遂此不得復言遂案段嚴說是也賈疏所據本已誤月令注引此職亦作遂蓋後人依此經誤文追改之俗本彼注或又改作師遂尤誤物亦五旗所通有此鄉所載者爲鳥旟之物故司常云州里建旟州里卽鄉吏也家爲家邑之長所載者爲熊旗之物與上都旗同而以純駮爲降殺詳後疏云郊野載旐者郊爲四郊野爲六遂及四等公邑郊遂公邑地相連比故同載旐司常縣鄙建旐縣鄙卽公邑也上文茇舍縣鄙與野並列故彼野中不含公邑此文不見縣鄙唯有野明野中兼有遂及公邑散文通也詳後疏云百官載旟者通晐孤卿大夫士司常云孤卿建旜大夫士建物蓋同建鳥旟而以旜物爲尊卑之異又依軸人旟當尊於旗旐而列於末者經文不次也並詳司常疏云各書其事與其號焉者謂大常以下諸旗物亦書事號以相別異與茇舍所辨之號名制略同也凡旗物徽識並有書詳司常疏賈疏謂此二者卽是仲夏百官各象其事及號名等秋雖不具辨號名略舉之見四時皆有此物鄭意

或當如是然非經義也　注云軍吏諸軍帥也者賈疏云亦謂從軍將至下伍長皆是軍吏也云師都遂大夫也者師亦當爲帥各本並誤司常注云帥都六鄉六遂大夫也此但云遂大夫鄭意下文又有鄉家載物鄉大夫既別在鄉中則帥都內止有遂大夫故與司常注義異賈疏謂司常孤卿建旜鄉大夫是鄉建旜是其常師都載旜不嫌無鄉大夫故鄭直舉遂大夫實非鄭恉然遂大夫爲中大夫於常法不得載旜又全經五篇別無六遂稱都之文卽依其說亦與司常經注岐牾足徵其非達詁今案帥都當分爲二帥當與前芟舍章之帥以門名同蓋專屬六軍之將都則當從江永說爲都家蓋此都卽載師之大都小都彼注云大都公之采地王子弟所食邑也小都卿之采地並指大小都之君長也此皆與鄉遂無涉鄭二注並誤詳司常疏云鄉遂鄉大夫也者遂當依唐石經經文作家賈疏及宋以來各本並誤鄭以遂大夫已在上帥都內明此鄉家止有鄉大夫也今攷帥都非遂大夫而此鄉家亦當分爲二鄉則專指六鄉之官蓋與司常州里正同皆通州長至比長諸官言之說文勿部謂勿爲州里所建勿卽物正字許疑卽據此經舊說蓋亦謂鄉卽州里也但鄉大夫爲鄉當載旜則不得在此鄉內而鄉大夫在軍又因爲軍將則上文帥建旜足以晐之明此鄉當斷自州里以下鄭賈說殊未析家卽前芟舍章家以號名之家亦卽載師之家邑彼注云大夫之采地是也蓋大小都之長爲公卿王子弟故載旜家邑之長爲大夫故載物此與司常孤卿建旜大夫士建物亦足互證若然鄉家雖同載物而鄉所載者爲旟物家所載者爲旗物章色實不同也綜而論之此鄉與上云帥文互相備而家則與上云都文又正相對其等衰亦適合鄭誤以鄉家爲一蓋謂六鄉七萬五千家所居亦得謂之鄉家其說固非賈又據誤本作鄉遂疏云以其遂大夫是中大夫建物是其常今鄉遂建物不嫌無遂大夫故鄭直舉鄉大夫也案依賈述鄭是遂

大夫載旜又與鄉大夫同載物一官兩載其謬明矣云或載旜或載物衆屬軍吏無所將也者鄭謂旜物皆無畫章無軍衆者乃載之也賈疏云鄉遂大夫若為軍將則在軍吏載旗軍中領衆來時亦載旗今載旜載物不載旗故知己之所管之衆屬他軍吏己無所將以其己無武用非直不為軍將亦不為諸帥故全無所將以是載旜載物而已若然既不為軍吏遂大夫上得與卿同載旜鄉大夫則是卿下得與大夫同載物也以鄉遂大夫掌衆同故同載物也俱兩載者以其不為軍將又不任鄉職鄉大夫尊卑之常當載旜載物而已故容其兩載也案賈說非也鄭誤以帥都載旜為遂大夫之不為軍將者鄉家載物為鄉大夫之不為軍將者故為此說今案帥都之帥明是軍將況旜物為五旗之通法非無畫章亦不必無軍衆者載之又鄉大夫為卿不為軍將亦當載旜不載物而遂大夫則是中大夫當載物不載旜皆不得如鄭說又依鄭說遂大夫載旜不載物鄉大夫載物不載旜賈云俱兩載尤非鄭恉矣云郊謂鄉遂之州長縣正以下也者鄭以六鄉在遠郊以內六遂雖在甸不在郊而郊甸地相連比故小司徒大比六鄉四郊之吏注云吏在四郊之內主民事者又遂士掌四郊注謂六遂之獄在四郊是也鄉州長以下則有黨正族師閭胥比長遂縣正以下則有鄙師酇長里宰鄰長故此注亦以郊為兼鄉遂羣吏然小司徒以六鄉與四郊並言則郊與鄉異六遂在甸縣師以稍甸與郊里並言則郊與遂亦異鄭說亦與經不合今攷郊雖與鄉遂地相連比而實不同蓋遠郊以內地居四同以七萬五千家為六鄉其外餘地並謂之郊此建旐之郊吏即四郊之吏也蜡氏云令州里除不蠲以及郊野彼州里即鄉里而別言郊野明郊野得包四郊六遂公邑而不得有鄉州足證此經之義矣云野謂公邑大夫者前注同案縣師徵野之賦貢縣士掌野並晐四等公邑言之但六遂亦在甸此野當兼有六遂與遂人掌邦野義同吳廷華莊有可

亦釋此野爲六遂自遂大夫至鄰長皆是也遂地內接四郊而外接
甸公邑故吏所載並同互詳前疏云載旟者以其將羨卒也者鄭意
旟有畫章明亦有軍衆也賈疏云以其六鄉之內上劑致民一家一
人爲正卒其餘皆爲羨卒六遂之內下劑致民家一人爲正卒一人
爲羨卒其餘爲餘夫正卒既屬軍吏其餘羨卒使此州長已下等不
爲軍吏者領之但公邑之內雖不見有出軍之法若出軍亦當與鄉
遂同以其得爲溝洫法故也若出軍亦正卒使大夫等爲軍吏其餘
羨卒亦使不爲軍吏者領之案賈據匠人注公邑不制井田故謂其
軍制同於六遂實則公邑介於采地之閒不宜獨爲不井之田則其
軍制亦當依司馬法丘甸出車馬之法不得與鄉遂同也互詳小司
徒匠人疏羨卒詳小司徒疏云百官卿大夫也載旟者以其屬衞王
也者此亦謂無地治者卽上注云百官以其職從王者明其屬亦有
軍衆故旗有畫章也然此說亦未塙云凡旌旗有軍衆者畫異物者
畫物謂日月交龍熊虎鳥隼龜蛇等旗各異章賈疏云卽經天子諸
侯軍吏郊野百官是也云無者帛而已者賈疏云鄉遂載旜物是也
詒讓案帛謂通帛雜帛鄭以旜物無畫章又以有軍衆畫異物無軍
衆者不畫亦肊說也今攷定旜物爲五旗之通制郊野爲四郊六遂
皆有軍衆與畫異物之說尚不相違而帥都爲六軍之帥及大小都
之長鄉家爲六鄉之吏及采邑之長則亦有軍衆鄭說不可通也云
書當爲畫者段玉裁云司常職不從子春易畫爲書此易書爲畫者
作畫義長也云當爲者謂爲字之誤也詒讓案此當從書爲是鄭破
爲畫未塙詳司常疏云事也號也者賈疏云事卽上百官言事號卽
上家言號不言名此亦有名文略耳云皆畫以雲氣者釋文云氣本
或作乞案說文气部云气雲气也米部云氣饋客之芻米也則雲氣
正字當作气乞卽气之省經典通叚氣爲之鄭意事號書於徽識其
旁更畫以雲氣也雲氣賈疏謂畫五色雲氣此義亦未塙詳幂人司

嘗疏

遂以獮田如蒐之灋羅弊致禽以祀祊秋田爲獮獮殺也羅弊罔止也秋田主用罔中殺者多也皆殺而罔止祊當爲方聲之誤也秋田主祭四方報成萬物詩曰以社以方

疏遂以獮田如蒐之灋者秋大田之法也俗本蒐下有田字今依唐石經刪阮元云中夏云遂以苗田如蒐之灋無下田則此爲衍文無疑嚴可均說同賈疏云上文教載旗旜物訖遂入防行獮田之禮其灋如蒐田之灋云羅弊致禽以祀祊者賈疏云秋田主用羅羅止田畢入國過郊之神位乃致禽以祀四方之神詒讓案致禽謂使獲者以禽來致於虞中既致乃擇取以獻祭於四方之神此致禽與春蒐夏苗言獻禽異甸師先鄭注約引此文作獻殊未審詳前疏　注云秋田爲獮獮殺也者說文犬部云獮秋田也从犬壐聲獮即壐之省獮殺爾雅釋詁文又釋天云秋獵爲獮郭注云順殺氣也左隱五年傳秋獮杜注云獮殺也以殺爲名順秋氣也國語周語云獮於既烝韋注云秋田曰獮獮殺也順時始殺也烝升也月令孟秋乃升穀天子嘗新既升謂仲秋也又齊語云秋以獮治兵管子小匡篇亦云秋以田曰獮治兵漢書刑法志云秋治兵以獮案月令季秋云天子乃教於田獵以習五戎班馬政命僕及七騶咸駕載旌旐授車以級整設於屏內司徒搢扑北面誓之天子乃厲飾執弓挾矢以獵彼說秋獵在季秋不在中秋者秦制與周不同也云羅弊罔止也者羅即罔之通稱詳敘官疏弊訓止亦與上文火弊車弊同云秋田主用罔中殺者多也者王制云禽獸魚鼈不中殺不粥於市注云殺之非時不中用則中殺謂時當殺中用者也秋萬物長成中殺多取之無所擇故以罔爲主云皆殺而罔止者謂田畢則罔弛不復用亦以罔止爲田止之節也云祊當爲方聲之誤也者段玉裁云此因祭名加示旁同於或鬃字呂飛鵬云說文云鬃門內祭先祖所以徬徨重文祊云鬃或從方據此則祊爲鬃之或體所謂祭先祖者

鄭注以此爲主祭四方故易其字曰當爲方賈疏云以祊乃是廟門之外内惟因祭宗廟及明日繹祭乃爲祊祭今既因秋田而祭當是祭四方之神故云誤也云秋田主祭四方報成萬物者與詩甫田箋義同此因田而告薦四方非正祭也月令季秋說天子獵命主祠祭禽于四方彼注亦引此經祀方爲證彼在季秋與此仲秋時雖不相當而因田獵祭四方事則同則方爲兼四方之神可知又此四方之神禮秩與社相等卽大宗伯地示之五祀與四方百物之小神異蓋以分主五行言之則曰五神以分位四方言之則曰四方其實一也故曲禮云天子祭四方注云謂祭五官之神於四郊國語越語云皇天后土四鄉地主正之韋注云鄉方也彼四鄉地主蓋亦指四方地示而言御覽天部引易緯通卦驗亦有祭四鄉之文是也凡天子惟仲秋時祭四方五神而大獮又有告薦之禮二者不同互詳大宗伯疏呂氏春秋季秋紀亦有主祠祭禽四方之文高注云祭始設禽獸者於四方報其功也不知其神所在故博求於四方此以四方爲博求始造田獵之神不爲地示之五祀與鄭不同恐非引詩曰以社以方者小雅甫田篇文毛傳云方迎四方氣於郊也鄭箋云秋祭社與四方爲五穀成熟報其功也案毛以方爲迎氣則是通祭五帝五神與御覽禮儀部引鴻範五行傳六沴之祭亦云祭四方略同依鄭箋義則彼爲四方之正祭特祀五神而不及五帝然與此因田告薦四方事亦小異此引以證秋有祭四方之事耳非謂此祀方亦爲正祭也

中冬教大閱 春辨鼓鐸夏辨號名秋辨旗物至冬大閱簡軍實凡頒旗物以出軍之旗則如秋以尊卑之常則如冬司常佐司馬時也大閱備軍禮而旌旗不如出軍之時空辟實

疏中冬教大閱者冬習兵之法也賈疏云以冬時農隙故大簡閱軍實之凡要也江永云大閱不分班習戰則車徒甚衆四表之地無多縱列大狹橫列大闊竊意四時之田並分番教閱一田不必徧集王畿

之民一人不必歲供四役否則寧無妨農乎　注云春辨鼓鐸夏辨號名秋辨旗物至冬大閱簡軍實者說文門部云閱具數于門中也
賈疏云欲見春夏秋各教其一至冬大閱之時總教之詁讓案鄭知大閱爲簡軍實者春秋桓六年經秋八月壬午大閱左傳云大閱簡
車馬也公羊傳云大閱者何簡車徒也何注云大閱簡兵車使可任用而習之比年簡徒謂之蒐三年簡車謂之大閱五年大簡車徒謂
之大蒐漢書刑法志於四時常田之外亦云連帥比年簡車卒正三年閱徒羣牧五載大簡車徒並與禮經不合不足據大戴禮記夏小
正云十有一月王狩陳筋革陳筋革者省兵甲也亦大閱簡軍實之證軍實詳獸人疏云凡頒旗物以出軍之旗則如秋以尊卑之常則
如冬司常佐司馬時也者賈疏云以其王與諸侯所建秋冬同又秋云軍吏載旗師都載旜鄉遂載物郊野載旐百官載旟不言旞旌二
者以其是出軍之法故不言道車游車所載大閱之時見尊卑之常故司常云孤卿建旜大夫士建物師都建旗州里建旟縣鄙建旐道
車載旞游車載旌此爲異也詁讓案鄭以司常大閱贊司馬頒旗物與前中秋治兵所頒旗物不同遂以爲秋冬異法不知治兵大閱同
屬軍禮不當有異司常與此兩經乃互文錯見義實同也詳司常及前疏云大閱備軍禮而旌旗不如出軍之時空辟實者賈疏云大閱
雖備禮是教戰非實出軍法是其空也秋教治兵治兵是出軍法故寄出軍之旗於彼是冬之空辟實出軍法者也趙商問巾車職建大
麾以田注田四時田獵商按大司馬職四時皆建大常何鄭荅曰麾夏之正色田雖習戰春夏尚生其時宜入兵夏本不以兵得天下故
建其正色以春夏田至秋冬出兵之時乃建大常趙商又問巾車職曰建大白以即戎注云謂兵事司馬職仲秋辨旗物以治兵王載大
常注凡頒物以出軍之旗則如秋不知大白以即戎爲何時荅曰白者殷之正色王即戎者或命將或勞師不自親將故建先王之正色

異於親自將也案鄭賈並以司常與此經文小異而不得其義故爲此說以釋秋冬治兵頒旗異同之故其說亦非也金榜謂大閱旗物與治兵同又駁鄭說云四時之田春辨鼓鐸夏辨號名秋辨旗物至大閱備焉鼓鐸號名辨於春夏者無變也不當獨於旗物空辟實案金說足正鄭說之誤金又謂王四時田乘木路卽戎乘革路皆建大常巾車木路建大麾革路建大白者乃有大事陳路備五旗時所建彼文建大麾大白與以田卽戎之文不相冡其說亦致塙鄭荅趙商以爲春夏田建大麾秋冬田建大常戎事親將建大常不親將建大白並失之互詳巾車疏

前期羣吏戒衆庶脩戰灋羣吏鄉師以下疏前期者賈疏云謂若大宰職云前期十日此亦在教戰前不必要十日前也詒讓案司馬法嚴位篇云凡戰三軍之戒無過三日此云前期蓋在大閱三日以內云羣吏戒衆庶脩戰灋者江永云卽鄉師出田法於州里之事非羣吏又分教戰法也案江說是也戰法者大司馬所掌師田之官法以習兵言之則曰戰法以田事言之則曰田法二事本相因鄉師注云田法人徒故所當有 注云羣吏鄉師以下者卽小司徒云六鄉四郊之吏是也賈疏云見鄉師職云凡四時之田前期出田法于州里簡其鼓鐸旗物兵器脩其卒伍是其事也言鄉師以下則不及鄉鄉是鄉大夫則卿也則可及州長故州長職云若國作民而師田行役之事則帥而致之掌其戒令與其賞罰黨正云凡作民而師田行役則以其法治其政事族師亦云若作民而師田行役則合其卒伍簡其兵器以鼓鐸旗物帥而至是其以下之事也案賈說非也注云鄉師以下則鄉師卽在羣吏之列安得云不及鄉若鄉大夫則不掌田役致衆之事故注不數之非謂不及鄉也

虞人萊所田之野爲表百步則一爲三表又五十步爲一表田之日司馬建旗于後表

之中羣吏以旗物鼓鐸鐲鐃各帥其民而致質明弊旗誅後至者乃陳車徒如戰之陳皆坐鄭司農云虞人萊所田之野芟除其草萊令車得驅馳詩曰田卒汚萊玄謂萊芟除可陳之處後表之中五十步表之中央表所以識正行列也四表積二百五十步左右之廣當容三軍步數未聞致致之司馬質正也弊仆也皆坐當聽誓

疏虞人萊所田之野者獸人先鄭注約此經萊作釐音近字通疑故書或本有作釐者注偶失校也賈疏云虞人者若田在澤澤虞若田在山山虞謂使其地之民於可陳之處芟除草萊云爲表百步則一爲三表者賈疏云按下注引月令司徒北面以誓之此經云司馬建旗於後表之中車徒皆坐則此於可陳之中從南頭立表以北頭爲後表也云田之日司馬建旗于後表之中者田之日謂大閱日之日質明之前建旗亦大司馬命司常建之後弊旗同云質明弊旗誅後至者者致民以質明爲限過此則爲後至其時則弊前所建之旗示不復致有後至者則治以失期之罪後大師致衆亦同云乃陳車徒如戰之陳者戰陳每車一兩士徒二十五人車徒相將同列一處與田狩之陳車徒異也不同建旗致民在後表之中至弊旗之後列陳則當在後表之外蓋四表之北尚有餘地表內則皆習戰之地不能容六軍也　注鄭司農云虞人萊所田之野芟除其草萊令車得驅馳者山虞後鄭注云萊除其草萊也先鄭意田獵之地草盛則田車不得疾行故必除草令車得驅馳也引詩曰田卒汙萊者小雅十月之交篇文毛傳云下則汙高則萊引之者證萊謂草萊也云玄謂萊芟除可陳之處者先鄭以萊爲芟除草萊後鄭所同惟先鄭以萊所田之野爲環所田獵之地除草辟道以通車後鄭因經云萊所田之野下即說爲四表及除車徒之事故謂所萊者止據列陳之處而言不及陳外田獵之處今攷穀梁昭八年傳說蒐狩

之事云艾蘭以爲防過防弗逐范注云蘭香草也防爲田之大限毛
詩小雅車攻傳亦云田者大芟草以爲防又云戰不出頃田不出防
然則田之芟除之地有二一爲習戰之地則盡芟其草以爲列陳及
立表之所所謂頃也一爲田獵之地則芟禁外四旁之草以通車且
以爲田限而留其中屬禁之地不芟以藏獸所謂防也田之防包羅
原野其限至廣闊而戰之頃則四表從不過二百五十步廣足容六
軍而止益以列陳之地廣袤亦當不逾百步其界域有定蓋卽於防
之內爲之車攻孔疏謂鄭言教戰之所毛言田獵之處二者同處是
也云鄭此注各舉其一義實互相備賈疏據王制有火田及車攻傳
大芟草爲防然後焚射之文謂田處不得芟草萊不知田處雖不芟
草而爲防及通車之道仍須芟艾也云後表之中五十步表之中央
者經云後表明是最後第一表距第二表五十步之中若然建旗之
處距第一第二兩表各二十五步也云表所以識正行列也者荀子
大略篇云水行者表深楊注云表標志也管子君臣篇云猶揭表而
令之止也尹注云表以木爲標有所告示也國策燕策韓魏共攻燕
楚王使景楊將而救之暮舍使左右司馬各營壁地已植表是軍禮
營壁必先樹表此大閱既不爲營壘又萊所田之野廣平無畔限故
樹木爲表標識步數以正進退之行列也公羊定四年徐疏云表者
謂其戰時旌進旌退之限約賈疏云於可陳之中央立此四表表兩
相各有三軍之衆至表則閱一而坐坐而更起是表正行列也云四
表積二百五十步者賈疏云以三表之閒有二百步又加一表五十
步故摠爲二百五十步也詒讓案此謂最北一表爲後表以南五十
步爲二表又南百步爲三表又南百步爲四表謂之前表是四表積
二百五十步也尉繚子兵教上篇云大將教之陳於中野置大表三
百步而一尉繚書蓋不數後表五十步故止三表而每表相去步數
與此經正同司馬法仁本篇云古者逐奔不過百步故此表遠者亦

以百步爲限云左右之廣當容三軍者謂所萊之野中建四表南北步數有定表之東西經無見文要安其廣輪必足容三軍之陳也賈疏云天子六軍左右之地各容三軍此鄭據天子六軍整數而言其實兼羨卒之等故小司徒職云凡起徒役無過家一人唯田與追胥竭作鄭云國人盡行是非止六鄉之民六軍而已云步數未聞者以南北三表東西不別立表列陳步數無文今攷戰不出頃東西疑亦三百步左右足容三軍互詳後冬狩疏云致致之司馬者州長云若國作民而師田行役之事則帥而致之注云致之致之於司徒也此云致之司馬者以司徒掌衆庶司馬掌師田相與聯事故鄉師等率其民而致之司徒亦致之司馬也云質正也者詛祝注同士冠禮質明注亦訓質爲正地官敘官注云質平也正與平義亦相近質明謂天正明時即左傳昭五年杜注說十二時之平旦在雞鳴後食時前是也此四時習戰春振旅秋治兵冬大閱蓋皆質明而陳惟夏茇舍習夜事爲異也云弊仆也者獸人注同弊旗猶言下旗王制天子殺則下大綏鄭注云下謂弊之云皆坐當聽誓者據下文坐謂坐陳也尉繚子兵令篇云立陳所以行也坐陳所以止也晏子春秋內篇諫下云吾聞介冑坐陳不席左桓十三年傳云楚伐絞坐其北門又文十二年傳云裹糧坐甲昭二十七年傳云王使甲坐於道左司馬法嚴位篇云立進俯坐進跪又云徒以坐固荀子正論篇云庶士介而坐道及樂記說大武舞亂皆坐亦象軍列也

羣吏聽誓于陳前斬牲以左右徇陳曰不用命者斬之

羣吏諸軍帥也陳前南面鄉表也月令季秋天子教于田獵以習五戎司徒搢扑北面以誓之此大閱禮實正歲之中冬而說季秋之政於周爲中冬爲月令者失之矣斬牲者小子也凡誓之大略甘誓湯誓之屬是也

【疏】羣吏聽誓于陳前者司馬法天子之義篇云有虞氏戒于國中夏后氏誓于軍中殷誓于軍門

之外周將交刃而誓之以致民志也文選東京賦李注引尹文子云將戰有司讀誥誓三令而五申之既畢然後即敵案誓即誓以士師田役之禁毛詩鄘風定之方中傳說大夫九能之事云田能施命即誓命也此習戰前之誓誓以軍法與表貉後之誓誓以田法異此表貉後不云誓民者與大蒐章互相備也詳前疏賈疏云士卒皆於後表北面坐羣吏諸軍帥皆在士卒前南面立以聽誓云斬牲以左右徇陳者說文彳部云徇行示也引司馬法斬以徇徇即徇之俗賈疏云從表左右向外以徇陳云曰不用命者斬之者不用將帥之命其刑則斬也大司寇五刑二曰軍刑上命糾守注云命將命也大田用軍法誓衆故亦以犯命爲最重也　注云羣吏諸軍帥也者上羣吏戒衆庶脩戰法注云鄉師以下此既陳軍則宜爲軍將以下亦以鄉吏在軍即爲軍將以下名異而實不異也賈疏云從軍將以至伍長謂衆軍吏建旗者也云陳前南面鄉表也者初列陳時羣吏帥士卒陳於後表之中將聽誓則士卒表內北面坐羣吏出至表外陳前南面鄉後表而立以聽誓與司徒北面誓正相對也以士卒皆北面坐故以北爲前與立表以南爲前異引月令季秋天子教于田獵以習五戎司徒搢扑北面以誓之者鄭彼注云教于田獵因田獵之禮教民以戰法也五戎謂五兵弓矢殳矛戈戟也北面誓之誓衆以軍法也孔疏云搢插也案釋文云搢一音初洽反則或亦讀爲插也司徒北面誓蓋正負後表賈疏云引月令者證所誓者是司徒使司徒誓者此軍吏及士本是六鄉之民今雖屬司馬猶是己之民衆故使司徒誓之也云此大閱禮實正歲之中冬者謂夏正建子之月在周爲孟春也凡此經紀時皆據夏正夏之孟春謂之正歲詳小宰內宰疏云而說季秋之政於周爲中冬爲月令者失之矣者賈疏云呂不韋作月令者以爲此經中冬爲周之中冬當夏之季秋故說於季秋是失之矣按月令季秋云是月也天子乃教於田獵以習五戎班馬

政二云注引中秋教治兵法王載大常已下爲證不二云失至此乃以月令是中冬教大閱法而言爲月令者失鄭君兩解之以其彼云司徒誓衆與此誓衆之等同故爲大閱彼爲治兵法者以彼文授車以等級月命主祠祭于四方又與中秋治兵者同故彼爲治兵法也詒讓案依前注則四時習戰田獵並司徒誓之月令所說不必卽此中冬大閱且以祭禽四方之文推之與秋蒐之禮尤合似當以月令注爲正二云斬牲者小子也者賈疏云小子職云凡師田斬牲以左右徇陳是也二云凡誓之大略甘誓湯誓之屬是也者士師注義同以二誓並征伐誓神之辭故舉以爲證書釋文引馬融書注二云軍旅曰誓會同曰誥亦本士師文

中軍以鼙令鼓鼓人皆三鼓司馬振鐸羣吏作旗車徒皆作鼓行鳴鐲車徒皆行及表乃止三鼓摝鐸羣吏弊旗車徒皆坐

中軍中軍之將也天子六軍三三而居一偏羣吏既聽誓各復其部曲中軍之將令鼓鼓以作其士衆之氣也鼓人者中軍之將師帥旅帥也司馬兩司馬也振鐸以作衆作起也既起鼓人擊鼓以行之伍長鳴鐲以節之伍長一曰公司馬及表自後表前至第二表也三鼓者鼓人也鄭司農云摝讀如弄玄謂如涿鹿之鹿掩上振之爲摝摝者止行息氣也司馬法曰鼓聲不過閶鼙聲不過闒鐸聲不過琅

疏 中軍以鼙令鼓者江永云鼙所以引鼓樂有朔鼙應鼙亦是先擊鼙而後擊鼓以小鼓引大鼓也賈疏云此經總說聽誓既已將欲向南第二表象戰陳初發面敵此卽仲春振旅疾徐坐作之一事也云羣吏作旗者諸軍吏各舉其所建之旗也吳子治兵篇云教戰之令一鼓整兵二鼓習陳三鼓趨食四鼓嚴辨五鼓就行聞鼓聲合然後舉旗故此作旗亦在鼓人三鼓之後二云車徒皆坐者吳廷華云車猶言坐止亦坐也 注二云中軍中軍之將也者周書武順篇二云天道尚左

地道尚右人道尚中吉禮左還順天以利本武禮右還順地以利兵將居中軍順人以利陳江永云中軍元帥也三軍六軍必有元帥如王在軍則王爲中軍云天子六軍三三而居一偏者謂左三軍居一偏右三軍居一偏也詩大雅常武篇孔疏云天子六軍當分之爲三中與左右各二軍也春秋桓五年蔡人衛人陳人從王伐鄭左傳云王爲中軍虢公林父將右軍周公黑肩將左軍是天子之軍分爲左右之事也案據孔說則天子六軍有二中軍賈疏亦謂此六軍三軍居一偏皆自有中軍蓋依注說六軍分居左右則中軍自不能并居一偏但軍令要當從王所處之一偏出耳墨子明鬼篇云夏書禹誓曰大戰于甘王乃命左右六人下聽誓于中軍此亦王居中軍與左傳同但元帥所居何偏經注並無攷少儀云軍尚左卒尚右注云左陽也陽主生將軍有廟勝之策左將軍爲上貴不敗績右陰也陰主殺卒之行伍以右爲上示有死志蓋敘位次則尊左陳行列則尚右故老子云君子居則貴左用兵則貴右吉事尚左凶事尚右偏將軍居左上將軍居右言以喪禮處之左桓八年傳云季梁曰楚人尚左君必左明周禮尚右若然中軍之將或當居右偏與云羣吏旣聽誓各復其部曲者賈疏云軍吏本各主其部分曲別謂若伍長主五人兩司馬主二十五人卒長主百人之等皆是部曲至於誓之時出向衆前聽誓訖各復其部伍本處故云復其部曲也案部曲詳鄉師疏云中軍之將令鼓者中軍之將自擊鼙以令鼓人鼓也云鼓以作其士衆之氣也者賈疏述注無也字阮元云通典無也賈疏云春秋左氏曹劌云一鼓作氣再而衰三而竭是鼓以作士衆之氣也云鼓人者中軍之將師帥旅師也者賈疏云按左氏成二年傳晉與齊戰于鞌郤克傷於矢曰余病矣張侯曰師之耳目在吾旗鼓進退從之於是右援枹而鼓之時郤克擊鼓哀二年左傳鐵之戰趙簡子曰伏弢嘔血鼓音不衰是皆將居鼓下知兼有師帥旅師者按上文春辨鼓

鐸云軍將執晉鼓師帥執提旅帥執鼙皆是鼓人故知是軍將師帥旅帥也其卒長執鐃以下皆金非鼓也吳廷華云注旣謂令鼓者爲人當即司徒之鼓人鼓人職云軍動則鼓其衆田役亦如之即此經中軍將又以鼓人亦中軍將是將自令而自鼓之有是理乎竊謂鼓所謂三鼓也天子六軍故序官鼓人中士六人曰皆三鼓者是中軍一令而六軍皆鼓也江永亦云此鼓人謂地官之鼓人下文鼓行鼓進鼓退乃是軍將師帥旅帥之鼓蓋中軍先以小鼓號令而鼓人士軍動鼓其衆者遂承中軍之令三鼓以作士氣於是振鐸作旗而諸鼓皆鳴也注謂鼓人爲中軍之將師帥旅帥則地官鼓人不得聯事矣且中軍將亦不可謂之鼓人下文鼓人皆三鼓放此皆者鼓人非一也凡云三鼓者疑皆鼓人之鼓案吳江說是也林喬蔭說同鄭賈說並失之凡軍將以上鼓皆別載詳前疏云司馬兩司馬也者賈疏云以其上文云兩司馬執鐸故知此經云司馬振鐸者是兩司馬也黃以周云本職於大司馬皆曰司馬其餘別之曰兩司馬公司馬又統之則曰羣司馬司馬以旗致民平列陳謂大司馬也司馬建旗于後表之中司馬振鐸其文皆與羣吏相對兩伍司馬在羣吏中則司馬亦謂大司馬也鄭以振鐸之司馬爲兩司馬意欲合上兩司馬執鐸之文則下文鼓行鳴鐲鼓進鳴鐲是公司馬鼓退鳴鐃是卒長竊謂上文辨鐸鐲鐃爲卒兩伍所執而大司馬別自有鐸鐲鐃猶上辨鼓軍將執晉鼓師帥執提旅帥執鼙而軍將令鼓別自有鼙也凡鼓主於軍將軍將以鼙令鼓則晉鼓提鼓鼙鼓皆應凡金主於大司馬大司馬振鐸兩司馬應之故後又統之曰羣司馬振鐸羣者羣兩司馬也大司馬鳴鐲則公司馬應之鳴鐃則卒長應之是卒長執鐃兩司馬執鐸公司馬執鐲皆節制於大司馬猶師帥執提旅帥執鼙皆聽命於軍將也裨將聽命於中軍中軍主謀卒兩伍節制於大司馬大司馬主坐作進退疾徐疏數之節案黃謂大司馬別自有鐸鐲鐃

此司馬振鐸當爲大司馬其說是也凡軍將及王侯六鄉車皆金鼓兼有故國語吳語說吳王親鳴丁寧振鐸左宣四年傳亦載伯棼射楚王車及丁寧丁寧卽鐲也但後文之羣司馬振鐸羣司馬與秋官小司寇之羣士文例正同彼羣士爲鄉士遂士等不關大司寇明此羣司馬亦不上關大司馬以正貳爵尊不當與屬官同以羣晐之也蓋凡金鼓等皆長帥令而屬官裨將應之此云司馬自爲大司馬以見發令之倡自上後云羣司馬則爲兩司馬以見應和之徧於下此經前後立文不同實互相備也雜記諸侯正柩於廟云司馬執鐸左八人右八人彼蓋兩司馬與云振鐸以作衆者亦謂金鐸也鼓人云以金鐸通鼓振以通鼓亦所以作士衆之氣左僖二十二年傳云金鼓以聲氣是也云作起也者賈注同初聽誓時車徒皆坐今聞鼓鐸坐者則皆作起也云既起鼓人擊鼓以行之者車徒皆作立而未行俟擊鼓乃行此鼓者卽軍將等與前鼓人爲地官鼓人異鄭釋前鼓人爲軍將等故以此鼓行亦冡上爲文失之云伍長鳴鐲以節之者賈疏云上文云公司馬執鐲鼓人職云金鐲節鼓故云伍長鳴鐲以節之也云伍長一曰公司馬者見上文鄭言此者以經不云何官鳴鐲明冡上司馬振鐸爲文以伍長亦得稱司馬也云及表自後表前至第二表也者從後表前行五十步至第二表也云三鼓者鼓人也者與前初令鼓時三鼓同鄭意亦中軍之將師帥旅帥也今案亦地官鼓人鄭司農云摝讀如弄者段玉裁云此擬其音也釋文云摝音鹿李扶表反盧文弨云李音必所見本或從麃然二字皆不見說文案李軌本蓋當如盧說然摝字以六書之例求之當从手鹿聲鹿弄一聲之轉李音爲摝則與二鄭讀皆不合蓋傳寫之誤云玄謂如涿鹿之鹿者後鄭以摝從鹿得聲故不從先鄭讀賈疏云謂從史記黃帝與蚩尤戰于涿鹿之鹿直取音同不從義也此是鹿鹿然作聲也云掩上振之爲摝也者賈疏云以手在上向下掩而執之案依鄭賈

說則上云振鐸不掩上執之矣然振之與摝異同之義未聞其審云摝者止行息氣也者以行時三鼓振鐸同爲作氣此摝鐸卽弊旗徒皆坐明爲止行息氣司馬法嚴位篇云諜鼓而進則以鐸止之管子兵法篇云金所以坐也此摝鐸亦所以令車徒止坐也引司馬法曰鼓聲不過閶鼙聲不過闒鐸聲不過琅者謂鼓鼙鐸三者之聲各有高下之差故振鐸與摝鐸聲異也今司馬法佚此文案閶闒亦作鼞鼛說文鼓部云鼞鼓聲也引詩曰擊鼓其鼞又云鼓鼛聲也段玉裁云音義曰閶吐剛反闒吐獵反然則閶闒卽鼞鼛也投壺音義曰口鄭呼爲鼓其聲高其音鏜鏜然〇鄭呼爲鼙也其聲下其音榻榻然是則鏜榻亦卽鼞鼛也史記上林賦鏗鎗鏜鼛漢書文選作闛鞈郭璞曰闛鞈鼓音也此渾言之耳鼙亦鼓也淮南兵略訓若聲之與響若鏜之與鞈高注鏜鞈鼓鼙聲此謂鏜鼓聲鞈鼙聲也

又三鼓振鐸作旗車徒皆作鼓進鳴鐲車驟徒趨及表乃止坐作如初

趨者赴敵尚疾之漸也春秋傳曰先人有奪人之心及表自第二前至第三

疏 又三鼓振鐸作旗車徒皆作者此與前自後表至第二表同云車驟徒趨者說文馬部云驟馬疾步也樂師注云趨疾於步前云車徒皆行此云車驟徒趨疾於行也　注云趨者赴敵尚疾之漸也者釋名釋姿容云兩腳進曰行疾行曰趨趨赴也赴所期也前自後表至第二表徒行此云徒趨趨疾於行亦象戰陳疾行赴敵下云徒走尤疾故此云尚疾之漸也引春秋傳者賈疏云昭二十一年左傳冬十月華登以吳師救華氏宋廚人濮曰軍志有之先人有奪人之心注云戰氣未定故也後人有待其衰注云待敵之衰乃攻是其事也案賈所引左傳注亦賈服義此注引彼文者證赴敵尚疾卽取先人奪人之意云及表自第二前至第三者前已至第二表此又進及表明更前行百步至第三表也

乃鼓車馳徒走

及表乃止及表自第三前至前表疏乃鼓車馳徒走者此亦與前自後表至第二表同說文馬部云馳大驅也釋名釋姿容云疾趨曰走走奏也促有所奏至也左宣十二年晉楚戰於邲傳云車馳卒奔乘晉軍奔走義同前自二表至第三表車驟徒趨此馳疾於驟走疾於趨象與敵近尤尚疾也前振旅云教疾徐之節即此尉繚子兵教上篇云既陳去表百步而決百步而趨百步而鶩與此略同　注云及表自第三前至前表者前已至第三表此又進及表明更前行百步至最前第四表也

鼓戒三闋車三發徒三刺鼓戒三闋車壹轉徒壹刺三而止象服敵疏鼓戒三闋者此既及最南第四表遂象與敵接習合戰之事大射儀注云闋止也謂三戒三止　注云鼓戒戒攻敵者大僕注云戒鼓擊鼓以警衆也此鼓戒象警衆攻敵同尉繚子兵教篇云一步一鼓步鼓也十步一鼓趨鼓也音不絕警鼓也戒警義同此鼓戒蓋亦音不絕也若然上文鼓行當步鼓鼓進當趨鼓與云鼓壹闋車壹轉徒壹刺三而止象服敵者通典軍禮引壹並作一阮元云注中不當用古字諸本作壹非疏中皆作一黃丕烈校同江永云車三發舊以車轉爲發恐不然車既及表乃止矣又三轉胡爲蓋車上主射者三發矢以象克敵耳發刺皆三者戰車有三人甤其左右御也案江說是也蔣載康說同墨子迎敵祠篇說誓廟之禮云射參發告勝與此三發義正同徒壹刺者所謂一伐書牧誓云不愆于四伐五伐六伐七伐乃止齊焉詩周頌孔疏引鄭書注云伐謂擊刺也一擊一刺曰一伐是也

乃鼓退鳴鐃且卻及表乃止坐作如初鐃所以止鼓軍退卒長鳴鐃以和衆鼓人爲止之也退自前表至後表鼓鐸則同習戰之禮出入一也異者廢鐲而鳴鐃疏乃鼓退鳴鐃且卻及表乃止者賈疏云謂至南表軍吏及士卒回身向北更從南爲始也此鳴鐃且卻據初至南表退軍

之時象在軍軍退亦鳴鐃是以左氏哀公傳艾陵之戰陳子云吾聞鼓不聞金亦是鳴鐃退軍法及其向北卽更爲習戰之事故云及表乃止坐作如初江永云鼓退鳴鐃疑鼓退音節與鼓進不同蓋鐃聲不能及遠欲退軍必將帥擊退鼓而後卒長皆鳴鐃否則卒長不能自主退案江說是也司馬法嚴位篇云奏鼓輕舒鼓重疑卽鼓進鼓退之異廣雅釋言云卻退也此退時行止坐作之節與進時同亦當鼓退鳴鐃車徒皆卻向北行由前表至第三表乃止三鼓摝鐸羣吏弊旗車徒皆坐又三鼓振鐸作旗車徒皆作鼓退鳴鐃車驟徒趨及第二表乃止坐作如初乃鼓車馳徒走及後表乃止　注云鐃所以止鼓者賈疏云鼓人職云金鐃止鼓是也云軍退卒長鳴鐃以和衆者以釋文作㠯案經注以字皆作以不作㠯釋文蓋後人所改前振旅云卒長執鐃鼓人注以鐲爲鉦詩小雅采芑篇鉦人伐鼓彼箋云鉦也鼓也各有人焉言鉦人伐鼓互言爾然則鉦人疑卽卒長矣以象退軍恐衆志荒亂故云和衆明與進軍時作衆異也云鼓人爲止之也者謂聞鐲則暫止不鼓也其及表以後坐作之時仍有鼓云退自前表至後表者前進時自後表進至前表爲三節此退時則自前表卻至後表亦爲三節也云鼓鐸則同者蓋亦鼓人三鼓軍吏鼓退兩司馬振鐸摝鐸與前自後表至前表同云習戰之禮出入一也者據公羊莊八年傳云出曰祠兵入曰振旅其禮一也案出謂進入謂退也凡習戰之禮雖退亦當整軍以備掩襲故行止坐作之節一與進同云異者廢鐲而鳴鐃者賈疏云前向南時云鼓行鳴鐲此北向不言鳴鐲而言鼓退鳴鐃以其雖習戰出入一猶象退軍故鳴鐃也

遂以狩田以旌爲左右和之門羣吏各帥其車徒以敘和出左右陳車徒有司平之旗居卒閒以分地前後有屯百步有司巡其前後險

野人爲主易野車爲主冬田爲狩言守取之無所擇也軍門曰和今謂之壘門立兩旌以爲之敘和出用次第出和門也左右或出而左或出而右有司平之鄉師居門正其出入之行列也旗軍吏所載分地調其部曲疏數前後有屯百步車徒異羣相去之數也車徒畢出和門鄉師又巡其行陳鄭司農二云險野人爲主人居前易野車爲主車居前

【疏】遂以狩田者冬大田之法也月令注二云凡田之禮唯狩最備故此經四時田法亦唯狩最詳賈疏二云此一節總論教戰訖入防田獵之事二云以旌爲左右和之門者謂於前教戰之頃內別爲軍舍使全軍盡舍其中乃樹旌爲門分別左右出門而屯也賈疏二云六軍分三軍各處東西爲左右各爲一門二云羣吏各帥其車徒以敘和出者賈疏二云以教戰處內故以田處出江永二云羣吏各帥其車徒以敘和出象士卒之出軍門亦欲試御者過君表之法也二云左右陳車徒者以六軍分列左右每廂又各自以車徒分列爲陳也江永二云未習戰以前陳徒如戰之陳此車徒同羣車以率徒徒以衞車擬戰時之陳也既習戰以後車徒遂分列也將田時車徒所以必分者逐獸不必以徒衞車山澤閒車徒又不可錯雜故須分隊而進是以先異之也二云旗居卒閒以分地者居唐石經誤作車今從宋本嘉靖本賈疏二云軍吏各領己之士卒執旗以表之故旗居卒閒也吳廷華二云卒百人卒長統之旗居卒閒則一卒長一旗以分部也江永二云旗居卒閒以分地車徒皆如是徒一廂百人樹一旗則車一廂亦容兩偏之地而樹一旗也司馬法車十五乘爲偏兩偏爲卒車徒各有卒疏謂軍吏各領己之士卒執旗以表之非卒閒之義也案吳江說是也國語吳語二云陳士卒百人以爲徹行百行行頭皆官師建肥胡十行一嬖大夫建旌十旌一將軍載常爲萬人以爲方陳彼軍制雖與此經不同而百人爲徹行卽一卒之陳也行頭建肥胡十行建旌十旌載常與此以旗爲表之法亦略同二云前後有屯

百步者謂每廂又以車徒分列前後二屯每屯蓋各占地百步南北東西自相去亦各百步也　注云冬田為狩者說文犬部云狩犬田也爾雅釋天云冬獵為狩隱五年左傳桓四年公羊穀梁傳義並同大戴禮記夏小正云十有一月王狩狩者言王之時田冬獵為狩云言守取之無所擇也者左傳隱五年傳杜注云狩圍守也冬物畢成獲則取之無所擇也詩鄭風叔于田孔疏引李巡云圍守取之無所擇也爾雅郭注及穀梁桓四年范注國語周語韋注義並略同管子五行篇云壬子水御令民出獵禽獸不釋巨少而殺所以貴天地之所閉藏也釋擇字通亦說冬狩之事說苑脩文篇云狩者守留之又云春蒐者不殺小麛及孕重者冬狩皆取之左傳隱五年孔疏引白虎通義云冬謂之狩何守地而取之也公羊桓四年何注云狩猶獸也冬時禽獸長大遭獸可取此釋狩義小異而與取無所擇之義亦同云軍門曰和者戰國策齊策云秦攻齊威王使章子將而應之與秦交和而舍孫子軍爭篇云將受命於君合軍聚衆交和而舍曹注云軍門為和門兩軍相對為交和國語吳語云還軍接龢龢和字同惠士奇云戰國策燕策齊韓魏共攻燕燕請救於楚楚使景陽將而救之三國懼乃罷兵魏軍其西齊軍其東楚軍欲還不可得也景陽乃開西和門通使於魏齊師怪之以為燕楚與魏謀之乃引兵而去楚師乃還是軍門有東西和也韓非子外儲說左曰李悝警其兩和曰敵人且至如是再三而敵不至兩和懈怠不信秦襲之幾奪其軍一曰悝與秦人戰謂左和曰速上右和已上矣又馳而至右和曰左和已上矣左右和皆爭上是軍壘有左右和也和者壁壘之名因於其壘立旌門是為左右和之門唐開元禮仲冬講武四出為和門建旗為之如其方色是軍之四面皆有和門矣詒讓案依上注云天子六軍三三而居一偏蓋偏為一門左偏東出為一和門右偏西出為一和門故有左右和左右和即東西和也然則偏止一和門即軍之

正門文選東京賦敘和樹表薛注云軍之正門爲和是也唐禮爲四出和旣不分偏又增南北二門恐非古制詩小雅車攻孔疏謂門蓋南開並爲二門亦尻說不足據云今謂之壘門者舉漢法爲況量人注云軍壁曰壘漢書百官表云中壘校尉掌北軍壘門文選潘岳西征賦云距華蓋於壘和史記酈商傳擊黥布攻其前拒索隱引徐廣云一作和和軍門也則漢時軍壘亦稱和矣云立兩旌以爲之者每和各立兩旌爲之掌舍爲帷宮設旌門注云樹旌以表門此兩和通包六軍則必不爲帷宮而門制則略同國語齊語執枹鼓立於軍門韋注云軍門立旌爲軍門若今牙門矣旌旍字同孫子軍爭篇曹注亦云左右爲旗門墨子號令篇云吏卒民下效寇徵職和旌者斷蓋樹旌爲和門因謂其旌爲和旌矣賈疏云昭八年穀梁傳云秋蒐於紅正也又云刈蘭以爲防置旜以爲轅門以葛覆質以爲槷注云質椹也槷門中臬又云流旁握御轚者不得入注流旁握謂車兩轊頭各去門邊容握握四寸也又車攻詩傳云大艾草以爲防或舍其中褐纏旃以爲門裘纏質以爲槸閑容握驅而入轚則不得入左者之左右者之右然後焚而射焉又云古者戰不出頃田不出防是其事也案賈據穀梁毛詩說證此旌門亦用旜是也詩小雅車攻孔疏說同攷四時大田王在軍則旌門當卽建大常而注析羽王若不親行則當建軍吏之大旗二者皆爲通帛之旜故穀梁毛詩說皆謂以旜爲門蓋旜旌並五旗之通制也至穀梁說旌門又兼爲轅門之制則與此經小異御覽資產部又引韓詩內傳謂天子親射禽於旌門經亦無其事恐未足據也云敘和出用次第出和門也者敘注例當作序各本並誤說文攴部云敘次第也謂以先後次第出之不得躐次也云左右或出而左或出而右者謂出和門而分趨左右故曲禮云左右有局各司其局亦卽毛詩車攻傳所謂左者之左右者之右也云有司平之鄉師居門正其出入之行列也者賈疏云按鄉師職云

巡其前後之屯而戮其犯命者斷其爭禽之訟故知此經云有司皆是鄉師也會釗云注義未盡遂師職云田獵平野民若然則有司統鄉師遂師而言蓋鄉師平其鄉之車徒遂師平其遂之車徒也云旗軍吏所載者上文云軍吏載旗是也云分地調其部曲疏數者軍吏各有分地以均調其部曲屯集之疏數也云前後有屯百步車徒異羣相去之數也者此卽鄉師注云前後屯車徒異部也賈疏云出軍之時一車甲士三人步卒七十二人車徒同羣今在軍行列之時則車徒異羣故車人有異也案賈說非也大田雖羨卒竭作然此列陳自是正軍當依軍法二十五人爲兩一車甲士三人卒二十二人與調發之法不同又諦審鄭意似以左右各陳三軍前後屯雖車徒異部而百步二屯不足以容三軍故以百步爲兩屯相去之空地則一屯不止百步也江永則謂卽前後屯之地以經文推校義似可通竊疑此列陳之地蓋方三百步於北方正中百步爲軍舍建旌爲兩和門左右三百步則於南北各以百步爲屯於中留百步爲空地是四屯占地各百步其中南北東西自相距亦各百步於經注之義皆無迕矣至每屯百步足容陳車徒者今以左右各三軍計之爲車千五百乘卒三萬七千五百人車一兩約占地二丈百步六十丈陳車三十乘每行適符車一卒之數橫列每兩約占地丈二尺爲二步百步得五十行從橫相乘適容一千五百乘也至車雖自爲屯亦非空設必有御及左右但三人不能成伍當更有持輪二人蓋車配五人也是陳車之屯兼有徒七千五百人以減三軍之卒存三萬人百步之屯步約容一人每行百人亦適符一卒之數橫列每步約容三人百步得三百行從橫相乘亦適容三萬人也此雖無文可證而通計步數與車徒之數似皆相合姑附記之以備一義云車徒畢出和門鄉師又巡其行陳者卽據鄉師職文前出和門時鄉師正其行列既畢出則又巡行視其行陳察其整否也鄭司農云險野人爲主人居前

易野車爲主車居前者明險野人爲主亦有車但以徒居車前易野車爲主亦有徒但以車居人前也六韜均兵篇云易戰之法一車當步卒八十人八十人當一車險戰之法一車當步卒四十人四十人當一車彼易戰險戰之法亦與此經義合依先鄭說則險野主人易野主車不過列陳車徒前後分布不同於車徒多少之數無與也

既陳乃設驅逆之車有司表貉于陳前

驅驅出禽獸使趨田者也逆逆要不得令走設此車者田僕也疏既陳者卽上文陳車徒事訖也云乃設驅逆之車者此爲驅禽獸之車與前後屯所陳三軍之車異故陳訖命田僕別設之也云有司表貉于陳前者有司亦謂肆師甸祝之屬賈疏云設車訖卽爲表貉之祭於陳前也　注云驅驅出禽獸使趨田者也者田僕注云驅驅禽使前趨獲案謂禽獸奔逸在圍外者乘此車驅之使趨所圍厲禁之中也云逆逆要不得令走者田僕注云逆衙還之使不出圍爾雅釋言云逆迎也謂禽獸已在厲禁內者則迎而要之令不得走出圍外也或驅或逆皆乘此車故謂之驅逆之車惠士奇云驅逆之車車僕職所謂輕車之萃卽此一名輶車駟驖詩曰輶車鸞鑣毛傳輶輕也箋云輕車驅逆之車也車驅而犬獲則知驅逆之車弁有田犬以從禽矣云設此車者田僕也者據田僕職文蓋大司馬命田僕設車山虞澤虞乘而驅之故詩召南騶虞篇壹發五豝毛傳云虞人翼五豝以待公之發賈子禮篇亦云虞人翼五豝以待一發所以優中也騶虞孔疏云易曰王用三驅失前禽也故知田獵有使人驅禽之義知虞人驅之者以田獵則虞人之事田僕云設驅逆之車則僕人設車虞人乘之以驅禽也惠士奇云田僕設之校人帥之

中軍以鼙令鼓鼓人皆三鼓羣司馬振鐸車徒皆作遂鼓行徒銜枚而進大獸公之小禽私之獲者取左

耳羣司馬爲兩司馬也枚如箸銜之有繣結項中軍法止語爲相疑惑也進行也鄭司農云大獸公之輸之於公小禽私之以自畀也詩云言私其豵獻肩于公一歲爲豵二歲爲豝三歲爲特四歲爲肩五歲爲愼此明其獻大者於公自取其小者玄謂愼讀爲麎爾雅曰豕生三曰豵豕牝曰豝麋牝曰麎獲得也得禽獸者取左耳當以計功

〔疏〕中軍以鼙令鼓者賈疏云此令鼓之事與上文教戰時大同惟徒銜枚爲異

注云羣司馬謂兩司馬也者與前司馬振鐸注義同但前大閱司馬振鐸者司馬爲大司馬此羣司馬振鐸則爲兩司馬實則兩文振鐸皆大司馬先振而兩司馬等應之經各舉一耑亦互相備也詳前疏云枚如箸銜之有繣結項中者秋官敘官注云枚狀如著橫銜之爲繣結於項與此注義同賈疏云雖無正文以意言之繣卽兩頭繫也旣有兩繫明於項後中央結之漢書高帝紀顏注云銜枚者止言語譁囂欲令敵人不知其來也周官有銜枚氏枚狀如箸橫銜之繣絜於項繣者結礙也絜繞也蓋爲結紐而繞項也案顏說蓋本秋官敘官注義段玉裁云顏注勝於賈說繣讀漢魏人皆以戾釋之結礙是戾意蓋此物兩耑必稍爲鉏鋙而後繫組不脫毛詩東山音義亦引繣絜於項中案段說是也詩釋文所引亦秋官注文然則此注結亦當爲絜今本作結者蓋後人所改毛詩豳風東山傳云枚微也胡承珙云枚微者蓋訓枚爲微也說文無繣字攴部敹戾也玉篇繣乖戾也合言之則爲敹繣廣雅釋訓敹繣乖剌也又作緯繣離騷忽緯繣其難遷王注緯繣乖戾也又作徽繣馬融廣成頌徽繣霍奕別鶩分奔是則銜枚於口組繫兩頭分紐於項有違戾結礙之意云軍法止語爲相疑惑也者秋官敘官注云銜枚止言語囂讙也在軍恐言語相疑惑故令銜枚以止之云進行也者輪人注同說文辵部云進登也引申之凡前行並曰進廣雅釋詁亦云進行也鄭司農云大獸公之輸之於公小禽私之以自畀也者獸人先鄭

注云公之謂輸之於虞中卽所謂輸之公也蓋王取三十其餘則射於澤宮而頒之獲者不得擅取也自畀則獲者自取之小禽不獻於虞中穀梁昭八年傳及詩小雅車攻毛傳並云不成禽不獻是也引詩云言私其豵獻肩于公者豳風七月文彼文肩作豜字通前蒐田章後鄭注引亦作肩毛傳亦依此經爲釋云一歲爲豵二歲爲豝三歲爲特四歲爲肩五歲爲愼者此釋毛詩義也釋文云豝本亦作巴案巴卽豝之借字詩毛傳云豕一歲曰豵三歲曰豜齊風還傳云獸三歲曰肩魏風伐檀傳又云獸三歲曰特此並以豵特肩爲豕生歲多寡之名而說各小異說文豕部云豵生六月豚一曰一歲豵尚叢聚也豝牝豕也一曰二歲能相把拏也豜三歲豕肩相及者說與毛略同但許似據家豕言之毛鄭則指庖人六獸之田豕或家豕田豕通得此稱矣廣雅釋獸云獸一歲爲豵二歲爲豝三歲爲肩四歲爲特此亦繫獸言之而肩特文又互異蓋亦別有所據愼無攷云此明其獻大者於公自取其小者者亦釋詩義明豵一歲爲小肩四歲爲大也詩小雅吉日亦云發彼小豝然則獸二歲以下皆爲小三歲以上皆爲大與云玄謂愼讀爲麎者段玉裁云愼麎聲類略同大鄭說別有所本後鄭以爾雅正之引爾雅曰豕生三曰豵豕牝曰豝者破先鄭說也豵葉鈔本釋文作猣云本亦作豵案釋獸云豕生三豵二師一特牝豝郭注云豬生子常多故別其小者之名又釋畜云犬生三猣二師一玂盧文弨引宋本釋文作三猣無曰字與彼文同但猣爲犬生三之名豕子無此名陸所據本誤騶虞孔疏云鄭志張逸問豕生三曰豵不知母豕也豚也荅曰豚也過三以往猶謂之豵以自三以上更無名也故知過三亦爲豵云麋牝曰麎者破先鄭五歲爲愼之說也釋畜云麋牡麔牝麎卽鄭所據也依鄭此說則豵豝特肩麎並不爲豕生歲多寡之名肩鄭此注無說賈疏及詩騶虞疏並據釋獸云麠絕有力豜鹿絕有力麉爲釋鄭意或然也云獲得也者小

爾雅廣言文說文犬部云獲獵所獲也云得禽獸者取左耳當以計功者即山虞所謂珥也計功者聚而校計其所獲之多少取左耳詳獸人及山虞疏

及所弊鼓皆駴車徒皆譟

鄭司農云及所弊至所弊之處玄謂至所弊之處田所當於止也天子諸侯蒐狩有常至其常處吏士鼓譟象攻敵剋勝而喜也疾雷擊鼓曰駴譟讙也書曰前師乃鼓𡔷譟亦謂喜也

疏及所弊者賈疏云冬徒弊止之處謂百姓獵止　注鄭司農云及所弊至所弊之處者廣雅釋詁云及至也至田弊之處云玄謂至所弊之處田所當於止也者申先鄭義田有畛限至其所則止弊訓止詳前疏云天子諸侯蒐狩有常者據穀梁傳云過防弗逐毛詩傳云田不出防並諸侯以上法若然依鄭說則大夫以下田無常處也云至其常處吏士鼓譟象攻敵剋勝而喜也者田以習兵故弊止之時亦鼓譟象軍攻敵剋勝而喜也云疾雷擊鼓曰駴者釋文云駴本亦作駭段玉裁云謂擊鼓聲如疾雷響而促雷亦音盧對切或作攂作擂丁晏云文選西京賦駴雷鼓李注引周禮鼓皆駭鄭曰雷擊鼓曰駭駭與駴同詒讓案李所據蓋與陸所見或本同說文馬部云駭驚也無駴字駴即駭之俗大僕戒鼓注云故書戒為駭是故書有駭字釋文或本近是但大僕故書以駭為戒而此經上文云鼓戒此又云鼓皆駴兩文不同穀梁莊二十五年傳云既戒鼓而駭眾明駭戒義微異蓋鼓戒者唯音不絕而鼓駴則聲彌高而節彌促方與𡔷譟相應故鄭以疾雷為釋耳云譟讙也者國語鄭語韋注云譟讙呼也一切經音義引聲類云譟羣呼煩擾也引書曰前師乃鼓𡔷譟者賈疏云書傳文彼說武王伐紂時事案御覽人事部引尚書大傳云惟丙午王逮師師乃鼓譟師乃慆前歌後舞即賈所據也然鄭云書曰則自據書太誓文詩大雅大明孔疏引太誓曰師乃鼓譟前歌後舞格於上天下地咸曰孜孜無怠蓋漢時今文書及鄭所注古文書皆有太誓此注所述即

出於彼不必據伏傳也諸書引太誓及伏傳皆無伐鼓字者蓋文有省節楚辭天問王注云言武王三軍人人樂戰並前歌後舞鳧藻讙呼王說正本太誓而伐鼓譟又作鳧藻後漢書杜詩劉陶傳同伐鼓字亦作拊文選馬融長笛賦云拊譟踴躍隸釋魏大饗碑云士有拊譟之讙伐鼓鳧拊並聲近字通王鳴盛云伐鼓說文無此字疑當爲拊拊亦擊耳師心喜說或有鼓或有拊而讙譟案王說是也云亦謂喜也者釋大誓云鼓譟亦卽攻敵剋勝而喜也

徒乃弊致禽饁獸于郊入獻禽以享烝

徒乃弊徒止也冬田主用衆物多衆得取也致禽饁獸于郊聚所獲禽因以祭四方神於郊月令季秋天子既田命主祠祭禽四方是也入又以禽祭宗廟

疏 致禽饁獸于郊者賈疏云亦謂因田過郊之神位而饋之 注云徒乃弊徒止也者亦訓弊爲止謂以徒止爲田止之節也云冬田主用衆物多衆得取也者冬時萬物成就衆多故曰主用衆使衆人皆得取也云致禽饁獸于郊聚所獲禽因以祭四方神於郊者于亦當作於小宗伯及甸祝注義同饁獸於郊謂以獸獻於四郊羣神之兆言非正祭也詳小宗伯疏云月令季秋天子既田命主祠祭禽四方是也者月令季秋令云天子乃厲飾執弓挾矢以獵命主祠祭禽於四方鄭彼注云以所獲禽祀四方之神也司馬職曰羅弊致禽以祀方賈疏云證彼祭禽于四郊與此饁獸于郊爲一物其實彼一解以爲是仲秋祭禽以祀䄔爲一也詒讓案月令此文卽前秋獮祭䄔之事彼注不誤此引以證饁獸於郊事不相當非也月令孔疏據此注謂秋冬之田皆祭四方亦誤云入又以禽祭宗廟者凡冬祭宗廟通謂之烝此亦因田獵而獻禽非正祭也當用薦禮詳前疏

及師大合軍以行禁令以救無辜伐有罪

師所謂王巡守若會同司馬起師合軍以從所以威天下行其政也不言大者未有敵不尚武

疏 及師大合軍者此平時因

事起師從王之事與上師田異也云以救無辜伐有罪者罪經例用古字當作辠石經及各本並誤詳甸師疏王巡守會同不定有征伐之事但所至之國或無辜被侵有罪不服則亦以六師救之伐之不必別徵發也　注云師所謂王巡守若會同司馬起師合軍以從所以威天下行其政也者謂王十二歲巡守殷國及時見曰會殷見曰同凡兵車之會大司馬並起師合軍以從王也巡守會同詳小宗伯大行人職詩周頌時邁孔疏云大司馬上云及師下云若大師則二者之師不同也大師言釁主及軍器是征伐實事則上云及師非征伐也明大師爲征伐及師爲巡守言大合軍猶大司樂言大合樂大合樂者徧作六代之樂則知大合軍者亦六軍皆行也而雜問志云天子巡守禮無六軍之文者鄭意巡守必有六軍但禮無正文故云無六軍之文耳天子海內之主安不忘危且云救無辜伐有罪安得無六軍也惠士奇云大行人時會以發四方之禁殷同以施天下之政時會者諸侯有不順服王將討之乃爲壇以合諸侯而發禁焉殷同者十二歲王不巡守六服盡來朝王亦爲壇合諸侯而命其政政與禁謂九法九伐所以平邦國正邦國而大合軍以行其禁令者也詩曰周王于邁六師及之巡守有六軍見於此矣云不言大者未有敵不尚武者賈疏云以對下文云若大師是出軍法　若大師則掌其戒令涖大卜帥執事涖釁主及軍器大師王出征伐也涖臨也臨大卜卜出兵吉凶也司馬法曰上下謀是謂參之主謂遷廟之主及社主在軍者也軍器鼓鐸之屬凡師既受甲迎主于廟及社主祝奉以從殺牲以血塗主及軍器皆神之【疏】帥執事涖釁主及軍器者賈疏云按小子職云釁邦器及軍器彼官釁之而大司馬臨之　注云大師王出征伐也者對上王巡守會同師從不言大及小司寇小師爲王不自出之師明此大師爲王自出征伐也大宗伯軍禮亦云大師之禮用衆

也白虎通義誅伐篇云王法天誅者天子自出者以為王者乃天之所立而欲謀危社稷故自出重天命也犯王法使方伯誅之云涖臨也者天官世婦注同云臨大卜卜出兵吉凶也者大卜云國大師則貞龜是大師大卜貞龜大司馬涖卜也大卜疏謂大師大宗伯涖卜與此經違非也引司馬法曰上卜下謀是謂參之者今司馬法佚此文賈疏云卜在廟又龜有神故云上卜謀人在下故云下謀君居其中故云參也云主謂遷廟之主及社主在軍者也者小宗伯若大師則帥有司而立軍社奉主車注云王出軍必先有事於社及遷廟而以其主行社主曰軍社遷主曰主案廟主木主社主石主也詳彼疏云軍器鼓鐸之屬者左定四年傳云君以軍行祓社釁鼓彼云祓社即此釁主釁鼓即此釁軍器之事也呂氏春秋慎大篇云釁鼓旗甲兵藏之府庫是旗及甲兵皆軍器亦有釁此不言者文不具鐸鐘之類鐘有釁知鐸亦然也云凡師既受甲迎主于廟及社主祝奉以從者左定四年傳文祝即大祝也詳小宗伯及大祝疏云殺牲以血塗主及軍器皆神之者塗即釁也呂氏春秋慎大篇高注云殺牲祭以血塗之曰釁案龜人釁龜注亦云釁者殺牲以血之神之也釁主之牲於禮無文以珥社稷之禮例之蓋當用犬羊釁軍器則以貑豚詳小子疏

及致建大常比軍衆誅後至者

比或作庀鄭司農云致謂聚衆也庀具也玄謂致鄉師致民於司馬比校次之也

疏 及致建大常者此猶大閱禮司馬建旗于後表之中羣吏以旗物鼓鐸鐲鐃各帥其民而致是也賈疏云司馬用王大常者以上文大師王親御六軍故司馬用王之大常致衆若王不親則司馬自用大旗致之云誅後至者者以大閱禮校之蓋亦既致弊旗誅後至者史記周本紀及國語魯語韋注並引今文書大誓師尚父誓師云後至者斬史記司馬穰苴傳云軍法期而後至當斬即後至之刑也 注云比或作庀者遂師注故書庀為比先鄭讀

爲庀此比或作庀庀並聲類相近字通葉鈔釋文庀作庇庇亦通詳遂師疏鄭司農二云致謂聚衆也者左哀四年傳致蔡于負函杜注二云致之者會其衆也遂人凡治野以下劑致甿注二云致猶會也廣雅釋詁二云會聚也二云庀具也者遂師先鄭注同賈疏二云先鄭從故書庀後鄭不從以爲校考者凡物有數者皆須校考乃知具不故不從具也二云玄謂致鄉師致民於司馬者以六師還出於六鄉故鄉師先致其衆既至乃帥而致之司馬鄉師職時田有致衆庶之法大師與大田致民事蓋略同二云比校考之者宰夫注義同

及戰巡陳眡事而賞罰事謂戰功也【疏】及戰巡陳眡事而賞罰者賈疏二云司馬當戰對陳之時巡軍陳眡其戰功之事知其有功無功而行賞罰也　注二云事謂戰功也者若司勳二云戰功曰多是也

若師有功則左執律右秉鉞以先愷樂獻于社功勝也律所以聽軍聲鉞所以爲將威也先猶道也兵樂曰愷獻于社獻功于社也司馬法曰得意則愷樂愷歌示喜也鄭司農二云故城濮之戰春秋傳曰振旅愷以入于晉【疏】若師有功者則左執律右秉鉞者爾雅釋詁二云秉執也以下並大師戰後還師之事　注二云功勝也者爾雅釋詁文二云律所以聽軍聲者賈疏二云大師職文彼初出軍時大師執聽至此剋勝司馬執之案詳大師疏二云鉞所以爲將威也者伊耆氏注二云將軍杖鉞說文戉部二云戉大斧也司馬法曰夏執玄戉殷執白戚周左杖黃戉右把白髦金部二云鉞車鑾聲也經通借鉞爲戉御覽兵部引司馬法二云周左執黃鉞右執白旄所以示不進者審察斬殺之威也釋名釋兵二云戉豁也所向莫敢當前豁然破散也書牧誓二云王左杖黃鉞右秉白旄以麾僞孔傳二云黃鉞以黃金飾斧左手杖鉞示無事於誅右手把旄亦有事於殺案鉞所以誅斬故將秉之以示威此左執律右秉鉞與牧誓司馬法不同者凱旋之禮與在軍誓衆異也二云先猶道也者說文先部二云

先前進也引申爲前道之義郊特牲注云先謂倡道之也詩大雅緜傳云相道前後曰先後云兵樂曰愷者大司樂云王師大獻則令奏愷樂注云愷樂獻功之樂以其軍禮所用故云兵樂也云獻于社獻功于社也者于亦並當作於此獻克敵之功於大社也大司樂大獻注云大獻獻捷於祖與此經異者社祖皆得有獻法詳彼疏引司馬法曰得意則愷樂愷歌示喜也者司馬法天子之義篇文今本無愷歌二字後漢書馬融傳李注引司馬法亦有今本蓋傳寫挩之彼文愷樂與此經同愷歌謂作樂時奏歌以紀武功之盛此引以爲兵樂之證司馬法仁本篇又云天下既平天子大愷亦謂此也愷歌亦見樂師職鄭司農云故城濮之戰春秋傳曰振旅愷以入于晉者此左僖二十八年傳文引之者證師有功有愷樂之事亦詳大司樂疏

若師不功則厭而奉主車鄭司農云厭謂厭冠喪服也軍敗則以喪禮故秦伯之敗於殽也春秋傳曰秦伯素服郊次鄉師而哭玄謂厭伏冠也奉猶送也送主歸於廟與社

〔疏〕若師不功者王引之云不無也師不功言師無功也與上若師有功相對爲文　注鄭司農云厭謂厭冠喪服也者據曲禮檀弓並有厭冠也云軍敗則以喪禮者檀弓云國亡大縣邑公卿大夫士皆厭冠哭於大廟三日君不舉注云軍敗失地以喪歸也孔叢子問軍禮云軍敗天子素服哭於庫門之外三日大夫素服哭於社亦如之蓋喪禮也此軍敗以喪禮之證云故秦伯之敗於殽也春秋傳曰秦伯素服郊次鄉師而哭者僖三十三年夏四月晉人及姜戎敗秦師于殽左傳文杜注云郊次待之於郊先鄭引之證厭冠亦素服也賈疏云按檀弓注厭冠喪冠其服未聞若然先鄭引秦伯素服者據在國向外哭此則從外向內不同故云其服未聞後鄭不破者已有檀弓注此從破可知案依賈說則先鄭義與後鄭不同檀弓云軍有憂則素服哭於庫門之外注云憂謂爲敵所敗也素服者縞冠也審後鄭及

賈意蓋謂在國聞師敗之服當縞冠與司服大裁素服同秦伯素服亦當依彼法與厭冠用布異縞冠素服所謂縞素淮南子人閒訓說魯君縞素而朝齊越絶書句踐敗於吳亦云衣服純素不袀不玄並軍敗之服也云玄謂厭伏冠也者旣夕記云冠六升外縪纓條屬厭注云縪謂縫著於武也外之者外其餘也纓條屬者通屈一條繩爲武垂下爲纓屬之冠厭伏也曲禮苞屨扱衽厭冠不入公門注云厭猶伏也喪冠厭伏賈疏云按下曲禮云厭冠不入公門彼差次當緦小功之冠以義言之五服之冠皆厭以其喪冠反吉冠吉冠於武上向內縫之喪冠於武下向上縫之以伏冠在武故得厭伏之名曲禮孔疏云喪冠厭帖無者疆案厭伏者謂冠梁低伏不隆起也孔云無者疆者者與楮同厭伏則冠梁弱不能楮柱賈謂喪冠外縫故得厭名未析至五服之冠並厭伏其冠布自斬衰六升至小功十二升以文遞增多寡互異此師不功厭冠之布依賈說則十二升也戰國策秦策呂氏春秋不屈篇說魏惠王軍敗布冠自拘亦卽喪冠也云奉猶送也者天府注同云送主歸於廟與社者主卽遷廟之主及社主故師還仍送主歸廟與社也凡廟主社主皆載以齊車詳小宗伯疏

王弔勞士庶子則相師敗王親弔士庶子之死者勞其傷者則相王之禮庶子卿大夫之子從軍者或謂之庶士

疏王弔勞士庶子則相者謂宿衛士庶子從軍而死傷者王或親弔勞之以此官掌軍事故相其禮其平時弔勞恆禮當以禮官爲相故大宗伯職王哭諸侯爲上相則弔勞諸臣疑亦彼官相其禮非司馬所掌也凡弔士庶子禮蓋並如士禮喪大記云君於士旣殯而往爲之賜大斂焉是也互詳喪祝疏　注云師敗王親弔士庶子之死者勞其傷者則相王之禮者鄭以此文冢上師不功故知是師敗王弔勞士庶子死傷者之事其實師有功歸如有死傷者王亦當有弔勞之典又大僕云掌三公孤卿之弔勞小臣云掌士大夫之弔勞注

云王使往則王於諸臣容有不親往者此以軍事尤重故王必親往弔勞之也云庶子卿大夫之子從軍者者賈疏云案宮伯云掌宮中士庶子注云士適子庶子其支庶與此注云庶子爲卿大夫之子適庶俱兼則經中士爲卿大夫士之身與宮伯注不同者彼宮正掌卿大夫士身宮伯別掌士庶子士庶子爲適子支子明矣此惟一文云弔勞士庶子不見別有弔勞卿大夫士身故分之鄭望經爲注故不同也若然此注不云士之子者以其卿大夫之適子爲王與后與士同故親弔勞之士之子如衆人不得爲王及后如士故不弔勞之也案鄭意或當如賈說然非經義也宮伯士庶子注以士爲王宮諸吏之適子庶子其支庶二者分別釋之此注則云庶子卿大夫之子不釋經士者蓋以經之庶子通晐彼職士庶子明國子之士即在庶子中故下文又云或謂之庶士也又不及士之子蓋文不具今通校全經凡總目士庶子者並爲宿衞羣子之稱無以士爲卿大夫士者況司服王爲三公孤卿大夫士咸有弔服蓋諸臣弔勞自有恆典此飾還弔勞士庶子則是殊恩特賜禮越恆科蓋宿衞羣子以貴游而初登仕籍其士亦不過一命而庶子則又未命班更在士下平時或不必有弔勞故經特箸之以示優異且弔勞常法詔相之事亦非大司馬所掌自無不見卿大夫士身之嫌鄭賈說並未允又經凡言士庶子者皆以已命未命爲別不關適庶之異宮伯注義亦非塙詁也詳宮伯疏云或謂之庶士者謂庶子亦得稱庶士也書大誥酒誥並有庶士僞孔傳並釋爲衆士鄭或以彼爲即指庶子與僞孔義異大役伯鄭書注久佚其庶士義今無可攷未審此注果據書義否也

與慮事屬其植受其要以待攷而賞誅大役築城邑也鄭司農云國有大役大司馬與謀慮其事也植謂部曲將吏故宋城春秋傳曰華元爲植巡功屬謂聚會之也要者簿書也考謂考校其功玄謂慮事者封人也於有役司馬與之

植築城楨也屬賦丈尺與其用人數【疏】大役與慮事屬其植受其要者大宗伯軍禮云大役之禮任衆也是大役爲軍禮之一故大司
馬亦掌其事也賈疏云屬謂屬聚徒役計其人數賦其丈尺以課其
功也　注云大役築城邑也者謂大起徒役有所功作知築城邑者
以下文云屬其植是土功之事也大宗伯大役注釋爲築宮邑此注
不云宮者文不具其築作游觀苑囿及府庫次舍之等爲小役非大
司馬所掌鄭司農云國有大役大司馬與謀慮其事也者爾雅釋詁
云慮謀也左傳宣十一年杜注云慮事無慮計功先鄭讀與爲預又
讀與慮事爲句後鄭不從云植謂部曲將吏者先鄭據左氏爲說大
役人徒衆多略依軍法部署故亦有將吏先鄭蓋以植爲部曲羣聚
之名莊子田子方篇云列士壞植散羣即其義也部曲羣聚謂之植
因以爲帥領將吏之稱周書大匡篇云伍有植是也部曲詳鄉師疏
云故宋城春秋傳曰華元爲植巡功者賈疏云按宣二年左氏傳云
宋城華元爲植巡功注云植將主也案賈所引疑賈服注義與先鄭
注說同杜注亦同孔疏云植謂將領主帥監作者也云屬謂聚會之
也者州長注云屬猶合也聚也左傳昭三十二年杜注云屬役謂屬
聚丁役也聚會與合聚義同云要者簿書也者鄉師云大役既役則
受州里之役要注云役要所遣民徒之數此要與彼義同小宰注云
要會謂計最之簿書是要即簿書惠士奇云左傳昭三十二年諸侯
城成周屬役賦丈書以授帥書者要也云考謂考校其功者說文攴
部云攷敂也引申爲考校此經作攷注作考者亦經用古字注用今
字之例詳大宰疏國語晉語云考省不倦韋注云考校也謂比校其
功役之善否云玄謂慮事者封人也於有役司馬與之者後鄭讀與
如字又讀與慮事屬其植爲句謂司馬與慮事之封人同屬其植一
官爲聯事大史云大祭祀與執事卜日此與慮事猶彼云與執事也
賈疏云按宣十一年楚令尹蔿艾獵城沂使封人慮事以授司徒注

云封人司徒之屬官是封人慮事司馬與在謀慮中也案賈所引左傳注與杜小異蓋亦賈服佚義賈謂司馬與謀慮其事則仍是先鄭此諸侯之制疑王朝大役慮事當是大司空鄉師云致司空之辟案義既失其句讀又未達後鄭之恉趣疏矣江永云後鄭說本左傳然江說亦通云植築城楨也者此破先鄭說謂植爲築城所樹版榦之材也淮南子覽冥訓高注云植材也爾雅釋詁云楨榦也書費誓峙乃楨榦僞孔傳云題曰楨旁曰榦孔疏云楨謂當牆兩端者也榦謂在牆兩邊者也又引舍人云楨正也築牆所立兩木也榦所以當牆兩邊障土者左傳說楚城沂亦云平版榦杜注云榦楨也案楨榦皆植地之長木所以持版者此注言榦不言楨者通言之榦亦得稱楨也黃以周云植謂楨後鄭注是凡木之植立謂之植楨榦是也惠士奇云左傳昭三十二年諸侯城成周及會城而栽宋仲幾不受功栽者植也呂飛鵬云說文栽下云築牆長版也春秋傳曰楚圍蔡里而栽左莊二十九年傳凡土功水昏正而栽杜注樹版榦而興作植義蓋與栽同詒讓案左傳定元年城成周庚寅栽杜注云栽謂版築是栽與楨榦義亦通云屬賦丈尺與其用人數者亦破先鄭說丈尺謂楨榦之度用人數亦卽治植之人也賈疏云按昭三十二年晉士彌牟營成周計丈數揣高卑度厚薄仞溝洫又云以令役於諸侯屬役賦丈尺宣十一年計慮用人功之數以此知屬謂賦丈尺與人數也案後鄭說蓋隱據左傳與先鄭聚會之訓亦可互通賈引宣十一年云云并傳文蓋亦賈服注義黃以周云以左傳營成周事例之司徒屬役司空賦丈書以授帥授諸司馬也故曰屬其植受其要植爲立楨屬司空事要爲役簿屬司徒事司馬

大會同則帥士庶子而掌其政令帥帥以從王

疏 注云帥帥以從王者賈疏云按諸子職云若會同賓客作羣子從注云從從王是其事也

若大射

則合諸侯之六耦大射王將祭射于射宮以選賢也王射三侯以諸侯為六耦

疏 若大射則合諸侯之六耦者掌次注云耦俱升射者案合猶比也鄉射禮云司射比三耦于堂西注云比選次其才相近者也大射儀亦以射人為司射比三耦彼繼外諸侯大射禮與天子異此王大射蓋以大司馬為司射故合諸侯之六耦也 注云大射王將祭射于射宮以選賢也者于亦當作於司裘注義同將祭通郊廟大祭言之選賢以助祭也凡大射射宮在郊詳司裘諸子疏云王射三侯以諸侯為六耦者賈疏云司裘云王大射則共虎侯熊侯豹侯是也此大射是將祭而射故用諸侯為六耦若賓射射人亦用六耦但不用諸侯當用卿大夫為之燕射三耦自然用卿大夫已下為之案詩大雅既醉孔疏引白虎通云王者射以公為耦公卿諸侯通五等言之非必上公也通典軍禮引崔靈恩云若有二王後助祭則天子與共射之若時無則與諸侯共為耦也案崔說是也依大射儀射有三次第一次司射比三耦先射第二次司射請射于公命賓御于公遂比公卿大夫士為衆耦三耦與衆耦皆射第三次亦然此王大射蓋亦第一次司馬比諸侯之六耦第二次請射于王而命諸侯為賓者御于王遂比公卿大夫士為衆耦凡三耦六耦為正耦有定數衆耦則不必以諸侯又無常數亦不定六耦故詩小雅賓之初筵孔疏云天子大射賓射但六耦之外亦當有衆耦射以正耦為主故禮定其尊卑之數其餘衆耦纔廁末而已金鶚云諸侯大射以大夫為三耦大射儀司射選三耦告于君曰大夫與大夫是也大夫不足以士充之大射儀所謂士御于大夫也據此推之天子大射若諸侯不足當以大夫充之也天子大射公卿相與為耦王與賓為耦王為上射諸侯在六耦外者亦自相耦或與公卿為耦皆可推而知也賓射以諸侯為賓則不以諸侯為六耦當以羣臣為之燕射亦然吳廷華云王燕射耦數無考據燕禮云若射則大射

正爲司射如鄉射之禮則燕射與鄉射同三耦諸侯禮皆三耦燕射未嘗少於大射賓射也天子大射賓射皆六耦則燕射亦應六耦矣疏以爲燕射三耦則以諸侯耦數例王謬矣案金吳說是也黃以周說同射人云王以六耦射三侯亦據大射言之賈以爲賓射乃襲鄭說之誤詳彼疏

大祭祀饗食羞牲魚授其祭 牲魚魚牲也祭謂尸賓所以祭也鄭司農云大司馬主進魚牲

疏 大祭祀饗食羞牲魚者賈疏云大祭祀謂天地宗廟其中小之祭祀亦爲之矣饗食謂諸侯來朝上公三饗三食之等行之在廟故與大祭祀同皆羞進魚牲詒讓案羞牲魚者羞魚俎也大戴禮記禮三本篇荀子禮論篇並云大饗尚玄尊俎生魚楊注云大饗祫祭先王也此大祭祀有牲魚也左襄二十七年傳宋人享趙文子司馬置折俎彼司馬爲小臣然與饗食司馬進俎事足相比例又此官之屬有羊人故小宗伯云毛六牲而頒之于五官使共奉之先鄭注云司馬主馬及羊案大祭祀饗食雖不用馬牲而羊則宜此官奉之經文不具也 注云牲魚魚牲也者王引之云膳夫六牲牛羊豕犬鴈魚故魚亦謂之牲昏義曰教成祭之牲用魚管子禁藏篇曰舉春祭塞久禱以魚爲牲輕重己篇曰祭日犧牲以魚是也云祭謂尸賓所以祭也者賈疏云大祭祀授尸祭饗食授賓祭祭者魚之大臠即少牢下篇云主人主婦尸侑各一魚加膴祭於其上膴謂魚之反覆者公食大夫亦云授賓祭故云祭謂尸賓所以祭若王祭則膳夫云授王祭是也江永云特牲少牢魚十有五正祭時尸以一魚振祭嚌之少牢儐尸加膴祭於其上賓長三獻時司士羞湆魚尸取膴祭祭之此言授其祭亦通正祭繹祭言之呂飛鵬云此指大祭宗廟而言楚茨爲賓爲客傳云繹而賓尸及賓客信南山詩云畀我尸賓尸與賓連文皆言祭祀賈疏引少牢下篇以證尸祭又引公食大夫禮以證賓祭失之矣少牢饋食禮云上佐食舉尸一魚尸受振祭嚌之少牢下

篇云司士枇魚亦司士載尸俎五魚橫載之侑主人皆一魚亦橫載之皆加膴祭於其上注云剖魚時割其腹以爲大臠也可用祭也此下篇云議侑於賓注云擇賓之賢者可以侑尸是也又云司士羞湆魚縮執俎以升尸取膴祭祭之是尸祭也又云酌獻侑侑拜受三獻北面答拜司馬羞湆魚一如尸禮可見尸取膴祭祭之侑亦當祭不言祭者省文也故後鄭兼尸賓以言祭也案呂謂祭祀亦有授賓祭足補賈義蓋經云大祭祀饗食祭祀授尸祭幷授賓祭饗食則惟授賓祭無授尸祭之事注以尸賓祭爲釋實兼二者而言賈呂兩義亦相兼乃備也又案公食大夫禮云魚腊醬湆不祭又云贊者取庶羞之大一以授賓賓受兼壹祭之是彼禮魚俎不祭唯庶羞魚膾有祭此蓋唯食禮爲然若大祭祀以少牢饋食禮證之魚俎當亦有祭不徒庶羞也饗禮無文疑當與祭禮同授祭卽大祝九祭之共祭詳大祝疏鄭司農云大司馬主進魚牲者江永云夏官主二牲羊也魚也小子羞羊肆而大司馬尊官羞牲魚者豈禮欲其變與抑以魚爲水產與陸產相埒而異之與宗伯不言羞雞牲者文不具

大祭

平士大夫 鄭司農云平一其服也玄謂平者正其職與其位 疏 大喪者宰夫注云大喪王后世子也云平士大夫者此通公卿大夫士言之賈疏云司馬之屬有司士主羣吏今王喪不得使司士故司馬平之 注鄭司農云平一其服也者書堯典僞孔傳云平均也是平有均一之訓服謂衰及冠絰等先鄭義未晐故後鄭不從賈疏云後鄭不從者小宗伯已縣衰冠故也云玄謂平者正其職與其位者前注云平猶正也職謂其所掌職事位尊卑之位次大喪非常之變恐職有不舉及位次淆舛故大司馬主平正之

喪祭

奉詔馬牲 王喪之以馬祭者蓋遣奠也奉猶送也送之至墓告而藏之 疏 喪祭奉詔馬牲者馬爲牧人六牲之一蔡邕集

月令荅問云禮不以馬為牲與此經違非也惠士奇云古有乘馬有食馬穆天子傳獻食馬三百是也食無馬牲自秦漢始 注云王喪之以馬祭者蓋遣奠也者謂大遣奠後包其牲體也賈疏云鄭知喪祭是大遣奠者以其喪奠反虞卒哭祭之等無奉送詔告唯有大遣奠入壙之時有奉送之事故知喪祭是大遣奠耳詒讓案既夕禮說士大遣奠云陳鼎五于門外注云士禮特牲三鼎盛葬奠加一等用少牢也依彼注推之則天子禮用大牢大遣奠加等用馬牲其他殷奠則並用大牢無馬牲故鄭此注偏舉遣奠為說賈既夕疏說遣奠亦云天子一大牢又加以馬牲九包包各九个是也禮例凡有尸謂之祭無尸謂之奠奠散文祭奠亦通稱故遣奠謂之喪祭量人云掌喪祭奠竁羞之俎實彼注亦云謂所包遣奠與庖人小宗伯喪祝喪祭為虞祔異也遣奠亦詳大史量人疏云奉猶送也者詳前疏云送之至墓告而藏之者大宰注云詔告也告謂告於柩藏之謂藏於椁旁椁內也

周禮正義卷五十六

周禮正義卷五十七

瑞安孫詒讓學

小司馬之職掌此下字脫滅札爛又闕漢與求之不得遂無識其數者疏注云此下字脫滅札爛又闕者字脫滅及札爛謂此職止存首尾二札而一札之中字復脫滅不具札闕謂此職中閒闕文甚多及下三職全闕說文木部云札牒也札即簡策賈聘禮疏引鄭論語序謂禮經之策長二尺四寸又鄭書注說一簡文三十字此經策札或當與彼同以下四職札並爛闕未知所闕幾札此職首僅存六字末存凡小祭祀以下二十一字皆歎於鄭所言一簡字數明其爲爛脫蓋字脫滅者由於札爛闕文多及全職闕者由於札闕故云札爛又闕賈疏謂言脫滅者直據職掌下一經脫滅札爛又闕者以其下經簡札爲韋編折爛闕落說殊未析云漢興求之不得遂無識其數者者賈疏云此闕與冬官所亡同日皆爲遭暴秦燔滅典籍漢興購求遺書不得也

凡小祭祀會同饗射師田喪紀掌其事如大司馬之灋疏凡小祭祀會同饗射師田喪紀者小祭祀即酒正之小祭肆師之小祀司服之羣小祀也賈疏云小祭祀以下至喪紀皆蒙小字對大司馬大祭祀之等小會同謂諸侯使卿大夫來聘王使卿大夫與之會同言饗射師田皆是諸侯卿大夫來聘王還使卿大夫與饗燕及射師田之等也小喪紀者三夫人已下案小會同當爲王官伯與諸侯會同賈謂卿大夫會同非也詳小祝疏小饗射者司服注云饗射饗食賓客與諸侯射也則此饗中當兼有食此饗射依賈說則爲侯國使臣來聘王臣與之爲饗射然小臣云小祭祀賓客饗食賓射掌事注云賓射與諸侯來朝者射賈彼疏謂對大射爲小

若然則王與諸侯射亦得爲小射不必王臣與聘臣射也小師田者小司寇注云小師王不自出之師蓋亦謂王命卿大夫率師征伐田則四時大田之外肄兵取獸之事皆王所不與者小喪紀賈謂三夫人以下據宰夫注義也今案亦當含王子弟內諸侯之喪互詳外饔大史疏云掌其事如大司馬之灋者賈疏云亦如大司馬羞魚牲授其祭之等也黃以周云大司馬職大會同則帥士庶子而掌其政令此職如大司馬之法謂如大司馬掌政令之法也疏以羞魚牲授其祭言誤案黃說是也

軍司馬闕

輿司馬闕

行司馬闕

疏軍司馬輿司馬行司馬者賈疏云軍司馬當宰夫肆師之等皆下大夫四人輿司馬當上士八人行司馬當中士十六人餘官皆無異稱此獨有之者以軍事是重故特生別名此等皆與上同闕落之

司勳掌六鄉賞地之灋以等其功賞地賞田也在遠郊之內屬六鄉焉等猶差也以功大小爲差

疏掌六鄉賞地之灋者計功之大小以爲授地之差司勳之官法也注云賞地賞田也在遠郊之內者據載師文彼先鄭注云賞田者賞賜之田是也云屬六鄉焉者釋經以賞地係六鄉也載師九等田雖在六鄉七萬五千家所授田之外以其分布遠郊以內與鄉里相連比亦附屬鄉邑鄉吏兼掌之左成七年傳楚子重請取於申呂以爲賞田申公巫臣曰此申呂所以邑也是以爲賦以御北方若取之是無申呂是凡賞田皆賜以田而不得有其邑與家邑異故六鄉之賞田可附屬鄉邑也云等猶差也者說文竹部云等齊簡也引申爲齊

等又引申之凡階級差次亦稱爲等雅廣釋詁云差次也云以功大小爲差者賈疏云以下文云輕重視功則賞地大小不定故知以功大小爲差

王功曰勳輔成王業若周公疏注云輔成王業若周公者賈疏云以其言王繼王身而言明據王之位業而說耳以周公攝政相幼君致太平還政成王是輔成王業之事故以周公託之

國功曰功保全國家若伊尹疏國功曰功者說文力部云功以勞定國也案許訓與下事功曰勞注義同散文得通也　注云保全國家若伊尹者賈疏云以其言國繼國而言故知是保全國家者也以伊尹比之者以湯時天下太平湯崩孫太甲即位不明政事伊尹爲數篇書以諫之諫既不入乃放之桐宮三年思庸復歸於亳國家得全故以伊尹擬之耳

民功曰庸法施於民若后稷疏民功曰庸者與大司徒以庸制祿義同　注云法施於民若后稷者祭法云法施於民則祀之下云厲山氏子曰農能殖百穀夏之衰也周棄繼之故祀以爲稷是也以后稷教民稼穡亦民功之事故舉以相擬

事功曰勞以勞定國若禹疏事功曰勞者說文力部云勞勮也　注云以勞定國若禹者祭法云以勞定國則祀之下又云禹能脩鯀之功是也

治功曰力制法成治若咎繇疏治功曰力者晏子春秋諫上篇齊景公曰昔吾先君桓公以管子爲有力邑狐與穀以共宗廟之鮮此以治功行賞稱力之證說文力部云治功曰力能圉大災疑本賈侍中說亦得備一義　注云制法成治若咎繇者賈疏云以其言治言力故知制法成治出其謀力案虞書帝謂咎繇曰蠻夷滑夏寇賊姦宄汝作士五刑有服是咎繇制其刑法國家治理故以咎繇擬之

戰功曰多克敵出奇若韓信陳平司馬法曰上多前虜疏戰功曰多者說文多部云多重也案多訓重而以爲戰功之名猶最訓積而以爲課最之名並取層絫無上之義書文侯之命云女多修

周書皇門篇云戎兵克慎軍用克多國語晉語云下邑之役董安于多管子八觀篇云功多爲上祿賞爲下則積勞之臣不務盡力又小問篇云昔者吳干戰未齔不得入軍門國子擿其齒遂入爲干國多並戰功曰多之證賈疏云此上六者皆對文爲義若散文則通是以春秋左氏云舍爵策勳彼戰還而飲至不云舍爵策多是通也 注云剋敵出奇若韓信陳平者剋卽勉之俗二人戰功詳史記漢書本傳引司馬法曰上多前虜者今司馬法無此文蓋在佚篇中說文毌部云虜獲也上多謂戰功高者爲上前虜謂虜獲多者居前賈疏謂以功多爲上居於陳前虜獲俘囚疑非

凡有功者銘書於王之大常祭於大烝司勳詔之銘之言名也生則書于王旗以識其人與其功也死則於烝先王祭之詔謂告其神以辭也殷庚告其卿大夫曰茲予大享于先王爾祖其從與享之是也今漢祭功臣於廟庭

疏凡有功者銘書於王之大常祭於大烝者於經例並當作于石經及各本並誤此皆旗功報祭之典也云司勳詔之者賈疏云以其司勳知功之有無大小故也詔之謂詔司常書之又以辭使春官告神案依注說則詔爲告春官依賈說則兼詔司常明經詔通含二事足補鄭義左昭四年傳杜洩說叔孫豹受王賜路事季孫爲司徒書名叔孫爲司馬與工正書服孟孫爲司空以書勳彼書勳爲司空而司馬不與者孔疏謂春秋諸侯法不與禮同是也 注云銘之言名也者祭統云銘者自名也釋名釋言語云銘名也記名其功也段玉裁云之言者言銘當爲名之假借也小祝置銘今書作名士喪禮今文銘皆爲名古二字通用周禮惟㮚氏銘字訓爲刻之詒讓案左襄十九年傳云夫銘天子令德諸侯言時計功大夫稱伐蔡邕集銘論云周禮司勳凡有大功者銘之太常所謂言時計功者也案蔡以左傳計功與此銘功文合故舉以證義非謂此經專據諸侯言也云生則書于王旗以識其

人與其功也者于注例當作於各本並誤大常爲王旌見巾車司常大司馬諸職大行人五等諸侯國皆曰建常則凡旌旗通得稱常故經特著王之大常以示別異士喪禮說銘旌云書銘于末曰某氏某之柩若然此銘功王旌疑亦當書於大常之斿云某子之旌其功於六功居何等亦得附書矣韓非子大體篇云故致至安之世雄駿不創壽於旗幢豪傑不著名於圖書不錄功於盤盂此銘書於大常即所謂創壽於旗幢也云死則於烝先王祭之者鄭蓋謂此大烝即大宗伯六享以烝冬享先王謂配享孟冬之時祭對大司馬中冬獻禽享烝爲大烝蓋宗廟爲大祀故四時常祭亦謂之大猶四時常田謂之大田也唐郊祀錄引馬融注云烝冬祭也臣有功德者則書其功於司馬爲主祭之鄭即本馬說羣書治要引此注亦云冬祭曰烝或即約馬義也依此經之義則時祭有四功臣配享惟有一祭書盤庚僞孔傳以大享爲烝嘗則謂秋祭亦配與此經不合孔疏謂禘祫亦配功臣又謂近代已來惟禘祫功臣配食時祭不及之隋書禮儀志梁何佟之議云祫於秋冬其禮尤大司勳列功臣有六皆祭於大烝知祫尤大乃及之也唐書禮儀志韋挺等議云周禮六功之官皆配大烝而已先儒皆取大烝爲祫祭高堂隆庾蔚之皆遵鄭學未有將爲時享詒讓案高堂隆庾蔚之何佟之等說皆以此大烝爲大祫非時享祭統孔疏亦謂禮功臣得預大祫並與此注義異攷王制有祫禘祫嘗祫烝續漢書祭祀志張純奏云祫以冬十月又唐禮儀志開元二十七年太常議亦云祫以秋冬是祫有在冬之說國語魯語云夏父弗忌爲宗烝將躋僖公韋注云此魯文公二年喪畢祫祭先君於太廟升羣廟之主序昭穆之時也經曰八月丁卯大事於太廟躋僖公是也凡祭秋曰嘗冬曰烝此八月而言烝用烝禮也凡四時之祭烝爲備傳曰大事者祫祭也案韋引傳者據公羊文二年傳文魯語下文又云商周之烝也未嘗躋湯與文武唯祫爲有昭穆合食之

典則國語之烝固當如韋說爲祫此卽高堂隆等所本劉歆亦據以證此大烝卽大祫其說不爲無徵祭統說成王賜魯以重祭云內祭則大嘗禘是也孔疏謂大嘗祫祭在秋大禘禘祭在夏此大烝與大嘗大禘文例亦正同則高堂隆劉歆之說義自得通但詩魯頌閟宮孔疏引鄭禘祫志說周禘以夏祫以秋且唯有大祫無時祫王制雖有祫烝而鄭彼注謂是殷制則鄭謂周祫不在冬可知祫祭在冬自是漢制見續漢志及後漢書張純傳此與功臣配祫並非鄭義而韋挺云遵鄭學殆未足信矣又魏書禮志載大和十三年高祖詔引鄭解禘云禘則增及百官配食者審諦而祭之案鄭諸經注及各書引禘祫志並無此義惟公羊文二年何注云禘所以異於祫者功臣皆祭也徐疏謂出禮記及春秋說文今無可攷豈魏主誤以何注爲鄭解乎然鄭謂周禘在夏則此大烝非禘可知淩曙又據詩商頌長發云實維阿衡王肅謂禘祭宗廟爲禘祭時功臣皆祭之證案淩說雖可通但長發詩敘云大禘也鄭箋以爲郊祭天則不謂爲宗廟之禘又月令孟冬令大飲烝鄭注以爲天子諸侯與羣臣飲酒於大學烝爲升俎不爲冬祭而玉燭寶典引月令章句謂卽此大烝淮南子時則訓高注亦以冬祭爲釋皆非鄭義也又案國語魯語說郊禘祖宗之外有報祭左傳昭八年孔疏引孔晁云每於歲之大烝而祭焉謂之報此謂大烝又有報祭遠祖之典攷詩周頌豐年敘云秋冬報也鄭箋云報者謂嘗也烝也孔似隱據彼義未知塙否云詔謂告其神以辭也者大宰注云詔告也謂敘其功爲辭詔大宗伯大祝告所祭功臣之神云殷庚告其卿大夫曰茲予大享于先王爾祖其從與享之是也者書盤庚篇文盤作般者隸釋載漢熹平石經同僞孔傳云古者天子錄功臣配食於廟大享烝嘗也賈疏云案彼書注以大享爲烝嘗者此舉冬祭物成者衆而言其嘗時亦祭之也或可周時直於烝時祭功臣殷時烝嘗俱祭禮異故也案此經無秋祭祭功臣之

文賈前說非也賈所引書注卽僞傳文故兼舉烝嘗與此注義近凡賈引諸經注亦不盡主鄭學蓋多沿襲六朝舊疏若用師疏引禹貢注亦據僞傳與鄭義迥異是其證也又孔疏云近代以來功臣配食各配所事之君若所事之君其廟已毀時祭不祭毀廟其君尚不時祭其臣固當止矣案周法當亦如孔說其大祖廟不毀則其功臣亦世世配食故呂氏春秋愼大覽云祖伊尹世世享商高注云享之盡商世是也云今漢祭功臣於廟庭者王氏漢制攷引漢舊儀云宗廟祭功臣四十人食堂下惟御僕滕公祭於廟門外塾通典吉禮引高堂隆議云祭祀之禮皆依生前尊卑之敍以爲位次功臣配食於先王象生時侍燕燕禮大夫以上皆升堂以下則位於庭使功臣配食於烝祭所以尊崇其德明其勳以勸嗣臣也議者欲從漢氏祭之於庭此爲貶損非寵異之謂也周志曰勇則害上不登於明堂言有勇而無義死不登堂而配食此卽配食之義位在堂之明審也下爲北面三公朝立之位耳燕則脫屨升堂不在庭也案周大烝功臣配食之位於經無攷高堂隆據燕禮謂當在堂上賈疏謂鄭引漢法欲見古時祭功臣在廟庭王聘珍云鄭引漢法者蓋謂漢亦祭功臣爾非謂古者祭功臣在庭也賈疏失之案鄭意當如王說惠士奇又據孔叢子論書篇云天子諸侯之臣生則有列於朝死則有位於廟其序一也謂有位於廟其位在庭又據祭法孔疏引禘祫問志云春祭蒼帝大皞食焉句芒祭之於庭彼五神配食五帝亦在庭爲證今案孔叢王肅僞撰雖不足據而五神配食在庭此例可通周法或當與漢同也

大功司勳藏其貳 貳猶副也功書藏於天府又副於此者以其主賞

疏 注云副猶貳也者小宰注義同云功書藏於天府者左昭十五年傳云有績而載杜注云功書於策司約掌邦國約劑亦有治功之約所謂功書也鄭以此職藏功書之貳其正籍經無所藏之文惟天府云凡官府鄉州及都鄙之治中受而藏

之大司寇邦之大盟約亦登于天府此功書卽治中約劑之類明亦當藏天府二官相與爲官聯也云又副於此者以其主賞者以此官掌賞地之法故副藏書功之籍爲賞延於世當案視審校之也

掌賞地之政令政令謂役賦疏注云政令謂役賦者賈疏云鄭以政爲征征稅也賞地在六鄉之內亦從溝洫貢子法其民亦從鄉之徭役之法詒讓案下云凡頒賞地參之一食則賞地賦雖入受地之家而亦其國賦左傳楚子重請申呂以爲賞田申公巫臣曰取之是無申呂者既爲賞田則賦入國者無多故不能成邑非謂全無國賦左傳所言與此經義不相迕也

凡賞無常輕重眡功無常者功之大小不可豫疏注云無常者功之大小不可豫者對三等采地及畿外封國皆眡爵爲地之大小有豫定之法也賈疏云賞地在遠郊之內有疆界未給者空之待有功乃隨功大小給之故云不可豫也

凡頒賞地參之一食鄭司農云不以美田爲采邑玄謂賞地之稅參分計稅王食其一也二全入於臣疏注鄭司農云不以美田爲采邑者賈疏云先鄭意以參之一食者謂以下地可食三之一似下地再易家得三頃歲種一頃食之故云不以美田爲采邑又以賞田與采邑爲一物後鄭不從者不以美田爲采邑亦無文以言之又案載師職家邑任稍地小都任縣地大都任疆地自三百里已外爲之其賞田任在遠郊之內何得爲一物故鄭不從也詒讓案先鄭以此賞地參之一食與大司馬令賦下地食者參之一同則以食屬受地之人而言其說自校後鄭爲長但此賞地參分受者食其一其不食者二分入於王下云唯加田無國正明賞地不食者參之二爲有國正非謂授以下地田百晦萊二百晦也先鄭云不以美田非經義云玄謂賞地之稅參分計稅王食其一也二全入於臣者賈疏云采地之稅四之一與小國入天子同今賞田三之一一分入天子與次國三之一入

天子同江永云食字大司徒大司馬及此官皆有之以大司馬上地食者參之二例之似以其有地而食其所有者爲順注謂王食其一恐不然案江說是也黃以周說同凡經言食者皆不謂王食互詳大司徒疏

唯加田無國正

加田既賞之又加賜以田所以厚恩也鄭司農云正謂稅也祿田亦有給公家之賦貢若今時侯國有司農少府錢穀矣獨加賞之田無正耳

疏唯加田無國正者釋文云正本亦作征案正征字通詳小宰疏此言加田則受者全食之與賞地食參之一異也賈疏云言無國正無稅入天子法其民出稅入主則有之但加田未知所在或可與賞田同處以其仕田在近郊加田在遠郊可知也注云加田既賞之又加賜以田所以厚恩也者說文力部云加語相增加也引申之凡增加並謂之加國語楚語韋注云加增也加田謂賞田之外增加而賜之田月令季秋收祿秩之不當注云恩所增加是也賈疏云以其文承賞田之下卽云加田故知賞田之外所加賜之田可知惠士奇云戰國策魏策魏公叔痤爲將與韓趙戰澮北禽樂祚魏王說以賞田百萬祿之公叔痤讓功於吳起巴寧爨襄於是索吳起之後賜田二十萬巴寧爨襄各十萬王曰公叔長者又與田四十萬加之百萬之上使百四十萬此司勳所謂加田案惠說是也國語晉語云官宰食加韋注云官宰家臣也加大夫之加田彼謂家臣所食於加田取之與此加田異也鄭司農云正謂稅也者司書注義同亦讀正爲征也司門注云正讀爲征征稅也此不云讀爲征者文略云祿田亦有給公家之賦貢若今時侯國有司農少府錢穀矣者賈疏云漢法穀入司農錢入少府故舉以爲況案賈說非也漢制經用錢穀並入司農續漢書職官志大司農卿中二千石掌諸錢穀金帛諸貨幣少府卿中二千石掌中服御諸物衣服寶貨珍膳之屬漢書百官公卿表顏注云大司農供軍國之用少府以養天子也是漢制司農掌經用少府掌天子私用非以錢

穀分入二官也漢侯國所食租稅蓋以戶爲限有餘錢穀則亦入官輸於大司農少府故鄭舉以爲況云獨加賞之田無正耳者對祿田等有征也賈疏云祿田卽采地之稅及賞田之等是也加田是加恩厚又不稅入天子凡大夫士賜地有四種大夫已上有采家邑任稍地之等是也又有賞田及加田載師又有仕田及王制圭田圭田卽仕田是有四種禮記王制云大夫士有田則祭無田則薦少牢特牲是大夫有田者是知士亦有田之法也案載師士田非圭田亦非大夫以上所受賈沿載師後鄭注之誤詳彼疏

馬質掌質馬馬量三物一曰戎馬二曰田馬三曰駑馬皆有物賈此三馬買以給官府之使無種也鄭司農云皆有物賈皆有物色及賈直【疏】掌質馬者敘官注云質平也主買馬平其大小之賈直案此官主公家買馬之事與質人掌成市之牛馬爲民閒買馬職異而事略同少儀云君將適他臣如致金玉貨貝於君則曰致馬資於有司馬資卽買馬之資財也　注云此三馬買以給官府之使無種也者於十二閑王馬之外別爲官買馬以共用與校人諸官爲官聯職掌亦互相備也無種謂非王馬所生臨用時向民閒買之故與校人六物不同周書糴匡篇有三牧蓋亦謂此賈疏云馬有六種此三者無種買以給官府餘三者仍有種馬齊馬道馬其種馬上善似母者其齊馬道馬雖非上善似母者亦容國家所蕃育不買之也鄭司農云皆有物賈皆有物色及賈直者雞人注云物毛色也謂三物之中復各辨其毛色若驪黃翰騵之類又差定其賈直之貴賤也

綱惡馬鄭司農云綱讀爲以亢其讎之亢書亦或爲亢亢御也玄謂綱以縻索維綱狎習之【疏】綱惡馬者以下禁也禁去惡馬不畜也養治須授之事並通王閑所畜及此官所買民馬言之亦與校人相贊也　注鄭司農云綱讀爲以亢其讎之亢者此易其字也以亢其

鏇左僖二十八年傳晉子犯語杜注云亢猶當也與先鄭訓略同云書亦或爲亢者徐養原云綱亢同音古或借亢爲綱云亢御也禁也者釋文云御本亦作禦小爾雅廣言云抗禦也司寤氏注云禦亦禁也謂遏止之亢抗御禦字並通亢御卽禁制之義云禁去惡馬不畜也者爲惡馬敗羣則禁御去之不畜於廄莊子徐無鬼篇牧馬童子告黃帝曰牧馬者去其害馬者卽此意云玄謂綱以縻索維綱狎習之者不從先鄭破字也說文系部云綱維紘繩也又云縻牛轡也廣雅釋詁云縻索也左傳僖四年孔疏云綱是維之大繩後鄭意惡馬不必去但以大索維縶制其悍劣之性久則串習而馴擾也

凡受馬於有司者書其齒毛與其賈

馬死則旬之內更旬之外入馬耳以其物更其外否 鄭司農云更謂償也玄謂旬之內死者償以齒毛與賈受之日淺養之惡也旬之外死入馬耳償以毛色不以齒賈任之過其任也其外否者旬之外踰二十日而死不任用非用者罪

疏 凡受馬於有司者者於經例當作于石經及各本並誤謂給百官府之役載及六軍之戎馬有司卽謂馬質也坊記孔疏引此文謂鄉遂出軍之馬亦國家所給其說甚是蓋鄉遂家賦一人出兵而不出車馬與都鄙丘甸出車馬異其馬蓋由官買以給鄉遂之家使於牧田共養之詩小雅出車云我出我車于彼牧矣毛傳云出車就馬於牧地明戰車之馬非十二閑所畜也其須養之法以乘法計之蓋一閭二十五家而給戎馬四匹一族百家則給戎馬十六匹一黨五百家則給戎馬八十匹一州二千五百家則給戎馬四百匹一鄉一萬二千五百家則給戎馬二千匹六鄉凡戎車三千乘戎馬一萬二千匹其大數也校人王馬戎馬唯有四百三十二匹不以給軍則六軍之馬皆馬質所給可知矣又案管子山國軌篇云梁渭陽瑣之牛馬滿衍請毆之顛齒量其高壯曰國爲師旅戰車毆

歛子之牛馬上無幣請以穀視市橫而庚子牛馬此侯國出軍官量買牛馬之證也　注鄭司農云更謂償也者司弓矢注義同廣雅釋
言云㪅償也㪅即更之正字穀梁襄三十年傳云更宋之所喪財也與此義同云玄謂旬之內死者償以齒毛與賈受之日淺養之惡也
者謂責其依所書齒毛賈直買馬以償官以其受之日淺而輒死或是養惡致然故所償重也云旬之外死入馬耳償以毛色不以齒賈
任之過其任也者此亦以毛色釋物也此謂雖亦責償但以所書毛色買以償官不更責其齒與賈直之相當以其受之日稍久因乘載
過任致死不關養惡故所償稍輕也江永云如謂但償馬之毛色則太輕或買他馬以償不以齒賈則又何必其同色此泥物字之義也
以其物更者以馬之皮骨肉所值之物價償不責其全償也案江說似較鄭為長若然入馬耳者蓋欲案驗死馬與所書毛色合否非責
其依毛色以償也巫馬云馬死則使其賈粥之入其布于校人是官馬死亦粥其皮骨等故受官馬者亦責其入皮骨等物之直蓋即以
布償也云其外否者旬之外踰二十日而死不任用非用者罪者此則不償馬亦不償布也賈疏云以其行使二十日以外馬力既竭雖
齊其任養之善容得致死故不償鄭見有三等之法下復云以任齊其行以意量之以為此解馬及行則以任齊其
行識其所載輕重及道里齊其勞逸乃復用之　疏　則以任齊其行者江永云謂以他重物載於車而調習之猶左傳云駕而乘材
也此謂將遠行之馬亦謂受馬於有司者故因上文及之其軍事物馬而須自有校人掌之　注云識其所載輕重及道里齊其勞逸乃
復用之者賈疏云以其經云馬及行明授行者所載輕重及道里須齊勞逸乃復用之不得并其勞逸也若有馬訟則聽
之訟謂賣買之言相負　疏　注云訟謂賣買之言相負者賈疏云以馬質主買馬故知之也詒讓案大司徒注云爭財曰訟鄭意蓋以

馬賣買相負而訟亦爭財之事故云馬訟此官既習辨馬之物色又知馬之賈直故使聽之此亦通公私賣買之訟言之民閒牛馬之賣償雖質人所掌而質人通掌市事不專主馬凡馬訟皆此官專聽其附於刑者則歸於士也

禁原蠶者原再也天文辰爲馬蠶書蠶爲龍精月直大火則浴其種是蠶與馬同氣物莫能兩大禁再蠶者爲傷馬與

疏注云原再也者爾雅釋詁文淮南子泰族訓云原蠶一歲再收非不利也然而王法禁之者爲其殘桑也許注亦云原再也案此卽今之二蠶齊民要術有夏秋蠶亦是也云天文辰爲馬者說文晶部云曟房星爲民田時者又辰部云辰房星天時也國語周語云辰馬農祥也韋注云辰馬謂房心星也心之所在大辰之次爲天駟駟馬也故曰辰馬爾雅釋天云天駟房也郭注云房爲天馬故房四星謂之天駟史記天官書索隱引詩氾歷樞云房爲天馬主車駕案辰卽房星爲馬祖詳校人疏引蠶書蠶爲龍精者蠶書漢書藝文志不著錄今無可攷云月直大火則浴其種者爾雅釋天云大辰房心尾也大火謂之大辰案大火卽房心尾於辰屬卯詳保章氏疏仲春卯月正直其次因以浴蠶種與辰馬相應也賈疏云月值大火謂二月則浴其種則內宰云仲春詔后帥外內命婦始蠶於北郊是也若然祭義云大昕之朝奉種浴於川注云大昕季春朔日之朝是建辰之月又浴之者蓋蠶將生重浴之故彼下文卽云桑於公桑之事是也案賈謂蠶種有中春季春兩浴說本熊安生詳內宰疏云是蠶與馬同氣者賈疏云以其俱取大火是同氣也惠士奇云海外北經有歐絲之野在大踵東一女子跪據樹歐絲卽荀子賦篇蠶賦所謂身女好而頭馬首者是爲蠶神與馬同形故與馬同氣云物莫能兩大者左莊二十二年傳文云禁再蠶者爲傷馬與者以二者同氣兩大必有一傷故禁再蠶以蕃馬也淮南王書以禁原蠶爲殘桑義亦通而與此官職掌無會非此經義也

量人掌建國之灋以分國爲九州營國城郭營后宮量市朝道巷門渠造都邑亦如之

建立也立國有舊法式若匠人職云分國定天下之國分也后君也言君容王與諸侯

【疏】掌建國之法者兼匠人建國營國之事亦量人之官法也賈疏云以其建國當先知遠近廣長之數故也云以分國爲九州者職方氏云辨九州之國此官掌量其畺域與彼爲官聯也賈疏云謂分諸侯之國爲九州九州各有疆界故詩云帝命式于九圍是州各有圍限也云營國城郭者匠人注云營謂丈尺其大小周書作雒篇云乃作大邑成周于土中立城方千六百二十丈郛方二十七里是也詳大宰疏賈疏云即匠人云營國方九里之類也云量市朝道巷門渠者賈疏云謂若匠人云市朝一夫經塗九軌巷及門渠亦有尺數謂若門容二轍三个之等詒讓案說文𨙨部云𨛜里中道也重文巷篆文從邑省經典通省作巷渠鄭賈並無釋掌固云樹渠賈彼疏謂渠上有樹則是溝渠矣王引之謂掌固渠當與據同即籬落也其說較賈爲長此渠亦當爲據凡城郭宮府皆有門以通出入亦皆有渠以資遮迾此官並量而爲之故經以門渠同舉矣渠詳掌固疏又案大射儀云司馬命量人量侯道與所設乏以貍步注云量人司馬之屬掌量道巷塗數者是凡量步之事並此官掌之王制云凡居民量地以制邑度地以居民大戴禮記千乘篇云量地度居居有城郭立朝市地以度邑邑以度民即此量人之事云造都邑亦如之者與封人縣師爲官聯也賈疏云謂造三等采邑亦有城郭宮室市朝之等故云如之但與之制度大小未必身往耳詒讓案造都邑當通采邑公邑言之周書作雒篇云千里分以百縣縣有四郡郡有四鄙大縣立城方王城三之一小縣立城方王城九之一此即王國及都邑城郭之里數也王城方千六百二十丈即方九里以此推之則大縣城方三里小縣城

方一里也左隱元年傳云先王之制大都不過參國之一中五之一小九之一孔疏云以王城方九里依此數計之則王城長五百四十雉其大都方三里長一百八十雉中都方一里又二百四十步長一百六十八雉也小都方一里長六十雉也案孔所推大小都城里數家邑三等采地正相當而作雉所謂大縣地方一同則當小司徒造與作雉大小縣亦正同但左傳大中小三等都似與此經大都小都都鄙之四都小縣疑卽鄙則當小司徒之一縣又不及中縣與此經及左傳文制皆不甚相合耳 注云建立也者天官敘官注同云立國有舊法式若匠人職云者賈疏云按匠人有營國言九里夏后氏世室及左祖右社面朝後市市朝一夫之等云分國定天下之國分也者謂分諸侯之國國各有所屬之州若穀梁桓五年傳說鄭屬冀州莊十四年傳說楚屬荊州等各於當州定其分域也云后君也者爾雅釋詁文賈疏云謂若典命注公之宮方九百步天子千二百步之類也知非王后之宮者以其不得先言后故以后爲君也王昭禹鄭鍔姜兆錫並以后宮爲卽王后之六宮曾釗亦云經先言后宮者以與國城郭俱言營故類及之而與下所云量者自分二科不可以爲先王朝也且明言后又安得以爲王乎雖經典亦多訓后爲君然周官初無是例案王鄭諸說是也云言君容王與諸侯者賈疏云以其言分國是諸侯若云王卽不容諸侯故變王云后欲容王與諸侯兩含故也案此亦鄭誤說賈曲爲申證失之

營軍之壘舍量其市朝州涂軍社之所里 軍壁曰壘鄭司農云量其市朝州涂還市朝而爲道也玄謂州一州之衆二千五百人爲師每師一處市也朝也州也皆有道以相之軍社社主在軍者里居也

疏 營軍之壘舍者軍所止之處則外周币爲壁壘又於壘中爲館舍尉繚子戰威篇云軍壘成而後舍是也惠士奇云通典引司馬法曰中壘六千尺積尺得四里以四壘四面乘之

一面得地三百步壘內有地三頃餘百八十步正門大將居之其數則量人之所量也云量其市朝州涂軍社之所里者釋文云涂本又
作塗阮元云塗俗字呂飛鵬云量人營軍壘倣匠人營國之制而爲之國中面朝後市故此亦有市朝國中有九經九緯之涂故此亦有
州涂國中左祖右社故此亦有軍社案呂說是也市卽謂軍市商子墾令篇云令軍市無有女子戰國策齊策云士聞戰則輸私財而富
軍市是也凡此並謂大師此官從而掌其營量之事周書大明武篇說戎事云城郭溝渠高厚是量卽量人所掌也　注云軍壁曰壘者
說文土部云壘軍壁也左文十二年傳請深壘固軍以待之孔疏云壘壁也軍營所處築土自衞謂之爲壘鄭司農云量其市朝州涂還
市朝而爲道也者惠士奇云還與環通包愼言云先鄭意州與周義同故云還市朝而爲道也說文水中可居曰州周繞其旁是州字本
取周繞爲義此可證成先鄭說劉昌宗讀還戶串反亦取還繞之義後鄭別釋州字取一州二千五百人爲說破先鄭釋州爲周之說也
賈疏謂先鄭不釋州義似未核案惠包說是也先鄭意此周涂與匠人環涂地異而義略同墨子備城門篇云城下州道內百步一積藉
彼州亦讀爲周州道猶州涂也云玄謂州一州之衆二千五百人爲師每師一處市也朝也州也皆有道以相之者後鄭謂此州取大司
徒五黨之州爲義破先鄭說也賈疏云後鄭以一州則一師每一師各自一處各立市朝州卽師也師皆有道以相湊之若然未必環繞
爲路也呂飛鵬云案疏云師皆有道以相湊之疑注中相下奪湊字案呂說近是但後鄭以一州出一師一師爲一道說殊迂曲似不若
先鄭說之允也云軍社社主在軍者詳小宗伯疏云里居也者載師注同賈疏云所居皆有步數故職在量人邦國之地與
天下之涂數皆書而藏之書地謂方圜山川之廣狹書涂謂支湊之遠近【疏】注云書地謂方圜山川之廣狹

者地有形勢方圜又有山川廣狹步里之數皆書於圖也云書涂謂支湊之遠近者支與枝同謂涂徑岐別湊者說文水部云湊水上人所會也廣雅釋詁云湊聚也謂如王畿郊野都鄙侯國諸經涂緯涂環涂野涂以及野田五涂之等凡彼此湊會之道亦各書其步里遠近於圖也**凡祭祀饗賓制其從獻脯燔之數量**鄭司農云從獻者肉殽從酒也玄謂燔從於獻酒之肉炙也數多少也量長短也【疏】凡祭祀饗賓制其從獻脯燔之數量者說文刀部云制裁也賈疏云凡者以其天地宗廟饗食事廣故云凡以該之饗賓謂若大行人上公三饗九獻之等饗賓獻有脯從若燕禮獻賓爲脯醢是也祭禮獻以燔從故揔言之也　注鄭司農云從獻者肉殽從酒也者詩大雅賓之初筵鄭箋云凡非穀而食之曰殽肉殽通含脯燔言之與小子羊殽義別先鄭說與後鄭同賈疏謂後鄭不從先鄭義非從酒者從獻酒而薦設之詩小雅楚茨云祭以清酒從以騂牡孔疏云言從獻者既獻酒卽以此燔肉從之而置之在俎也云玄謂燔從於獻酒之肉炙也者脯先鄭義也說文火部云燔爇也又炙部云鐇宗廟火孰肉案鐇正字燔叚借字鬱人注引此經燔作鐇左傳僖公釋文云膰周禮又作燔字今檢大宗伯脤膰字作燔此職作燔皆不爲鐇字疑舊本此職經賓作鐇故左傳釋文有周禮作鐇之語然本職釋文又不出鐇字所未詳也賈疏云案特牲少牢二云主人獻尸以肝從主婦獻尸以燔從故後鄭據此以爲從獻以燔詩云載燔載烈毛云傅火曰燔貫之加於火曰烈燔雖不貫亦是炙肉故鄭云炙肉也詒讓案禮運云醴醆以獻薦其燔炙此卽從獻之燔也彼注云燔加於火上炙貫之火上是炙卽毛詩生民傳所云貫之加於火曰烈與燔本小異故詩楚茨或燔或炙鄭箋云燔燔肉也炙肝炙也皆從獻之俎也又行葦箋云燔用肉炙用肝並以燔炙別訓楚茨孔疏云燔者火燒之名炙者遠火之稱以難孰者

近火易熟者遠之故肝炙而肉燔也案孔述鄭義尤明析近火亦與詩生民傳傳火之義正合然散文則燔炙二者同爲火孰肉物義得互通故少儀注云燔炙也攷祭禮從獻有炙肉又有炙肝特牲饋食禮主人醑尸賓長以肝從注云肝肝炙也又主婦亞獻尸兄弟長以燔從注云燔炙肉也此疏述注肉炙作炙肉惠棟校本從之竊謂此注云肉炙與特牲注訓燔爲炙肉不同禮運孔疏據特牲推諸侯禮謂君薦用炙夫人薦用燔則此王禮王與后交獻當亦炙燔兩有此經止舉燔以晐肝炙注則兼炙肉及肝炙爲釋故到文見義言肉以見燔爲三牲之肉言炙以見兼有肝與楚茨行葦箋以炙專屬肝炙意正同賈述注作炙肉雖與特牲注合然實非元文也惠士奇云獻必有從謂之從獻祭祀之從獻有肝燔饗賓之從獻有脯醢天子諸侯之祭禮亡以特牲饋食言之主人獻尸以肝從獻祝亦以肝從主婦亞獻尸以燔從亞獻祝亦以燔從賓三獻燔從如初主婦致爵于主人肝從燔從如初主人致爵于主婦從獻皆如初尸酢賓長賓長獻祝及致爵于主人主婦燔從亦如初而無肝從則禮殺於初矣獻賓及衆賓獻長兄弟衆兄弟及內兄弟雖無肝燔兩從而有薦俎薦俎亦謂之從無從者加爵加爵非獻也故無從則凡獻皆有從也蓋從獻肝爲貴燔次之上大夫賓尸惟羞羊燔與豕燔而已無肝也賓尸禮殺於正祭故無肝從則從獻尤以肝爲貴也饗賓從獻則天子之饗禮亡今存者諸侯之燕禮饗終乃燕燕之初立而行禮則饗存焉饗禮獻有從旅無從然當其獻卿也設席乃薦之及其獻大夫也則既獻乃布席薦之既燕而獻士畢乃薦士亦各就其位薦之故皆曰從獻案惠說甚覈祭禮從獻以肝燔士虞特牲少牢有司徹四篇具有明文飲食禮從獻以脯醢則禮經謂之薦其爲從酒則一故此經通云從獻脯醢矣云數多少也量長短也者敘官注云量猶度也故長短亦謂之量賈疏云按儀禮脯十脡各長尺二寸是多少長短

膴之數量未聞惠士奇云鄉射記所謂膴五膱膱長尺二寸似非定數必有等差曲禮膴曰尹祭士虞記折俎二尹縮祭半尹鄉射記祭半膱橫于上半膱猶半尹

掌喪祭奠竁之俎實竁亦有俎實謂所包遺奠士喪禮下篇曰藏苞筲於旁

疏掌喪祭奠竁之俎實者賈疏云諸於喪祭多據虞祭而言此喪祭文連奠竁竁是壙內故鄭以喪祭爲大遺奠解之是以大司馬喪祭亦爲遺奠也案賈說是也喪祭詳大司馬疏竁詳小宗伯疏 注云竁亦有俎實謂所包遺奠者既夕禮徹大遺奠後鄭云苞牲取下體鄭彼注云苞者象既饗而歸賓俎者也取下體者脛骨象行又俎實之終始也是包遺奠即俎實也包與苞同又雜記云既遺而包其餘字亦作包賈疏云按冢人云請度甫竁竁穿壙之名此言奠竁則奠入於壙是以云所包遺奠也案遺奠詳小祝大史疏引士喪禮下篇曰藏苞筲於旁者即既夕篇文苞即謂苞大遺奠之俎實也彼注云苞所以裹羊豕之肉筲畚種類也既夕記又云葦苞菅筲則苞筲以葦菅爲之賈疏云苞謂包牲取下體二者也藏筲者即既夕禮云筲三黍稷麥並藏之於棺旁引之者證喪祭奠入壙之事也

凡宰祭與鬱人受斝歷而皆飲之言宰祭者冢宰佐王祭亦容攝祭鄭司農云斝讀如嫁娶之嫁斝器名明堂位曰爵夏后氏以琖殷以斝周以爵玄謂斝讀如嘏尸之嘏宰冢宰

疏凡宰祭者賈疏云冢宰攝祭非一故云凡也云與鬱人受斝歷而皆飲之者此與鬱人爲官聯也陸佃鄭鍔並以斝歷爲舉斝之餘瀝李鍾倫姜兆錫孫希旦蔣載康莊有可林喬蔭黃以周說並同俞樾云楚辭大招篇曰吳醴白糱和楚瀝只王逸注曰瀝清酒也廣雅釋器亦曰瀝酒也受斝瀝而皆飲之者謂量人與鬱人受卒爵之酒而皆飲之也因叚歷爲瀝遂失其義耳案陸鄭俞諸說是也說文水部云瀝漉也瀝同聲叚借字又說文酉部云醽酮也段玉裁謂即此

歷字亦通列女傳辯通篇云禱祠九江三淮之神供具備禮御釐受福不勝巫祝杯酌餘瀝是祭畢飲瀝亦御釐受福之意也賈疏謂鬱人與量人歷皆飲之誤　注云言宰祭者冢宰佐王祭亦容攝祭者賈疏云義得兩含按大宗伯云若王不與祭祀則攝位注云王有故代行其祭事重掌者此據宗伯亦有故則冢宰攝之詁讓案此官受斝歷即文王世子上嗣受爵之餘天子禮當太子舉奠斝也竊疑王或未有太子或太子幼未能行禮則以大宰攝舉斝故經云宰祭蓋欲晐常變鬱人職不言宰祭則自據常禮此經與彼互相備也李鍾倫云言宰祭者冢宰贊王爵鬱人毖人所言受者皆謂受之於冢宰也案李說亦通鄭司農云斝讀如嫁娶之嫁者段玉裁云先鄭如字而擬其音故云讀如嫁詁讓案司尊彝斝彝先鄭注云斝讀爲稼稼彝畫禾稼也彼破斝爲稼此不破字而讀如嫁者先鄭意彼斝彝爲尊此斝爲爵二器不同故說亦異也云斝器名者明堂位注云斝畫禾稼也毛詩大雅行葦洗爵奠斝傳云斝爵也左昭七年傳賂以瑤甕玉櫝斝耳杜注云斝耳玉爵說文斗部云斝玉爵从斗冂象形與爵同意或說斝六升案斝爵有兩耳蓋與爵有兩柱略同受六升者即灌尊則無耳與此斝爵異詳司尊彝疏引明堂位曰爵夏后氏以琖殷以斝周以爵者證此斝爲爵與灌尊斝彝異也釋文云琖劉本作湔案禮記作琖不作湔禮運作醆斝琖湔音並相近又案先鄭讀斝如字蓋隱據郊特牲舉斝角之文以與鬱人受舉斝之文正相應也王安石陸佃王昭禹亦並據彼經爲釋今攷郊特牲云舉斝角詔妥尸後鄭彼注云尸始入舉奠斝若奠角將祭之祝則詔主人拜妥尸使之坐天子奠斝諸侯奠角孔疏云斝角爵名也天子曰斝諸侯曰角若依此則饋食薦孰之時尸未入祝先奠爵于鉶南尸入即席而舉之如特牲禮陰厭後尸入舉奠焉也但云舉斝角恐非周禮耳崔云是周也禮運疏又引崔氏據郊特牲說大祫云至薦孰之時陳

於堂故禮器云設饌於堂乃後延主入室徙堂上之饌於室內坐前祝以斝爵酌奠於饌南旣奠之後乃迎尸入室舉此奠斝主人拜以妥尸詩小雅賓之初筵孔疏說同案禮記疏兩引崔說並謂周天子祭禮有舉斝先鄭意當與崔同黃以周申先鄭說云朝踐堂事畢尸乃入室於是有舉斝詔妥之事尸所舉之斝蓋直祭之祝酌奠也鬱人所受之斝卽詔妥之斝故曰舉斝量人制從獻之脯燔卽特牲饋食禮所謂主人獻尸賓長以肝從主婦獻尸兄弟長以燔從其事在酳尸之後則其與鬱人受飲自當在尸將出爵行之時故曰卒爵曰斝歷尸初入室舉斝祭之啐之禮畢將出爵行於下是卒爵矣受而飲其餘瀝所以重神惠也案黃說近是蓋尸舉斝雖在饋食之前尸初入室時而卒爵則自指酳尸畢獻之後先鄭不破字義自通也互詳鬯人疏又案依先鄭讀則王獻之玉爵亦可稱斝蓋斝之與爵雖有殷周之異而散文得通故郊特牲舉斝角崔靈恩亦以爲周禮賈疏以周獻用玉爵無用斝非也玉爵亦稱斝詳大宰疏云玄謂斝讀如嘏尸之嘏者此破先鄭讀謂受飲斝歷當在七獻之後王受嘏卒爵時也鬱人注云斝受福之嘏聲之誤也段玉裁改讀如爲讀爲云後鄭易字而說其義故云讀爲嘏也今本作讀如嘏誤鬱人注云聲之誤說不同而改字同嘏尸當作尸嘏主人四字阮元云鬱人注云王酳尸尸嘏王此其卒爵也此注嘏尸亦當作尸嘏案讀如當從段校作讀爲此與鬱人注皆破字不徒擬其音也嘏尸當從阮校乙作尸嘏文誤到也釋文以之嘏發音而不出嘏尸疑陸本亦作尸嘏校者見其與今本不合遂改尸爲之以牽就之耳斝嘏聲類同詳鬱人疏云宰冢宰者此三字當在玄謂上蓋亦先鄭說也與後鄭義同故并引之今本移著此則爲後鄭說案上旣云言宰祭者冢宰佐王祭而又出此注於義爲贅其誤明矣

小子掌祭祀羞羊肆羊殽肉豆鄭司農云羞進也羊肆體薦全烝也羊殽體解節折也肉豆者切肉也玄謂肆讀爲鬄羊鬄者所謂豚解也

疏 掌祭祀羞羊肆羊殽肉豆者羊肆羊殽俎實也肉豆豆實也謂四時正祭祀此官專掌進羊牲之肆殽等與羊人爲官聯別於下文刉珥等小事則通用六牲不專用羊也　注鄭司農云羞進也者膳夫先鄭注同云羊肆體薦全烝也者謂體薦全烝二者皆謂之肆也大司徒先鄭注云肆陳骨體也左宣十六年傳云王享有體薦杜注云享則半解其體而薦之孔疏云薦其半體亦謂之房烝國語周語亦云禘郊之事則有全烝王公立飫則有房烝韋注云全烝全其牲體而升之房大俎也謂半解其體升之房也綜校二文是左傳之體薦當周語之房烝故詩魯頌閟宮籩豆大房毛傳云大房半體之俎也然則體薦者半解而胖升全烝者全升而不解二者不同先鄭蓋謂二者並是陳骨體故通得肆名矣賈疏云既不爲豚解則先鄭讀爲肆陳之肆又爲鬄音也先鄭爲體薦全烝後鄭不從者以此經祭用羊是用大牢爲宗廟之祭非祭天按外傳云禘郊之事則有全烝王公立飫則有房烝是以知宗廟之祭不得全烝也是故禮運云腥其俎孰其殽注云腥其俎豚解而腥之孰其殽體解而爛之又云退而合亨體其犬豕牛羊是祭宗廟不得有全烝也案賈說是也以國語注義攷之則體薦是肆而全烝不解不可以言肆大司徒祀五帝奉牛牲羞其肆享先王亦如之大宗伯六享亦以肆獻祼爲首而廟享不得有全烝則先鄭釋肆兼及全烝非也云羊殽體解節折也者說文肉部云肴啖也殽即肴之借字曲禮後鄭注云殽骨體也孔疏云熟肉帶骨而臠曰殽左宣十六年傳晉侯使士會平王室定王享之殽烝武子私問其故王曰宴有折俎杜注云烝升也升殽於俎折俎體解節折升之於俎周語亦說其事云親戚宴饗則有殽烝又云體解節折而共飲食之於是乎

有折俎加豆韋注云殽烝升體解節折之俎也謂之折俎先鄭蓋卽本國語殽烝爲釋其說亦當與韋杜同後鄭釋禮運之孰其殽亦以體解解爲說蓋同先鄭義故此亦不破也黃以周云祭天用全牲故曰全烝房烝者半解其體分爲左右胖豚解剔其肩髀爲四兩脅一脊分爲七體體解卽是骨折故亦名折俎則九體十一體二十一體是也案黃說是也今以禮經春秋內外傳及韋杜賈諸說參互攷之脀解之法蓋有五而實止四等一曰全烝全而薦之則不解者也凡禘郊用犢又薦血故有全烝若成牲及薦腥孰則未有不解者不解故謂之全若豚解以上皆不得謂之全矣二曰房烝謂之體薦中分左右二體而升其胖於俎也凡禮經唯豚有合升法其成牲解肆則皆不解餘體故毛詩傳謂之半體周語韋注謂之半解皆謂左右半分胖升吉禮升右胖凶禮升左胖皆仍解其體薦之而房烝則胖升而不再解肆而詩閟宮孔疏謂士昏禮豚合升卽房烝不知彼自是豚解七體合升者謂不胖升耳非止解爲二體與房烝實迥異也三曰豚解解前後肱股四脊一脅二爲七體也凡牲之腥者必先半解後豚解故祭祀薦腥者卽以豚解脀之俎亦或卽以半解之腥體爲脀故閟宮說魯祭禮有房烝與王饗禮同賈公食大夫禮疏遂誤謂體薦卽豚解實則豚解與房烝雖同屬薦腥之節隆殺相等而解法則異也四曰體解節折謂之折俎亦謂之殽烝於七體中復解前後左右肱股脊左右脅各爲三體則解爲二十一體也凡牲之爓孰者必體解士冠醮辭之肴升折俎卽殽烝折俎也周語以體解節折連言鄭釋鄉飲鄉射禮之折俎亦云枝解節折枝解猶體解也賈士冠禮疏謂節折卽體解然則節折與禮經之骨折不同也五曰骨折謂於二十一體之中更折之爲多骨若特牲饋食記正脊二骨脡脊二骨長脅二骨及少儀牛左肩臂臑折九箇之類則解之不成體者也通而言之骨折亦得稱殽烝特牲記主婦佐食俎皆云觳折又云長兄

弟及宗人折此所謂骨折也又云衆賓及衆兄弟內賓宗婦若有公
有司私臣皆殽脀彼注云此所折骨直破折餘體可殽者升之凡骨
有肉曰殽依彼經注則殽烝又骨折之尤略者其爲不成體則一也
然則殽烝者上體二十一體下體不成體之通名先鄭以體解節折
釋此羊殽蓋專據周語其說自當也云肉豆者切肉也者謂若膷臐
膮炙胾膾之屬切肉之盛於豆者與骨體盛於俎別故謂之肉豆曲
禮云左殽右胾注云殽骨體也胾切肉也殽在俎胾在豆又云膾炙
皆在豆江永云肉豆庶羞也特牲少牢尸食舉之時佐食羞庶羞四
豆於左尸食之又云庶羞小子設之案江說是也凡祭祀有內羞有
庶羞內羞穀物天官世婦薦之庶羞肉物此官薦之有司徹說下大
夫不賓尸之禮宰夫羞內羞司士羞庶羞宰夫與世婦同天官之屬
司士與小子同夏官之屬足相比例也詩小雅楚茨孔疏謂內羞庶
羞並世婦薦攷之未審云玄謂肆讀爲鬄鬄者段玉裁云先鄭如字後
鄭易字士喪禮云特豚四鬄去蹄今文鬄作剔然則古文作鬄爲假
借字說文無剔字亦從古文也玉裁謂鬄當作⿰鬄刂從刀鬄聲古肆與
四音同在脂微齊皆灰部鬄⿰鬄刂同在支佳部鄭君以四鬄釋羊肆可
不改字也案段說甚析說文髟部云鬄髲也⿰鬄刂鬀也肆解字當從⿰鬄刂
但經典多借鬄爲⿰鬄刂故後鄭卽據以發讀耳云羊鬄者所謂豚解也
者賈疏云士虞禮記云主人不視豚解豚解之法則士喪禮特豚四
鬄去蹄謂四段解之殊肩髀解如解豚故名豚解若然大夫士祭自饋
孰始故正祭卽體解爲二十一體喪事略則有豚解解其天子諸侯之
祭有腥有爓有孰故初朝踐有豚解而腥之饋獻則有體解而爓之
醋尸乃有孰與大夫士不同也詒讓案士冠士昏士喪皆用特豚豚
則四鬄爲正法其成牲則初殺時亦四鬄解之謂之豚解旣夕禮注
云豚解解之如解豚亦前肩後肫脊脅而已士虞記注云豚解解前
後脛脊脅而已熟乃體解升於鼎也是豚解雖四段解之實則有七

體也又依大宗伯注義則體解亦謂之肆此經羊殽與羊肆別文殽旣爲體解則肆內不得兩兼故鄭專舉豚解爲釋也互詳大司徒疏又案薦爓當九獻何節經注並無文賈謂當饋獻時則不塙詳司尊彝疏

而掌珥于社稷祈于五祀故書祀作禩鄭司農云禩讀爲祀書亦或爲祀珥社稷以牲頭祭也玄謂珥讀爲衈祈或爲刉刉珥者釁禮之事也用毛牲曰刉羽牲曰衈衈刉社稷五祀謂始成其宮兆時也春官肆師職祈或作畿秋官士師職曰凡刉衈則奉犬牲此刉衈正字與

[疏]而掌珥于社稷者以下並敘官注所謂主祭祀之小事故雜用尨牲不定用羊也云祈于五祀者即大宗伯地示之五祀謂五行之神兆也詳彼疏 注云故書祀作禩鄭司農云禩讀爲祀書亦或爲祀者大宗伯五祀注義同祀正字禩或字故先鄭從祀云珥社稷以牲頭祭也者先鄭蓋以此珥字與山虞致禽而珥之珥義略同割取牲頭以祭猶彼割取左耳也又公羊僖二十一年徐疏引李巡爾雅注云祭風以牲頭蹏及皮破之以祭故曰磔然則以牲頭或磔禳之一法與後鄭以祭社稷無用牲頭法故不從賈疏謂漢時祈禱有牲頭祭亦無據云玄謂珥讀爲衈者後鄭據雜記正其字也肆師注義同云祈或爲刉者謂經本祈或有作刉者與士師同乃其正字也云刉衈者釁禮之事也者破先鄭義肆師注義同云用毛牲曰刉羽牲曰衈者士師注義同肆師祈珥鄭讀爲禨衈引雜記釁廟用羊謂禨爲羊血與此云用毛牲曰刉字異而義亦同惠士奇云雜記釁廟用羊及雞封于屋中衈于屋下康成謂衈封割牲以釁先滅耳旁毛薦之耳主聽告神欲其聽之祭義毛牛尚耳鸞刀以封此所謂耳旁毛取以告神與血並薦是爲衈康成見雜記用雞遂云羽牲曰珥非也穀梁叩其鼻以衈社豈羽牲乎衈一作聃山海經東山經曰祠毛用一犬祈聃用一魚中山經曰刉一牝羊獻血注云以血祭也刉猶封也又曰祠毛用一雄雞一牝豚刉

注云刏亦割刺之名然則雞豚皆曰刏康成謂毛牲曰刏亦非也黄以周云刏字从刀義取割牲說文訓斷廣雅訓刺山海經郭注訓刲皆其證衈字从血義取涂釁穀梁叩鼻衈社范注云衈釁也取鼻血以釁社器山海經字又作聃郭注云聃以血涂祭皆其證刏衈者割牲血以涂乃釁禮之別名也經傳或言刏或言衈或言刏衈單文連文義得兩通襍記于羊言刲于雞言衈小子職于社稷言珥于五祀言祈皆屬互文非對文案惠黄說是也鄭云毛牲者謂犬羊豭豚之屬羽牲者謂雞也然大宗伯祭地亓社稷與五祀同用血祭而社稷先于五祀何以五祀用毛牲社稷反用羽牲乎羊人祈珥共羊牲犬人幾珥用駹士師刏珥奉犬牲彼皆用毛牲而兼云珥明珥不專屬羽牲也山海經之聃用魚則又毛羽兩無足徵其非達詁矣依鄭雜記注義則衈爲先薦耳旁毛而後刲割牲以釁蓋因衈於文從耳而祭義又有毛牛尚耳之文故其說如是然此注及肆師士師司約犬人諸注咸無是義至分刏屬毛牲衈屬羽牲則與薦毛之義尤遠若然雜記注義鄭釋此經已不依用不必援彼補此強相傅合也竊謂祭義所云乃大祭祀薦血毛之禮釁禮至輕恐未必有是法而衈字因聲求詁似當與男巫招弭字相近亦未必取耳毛爲義則雜記注說殆未足馮也互詳肆師疏又案廣韻七志引周禮注云割牲耳血及毛祭以爲刏衈此正與雜記注義略同此經杜及二鄭注並無是義或據馬干諸家說與又管子形勢篇云山高而不崩則祈羊至矣宋本尹注云耳羊以祭故曰祈羊彼注蓋亦讀祈羊爲山海經刏羊之刏其云耳羊者耳疑衈之誤尹說似又牽傅雜記注衈字說解以釋刏字則尤失鄭恉矣云衈刏社稷五祀謂始成其宮兆時也者賈疏云凡物須釁者皆謂始成時是以雜記云廟成則釁之時是也詒讓案始成宮兆者五祀兆於四郊大社大稷在路門外王社王稷在南郊藉田之中皆爲壇壝宮也鄭雜記注云廟新成必釁之尊而神

之也故社稷五祀宮兆新成亦必釁以神之大司馬大師釁主則惟釁社主不及宮兆且不在始成時與此異也二云春官肆師職祈或作禨者彼注二云故書祈爲幾此作禨者蓋又一別本幾禨聲類同惠士奇謂幾即說文禨字之省黃以周謂此禨蓋禨之誤亦通二云秋官士師職曰凡刉衈則奉犬牲此刉衈正字與者此鄭自著其攷定之例也全經刉衈字異同錯出肆師故書及犬人並作幾此職及肆師羊人並作祈注引肆師或本又作禨皆聲近通借字犬人先鄭讀爲庪則別爲一義惟士師作刉爲本字後鄭參定諸文從彼爲正其士師衈字經仍作珥注讀爲衈此注依所讀字引之綜校鄭義蓋刉爲封割衈爲涂釁而皆用牲血則與血祭相類說文刀部云刉劃傷也一曰斷也血部二云禨以血有所刉涂祭也許以禨爲刉衈正字與鄭字例小異義亦略同也

凡沈辜侯禳飾其牲鄭司農云沈謂祭川爾雅曰祭川曰浮沈辜謂磔牲以祭也月令曰九門磔禳以畢春氣侯禳者侯四時惡氣禳去之也

疏凡沈辜侯禳飾其牲者封人注云飾謂刷治絜清之也牲亦通六牲言之注鄭司農二云沈謂祭川者大宗伯云以貍沈祭山林川澤後鄭注二云川澤曰沈是也引爾雅曰祭川曰浮沈者釋天文郭注二云投祭水中或浮或沈犬人沈辜先鄭注亦引爾雅爲釋賈疏云此浮沈之祭當祭天之煙祭社之血亦謂歆神節二云辜謂磔牲以祭也者大宗伯以疈辜祭四方百物先鄭注二云披磔牲以祭與此注同詳彼疏引月令曰九門磔禳以畢春氣者今本月令禳作攘彼釋文作禳與此注同鄭彼注云磔牲以禳於四方之神所以畢止其災也又云天子九門者路門也應門也雉門也庫門也皐門也城門也近郊門也遠郊門也關門也此引以證辜是磔牲祭之事二云侯禳者侯四時惡氣禳去之也者小祝將事侯禳禱祠之祝號注二云侯之言候也候嘉慶禳禳卻凶咎是後鄭以侯禳爲二祭先鄭此注則以侯禳爲一祭與小祝注不同

後鄭不破之者或亦得爲一義也釁邦器及軍器邦器謂禮樂之器及祭器之屬雜記曰凡宗廟之器其名者成則釁
之以猳豚疏釁邦器及軍器者大司馬云若大師帥執事涖釁主及軍器注云軍器鼓鐸之屬此官釁軍器亦同 注云邦器謂禮樂
之器及祭器之屬者賈疏云鄭以軍器別言即云邦器者是禮樂之器也鄭云禮器者即射器之等樂器即鍾鼓之等祭器即籩豆俎簋
尊彝器皆是引雜記曰凡宗廟之器其名者成則釁之以猳豚者證祭器等有釁法鄭彼注云宗廟名器謂尊彝之屬凡師田
斬牲以左右徇陳示犯誓必殺之疏凡師田斬牲以左右徇陳者軍旅田獵並有誓衆此官則掌斬牲以徇衆也徇
徇之俗詳大司馬疏 注云示犯誓必殺之者大司馬大閱之禮云羣吏聽誓于陳前斬牲以左右徇陳曰不用命者斬之示衆有違犯
誓命者斬之如此牲也祭祀贊羞受徹焉疏祭祀贊羞者賈疏云謂若上文大司馬職云祭祀羞魚牲之等此官
即贊之云受徹焉者謂膳夫徹王之胙俎內小臣徹后之俎九嬪外宗贊后徹豆籩大宗伯王后不與則攝徹豆籩皆此官受之也賈疏
云謂祭畢諸宰君婦廢徹之時則此官受之
羊人掌羊牲凡祭祀飾羔羔小羊也詩曰四之日其蚤獻羔祭韭疏掌羊牲者與牛人雞人犬人爲官聯
也云凡祭祀飾羔者飾義與封人同大戴禮記諸侯釁廟篇雍人拭羊盧注云拭挩雜記鄭注云拭靜也案飾即拭也曲禮云飾羔鴈者
以繢與此義異封人祭祀飾牛牲不云飾犢此祭祀飾羔不云飾羊牲並互文以見義明牲羔兼飾之也 注云羔小羊也者大宗伯注
同大戴禮記夏小正傳云羔羊腹時也羔小未成羊故不得謂之牲凡牲之未成者羊曰羔牛曰犢豕曰豚引詩曰四之日其蚤獻羔祭

非者豳風七月文此謂中春開冰獻羔祭司寒凡祭寒暑皆有用羔詳淩人篇章疏賈疏云凡正祭皆用成牲今言祭祀飾羔則非正祭用羔是以鄭引詩爲證詒讓案王制說薦云大夫以上用羔孔疏謂包天子則此祭祀當亦含宗廟薦新言之

祭祀割羊牲登其首登升也升首報陽也升首于室疏割羊牲者司士注云割牲制體也　注云登升也者小爾雅廣言文云升首報陽也升首于室者于注例當作於各本並誤郊特牲云用牲於庭升首於室又云升首報陽也鄭彼注云制祭之後升牲首於北牖下尊首尚氣也案此割羊牲即用牲於庭時也朝踐之時君親制祭次乃升首於室中賈疏云報陽者首爲陽對足爲陰祭祀之時三牲之首俱升此特言羊者以其羊人不升餘牲〔一〕

凡祈珥共其羊牲共猶給也疏凡祈珥共其羊牲者祈珥亦當讀爲刉衈詳小子注共羊牲即雜記釁廟用羊之等是也　注云共猶給也者說文人部云供設也一曰供給共即供之借字爾雅釋詁云共具也

賓客共其灋羊法羊餼饔積膳之羊疏注云法羊餼饔積膳之羊者法舊本作灋非今依注疏本正凡注例用今字作法詳大宰疏餼饔釋文作食饗云本又作餼饔案此猶牛人云共其牢禮積膳之牛注云牢禮餼饔也陸本作食饗非宰夫云凡賓客以牢禮之灋掌其牢禮委積膳獻飲食賓賜之飧牽此法羊即謂共賓客之羊著於牢禮之法者也賈疏云鄭知法羊是爲此等者以其言法即是依法度多少送於賓館及道路是以掌客致於賓館有上公飧五牢饔餼九牢及殷膳大牢致於道路有五積之等其饗食及燕速賓肖饌陳者不言之也

凡沈辜侯禳釁積共其羊牲積故書爲眡鄭司農云眡讀爲漬謂釁國寶漬軍器也玄謂積積柴禋祀槱燎實柴疏共其羊牲者共與充人別繫養之　注云積故書爲眡鄭司農云眡讀爲漬者段玉裁云司農從故書而

易爲漬鄭君從今書作積也古此聲責聲同在支佳部故蜡氏除骴骴卽漬字丁晏云積骴聲相近小雅毛傳柴積也說文作掌積也云謂釁國寶漬軍器也者釁國寶卽天府云釁寶鎮及寶器之屬又雜記云成廟則釁之以羊則是上文祈珥之事故先鄭專據釁寶爲釋漬軍器卽小子云釁軍器是也先鄭意漬卽是釁鍾氏注云漬猶染也謂以牲血塗染之也然依先鄭讀則釁漬義複且以釁爲漬於經無徵故後鄭不從云玄謂積積柴禋祀楢燎實柴者大宗伯祀天神有禋祀實柴槱燎三法注云槱積也三祀皆積柴實牲體焉或有玉帛燔燎而升煙故後鄭以積晐彼三祀也楢燎楢卽槱燎之譌詳大宗伯疏賈疏云但祭天用犢其日月已下有用羊者故我將詩云惟羊惟牛惟天其祐之彼亦據日月以下及配食者也案郊特牲孔疏引熊安生說亦謂祭日月以下故燔燎用羊卽賈所本依熊賈說則此積內雖兼有禋祀而昊天上帝之牲則無羊又此官共積羊蓋大牢之一與牛人共牛冬官豕人共豕爲聯事非謂少牢及特羊也其侯禳釁三者或用特羊耳郊特牲疏引熊說而又據小司徒凡小祭祀奉牛牲之文謂日月以下常祀則用羊王親祭則用牛是謂有羊卽不復有牛王氏訂義引崔靈恩釋大宗伯實柴謂止二牢殊不足據孔似卽承用彼說非鄭熊義也

若牧人無牲則受布于司馬使其賈買牲而共之 布泉

疏 若牧人無牲者謂無毛物純色角體完具中法式之牲也云使其賈買牲而共之者牧人掌六牲凡共羊牲並此官取之於牧人故牧人無牲則此官使其賈別買而共之賈卽敘官云賈二人是也注云布泉者外府注同

司爟掌行火之政令四時變國火以救時疾 行猶用也變猶易也鄭司農說以鄹子曰春取

榆柳之火夏取棗杏之火季夏取桑柘之火秋取柞楢之火冬取槐檀之火疏掌行火之政令者賈疏云即四時變國火及季春出火等是也詒讓案大戴禮記五帝德篇云舜使益行火以辟山萊詩小雅魚麗毛傳云古者不風不暴不行火則焚萊亦爲行火此官皆掌其政令與宮正司烜氏爲官聯也云四時變國火以救時疾者時氣太盛則人感而爲疾故以異木爲燧而變國中公私炊爨之火以調救之時疾者疾醫云四時皆有癘疾是也管子禁藏篇云當春三月荻室熯造鑽燧易水抒井易水所以去茲毒也尹注云凡此皆去時茲長之毒管子所說與此經義合

注云行猶用也者國語吳語韋注同說文行部云行人之步趨也引申之凡行用亦曰行月令仲夏毋用火南方行火即用火也云變猶易也者小爾雅廣詁云變易也說文攴部云變更也變火猶管子云易火周書云更火矣云鄭司農說以鄹子曰春取榆柳之火夏取棗杏之火季夏取桑柘之火秋取柞楢之火冬取槐檀之火者謂五時各以其木爲燧鑽以取火莊子外物篇云木與木相摩則然是也此所謂木燧與司烜氏金燧取火於日異丁晏云漢藝文志陰陽家鄹子四十九篇鄹子終始五十六篇注鄒衍所說鄒與鄹同詒讓案論語陽貨篇鑽燧改火集解馬融云周書月令有更火之文春取榆柳之火夏取棗杏之火季夏取桑柘之火秋取柞楢之火冬取槐檀之火一年之中鑽火各異木故曰改火也皇疏云改火之木隨五行之色而變也榆柳色青春是木木色青故春用榆柳也棗杏色赤夏是火火色赤故夏用棗杏也桑柘色黃季夏是土土色黃故季夏用桑柘也柞楢色白秋是金金色白故秋用柞楢也槐檀色黑冬是水水色黑故冬用槐檀也禮運孔疏說與皇同賈疏云先鄭引鄹子書論語注引周書不同者鄹子書出於周書其義是一故各引其一言春取榆柳之等舊師皆以爲取五方之色同故用之今按棗杏雖赤榆柳不青槐檀不黑其義未聞

案賈引舊師說卽皇孔所本藝文類聚火部引尸子云燧人上觀辰星下察五木以為火五木卽五時之木但變火之政後世廢絕五木更取莫詳厥義淮南子時則訓謂春爨萁燧火夏秋爨柘燧火冬爨松燧火五時三木與鄒子所說絕異亦所未詳也

季春出火民咸從之季秋內火民亦如之

火所以用陶冶民隨國而為之鄭人鑄刑書火星未出而出火後有災鄭司農云以三月本時昏心星見于辰上使民出火九月本黃昏心星伏在戌上使民內火故春秋傳曰以出內火

疏注云火所以用陶冶者明此經出內之火專主陶冶非四時所變之食火亦非田獵焚萊之火也玉燭寶典引考靈耀云氣在於夏其紀熒惑是謂發氣之陽可以毀消金銅與氣同光氣在於秋其紀太白禁民無得毀消金銅是謂犯陰之則鄭彼注云火星出可用火與此注義同郊特牲云季春出火為焚也鄭彼注云謂焚萊也此是仲春之禮也仲春以火田至季春火出而民乃用火今云季春出火記者誤也據鄭說則田獵之火不待季春始出故大司馬中春蒐田用火王制云昆蟲未蟄不以火田孔疏謂未十月之時從十月至中春皆得火田是也又牧師職孟春焚牧則又在蒐田前一月亦不在內火之禁也又大戴禮記夏小正云九月主夫出火主夫也者主以時縱火也彼主夫當作主火蓋卽司火之官但彼云出火與此內火之文違啎又未蟄而出火亦干焚萊之禁小正文多譌闕未足取證月令云季春命工師令百工咸理季秋霜始降則百工休是陶冶工事於季春休於季秋經有明文與此經出火內火之文足以互證矣云民隨國而為之者鄭長注云從猶隨也謂國出內火民亦隨而效之云鄭人鑄刑書火星未出而出火後有災者左昭六年傳文彼文云三月鄭人鑄刑書士文伯曰火見鄭其火乎火未出而作火以鑄刑器藏爭辟焉火如象之不火何為六月丙戌鄭災杜注云火心星也周五月昏

見引之者證此出火內火之爲陶冶也鄭司農云以三月本時昏心星見于辰上使民出火九月本黄昏心星伏在戌上使民內火者于據校乙賈疏云左昭十七年梓慎曰火出於夏爲三月於商爲四月釋文作於是也各本並誤時昏詩唐風綢繆孔疏引作昏時是也當於周爲五月心星則大火辰星是也三月諸星復在本位心星本位在卯三月本始之昏心星時未必出見卯南九月本始之黄昏心星亦未必伏在戌上皆據月半後而言孔廣森云月令注云辰角見九月本也天根見九月末也然則月本猶言月初古語有以月初爲本月終爲末者夏小正傳一則在本一則在末是也案孔說是也星見曰昏星伏曰黄昏者上昏謂定昏也定昏在黄昏後見淮南子天文訓賈謂見伏皆據月半後與月本之言不合今以月令孔疏所引三統曆每月中星攷之三月穀雨節昏張二度中張二度距心初度凡九十三度相隔三次有餘張中在午上則心必在卯上不能見於辰上至清明中昏翼四度中翼四度距心初度凡七十三度相隔不及三次翼中在午則心可見於辰上矣九月寒露節日在氐五度心適在日前十五度外昏尚未伏昏虛二度中虛二度距心初度凡八十一度相隔二次有餘虛中在午上則心必在酉亦不能至戌上至霜降中日在房五度與心初度相接自當與日俱伏故先鄭以黄昏爲說明日入即伏不待定昏也但其時昏危三度中危三度距心初度凡九十三度雖相隔三次有餘然由午中以至戌初必盈百五度始爲入限今尚朒十有二度則心伏而仍未離酉次計當九月之末乃能至戌賈氏之說實與曆合然則先鄭此言殆亦約舉大略未嘗以曆術精校故未能密合乎云故春秋傳曰以出內火者證心星爲出內火之候也左襄九年傳春宋災晉士弱曰古之火正或食於心或食於咮以出內火是故咮爲鶉火心爲大火杜注云謂火正之官配食於火星建辰之月鶉火星昏在南方則令民放火建戌之月大火

星伏在日下夜不得見則令民內火禁放火孔疏云此傳鶉火大火共爲出火之候周禮之注不言咮者以咮非內火之候故唯指大火以解出內之文詒讓案杜以出火爲令民放火內火爲禁放火則以出內火爲田獵之火也與禮不合不可從又漢書五行志引左氏說云季春昏心星出東方而咮七星鳥首正在南方則用火季秋星入則出火以順天時救民疾亦兼本此經爲說

時則施火令焚萊之時 **疏** 時則施火令者管子立政篇荀子王制篇並云脩火憲火令卽火憲也　注云焚萊之時者謂中春大蒐及十月以後凡田獵焚萊之時賈疏云上言行火政此又言施火令則不掌火禁故鄭云焚萊之時其火禁者則宮正云春秋以木鐸脩火禁注云以春出以秋入因天時而以戒司烜亦云仲春以木鐸脩火禁于國中彼二官直掌火禁不掌火令

凡祭祀則祭爟報其爲明之功禮如祭爨 **疏** 凡祭祀則祭爟者謂大中祀並有祭爟之禮小祀禮殺蓋不祭也　注云報其爲明之功者明不爲報孰食之功也漢書五行志云火南方揚光輝爲明者也此祭爟謂祭先火亦以其有爲明之功祭法所謂法施於民則祀之是也但祭祀有爟鄭不云何物以爲明之言推之則當爲燎爓之屬說文火部云舉火曰爟引此職爲證呂氏春秋本味篇云湯得伊尹祓之於廟爓以爟火高注云周禮司爟掌行火之政令火者所以祓除其不祥置火於桔皐燭以照之爟讀曰權衡之權又贊能篇注及淮南子氾論訓注說略同高氏所說則與說文舉火之訓正合王氏詳說及惠士奇並謂此爟爲舉火之爟其說不爲無據攷史記封禪書說秦郊有通權火又漢郊見五帝亦云權火舉而祠集解引張晏云權火烽火也狀若井絜皐矣其法類稱故謂之權欲令光明遠照通祀所也漢祠五時於雍五里一烽火則權火卽烽火秦漢以後大祭祀則舉之許高以爲商周制於經無文且敘官杜鄭注亦不讀爟爲權則不謂與權火

爲一疑事無質謹附箸之云禮如祭爨者特牲饋食記云尸卒食而祭饎爨雍爨鄭彼注云雍孰肉以尸享祭竈有功也舊說云宗婦祭饎爨亨者祭雍爨用黍肉而已無籩豆俎又禮器云孔子曰臧文仲安知禮燔柴於奧夫奧者老婦之祭也盛於盆尊於瓶鄭彼注云奧當爲爨字之誤也或作竈禮尸卒事而祭饎爨饔爨也時人以爲祭火神乃燔柴老婦先炊者也盆缾炊器也明此祭先炊非祭火神燔柴似失之賈疏云祭爨祭老婦也則此祭爟謂祭先出火之人詒讓案鄭以禮器有盛於盆尊於瓶之文故知祭爨以黍肉無籩豆俎此祭爟者祭先火與祭爨祭先炊相類故鄭謂其禮略同月令注說祀竈禮有俎此祭爟與祭爨同亦以黍肉無籩豆俎殺於祭竈也又案古祭火之事有五一祭火星以火正配此爲天神之祭左襄九年傳云陶唐氏之火正閼伯居商丘祀大火而火紀時焉漢書五行志云古之火正謂火官也掌祭火星行火政季春昏心星出東方而咮七星鳥首正在南方則用火季秋星入則止火以順天時救民疾帝嚳則有祝融堯時有閼伯民賴其德死則以爲火祖配食火星是也一祭五神之祝融以犂配此爲地示之祭卽大宗伯血祭祭五祀之一是也一祭五祀之竈亦爲地示之祭月令夏其祀竈是也一祭先炊則爲人鬼之祭雍爨饎爨是也一祭先火亦爲人鬼之祭卽此祭爟是也禮器孔疏云熊氏云宗伯以實柴祀日月星辰有大火之次故祭火神乃燔柴按異義竈神今禮戴說引此燔柴盆瓶之事古周禮說顓頊氏有子曰黎爲祝融祀以爲竈神許君謹按同周禮鄭駁之云祝融乃古火官之長猶后稷爲堯司馬其尊如是王者祭之但就竈陘一何陋也祝融乃是五祀之神祀於四郊而祭火神於竈陘於禮乖也如鄭此言則祝融是五祀之神祀於郊奧者正是竈之神常祀在夏以老婦配之有俎及籩豆設於竈陘又延尸入奧爨者宗廟祭後直祭先炊老婦之神在於爨竈此祝融并奧及爨三者所以不

同也案孔引熊安生及鄭駁異義辨火星及祝融竈爨之祭甚析凡
惟未及祭爟不知其爲何神要其爲先火人鬼之小祀則近之耳

國失火野焚萊則有刑罰焉野焚萊民擅放火疏凡國失火者國中宮府廛里比居稠密故尤嚴失火之禁司烜氏亦云中春以木鐸脩火禁于國中是也注云野焚萊民擅放火者王制釋文引庾氏云萊草也謂放火焚野草牧師云凡田事贊焚萊彼謂官春田獵有焚萊此有刑罰者管子立政篇云山澤不救於火草木不殖成國之貧也賈疏云大司馬仲春田獵云火弊鄭云春田主用火因除陳生新則二月後擅放火則有罰也詒讓案亦謂非蒐狩民閒擅放火焚萊則有刑罰此禁蓋四時通有不徒二月以後十月以前也

掌固掌脩城郭溝池樹渠之固頒其士庶子及其衆庶之守樹謂枳棘之屬有刺者也衆庶民遞守固者也鄭司農說樹以國語曰城守之木於是乎用之疏掌脩城郭溝池樹渠之固者此官通掌國邑設險置守之事溝池謂五溝及城郭外之池雍氏注云池謂陂障之水道也惠士奇云管子度地篇曰聖人之處國者必於不傾之地而擇地形之肥饒者鄉山左右經水若澤內爲落渠之寫因大川而注焉天下有萬諸侯天子中而處因天之固得地之利內爲之城外爲之郭郭之外爲之土閬地高則溝之下則隄之命曰金城樹以荆棘上相穡著者所以爲固也所謂城郭溝池樹渠之固者蓋如此王引之云城郭爲一類溝池爲一類樹渠爲一類渠謂籬落也因樹木以爲籬落故曰樹渠司險職曰設國之五溝五涂而樹之林以爲阻固鄭注曰樹之林作藩落也是其證矣渠字或作據又作据廣雅曰欏據杝也杝與籬同釋名曰青徐謂籬曰欏欏據据古今字耳知樹渠之渠非謂溝

渠者溝渠與樹不同類且渠卽是溝呂氏春秋上農篇注曰溝渠也溝池已見上文也案王說是也樹渠者於城外宮外設藩落以資守衞也爾雅釋宮云屏謂之樹屏藩皆以遮蔽門垣故藩亦謂之樹又謂之渠其制蓋有二或種植林木因編聯以爲阻固司險樹林是也或斬伐材木羅列栽築爲之士方氏云王巡守則樹王舍注云爲之藩羅是也渠字亦作椐墨子備梯篇云置椐城外去城十尺伐椐小大盡木斷之以十尺爲斷離而深埋堅築之毋使可拔椐卽椐之譌此城守伐木爲渠之法凡王宮及百官府蓋亦有之故掌舍掌王之會同之舍設梐枑再重注云故書枑爲柜柜渠聲類同亦卽藩落也賈疏謂樹渠者非直溝池有樹兼其餘渠上亦有樹也是謂渠卽溝非經義也渠互詳掌舍疏云須其士庶子及其衆庶之守者賈疏云卽宮伯所云士謂卿大夫士之適子庶子其支庶彼據宿衞王宮此掌固所須亦據宿衞王宮而言以其庶子不合城郭之處用之以掌固是固守之官故兼掌宿衞之事朱大韶云疏說甚謬經明言城郭溝池樹渠安得云不合用於城郭之處宿衞之士所以警備非常王宮內豈有阻固而云以固守之官兼掌宿衞之士都司馬豈又兼掌乎案此與司險職掌相同特彼專掌險阸此則設城郭等以爲阻固故又曰凡國都之竟皆有阻固郊亦如之然則竟界上凡有城郭溝池樹渠之處掌固分其士庶子及其衆庶以守案朱說是也此士庶子謂縣鄙公邑貴族子弟來助守禦者與宮伯所掌士庶子爲國中公卿大夫士子弟宿衞王宮者不同也凡公卿大夫士貴族之子弟已命者爲士未命而在官者爲庶子賈據宮伯注爲說誤詳宮伯疏

注云樹謂枳棘之屬有刺者也者說文木部云枳木似橘後漢書馮衍傳李注云枳之爲木芬而多刺可以爲籬棘詳大司徒疏管子度地篇載水官之令云大者爲之隄小者爲之防歲埤增之樹以荆棘以固其地雜之以柏楊此樹蓋亦與彼同云衆庶民遞守固者也

者此皆平民來給役者即下文之萬民爾雅釋言云遞迭也此猶稍人注云勞逸遞謂更迭來助官守險固之處也云鄭司農說樹以國
語曰城守之木於是乎用之者楚語云靈王為章華之臺伍舉曰先王之為臺榭也瘠磽之地於是乎為之城守之木於是乎用之韋注
云城守之餘然後用之先鄭引之者證樹亦足為城守之固也設其飾器兵甲之屬今城郭門之器亦然疏注云兵甲之屬
者謂兵甲皆有英飾既資防禦又壯觀瞻也云今城郭門之器亦然者賈疏云漢時城郭門守器所飾亦若今城郭門傍所執矛戟皆有
幡飾之等是也分其財用均其稍食財用國以財所給守吏之用也稍食祿稟疏注云財用國以財所給守吏之
用也者賈疏云謂所用之財物分與之明是以財所給守吏為守事之用者也云稍食祿稟者宮正注同賈疏云所守之處官及民合受
官食月給米稟與之故謂之稍食也案稍食者稟食也士庶子及衆庶皆有稟食而無祿賈說非詳宮正疏沈彤云守固士庶子之食當
視王宮士庶子也任其萬民用其材器任謂以其任使之也民之材器其所用塹築及為藩落疏注云任謂
以其任使之也者大司馬注云任猶事也事以力之所堪此任萬民亦謂視民所堪之事而役使之也云民之材器其所用塹築及為藩
落者賈疏云對上文財用謂官之財物此云民之材器明材是材木用為楨榦以掘塹築作所用及不築處即用材為藩屏籬落以遮障
也詒讓案材即材木器謂斧斤梩鋤版築之屬用以穿塹為溝池及築城郭也藩落者廣雅釋宮云藩落杝也落與落同說文竹部云篳
藩落也國語晉語以藩為軍韋注云藩籬落也六韜軍用篇云山林野居結虎落柴營凡守者受灋焉以通守
政有移甲與其役財用唯是得通與國有司帥之以贊其不足者凡守

者士庶子及他要害之守吏通守政者兵甲役財難易多少轉移相給也其他非是不得妄離部署國有司掌固也其移之者又與掌固帥致之贊佐也」疏凡守者受灋焉者卽受守法亦卽掌固之官法也　注云凡守者士庶子及他要害之守吏者賈疏云此鄭還據上文士庶子及衆庶之守而言云他要害者謂城郭所守是其常處除此有要害之處若殽皐河漢要路之所皆爲他要害也云通守政者兵甲役財難易多少轉移相給也者廣雅釋詁云移轉也謂移易給難移多給少相通共也云其他非是不得妄離部署者說文网部云署部署也漢書高帝紀顏注云部署分部而署置賈疏云此則釋經唯是得通之言其餘非所通之外皆不得離其本處也云國有司掌固也者鄭以掌固爲王朝之官對士庶子及守吏言之則謂之國有司然經云與國有司帥之則是掌固與國有司共帥之國有司非卽掌固明矣竊疑國有司卽司險掌疆諸官對士庶子及它守吏言之則謂之國有司耳注說失之云其移之者又與掌固帥致之者謂移兵甲役財轉給他處則士庶子及守吏等與掌固共致之於所通之處今案亦掌固與國有司共致之注說非經義云贊佐也者外宗注義同

晝三巡之夜亦如之巡行也行守者爲衆庶之解惰疏晝三巡之者以下卽守者所受之守法也賈疏云此乃掌固設法與所守之處非是掌固自巡行之也　注云巡行也者說文辵部云巡視行皃云行守者爲衆庶之解惰者解與懈同詳宮正

疏**夜三鼜以號戒**杜子春云讀鼜爲造次之造謂擊鼓行夜戒守也春秋傳所謂賓將趣者與趣與造音相近故曰終夕與燎玄謂鼜擊鼜警守鼓也三巡之閒又三擊鼜疏夜三鼜以號戒者說文号部云號呼也賈疏云此乃掌固設法與所守之處使擊鼜有所以號呼使戒守耳　注杜子春云讀鼜爲造次之造謂擊鼓行夜戒守也者讀鼜上不當有云字疑今本誤衍眡瞭注云杜子

春讀鼜爲憂戚之戚謂戒守鼓也擊鼓聲疾數故曰戚王念孫云造
戚二字古聲皆與蹙相近造文亦疾意也互詳彼疏云春秋傳所謂
賓將趣者與者賈疏云按昭二十年衛侯如死鳥齊侯使公孫青聘
衛賓將掫注謂行夜不作趣者彼賈服讀字與子春意異案今本左
傳與賈引賈服本同鍾師杜注引左傳作賓將趨與此注又異趣掫
趨聲並相近左襄二十五年傳云陪臣干掫史記齊世家作爭趣與
此可互證云趣與造音相近者段玉裁云蚤聲取聲古音同在尤侯
類也云故曰終夕與燎者亦昭二十年左傳文彼云親執鐸終夕與
於燎彼釋文無於字與杜所引同杜注云設火燎以備守引之者以
彼亦行夜戒守之事明將趣即此夜三鼜事同也云玄謂鼜擊鼜警
守鼓也者段玉裁云鄭君則不易字謂鼜者鼓名擊之亦曰鼜猶鳴
鼓曰鼓也許氏說文說與鄭同云三巡之閒又三擊鼜者守法尤謹
於夜故巡與鼜並有三明二者相兼更迭爲之以戒
備別於書唯三巡無擊鼜之事也三鼜詳鼓人疏

若造都邑則治其固與其守法

都邑亦爲城郭

疏若造都邑則治其固者凡初建采邑公邑則并脩治其險固亦通城郭溝池樹渠等言之云與其守灋者則守都邑者亦受法於此官也　注云都邑亦爲城郭者此亦晐三等采邑及四等公邑也王國都邑城郭之制並詳量人匠人疏

凡國都之竟有溝樹之固郊亦如之

竟界也

疏凡國都之竟有溝樹之固者賈疏云此經爲上經而設仍兼見王國而言故國都雙言之言王國及三等都邑所在境界之上亦爲溝樹以爲阻固云郊亦如之者謂若王國則近郊五十里遠郊百里其都邑亦有郊詩鄘風干旄云在浚之郊是也皆如竟有溝池樹渠之固也大司徒云辨其邦國都鄙之數制其畿疆而溝封之是邦國都鄙竟上並有溝之證雷學淇云溝樹溝封互文見義有溝者必有封有封者必有樹蓋周之經野其法

極嚴不惟邦國都鄙有畿疆之封近郊遠郊亦有之不惟城郭溝涂有樹渠之固里鄽縣鄙亦有之　注云竟界也者穀梁隱元年范注云竟是疆界之名呂氏春秋贊能篇高注云境界也案說文無境字古境界字皆以竟爲之　民皆有職焉職謂守與任

疏民皆有職焉者民卽上文之衆庶謂居城郭及要塞之處者也賈疏云此亦兼上王國及都合守之處其民皆職任使勞逸遞守也　注云職謂守與任者守謂守固之事任卽塹築及爲藩落之役事也　若有山川則因之山川若殽皋河漢

疏若有山川則因之者說文□部云因就也若界內有山川則就而脩之以爲阻固也周書作雒篇云乃作大邑成周于土中南繫于洛水北因于郟山案周書因義與此同賈疏云謂上諸有所造溝樹爲固之處值有山川之處則因之不須別造　注云山川若殽皋河漢者殽皋爲山之險河漢爲川之險史記留侯世家雒陽東有成皋西有殽黽左傳僖三十一年杜注云殽在弘農澠池縣西案在今河南府永寧縣北六十里皋卽漢書地理志河南郡成皋縣在今河南開封府汜水縣西二里河漢詳職方氏疏

周禮正義卷五十七

瑞安孫詒讓學

司險掌九州之圖以周知其山林川澤之阻而達其道路周猶徧也達道路者山林之阻則開鑿之川澤之阻則橋梁之【疏】掌九州之圖者即大司徒職所謂天下土地之圖此官掌案圖以攷其險要形勢及道路遠近云九州者明司險達道路之事及要服而止九州以外不必徧及也九州詳職方氏疏云以周知其山林川澤之阻而達其道路者說文自部云阻險也國野險阻有守禁者及道路所通皆攷圖以知之管子地圖篇云凡兵主者必先審知地圖轘轅之險濫車之水名山通谷經川陵陸丘阜之所在苴草林木蒲葦之所茂道里之遠近城郭之大小名邑廢邑困殖之地必盡知之地形之出入相錯者盡藏之然後可以行軍襲邑舉錯知先後不失地利此地圖之常也注云周猶徧也者司會注同云達道路者山林之阻則開鑿之者賈疏云謂若禹鑿龍門之類云川澤之阻則橋梁之者說文木部云梁水橋也合方氏注云津梁相湊不得陷絕是也賈疏云謂若十月車梁成之類是也

設國之五溝五涂而樹之林以爲阻固皆有守禁而達其道路五溝遂溝洫澮川也五涂徑畛涂道路也樹之林作藩落也【疏】設國之五溝五涂而樹之林以爲阻固者說文言部云設施陳也惠士奇云管子度地篇曰水之出於山流於海曰經水水別爲他水曰枝水山之溝一有水一無水者曰谷水水之出於溝流入大水及海者曰川水出地而不流者曰淵水此五水者因其利而注之因而阨之乃迂其道而遠之以勢行之是爲司險所設之五溝其設之

之法先具備水之器籠臿板築土車兩耆藏於里中常以朔日出具閱之取完堅補弊久去苦惡而以冬少事之時令其徒以次積薪水旁其積之也以事之已其作之也以事未起大爲堤小爲防地不生草者必爲之囊夾水四道禾稼不傷歲埤增之樹以荊棘以固其地雜之以柏楊以備決水民得其饒是爲流膏令其地之民守之往往而爲界司險職所謂樹之林以爲阻固其大略如此 注云五溝遂溝洫澮川也五涂徑畛涂道路也者賈疏云遂人云夫閒有遂遂上有徑十夫有溝溝上有畛百夫有洫洫上有涂千夫有澮澮上有道萬夫有川川上有路是也此五溝五涂而言樹之林以爲阻固皆有守禁則非遂人田閒五溝五涂但溝涂所作隨所須大小而爲之皆準約田閒五溝五涂其溝上亦皆有道路以相湊故以五溝五涂而言之也案賈說未允爾雅釋水云水注谷曰溝說文水部云溝瀆也釋名釋水云水注谷曰溝田閒之水亦曰溝溝構也縱橫相交構也又釋道云涂度也人所由得通度也是溝爲注水之通名涂爲行路之通名故五溝總稱溝五涂總稱涂也賈以此官主達道路而不掌治田故謂此五溝五涂非遂人田閒之溝涂蓋謂卽匠人之梢溝及經涂環涂野涂等皆不爲田設也但經明云五溝五涂注卽據遂人職爲釋則不如賈所說竊謂此官所設溝涂自兼匠人遂人兩職而言凡田閒之溝涂其近野涂者此官亦兼守治之經云五溝五涂固通大小經緯之言矣云樹之林作藩落也者卽因林木以爲阻固掌固所謂樹渠也林亦卽荊棘榆柳之屬於溝涂之旁樹以爲藩籬所以遮圍行人使不踰越也齊民要術有作園籬法亦種酸棗柳榆等剝編爲巴籬與管子度地篇所謂樹以荊棘上相穡著者正同互詳掌固疏

國有故則藩塞阻路而止行者以其屬守之唯有節者達之有故喪災及兵也閉絕要害之道備姦寇也 疏 國有故則藩塞阻路

而止行者者藩亦謂作藩落以遮遏行人也說文㠭部云𡫳窒也土部云塞隔也此塞即𡫳之叚字阻路即上山林川澤之阻及五涂之路其通達者國有故並藩塞之云以其屬守之者賈疏云謂使司險之下胥徒四十人之屬守其要者其餘使其地之民為守也云唯有節者達之者賈疏云節為道路用旌節也案大司徒職若國有大故則致萬民于王門令無節者不行于天下即此職有故止行者也

注云有故喪災及兵也者宮正注云有故凡非常也此三者皆非常之變賈疏云喪謂王喪災謂水火兵謂寇戎之等詒讓案喪當亦兼大札言之朝士云若邦凶荒札喪寇戎之故是也云閉絕要害之道備姦寇也者淮南子主術訓高注云塞閉也以經云阻路即要害之處藩塞皆是閉絕之若國策秦策云塞轘轅緱氏之口是也

掌疆闕

候人各掌其方之道治與其禁令以設候人道治治道也國語曰候不在竟譏不居其方也禁令備姦寇也以設候人者選士卒以為之詩云彼候人兮何戈與祋

【疏】各掌其方之道治與其禁令以設候人者賈疏云以其上士六人下士十有二人徒百有二十人以道路多故設官及徒亦多也詒讓案左昭二十三年傳明其伍候孔疏云賈服王董皆作五候董云五候候四方及國中之姦謀也董遇說與此經候人各掌其方之道治文合若然此官分方設之四方方各上士一人下士二人徒二十人國中上士二人下士四人徒四十人與　注云道治治道也者謂治道路辨護司察之事與遂師道脩為脩除異也云道治者到文云國語曰候不在竟譏不居其方也者周語云定王使單襄公聘於宋遂假道於陳以聘於楚火朝覿矣道茀不可行也候不在疆司

空不視涂膳宰不致餼司里不授館韋注云候候人也掌送迎賓客者疆境也彼文作候不在疆此引作竟者鄭以義改之彼候人不居四方單襄公譏之明常法方各設候人居當方竟上而治其道也遺人五十里有市市有候館候館卽候人往來所居矣云禁令備姦寇也者亦謂道路譏察之禁令所以備姦寇之竊發也云以設候人者選士卒以爲之者謂候人之長自選其徒屬也經倒舉其官之徒屬者皆曰人若內饔之饔人大祝之甸人射人之僕人是也其官長本名人者亦不易其稱若此設候人卽本職之徒屬庾人正校人卽校人之屬官圉師圉人是也賈疏云卽徒百二十人皆是甲士與步卒之內爲之也案此當選鄉遂之羨卒習甲兵者爲之以備姦寇亦追胥之事故得以羨卒更番共役也賈說未析引詩云彼候人兮何戈與祋者曹風候人篇文毛傳云候人道路送迎賓客者何揭祋殳也言賢者之官不過候人孔疏云此說賢者爲候人乃身荷戈祋謂作候人之徒屬非候人之官長也案此引詩文亦證徒屬得通稱候人尊卑不嫌同名之意

若有方治則帥而致于朝及歸送之于竟方治其方來治國事者也春秋傳曰晉欒盈過周王使候人出諸轘轅是其送之

【疏】若有方治則帥而致于朝者此亦毛詩候人傳道路送迎賓客之事帥而致于朝謂來時迎而道之聘禮過邦假道曰請帥注云帥猶道也請道己道路所當由國語周語云周之秩官有之曰敵國賓至行理以節逆之候人爲導韋注云導賓至于朝出送之境是朝聘賓客亦候人迎送之與掌訝爲官聯也經唯言方治者文不具耳　注云方治其方來治國事者也者若訝士云四方之有治于士者亦方治之一耑也賈疏云謂國有事不能自決當決於王國或有國事須報在上皆是也云春秋傳曰晉欒盈過周王使候人出諸轘轅是其送之者襄二十一年左傳晉欒盈出奔楚過於周周西鄙掠之王使司徒禁掠欒

氏者歸所取焉使候候出諸轘轅杜注云候送迎賓客之官也彼出諸轘轅是送之出竟之事故引以爲證賈疏云彼云候鄭君以義言之故言候人也

環人掌致師 致師者致其必戰之志古者將戰必使勇力之士犯敵焉春秋傳曰楚許伯御樂伯攝叔爲右以致晉師許伯曰吾聞致師者御靡旌摩壘而還樂伯曰吾聞致師者左射以菆代御執轡御下兩馬掉鞅而還攝叔曰吾聞致師者右入壘折馘執俘而還皆行其所聞而復之 疏 注云致師者致其必戰之志者左宣十二年傳云致果爲毅杜注云致謂達之於敵此致義與彼同以其志在必戰致而示之於敵求速戰亦謂之挑戰周書克殷篇云陳于牧野帝辛從武王使尚父與伯夫致師孔注云挑戰也國語晉語云公令韓簡挑戰史記項羽本紀集解引臣瓚云挑戰擿嬈敵求戰古謂之致師是也云古者將戰先使勇力之士犯敵焉者賈疏云按文十二年秦伯伐晉秦人欲戰秦伯謂士會曰若何而戰對曰若使輕者肆焉其可注云肆突言使輕銳之兵往驅突晉軍隱九年北戎侵鄭公子突曰使勇而無剛者嘗寇而速去之注云勇則能往無剛不恥退案賈引文十二年左傳注與杜異蓋賈服義引春秋傳者左宣十二年晉楚戰于邲傳文兩杜本作兩左傳釋文云兩徐云或作兩鄭所據與徐引或本同杜注云靡旌驅疾也摩近也左車左也菆矢之善者兩飾也掉正也示閑暇折馘斷耳引之者證勇力之士犯敵致師之事

察軍慝 慝陰姦也視軍中有爲慝者則執之 疏 注云慝陰姦也者慝之言匿也謂姦謀陰匿者匡人注云慝姦僞之惡也左昭十五年傳曰入慝作杜注云慝姦惡也釋名釋天云慝態也有姦態也云視軍中有爲慝者則執之者謂在軍陰爲姦慝謀逃畔及惑衆者則執而誅之賈疏謂欲陰私爲姦取此軍之事往彼言

之則與下諜賊同非經義**環四方之故**卻其以事謀來侵伐者所謂折衝禦侮疏注云卻其以事謀來侵伐者者敘官注云環猶卻也以勇力卻敵謂彼以事謀來侵伐環人則豫卻之也云所謂折衝禦侮者毛詩大雅緜傳云武臣折衝曰禦侮卽鄭所本淮南子說山訓云故國有賢君折衝萬里高注云衝兵車也所以衝突敵城也言賢君德不可伐故能折遠敵之衝車於千里之外此皆先事卻敵之事故舉以為釋

巡邦國搏諜賊諜賊反閒為國賊疏巡邦國者邦國謂王國凡王畿之內更迭巡行之云搏諜賊者說文手部云搏索持也謂遇有諜賊則搏執繫治之此與巡邦國為二事賈疏謂巡侯國有諜賊搏促取之非也環人王官豈能為侯國搏諜賊乎明亦謂畿內之諜賊耳注云諜賊反閒為國賊者掌戮掌斬殺賊諜而搏之注云諜謂姦寇反閒者說文言部云諜軍中反閒也左宣八年傳晉人獲秦諜釋文云諜閒也今謂之細作孫子用閒篇云用閒有五有因閒有內閒有反閒有死閒有生閒因閒者因其鄉人而用之內閒者因其官人而用之反閒者因其敵閒而用之死閒者為誑事於外令吾閒知之而傳於敵閒也生閒者反報也案諜賊為二事大戴禮記千乘篇云飭五兵及木石曰賊以中情出小曰閒大曰諜卽此經諜賊之義賊謂私蓄兵養士欲為寇畔諜謂行反閒以內情輸敵者掌戮注亦以賊與諜為二此注似誤并為一當以掌戮注為正

訟敵國敵國兵來則往之與訟曲直若齊國佐如師疏注云敵國兵來則往之與訟曲直者說文言部云訟爭也廣雅釋詁云訟責也謂至敵軍與爭辯曲直陳義以責之也云若齊國佐如師者春秋成二年經六月癸酉季孫行父臧孫許叔孫僑如公孫嬰齊帥師會晉郤克衛孫良夫曹公子首及齊侯戰于鞌齊師敗績秋七月齊侯使國佐如師左傳說國佐與晉人爭以蕭同叔子為質及使齊之封內盡東其畝事甚詳亦是敵

國來伐使與訟曲直故引以爲證也揚軍旅爲之威武以觀敵詩云惟師尚父時惟鷹揚【疏】注云爲之威武以觀敵者說文手部云揚飛舉也漢書五行志顏注云揚謂振揚張大也國語周語云祭公謀父曰先王耀德不觀兵揚軍旅所謂觀兵也引詩云惟師尚父時惟鷹揚者大雅大明篇文毛詩惟並作維毛傳云鷹揚如鷹之飛揚也鄭箋云尚父呂望也尊稱焉引之者證軍旅當揚威武以觀敵之事

降圍邑圍邑欲降者受而降之春秋傳曰齊人降鄣【疏】注云圍邑欲降者受而降之者說文𨸏部云降下也又夊部云夅服也經典皆借降爲夅言出師征討圍其城邑有自服下者則就而受之引春秋傳曰齊人降鄣者莊三十年經文穀梁傳云降猶下也鄣紀之遺邑也引之證降圍邑之事

挈壺氏掌挈壺以令軍井挈轡以令舍挈畚以令糧鄭司農云挈壺以令軍井謂爲軍穿井井成挈壺縣其上令軍中士衆皆望見知此下有井壺所以盛飲故以壺表井挈轡以令舍亦縣轡於所當舍止之處使軍望見知當舍止於此轡所以駕舍故以轡表舍挈畚以令糧亦縣畚于所當稟假之處令軍望見知當稟假于此下也畚所以盛糧之器故以畚表稟軍中人多車騎雜會讙囂號令不能相聞故各以其物爲表省煩趨疾于事便也【疏】掌挈壺以令軍井挈轡以令舍挈畚以令糧者此皆大師在軍憲令之事此官掌縣壺在軍或縣挈器物以布令故幷使掌之尉繚子戰威篇云夫勤勞之師將必先己暑不張蓋寒不重衣險必下步軍井成而後飲軍食孰而後飯軍壘成而後舍然則令軍井者以資飲令軍糧者以班食令軍舍者以表壘舍也

注鄭司農云挈壺以令軍井謂爲軍穿井井成挈壺縣其上令軍中士衆皆望見知此下有井者挈縣持也詳敘官疏云壺所以盛飲故

以壺表井者敘官注云壺盛水器也盛飲盛水義同云挈轡以令舍亦縣轡於所當舍止之處使軍望見知當舍止於此者天官敘官注云舍行所解止之處此舍亦謂軍所止宿之處與大司馬茇舍量人營軍之壘舍義並同云轡所以駕舍故以轡表舍者說文絲部云轡馬轡也一切經音義引字書云轡馬縻也所以制牧車馬也家語執轡篇王注云轡繫軾前者釋名釋車云轡拂也牽引拂戾以制馬也轡所以駕車軍止則車舍不駕故縣轡以表舍止之處也云挈畚以令糧亦縣畚于所當稟假之處令軍望見知當稟假于此下也者于注例並當作於各本並誤說文米部云糧穀也後漢書張禹傳禹上疏求入三歲租稅以助郡國稟假李注云稟給也假貸也軍士當稟給假貸糧穀故縣畚以表儲糧之處也云畚所以盛糧之器故以畚表稟也者說文由部云畚餅屬蒲器也所以盛糧公羊宣六年何注云畚草器若今市所量穀者是也齊人謂之鍾又左傳宣二年杜注云畚以草索為之筥屬列子黃帝篇云商丘開假糧荷畚之子華之門是畚為盛糧之器故以表稟假軍糧之處也云軍中人多車騎雜會讙囂號令不能相聞故各以其物為表省煩趨疾于事便也者于亦當作於明經挈壺轡畚令軍井舍糧各假物以表事所以省號令之煩使衆疾見也案賈大司馬疏謂周時無輕騎法曲禮前有車騎孔疏亦謂當是周末時禮若然注云車騎亦據後世法言之周時軍中實止有車徒無騎也

凡軍事縣壺以序聚欜凡喪縣壺以代哭者皆以水火守之分以日夜

鄭司農云縣壺以為漏以序聚欜以次更聚擊欜備守也玄謂擊欜兩木相敲行夜時也代亦更也禮未大斂代哭以水守壺者為沃漏也以火守壺者夜則視刻數也分以日夜者異晝夜漏也漏之箭晝夜共百刻冬夏之閒有長短焉大史立成法有四十八箭

疏 凡軍事縣壺以序聚欜者序經例用古字

當作敘石經及各本並誤縣壺者以校時刻爲聚欜者更迭直事之節也云凡喪縣壺以代哭者者喪謂王后世子及諸侯公卿大夫之喪也喪大記謂大夫代哭無縣壺彼據侯國之臣言之天子大夫四命禮視子男疑亦有縣壺故經不別大小喪也云分以日夜者縣壺下漏以定晝夜時刻也詩齊風東方未明敘云朝廷興居無節號令不時挈壺氏不能掌其職焉毛傳云古者有挈壺氏以水火分日夜以告時於朝則平時此官蓋兼掌告時與雞人爲官聯經唯著軍事及喪事者文不具耳孔疏及賈雞人疏並謂彼諸侯兼官挈壺氏兼雞人恐不塙也 注鄭司農云縣壺以爲漏者明與上表井事異也說文水部云漏以銅受水刻節晝夜百刻續漢書律厤志云孔壺爲漏浮箭爲刻下漏數刻以考中星昬明生焉案軍事爲漏者亦以校時刻史記司馬穰苴傳云穰苴馳至軍立表下漏賈疏云謂縣壺於上以水沃之水漏下入器中以沒刻爲準法詩東方未明孔疏云置箭壺內刻以爲節而浮之水上令水漏而刻下以記晝夜昏明之數也案賈此及後疏謂下水沒箭而孔依續漢志說云浮箭二說小差今諦審鄭賈之義蓋壺以盛水爲漏下當有槃以承之箭刻百刻樹之槃中水下槃內淹箭以定刻數古刻漏之制約略如是孔謂置箭壺內浮箭水上似失其制未足馮也云以序聚欜以次更聚擊欜備守也者肆師注云序使相次秩又御僕注云序更也是序兼次更二義謂以次敘更迭聚而擊欜備守非常也賈疏云先鄭意特更人擊欜洪頤煊云說文手部掫夜戒守有所擊春秋傳曰賓將掫左氏襄二十五年傳陪臣干掫聚即掫之假借字案洪說亦通云玄謂擊欜兩木相敲行夜時也者宮正疏引鄭易注亦云手持二木以相敲是爲擊柝擊柝爲守備警戒也易釋文引馬融易注云柝兩木相擊以行夜詳宮正疏賈疏云謂行夜者擊之按脩閭氏掌比國中宿互欜者先鄭云欜謂行夜擊欜野廬氏云若有賓客則令守塗地之人聚

櫜之司農云聚擊櫜以宿衞之也後二注後鄭皆從先鄭及至此注不從先鄭者以野廬氏無行夜者宿人自擊故後鄭從之此文與脩閭氏同有行夜者故此不從先鄭宿者自擊之是以宮正云夕擊櫜而比之注云行夜以比直宿者先鄭云櫜戒守者所擊也是亦為行夜者所擊也云代亦更也者亦上更聚擊櫜也廣雅釋詁云代更也云禮未大斂代哭者明代哭在小斂後殯前以王喪言之則不數崩日自五日至七日皆代哭也喪大記云君喪狄人出壺司馬縣之乃官代哭大夫官代哭不縣壺士代哭不以官鄭彼注云代更也未殯哭不絕聲為其罷倦既小斂可以為漏刻分時而更哭也此挈壺氏所掌也屬司馬司馬涖縣其器士喪禮既小斂云乃代哭鄭彼注云孝子始有親喪悲哀憔悴禮坊其以死傷生使之更哭不絕聲而已人君以官尊卑士賤以親疏為之三日之後哭無時又既殯云朝夕哭注云既殯之後朝夕及哀至乃哭不代哭也案此云禮卽據士喪禮也凡喪未大斂則有更代而哭取其不絕聲諸侯以上則以漏為代哭之節大斂畢則殯既殯則朝夕哭無時可以絕聲無代哭也云以水守壺者為沃漏也者漏晝夜下水不息恐其乾涸則壓力減少下水遲緩不能如其平速故必守而沃之使壺水常滿而後水下速率平均刻數乃得其正也云以火守壺者夜則視刻數也者夕須視刻數以傳五夜故以火守漏為明也云分以日夜者異晝夜漏也者賈疏云若冬至則晝短夜長夏至則晝長夜短二分則晝夜等晝夜長短不同須分之故云異晝夜漏也云漏之箭晝夜共百刻者晝夜一箭箭上鐫為百刻也靈樞經五十營篇云漏水下百刻以分晝夜樂記云百度得數而有常注云百度百刻也王溥五代會要引漏刻經云晝夜一百刻分為十二時每時有八刻三分之一以六十分為一刻一時有八刻二十分案周秦無十二辰加時之法而別分日中至隅中十二時見左傳昭五年杜注則以百刻分繫十二時其得數

同也又漢書哀帝紀建平二年詔漏刻以百二十爲度則每時正得十刻其法尋郎罷除故鄭仍據百刻爲說云冬夏之閒有長短焉者賈疏云馬氏云漏凡百刻春秋分晝夜各五十刻冬至晝則四十刻夜則六十刻夏至晝六十刻夜四十刻鄭注堯典云日中者日見之漏與不見者齊日長者日見之漏五十五刻於四時最長也夜中者日不見之漏與見者齊日短者日見之漏四十五刻於四時最短此與馬義異以其馬云春秋分晝夜五十刻據日見之漏若兼日未見日沒後五刻晝五十五刻夜四十五刻若夏至晝六十刻通日未見日沒後五刻則晝六十五刻夜三十五刻一年通閏有三百六十五日四分日之一四時之閒九日有餘校一刻爲率又書堯典孔疏亦云馬融據日出見爲說天之晝夜以日出入爲分人之晝夜以昏明爲限日未出前二刻半爲明日入後二刻半爲昏損夜五刻以裨於晝則晝多於夜復校五刻古今曆術與太史所候皆云夏至之晝六十五刻夜三十五刻冬至之晝四十五刻夜五十五刻春分秋分之晝五十五刻夜四十五刻此其不易之法也從春分至於夏至晝漸長增九刻半夏至至於秋分所減亦如之從秋分至於冬至晝漸短減十刻半從冬至至於春分其增亦如之又於每氣之閒增減刻數有多有少不可通而爲率漢初未能審知率九日增減一刻和帝時待詔霍融始請改之鄭注書緯考靈曜仍云九日增減一刻猶尚未覺誤也又載王肅難鄭云知日見之漏減晝漏五刻不意馬融爲傳已減之矣因馬融所減而又減之故日長爲五十五刻因以冬至反之取其夏至夜刻以爲冬至晝短此其所以誤耳案孔所述厤術分至晝夜刻數與續漢書律厤志劉洪乾象厤正同鄭書注說日長日短刻數並與馬異其日短刻數同於乾象惟日長刻數所減過多晝贏夜朒與厤校至十刻宜子雍之㡿其誤也又月令孔疏云日夜分蔡邕以爲星見爲夜日入後三刻日出前三刻皆屬晝晝有五十六

刻夜有四十四刻鄭注尚書日中星以爲日見之漏五十五刻不見之漏四十五刻與蔡校一刻也案此引鄭書注與賈不同而與乾象厤正合疑有外誤至所引蔡氏月令章句說晝多於夜六刻則校之厤術又贏一刻大抵諸家所說刻數所以不同者並以日入之後日出之前損夜裨晝任情增減本無定率遂滋差互今欲嚴定界域用法繇惑則馬氏據日出見之說庶得厤中矣云大史立成法有四十八箭者易緯乾鑿度鄭注云大史司刻漏者每氣兩箭續漢律厤志云永元十四年詔曰今官漏以計率分昏明九日增減一刻違失其實太史待詔霍融上言不與天相應今下晷景漏刻四十八箭立成斧官府當用者計吏到班予四十八箭賈疏云此據漢法而言則以器盛四十八箭箭各百刻以壺盛水縣於箭上節而下之水淹一刻則爲一刻四十八箭者蓋取倍二十四氣也詩東方未明孔疏云以一年有二十四氣每一氣之閒又分爲二通率七日強半而易一箭故周年而用箭四十八也

及冬則以火爨鼎水而沸之而沃之鄭司農云冬水凍漏不下故以火炊水沸以沃之謂沃漏也

疏注鄭司農云冬水凍漏不下故以火炊水沸以沃之者說文爨部云爨炊也又水部云沸畢沸濫泉也鬲部云䰞涫也經典通段沸爲䰞喪大記說縣壺之事云虞人出木角雍人出鼎鄭彼注云木給爨竈冬漏以火爨鼎沸而後沃之據此則以火爨鼎水鼎卽雍人所共之鼎蓋冬寒水凍則漏下遲故以涫沸熱水沃之使無凍也云謂沃漏也者說文水部云𣸦漑灌也沃卽𣸦之省左傳僖二十四年孔疏云沃謂澆水也沃漏亦謂沸水以澆沃漏壺

射人掌國之三公孤卿大夫之位三公北面孤東面卿大夫西面其

摯三公執璧孤執皮帛卿執羔大夫執鴈位將射始入見君之位不言士者此與諸侯之賓射士不與也燕禮曰公升卽位於席西鄉小臣納卿大夫卿大夫皆入門右北面東上士立於西方東面北上大射亦云則凡朝燕及射臣見於君之禮同

【疏】掌國之三公孤卿大夫之位者此治朝朝位之法與宰夫掌治朝之灋司士正朝儀之位並同射人掌以官法敘其位與彼二官爲官聯也凡天子三朝其一在路門內謂之燕朝其朝位大僕掌之其二在路門外謂之治朝其朝位射人與宰夫司士大僕共掌之其三在庫門外皋門內謂之外朝其朝位小司寇朝士掌之三朝各有常位左昭十一年傳所謂朝有著定也黃度云此卽司士朝儀之位射人掌公卿大夫其初命見於王則其位如朝儀之位而有摯康成謂將射始入見君之位非也將射始入見君其位或當如此而何用摯哉經文自掌其治達以上未有射事是其設職不專爲射也金榜云射人掌三公孤卿大夫之朝位故並明其所執之摯不言士者羣士之朝位與摯司士掌之也朱大韶云官以射人名而射法特職中之一發首但著三公孤卿大夫位與摯之不同非常朝必用摯也下云祭祀會同朝覲大賓客大饗所掌者衆射非其專職也案黃金朱說是也郝敬金鶚俞樾說同云三公北面孤東面卿大夫西面者北面者東上東西面者皆北上詳司士職賈疏云三公特北面者君南面荅陽臣之北面荅君三公臣中最尊故屈之使北面荅君之義孤東面者西方者賓位以孤無職尊而賓客之故在西也卿大夫西面者以其皆有職故在東近君居主位也玉海禮儀引三禮義宗云每朝列位所向不同其三公之位常北面不變者以三公內臣位尊故屈之其餘諸侯孤卿大夫皆以地道尊右故尊者東面卑者西面於外朝諸侯東面於內朝孤東面時無諸侯故也案崔說卽賈所本曲禮孔疏云凡朝三公北面者以其貴臣荅王之義也案

孔說與崔賈異是也亦詳司士疏云三公執璧者與子男之瑞同大宗伯六瑞公執桓圭注云公二王之後及王之上公賈彼疏謂據九命之上公是也通典賓禮引高堂隆云周禮公執桓珪公謂上公九命分陝而理及二王後也八命之公則執璧金鶚云三公有二等八命者三公之常秩也若有功德加一命令爲東西二伯與二王之後同大宗伯所謂九命作伯也成王之初周公爲大傅召公爲大保三公之職也公羊傳云自陝而東者周公主之自陝而西者召公主之是又爲東西二伯也二公分陝作伯始於武王時金縢言武王克商二年周公禱於三王而秉圭則三公九命得執圭案金說是也通典謂天子三公執璧爲臣之屈與子男同非經義也杜氏又云佐王論道理取圓足以璧爲贄不必飾以蒲穀今考三公八命者命數加於子三等疑亦執蒲璧杜謂無飾恐未塙云大夫執鴈者舊本並挩執字今據唐石經校增　注云位將射始入見君之位者鄭不知此經位卽治朝之朝位因官名射人遂謂位爲將射始入見君之位其說非也云不言士者此與諸侯之賓射士不與也者下文云以射法治射儀本言大射鄭誤釋爲賓射故於此亦以賓射爲說賈疏云士無臣祭無所擇不得自大射得與君大射故司裘云大射不言士也按下文士豻侯二正則士得自行賓射不得與君賓射矣金鶚云射人亦掌治朝其位與司士同經文明言掌國之三公孤卿大夫之位是謂朝位之法未嘗言射位也下云以射法治射儀乃言射事耳此經所言射當是大射非賓射也而云士以三耦射豻侯射位明有士矣案金說是正鄭賈之誤此說朝位不及士者士賤其朝位蓋司士掌之射人唯掌卿大夫故不言士也引燕禮曰公升卽位於席西鄉小臣納卿大夫卿大夫皆入門右北面東上士立於西方東面北上者于於儀禮皆作于依注例或當皆作於各本于於並錯出誤賈疏云引燕禮者欲見天子諸侯朝燕射三者位同之義黃以周云鄭引燕

大射之文爲射人但記射位未及其始入門時公卿大夫有北面東上之立故據禮經補言之明天子大射亦當然也案黃說是也燕禮卿大夫士位本與此經不同而鄭引之者鄭意此經所云乃入門得王揖後各就其本位燕禮所云乃初入門待揖之位也司士注說朝位云公及孤卿大夫始入門右皆北面東上王揖之乃就位蓋鄭謂朝禮射禮初入門時亦如燕禮卿大夫入門右北面士立於西方東面待王揖就位則三公北面孤東面卿大夫西面如此經之位其燕禮公降揖後則卿移而西面大夫仍北面士仍東面與此經微不同也鄭欲見初入門之位與彼同故引彼文補經文之所未及耳賈說未析云大射亦云者大射儀云小臣師納諸公卿大夫諸公卿大夫皆入門右北面東上士西方東面北上是彼初入門之位與燕禮同其入門得揖之後位亦與燕禮同與此經異也云則凡朝燕及射臣見於君之禮同者於舊本亦誤于今據宋注疏本正賈疏云以儀禮內諸侯有燕朝及射朝不見正朝周禮內天子有射朝與正朝不見燕朝諸侯射朝與燕朝位同則天子燕朝亦與射朝位同則諸侯正朝亦與射朝位同是天子諸侯之朝各自同故鄭引儀禮見天子諸侯互見爲義耳案依賈說則鄭意燕禮大射儀位同是諸侯燕與射同明天子燕與射禮亦同也此職及司士位同是天子射與朝禮同明諸侯射與朝禮亦同也若然則朝燕射諸臣初入門之位天子與諸侯總同若得揖後之位天子朝燕射自相同如此職及司士所說諸侯朝燕射亦自相同如燕禮大射儀所說其天子與諸侯則臣不相同也然此經實亦朝位鄭誤以爲射位於經義究未協金鶚云天子朝位見於司士射人朝士諸職諸侯之朝位不見於經曲禮疏據燕禮及大射云卿西面大夫北面士東面謂諸侯無三公及諸侯當同燕禮大射之位非也朝位之最尊者北面蓋君南面北面正與君對故其位爲最尊燕禮大射之位非朝位也燕禮以大夫爲賓故卿

轉西面而大夫少進仍北面以將爲賓故尊之使與君相對也朝位必辨尊卑豈得如此竊謂諸侯朝位卿北面有孤者亦然蓋諸侯之孤卿猶天子之三公故其面位同黃以周云公卿大夫朝見其君皆入門右北面東上君揖之乃就位位卽司士所正三公北面東上孤東面北上卿大夫西面北上之位與射人職所言同鄭注射人引燕大射禮明始入門右皆北面爲人臣見君之通禮故云凡朝燕及射臣見於君之禮同非謂其所就之位同也亦非謂諸侯正朝亦同射位也賈說非也諸侯正朝之位自當以天子差之諸侯無三公有孤卿孤卿視天子之三公北面其大夫西面其士東面一同天子正朝之禮天子大射射位同正朝諸侯大射射位不同於正朝而同於燕燕大射禮並云公在阼階東南南鄉觀此自與朝位有別曲禮云君子下卿位君子謂諸侯凡人君出入必中道過此則下爲卿位在治朝中廷北面也大夫位在其東故不云大夫凡朝位以中廷北面爲尊賀循說三公北面屈之賈公彥說諸侯在朝皆北面屈之從三公位皆非其列廷之左右者以上下定其位初不以東西分貴賤與宗廟之昭穆同天子之朝禮孤東面而卿大夫西面明堂位諸侯西面諸伯東面兩不相妨聘禮授幣受命諸節皆在朝其時使者北面重其事也於卿大夫皆云西面北上依朝位而立也案金黃二家並謂天子射朝位同諸侯朝位則卿當北面與射位異其說是也黃又謂諸侯朝位大夫西面士東面以燕禮大射禮覈之亦近是蓋燕禮惟以大夫爲賓故尊之使與卿互易其位若士固無事自可就其本位也

諸侯在朝則皆北面詔相其灋

謂諸侯來朝而未歸王與之射於朝者皆北面從三公位法其禮儀

疏 諸侯在朝則皆北面詔相其灋者謂來朝諸侯在治朝射人亦掌其位也　注云謂諸侯來朝而未歸王與之射於朝者者此亦因官名射人誤以此位爲王與諸侯射於治朝之位卽所謂賓射也金

榜云射人掌三公孤卿大夫之朝位諸侯在朝則皆北面亦指朝位與公卿同下經言相孤卿大夫之法儀大賓客作卿大夫從會同朝覲作大夫介大喪作卿大夫掌事又言諸侯在朝若有國事則掌其戒令詔相其事掌其治達凡射人所掌諸侯及三公孤卿大夫事甚衆不專於射其不得以諸侯北面爲專指賓射時之位較然審矣案金說是也云皆北面從三公位者金鶚云朝位以北面爲尊諸侯與三公同北面所以尊之賈疏謂諸侯南面之尊故屈之從三公位非也所以異於小司寇外朝者外朝非常朝詢國危國遷立君此等大事必廣集諸侯公侯伯子男與羣吏皆至其人衆矣而三公之後有州長百姓其人尤衆若諸侯亦北面不能容矣北面西面之人皆衆而東面止有三孤又不稱矣故諸侯東面不北面也治朝每日常朝多無諸侯其朝位如司士所說若有諸侯來朝與王臣同行朝禮則與三公皆北面如射人所說也此諸侯或一二人或三四人不若外朝之公侯伯子男畢至又三公之後無州長百姓故諸侯得與三公北面也可知射人所言諸侯之位正治朝之位也鄭謂諸侯來朝而未歸王與之射於朝者皆北面是不以爲正朝之位抑又誤矣案金說是也曲禮云天子當依而立諸侯北面而見天子曰覲彼諸侯北面位與此同然主覲言之故天子當依與常朝事異互詳大宗伯疏云法其禮儀者此亦注用今字作法也下並同賈疏云謂在朝進退周旋拱揖之儀也

若有國事則掌其戒令詔相其事謂王有祭祀之事諸侯當助其薦獻者也戒令告以齊與期

疏若有國事則掌其戒令者此冡上諸侯在朝而言國事注以爲專屬祭祀然亦當廣晐餘事言之大射儀說射人戒射亦戒令之一耑與　注云謂王有祭祀之事諸侯當助其薦獻者也者李光坡云司士職云凡祭祀掌士之戒令詔相其灋事彼雖掌士而文與此同故以此國事當祭事也云戒令告以齊與期者賈疏

云齊謂散齊期謂祭日也**掌其治達**謂諸侯因與王射及助祭而有所治受而達之於王王有命又受而下之【疏】掌其治達者達宋本釋文作逆盧文弨云注云受而達之王王有命又受而下之則與掌復逆者無以異案盧說近是阮元說同蓋陸本作逆賈本作達二本不同而治逆於義較長此猶宰夫云敘羣吏之治以待賓客之令諸臣之復萬民之逆大僕云掌諸侯之復逆此官掌朝位而諸侯在朝有復逆之事則亦爲達之王與大僕爲官聯也凡復逆通謂之治詳小宰宰夫疏　注云謂諸侯因與王射及助祭而有所治受而達之於王王有命又受而下之者明此亦冢上諸侯在朝爲文也賈疏云如鄭之意則治達之中非直諸侯有治於王王之有治亦下達於諸侯也案依陸本作逆則鄭以受下正釋逆字先鄭大僕注云逆謂受下奏是也但此治逆並舉則當爲復逆之逆其義則當如小宰注以爲上書此注釋爲受下尚未得其解若依賈本作達則爲通乎上下之言於經注義亦得通但此亦當廣晐衆事言之鄭唯以射及祭祀爲釋說仍未備也

以射灋治射儀王以六耦射三侯三獲三容樂以騶虞九節五正諸侯以四耦射二侯二獲二容樂以貍首七節三正孤卿大夫以三耦射一侯一獲一容樂以采蘋五節二正士以三耦射豻侯一獲一容樂以采蘩五節二正射法王射之禮治射儀謂肄之也鄭司農云三侯熊虎豹也容者乏也待獲者所蔽也九節析羽九重設於長杠也正所射也詩云終日射侯不出正兮二侯熊豹也豻侯豻者獸名也獸有貙豻熊虎玄謂三侯者五正三正二正之侯也二侯者三正二正之侯也一侯者二正而已此皆與賓射於朝之禮也考工梓人職曰張五采之侯

則遠國屬遠國謂諸侯來朝者也五采之侯卽五正之侯也正之言正也射者內志正則能中焉畫五正之侯中朱次白次蒼次黃玄居外三正損玄黃二正去白蒼而畫以朱綠其外之廣皆居侯中參分之一中二尺今儒家云四尺曰正二尺曰鵠鵠乃用皮其大如正此說失之矣大射禮豻作干讀如宜豻宜獄之豻豻胡犬也士與士射則以豻皮飾侯下大夫也大夫以上與賓射飾侯以雲氣用采各如其正九節七節五節者奏樂以爲射節之差言節者容侯道以射之數也樂記曰明乎其節之志不失其事則功成而德行立**疏**灋治射儀者此明天子以下大射禮樂器數之等差射法卽射人之官法射儀卽大射之儀大戴禮記朝事篇云古者天子爲諸侯不行禮義不脩法度不附於德不服於義故使射人以射禮選其德行卽謂此也大射儀云射人戒諸公卿大夫射鄭彼注亦引此經是諸侯大射亦以射人掌其儀與天子同云王以六耦射三侯者王大射以諸侯爲六耦大司馬云若大射則合諸侯之六耦是也云三獲三容者三侯侯各一乏每乏各以一人居之以待獲鄭鄉射注云射者中則大言獲獲得也射講武田之類是以中爲獲也三獲皆以服不氏之徒爲之詳服不氏疏云諸侯以四耦射二侯者諸侯亦以其臣爲四耦大射儀云遂比三耦左襄二十九年傳云范獻子來聘公享之射者三耦彼諸侯禮皆三耦與此經異者賈大射疏云天子大射賓射六耦三侯畿內諸侯則二侯四耦畿外諸侯大射賓射皆三侯三耦但諸侯畿外畿內各有一申一屈故畿外三侯遠尊得申與天子同三耦則屈畿內二侯近尊則屈四耦則申若燕射則天子諸侯同三耦一侯而已以其燕私同也若卿大夫士例同一侯三耦左傳及射義孔疏義同詩小雅賓之初筵疏則云射人云諸侯四耦大射唯三耦者賓射對鄰國之君尊故四耦大射與己之臣子卑故降之與左傳禮記疏及賈說並異金鶚駁之云射人言士豻侯明是大射孔氏

從後鄭說以爲賓射非也大射賓射耦數皆同左傳言魯君享范獻子公臣不足三耦可知諸侯賓射亦無四耦也司裘云諸侯則共熊侯豹侯司裘是王朝之官所共諸侯則畿內之諸侯也熊侯豹侯是二侯也大射儀有諸公卿百官之稱明是畿外諸侯之禮而有大侯參侯干侯是三侯也然則四耦二侯必爲畿內諸侯之制矣蓋射人亦王朝之官故但言畿內諸侯之制與司裘同也賈說視孔爲長賈又謂燕射則天子諸侯例同三耦一侯此則不然射人但言以射法治射儀不言何射雖主大射說亦統賓射燕射而言然則三射耦數皆無異也案金說是也吳廷華黃以周說並同互詳大司馬疏云士以三耦射豻侯者孫希旦云豻侯皮侯也皮侯大射所用則射人所言乃大射之禮而士之得大射可見矣案孫說是也士大射亦以其臣爲三耦與孤卿大夫同司裘注云士不大射士無臣祭無所擇者非也詳彼疏　注云射法王射之禮者明雖兼有諸侯孤卿大夫士法以王爲主也朱大韶云射法射儀統大射燕射言云治射儀謂肄之也者肄肄字通釋文引劉昌宗亦讀爲肄小宗伯肄儀注云肄習也此治射儀亦謂肄習其禮儀也鄭司農云三侯熊虎豹也者熊虎舊本作虎熊今從宋余仁仲本及宋注疏本此據司裘云王大射則共虎侯熊侯豹侯先鄭以此治射儀亦屬大射故據彼皮侯爲釋其說最塙後鄭則以此爲賓射采侯與司裘大射不同故不從也司裘說三侯先虎侯次熊侯此注熊在虎上者先鄭讀與後鄭異今本多依彼文以改此注非也詳彼疏金鶚云此經有豻侯而大射儀有豻五十其爲大射甚明司裘云王大射則共虎侯熊侯豹侯諸侯則共熊侯豹侯卿大夫則共麋侯此云三侯二侯一侯與彼正合云容者乏也待獲者所蔽也者服不氏云射則贊張侯以旌居乏而待獲又車僕云大射共三乏即此三容也鄉射禮乏參侯道注云容謂之乏所以爲獲者御矢也爾雅釋器云容謂之防郭注云形如今牀頭小

曲屏風唱射所以自防隱聶氏禮圖引舊圖云乏一名容似今之屏風其制從廣七尺以牛革鞔漆之賈鄉射疏云容者以革爲之可以容身故云容也云九節析羽九重設於長杠也者此謂獲旌也鄉射記云旌各以其物無物則以白羽與朱羽糅杠長三仞以鴻脰韜上二尋鄭注云雜帛爲物大夫士之所建也不命者無物此翿旌也杠橦也記又云君國中射則以翿旌獲白羽與朱羽糅於郊則以旌獲於竟則龍旜大夫各以其物獲士翿旌以獲注云國中城中也謂燕射也於郊謂大射也析羽爲旌於竟謂與鄰國君射也通帛爲旜案依鄉射記則諸侯燕射以翿旌獲唯有注羽而無帛大射以旌獲蓋用大旂而注羽賓射以龍旜獲亦用大旂而不注羽天子三射獲旌無文疑當與諸侯同唯易大旂爲大常耳先鄭意此經九節七節五節皆據旌羽重數而言然天子諸侯大射雖以旌獲而大射經諸侯無七節之文且叚令九節等是獲旌經當次於三獲等之下不當繼射樂言之故後鄭不從也云正所射也者二鄭並以正爲射正但先鄭司裘注云四尺曰鵠二尺曰正則是以正鵠爲同在一侯而正在鵠內與後鄭不同黃以周云先鄭意王三侯五正亦謂虎熊豹三侯之正皆五采詒讓案先鄭說正鵠之制較後鄭爲長詳司裘疏但此經五正三正二正則當爲樂節二鄭皆未得其義詩大雅賓之初筵孔疏引賈逵云正五重賈說正鵠與先鄭義異然似亦以五正爲射正又文選張衡東京賦說辟雍大射云張大侯制五正語本此經蓋亦釋五正等爲射正與賈鄭同李善注引此經說之云以布畫取五方正色於大侯之上也亦依後鄭義而微異未審得乎于意否引詩云終日射侯不出正兮者齊風猗嗟文以證正爲所射物之名也云二侯熊豹也者亦據司裘文先鄭不釋孤卿大夫侯者金榜云大夫一侯爲麋推之可知云豻侯豻者獸名也獸有貙豻熊虎者明豻與熊虎並爲獸射侯無貙先鄭牽連舉之耳金鶚云卿大夫士同一侯

而士必著豻侯之名蓋司裘未言士其豻侯恐其混同於卿大夫之麋侯故特著之麋侯已見於司裘故但言一侯此詳略互見之法也云玄謂三侯者五正三正二正之侯也二侯者三正二正之侯也一侯者二正而已此皆與賓射於朝之禮也者鄭以此爲賓射采侯故破先鄭大射皮侯之說而別以五正三正二正之侯釋之小臣注云賓射與諸侯來朝者射是也王常朝在路門外之治朝故與諸侯射亦於此互詳大宗伯疏金鶚云司農引司裘以解此文其說自確又下文云若王大射則以貍步張三侯若是發語辭非轉語辭鄭泥看若字爲轉語因以此節爲賓射殊不思若王大射以下果是別出大射則上文當有賓射之文今但云射法射儀安見必爲賓射乎且賓射惟天子諸侯得有之非大夫士所得有又賓射張采侯安有豻侯乎鄭必指爲賓射誤矣黃以周云鄭以六耦射三侯爲五正三正二正之侯下以貍步張三侯爲虎熊豹之侯上下同文異解亦不如先鄭三侯虎熊豹二侯熊豹之說爲安且經云王五正而後鄭則云有三正二正更覺支離案金黃說是也云考工梓人職曰張五采之侯則遠國屬遠國謂諸侯來朝者也五采之侯卽五正之侯也者後鄭以正爲采侯侯中畫布之名故引梓人職以證義但經五正三正文承射樂鄭說與經究不合敖繼公云鄉射之歌五終而鼓五節其三節先以聽而二節之閒拾發以將乘矢此云五節二正是也王之大射九節五正諸侯七節三正卿大夫與士同姜兆錫孫希旦莊有可蔣載康說並同金鶚云敖說視鄭注爲長但王五節諸侯三節安得拾發以將乘矢果如其說是射必不與鼓節相應也且卿大夫士三節先以聽諸侯四節先以聽而王乃亦四節先以聽是尊者之先以聽不多於卑者非所以優之也鄉射禮賈疏尊卑樂節雖多少不同四節以盡乘矢則同其餘皆以聽王九節五節先以聽諸侯七節三節先以聽卿大夫士五節一節先以聽皆四節拾將乘矢如此射方

與樂節相應尊卑亦有差然則所謂正者非射之樂節乃聽之樂節
聽之審欲得其正故謂之正也竊疑經文二正二字當爲一字之誤
五正三正一正皆降殺以兩尊卑之差等也朱大韶說略同林喬蔭
云如注疏言正是侯中之物經當連侯言之不應敘於樂以騶虞之
下今曰九節五正七節三正五節二正是正與節皆繫於樂不繫於
侯明矣蓋正者樂之闋也樂之每闋爲成而小成曰終大成曰正謂
之正者經所云正歌備也大射未射之前工歌鹿鳴管新宮及射而
奏貍首此諸侯之三正也鄉射未射之前合樂二南及射而奏騶虞
此大夫士之二正也推之天子五正蓋升歌一正笙入二正閒歌三
正合樂四正及射而奏騶虞是爲五正然則九節七節五節者天子
以下樂節疏數之差而五正三正二正則其用樂多寡之等案金林
諸說並從敖以正爲射樂較鄭爲長而義復小異金榜敖說與拾發
乘矢之節不相應蓋深中其失而金說破經文二正爲一正又謂射
節以先聽爲正於經並無可證似皆不如林說之義據明塙但鄉射
禮工告于樂正曰正歌備在未射之前明射節不得爲正樂林說推
此微有未合竊謂此五正三正二正自據射前正樂言之與九節七
節五節文不相冡也天子五正者一金奏二升歌三下管四閒歌五
合樂也諸侯大射無閒歌合樂故止三正大射儀云公升即席奏肆
夏鄭金奏也與歌鹿鳴管新宮適合三正之數其大夫士二正疑當
爲閒歌合樂鄉射禮止有合樂者或文不具或侯國大夫之禮殺於
王朝大夫士皆未可定也此經衆說咸是非錯出故具述而辯證之
至射義引逸詩云曾孫侯氏四正俱舉大戴禮記投壺篇亦同彼詩
云侯氏則是諸侯射禮鄭射義注釋爲正爵四行與此經天子五正
諸侯三正並不相涉也云正之言正也射者內志正則能中焉者祭
義云故射者內志正外體直然後持弓矢審固持弓矢審固然後可
以言中鄭彼注亦云正之言正也鵠之言梏也言人正直乃能中也

此注訓正爲内志正與鵠訓直義相成是也大射儀注又以正爲題肩鳥名疑非云畫五正之侯中朱次白次蒼次黃玄居外三正損玄黃二正去白蒼而畫以朱綠者此無正文鄭以意定之梓人注義亦同惟彼注說五采以黑居外此云玄者玄黑色略同也賈疏云中朱以下皆以相克爲次向南爲首故先畫朱知三正去玄黃二正朱綠者皆依聘禮記繅藉而言三采者朱白蒼二采者朱綠也云其外之廣皆居侯中參分之一者賈疏云此亦約梓人云參分其廣而鵠居一焉彼據大射之侯若賓射之侯亦當參分其廣正居一焉九十步者侯中丈八尺七十步者侯中丈四尺五十步者侯中一丈也云中二尺者謂畫朱者也詩齊風猗嗟孔疏云鄭言中二尺是中央之采方二尺以外準其采之多少正之廣狹均布之以至於外畔也又云侯身一丈八尺者正方六尺侯身一丈四尺者正方四尺六寸大半寸侯身一丈者正方三尺三寸少半寸正以綵畫爲之其外之廣雖則不同其內皆方二尺金鶚云所謂中二尺者專指九十步五采之侯中二尺朱色其外四色合爲四尺案金說與孔不同竊謂鄭以正雖大小不同而中皆二尺蓋隱據詩猗嗟傳二尺曰正之文則似孔說爲長若依金說正中二尺專指九十弓之侯則七十弓之侯中丈四尺正方四尺六寸大半寸正中當得一尺五寸少半寸五十弓之侯中丈正方三尺三寸少半寸則正中當得一尺一寸強是正居侯中三分之一正中亦居正三分之一其說亦可通姑兩存之云今儒家云四尺曰正二尺曰鵠者詩賓之初筵疏引賈逵云四尺曰正正五重鵠居其內而方二尺是也賈蓋卽釋此五正之義金榜云大射之侯棲皮爲鵠鵠外以采畫之以爲正天子五重諸侯三重大夫士再重案賈意或如金說但以正在鵠外義不可通故後鄭不從互詳司裘疏云鵠乃用皮其大如正此說失之矣者此駁賈說也梓人注亦云正之方外如鵠蓋鄭以棲皮曰鵠大射用之畫布曰正賓射用

之正鵠各異而大小同不得如賈說正大鵠小實則正鵠本無大射賓射之分而有大小之別司裘先鄭注謂鵠大正小最得其實賈說固非後鄭亦未爲得也云大射禮豻作干者大射儀云干五十是也云讀如宜豻宜獄之豻者段玉裁改如爲爲云讀爲今本作讀如誤此以周禮正儀禮字也儀禮注曰干讀爲豻從周禮易字也案宜豻宜獄詩小雅小宛篇文毛詩豻作岸釋文引韓詩作犴同此兼校正大射經段說是也云豻胡犬也者巾車注同云士與士射則以豻皮飾侯下大夫也者大射儀注云豻侯者豻鵠豻飾也然則此豻侯亦當兼以豻皮爲鵠鄭止言飾者文不具司裘注謂士無大射天子賓射士又不得與故此云士與士射以豻飾侯又不畫朱綠是下大夫也今考此豻侯卽士大射之侯說文矢部說大射之侯云士射鹿豕爲田除害也此亦謂士有大射而所射之侯別據鄉射記爲說與此經不合疑不足據士有大射詳司裘疏云大夫以上與賓射飾侯以雲氣用采各如其正者梓人五采之侯注云其侯之飾尺以五采畫雲氣焉是也賈疏云鄉射記云凡畫者丹質注云賓射之侯燕射之侯皆畫雲氣於側以爲飾必先以丹采其地是賓射大夫以上皆畫雲氣其大射之侯兩畔飾以皮故鄭直言賓射燕射賈鄉射記疏云若賓射之侯天子九十步侯朱白蒼黃玄五正者還畫此五色雲氣於其側七十步侯朱白蒼三正者還畫此三色雲氣於其側五十步侯朱綠二正者還畫此二色雲氣於其側以爲飾也詒讓案後鄭謂賓射燕射大夫以上侯畫雲氣用采各如五正三正二正之數梓人采侯鄭謂卽五正故直言五采畫也云九節七節五節者奏樂以爲射節之差者鄉射禮云司射命樂正曰請以樂樂于賓賓許司射遂適階閒堂下北面命曰不鼓不釋注云鄉射之鼓五節歌五終所以將八矢一節之閒當拾發四節四拾其一節先以聽也此卽鄉大夫士五節之樂天子諸侯節數增多而拾發以四則同賈疏云九節者

五節先以聽七節者三節先以聽五節者一節以聽會尊者先聽多卑者少為差皆留四節以乘矢拾發云言節者容侯道之數也者賈疏云謂若九節者侯道九十弓七節者侯道七十弓五節者侯道五十弓也案賈據司裘注說大射天子諸侯大夫侯道之數如是白虎通義謂天子射百二十步說與鄭異不足據也詳司裘疏引樂記曰明乎其節之志不失其事則功成而德行立者賈疏云證侯道遠近亦為節也此射義文云樂記者誤也詒讓案此疑是河間樂記逸十二篇文詳樂師疏

若王大射則以貍步張三侯鄭司農云貍步謂一舉足為一步於今為半步玄謂貍善搏者也行則止而擬度焉其發必獲是以量侯道法之也侯道者各以弓為度九節者九十弓七節者七十弓五節者五十弓弓之下制長六尺大射禮曰大侯九十參七十干五十是也三侯者司裘所共虎侯熊侯豹侯也列國之君大射亦張三侯數與天子同大侯熊侯也參讀為糝糝雜也雜者豹鵠而麋飾下天子大夫

【疏】若王大射則以貍步張三侯者言王大射前三日射人先設其侯大射儀注云前射三日張侯設乏欲使有事者豫志焉是也金榜云射人以射法治射儀通職王與諸侯孤卿大夫士下言若王大射則以貍步張三侯則事主於王經以為王張侯見義非為大射變文承上經三侯五正言張三侯其非異侯可知金鶚說同朱大韶云史記大宛傳徐廣曰若意義猶及也謂及王大射則以貍步張三侯其張之者自有巾車量人案金朱說是也鄭誤以若為轉語故解上經為賓射梓人注亦據此文云若王大射以對上文賓射為分別之辭非經意也　注鄭司農云貍步謂一舉足為一步於今為半步者小爾雅廣度云跬一舉足也倍跬謂之步說文走部云趌半步也讀若跬同趌貍聲相近先鄭蓋以經云貍步則與步之恆法不同故以一舉足之跬為釋爾雅釋宮邢疏引白虎通云人踐三尺法天地人再舉足曰步備陰陽也

蓋三尺爲跬卽一舉足再舉足乃成步是跬於六尺之步爲半先鄭此義與鄉射禮量侯道以弓不合故後鄭不從黃以周云先鄭意鄉射量侯道可用常法大射君與射遠之不能至的近之又不見鵠故用貍步法貍者跬之借字一舉足謂之跬再舉足謂之步而侯中之廣亦各取數於侯道減半云玄謂貍善搏者也行則止而擬度焉其發必獲是以量侯道法之也者釋文云擬本又作儗案𢮦人注亦作儗度說文手部云擬度也人部云儗僭也擬度之字當以擬爲正作儗者叚借字也此後鄭不從先鄭貍步爲半步而依本字釋之謂此量侯道之器卽準度野六尺之步也說文豸部云貍伏獸似貙大射儀注亦云貍之伺物每舉足者止視遠近爲發必中也是以量侯道取象焉義與此同云侯道者各以弓爲度九節者九十弓七節者七十弓五節者五十弓者鄉射記侯道五十弓注云量侯道以貍步而云弓者侯之所取數宜於射器也天子大射熊侯九十弓豹侯七十弓畿內諸侯大射豹侯九十弓麋侯七十弓畿外諸侯大射大侯九十弓糝侯七十弓豻侯五十弓大夫大射麋侯七十弓士大射豻侯五十弓鄭不云天子諸侯大夫士而云九節七節五節者明侯道與樂節相應也云弓之下制長六尺者據弓人文大射儀注亦引弓人下制以證貍步六尺與此義同鄭知必取下制者小司徒注引司馬法云六尺爲步弓之下制與步相應故也云大射禮曰大侯九十參七十干五十是也者引以證上九十弓七十弓五十弓之文也云三侯者司裘所共虎侯熊侯豹侯也者上所引大侯參侯干侯並畿外諸侯之制天子三侯與諸侯不同故又據司裘明天子三侯之制也云列國之言大射亦張三侯數與天子同者列國諸侯謂畿外諸侯也畿內諸侯大射止用熊侯豹侯無干侯則止有二侯畿外諸侯得備三侯與天子同亦詳司裘疏云大侯熊侯也者明畿外諸侯不得射虎侯也大射儀注云大侯熊侯謂之大者與天子熊侯同云參讀

爲犙犙雜也者以下大射儀注義並同說文米部云糂以米和羹也
籒文糝古文糂从參案古文糂從參得聲故鄭讀從之犙爲以米和
羹引申之雜飾亦謂之糝二云雜者豹鵠而麋飾下天子大夫者賈疏
二云以司裘二云諸侯熊侯豹侯卿大夫麋侯畿外不得純如天子近侯
已用犴則大侯不得用虎侯明大侯用畿內諸侯熊侯爲之其中豹
侯麋侯則諸侯兼此二侯乃稱糝豹尊於麋明以豹爲鵠以麋爲飾
耳不純用豹麋者
下天子大夫故也

王射則令去侯立于後以矢行告卒令取矢

鄭司
農云
射人主令人去侯所而立于後也以矢行告射人主以矢行高下左
右告于王也大射禮曰大射正立于公後以矢行告于公下曰留上
曰揚左右曰方杜子春說以矢行告告白射事于王王則執矢也杜
子春說不與禮經合疑非是也卒令取矢謂射卒射人令當取矢者
使取矢也玄謂令去侯者命負侯者去
侯也鄉射曰司馬命獲者執旌以負侯

疏

王射者亦冡上文大射而
言特言王者以別於六耦
之射賈疏謂承賓射大射非也但賓射燕射事亦同耳　注鄭司農
云射人主令人去侯所而立于後也者于注例當作於各本並誤下
並同服不氏云射則贊張侯以旌居乏而待獲此人即服不氏及其
徒二人分居三侯者未射則負侯將射則令去侯而居乏也詳服不
氏疏立於後謂射人自立於王後二云以矢行告射人主以矢行高下
左右告于王也者此據大射儀爲說也引大射禮曰大射正立于公
後以矢行告于公下曰留上曰揚左右曰方者證立于後及以矢行
告之事鄭彼注二云若不中使君當知而改其度留不至也揚過去也
方出旁也案大射之大射正即以射人官之長爲之其屬爲小射正
至將射時又立大射正爲司射以主射禮實皆一官也彼爲諸侯禮
故二云告于公王大射則射人以矢行告王禮與彼同二云杜子春說以
矢行告告白射事于王王則執矢也者杜意謂此二云以矢行告是王

未射以前以射事告白王使王執矢大射儀云司射去扑適阼階下
告射于公公許是其事也云杜子春說不與禮經合疑非是也者先
鄭以告矢行之事大射儀有明文杜說與彼不合故不從也云卒令
取矢謂射卒射人令當取矢者使取矢也者大射儀云卒射司馬正
命取矢小臣坐委矢于楅若矢不備司馬正又命取矢如初是其事
也彼命取矢者爲司馬正而此令取矢者爲射人彼取矢者爲小臣
而此取矢者爲射鳥氏故射鳥氏云射則取矢矢在侯高則以并夾
取之皆天子諸侯禮異也云玄謂令去侯者命負侯者去侯也者大
射儀云司馬師命負侯者執旌以負侯又云司馬正命去侯注云命
去侯者將射當獲也卽其事也引鄉射曰司馬命獲者執旌以負侯
者賈疏云先鄭云射人主令人去侯所者不辨其去侯之人故後鄭
增成其義其負侯之人是服不氏也又引鄉射直云司馬命負侯不
言官者大夫士家無服不氏家臣爲之故
也案獲者卽服不氏之徒詳服不氏疏

祭侯則爲位

祭侯獻服不服不以祭侯爲位爲服不受獻之位也大射曰服不侯西北三步北面拜受爵

疏

注云祭侯獻服不服不以祭侯者據大射儀文必獻服不者爲
其負侯也凡負侯天子虎侯卽服不負之熊豹二侯則服不之徒負
之大射儀謂之獲者彼經獻大侯服不之後又云司馬師受虛爵洗
獻獲者皆如大侯之禮然則三侯皆祭虎侯獻服不服不以祭侯熊
豹二侯則獻服不之徒亦徒以祭侯注不云服不之徒者卑統於尊
文從省也云爲位爲服不受獻之位也者三侯皆張於射宮之廷各
於侯西北三步爲獻服不之位也引大射者證服不受獻之位所在
也彼文云司宮尊侯于服不之東北兩獻酒東面南上皆加勺設洗
于尊西北篚在南東肆實一散于篚司馬正洗散遂實爵獻服不服
不侯西北三步北面拜受爵司馬正西面拜送爵反位宰夫有司薦
庶子設折俎卒錯獲者適右个薦俎從之獲者左執爵右祭薦俎二

手祭酒適左个祭如右个中亦如之卒祭左个之西北三步東面設薦俎立卒爵是獻服不之禮服不祭右个左个及中即此所謂祭侯也與大史數射中射中數射者中侯之筭也大射曰司射適階西釋弓去扑襲進由中東立于中南北面視筭【疏】與大史數射中者凡射皆有三次第一次射不釋獲無數射中之事第二次三次射釋獲此官則與大史共掌其事相與爲官聯也注云射中數射者中侯之筭也者賈疏云數筭大史數之射人但視之耳詒讓案射中上當有數字大史先鄭注云中所以盛筭也則中乃盛筭之器非即筭也大射儀云大史釋獲又云釋獲者東面于中西坐先數右獲二筭爲純一純以取實于左手十純則縮而委之每委異之有餘純則橫諸下一筭爲奇奇則又縮諸純下興自前適左東面坐坐兼斂筭實于左手一純以委十則異之其餘如右獲即大史數筭之事引大射曰司射適階西釋弓去扑襲進由中東立于中南北面視筭者證射人數射中之事鄭彼注云釋弓去扑射事已也彼經又云司射適次注云司射射人也是諸侯大射之司射亦即以射人爲之彼云視筭即視數射中之事也凡中設於射宮之廷西當西序南北以堂深佐司馬治射正射正射之法儀也【疏】佐司馬治射正者大司馬云若大射則合諸侯之六耦又大射儀治射事者有司馬鄭注云司馬於天子政官之卿則即大司馬也又有司馬正司馬師注云司馬正政官之屬司馬師正之佐也則以小司馬以下官爲之大射又云司射曰爲政請射注云爲政謂司馬也司馬政官主射禮是射禮大司馬爲政射人爲司射與小司馬以下佐之屬從其長也 注云射正射之法儀也者地官敘官注云正之言政也射之法儀即是射政故謂之射正賈疏云射之威儀乃是禮之正故名射儀爲射正也司馬所主射儀謂若命去侯命取矢乘矢之等皆當佐之言治者亦謂預習之類也

祭祀則贊

射牲相孤卿大夫之灋儀烝嘗之禮有射豕者國語曰禘郊之事天子必自射其牲今立秋有貙劉云

疏祭祀則贊射牲者謂內外大祀天地宗廟之屬賈大僕疏謂祭社稷亦射牲又史記封禪書說漢武帝時諸儒采封禪尚書周官王制之望祀射牛事則社稷望祀亦並有射牲法凡射牲皆於廟庭祭義云祭之日君牽牲既入廟門麗于碑蓋於是時王則親射之此官贊助其事也外祭祀在壇兆亦然云相孤卿大夫之灋儀者劉台拱云射人相孤卿大夫之法儀司士相士之法事猶射人作卿大夫掌事司士作士士掌事射人作卿大夫從司士作士從諸子作羣子從是也案劉說是也上朝位射儀等並諸侯三公孤卿大夫士內外尊卑通掌不別自此以下則並專掌卿大夫之事下文掌作卿大夫司士作士諸子作羣子是卿大夫士庶子各以爵秩尊卑三官分作之小宰六敘所謂以敘作其事者其分職固較然不同也 注云烝嘗之禮有射豕者者賈疏謂據逸烝嘗禮而知案逸烝嘗禮蓋逸禮三十九篇之一中有射豕之文故引以證大祭祀有射牲之法但天子諸侯宗廟之祭並用大牢則當兼射牛羊豕逸禮止云射豕者蓋文不具引國語曰禘郊之事天子必自射其牲者楚語觀射父曰天子禘郊之事必自射其牲諸侯宗廟之事必自射其牛封羊擊豕亦引以證大祭祀有射牲之法賈疏云據祭天之時牲則犢也若然宗廟之祭秋冬則射之春夏否也祭天則四時常射天尊故也是以司弓矢共王射牲之弓矢此射人贊射牲也諸侯以下則不射案此經及司弓矢並云祭祀射牲蓋通郊廟而言無宗廟之祭秋冬射牲春夏否之說賈氏所云蓋據注引烝嘗禮射豕之文而肊爲之說不知鄭引烝嘗禮者據漢時所存逸禮唯此耳未必禴祠禮無射豕之事也賈又謂諸侯不射與楚語射牛文不合亦非也云今立秋有貙劉云者漢書武帝紀顏注引如淳云漢儀注立秋貙膢伏臘云膢音劉劉殺也蘇

林二云貙膢祭名也貙虎屬常以立秋日祭獸王者亦以此日出獵還以
祭宗廟故有貙膢之祭也續漢書禮儀志二云立秋之日自郊禮畢斬
牲於郊東門以屬陵廟其儀乘輿御戎路白馬朱鬣躬執弩射牲斬
牲之儀名曰貙劉又祭祀志二云立秋天子入囿射牲以祭宗廟名曰
貙劉是漢制貙劉天子躬射牲與周法相類故引以爲證**會同朝覲作大夫介凡有爵者**作讀如作止爵
之作諸侯來至王使公卿有事焉則作大夫使之介也有爵者命士以上不使賤者【疏】會同朝覲作大夫介者賈疏二云作使也有會同
朝覲王使公卿有事於會同則射人使大夫爲上介詁讓案王使卿
大聘於諸侯則當以大夫爲上介士爲衆介司士二云作士適四方使
爲介此射人掌作卿大夫則聘諸侯亦射人作大夫爲上介經不言
者文略二云凡有爵者者賈疏二云使凡有爵者命士以上爲衆介也劉
台拱云射人掌孤卿大夫此有爵者當指大夫以上也記曰古者生
無爵死無謚案劉說是也姜兆錫莊有可蔣載康說同射人專掌卿
大夫下文大賓客作卿大夫從作大史及大夫介大喪作卿大夫掌
事皆不及士是其證經二云作大夫介又二云凡有爵者明介之外凡使
卿大夫將事者並此官作之非謂此官兼作上中下士也　注云作
讀如作止爵之作者賈疏二云讀從特牲少牢三獻作止爵按彼主人
主婦二獻尸訖賓長爲三獻尸爵止鄭注二云欲神惠之均於室中使
主人主婦致爵訖三獻則賓長也賓長作起前所止之爵使尸飲之
讀從者取動作使之義也詁讓案此擬其音以見義也鄭注特牲云
謂三獻者以事命之作起作起與役使義亦相因故象胥注二云作使
也與彼義同鄭意此作大夫介凡有爵者亦謂射人以事命使彼二
者作起爲介也凡經二云作某事作某官者義並同二云諸侯來至王使
公卿有事焉則作大夫使之介也者謂問勞禮賜贈送諸事有使公
卿行者則作起大夫使爲之介以往也二云有爵者命士以上者大行

人云等諸臣之爵注云爵孤卿大夫士也是鄭謂命士以上並爲有爵者今案士介當是司士作之非射人所掌此凡有爵者當依劉說廣舍孤卿大夫而不及士與它職不同鄭說未允云不使賤者者以介與衆介皆與使者爲副貳故不使賤者爲之賤者謂不命之士及庶人在官者以下

大師令有爵者乘王之倅車倅車戎車之副

疏大師令有爵者乘王之倅車者依鄭賈義謂命士以上今案當亦指孤卿大夫言之無命士戎車有倅車者備革路有損壞則王當乘其副必令有爵者乘之者以王所乘不敢虛之也士喪禮注云貳車君出使異姓之士乘之在後據彼注則此有爵者亦當爲異姓之臣但彼注云士乘而此經司士不云令士乘倅車者疑文略抑或士卑不得乘王車矣注云倅車戎車之副者賈疏云王出征伐王乘戎路副車十二乘皆從王行則使有爵者命士已上乘之知倅車戎車之副者戎僕云掌王倅車之政鄭云倅副也

有大賓客則作卿大夫從作者選使從王見諸侯

疏有大賓客者賈疏云大賓客不言會同則是秋冬覲遇幷春夏受享在廟之時從王見諸侯也案司士疏謂此雖不云會同明會同與賓客同與此疏說異彼疏爲允注云作者選使從王見諸侯者此亦訓作爲使也王選卿大夫之賢者從見諸侯以備使令此官則作使之

戒大史及大夫介戒戒其當行者覲禮曰諸公奉篋服加命書于其上升自西階東面大史氏右

疏戒大史及大夫介者大史亦下大夫特言之者以大史有錫命之事諸大夫則爲介其事不同故也賈疏云此謂王有命使三公命諸侯及衣服就館賜之時則射人戒大史及大夫與諸公介注云戒戒其當行者者大史與大夫非一人考其次當行者則戒之也引覲禮曰諸公奉篋服加命書于其上升自西階東面大史氏右者覲禮載王賜侯氏車服之事禮今文經大史氏右作大史是右鄭

彼注云言諸公者王同時分命之而使賜侯氏也右讀如周公右王之右是右者始隨入於升東面乃居其右古文是為氏也此引之者證大賓客當特戒大史也賈疏云大史氏右者謂於西階東面之時大史在公之右命侯氏也

大喪與僕人遷尸作卿大夫掌事比其廬不敬者苛罰之僕人大僕也僕人與射人俱掌王之朝位也王崩小斂大斂遷尸于室堂朝之象也檀弓曰扶君卜人師扶右射人扶左君薨以是舉苛謂詰問之

【疏】大喪與僕人遷尸者謂王喪五日小斂七日大斂此官與大僕同遷尸相與為官聯也互詳小宗伯疏云作卿大夫掌事者賈疏云謂王喪官各有職掌詒讓案此則宜兼有后世子之喪與上遷尸唯據王喪小異云比其廬不敬者苛罰之者賈疏謂若宮正所云親者貴者居廬當比其本服親疏及貴賤案比其廬謂校比其居廬之人數并糾察其禮儀也不敬者苛罰之亦即比之事春官世婦云大喪比外內命婦之朝莫哭不敬者而苛罰之與此事相類蓋世婦比命婦此官比命男內外職掌互相備也賈謂比其親疏貴賤義未該　注云僕人大僕也僕人與射人俱掌王之朝位也者賈疏云見大僕掌內朝射人掌正朝掌事是同周禮又更無僕人職故知是大僕詒讓案大射儀有僕人正僕人師僕人士相工當是大僕又左襄三年傳國語魯語晉語並有僕人杜預以為御僕蓋僕人者通舉官長徒屬之稱大僕與御僕同官屬故大僕御僕通得稱僕人也云王崩小斂大斂遷尸于室堂者于亦當作於知此大喪不兼后喪者以后喪遷尸自有婦官執其事以職掌秩次相推約疑當世婦宮卿及女御同遷之非此官所掌故鄭唯云王也賈疏云始死於北牖下遷尸於南牖下又云小斂於戶內是遷尸於室小斂訖遷尸於戶外又遷尸小斂大斂於阼階大斂訖又遷尸於西階以入棺是遷尸于堂也云朝之象也者常朝皆在廷此大小斂在堂室雖不在

廷以臣見君尸亦有朝象鄭言此者欲見射人與大僕遷尸亦因同掌朝位故使爲聯事也引檀弓者證射人與僕人遷尸之事射人下監本毛本有師字案檀弓亦有鄭彼注云扶君謂君疾時也卜當爲僕聲之誤也僕人射人皆平生時贊正君服位者君薨以是舉不忍變也彼舉卽謂遷尸故彼又云叔孫武叔之母死旣小斂舉者出戶亦是也云苛謂詰問之者廣雅釋詁云何詰問也苛何聲近字通互詳宮正及春官世婦疏

服不氏掌養猛獸而教擾之 猛獸虎豹熊羆之屬擾馴也教習使之馴服王者之教無不服 疏 掌養猛獸而教擾之者獸人冥氏穴氏摶取生獸以與此官養之亦相與爲官聯也 注云猛獸虎豹熊羆之屬者說文犬部云猛健犬也引申爲野獸健者之稱云擾馴也者大宰注義同云教習使之馴服者古有教擾猛獸之術史記五帝本紀云黃帝教熊羆貔貅貙虎列子黃帝篇云周宣王之牧正有役人梁鴦者能養野禽獸委食於園庭之內雖虎狼鵰鶚之類无不柔者柔與馴擾義同彼牧正兼養野禽獸與牧人牧師養家獸不同疑卽此官及囿人之屬云王者之教無不服者兼釋官名服不之義

凡祭祀共猛獸 謂中膳羞者獸人冬獻狼春秋傳曰熊蹯不孰 疏 凡祭祀共猛獸者與獸人囿人爲官聯也 注云謂中膳羞者者謂若膳夫云羞用百有二十品及庖人六獸共王及后世子之膳羞中有猛獸之肉賈疏云上云養猛獸則猛獸皆養之此言祭祀所共據堪食者故鄭云謂中膳羞引獸人冬獻狼者證猛獸亦中膳羞庖人注說六獸有狼引春秋傳曰熊蹯不孰者左宣二年傳晉靈公不君宰夫胹熊蹯不熟殺之引以證熊蹯中膳羞亦猛獸之一也庖人六獸先鄭注有熊釋文云蹯掌也

賓客之事則抗皮 鄭司農云謂賓客來朝聘

布皮帛者服不氏主舉藏之抗讀爲亢其雝之
亢玄謂抗者若聘禮曰有司二人舉皮以東疏注鄭司農云謂賓
客來朝聘布皮帛
者服不氏主舉藏之者覲禮云四享皆束帛加璧庭實唯國所有鄭
彼注云初享或用馬或用虎豹之皮是朝覲布皮帛之事又聘禮云
賓裼奉束帛加璧享庭實皮則攝之毛在內內攝之入設也賓入門
左升致命張皮公再拜受幣士受皮者自後右客公側授宰幣皮如
入右首而東彼注云皮虎豹之皮凡君於臣臣於君麋鹿皮可也是
聘布皮帛之事也郊特牲云虎豹之皮示服猛也是庭實用皮亦取
服猛之義故亦使服不氏舉藏之廣雅釋詁云抗舉也云抗讀爲亢
其雝之亢者賈疏云讀從僖二十八年城濮之戰子犯云背惠食言
以亢其雝引之者取亢舉之義也段玉裁改讀爲爲讀如云讀如今
本作讀爲誤也此擬其音耳不若馬質注用亢禦義也丁晏云抗从
亢聲梓人故抗而射汝大戴禮作亢云玄爲抗者若聘禮曰有司二
人舉皮以東者聘禮說受聘賓介私覿事後鄭以此抗皮與彼舉皮
義同賈疏云後鄭引聘禮者增
成先鄭義二人者即服不氏也

射則贊張侯以旌居乏而待獲

贊佐
也大
射禮曰命量人巾車張三侯杜子春云待當爲持書亦或爲持
乏之讀爲匱乏之乏持獲者所蔽玄謂待獲待射者中舉旌以獲
疏射
則
贊張侯者通三射而言與射人爲官聯也云以旌居乏而待獲者司
常共旌與此官始則以旌負侯繼則去侯居乏以待獲終則以旌唱
獲也王獲旌以大常亦兼有翿旌之屬詳司常疏注云贊佐也者
外宗注義同引大射禮曰命量人巾車張三侯者鄭彼注云巾車於
天子宗伯之屬掌裝衣車者亦使張侯侯巾類會釗云大射諸侯禮
射人職曰以貍步張三侯是張侯射人掌之蓋諸侯官省故以巾車
量人同兼攝王朝官備故仍歸射人案會謂此官贊射人是也鄭引
大射亦證張侯非一官耳非必謂天子諸侯禮同也杜子春云待當

爲持書亦或爲持者徐養原云持爲字之誤與儀禮公食大夫左人待載古文作持同鄭於二經俱從待云乏讀爲匱乏之乏者車僕先鄭注同詳彼疏云持獲者所蔽者杜破待爲持蓋謂執持獲旌與御僕持翣義同射人三容先鄭注云容者乏也待獲者所蔽也先鄭蓋亦不從杜讀詳彼疏云玄謂待獲待射者中舉旌以獲者此不從子春破待爲持也大射儀云司馬師命負侯者執旌以負侯負侯者皆適侯執旌負侯而俟又云司馬正命去侯負侯皆許諾以宮趨直西及乏南又諾以商至乏聲止授獲者退立于西方獲者與共而俟又云乃射獲者坐而獲舉旌以宮偃旌以商鄭彼注云欲令射者見侯與旌深志於侯中也負侯獲者也天子服不氏下士一人徒四人掌以旌居乏待獲槐羽爲旌大侯服不氏負侯徒一人居乏相代而獲參侯干侯徒負侯居乏不相代坐而獲坐言獲也案大射所云獲者即服不之徒主唱獲者也王及畿外諸侯大射皆三侯侯各一乏乏各以獲者一人居之射人所謂三侯三獲三容是也依鄭大射注約之則王大射未射時則服不執旌負熊侯而立別令其徒一人居熊侯之乏其虎侯豹侯各以服不之徒執旌居之無居乏者及射時則司馬正命三負侯者各去其侯而適乏服不以旌授其徒而同居熊侯之乏其徒二人各以旌居虎侯豹侯之乏射中則居乏者各舉旌而唱獲蓋熊侯服不負侯射則其徒代而唱獲虎侯豹侯則先負侯後唱獲即以服不徒一人兼之不相代其賓射亦三侯燕射一侯侯制不同負侯待獲事則一也

射鳥氏掌射鳥鳥謂中膳羞者鳧鴈鴇鴞之屬疏注云鳥謂中膳羞者者庖人掌共王及后世子之膳羞內有六禽先鄭注以爲鴈鶉鷃雉鳩鴿又膳夫王羞百二十品其禽皆使此官射之云鳧鴈鴇鴞之屬者據內則說膳羞有此諸鳥也鴇釋文作鴾說

文鳥部云鴇鴇鳥也肉出尺胾重文鴇鴇或从包詩陳風墓門孔疏引陸璣疏云鴞大如班鳩綠色惡聲之鳥也入人家凶賈誼所賦鵩鳥是也其肉甚美可爲羹臛又可爲炙案說文肉出尺胾疑當作肉中炙胾卽謂中膳羞也莊子齊物論有鴞炙爾雅釋鳥別有鴟鴞鸋鴂乃小鳥卽鷦鷯也與單名鴞者別

祭祀以弓矢敺烏鳶凡賓客會同軍旅亦如之

烏鳶善鈔盜便汙人

疏祭祀以弓矢敺烏鳶者敺唐石經作敺今從嘉靖本及明汪道昆本正阮元云釋文作毆按毆从殳說文之古文驅也與殳部之毆絕不同唐石經大誤案阮說是也此經敺字凡七見占夢云敺疫此職云敺烏鳶方相氏云敺疫敺方良冥氏云以靈鼓敺之庶氏云敺蠱壺涿氏云以炮土之鼓敺之占夢之敺字釋文無音唐石經亦損缺無以考其異同此職及方相氏冥氏庶氏壺涿氏諸文釋文並作毆音起俱丘于二反則皆古文驅字也唐石經並作毆張參五經文字音一口反與釋文不合殆不足據又案此經敺逐字並作毆驅馬字又並作驅若大司馬田僕之驅逆大僕小臣之前驅大馭之遂驅之是也此如歡觀風禩祀之例同一字而錯出蓋此經字例與說文本不同也云凡賓客會同軍旅亦如之者賈疏云以其會同皆有盟詛之禮殺牲之事軍旅亦有斬牲巡陳之事故須敺烏鳶注云烏鳶善鈔盜便汙人者詩大雅旱麓箋云鳶鴟之類鳥之貪惡者也孔疏引蒼頡解詁云鳶卽鴟也烏詳羅氏疏一切經音義引字書云鈔掠也便汙人謂遺菌汙人

射則取矢矢在侯高則以并夾取之

鄭司農云王射則射鳥氏主取其矢矢在侯高者矢著侯高人手不能及則以并夾取之并夾鍼箭具夾讀爲甲故司弓矢職曰大射燕射共弓矢并夾

疏射則取矢者亦通三射而言注鄭司農云王射則射鳥氏主取其矢者大射儀云司馬正命取矢又云小臣委矢于楅彼畿外諸侯大

射禮使小臣取矢此經使射鳥氏取矢亦王與諸侯禮異也其命取矢者王射則射人掌之亦與彼異詳射人疏云矢在侯高者矢著侯高人手不能及則以并夾取之者大射儀云大侯之崇見鵠于參參見鵠于干干不及地武然則天子三侯豹侯最低其上綱去地亦二丈七尺四寸其虎侯豹侯更有見鵠之增其高可知射時矢若著於侯之高處人手自不能及故必以并夾取之云并夾鍼箭具者釋文二云鍼沈二云或作鉆後漢書陳寵傳李注引蒼頡篇二云鉆持也司弓矢注二云并夾矢箙也惠士奇二云說文箙箝也箝與鉗同一作鍼皆從金以甘咸得聲丁晏二云文選東京賦并夾既設儲乎廣庭薛綜注并夾鉗矢者二云夾讀爲甲者段玉裁改爲爲爲如二云讀如各本作讀爲非也此擬其音二云故司弓矢職曰大射燕射共弓矢并夾者賈疏二云先鄭引司弓矢職直有大射燕射不言賓射亦同大射燕射也

羅氏掌羅烏鳥烏謂卑居鵲之屬

疏注二云烏謂卑居鵲之屬者說文烏部二云烏孝烏也舄䧿也䧿篆文舄从隹昝烏部二云鵯卑居也又隹部二云雅楚烏也一名鸒一名卑居爾雅釋鳥二云鸒斯鵯鶋郭注二云雅烏也小而多羣腹下白江東亦呼爲鵯烏詩小雅小弁弁彼鸒斯毛傳二云鸒卑居卑居雅烏也是卑居鵯烏屬案鵲即雒之俗釋鳥二云鸒山鵲鵲非烏屬而形與烏相近故說文舄隸烏部鄭廣言烏屬遂弁舉鵲也

蜡則作羅襦襦作猶用也鄭司農二云蜡謂十二月大祭萬物也郊特牲曰天子大蜡謂歲十二月合聚萬物而索饗之襦細密之羅襦讀爲繻有衣袽之繻玄謂蜡建亥之月此時火伏蟄者畢矣豺既祭獸可以羅罔圍取禽也王制曰豺祭獸然後田又曰昆蟲已蟄可以火田今俗放火張羅其遺教

疏注二云作猶用也者易離象辭明兩作離彼釋文引荀爽二云作用也毛詩大雅常武箋二云作行也方言二云用行也是作用義同鄭意既蜡則得用細密之羅襦羅襦非此官所作也鄭司農二云蜡謂十二月

大祭萬物也者據郊特牲爲說引郊特牲曰天子大蜡謂歲十二月合聚萬物而索饗之者此隱括郊特牲文證蜡爲十二月大祭萬物也並詳黨正篇章疏云襦細密之羅者謂罔目之數密可以捕小鳥者郊特牲孔疏引舊解云順秋冬殺物故羅氏用細密之羅網以捕禽鳥矣云襦讀爲繻有衣袽之繻者葉鈔本釋文袽作絮云又作袽繻有衣袽易既濟六四爻辭段玉裁云讀爲疑當作讀如案段說是也凡擬其音例當云讀如易釋文云繻子夏作襦王廙同袽說文作絮縕也京作絮李氏周易集解引虞翻亦作襦案說文糸部云絮絜縕也引易曰襦有衣絮先鄭與許蓋並依京氏作絮弓人先鄭注作絮帤絮之誤今本易釋文絮亦誤絮包愼言云司農轉襦爲繻繻者衣帛端末之識羅氏言繻正形其羅之細也云玄謂蜡建亥之月者先鄭但以蜡爲十二月大祭萬物不辨周正夏正故後鄭補其義謂建亥之月卽周十二月夏十月也黨正篇章郊特牲注並同亦詳篇章疏云此時火伏蟄者畢矣者左哀十二年傳火伏而後蟄者畢杜云火心星也火伏在今十月案此十月亦卽夏十月蜡祭之時後鄭言此者欲見蜡日蟄畢可以火田故有作羅繻之事火伏詳司爟疏云豺既祭獸可以羅罔圍取禽也者據王制說也引王制曰豺祭獸然後田者王制孔疏云按月令九月豺乃祭獸夏小正十月豺祭獸則是九月末十月之初豺祭獸之後百姓可以田獵引又曰昆蟲已蟄可以火田者彼文云昆蟲未蟄不以火田此引不同者鄭以意改之案鄭彼注云昆明也明蟲者得陽而生得陰而藏孔疏云從十月以後至仲春皆得火田故司馬職云春火弊是也引此二文者賈疏云證十月蜡祭後得火田有張羅之事云今俗放火張羅其遺教者此鄭據漢俗爲說爾雅釋天云火田爲狩左傳桓七年孔疏引李巡孫炎云放火燒草守其下風此放火張羅亦謂放火而以羅掩其下風也

中春羅春鳥獻鳩以養國老行

羽物春鳥蟄而始出者若今南郡黃雀之屬是時鷹化爲鳩鳩與春鳥變舊爲新宜以養老助生氣行謂賦賜【疏】獻鳩以養國老者王制云周人養國老於東膠養庶老於虞庠孔疏引熊氏云國老謂卿大夫致仕者庶老謂士也皇氏云庶老兼庶人在官者左僖二十七年傳國老皆賀子文孔疏云國老者國之卿大夫士致仕者也陳祥道云貴冑謂之國子則貴而老者謂之國老賤者謂之庶人則賤而老者謂之庶老案陳說與熊皇孔說相兼乃備王制云君子耆老不徒行庶人耆老不徒食禮器注云君子謂大夫以上然則此國老卽君子耆老亦謂卿大夫致仕者也大司樂國子兼有命士之子則此國老當兼含元士之老故孔下兼士言之其庶士以下則與庶人同爲庶老國老養於國學之東膠庶老則養於郊學之虞庠故文王世子云適東序釋奠於先老遂設三老五更羣老之席位焉東序卽東膠皆國學也此國老亦兼三老五更羣老言之續漢書禮儀志劉注引盧植云選三公老者爲三老卿大夫中之老者爲五更是老更卽卿大夫之老故鄭注亦謂皆老年更事致仕者也國老之內以老更爲尤尊王制祭義皆云食三老五更於大學天子袒而割牲執醬而饋執爵而酳是也羣老蓋卿大夫之不爲老更以及元士之老雖與老更同處而養且同稱國老然其禮較殺若庶老則養於虞庠其尤卑可知而續漢禮儀志注引月令章句云三老國老也五更庶老也金鶚云羣老亦國老庶老不得與三老五更同食至五更則尤非庶老大戴禮保傅云春秋入學坐國老于膳前執醬而親饋之所以明有孝也國老卽三老五更此五更爲國老之確證蔡氏以五更爲庶老非也案金說是也外饔酒正槁人云饗耆老並兼養四等之老遺人司門云養老則又專指死政之老與此國老義異但四等之老同時並養雖地殊禮異而獻鳩助生氣惠宜普及經惟舉國老者文不具耳其養老之時月令仲秋云養衰老授几杖行麋粥飲食郊

特牲云春饗孤子秋食耆老彼並謂秋養老此經養國老以中春者王制云凡養老有虞氏以燕禮夏后氏以饗禮殷人以食禮周人脩而兼用之注云兼用之備陰陽也凡飲養陽氣凡食養陰氣陽用春夏陰用秋冬疏引熊氏云天子視學之年養老一歲有七謂四時皆養老故鄭注陽用春夏陰用秋冬是四時凡四也按文王世子云凡大合樂必遂養老注云大合樂謂春入學舍菜合舞秋頒學合聲通前爲六又季春大合樂天子視學亦養老世子云凡視學必遂養老是總爲七也孔氏又駁熊說云或鄭因春而言夏因秋而見冬周冬夏不養老也又春合舞秋合聲卽是春秋養老之事冬夏更無養老通季春大合樂有三養老也熊氏以爲春秋各再養老故爲一年七養老也去冬夏猶爲五義實可疑黃以周云王制周人養老兼用燕饗食鄭注以爲備用養陽春夏養陰秋冬是一歲四舉也而羅氏仲春養國老月令仲秋養衰老舉入學禮盛者言鄭注文王世子凡大合樂必遂養老據大胥文春入學舍菜合舞秋頒學合聲爲言先鄭注大胥亦引月令仲春上丁仲丁以證然大胥春合舞秋合聲本無與養老之事而文王世子大合樂之養老自指羅氏仲春養國老月令仲秋養衰老之月非四時養老外又有大合樂之養也保傅盧注云仲春舍菜合舞仲秋班學合聲天子視學而遂養老與鄭注合而鄭盧並不據月令季春大合樂以爲說爲養老惟在春秋兩仲月不關季春之事也月令季春大合樂與季冬大合吹同季冬不養老季春亦不養老可知孔疏季春大合樂亦養老一歲三養老熊氏於四時養老外加春秋大合樂爲六又加季春大合樂爲七並非鄭意其實以學禮言止有仲春仲秋兩養老而已案黃說是也熊氏謂一年有七養老緐複無理孔氏已駁之矣文王世子云凡大合樂必遂養老注云大合樂謂春入學釋菜合舞秋頒學合聲於斯時也天子則視學焉遂養老者謂用其明日也是鄭謂一年止有春秋二養老之

明文與保傅春秋入學之文亦正合此中春養國老卽春入學合舞時之養老月令仲秋養衰老及郊特牲秋食耆老卽秋頒學合聲時之養老蓋春養用饗禮秋養用食禮卽所謂周兼修三代之禮也但月令季春大合樂與中春合舞事相成不必有比月養老之禮二禮經注亦並無季春養老之文孔謂一年有三養老尚當刪其一耳其養老有四種及春饗秋食之義詳外饔疏　注云春鳥蟄而始出者若今南郡黃雀之屬者惠棟云御覽郭義恭廣志云黃雀脂肥絶美江夏竟陵常給獻大官詒讓案續漢書郡國志江夏與南郡同屬荊州故物產略同云是時鷹化爲鳩鳩與春鳥變舊爲新宜以養老助生氣者鷹化爲鳩月令仲春令文此獻鳩者以爲養老之庶羞呂氏春秋仲秋紀高注云禮大羅氏掌獻鳩杖以養老疑傳會此經獻鳩爲鳩杖不爲典要也賈疏云此文仲春行羽物案司裘職云仲秋獻良裘王乃行羽物彼注云仲秋鳩化爲鷹仲春鷹化爲鳩順其始殺與其將止而大班羽物若然則一年二時行羽物云行謂賦賜者司裘先鄭注云行羽物以羽物飛鳥賜羣吏此說與彼同

掌畜掌養鳥而阜蕃教擾之阜猶盛也蕃蕃息也鳥之可養使盛大蕃息者謂鵞鶩之屬【疏】注云阜猶盛也者大宰注義同云蕃蕃息也者大司徒注同云鳥之可養使盛大蕃息者謂鵞鶩之屬者此謂家鳥也鵞卽膳夫六牲之雁爾雅釋鳥云舒鴈鵝舒鳧鶩郭注云鴨也鵞鶩等並民閒常畜故掌畜養之

祭祀共卵鳥其卵可薦之鳥【疏】祭祀共卵鳥者與牧人雞人爲官聯也釋文云卵劉本作𠨿音卵案劉本蓋傳寫之誤注云其卵可薦之鳥者亦謂家鳥鵞鶩雞之屬淮南子本經訓高注云鳥未𣪘曰卵薦謂薦於宗廟王制庶人春薦韭以卵王祭祀蓋亦有薦卵之法其雞牲則雞人掌之蓋此官共與雞人雞人共與庖人

內外饔諸官也歲時貢鳥物鶉鴈之屬以四時來【疏】注云鶉鴈之屬以四時來者此謂野鳥新序雜事篇莊辛曰隨時鳥是也詩陳風墓門孔疏引陸璣疏云漢供御物各隨其時唯鶉冬夏常施之以其美故也案據陸說則鶉冬夏常有鴈則春去秋來故鄭總云以四時來也鶉詳射鳥氏疏共膳獻之鳥雉及鶉鴽之屬【疏】共膳獻之鳥者謂共庶羞若內則說上大夫庶羞二十豆亦謂之膳是也膳夫膳用六牲為正饌與此義別膳羞散文亦通對文則異詳膳夫疏注云雉及鶉鴽之屬者亦謂野鳥也公食大夫禮上大夫庶羞二十加於下大夫以雉兔鶉鴽鄭注云鴽無母內則載諸膳之目亦有雉及鶉鷃又云鶉羹鴽釀之蓼爾雅釋鳥云鷯鶉郭注云鶉鵪屬又云鴽鴾母郭注云鵪也青州呼鴾母據公食禮內則爾雅及鄭郭諸說鶉鴽為二物淮南子時則訓高注云鴽鶉也公食禮賈疏亦據莊子田鼠化為鶉月令作化為鴽謂鴽鶉一物非也

周禮正義卷五十八

西元二〇二四年三月一日重製一版

周禮正義　冊四（清孫詒讓撰）

平裝六冊基本定價肆仟柒佰元正
（郵運匯費另加）

發行人　張敏君
發行處　中華書局
臺北市內湖區舊宗路二段一八一巷八號五樓（5FL., No. 8, Lane 181, JIOU-TZUNG Rd., Sec 2, NEI HU, TAIPEI, 11494, TAIWAN）
客服電話：886-8797-8396
公司傳真：886-8797-8909
匯款帳戶：華南商業銀行西湖分行
179100026931
印　刷：維中科技有限公司
海瑞印刷品有限公司

No. N0027-4

國家圖書館出版品預行編目(CIP)資料

周禮正義/(清)孫詒讓撰. -- 重製一版. -- 臺北市 : 中華書局, 2024.03

冊 ; 公分

ISBN 978-626-7349-08-3(全套 : 平裝)

1.CST: 周禮 2.CST: 研究考訂

573.1177 113001478